Guide Pittoresque Du Voyageur En France [By P.a.E. Girault De Saint-Fargeau].

Pierre Augustin Eus##be Girault De Saint-Fargeau

Nabu Public Domain Reprints:

You are holding a reproduction of an original work published before 1923 that is in the public domain in the United States of America, and possibly other countries. You may freely copy and distribute this work as no entity (individual or corporate) has a copyright on the body of the work. This book may contain prior copyright references, and library stamps (as most of these works were scanned from library copies). These have been scanned and retained as part of the historical artifact.

This book may have occasional imperfections such as missing or blurred pages, poor pictures, errant marks, etc. that were either part of the original artifact, or were introduced by the scanning process. We believe this work is culturally important, and despite the imperfections, have elected to bring it back into print as part of our continuing commitment to the preservation of printed works worldwide. We appreciate your understanding of the imperfections in the preservation process, and hope you enjoy this valuable book.

GUIDE PITTORESQUE

DU

VOYAGEUR EN FRANCE.

VI.

Sommaire du Tome Sixième.

STATISTIQUE DE LA FRANCE.

DÉPARTEMENT DE LA SEINE ET DESCRIPTION DE PARIS.

TABLE ALPHABÉTIQUE

DE TOUS LES LIEUX DÉCRITS DANS LE COURS DE L'OUVRAGE.

GRANDE CARTE ROUTIÈRE DE LA FRANCE.

TYPOGRAPHIE DE FIRMIN DIDOT FRÈRES,
RUE JACOB, 56.

GUIDE PITTORESQUE

DU

VOYAGEUR

EN FRANCE,

Contenant la Statistique et la Description complète
DES 86 DÉPARTEMENTS,

ORNÉ DE 740 VIGNETTES ET PORTRAITS GRAVÉS SUR ACIER,

De 86 Cartes de Départements,

ET D'UNE GRANDE CARTE ROUTIERE DE LA FRANCE;

PAR UNE SOCIÉTÉ DE GENS DE LETTRES, DE GÉOGRAPHES ET D'ARTISTES.

TOME SIXIÈME

PARIS,

FIRMIN DIDOT FRÈRES, LIBRAIRES,

RUE JACOB, 56.

M DCCC XXXVIII.

APERÇU
STATISTIQUE
DE LA FRANCE.

TYPOGRAPHIE DE FIRMIN DIDOT FRÈRES ET Cⁱᵉ
RUE JACOB, N° 24.

APERÇU
STATISTIQUE
DE LA FRANC

PAR

GIRAULT DE SAINT-FARGEAU.

—

Deuxième Édition,

REVUE, CORRIGÉE ET AUGMENTÉE.

PARIS,

FIRMIN DIDOT FRÈRES ET C¹⁴, LIBRAIRE

RUE JACOB, N° 24.

—

M DCCC XXXVI.

APERÇU STATISTIQUE DE LA FRANCE.

ÉTAT ANCIEN.

Les Romains donnaient le nom de Gaule à la contrée qui s'étend entre les Alpes, le Rhin, l'océan Atlantique, les Pyrénées et la Méditerranée. Environ cent trente-deux ans avant l'ère chrétienne, les Marseillais, colonie de Phocéens établie depuis près de cinq siècles sur les bords de la Méditerranée, ayant demandé aux Romains de les aider contre les peuples circonvoisins, jaloux de leur prospérité, fournirent au peuple-roi l'occasion de s'emparer d'abord de la partie de la Gaule située entre les Alpes et le Rhône, et d'étendre ensuite leur conquête sur le pays qui se trouvait entre le Rhône et les Cévennes à l'ouest, et s'étendait au sud jusqu'à Narbonne. Le pays dont les Romains se rendirent maîtres reçut le nom de *Provincia*, d'où lui est resté le nom de Provence; la partie d'au delà du Rhône fut spécialement désignée par le nom de *Provincia Narbonensis*. Soixante ans environ avant Jésus-Christ, Jules César entreprit la conquête de tout le pays qui était au nord-ouest des Alpes, et que l'on appelait *Gallia Transalpina*, ou Gaule transalpine, parce qu'elle était au delà des Alpes par rapport aux Romains. Trois grandes nations, les Celtes, les Belges et les Aquitains, différents de langage et de coutumes, étaient alors répandues dans toute la Gaule. Le territoire occupé par les Celtes avait pour bornes la Seine et la Marne au nord, la partie supérieure du Rhin et les Alpes à l'est, la Méditerranée et la Garonne au sud, et à l'ouest l'Atlantique; les Belges étaient au delà de la Seine et de la Marne, et bordaient la partie inférieure du Rhin; les Aquitains étaient resserrés entre la Garonne et les Pyrénées.

Les successeurs du conquérant des Gaules changèrent plusieurs fois la division de ce pays. Dans le IV° siècle, sous Valens, on le partagea en dix-sept provinces connues sous le nom de :

1. Ire Belgique, capitale Trèves.
2. II° Belgique, capitale Reims.
3. Ire Germanie, capitale Mayence.
4. II° Germanie, capitale Cologne.
5. Ire Lyonnaise, capitale Lyon.
6. II° Lyonnaise, capitale Rouen.
7. III° Lyonnaise, capitale Tours.
8. IV° Lyonnaise, capitale Sens.
9. Ire Aquitaine, capitale Bourges.
10. II° Aquitaine, capitale Bordeaux.
11. Ire Narbonnaise, capit. Narbonne.
12. II° Narbonnaise, capit. Aix.
13. Hautes-Alpes, capitale Moustier.
14. Alpes maritimes, capit. Embrun.
15. Viennoise, capitale.... Vienne.
16. Novempopulanie, capitale Auch.
17. Grande-Séquanie, capit. Besançon.

La *première Belgique* s'étendait, à l'est, vers la Moselle, et comprenait les évêchés de Metz, Toul et Verdun. La *seconde Belgique* s'étendait, vers le nord et l'ouest, depuis la Meuse jusqu'à la mer, et, vers le sud, jusqu'à la Seine. La *première Germanie*, située, à l'est, le long du Rhin, comprenait le territoire de l'archevêché de Mayence et de ses suffragants en deçà du Rhin, Strasbourg, Spire et Worms. La *seconde Germanie* s'étendait, au nord, le long du Rhin jusqu'à l'embouchure de ce fleuve, et comprenait le territoire des archevêchés de Cologne, de Liége et d'Utrecht. La *première Lyonnaise* commençait aux montagnes du

(Aperçu statistique.)

Vivarais et s'étendait jusqu'aux sources de l'Aube et de la Marne, entre la Saône et la Loire. La *deuxième Lyonnaise* formait l'ancienne province de Normandie. La *troisième Lyonnaise* s'étendait depuis l'extrémité de la Bretagne jusques et y compris la Touraine. La *quatrième Lyonnaise* renfermait l'Ile-de-France, l'Orléanais, la Brie et une partie de la Champagne. La *première Aquitaine* comprenait la Marche, le Berri, le Bourbonnais, le Limousin et l'Auvergne. La *deuxième Aquitaine* s'étendait, à l'ouest, le long de la mer, depuis l'embouchure de la Loire jusqu'au delà de la Garonne, vers les Pyrénées. La *première Narbonnaise* s'étendait entre la Garonne et le Rhône, au sud de l'Aquitaine, au nord et à l'ouest de la Méditerranée. La *seconde Narbonnaise* comprenait une partie de la Provence, sans que Arles et Marseille en fissent partie. Les *Hautes-Alpes* étaient formées de la Savoie. Les *Alpes maritimes* comprenaient une partie du Dauphiné, de la Provence et de l'Italie. La *Viennoise* renfermait, à l'est du Rhône, une partie du Dauphiné et à l'ouest le Vivarais. La *Novempopulanie* comprenait la Gascogne et les pays enclavés entre la Garonne, la mer et les Pyrénées. La *Grande-Séquanie* était formée de la Franche-Comté et d'une partie de l'Helvétie.

Sous Auguste, auquel on dut la fondation d'un grand nombre de villes, la Gaule comprenait quatre-vingt-dix-sept peuples, cent vingt-sept cités, et trois millions de combattants, ce qui fait supposer une population de neuf à dix millions d'individus. Du temps de Néron, les peuples s'étaient partagés, et on en comptait trois cent cinq. Les Romains furent possesseurs assez tranquilles de la Gaule jusqu'à la mort de l'empereur Commode, vers l'an 194. Le défaut d'ordre établi pour la succession au trône livra bientôt l'empire à de continuelles agitations, et les barbares en profitèrent pour en ravager les plus belles provinces. Aux Germains se joignirent alors un grand nombre de peuples dont les noms étaient restés inconnus : les Allemands, les Goths, les Bourguignons et les Francs, dont il n'est question que sous le règne de Décius, au milieu du IIIe siècle. Vers l'an 400, Théodose avait chassé tous ces peuples de la Gaule et rendu le calme à l'empire; ses deux fils, incapables de soutenir le fardeau de l'empire, virent, sous leur règne honteux, l'Italie conquise, Rome saccagée, et la Gaule en proie aux fureurs des Francs, des Alains et des Visigoths. D'abord ces barbares n'eurent d'autre but que la destruction et le pillage; mais quelques années après, ils songèrent à se fixer dans le pays conquis, et, en 413, ils conclurent avec Honorius un traité par lequel ce prince céda aux Visigoths l'Aquitaine, et aux Bourguignons la Germanie et la province dite Maxima Sequanorum. Peu après, les Visigoths attaquèrent la Narbonnaise, les Bourguignons s'étendirent, et les Francs envahirent le nord. Suivant quelques opinions, un des chefs de ces derniers, nommé Pharamond, aurait été le fondateur de la monarchie française, vers 420; cependant Clodion est le premier de leurs chefs que l'on connaisse plus positivement dans quelques parties du nord de la Gaule; Childéric paraît avoir résidé à Tournai, où l'on a trouvé sa sépulture; quant à Mérovée, on ne pourrait affirmer son existence, s'il n'avait donné son nom à la première race des rois de France.

Après la conquête des Francs, on distingua sept principales divisions dans la France, ou sur la superficie de l'ancienne Gaule : au nord de la Loire, la France proprement dite; la Bretagne et la Bourgogne au centre; l'Aquitaine entre la Garonne, la Loire, les Cévennes et l'Océan; au midi, la Vasconia, entre la Garonne, les Pyrénées et l'Océan; l'ancienne Narbonnaise formait la Septimanie et la Provincia; au nord étaient la Neustrie et l'Austrasie.—Les enfants de Clovis et ensuite ceux de Charlemagne se partagèrent les Gaules et y formèrent plusieurs royaumes répartis dans trois parties principales, désignés sous le nom d'ancienne France (entre l'Océan et la Meuse); de nouvelle France (qui comprenait la Germanie jusqu'au Rhin); de France moyenne (renfermant les pays compris entre le Rhône, la Saône, la Meuse et le Rhin). — Le partage qui eut lieu, après la bataille de Fontenoi, entre Louis le Débonnaire et Charles, fit appeler l'ancienne France royaume de Charles, dénomination qui n'a pas laissé de trace; il n'en est pas de même du nom de royaume de Lothaire, qui s'est conservé jusqu'à nos jours dans celui de province de Lorraine. A la même époque, l'invasion et l'établissement des Normands introduisirent le nom de Normandie dans une partie de la Neustrie. Avant cette époque, l'émigration des habitants de la partie occidentale de l'île de Bretagne ou de l'Angleterre dans l'Armorique, donna le nom de Bretagne à cette province. Sous Charles le Chauve, la France était divisée en quatre parties : la France, la Bourgogne, la Neustrie et l'Aquitaine. En résumé, toutes les divisions politiques, sous les rois de la première race et sous quelques-uns de leurs successeurs, sont les suivants : Francia, Ripuaria, Austrasia, Neustria, Alamania, Burgundia, Gothia sive Septimania, Vasconia, Armorica, Britannia, Frisia, Belgica, Campania, Alsatia, Lotharingia, Normania, Aquitania, Provincia, Provencia ultra Jurensis.

CHRONOLOGIE DES ROIS DE FRANCE.

420. Pharamond, fils de Marcomir, conquérant des Gaules.

427. Clodion, fils de Pharamond, hérite de ses conquêtes.

PREMIÈRE RACE, DITE DES MÉROVINGIENS.

448. Mérovée, fils de Clodion, lui succède et règne 10 ans.

458. Childéric Ier, fils de Mérovée, lui succède et règne 23 ans.

481. Clovis, fils de Childéric, règne 30 ans et meurt au palais des Thermes à Paris. Il défait Syagrius, général des Romains, et s'empare de la quatrième Lyonnaise. En 496, la bataille de Tolbiac lui soumit les Allemands, et fut suivie de son baptême. En 507, la victoire remportée sur Alaric le rend maître du pays que les Visigoths occupaient entre la Loire et la Garonne. A sa mort, ses états furent partagés entre ses quatre fils, Thierry Ier, Clodomir, Childebert et Clotaire Ier.

511. Thierry Ier fut nommé roi d'Austrasie, et régna 23 ans.

Clodomir fut nommé roi d'Orléans, et régna 15 ans.

Childebert eut trois commencements de règne : le premier à Paris; le second, en 526, à Orléans; le troisième en Bourgogne, en 534.

Clotaire Ier fut nommé roi de Soissons; il hérita de tous ses frères en 558.

534. Théodebert, fils de Thierry, succède à son père.

548. Théodebalde ou Thibaud, fils de Théodebert, succède à son père, roi de Metz.

558. Clotaire Ier devint seul maître de la monarchie; à sa mort, arrivée à Compiègne en 561, ses quatre fils se partagent le royaume.

561. Caribert, fils de Clotaire, fut nommé roi de Paris.

Sigebert Ier fut nommé roi de Metz et fut assassiné

Chilpéric Ier fut nommé roi de Soissons et fut assassiné.

Gontran fut nommé roi d'Orléans et de Bourgogne.

584. Clotaire II, fils de Chilpéric Ier, succéda à son père, roi de Soissons, et régna seul sur toute la France.

593. Childebert succéda à Sigebert, son père, en 576, et à Gontran, roi d'Orléans et de Bourgogne, en 593. Il mourut empoisonné en 596.

596. Thierry II, second fils de Childebert, roi d'Orléans et de Bourgogne.

628. Dagobert Ier, fils de Clotaire II, roi à 26 ans.

Rois de Neustrie et de Paris.

638. Clovis II, fils de Dagobert Ier, roi à 5 ans; régence de Nantilde sa mère et du maire du palais.

656. Clotaire III, fils de Clovis II.

670. Thierry III, troisième fils de Clovis II, roi à 23 ans.

691. Clovis III, fils du précédent, roi à 9 ans. Le duc Pepin Héristel, qui tenait les rênes du gouvernement, les conserve.

695. Childebert III, frère du précédent, élu roi à 11 ans. Pepin, maire du palais, continue à gouverner.

711. Dagobert III, son fils, roi à 11 ans. Un maire du palais, mineur, et sa mère, tutrice, gouvernent.

715. Chilpéric II, fils de Childéric II. Charles Martel gouverne jusqu'en 741, sous le titre de duc des Français.

720. Thierry IV, dit *de Chelles*, fils de Dagobert III. Après sa mort, arrivée en 737, Charles Martel gouverne seul.

Rois d'Austrasie.

638. Sigebert II, fils de Dagobert, frère de Clovis II.

660. Childéric II, second fils de Clovis II.

674. Dagobert II, fils de Sigebert II.

680. Les ducs Martin et Pepin Héristel se rendent maîtres de toute l'Austrasie.

715. Charles Martel, fils de Pepin Héristel, gouverne sous le titre de duc d'Austrasie Clotaire IV.

727. Charles Martel gouverne toute la France.

741. Carloman et Pepin le Bref, ducs des Français.

742. Childéric III.

SECONDE RACE, DITE DES CARLOVINGIENS.

751. PÉPIN LE BREF, fils de Charles Martel.
768. CHARLEMAGNE. Il règne seul après la mort de Carloman (en 771), et est proclamé empereur en 800.
814. LOUIS Ier, dit *le Débonnaire*, fils de Charlemagne.
840. CHARLES, dit *le Chauve*, son fils, né le 15 mai 823.
877. LOUIS II, dit le *Bègue*, fils de Charles le Chauve.
879. LOUIS III et CARLOMAN, fils de Louis le Bègue, lui succèdent.
880. CARLOMAN eut pour son partage les royaumes de Bourgogne, d'Aquitaine, le marquisat de Toulouse, la Septimanie, et enfin toute la partie du royaume de Lothaire.
884. CHARLES LE GROS, fils de Louis le Germanique, et petit-fils de Louis le Débonnaire; roi de Souabe en 876, roi d'Italie en 879, empereur en 880.
888. EUDES ou ODON, comte de Paris, fils de Robert le Fort.
898. CHARLES LE SIMPLE, fils de Louis le Bègue. Robert, duc de France, son compétiteur, élu roi en 922, fut tué en 923.
923. RAOUL, duc de Bourgogne, fils de Richard le Justicier, élu roi après la mort de Robert, et couronné à Soissons.
936. LOUIS IV, dit *d'Outremer*, fils de Charles le Simple.
954. LOTHAIRE, fils du précédent, associé à son père en 952, du consentement de la nation.
986. LOUIS V, fils de Lothaire, qui se l'était associé en 978; meurt sans postérité en 987.

TROISIÈME RACE, DITE DES CAPÉTIENS.

987. HUGUES CAPET, fils de Hugues le Grand, proclamé roi de France à Noyon, à l'âge de 57 ans.
996. ROBERT, fils de Hugues Capet.
1031. HENRI Ier, fils du précédent, né en 1005.
1060. PHILIPPE Ier, fils de Henri Ier, né en 1053.
1108. LOUIS VI, dit *le Gros*, fils de Philippe Ier, né en 1078.
1137. LOUIS VII, dit *le Jeune*, fils du précédent, né en 1120.
1180. PHILIPPE AUGUSTE (II), fils de Louis VII, né en 1165.
1223. LOUIS VIII, dit *Cœur de Lion*, fils du précédent, né en 1187.
1226. LOUIS IX, dit *saint Louis*, né 1215, succéda à Louis VIII, son père, sous la régence de Blanche de Castille, sa mère.
1270. PHILIPPE III, dit *le Hardi*, fils aîné de saint Louis, né en 1245, proclamé roi devant Tunis en 1270.
1285. PHILIPPE LE BEL (IV), fils du précédent, né en 1268.
1314. LOUIS X, dit *le Hutin*, fils de Philippe le Bel, né en 1289.
1316. JEAN Ier, fils posthume de Louis X, né en 1316; il ne vécut que 8 jours.
1316. PHILIPPE V, dit *le Long*, deuxième fils de Philippe le Bel, né en 1294.
1322. CHARLES IV, dit *le Bel*, troisième fils de Philippe le Bel, né en 1290.

Branche des Valois.

1328. PHILIPPE VI, dit *de Valois*, fils de Charles, comte de Valois, troisième fils de Philippe le Hardi, né en 1293.
1350. JEAN II, dit *le Bon*, fils du précédent, né en 1319.
1364. CHARLES V, dit *le Sage*, fils du précédent, né en 1337.
1380. CHARLES VI, fils de Charles V, né en 1368.
1422. CHARLES VII, fils du précédent, né en 1403.
1461. LOUIS XI, fils du précédent, né en 1423.
1483. CHARLES VIII, fils de Louis XI, né en 1470. Pendant sa minorité, sa sœur fut chargée du gouvernement de l'État.
1498. LOUIS XII, dit *le Père du peuple*, fils de Charles, duc d'Orléans, et de Marie de Clèves, descendant du roi Charles V; né en 1462.
1515. FRANÇOIS Ier, dit *le Restaurateur des lettres*, arrière-petit-fils de Louis d'Orléans, fils de Charles d'Orléans, né en 1494.
1547. HENRI II, fils de François Ier, né en 1519, tué dans un tournoi.
1559. FRANÇOIS II, fils du précédent, né en 1544.
1560. CHARLES IX, deuxième fils de Henri II, né en 1550.
1574. HENRI III, troisième fils de Henri II, né en 1551, assassiné par Jacques Clément.

Branche des Bourbons.

1589. HENRI IV, dit *le Grand*, fils d'Antoine de Bourbon, roi de Navarre, descendant, en ligne directe, de saint Louis, par Robert, comte de Clermont, son sixième fils; né en 1553, assassiné par Ravaillac.

1610. Louis XIII, dit *le Juste*, fils de Henri IV et de Marie de Médicis, né en 1601.

1643. Louis XIV, dit *le Grand*, fils du précédent, né en 1638. Sa mère régente.

1715. Louis XV, dit *le Bien-aimé*, arrière-petit-fils de Louis XIV et troisième fils de Louis de France, duc de Bourgogne, né en 1710. Philippe, duc d'Orléans, régent.

1774. Avénement de Louis XVI au trône.

Révolution française.

1789. Ouverture des états généraux.—Assemblée nationale, serment du Jeu de Paume.—Prise de la Bastille.

1791. Arrestation du Roi à Varennes; il est suspendu de ses fonctions.

1792. Louis XVI est conduit au Temple avec toute sa famille.—Installation de la Convention nationale; elle abolit la royauté et proclame la république.

1793. Louis XVI est mis en jugement, déclaré coupable de conspiration contre la liberté de la nation, condamné à mort le 17 janvier à la majorité de 361 votants sur 716, et exécuté le 21 du même mois.—Déclaration de guerre, levée de 300,000 hommes. — Guerre de la Vendée.

1794. Triomphe des armées françaises.—Révolution du 9 thermidor.

1795. Mort du fils de Louis XVI dans la prison du Temple. — Constitution de l'an III; elle établit deux conseils, celui des Anciens et celui des Cinq-Cents; le pouvoir exécutif est confié à un directoire composé de cinq membres.

1796. Conquête en Italie; Bonaparte nommé général en chef; batailles de Lodi, d'Arcole, de Rivoli, etc.—Guerre d'Allemagne; succès de Moreau, Jourdan, Kléber, etc.

1798. Expédition d'Égypte; batailles des Pyramides, du mont Thabor.—Prise de la flotte française par l'amiral Nelson.

1799. Revers en Italie.—Retour du général Bonaparte. — Journée du 18 brumaire.—Consulat. — Abolition du Directoire; un consulat de trois membres le remplace. Bonaparte est premier consul, Cambacérès second, et Lebrun troisième.

1800. Campagne d'Italie; succès de Napoléon.

1801. Concordat.—Guerre maritime; blocus général.

1802. Le 2 août, le sénat proclame Bonaparte consul à vie.

1803. Conspiration contre Bonaparte. — Mort du duc d'Enghien.

1804. Le premier consul est proclamé empereur des Français sous le nom de Napoléon, sacré et couronné par le pape Pie VII.

1805. Guerre contre l'Autriche et la Russie; bataille d'Austerlitz.

1807. Succès des armées françaises.

1809. Bataille de Wagram. — Divorce de Napoléon.

1810. Mariage de Napoléon avec Marie-Louise.

1811. Guerre de Russie.—Défaite et retraite de l'armée.

1813. Victoires de Lutzen, Bautzen, Dresde; bataille de Leipzig.

1814. Invasion de la France par les puissances coalisées.—Entrée des souverains étrangers à Paris. — Abdication de Napoléon. — Retour des Bourbons.

1815. Débarquement de Napoléon.—Cent jours.—Retour de Louis XVIII.

1820. Assassinat du duc de Berri.

1824. Mort de Louis XVIII.—Avénement de Charles X.

1827. Victoire de Navarin par les flottes russe, française et anglaise.

1830. Prise d'Alger.—Révolution de juillet.—Le duc d'Orléans est proclamé roi des Français sous le nom de Louis Philippe Ier.

L'un des mots répétés le plus souvent et avec le plus d'emphase dans les écrits et les discours politiques, dit M. A. Thierry [1], c'est que la monarchie française avait, en 1789, quatorze siècles d'existence. Cette formule, qui, au premier aperçu, a un air de vérité, fausse cependant en tout point notre histoire. Si l'on veut simplement dire que la série des rois de France, jointe à celle des rois francs, depuis l'établissement de ces derniers dans la Gaule, remonte à près de quatorze siècles en arrière de nous, rien de plus vrai; mais si, confondant les époques de ces différents

---

1. Lettres sur l'Histoire de France.

règnes, on reporte de siècle en siècle, jusqu'au sixième, tout ce que l'idée de la monarchie renfermait pour nous vers 1789, on se trompe grossièrement. Il faut se garantir du prestige qu'exerce sur nous, par la vue du présent, non-seulement le mot France, mais encore celui de Royauté. Sans remonter plus haut qu'au règne de Charlemagne, nous voyons à sa mort la monarchie, divisée par ses successeurs, subdivisée par les héritiers de ceux-ci, n'être bientôt plus qu'une confédération tumultueuse, dans laquelle le patrimoine du souverain égalait à peine celui de quelques vassaux. Le pays compris sous la dénomination de France avait, il est vrai, la même étendue qu'aujourd'hui ; mais, au nord, les comtes de Flandre gouvernaient l'ancienne province de ce nom; ceux du Vermandois étaient maîtres de la Champagne; au levant, la Bourgogne et la Lorraine étaient sous l'obéissance de leurs ducs; au midi, ceux de Gascogne et d'Aquitaine commandaient aux anciennes provinces d'Auvergne, de Guienne, de Poitou et de Saintonge; au couchant, les ducs de Bretagne et de Normandie possédaient les provinces de ce nom. Ainsi partagée entre une foule de seigneurs qui, sous la dépendance purement nominale du roi, étaient maîtres absolus chez eux, y levaient les impôts, dictaient les lois, rendaient la justice, frappaient monnaie et y faisaient la guerre, la France ne pouvait être considérée comme un état unique, et le royaume proprement dit se trouvait réduit, en 987, époque de l'avènement de Hugues Capet au trône, à l'Ile-de-France, la Picardie et l'Orléanais. Depuis lors, les rois de cette dynastie, sapant peu à peu la puissance des grands feudataires, parvinrent, par leur persévérance, leur habileté et la faveur des circonstances, à être les seuls justiciers du royaume et ses législateurs suprêmes.

En 1100, Philippe Ier réunit par achat à la couronne la province de Berri. En 1202, Philippe Auguste acquit la Touraine par confiscation. En 1226, Louis IX affaiblit le pouvoir des grands vassaux, et réunit une partie du Poitou. En 1271, Philippe le Hardi réunit le Languedoc par héritage; il établit une police générale des marchés, et accorda le droit de commune. En 1286, Philippe le Bel réunit la Champagne par alliance; il fonda trois cours souveraines à Paris, Troyes et Rouen, où les premiers états du royaume furent convoqués. En 1312, il acquit le Lyonnais. En 1316, sous Philippe V, les trois ordres de l'état déclarèrent les filles exclues du droit à la couronne. Sous Charles V, la France fit la conquête du Poitou, de l'Aunis, de la Saintonge et du Limousin. La Guienne et la Normandie furent soumises par Charles VII. Louis XI réunit la Provence, l'Anjou et le Maine par héritage, et la Bourgogne par réversion. La Bretagne, la Marche, l'Auvergne et le Bourbonnais furent réunis à la couronne par François Ier. L'avènement de Henri IV au trône assura, en 1593, la possession du Béarn et du comté de Foix. L'Artois et le Roussillon furent conquis par Louis XIII. Louis XIV réunit par conquête la Flandre, la Franche-Comté et l'Alsace, et l'extinction de la féodalité le rendit maître du Nivernais. En 1735, Louis XV réunit, par traité, la Lorraine à la couronne, et acquit l'île de Corse en 1768. Enfin, le comtat d'Avignon fut cédé de nos jours à la France. Par ces réunions successives, ces diverses provinces, dont plusieurs étaient, comme nous l'avons déjà indiqué, des états particuliers à peu près indépendants, formèrent dans le XVIIIe siècle un état unique, comprenant trente-deux gouvernements, qui, sous leurs anciennes dénominations, étaient administrés, au nom du souverain, par des hommes de son choix, révocables à sa volonté. Plusieurs de ces gouvernements renfermaient plus d'une province, et plusieurs de ces provinces se subdivisaient en petits pays qui avaient leur seigneur particulier. Voici la nomenclature des trente-deux gouvernements :

 1 FLANDRE....... capitale Lille.
 2 ARTOIS................. Arras.
 3 PICARDIE............... Amiens.
 4 NORMANDIE............. Rouen.
 5 ILE-DE-FRANCE......... Paris.
 6 CHAMPAGNE............. Troyes.
 7 LORRAINE.............. Nancy.
 8 ALSACE................ Strasbourg.
 9 BRETAGNE.............. Rennes.
10 MAINE................. Le Mans.
11 ANJOU................. Angers.
12 TOURAINE.............. Tours.
13 ORLÉANAIS............. Orléans.
14 BERRI................. Bourges.
15 NIVERNAIS............. Nevers.
16 BOURGOGNE............. Dijon.
17 FRANCHE-COMTÉ......... Besançon.
18 POITOU................ Poitiers.
19 AUNIS................. La Rochelle.
20 MARCHE................ Guéret.

APERÇU STATISTIQUE.

21 Bourbonnais	Moulins.
22 Saintonge	Saintes.
23 Limousin	Limoges.
24 Auvergne	Clermont.
25 Lyonnais	Lyon.
26 Dauphiné	Grenoble.
27 Guienne	Bordeaux.
28 Béarn	Pau.
29 Comté de Foix	Foix.
30 Roussillon	Perpignan.
31 Languedoc	Toulouse.
32 Provence	Aix.

I. Flandre, divisée en

FLANDRE MARITIME.

Bailliage de Bergues, capitale Bergues.
Bailliage de Bourbourg.... Bourbourg.
Châtellenie de Cassel..... Cassel.
Bailliage de Bailleul...... Bailleul.

FLANDRE FRANÇAISE.

Pays du Mélantais, capitale Lille.
Pays de Pevèle.......... Templeuve.
Pays de Clarembaut...... Plalempin.
Pays de Wèpe........... Armentières.
Pays de Loeue........... Laventie.
Pays de Ferain .... Lannoy.
Bailliage de Douai .... Douai.

II. Artois.

Gouvernement d'Arras, cap. Arras.
Av. de Béthune.......... Béthune.
Comté de Saint-Pol...... Saint-Pol.
Régales de Thérouanne... Thérouanne.
Bailliage d'Aire......... Aire.
Bailliage de Saint-Omer... Saint-Omer.
Bailliage d'Hesdin........ Hesdin.
Bailliage de Lillers....... Lillers.
Bailliage de Lens........ Lens.
Bailliage de Bapaume..... Bapaume.
Bailliage d'Avesnes....... Avesnes.
Bailliage d'Aubigny...... Aubigny.

COMTÉ DE CAMBRAI. — Cambrai.

HAINAUT FRANÇAIS.

Prévôté de Valenciennes... Valenciennes.
Châtellenie de Bouchain... Bouchain.
Prévôté du Quesnoy...... Le Quesnoy.
Seigneurie de Landrecies.. Landrecies.
Seigneurie d'Avesnes..... Avesnes.
Prévôté de Maubeuge..... Maubeuge.
Prévôté de Bavay........ Bavay.

DUCHÉ DE LUXEMBOURG.

Luxembourg français, cap. Thionville.

III. Picardie.

HAUTE PICARDIE.

Amiénois........ capitale Amiens.
Santerre................ Péronne.
Vermandois............. St-Quentin.
Thiérache.............. Guise.
Laonnais............... Laon.
Soissonnais............. Soissons.
Noyonnais.............. Noyon.
Valois.................. Crépy.
Beauvoisis.............. Beauvais.

BASSE PICARDIE.

Calaisis......... capitale Calais.
Haut Boulonnais........ Boulogne.
Bas Boulonnais......... Étaples.
Comté de Ponthieu...... Ponthieu.
Comté de Montreuil... Montreuil.
Pays de Marquenterre. Queud-le-J.
Pays Ponthieu......... Abbeville.
Pays de Vimeux....... St-Valery-sur-S.

IV. Normandie.

HAUTE NORMANDIE.

Pays de Caux... capitale Caudebec.
Pays de Bray........... Neufchâtel.
Vexin Normand........ Gisors.
Roumois.............. Rouen.
Campagne de Neubourg.. Évreux.
Campagne de Saint-André Breteuil-la-G.
Pays d'Ouche.......... Glos-la-Ferrière.
Lieuvin............... Lisieux.
Pays d'Auge........... Pont-l'Évêque.

BASSE NORMANDIE.

Campagne d'Alençon.... Alençon.
Pays d'Houlme......... Domfront.
Campagne de Caen..... Caen.
Bessin................ Bayeux.
Bocage................ Vire.
Cotentin.............. Coutances.
Avranchin............. Avranches.

PERCHE.

HAUT PERCHE.

Pays de Carbonnois, cap. Mortagne.
Pays de Bellesmois..... Bellesme.
Rés. de Nogent-le-Rotrou. Nogent-le-R.

PERCHE GOUET. — Montmirail.

TERRES FRANÇAISES. — Tourgrise-de-V.

THIMERAIS. — Châteauneuf.

V. Ile-de-France.

Ile-de-France proprement dite.

FRANCE.

Pays de la France, cap. Paris.
Pays de Parisis...... Louvres.
Pays de Goelle....... Dammartin.
Vexin français......... Pontoise.
Mantois............... Mantes.
Hurepoix............. Dourdan.
Brie française......... Brie-Cte-Robert.
Gatinais français....... Nemours.

VI. Champagne.

HAUTE CHAMPAGNE.

Réthelois.
  Réthelois propre, cap. Réthel.
  Porcien............. Château Porcien.
  Argonne............ Ste-Menehould.
  Principauté de Sedan. Sedan.
Rémois............... Reims.
Perthois.............. Vitry.

BASSE CHAMPAGNE.

Champagne propre, cap. Troyes.
Vallage............... Joinville.
Bassigny............. Chaumont.
Sénonois............. Sens.

BRIE CHAMPENOISE.

Haute Brie.... capitale Meaux.
Basse Brie........... Provins.
Gallevèse............ Château-Thierry.

VII. Lorraine.

DUCHÉ DE LORRAINE.

Lorraine proprement dite.
  Bailliage de Nancy, capitale Nancy.
  B. de Rosières-aux-Salines. Rosières.
  Bailliage de Lunéville.... Lunéville.
  Bailliage de Noményю..... Noményю.
  Bailliage de Blamont..... Blamont.
  Bailliage de Veselise...... Veselise.

Lorraine allemande.
  Bailliage de Dieuze.... Dieuze
  Bailliage de Lixeim.... Lixeim.
  Princip. de Phalsbourg. Phalsbourg.
  Baill. de Château-Salins. Château-Salins.
  Bailliage de Fénestrange Fénestrange.
  Bailliage de Sarguemines. Sarguemines.
  Bailliage de Bitche..... Bitche.
  Bailliage de Boulay.... Boulay.
  Comté de Créange..... Créange.
  Bailliage de Schambourg Schambourg.
  Bailliage de Bouzonville. Bouzonville.
  Bailliage de Vaudrevange Sarre-Louis.
  Bailliage de Sargaw.... Schweling.
  Bailliage de Mertzig.... Mertzig.

Pays des Vosges.
  Bailliage d'Épinal...... Épinal.
  Bailliage de Saint-Dié.. Saint-Dié.
  Bailliage de Bruyères... Bruyères.
  Bailliage de Remiremont Remiremont.
  Bailliage de Darney.... Darney.
  Bailliage de Neufchâteau Neufchâteau.
  Bailliage de Mirecourt.. Mirecourt.
  Bailliage de Charmes... Charmes.
  B. de Châtel-sur-Moselle Châtel-s.-Mos
Principauté de Salm..... Salm.

DUCHÉ DE BAR OU BARROIS.

Barrois nouveau.
  Bailliage de Bar, capit. Bar-le-Duc.
  Bailliage de Marche... La Marche.
  Prévôté de Longwy.... Longwy.

Barrois ancien.
  Bailliage de Bourmont. Bourmont.
  Bailliage de Briey.... Briey.
  Bailliage de Longuyon. Longuyon.
  Bailliage de Villers.... Villers.
  Bailliage d'Étain..... Étain.
  Bailliage de Saint-Mihiel Saint-Mihiel
  Bailliage de Triaucourt Triaucourt.
  B. de Pont-à-Mousson. Pont-à-Mousson
  Bailliage de Commercy Commercy.
Pays Messin............ Metz.
Toulois............... Toul.

Verdunois.
  Prévôté de Verdun ... Verdun.
  Clermontois.......... Clermont.
  Prévôté de Stenay.... Stenay.
  Prévôté de Damvilliers. Damvilliers.
  Seigneurie de Jametz.. Jametz.
  Prévôté de Dun...... Dun.

VIII. Alsace.

BASSE ALSACE.

Partie du Wasgau, capit. Wissembourg.
Princip. de Lichtemberg. Lichtemberg.
Princip. de la Petite-Pierre. La Petite-Pierre.
Bailliage d'Haguenau.... Haguenau.
Évêché de Strasbourg ... Strasbourg.

HAUTE ALSACE.

Landgr. de la haute Alsace. Colmar.
Suntgau.............. Béfort.
République de Mulhausen Mulhausen [1].
Princip. de Montbéliard. Montbéliard.
Principauté de Mandeure Mandeure.

---

1. Réunie à la France en l'an VI.

IX. Bretagne.

HAUTE BRETAGNE.

Diocèse de Rennes. cap. Rennes.
Diocèse de Nantes...... Nantes.
Diocèse de Dol........ Dol.

MOYENNE BRETAGNE.

Diocèse de Saint-Brieux, c. Saint-Brieux.
Diocèse de Vannes...... Vannes.

BASSE BRETAGNE.

Diocèse de Tréguier, cap. Tréguier.
Dioc. de Saint Pol de Léon St Pol de Léon.
Pays de Cornouailles.... Quimper.

X. Maine.

HAUT MAINE. — Le Mans.

BAS MAINE. — Mayenne.

XI. Anjou.

HAUT ANJOU. — Angers.

BAS ANJOU. — Saumur.

XII. Touraine.

HAUTE TOURAINE. — Tours.

BASSE TOURAINE. — Amboise.

XIII. Orléanais.

Orléanais propre, capit.. Orléans.
Gatinais orléanais...... Montargis.
Puisaye............ Saint-Fargeau.

Beauce.

Pays Chartrain....... Chartres.
Dunois............ Châteaudun.
Vendômois......... Vendôme.
Blaisois........... Blois.
Sologne........... Romorantin.

XIV. Berri.

HAUT BERRI. — Bourges.

BAS BERRI. — Issoudun.

XV. Nivernais.

Vaux de Nevers, capitale Nevers.
Donziois........... Donzy.
Vallée d'Yonne........ Clamecy.
Vallée de Montoison.... Montoison.
Vallée des Amognes.... Montigny-s.-A.
Pays d'entre Loire...... St-Pierre-le-M.
Bazois............ Moulins-en-Gil.
Morvant........... Château-Chinon.

XVI. Bourgogne.

DIJONNAIS.

Dijonnais propre, capit. Dijon.
Auxonnais.......... Auxonne.
Lônois............ St-Jean-de-Losne.
Nuiton............ Nuits.
Beaunois.......... Beaune.

PAYS DE MONTAGNE.

Châtillonnais... capitale Châtillon-sur-S.
Duesmois.......... Duesme.
Comté de Bar........ Bar-sur-Seine.
AUXERROIS......... Auxerre.

AUXOIS.

Auxois propre, capit. Semur en Auxois.
Comté de Noyers.... Noyers.
Avallonnais........ Avallon.
Bailliage de Saulieu.. Saulieu.
Bailliage d'Arnay.... Arnay-sur-Auxois.

AUTUNOIS.

Autunois propre, cap. Autun.
Bailliage de Montcenis Montcenis.
B. de Bourbon-Lancy Bourbon-Lancy.

CHAROLLOIS. — Charolles.

BRIONNOIS. — Semur en Brionnois.

MACONNAIS. — Mâcon.

CHALONNAIS.

Pays de Montagne... Châlons-sur-Saône.
Bresse châlonnaise... Louhans.

BRESSE.

Capitale Bourg.

BUGEY.

Bugey propre....... Belley.
Valromey......... Châteauneuf.

PAYS DE GEX.

Capitale Gex.

PRINCIPAUTÉ DE DOMBES.

Capitale Trévoux.

XVII. Franche-Comté.

BAILLIAGE D'AMONT.

Prévôté de Faucogney, c. Faucogney.
Jud. de Luxeuil........ Luxeuil.
Prévôté de Jussey...... Jussey.
Bailliage de Gray...... Gray.
Bailliage de Vesoul..... Vesoul.
Prévôté de Montbozon.. Montbozon.
Prévôté de Montjustin... Montjustin.

Seigneurie de Lure...... Lure.
Bailliage de Baume..... Baume.

BAILLIAGE DU MILIEU.

Bailliage de Besançon, c. Besançon.
Bailliage d'Ornans...... Ornans.
Bailliage de Quingey.... Quingey.
Bailliage de Dôle....... Dole.

BAILLIAGE D'AVAL.

Bailliage de Salins, capit. Salins.
Bailliage d'Arbois...... Arbois.
Bailliage de Poligny..... Poligny.
Bailliage de Montmorot. Montmorot.
Bailliage d'Orgelet...... Orgelet.
Jud. de Saint-Claude.... Saint-Claude.
Bailliage de Pontarlier... Pontarlier.

XVIII. Poitou.

HAUT POITOU.

Haut Poitou propre, cap. Poitiers.
Loudunois............. Loudun.
Mirebalais............ Mirebeau.
Thouarsois............ Thouars.
Gastine............... Parthenay.
Niortois............... Niort.

BAS POITOU. — Fontenay.

XIX. Aunis.

Capitale la Rochelle.

XX. Marche.

HAUTE MARCHE. — Guéret.

BASSE MARCHE. — Bellac.

XXI. Bourbonnais.

HAUT BOURBONNAIS. — Moulins.

BAS-BOURBONNAIS. — Bourbon-l'Archamb.

XXII. Saintonge et Angoumois.

HAUTE SAINTONGE. — Saintes.

BASSE SAINTONGE. — Saint-Jean d'Angely.

ANGOUMOIS. — Angoulême.

XXIII. Limousin.

HAUT LIMOUSIN. — Limoges.

BAS LIMOUSIN. — Tulle.

XXIV. Auvergne.

BASSE AUVERGNE.

Basse Auvergne propre, cap. Clermont.

Pays de Combrailles....
  P. de Combrailles propre Évaux.
  Pays de Franc-Aleu.... Bellegarde.
Limagne............... Billom.
Livradois.............. Ambert.
Dauphiné d'Auvergne..... Vodable.

HAUTE AUVERGNE.

Haute Auvergne propre, c. Aurillac.
Pays de Carladez....... Vic en Carladez

XXV. Lyonnais.

Lyonnais propre, capitale Lyon.
Franc Lyonnais........ Neufville.

BEAUJOLAIS.

Capitale Villefranche.

FOREZ.

HAUT FOREZ. — Feurs.

BAS FOREZ. — Montbrison.

ROANNAIS. — Roanne.

XXVI. Dauphiné.

HAUT DAUPHINÉ.

Grésivaudan, capit. Grenoble.
Royanez.......... Pont en Royans.
Champsaur........ Saint-Bonnet.
Briançonnais..... Briançon.
Embrunois........ Embrun.
Gapençois........ Gap.
Les Baronnies.... Le Buis.

BAS DAUPHINÉ.

Viennois.. capitale Vienne.
Valentinois....... Valence.
Tricastinois....... St-Paul-trois-Châteaux.
Diois............. Die.
Princip. d'Orange.. Orange.

XXVII. Guienne

BORDELAIS.

Bordelais propre, capitale Bordeaux.
Médoc................ Lesparre.
Les Landes........... Le Barp.
Pays de Buch......... La Tête de Buch.
Pays de Born......... Parentis.
Benauge.............. Cadillac.
Entre-deux-Mers...... Créon.
Pays de Libourne..... Libourne.
Frousadois........... Fronsac.
Cubzagues............ Cubzac.
Pays de Bourges...... Bourg.
Blayois.............. Blaye.
Vitrezay............. Braud.

BAZADOIS.

BAZADOIS MÉRIDIONAL. — Bazas.
BAZADOIS SEPTENTRIONAL. — La Réole

PÉRIGORD.

HAUT PÉRIGORD. — Périgueux.
BAS PÉRIGORD. — Sarlat.

AGENAIS.

Capitale Agen.

QUERCY.

HAUT QUERCY. — Cahors.
BAS QUERCY. — Montauban.

ROUERGUE.

Le comté...... capitale Rhodez.
Haute Marche......... Milhaud.
Basse Marche......... Villefranche.

GASCOGNE.

CONDOMOIS. — Condom.
LE GABARDAN. — Gabaret.

CHALOSSE.

Chalosse proprement dite Saint-Sever.
Le Marsan............ Mont-de-Marsan.
Le Tursan............. Aire.

PAYS DES LANDES.

Vicomté de Dax, capitale Dax.
Vic. d'Orthe.......... Peyrehorade.
Duché d'Albret.
  Vicomté de Tartas... Tartas.
  Pays d'Auribat...... Saint-Geours.
  Duché d'Albret...... Albret.
  Pays de Marensin.... Castets.
  Pays de Marennes.... Saint-Geours.
Pays de Labour........ Bayonne.

BIGORRE.

La Plaine...... capitale Tarbes.
Le Rustan............. Saint-Séver.
La Montagne.
  Vallée de Lavedau... Lourdes.
  Vallée de Campan.... Campan.
  Vallée de Barèges.... Barèges.
  Vallée d'Azun....... Aucun.

ARMAGNAC.

Haut Armagnac, capitale Auch.
Bas Armagnac.
  Armagnac propre.... Nogaro.
  Pays de Rivière B.... Castelnau.
  Comté de Fezensac... Vic-Fezensac.
  Éauzan.............. Éauze.
  Pays de Gaure...... Fleurence.
  Brullois............. Leyrac.

Lomagne............ Lectoure.
Pays de Rivière V... Verdun.
Baronnies.......... Castelmairan.
Vic. de Fezenzaquet.. Mauvezin.
Comté de l'Ile-Jourdain. L'Ile-Jourdain.
Comté d'Astarac..... Mirande.
Quatre vallées.
  Vallée de Magnoac. Castelnau de M.
  Vallée de Neste.... La Barthe.
  Vallée d'Aure..... Arreau.
  Vallée de Barousse. Mauléon.
Nébouzan............ Saint-Gaudens.

COMMINGES.

Bas Comminges, capitale Lombez.
Haut Comminges.
  H. Comminges propre Saint-Bertrand.
  Vallée de Betmale.... Betmale.
  Vallée de Biros...... Sentein.
  Vallée de Luchon.... Bagnères de L.
  Vallée Oeil......... Bordères.
  Vallée de Loron..... Vieille.
  Vallée du Larboust... Oo.
Couserans............ Saint-Lizier.

XXVIII. Béarn.

Sénéchaus. de Pau, c. Pau.
Sénéch. de Morlaas . Morlaas.
Sénéchauss. d'Orthez. Orthez.
Sén. de Sauveterre.. Sauveterre.
Sénéchaus. d'Oleron. Ste-Marie-d'Oleron.
Vallée de Barretous. Aramitz.
Vallée d'Aspe...... Accoux.
Vallée d'Ossau..... Laruns.
Vallée d'Asson..... Asson.

BASSE NAVARRE.

Pays de Cize, capitale St-Jean Pied de P.
Vallée de Baigory... Saint-Étienne.
Vallée d'Ossès...... Ossès.
Pays d'Irrissary..... Irrissary.
Vallée d'Alberoue... La Bastide de C.
Pays mixte......... Saint-Palais.
Vallée d'Ostabarès... Ostabarès.
Soule............. Mauléon.

XXIX. Comté de Foix.

PARTIE HAUTE. — Foix.
PARTIE BASSE. — Pamiers.
DONNEZAN. — Quérigut.

XXX. Roussillon.

ROUSSILLON PROPRE. — Perpignan.
VALESPIR. — Prats de Mollo.
LE CONFLENT. — Villefranche.

Capsir. — Puyvalador.
Cerdagne française. — Mont-Louis.
Vallée de Carol. — Carol.

XXXI. Languedoc.

HAUT LANGUEDOC.

Toulousain.... capitale Toulouse.
Albigeois........... Albi.
Lauraguais.
   Haut Lauraguais.... Castelnaudary.
   Bas Lauraguais..... Lavaur.
Marquisat de Mirepoix Mirepoix.

BAS LANGUEDOC.

Razès.
   Razès propre, capit. Limoux.
   Pays de Sault...... Escouloubre.
   Pays de Fenouillèdes St-Paul de F.
Carcassez........... Carcassonne.
Comté de Narbonne.
   Narbonnais........ Narbonne.
   Pays de Thomières.. Saint-Pons.
   Minervois......... Minerve.
   Les Corbières...... Sigean.
   Thermenez........ Thermes.
Agadez............. Agde.
Vicomté de Béziers.... Béziers.
Vicomté de Lodève.... Lodève.
Comté de Montpellier. Montpellier.
Némozès.
   Gar. de Nimes..... Nimes.
   Gar. de Saint-Gilles. Saint-Gilles.
   Pl. de Fourques.... Beaucaire.
   Vaunage.......... Calvisson.
   Conroques M...... St-Geniès de M..
   Némozès Mer...... Aiguesmortes.

CÉVENNES.

Cévennes propres, cap. Alais.
Uzégeois.
   Haut............. Uzès.
   Bas.............. Pont-St-Esprit.
Vivarais.
   Bas.............. Viviers.
   Haut............. Annonay.
Velay.............. Le Puy.
Gévaudan........... Mende.

XXXII. Provence.

BASSE PROVENCE.

Sénéchaussée d'Aix... Aix.
Sénéc. de Draguignan. Draguignan.
Sénéchaussée d'Arles.. Arles.
Sénéch. de Marseille.. Marseille.
Sénéchaus. de Toulon. Toulon.
Sénéchaussée d'Hyères. Hyères.
Sénéch. de Brignolles. Brignolles.
Sénéchaussée de Grasse Grasse.

HAUTE PROVENCE.

Sénéch. de Castellanne Castellanne.
Sénéchaussée de Digne Digne.
Sénéch. de Sisteron... Sisteron.
Sénéch. de Forcalquier Forcalquier.
Comtat d'Avignon.... Avignon.
Comtat Venaissin..... Carpentras.
Vallée de Barcelonnette Barcelonnette.

ORGANISATION ADMINISTRATIVE.

Avant la révolution, la France, sous le rapport de l'administration civile, était divisée en

   32 intendances,
   26 généralités,
  118 élections,
  532 recettes particulières,
41,007 municipalités, tant villes que bourgs et villages,
   15 gouvernements pour les maisons royales et pour les îles et les colonies.

Les généralités étaient partagées elles-mêmes en subdélégations. Chaque province formait une généralité, gouvernée par un intendant qui représentait le roi, et était chargé de la justice, de la police et de la levée des impôts. Dans les pays d'États, qui jouissaient dans l'origine du privilége de lever en leur propre nom les impôts demandés par l'État, l'intendant leur communiquait le montant des sommes que la province devait payer, et ceux-ci, après en avoir pris connaissance, s'occupaient de les faire recouvrer.

Les pays d'États étaient les provinces de Languedoc, de Provence, de Bourgogne, d'Artois, de Flandre, le comté de Bigorre, le pays de Marsan, le vicomté de Nébouzan, les Quatre-Vallées, le pays de Soule, le Labour, le Béarn et la basse Navarre. On désignait sous le nom de Pays conquis les trois évêchés de Metz, Toul et Verdun, les provinces d'Alsace et de Roussillon, la Flandre française, le Hainaut et la Franche-Comté : quelques-unes de ces provinces avaient le droit de voter leurs impôts par l'organe de leurs états généraux, tandis que d'autres étaient imposées par la couronne; mais toutes étaient exemptes de la taille, impôt qui se levait sur la propriété foncière, sur les produits de l'industrie et du commerce, et dont étaient exemptes les terres du clergé et de la noblesse, si elles n'étaient pas engagées dans le commerce. Outre la taille, il y avait encore l'impôt des vingtièmes, la capitation, la ferme générale, la régie générale, la corvée, etc. L'impôt des vingtièmes fut établi pour la première fois en 1760; il s'élevait sur toute espèce de propriétés : le clergé seul en était exempté. La capitation se levait sur tous les Français; le clergé, la noblesse, le corps militaire même n'en étaient pas affranchis. La ferme générale n'était ni plus ni moins qu'une société de riches capitalistes contractant engagement avec le gouvernement pour affermer certains impôts; ils payaient annuellement au trésor une somme convenue, moyennant quoi ils avaient le privilége de percevoir les impôts, à la condition expresse que, quelle que pût être la recette versée à la société, elle ne devrait compte, dans tous les cas, au gouvernement que de la somme stipulée. Cette condition constituait la différence entre la Ferme générale et ce qu'on appelait la Régie générale, laquelle n'était exercée que pour le compte du gouvernement, qui bénéficiait ou perdait, selon les profits ou pertes réels : quelquefois cependant la régie avait droit à une part dans les bénéfices, et l'on disait alors que c'était une régie intéressée. Les revenus de la ferme générale étaient le produit d'un monopole dans la confection et la vente du sel et du tabac, du droit sur les exportations et les importations des marchandises et des produits coloniaux, et enfin du droit d'entrée à Paris sur tous les objets, droit appelé Octroi. La régie générale comprenait la perception de tous les droits appelés Aides, levés sur les liquides spiritueux, et sur d'autres articles de consommation : elle comprenait aussi la perception des droits imposés sur tous les articles façonnés en or et en argent, sur le fer, les cartes à jouer, les plumes, le papier, etc., etc. La corvée était un impôt excessivement onéreux pour les paysans; il consistait en un certain nombre de journées de travail par an, d'hommes, de chevaux, bœufs et voitures, et était nominativement applicable à la construction et à la réparation des chemins publics.

L'histoire des finances de l'ancienne monarchie révèle une longue période d'abus, cause principale qui la mit sans cesse en péril, et en a enfin précipité la chute. La diversité, l'inégale répartition des impôts, les priviléges de la noblesse et du clergé, l'ignorance des principes les plus élémentaires de l'économie politique dans l'application des taxes aux produits du commerce et de l'agriculture, l'absence de règles positives pour la fixation des dépenses publiques, l'appréciation des besoins généraux subordonnée tout entière à la seule volonté du ministre dirigeant l'emploi des deniers publics, sans autre garantie que la probité des ordonnateurs; tels étaient les éléments du système financier sur lesquels s'exerçait la juridiction des chambres des comptes du royaume.

Le revenu des citoyens était évalué sous Louis XIV,
en 1698, à 1,020,090,000
D'après M. Charles Dupin, il
était sous Louis XVI, en 1780, de 4,011,000,000
en 1790 de 4,655,000,000
sous le consulat, en 1800, de... 5,402,000,000
sous l'empire, en 1810, de..... 6,270,000,000
sous Louis XVIII, en 1820, de.. 7,362,000,000
sous Louis-Philippe, en 1830, de 8,800,000,000

Le revenu public était en
1514, sous Louis XII, de....... 7,750,000
1547, à la mort de François Ier 15,730,000
1557, sous Henri II............ 12,098,573
1560, sous François II......... 9,104,971
1574, sous Charles IX.......... 8,628,908
1581, sous Henri III, suivant Sully 31,654,400
1595, sous Henri IV, suivant Sully 62,156,250
1609, sous le même, suivant Sully 32,589,059
1640, sous Louis XIII, minist. de
  Richelieu.................... 162,364,492
1680, sous Louis XIV........... 154,978,481
1662, sous le ministère Colbert.. 87,602,807
1678, à la conq. de la Hollande 80,962,524
1685, à la révoc. de l'éd. de Nantes 124,296,635
1712, à l'époque de la bataille
  de Denain................... 246,794,174
1715, à l'avénement de Louis XV 165,596,792
1722, sous le système de Law .. 182,433,198
1734, sous le minist. de Fleury 253,794,618
1750, ... 249,352,706

Les dépenses étaient en
1609, sous Henri IV, minist. Sully 32,571,849
1642, sous Louis XIII, m. Richel. 117,597,600
1670, sous Louis XIV, m. Colbert 79,834,565
1678, à la conq. de la Hollande 105,604,687
1685, id. ministère Pelletier. 100,640,257
1699, id. id. id. 411,934,703
1715, à l'avénement de Louis XV 146,824,181
1722, système de Law........ 197,759,112
1734, sous le minist. de Fleury 240,392,582
1740, id. id. id. 197,362,038

A la mort de Louis XV, le revenu public s'élevait à 375,331,873 livres. Les engagements, malgré diverses banqueroutes que l'on s'était permises, s'élevaient à 190,858,531 livres. Les dépenses ordinaires de l'État étaient de 210,000,000. Total : 400,858,531 liv. Le revenu public ne s'élevant qu'à 375,331,873, l'excédant des dépenses sur les recettes était de 25,526,657 livres!

Les comptes présentés par le ministre Calonne, lorsqu'il proposa l'établissement de l'impôt territorial et du timbre, révélèrent un déficit de 110,000,000.

RECETTES ET DÉPENSES DE LA FRANCE PENDANT 1785.

RECETTES.

Contributions directes.

Deux vingtièmes et 4 sols pr. livre du revenu foncier	55,400,000 liv.
Troisième vingtième	21,500,000
Taille	91,000,000
Capitations	41,500,000
Imposition des pays d'États	2,000,000
Droits des mutations sur les charges	5,700,000
	217,100,000

Contributions indirectes.

Droits de contrôle des actes, de greffe, d'hypothèques, de centième denier, etc.	41,000,000
Droits de traite à l'entrée et à la sortie du royaume, droit sur les denrées à l'entrée de Paris	66,000,000
Vente du sel	70,000,000
Vente du tabac	30,000,000
Régie générale	51,500,000
Régie des poudres	800,000
Postes	10,300,000
Loterie	11,500,000
Ferme et messageries	1,100,000
Droits d'octroi	27,000,000

Droits divers.

Bénéfices sur la fabrication des monnaies	500,000
Corvée	20,000,000
Don gratuit du clergé	11,000,000
Frais de procédures, saisies, etc.	7,500,000
Droit de marc d'or ou chancellerie	1,700,000
Droits sur les consommations	10,500,000
Ferme de Poissy	1,100,000
Droits d'aides à Versailles	900,000
Imposition sur les maisons de Paris pour logement des Suisses, etc.	300,000
Droits perçus par les seigneurs engagistes	2,500,000
Impôts levés en Corse	600,000
Impôts divers	11,300,000
Total des recettes	599,900,000

Toutefois, si l'on ne consultait que cet état, on n'aurait qu'une idée fort imparfaite des charges de la France; pour approcher de la vérité, il faut y joindre les immenses bénéfices des fermiers généraux; la dîme levée par le clergé, et qui n'était pas au-dessous de 70 millions; les droits exigés, sous tous les noms, sous toutes les formes, par les seigneurs et les pays d'États. Si l'on additionne toutes ces charges, qui ne s'élevaient pas à moins de deux cents millions, on trouvera que la France payait, à cette époque, huit cents millions d'impôts de toute espèce, dont la noblesse fournissait une faible partie, le clergé environ 21 millions, et le tiers état tout le reste!

DÉPENSES.

Intérêt de la dette publique	207,000,000
Intérêt de la dette flottante	27,000,000
Pensions	28,000,000
Armée	105,600,000
Marine et colonies	42,200,000
Relations extérieures	8,500,000
Dépenses de la famille royle	30,300,000
Écoles de peinture	3,200,000
Frais de perception des revenus	58,000,000
Salaires des fonctionnaires publics	13,400,000
Dépenses de police	2,100,000
Entretien des pavés	900,000
Administration de la justice	2,400,000
Id. de la gendarmerie	4,000,000
Prisons	400,000
Donations	4,800,000
Dépenses ecclésiastiques	1,600,000
Salaires des employés du trésor	2,600,000
Indemnité du service des postes	400,000
Primes au commerce	800,000
Haras royaux	800,000
Rente de l'université	600,000
Dépenses des diverses académies	300,000
Bibliothèque du roi	100,000
Jardin du roi	72,000
Imprimerie royale	200,000
Réparation des cours de justice	800,000
Intendants des ports	450,000
Allocation à l'ordre du St-Esprit	600,000
Dépense de la Corse	800,000
Construction et réparation des routes	20,000,000
Hôpitaux	26,000,000
Dépenses diverses	15,778,000
Total des dépenses	612,500,000

À l'ouverture des états généraux, en 1789, les comptes détaillés du trésor pour l'année courante, présentés par Necker, offraient le résultat suivant : la dette publique s'élevait à 3,090,000,000. Les dépenses prévues avaient été fixées à 531,444,000. Toutes les recettes réunies et prévues ne s'élevaient qu'à 475,294,000 livres; de sorte que l'excédant de la dépense sur la recette, ou le déficit, était de 56,150,000 livres.

En 1789, la situation des finances présentait un arriéré de douze ans : les comptes du trésor royal, ceux des domaines, ceux des diverses trésoreries, des régies et administrations financières, présentaient l'image de la confusion et du chaos. Les recettes générales des finances étaient arriérées de quatre à cinq ans. Les revenus patrimoniaux des villes étaient dans la gestion des intendants de provinces, qui s'étaient attribué le droit de les arrêter en grande partie; et les mêmes intendants en laissèrent entraîner les comptes dans le torrent de l'arriéré. La plupart des villes avaient été forcées de se jeter dans les voies onéreuses de l'emprunt; elles ne connaissaient plus leur propre situation; elles dépensaient et empruntaient sans mesure; de sorte que les revenus étaient inférieurs aux dépenses, et même aux intérêts des emprunts [1].

ORGANISATION JUDICIAIRE.

En 1789, l'administration de la justice en France était rendue par

1 conseil d'État,
1 grand conseil,
1 chancelier,
1 garde des sceaux,
1 tribunal des maréchaux de France,
1 prévôté de l'hôtel du roi,
13 parlements,
79 maîtres des requêtes,
2 conseils supérieurs,
18 cours des aides,
12 chambres des comptes,
4 conseils souverains,
20 grands maîtres des eaux et forêts.
20 tables de marbre jugeant les procès tant civils que criminels concernant les eaux et forêts.
26 bureaux des trésoriers de France établis dans chaque généralité, pour l'exécution des lois et la répression des délits concernant la voirie.
32 cours des monnaies où l'on battait monnaie,
15 villes où il y avait seulement une juridiction des monnaies,
829 sièges ou juridictions immédiates, présidiaux, sénéchaussées, bailliages, et autres sièges royaux, qui ressortissaient aux parlements et conseils supérieurs,
1 prévôté de Paris, appelée le Châtelet, qui se divisait en quatre chambres,
52,000 justices particulières des seigneurs, des lieutenants généraux de police,
des juridictions consulaires dont les magistrats, choisis parmi les principaux marchands et négociants, avaient dans leurs attributions les affaires de commerce.

Des tribunaux ecclésiastiques, connus sous le nom d'officialités, étaient établis dans chaque diocèse, et connaissaient des plaintes des curés destitués par leur évêque, des religieuses qui prétendaient avoir été forcées à prononcer leurs vœux, etc., etc.

Chaque classe de citoyens, chaque espèce de métier, chaque genre de délit, avait en outre son code, son tribunal et ses juges, et cela s'étendait à l'infini.

Les treize parlements étaient ceux de

Paris, créé par Philippe le Bel en 1302
Toulouse, par Charles VII en.... 1437
Grenoble, par le même en...... 1453
Bordeaux, par Louis XI en..... 1462
Dijon, par le même en........ 1476
Rouen, par Louis XII en....... 1499
Aix, par le même en.......... 1501
Dombes, par François Ier en.... 1533
Bretagne, par Henri II en...... 1553
Pau, par Louis XIII en........ 1620
Metz, par le même en......... 1633
Besançon, par Louis XIV en.... 1674
Tournai [1], par le même en...... 1686

---

[1]. Maffioli, Essai d'un projet de loi de réorganisation de la Cour des comptes; in-8°, 1836, page XXII.

[1]. Ce parlement fut transféré à Douai en 1709, époque où Tournai fut enlevé à la France.

Il y avait en France 490 coutumes et différents poids et mesures. Tous les parlements jugeaient d'après le droit romain dans les provinces où il était suivi, ou d'après les coutumes articuliers. Lorsque les coutumes étaient muettes, le droit romain était appliqué. Le droit romain et les coutumes avaient été modifiés en des points nombreux par les ordonnances, édits et déclarations royales qui avaient force de loi, et étaient exécutés dans la juridiction des cours supérieures où ils avaient été enregistrés.

ORGANISATION ECCLÉSIASTIQUE.

Sous l'ancien régime, on comprenait sous la dénomination de clergé toutes les personnes consacrées aux fonctions du culte par la cléricature ou par la profession religieuse. Quoique tous les ecclésiastiques fussent considérés comme faisant un même corps, dans une acception particulière le mot clergé ne signifiait ordinairement que le haut clergé, c'est-à-dire, les cardinaux, les archevêques, évêques et autres prélats. On distinguait le clergé séculier et le clergé régulier : le clergé séculier se composait des archevêques et évêques, des chanoines de chapitres, chapelains, prêtres habitués des paroisses, ecclésiastiques des collèges et des séminaires, curés des villes, bourgs et villages, et de leurs vicaires; le clergé régulier se composait des abbés, prieurs et religieux des deux sexes, vivant dans les couvents et gardant la clôture.

Le clergé était le premier ordre du royaume, partout il avait le pas sur les laïques. Dans l'assemblée des états généraux, il présidait la noblesse. Le clergé avait huit chambres supérieures ecclésiastiques, savoir : Paris, Tours, Lyon, Rouen, Toulouse, Bourges, Bordeaux, Aix. Les grandes assemblées ordinaires du clergé se tenaient régulièrement tous les dix ans depuis 1606. Les petites assemblées ordinaires se tenaient tous les cinq ans depuis 1625; on ne devait s'y occuper que de l'examen des comptes, des décimes et du don gratuit. Les assemblées extraordinaires étaient celles qui se tenaient pour des affaires imprévues et d'importance, telles que des affaires générales de l'Église de France, ou des matières concernant la religion, les mœurs ou la discipline.

Par le mot chapitre on entendait une communauté d'ecclésiastiques qui desservaient une église cathédrale ou collégiale, ou une abbaye ou prieuré de filles dont la communauté était composée de chanoinesses; on entendait aussi par ce mot une assemblée que tenaient les chanoines, les ordres religieux, pour délibérer de leurs affaires ou dresser des règlements de discipline. — L'abbaye était un monastère d'hommes ou de filles, érigé en prélature, et régi par un abbé ou une abbesse : les abbayes étaient en règle ou en commande séculière, ou absolument sécularisées; les abbayes en règle étaient ou électives ou à la nomination du roi; les abbayes de filles étaient toutes électives. Les abbés devaient laisser aux religieux le tiers du revenu de leur abbaye, exempt de toute charge. Le revenu se partageait en trois lots, savoir : le premier pour l'abbé, le second pour les religieux, et le troisième pour les réparations. — Les curés étaient des prêtres pourvus en titre d'une cure ou d'une paroisse pour en avoir soin. Quant au spirituel, on donnait ordinairement le nom de prieur-curé, ou simplement de prieur, aux religieux pourvus d'une cure dépendante d'un ordre régulier.

La France était autrefois divisée en dix-huit provinces ecclésiastiques, dont la circonscription formait un archevêché, et en 118 diocèses ou évêchés. Le clergé de France, jusqu'à l'époque de 1789, était composé ainsi :

18 archevêchés.
118 évêchés, plus 5 évêques-titulaires dans l'île de Corse, et 6 évêques *in partibus*. On comptait 5 cardinaux dans le nombre des archevêques et évêques.
679 chapitres.
12 chapitres nobles.
16 maisons chefs d'ordre et de congrégations, contenant 1,120 ind.
625 abbayes d'hommes en commande, renfermant............ 6,000
115 abbayes d'hommes en règle............ 1,200
253 abbayes de filles.... 10,120
64 prieurés de filles.... 2,560
24 chapitres de chanoinesses............ 600
655 chapitres de chanoines 11,853
Bas-chœur......... 13,000
Enfants de chœur... 5,000
Prieurs ou chapelains. 27,000

40,000 paroisses	40,000
Vicaires	50,000
178 command. de Malte	178
Chevaliers de Malte	500
2 couvents de religieuses chevalières de Malte	28
Ecclésiastiques qui n'étaient attachés à aucun bénéfice ni à aucunes fonctions	100,000
Religieux rentés	32,600
Religieux anciens mendiants presque tous rentés	13,500
Carmes, augustins, et jacobins réformés	9,500
Capucins, récollets, et Picpus, réformés sans revenus	21,000
Minimes	2,500
Ermites sans revenus	500
Religieuses augustines	15,000
Id. bénédictines	8,000
Id. de l'ordre de Cîteaux	10,000
Id. de Fontevrault	1,500
Id. de St-Dominiq.	4,000
Id. de Ste-Claire	12,500
Id. Carmélites	300
Id. Ursulines	9,000
Id. Visitandines	7,000
Id. Vivant d'aumônes	2,000

Le nombre des individus de l'un et de l'autre sexe composant le clergé était donc de 418,195. Quand l'Assemblée constituante supprima les ordres religieux et déclara les biens du clergé propriété nationale, on inscrit sur les registres du trésor, comme ayant droit à la pension qu'on leur faisait en échange de ces biens, 114,000 ecclésiastiques, parmi lesquels il y avait 19,000 religieux et 32,000 religieuses de tous les ordres.

L'universalité des revenus de l'ordre ecclésiastique se montait à environ 142 millions, répartis ainsi qu'il suit :

Émoluments des curés	60,000,000
Revenu des archevêchés et évêchés	5,000,000
Revenu des abbayes d'hommes	5,000,000
Revenu des abbayes de femmes	2,000,000
La dîme était évaluée à	70,000,000
	142,000,000

ORGANISATION MILITAIRE.

Gouvernement militaire.

41 gouverneurs généraux,
60 lieutenants généraux des provinces,
11 gouverneurs généraux et commandants particuliers pour les colonies,
13 gouverneurs des maisons royales,
522 commandants de places fortes ou gouverneurs pour le roi,
408 gouverneurs de places,
139 commandants de places,
173 lieutenants du roi dans les places,
215 majors,
728 autres officiers commandants des états-majors de places,
31 départements de maréchaussée,
520 résidences de maréchaussée,
16 maréchaux de France,
218 lieutenants généraux des armées,
526 maréchaux de camp,
296 brigadiers d'infanterie,
114 brigadiers de cavalerie,
48 brigadiers de dragons,
1 colonel général des Suisses,
1 colonel général de l'infanterie,
1 colonel général de la cavalerie légère,
2 colonels généraux des dragons.

Armée.

11 maréchaux de France,
176 lieutenants généraux,
770 maréchaux de camp,
113 brigadiers d'infanterie,
52 brigadiers de cavalerie,
17 brigadiers de dragons,
105 régiments d'infanterie,
12 régiments d'infanterie légère,
25 régiments de cavalerie,
6 régiments de hussards,
18 régiments de dragons,
12 régiments de chasseurs,
12 régiments de provinciaux,
1 corps royal du génie, composé de 329 officiers,
1 corps royal d'artillerie, composé de 7 régiments, 6 compagnies de mineurs et 9 d'ouvriers,
4 compagnies de gardes du corps,
1 compagnie de Cent-Suisses,
1 compagnie des gardes de la prévôté de l'hôtel,
1 compagnie des gardes de la porte,
1 compagnie de gendarmes du roi,
Des chevau-légers de la garde du roi,
Des mousquetaires,

1 compagnie de grenadiers à cheval,
2 régiments de gardes françaises,
2 régiments suisses,
34 compagnies de maréchaussée.

Paris avait aussi un corps de cavalerie et un guet à pied affectés pour sa garde.

Marine.

L'armée de mer était composée de :
- 1 conseil de marine,
- 1 amiral,
- 3 vice-amiraux,
- 14 lieutenants généraux,
- 39 chefs d'escadre,
- 1 secrétaire général de la marine,
- 3 intendants de la marine,
- 1 intendant des armées royales,
- Des inspecteurs généraux,
- 42 commissaires généraux des ports et arsenaux de la marine,
- 10 intendants et commissaires généraux dans les colonies,
- 1 commissaire général des colonies,
- 1 procureur général au conseil pour les prises,
- 38 chefs de division, capitaines de vaisseau,
- 68 capitaines de vaisseau en activité,
- 19 capitaines de vaisseau en non-activité,
- 95 majors de vaisseau,
- 633 lieutenants de vaisseau,
- 426 sous-lieutenants de vaisseau,
- 4 ingénieurs en chef,
- 4 ingénieurs sous-directeurs,
- 30 sous-ingénieurs,
- 40 ingénieurs et sous-ingénieurs constructeurs.
- 1 corps royal de canonniers-matelots,
- 1 corps de canonniers-gardes-côtes.

ORDRES PRIVILÉGIÉS.

Avant 1789, il y avait en France des ducs, des comtes, des vicomtes, des marquis, des barons, etc.; des chevaliers de l'ordre de Malte, ou des chevaliers hospitaliers de Saint-Jean de Jérusalem ; des chevaliers de Saint-Lazare et de Notre-Dame du Mont-Carmel; des chevaliers de Saint-Michel ; des chevaliers du Saint-Esprit; des chevaliers de l'ordre de Saint-Louis ; un ordre militaire en faveur des officiers étrangers et protestants, qui ne pouvaient être admis aux autres ordres en France.

Il y avait encore 206 secrétaires du roi, 46 secrétaires honoraires, dont les brevets procuraient la noblesse par suite des temps.

On comptait en France 60,000 fiefs, et 365,000 familles nobles, dont 4,120 d'ancienne noblesse.

ÉTAT MODERNE.

TOPOGRAPHIE.

La France, un des pays de la zone tempérée de l'Europe, est comprise entre 42° 20′ et 51° 5′ de latitude septentrionale, et entre 7° 9′ de longitude occidentale et 5° 56′ de longitude orientale.

Étendue. — Sa plus grande longueur, du nord au sud (de Dunkerque à Perpignan), est de 225 lieues; sa plus grande largeur, de l'est à l'ouest (de Strasbourg à Brest), est de 206 lieues ; sa moindre largeur, entre la Rochelle et le Pont-de-Beauvoisin, est de 163 lieues. Sa superficie est de 53,452,600 hectares, correspondant à 35,172 lieues de 2000 toises.

Limites. — Ses bornes sont : au nord-ouest, le canal de la Manche; au nord-est, la Belgique, les provinces rhénanes de la Bavière et de la Prusse; à l'est, le grand-duché de Bade, la Suisse et les États sardes, dont elle est séparée par le Rhin, le mont Jura, les Alpes et le cours inférieur du Var; au sud, la Méditerranée; au sud-ouest, les monts Pyrénées et le cours inférieur de la Bidassoa, qui la séparent de l'Espagne; à l'ouest, l'océan Atlantique.

Frontières.—De la mer du Nord au Rhin, la frontière française a 182 lieues de développement, dont 138 sont communes à la Belgique et au Luxembourg, et 44 à la Bavière rhénane ; 19 grandes voies de com munication existent de ce côté entre la France et les États limitrophes. Le cours du Rhin forme la limite orientale de la France, dans une longueur de 45 lieues, depuis l'embouchure de la Lauter jusqu'à une demi-lieue de Bâle; à partir de ce point jusqu'à l'embouchure du Var, le développement de cette partie de la frontière est de 188 lieues; onze grandes communications sont ouvertes dans cet intervalle. Depuis l'embouchure du Var jusqu'au cap Cerbères, sur la frontière d'Espagne, la France est baignée par la Méditerranée dans un espace de 150 lieues: Antibes, Cannes, Fréjus, Saint-Tropez, Toulon, la Ciotat, Marseille, Agde, Cette, Collioure et Port-Vendres, sont les ports ou places maritimes notables de cette côte. Du côté du sud-ouest, la frontière est entièrement formée par les monts Pyrénées, dont la ligne présente un développement de 145 lieues, depuis le cap Cerbères jusqu'à l'embouchure de la Bidassoa. Un grand nombre de communications existe dans l'étendue de cette chaîne; les passages les plus notables sont au nombre de 26, savoir: le col de Perthus, de Perpignan à Figuères, défendu par le fort de Bellegarde; le col d'Aria, de Prats de Mollo à Campredon; le col de la Perche, défendu par le fort Mont-Louis; le col de Puy-Morens, d'Ax à Puycerda; le port de Siguier, de Tarascon à Andorre; le port de Rat, peu à l'ouest du précédent; le port de Tabascain, de Vic-Dessos à Tirbes; le port de Salat, de Seix à Tirbes; les ports d'Aula et de Pereblanque, vers les sources de la Noguera et de la Garonne; le port de Vielle, dans le sud du val d'Aran; le port de la Picade, au sud-est de Bagnères de Luchon; le port de Venasque, au sud-ouest de la même ville; les ports de la Glère, d'Oo, de Clarabide, de Lopez et de Plau, à l'ouest des sources de la Neste; les ports de Bielsa et de Pinède au nord-est du gave de Pau; la Brèche de Roland et le port de Gavarnie; le port de Cauterèz d'Argellez à Jaca; le port de Salient, au sud du pic du Midi; le port d'Anso, aux sources de la Veral; enfin, le passage de Saint-Jean Pied de Port au port de Roncevaux. Entre l'embouchure de la Bidassoa et le cap Finistère, la côte présente un développement de 233 lieues, et offre les places ou ports maritimes de Saint-Jean de Luz, Bayonne, la Rochelle, les Sables d'Olonne, Vannes, Lorient, Brest, Bordeaux, Rochefort et Nantes. Depuis le cap Finistere jusqu'à Dunkerque, la côte nord et nord-ouest, baignée par la Manche, le Pas-de-Calais et la mer du Nord, présente un développement de 230 lieues; les places maritimes sur cette étendue sont Morlaix, Saint-Malo, Cherbourg, le Havre, Dieppe, Boulogne, Calais et Dunkerque. En résumé, le pourtour des frontières est de 1,173 lieues, dont 613 de côtes et 560 de frontières intérieures.

Côtes. — La partie orientale des côtes de la Méditerranée est escarpée et semée d'îlots; la partie occidentale, au contraire, est basse et marécageuse; entre ces deux parties sont les Bouches-du-Rhône, entièrement formées de terrains d'alluvion. De Dunkerque à l'embouchure de la Somme, les bords de la mer n'offrent que des dunes qui retiennent les eaux, les empêchent de couvrir les terres qui sont au-dessous de leur niveau; les débris de ces colonnes sablonneuses, poussés par les vents, encombrent les ports de cette partie de la côte et font qu'ils n'offrent que peu de ressource à la navigation. Des falaises composées de marne et de silex, recouverts de glaise et de grès, se rencontrent dans l'embouchure de la Somme et celle de la Seine, et des rochers plus ou moins avancés dans la mer y laissent apercevoir la base d'anciennes falaises emportées par les eaux. De la Seine à l'embouchure de la Vire, l'accès des côtes est généralement difficile à cause des rochers à fleur d'eau et des amas de galets qu'elles présentent. Le reste du littoral, baigné par la Manche, est très-sinueux et hérissé de rochers sur plusieurs points; beaucoup d'îlots rocheux y témoignent de la violence des flots qui les ont séparés du continent; et des étangs, ainsi que des marais, notamment ceux de Dol, attestent les irruptions de la mer; l'embouchure de la Seine et le golfe entre la presqu'île du Cotentin et celle de Bretagne sont les enfoncements les plus apparents de ce point. Au sortir de la Manche, la côte est très-découpée et très-élevée; des rochers énormes s'avancent et la défendent en partie de la force des coups de mer; on y remarque la rade de Brest et la baie de Douarnenez. Depuis l'embouchure du Blavet jusqu'à la Gironde, l'Atlantique a laissé sur le rivage des traces de son séjour; les marais du Morbihan, de la Vendée, des Deux-Sèvres et de la Charente-Inférieure en sont des preuves irrécusables[1]. Sur cette

---

[1] L'explication de ces faits géologiques se trouvera consignée avec de grands développements dans la statistique du département de la Vendée que publient MM. Rivière et Cavoleau.

côte, en partie sablonneuse, les atterrissements forment beaucoup d'îles et ne tarderont pas à en joindre quelques-unes au continent ; les baies de Quiberon et de Bourgneuf, les embouchures de la Loire, de la Sèvre Niortaise et de la Charente, et la Gironde, y forment des échancrures prononcées. Au sud de cette dernière, le littoral décrit une partie du golfe de Gascogne, et est couvert de dunes au milieu desquelles sont des étangs et de bons pâturages ; au delà de ces dunes se trouvent les landes.

Iles. — La Méditerranée offre plusieurs groupes d'îles dignes d'attention : les îles Sainte-Marguerite et Saint-Honorat, vis-à-vis de Cannes ; les îles d'Hyères, non loin de la ville de ce nom ; les petites îles de Ratoneau, Pomègue, le Maire, Jaros et Riou, près de Marseille ; et l'île de Corse qui, comme département, aura sa description particulière. Diverses îles se trouvent aussi sur les côtes de l'Océan : tels sont l'îlot sur lequel est élevée la tour de Cordouan, à l'embouchure de la Garonne ; les îles d'Oléron, de Ré, d'Yeu, de Noirmoutiers, entre la Garonne et la Loire ; Belle-Ile, vis-à-vis de la presqu'île de Quiberon ; Croix, vis-à-vis de Lorient ; les îles de Glenan, vis-à-vis de Concarneau ; les îles de Sein et celles d'Ouessant, au nord-ouest de Brest ; les îles de Bas, de la Maloine, les Sept-Iles, et l'île de Bréhat, sur les côtes de la Manche.

Lignes de partage d'eaux. — Ainsi que les grands Etats de l'Europe, la France est traversée par la ligne de faîte qui, partant des monts élevés de Chemokonski, situés entre les sources du Volga et de la Dwina, et se prolongeant jusqu'à l'extrémité sud de l'Espagne, divise en deux versants généraux, l'un au nord-ouest et l'autre au sud-est, les territoires de cette partie du monde. Cette grande dorsale européenne entrant en France par 47° 30', s'élève d'abord au nord avec le Jura, et après avoir projeté dans la même direction la courte mais forte branche des Vosges, s'avance ensuite vers l'ouest avec les monts Faucilles, d'où, se retournant ensuite brusquement au sud, elle va par le plateau de Langres, la Côte-d'Or, la longue chaîne des Cévennes, continuer à l'ouest, en s'y réunissant, les Pyrénées centrales et occidentales, et entrer en Espagne aux sources de l'Heure-Peleca et de l'Agra.

L'espace compris entre les Cévennes et les Alpes Graïes et Cottiennes forme le bassin du Rhône, qui, descendant des glaciers du mont de la Fourche, en Suisse, traversant le lac de Genève, et forçant le passage entre les Alpes et le Jura, se retourne de l'est à l'ouest pour recevoir l'Ain, et à la vue de Lyon la Saône, et qui, reprenant ensuite sa direction du nord au midi, et après avoir reçu l'Isère, la Drôme, le Roubion, l'Ardèche, la Cèze, et sous les murs d'Avignon la fougueuse Durance, le Gard, vient, après un cours de 120 lieues en France, et de 180 lieues en totalité, se perdre par sa double embouchure dans la Méditerranée. Le bassin du Rhône s'agrandit encore, pour ainsi dire, à l'est, du bassin côtier du Var, que forment à leur point de rencontre les Alpes Cottiennes et les Apennins ; à l'ouest, du bassin de l'Aude et de l'Hérault, et de ceux de l'Agly et du Tet, que voit naître de ses flancs la chaîne des Cévennes avant de se réunir aux Pyrénées ; le bassin du Rhône est à peu près entièrement compris dans le territoire français, et forme, avec ces bassins secondaires, le versant total de la Méditerranée.

Revenant sur nos pas, nous retrouvons cette première branche que la dorsale, avant de se retourner vers le sud, pousse à droite vers le nord, et qui, sous le nom de Vosges, en formant à l'ouest la partie du bassin du Rhin qui se trouve sur la France, vient se terminer en forme de cap, au point où ce fleuve, après avoir borné le territoire français depuis Huningue jusqu'au-dessous de Lauterbourg, et avoir reçu de ce côté la rivière d'Ill, se retourne vers le nord-ouest bien au-dessus des limites de ce royaume, pour venir se perdre dans la mer du Nord.

Nous portant sur la gauche, et indépendamment de cette première branche, nous voyons les monts Faucilles, ce grand chaînon de la dorsale, pousser encore, comme d'un large tronc, trois branches principales, dont la première, se prolongeant du sud-est au nord-ouest par les monts de la Moselle, ouvre, en s'inclinant à gauche, une vallée spacieuse qui recevrait le nom de bassin, si cette dénomination n'était spécialement affectée dans notre système à ces grandes dépressions du sol où coulent les fleuves qui se rendent à la mer, et du fond de laquelle surgit la Moselle, qui, portant la vie sur la moitié de son cours irrégulier dans trois des plus riches départements de la France, va se jeter dans le Rhin sous les murs de Coblentz, après un développement total de plus de 80 lieues.

A l'ouest de cette première branche des monts Faucilles, une seconde branche qui, sous le nom de monts d'Argone et d'Ardennes occidentales, la suit parallèlement jusqu'aux limites du territoire français, ne s'en éloigne que d'environ une lieue et demie pour livrer un étroit bassin à la Meuse qui, prenant sa source dans les monts Faucilles, reçoit, après un cours de 100 lieues sur la France, et au delà de ses frontières, les eaux de la Sambre, et vient se jeter dans la mer à peu de distance des plages où se perd le Rhin.

La même branche, s'écartant ensuite brusquement de la première et se dirigeant du sud à l'ouest jusqu'aux sources de la Sambre, ouvre, à cette hauteur, par une triple ramification, au nord le bassin de l'Escaut, qui coule du sud au nord sur 20 lieues de longueur, et le bassin de l'Aa, qui n'est séparé du précédent que par un léger rameau; au midi, celui de la Somme qui, après un cours de 50 lieues, va se jeter dans la mer au-dessous de Saint-Valery; et enfin enceint au nord par sa longue projection, le vaste bassin de la Seine qui, prenant sa source en Bourgogne près du village de Chanceaux, se dirige d'abord du sud au nord, et ensuite de l'est à l'ouest, reçoit à droite la rivière d'Aube, près de Marcilly, à gauche celle d'Yonne, à Montereau, puis à droite la Marne, à peu de distance au-dessus de Paris, et au-dessous, encore à droite, l'Oise à Conflans-Sainte-Honorine; enfin, à gauche, l'Eure, aux Damps, près de Pont-de-l'Arche, et vient se rendre dans l'Océan au Havre, après un cours de 160 lieues.

Du plateau de Langres, prolongement méridional des monts Faucilles, s'élève, entre les sources de l'Armançon et de l'Ouche, la troisième branche qui, après s'être infléchie d'abord vers le sud-ouest, se dirige ensuite du sud-est au nord-ouest sur cent lieues de longueur par les monts du Morvan, le plateau d'Orléans et les montagnes de Normandie et d'Arrée, jusqu'au-dessus des sources de la Sarthe et de la Rille, et, après avoir projeté, en s'épanouissant, six rameaux, au nord jusqu'à Honfleur, au nord-ouest jusqu'à la pointe de la Hougue, à l'ouest d'une part jusqu'au Conquet, et de l'autre jusqu'à la pointe du Raz, et au midi, d'abord jusqu'à Sarzeau, et ensuite jusqu'à Saint-Nazaire, se termine en donnant naissance aux six bassins côtiers de l'Orne, de la Selune, de la Rance, de l'Aulne, du Blavet et de la Vilaine; enfin, cette même branche, en fermant sur sa longue étendue le bassin de la Seine, borne au nord celui de la Loire, ce grand fleuve qui, prenant sa source dans les montagnes du Vivarais, appendice des Cévennes, au mont Gerbier, près Sainte-Eulalie (Ardèche), reçoit successivement, à gauche, les rivières de l'Allier, du Cher, de l'Indre, de la Vienne et de la Thouet, prend à droite la Mayenne grossie de la Sarthe, ensuite, à gauche, le Layon et la Sèvre Nantaise, enfin, à droite, l'Erdre, et, après un cours de 220 lieues, va porter à la mer le tribut de ses ondes, entre Paimbœuf et Saint-Nazaire, à 12 lieues au-dessous de Nantes.

Toujours à l'est, mais plus au midi des monts élevés de l'Auvergne, qui ne se lient aux Cévennes, ce long chaînon de la dorsale, que par la montagne de la Margeride, près des sources de l'Allier, se projette du mont Dore une branche qui, se prolongeant par les montagnes du Limousin, le mont Jargean et le plateau de Gatine, borne dans son développement, par son versant septentrional, le bassin de la Loire, et par son versant méridional celui de la Garonne, puis se divise aux sources de la Tardoire, affluent de la Charente, en deux rameaux extrêmes, pour ouvrir le bassin côtier de la Charente.

Cette rivière qui, de Cheronac, sur les confins de l'Angoumois, à trois lieues nord-ouest de Rochechouart, se développe, dans son cours sinueux, sur 80 lieues de longueur, se jette dans la mer à quelques lieues au-dessous de Rochefort, après s'être grossie des eaux de la Boutonne.

Enfin, tout à fait au midi, les derniers chaînons de la dorsale, qui se composent, sous le nom de Cévennes, des montagnes du Vivarais, du Gévaudan, des Garigues, de celles de l'Orb, des monts d'Espinouse, des montagnes Noires et du coteau de Saint-Félix, en se réunissant aux Pyrénées centrales, ferment, par leurs parois du nord, le large bassin de la Garonne, qui, divisé un moment à son origine par la courte branche qui, partant du Plomb du Cantal, sépare les sources de la Dordogne et du Lot, n'est plus resserré à l'ouest, à son extrémité, que par le faible rameau qui, s'élevant des Pyrénées, entre les sources de la Garonne et celles de l'Adour, non loin du pic du Midi, forme, au-dessous des sources de l'Estampon et du Ciron, par sa bifurcation, au nord le bassin côtier du Leyre et des côtes des Landes, et au midi celui de l'Adour.

Plusieurs rivières importantes sillonnent par leur cours rapide le bassin de la Garonne : la Dordogne entre autres, par son développement de près de 100 lieues, pourrait disputer le nom de fleuve, mais, tributaire de la Garonne, à laquelle elle se joint au bec d'Ambès, elle laisse cet honneur à ce beau fleuve qui, prenant sa source au pied des Pyrénées, s'enrichit sur son cours de 140 lieues, à droite, des eaux du Salat, de l'Ariége, du Tarn grossi de l'Aveyron; à gauche, du Gers et de la Bayse; de la Save encore à droite, du Lot, et au-dessous de Bordeaux, de la Dordogne elle-même. Ce fleuve, changeant alors son nom en celui de Gironde, va enfin se rendre à la mer, non loin des rochers sur lesquels s'élève la tour de Cordouan.

Descendant ensuite vers le midi, on trouve le Leyre qui prend sa source près de Tauriot, et va se perdre, après un cours de 18 lieues, dans le bassin d'Arcachon; et enfin, plus au midi encore, à une lieue au-dessous de la ville de Bayonne, l'embouchure de l'Adour qui, prenant sa source dans les Pyrénées, au pic du Midi, se grossit dans son cours de 50 lieues de longueur, à droite, des eaux de la Midouze, et à gauche de celles du Gave de Pau, de la Bidouze et de la Nive.

Telle est la constitution physique et la disposition des différentes chaînes de montagnes qui divisent la France en plusieurs bassins, dans lesquels coulent autant de fleuves et une multitude de rivières qui fécondent les diverses contrées de ce grand pays, et offrent dans tous les sens à l'agriculture, à l'industrie et au commerce, des moyens aussi variés qu'étendus de production, de fabrication et de transport.

On compte six grands bassins où coulent les six principaux fleuves qui arrosent la France : le Rhin, la Meuse, la Seine, la Loire, la Garonne et le Rhône; et plusieurs petits bassins desquels surgissent les fleuves de l'Escaut, de l'Aa, de la Canche, de l'Authie, de la Somme, de la Touques, de l'Orne, de la Vire, de la Selune, de la Rance, de l'Aulne, du Blavet, de la Vilaine, du Lay, de la Sèvre Niortaise, de la Charente, du Leyre, de l'Adour, du Tet, de l'Agly, de l'Aude, de l'Orb, de l'Hérault et du Var.

Des six grands fleuves, trois, la Seine, la Loire et la Garonne, coulent, sur la plus grande longueur de leur cours, de l'est à l'ouest; un seul, le Rhône, coule du nord au midi; le Rhin et la Meuse coulent du midi au nord [1].

Outre les fleuves ou rivières de premier ordre désignés ci-dessus, les diverses parties du territoire de la France sont arrosées par quatrevingt-quatorze rivières de second ordre, navigables dans une partie de leur cours, représentant une étendue de 2,330 lieues, et par plus de cinq mille cours d'eau de troisième ordre, rivières non navigables ou ruisseaux. Le nombre des canaux de navigation actuellement terminés ou en cours d'exécution, est de cent un, et leur étendue est de 940 lieues. Les plus remarquables sont : le canal du Midi, qui s'étend de Cette à Toulouse et établit la communication de la Méditerranée avec l'Atlantique; le canal du Rhône au Rhin, qui joint ces deux fleuves; le canal de Bourgogne, qui joint la Saône à l'Yonne; le canal du Centre, qui fait communiquer la Saône à la Loire; le canal de Briare ou du Loing, qui joint la Loire à la Seine; le canal Saint-Quentin, qui réunit l'Oise, la Somme et l'Escaut.

La somme des rivières et canaux flottables est d'environ 1,900 lieues.

MOUVEMENT D'ÉLÉVATION ET DE DÉPRESSION DES LIGNES DE PARTAGE D'EAUX.

Jura.

	toises
Hauteur moyenne de la chaîne du Jura	500
Le Reculet	879
Mont Colombier	859
Le Chalet	728
La Dôle	862
Le mont Tendre	867
La Landoz	732
Le mont d'Or	750
La Faucille, au plus haut de la route de Mijoux	684
Mont Larba	632
Mont du Cerf	615
Mont de Sey	615
La Sale	689
La Chalame	720

Vosges.

Entre Plombières et Valdajot	310
Mont Haut de Fresse	360
Ballon de Servance	621
Ballon de Lure	569
Ballon d'Alsace	630
Au plus haut de la route près de ce Ballon	590
Au plus haut de la route entre Buffare et Orbai	370
Sommité du Haut d'Honce	670
Sommité des Chaumes	640
Sommité du Bressoir	620
Sommet du Donnon	505
Sommité de l'Ormont	435
Sommité du Saint-Martin	390

---

[1]. Dutens, Histoire de la navigation intérieure de la France.

APERÇU STATISTIQUE.

A Gérardmer	333
Au plus haut de la route entre Gérardmer et Vagney	433
Sommité du Haut du Thou	497
Sommité du Haut du Rhau	485
Sommet du Ballon de Sulz, point culminant des Vosges	716
Sommet de la montagne au sud du château d'Honach	502
Hauteur moyenne des monts qui dominent les plaines du Rhin	375
Source de la Saône	203
Source de la Moselle	372
Hauteur moyenne du plat. de Langres	220
Hauteur moyenne de la chaîne de la Côte-d'Or	250
Mont Tasselot, point culminant de cette chaîne	309
Source de l'Armançon	213

Cévennes.

Hauteur moyenne des montagnes du Gévaudan	500
Plateau du Palais du roi	774
La Margeride	760
La Lozère	745
Source du Tarn	395
Montagne de Tartas	690
Sommité de la Madeleine	749
Montagne de Barbezy	641
Montagne de Montboisier	770
Plomb du Cantal	953
Col de Cabre	867
Puy Mary	851
Puy Violan	818
Mont Cezallier	750
Puy de Dôme	958
Petit puy de Dôme	655
Grand Suchet	641
Petit Suchet	622
Lac Pavin	620
Point culminant de la ville de Clermont	206
Le mont Dore	1048
Bains de la Bourboule	438
Murat-le-Quaire (au château)	508
Bains du mont Dore	520
Puy de Sancy	950
Mont Saint-Vincent (Charolais)	200
Mont de Haut-Joux	510
Points culminants des montagnes du Beaujolais et du Mâconais	330
Montagne de Tarare	744
Mont Pilat	550
Mont Mezenc	910
Mont Gerbier de Joncs	801
Source de la Loire	718
Pic le Noniant, point culminant des montagnes Noires	634
Hauteur moyenne des monts Garrigues	450

Pyrénées.

Mont Canigou	1,430
Montagne de Mosset	1,236
Montagne du Roc-Blanc	1,302
Pic Peyrie	1,427
Pic Lanoux	1,466
Pic Pedroux	1,490
Pic de Fontargente	1,447
Pic de la Serre	1,515
Pic du Port de Siguier	1,504
Pic de Rat	1,169
Pic dit Cap d'Eudran	1,053
Pic de Saint-Barthélemy	1,192
Pic de Montvallier	1,456
Pic de Montoulien	1,488
Montagne de Crabère	1,354
Pic de Rious	1,509
Port de la Picade	1,243
Port de Venasque	1,238
Port de la Glère	1,192
Maladetta (pic d'Anethou)	1,787
Pied du glacier de la Maladetta	1,371
Pic Posets, en face du port d'Oo	1,764
Port d'Oo	1,540
Pic Quairiat	1,585
Port du Plan	1,151
Port-Vieil	1,314
Port de la Pinède	1,291
Lac du mont Perdu	1,300
Col de Nisèle	1,291
Mont Perdu	1,747
Cylindre du Marboré	1,729
Pic de la Cascade	1,681
Tour du Marboré	1,569
Brèche de Roland	1,460
Col de Piméné	1,291
Montagne de Troumouse	1,642
Pic d'Aiguillon	1,523
Port de Gavarnie	1,180
Pic de Cambie[1]	1,333
Pic Long	1,658
Pic Néouvieille	1,616
Pic de Bergons	1,108
Pic d'Eire	1,267
Pic d'Arbizon	1,460
Col du Tourmalet	1,126
Pic du Midi de Bigorre	1,493
Pic de Montaigu	1,192
Vignemalle	1,724
Pic de Badescure	1,615
Pic d'Arrieugrand	1,541
Pic dit Som de Soube	1,607
Pic du Midi d'Ossau	1,531
Pic d'Aule	1,505
Pic d'Amie	1,326
Montagne d'Orhi	1,031

Port de Roncevaux............ 900

Alpes Cottiennes.

Fort de Queyraz.............. 671
Pic de Pouzenc............... 1,304
Joug de l'Aigle.............. 1,209
L'Infernay................... 1,504
Mont Ventoux................. 1,005
Hospice du Lautaret.......... 1,074
Mont Arsine.................. 1,463
Briançon..................... 670
Mont Pelvoux de Vallouise.... 2,102
Mont Galéon.................. 1,950
Col de Sayse................. 1,723
Col de la Bérarde............ 1,703
Aulane....................... 1,505

Routes. — La France est sillonnée par un grand nombre de belles routes solidement construites, assez bien nivelées et bien dirigées, mais qui pourraient être beaucoup mieux entretenues, et une multitude de chemins vicinaux, pour la plupart dans un état d'entretien vraiment déplorable. Ces routes sont divisées en trois ordres : les routes royales, entretenues aux frais de l'État; les routes départementales, entretenues par les ressources des départements; et les routes vicinales, dont l'entretien est à la charge des communes. Les routes royales sont au nombre de 28, et parcourent une étendue de 8,634 lieues, dont 6,128 lieues sont à l'état d'entretien, à réparer 1,559 lieues, et 947 en lacune; elles ont toutes un point de départ commun, l'église Notre-Dame de Paris, et sont mesurées de mille en mille toises par une borne qui indique le nombre de milles parcourus. On les divise en trois classes : celles de la première classe ont de 40 à 60 pieds de largeur; celles de la seconde 36; celles de la troisième moins encore. Un huitième des routes royales est pavé et généralement bordé de fossés et d'arbres de haute futaie; un autre huitième n'est ouvert qu'en terrain naturel; le reste est en chaussées d'empierrement, dont il n'y a à l'état d'entretien que 11,500 kilomètres, c'est-à-dire, un peu plus d'un tiers du développement total. Les routes départementales sont au nombre de 97 (non compris les routes stratégiques commencées dans les départements de l'ouest) et ont une étendue de 9,500 lieues, dont 5,500 à l'état d'entretien, 1,200 lieues à l'état de réparation, et 2,800 lieues en lacune[1]. La construction et l'entretien des routes royales et départementales dépendent de l'administration des ponts et chaussées, qui est divisée en quinze inspections divisionnaires : un ingénieur en chef réside dans chaque département. — En beaucoup d'endroits, les routes traversent les cours d'eau sur des ponts remarquables : tels sont ceux de Bordeaux sur la Garonne; ceux d'Orléans, de Saumur, de Tours et de Nantes sur la Loire; les ponts suspendus jetés sur le Rhône; les beaux ponts de la capitale; ceux jetés sur le Rhône et la Saône, à Lyon, etc., etc., etc. Il existe dans les 37,187 communes de la France environ 574,586 lieues de poste de chemins publics, avec voie de charrette, pour la plupart impraticables, non compris les routes royales et départementales. Pour mettre en état la partie de ces chemins qui conduisent aux chefs-lieux des communes les plus voisines, et dont l'étendue est d'environ 192,108 lieues, la dépense est évaluée à 1,974,880,959 fr.[1].

A ces importantes voies de communication intérieure, tout porte à croire qu'on devra ajouter dans peu d'années les différents chemins de fer en construction et ceux dont les projets sont à l'étude. Dans un ouvrage important, l'association des ingénieurs unis a comparé les canaux et les chemins de fer sous le point de vue d'un système général de communication, et les conclusions nous semblent importantes, en ce qu'elles concilient l'emploi de ces deux grands moyens de transport. Selon cette association, les transports par terre sont pour les hommes et les matières d'un prix élevé; les transports par eau pour les matières de bas prix. Les routes en fer à machines locomotives sont le perfectionnement le plus avancé des transports par terre, comme les grandes lignes navigables artificielles indépendantes des fleuves sont le perfectionnement des transports par eau. Les hommes et les matières chères vont par terre en ce moment, parce que le temps du voyage ou l'intérêt des fonds compose pour eux la quotité de dépense la plus forte, et que la condition la plus essentielle pour eux, parce qu'elle est la plus économique, est la rapidité. Les matières premières de bas prix, les combustibles, les matières de construction, vont par eau, parce que leur valeur sur le lieu de production étant très-faible, l'intérêt des fonds qu'ils représentent est aussi très-faible; qu'ainsi pour eux, la durée

---

[1]. Discussion du projet de loi concernant les chemins vicinaux. Discours de M. Jaubert (janvier 1836).

[1]. Observations sur le projet de loi concernant les chemins vicinaux, par M. B. Eymery (décembre 1835).

du transport est de peu d'importance; et que la condition la plus essentielle, parce qu'elle est la plus économique, c'est le bas prix du moteur transportant. Les hommes et les matières de prix appartiennent donc aux routes en fer à machines locomotives, sur lesquelles le prix du transport diminuera en même temps que la rapidité augmentera, ce qui accroîtra de beaucoup la circulation. Les autres matières appartiennent aux lignes navigables artificielles, qui transporteront plus vite et plus économiquement que les voies d'eau actuelles, et, en réduisant le prix des matières premières, diminueront celui des objets fabriqués, et contribueront par là à accroître leur circulation sur les routes en fer. En résumé, le partage des hommes et des marchandises entre les routes et les voies navigables, en signalant l'existence de deux sortes de besoins, la rapidité et le bas prix, porte à conclure qu'il faut à la France un système général de communication, non pas composé exclusivement de canaux ou de chemins de fer, mais 1° pour les réseaux de premier ordre, de canaux de grande section, et de chemins de fer desservis par des machines locomotives; 2° pour les réseaux secondaires, de canaux de petite section, ou de chemins de fer de petite section, c'est-à-dire, servis par des chevaux ou des machines fixes, le choix à faire de l'un ou de l'autre de ces moyens de transport secondaires dépendant des localités [1].

GÉOLOGIE.

« Le sol de la France présente à peu près toutes les formations minérales distinguées par les géologues : quelques-unes sont plus simples dans l'ensemble des couches dont elles sont formées, que partout ailleurs; d'autres, au contraire, sont plus compliquées, et présentent des détails dont les autres pays offrent à peine l'exemple. Les terrains formés de granites, gneiss, micaschistes, schistes argileux, entre lesquels se trouvent intercalées çà et là des couches calcaires, le plus souvent saccharoïdes, et un grand nombre de roches désignées sous différents noms, se présentent principalement aux extrémités et au centre de la France. Ils constituent toute la chaîne des Pyrénées, la presqu'île de Bretagne, où ils sont bornés, à l'est, par une ligne qui passerait à peu près par les sables d'Olonne, Niort, Angers, Alençon, Cherbourg. On les retrouve dans les Ardennes, où ils se lient avec ceux que l'on connaît entre Francfort, Dusseldorf et Cassel. Les Vosges nous en représentent encore un petit groupe; la partie haute du Dauphiné en est formée, et ils y sont en relation, d'un côté, avec ceux des Alpes, de la Savoie, de la Suisse, etc.; de l'autre, avec ceux du comté de Nice, de Gênes, etc. Une petite pointe de même espèce se trouve sur les bords de la Méditerranée, entre Toulon et Grasse; et enfin, l'île de Corse en est encore entièrement formée. Au centre de la France, l'Auvergne, le Limousin, le Velay, le Vivarais, le Forez, le Lyonnais, offrent un groupe de ces terrains anciens qui se prolonge d'une part dans les Cévennes, de l'autre dans la Bourgogne, sur la rive droite de la Saône, par Mâcon, Autun, Avallon. Ceux du Limousin reparaissent en Poitou, d'où il vont se rattacher aux formations anciennes de la Vendée et de la Bretagne. L'île de Noirmoutiers est formée en grande partie de terrains anciens, et l'île d'Yeu est entièrement composée de gneiss [1].

« Les Alpes Dauphinoises et les Pyrénées sont en France les montagnes anciennes qui offrent le plus de diversité dans les roches dont elles sont formées. La Vendée est, selon M. Rivière, le pays de la France exploré en détail qui offre dans la même étendue le plus de diversité dans les rochers dont les terrains anciens sont formés. Les roches qui y dominent sont : le granite, le gneiss, le talc-schiste, la protogine, le chlorito-schiste, les phyllades, les anagénites, les lydiennes, phtanites, porphyre, diorite, serpentines, éclogite, etc., et, au-dessus de celles-ci, des grès et les formations houillères. Dans les Pyrénées, les roches calcaires sont extrêmement abondantes, et s'élèvent à une grande hauteur au mont Perdu, qui occupe à peu près le centre de cette chaîne; on les retrouve jusqu'à 1,600 toises, et elles renferment même dans cette hauteur un grand nombre de débris organiques. En Bretagne, les granites dominent à l'extrémité de la presqu'île, et les schistes argileux, souvent remplis de débris organiques particuliers, dominent dans la partie qui se rattache au continent. Dans les Vosges, les roches dominantes sont porphyritiques et offrent dans ce genre un grand nombre de variétés de la plus grande

---

[1]. Vues politiques et pratiques sur les travaux publics de la France.

[1] Bulletin de la Société géologique, 1835. (M. Rivière).

beauté. Dans le groupe central, ce sont plus particulièrement des granites, des gneiss et des micaschistes qui diffèrent entièrement, par tous leurs caractères, de ceux des Alpes Dauphinoises, vis-à-vis desquelles ils sont placés. L'intervalle compris entre les masses anciennes dont nous venons de parler est presque entièrement occupé par les terrains secondaires, et ce n'est qu'en quelques points qu'ils sont recouverts par des terrains tertiaires. Presque partout ces dépôts secondaires sont formés de couches calcaires compactes oolithiques, crayeux, etc., ou des marnes plus ou moins terreuses, qui se distinguent les unes des autres par le nombre et la nature des débris organiques, tels que coquilles, madrépores, plantes, etc., dont la quantité est quelquefois immense. Ces calcaires forment des montagnes peu élevées, mais souvent très-escarpées et coupées à pic sur des hauteurs très-considérables, et se prolongent sans interruption sur des étendues immenses; c'est ainsi que toute la Lorraine est formée de calcaires qui s'étendent dans la Bourgogne, puis, par Bourges, Châteauroux, Poitiers, jusqu'à la Rochelle, d'où on les voit encore revenir dans l'Angoumois, le Périgord, etc., en tournant tout autour de la masse entière du Limousin. Ces mêmes calcaires de la Lorraine se prolongent dans la Franche-Comté et sur toute la rive gauche du Rhône jusqu'à la Méditerranée, en s'appuyant sur les terrains anciens que nous avons indiqués dans le Dauphiné. Sur la rive droite du Rhône, on en voit encore des lambeaux çà et là; et en arrivant sur les bords de la Méditerranée, toute la pente des Cévennes en est formée jusqu'au pied des Pyrénées. La partie orientale des montagnes anciennes qui constituent la Bretagne en est également couverte dans toute son étendue. Au-dessus des dépôts calcaires que nous venons d'indiquer, se trouvent des dépôts de craie très-considérables, dont la masse principale occupe un espace borné par l'Océan depuis Honfleur jusqu'à Calais, et ensuite par une ligne qui passe à peu près par Saint-Omer, Lille, Mézières, Bar-le-Duc, Auxerre, Bourges, Châtellerault, la Flèche, le Mans; c'est là le grand dépôt de craie dont Paris occupe à peu près le centre, mais où il est caché par des dépôts tertiaires. On retrouve des dépôts semblables dans la partie méridionale du Périgord et de l'Angoumois, où ils s'étendent dans les plaines voisines de la Gironde et presqu'au pied des Pyrénées. On en voit encore des lambeaux dans la Vendée, et cette formation de craie est fournie soit par des calcaires et des marnes, soit aussi par des grès et des lignites.

« Les terrains tertiaires se font particulièrement remarquer aux environs de Paris, où ils occupent un espace assez considérable, borné à peu près par une ligne qui passerait par Blois, Orléans, Cône, Montargis, Provins, Épernay, Laon, Beauvais, Pontoise et Chartres. Ce sont encore en grande partie des dépôts calcaires, mais plus grossiers, où les coquilles sont moins enfoncées, où il se trouve souvent des coquilles fluviatiles, et qui sont remarquables enfin par les débris de mammifères qu'on a rencontrés en assez grande abondance dans quelques-unes des couches subordonnées. Partout où le calcaire est caché, ce sont des sables tantôt meubles, tantôt agrégés; les uns renfermant des coquilles, les autres n'en renfermant point. On rencontre aussi çà et là de petits dépôts tertiaires isolés dans quelques points de la Bretagne, dans les Deux-Sèvres, la Vendée, le Bourbonnais, en Auvergne; mais une masse plus considérable se fait remarquer au pied des Pyrénées et dans le bassin de la Gironde. Les terrains formés par le feu se font particulièrement remarquer dans la grande masse ancienne du centre de la France. C'est dans l'Auvergne, le Forez, le Velay, le Vivarais, qu'ils sont particulièrement abondants; on en retrouve quelques lambeaux plus au sud, en se dirigeant vers la Méditerranée, et il s'en trouve encore dans la partie la plus méridionale de la France, entre Aix, Brignolles et Toulon; ceux d'Aix sont surtout remarquables par la grande quantité de poissons fossiles qu'ils contiennent.

Le puy de Dôme et quelques buttes adjacentes, la masse des monts Dore et du Cantal, offrent des roches à base feldspathique, qu'on désigne sous le nom de trachytes. Sur les pentes de ces groupes se trouvent des basaltes, les uns en buttes isolées, les autres en plateau, quelques-uns en coulées : ce sont les basaltes que l'on trouve particulièrement dans le Velay, le Vivarais, et au delà. Dans le Vivarais particulièrement ils présentent des colonnades de la plus grande beauté, comparables à cette chaussée des Géants que l'on cite en Irlande. Dans quelques points, ces basaltes sont intercalés avec des couches calcaires qui renferment des débris de coquilles d'eau douce. — A ces deux sortes de produits volcaniques, il faut en joindre une autre : ce sont des coulées de lave qui partent de cratères encore parfaitement visibles, et s'étendent à cinq ou six lieues de distance du foyer qui les a vomies. On peut citer, en Auvergne, la coulée de Volvic, près de Clermont, qui part d'un cratère encore très-bien conservé; celle du pay de la Vache, qui part d'un cratère profond dont elle a arraché tout un côté, tandis que l'autre, encore existant, présente des parois presqu'à pic d'une grande profondeur. Le Velay, le Vivarais, présentent aussi plusieurs bouches volcaniques. Ces ignivomes évidents, dont on peut compter un assez grand nombre, offrent encore autant de fraîcheur que s'ils avaient cessé depuis quelques années seulement d'être en activité, quoique les ouvrages les plus anciens n'en fassent aucune mention [1]. »

Des terrains volcaniques se rencontrent encore sur les bords du Rhin, dans les Vosges [2] et dans le département du Var, près d'Ollioule; tous ces terrains volcaniques sont caractérisés par une grande quantité de produits et leur origine est souvent bien différente.

La France renferme encore d'autres terrains, par exemple, ceux qui sont postérieurs aux terrains tertiaires et formés de sables, de grès, de faluns, etc.; ensuite viennent les terrains diluviens, de transport ou à blocs erratiques et à brèches osseuses. Ces derniers terrains sont bien caractérisés dans le Jura, le Lyonnais, les Alpes, la plaine de la Crau, et en général dans la partie sud-ouest de la France. Les brèches osseuses, les cavernes de la même époque les plus remarquables se rencontrent dans le pays compris entre Montpellier et Toulouse. Au-dessus des terrains diluviens se trouvent les alluvions, divisées en deux : alluvions marines et alluvions fluviatiles ou lacustres. Les alluvions marines sont remarquables dans les départements de la Vendée, des Deux-Sèvres et de la Charente-Inférieure. Dans la Vendée, M. Rivière comprend dans cette formation les dunes et les fameuses buttes coquillières de Saint-Michel en l'Herm. Ces buttes sont entièrement formées d'ostrea edulis, de pecten varius, de mytilus edulis, etc., c'est-à-dire, de coquilles identiques à celles qui vivent sur nos côtes. Ces buttes sont très-élevées au-dessus des marais et à plusieurs lieues de la mer [3].

---

[1]. Dictionnaire géographique universel.
[2]. Voyez les travaux de MM. Thurmann, Thirria, Rozet.
[3]. Bulletin de la Société géologique, 1835.

SOURCES MINÉRALES.

On désigne sous le nom d'eaux minérales des sources naturelles qui sortent du sein de la terre, chargées de divers principes propres à opérer la guérison de quelques maladies. La France est riche en eaux minérales de toute espèce; on y compte 78 établissements principaux, près desquels sont placés des médecins sous le nom d'inspecteurs, et plus de 800 sources plus ou moins efficaces et plus ou moins fréquentées. Dans le nombre des soixante-dix-huit établissements, l'État en possède huit, les communes vingt-deux, et les particuliers quarante-huit.

Les chimistes modernes ont divisé les eaux minérales naturelles en quatre classes, indiquées par la propriété la plus saillante de l'un ou l'autre de leurs éléments les plus sensibles : 1° les eaux salines; 2° les eaux gazeuses ou acidules; 3° les eaux ferrugineuses ou martiales; 4° les eaux sulfureuses ou hépatiques. Les eaux dont la température n'excède pas celle de l'air ambiant ont été désignées par le nom d'eaux froides ou tempérées; celles, au contraire, qui sont d'une température plus élevée que l'atmosphère, ont été appelées eaux thermales ou chaudes.

Les principales sources d'eaux salines thermales sont celles de :

Aix en Provence, Chaudesaigues,
Avène, Encausse,
Bagnères de Bigorre, St-Laurens-les-Bains,
Bagnoles, Luxeuil,
Bains, La Motte,
Balaruc, Néris,
Bourbon-Lancy, Plombières,
Bourbonne-les-Bains, Silvanès.
Cap-Vern.

Les principales sources d'eaux salines froides sont :

Andabre ou Camarès, Niederbronn,
Jouhe, Pouillon.

Les principales sources d'eaux gazeuses thermales sont celles de :

Saint-Alban, Dax,
Audinac, Saint-Marc,
Bourbon-l'Archemb., Mont-Dore,
Châtel-Guyon, Saint-Nectaire,
Château-Neuf, Ussat,
Clermont-Ferrand, Vichy.

Les principales sources d'eaux gazeuses froides sont celles de :

Bar, Montbrison,
Châteldon, Saint-Myon,

Saint-Galmier, Pougues,
Longeac, Sulzmatt,
Médague, Vic-le-Comte.

Les eaux ferrugineuses froides les plus usitées sont :

Abbeville, Forges,
Alais, Saint-Gondon,
Alet, Ste-Marie du Cantal,
Aumale, St-Martin de Valmer,
Beauvais, Noyers,
Bellenne, Passy,
Boulogne-sur-Mer, Provins,
Bussang, Rouen,
Contrexeville, Segray,
Crasnac, Sermaise,
Dinan, Tongres,
Ferrières, Vals,
Fontenelle, Watweiler.

On cite parmi les eaux ferrugineuses thermales celles de Saint-Honoré et de Rennes-les-Bains.

Les eaux sulfureuses thermales les plus usitées sont celles de :

Saint-Amand, Castera-Verduzan,
Ax, Cauterez,
Bagnères de Luchon, Digne,
Bagnols, Gréoulx,
Barèges, Guitera,
Bonnes, Saint-Sauveur,
Cambo.

Les principales sources d'eaux sulfureuses froides sont celles de :

Enghien, La Roche-Posay,
Puzzichello, Uriage.

Les différents pouvoirs qui se sont succédé en France, et l'intérêt bien entendu des propriétaires des sources, ont beaucoup fait depuis une cinquantaine d'années en faveur des localités où se trouvent des sources minérales. Des établissements thermaux, dont quelques-uns sont des plus splendides, ont été élevés, et plusieurs offrent toutes les commodités désirables aux nombreux baigneurs qui s'y rendent chaque année : les plus complets et les plus fréquentés sont ceux de Bagnères de Bigorre, Bagnères de Luchon, Cauterez, Bourbonne, Bourbon-Lancy, le Mont-Dore, Vichy, Rennes, Ax, Bains, etc.

Les soixante-dix-huit principaux établissements sont fréquentés annuellement par 41,365 individus, dont 13,615 étrangers au pays, 9,500 habitant les pays voisins, et 18,250 individus habitant les pays où se trouvent les sources ou les arrondissements voisins.

MÉTÉOROLOGIE.

La France, située dans la partie la plus tempérée de l'Europe, ne le cède à aucune autre contrée sous le rapport de la position géographique et du climat. L'air y est généralement pur, et les hivers y sont peu rigoureux : cependant la distance qui existe entre les provinces opposées, la différence de leur élévation au-dessus du niveau de la mer, leur proximité ou leur éloignement des hautes montagnes ou des côtes, la nature de leur sol, la direction des vallées y modifient beaucoup l'influence générale du climat, et contribuent à établir une différence sensible dans leurs températures, différence qu'il est facile d'apercevoir en observant la végétation. Dans les provinces méridionales, vers la Méditerranée et les Pyrénées, c'est-à-dire, dans la majeure partie de l'étendue des bassins du Rhône et de la Garonne, les étés sont longs et chauds ; le ciel y conserve presque constamment la pureté de celui de l'Italie, et l'on n'y connaît pas la rigueur de l'hiver, ou plutôt cette saison n'y est qu'un long automne. Dans le nord, au contraire, c'est-à-dire, sur le bassin du Rhin et sur la majeure partie de celui de la Manche, on trouve des hivers longs et souvent rigoureux ; la moitié de l'année au moins y est froide ou humide. Enfin, dans la région intermédiaire, et spécialement dans toute l'étendue du bassin de la Loire, le climat, heureusement partagé entre ce que le nord et le sud peuvent avoir d'extrême, est d'une grande douceur.

On a pour quelques parties de la France la moyenne de la quantité d'eau qui tombe annuellement sur chacune d'elles.

Lille, 27 pouces.
Metz, 24 pouces 8 lignes 70 cent.
Eure, 32 pouces 4 lignes.
Paris, 19 pouces 6 lignes 94 cent.
Haut-Rhin, en plaine, 28 pouces 1 l.
Dans les montagnes, 30 pouces.
Orne, 20 pouces 4 lignes.
Ille-et-Vilaine, 21 pouces.
Haute-Vienne, 25 pouces.
Lyon, 29 pouces 2 lignes 20 cent.
Isère, 32 pouces.
Montpellier, 28 pouces 6 lignes.

Le nombre moyen des jours pluvieux, abstraction faite des circonstances locales, qui ont une grande influence, est de 105 entre le 43e et le 46e degré de latitude : il est de 134 à la latitude de Paris.

La table des températures moyennes, donnée par M. de Humboldt, dans son mémoire sur la distribution de la chaleur, présente les résultats suivants pour quelques points de la France :

LIEUX.	TEMPÉRATURE MOYENNE		
	DE L'ANNÉE	DE L'HIVER	DE L'ÉTÉ.
Clermont..	+10,0	+1,4	+18,0
Dunkerque	+10,3	+3,7	+17,8
Paris.....	+10,6	+3,7	+18,1
Saint-Malo.	+12,3	+5,6	+18,9
Nantes....	+12,6	+4,7	+20,3
Bordeaux..	+13,6	+5,6	+21,6
Marseille..	+15,0	+7,5	+22,5
Montpellier	+15,2	+6,7	+24,3
Toulon....	+16,7	+9,1	+23,9

Sous le rapport de la végétation, la France est divisée en trois régions : la méridionale, la moyenne et la septentrionale. La limite de la région méridionale, qui est celle des oliviers, part des Pyrénées, département de l'Ariége, et se termine dans le département de l'Isère, à quelques lieues au delà de Grenoble. La région moyenne a pour limite, au nord, une ligne tirée depuis la tour de Cordouan, à l'embouchure de la Gironde, jusqu'à l'extrémité de l'Alsace et la frontière de l'Allemagne ; au delà de cette limite cesse la culture du maïs. Enfin, la région septentrionale se termine à une ligne qui marque en même temps la fin de la culture de la vigne, et qui s'étend depuis Paimbœuf, département de la Loire-Inférieure, jusqu'aux environs de Mézières, département des Ardennes.

SOL.

Le sol de la France n'est point uniforme, ainsi qu'on s'en aperçoit en suivant, soit la direction des montagnes, soit celle des rivières. Arthur Young, agronome anglais, d'après l'examen qu'il en a fait sur les lieux, a distingué sous le rapport de la culture, sept espèces différentes de sol, réparties dans chaque département à peu près ainsi qu'il suit :

1° Terres grasses et riches : Aisne, Aude, Eure, Eure-et-Loir, Nord, Oise, Hérault, Pas-de-Calais, Bas-Rhin, Seine, Seine-et-Marne, Seine-et-Oise, Lot, Loiret, Seine-Inférieure, Somme, Tarn, Haute-Garonne, Deux-Sèvres, Vendée.

2° Terres à bruyères ou de landes : Côtes-du-Nord, Loire-Inférieure, Finistère, Morbihan, Ille-et-Vilaine, Maine-et-Loire, Orne, Calvados, Manche, Gironde, Dordogne, Lot-et-Garonne, Ariége, Hautes et Basses-Pyrénées, Landes, Gers, Aveyron, Gard.

3° Terres à craie : Marne, Ardennes, Aube, Haute-Marne, Loir-et-Cher, Indre-et-Loire, Charente, Charente-Inférieure, Vienne.

4° Terres à gravier : Nièvre et Allier.

5° Terres pierreuses : Meuse, Moselle, Meurthe, Vosges, Haut-Rhin, Côte-d'Or, Haute-Saône, Doubs, Saône-et-Loire, Jura, Ain, Yonne, Rhône, Loire.

6° Terres de montagnes : Cantal, Lozère, Ardèche, Pyrénées-Orientales, Corrèze, Haute-Loire, Drôme, Hautes-Alpes, Basses-Alpes, Var, Bouches-du-Rhône, Vaucluse, Isère, Puy-de-Dôme.

7° Terres sablonneuses : Cher, Creuse, Indre, Mayenne, Sarthe, Haute-Vienne.

La plus belle partie du territoire français consiste dans les plaines fertiles, profondes et unies des départements du Nord et du Pas-de-Calais, sol aussi beau qu'il est possible d'en trouver pour récompenser l'industrie des hommes ; une partie du département de Seine-et-Marne, et principalement les environs de Meaux, sont mis au rang des meilleurs sols. La ligne qui traverse la Picardie est en général excellente, ainsi que toute la partie labourable de la Normandie. Le bassin de la Garonne est, après les pays ci-dessus désignés, le plus remarquable par sa fertilité, ainsi que le pays entre Montauban et Toulouse, lequel s'étend, sans être cependant aussi fertile, jusqu'au pied des Pyrénées. La vallée de Narbonne à Montpellier et à Nîmes est regardée comme une des plus riches de France, de même que le bas Poitou et l'étroite plaine de l'Alsace, dont la partie fertile forme à peine une surface de 300 lieues carrées. Un canton plus célèbre encore, c'est la Limagne d'Auvergne, vallée plate et calcaire, environnée de grandes chaînes de montagnes volcaniques : c'est assurément un des meilleurs sols du monde.

La Bretagne offre un sable graveleux sur un fond de gravier d'une nature médiocre et aride. L'Anjou et le Maine présentent de grandes étendues désertes, incultes, couvertes de ronces et de bruyères : mais le sol de ces dernières n'a besoin que de culture pour être également bon. La Touraine contient des cantons considérables, qui, surtout au midi de la Loire, sont peu productifs, et qui sont même en friche ou sans culture. La Sologne est une des plus pauvres provinces de France. Le Berri, quoique graveleux et sablonneux, offre quelques bonnes terres, principalement aux environs de Châteauroux et de Vatan. La Marche et le Limousin, quoique sablonneux et arides, présentent des endroits très-fertiles. Le Poitou est divisé en deux parties, dont une est assez fertile, surtout en pâturages, et l'autre n'est composé que d'un sol pauvre, et cependant propre à divers objets de culture. Les Landes de Bordeaux, quoiqu'elles produisent quelque chose et qu'elles soient susceptibles d'améliorations, doivent être mises au nombre des plus mauvaises terres de France. Le pic des Pyrénées est également couvert de vastes déserts dont la culture exige beaucoup d'industrie. La vaste province du Languedoc, qui est, pour les productions, une des plus riches, n'offre qu'un sol aride et montagneux, à l'exception de la vallée de Narbonne, qui n'a que très-peu de largeur. Cependant, le sol qui borde le canal de Béziers à Carcassonne est un des plus beaux de la France. La Provence et le Dauphiné sont des pays montueux, entrecoupés de charmantes plaines et de fertiles vallées. Le comtat Venaissin est un des plus riches du royaume : ses irrigations admirables sont seules suffisantes pour le rendre tel. Le Lyonnais est montueux, et se compose en grande partie d'un mauvais sol pierreux et rude, et de beaucoup de landes. L'Auvergne, pour un pays élevé, est en général au-dessus de la médiocrité, et ses plus hautes montagnes nourrissent de nombreux troupeaux. Le Bourbonnais et le Nivernais, quoique contenant quelques plaines assez riches, doivent être classés au nombre des pays les moins fertiles de France. La Bourgogne, extrêmement variée, présente de belles vallées, des montagnes, quelques bois et de riches coteaux de vignes. La Franche-Comté, entrecoupée de montagnes, de rochers et de plaines dont le sol ne produit qu'à force de soins, est susceptible de grandes améliorations. La Lorraine, à l'exception de quelques cantons, a un sol généralement médiocre. La Champagne contient une vaste étendue calcaire, où l'on ne trouve que des terres maigres et misérables, et, çà et là, quelques cantons riches et fertiles, mais généralement en très-petit nombre.

DIVISION DE LA FRANCE.

En 1789 eut lieu une nouvelle subdivision du sol de la France, qui coordonna d'une manière uniforme, les divisions religieuses, militaires, judiciaires, administratives et financières, auparavant très-compliquées. Par suite des brillantes conquêtes de la révolution, du consulat et de l'empire, le territoire de la France reçut une extension considérable. Les pays qui y furent réunis et formèrent l'empire français, sont : le comtat Venaissin, le Piémont, l'île d'Elbe, la Savoie ; le comté de Nice, Parme et Plaisance, les États de l'Église, le duché de Brabant, la Flandre autrichienne, le Hainaut autrichien, le comté de Namur, l'évêché de Liège, une portion de la Gueldre et le Limbourg ; les villes de Flessingue, Wesel, Cassel sur le Rhin ; la ville et le fort de Kehl, le Luxembourg, la partie des archevêchés de Cologne, Mayence et Trèves, sur la gauche du Rhin ; les duchés de Deux-Ponts, de Juliers et de la Gueldre prussienne ; la république de Genève, l'évêché de Bâle, le Valais, la Hollande, les villes hanséatiques de Brème, Hambourg, Lubeck ; plusieurs parties du grand-duché de Berg, de la Westphalie, et la plus grande partie de l'Italie, dont une portion fut érigée en royaume. Tous ces pays formaient, avec l'ancien territoire de la France, 154 départements, dont la population était d'environ 50,360,000 habitants.

La France est aujourd'hui divisée en 86 départements, qui prennent leurs noms des fleuves ou rivières qui les arrosent ou qui les baignent, des montagnes qu'on y trouve, de leur situation, ou de quelque autre localité. L'étendue et les limites de tous les départements sont parfaitement connues et circonscrites, et, dans la plupart d'entre eux, le cadastre est achevé ou très-avancé (26,981 lieues carrées sont cadastrées, sur 32,575 que contient le royaume). Cette immense opération contribue à faciliter l'achèvement de la nouvelle carte de France dressée par le dépôt de la guerre, qui donnera une base précise à l'étude des besoins et des ressources de la France, déterminera, avec certitude, les meilleures directions à donner à nos routes, à nos canaux, à nos chemins de fer, et au moyen de laquelle on saisira d'un coup d'œil les rapports naturels entre les cours d'eau, les richesses forestières et minérales.

	DÉPARTEMENTS.	CHEFS-LIEUX DE DÉPARTEMENT.	d'arrond.	NOMBRE de cant.	de communes.	ÉTENDUE en hectares.	Population.
1	Ain............	Bourg.........	5	35	444	592,674	258,594
2	Aisne..........	Laon..........	5	37	838	728,530	362,531
3	Allier..........	Moulins.......	4	26	323	723,981	445,249
4	Alpes (Basses-)...	Digne.........	5	30	257	682,643	256,059
5	Alpes (Hautes-)..	Gap...........	3	24	189	553,264	294,834
6	Ardèche........	Privas.........	3	31	329	538,988	197,967
7	Ardennes.......	Mézières......	5	31	478	517,385	375,063
8	Ariége.........	Foix...........	3	20	336	454,808	598,872
9	Aube...........	Troyes........	5	26	447	609,000	265,384
10	Aude...........	Carcassonne....	4	31	433	606,397	482,750
11	Aveyron........	Rodez.........	5	42	230	887,873	265,535
12	Bouches-du-Rhône	Marseille......	3	27	104	512,991	299,556
13	Calvados.......	Caen..........	6	37	809	556,093	424,248
14	Cantal..........	Aurillac.......	4	23	265	582,959	258,594
15	Charente.......	Angoulême.....	5	29	454	603,249	362,531
16	Charente-Infér..	La Rochelle....	6	40	481	654,685	445,249
17	Cher...........	Bourges.......	3	29	297	712,559	256,059
18	Corrèze........	Tulle..........	3	29	291	582,803	294,834
19	Corse..........	Ajaccio........	5	60	355	874,745	197,967
20	Côte-d'Or......	Dijon..........	4	36	728	856,445	375,063
21	Côtes-du-Nord...	Saint-Brieux....	5	48	375	672,096	598,872
22	Creuse..........	Guéret........	4	25	281	558,341	265,384
23	Dordogne.......	Périgueux......	5	47	582	915,275	482,750
24	Doubs..........	Besançon......	4	27	639	525,212	265,535
25	Drôme..........	Valence........	4	28	360	653,557	299,556
26	Eure...........	Évreux.........	5	36	798	582,127	424,248
27	Eure-et-Loir....	Chartres.......	4	24	455	548,304	278,820
28	Finistère.......	Quimper.......	5	43	281	666,705	524,396
29	Gard...........	Nîmes.........	4	38	342	592,108	357,283
30	Garonne (Haute-)	Toulouse......	4	39	599	618,558	427,856
31	Gers...........	Auch..........	5	29	497	626,399	312,160
32	Gironde........	Bordeaux......	6	48	543	975,100	554,225
33	Hérault.........	Montpellier....	4	35	329	624,362	346,207
34	Ille-et-Vilaine.	Rennes........	6	43	349	668,697	547,052
35	Indre..........	Châteauroux...	4	23	249	688,851	245,289
36	Indre-et-Loire...	Tours.........	3	24	285	611,676	297,016
37	Isère..........	Grenoble......	4	45	555	829,031	550,258
38	Jura...........	Lons-le-Saulnier	4	32	575	496,929	312,504
39	Landes.........	Mont-de-Marsan	3	28	334	915,139	281,504
40	Loir-et-Cher....	Blois..........	3	24	297	625,971	235,750
41	Loire..........	Montbrison....	3	28	318	474,620	391,216
42	Loire (Haute-)...	Le Puy........	3	38	267	498,560	292,078
43	Loire-Inférieure	Nantes........	5	45	206	681,704	470,093
44	Loiret.........	Orléans.......	4	31	348	667,679	305,276
45	Lot............	Cahors........	3	29	300	525,280	284,050
46	Lot-et-Garonne..	Agen..........	4	35	354	530,711	346,885
47	Lozère.........	Mende.........	3	27	188	514,795	140,347
48	Maine-et-Loire..	Angers........	5	34	384	722,163	467,871
49	Manche.........	Saint-Lô......	6	49	646	593,776	591,284
50	Marne..........	Châlons.......	5	32	693	817,037	337,076

DÉPARTEMENTS.	CHEFS-LIEUX DE DÉPARTEMENT.	d'arrond.	NOMBRE de cant.	de communes.	ÉTENDUE en hectares.	Population.
51 Marne (Haute-)	Chaumont	3	28	550	625,043	249,827
52 Mayenne	Laval	3	27	275	514,868	352,586
53 Meurthe	Nancy	5	29	714	608,922	415,568
54 Meuse	Bar-le-Duc	4	28	589	620,555	314,588
55 Morbihan	Vannes	4	37	228	699,641	433,522
56 Moselle	Metz	4	27	594	532,796	417,003
57 Nièvre	Nevers	4	25	319	681,093	282,521
58 Nord	Lille	7	60	660	567,863	989,938
59 Oise	Beauvais	4	35	683	582,569	397,725
60 Orne	Alençon	4	36	534	610,561	441,881
61 Pas-de-Calais	Arras	6	43	903	655,645	655,215
62 Puy-de-Dôme	Clermont-Ferr.	5	47	443	797,238	573,106
63 Pyrénées (Basses-)	Pau	5	40	629	749,490	428,401
64 Pyrénées (Hautes-)	Tarbes	3	26	497	452,790	233,031
65 Pyrénées-Orient.	Perpignan	3	17	227	411,623	157,052
66 Rhin (Bas-)	Strasbourg	4	33	543	464,781	540,213
67 Rhin (Haut-)	Colmar	3	29	490	406,032	424,258
68 Rhône	Lyon	2	25	255	279,081	434,429
69 Saône (Haute-)	Vesoul	3	28	581	530,990	338,910
70 Saône-et-Loire	Mâcon	5	48	592	856,472	524,180
71 Sarthe	Le Mans	4	33	393	621,600	457,372
72 Seine	Paris	3	8	81	47,548	935,108
73 Seine-et-Marne	Melun	5	29	556	563,482	323,893
74 Seine-et-Oise	Versailles	6	36	688	560,337	448,180
75 Seine-Inférieure	Rouen	5	50	757	602,912	693,683
76 Sèvres (Deux-)	Niort	4	31	356	607,350	294,850
77 Somme	Amiens	5	41	835	614,287	543,924
78 Tarn	Albi	4	35	327	573,977	335,844
79 Tarn-et-Garonne	Montauban	3	24	191	366,976	242,250
80 Var	Draguignan	4	35	210	726,866	321,686
81 Vaucluse	Avignon	4	22	148	347,377	239,113
82 Vendée	Bourbon-Vendée	3	30	294	681,700	330,350
83 Vienne	Poitiers	5	31	299	676,000	282,731
84 Vienne (Haute-)	Limoges	4	27	203	554,266	285,130
85 Vosges	Épinal	5	30	547	585,963	397,987
86 Yonne	Auxerre	5	37	481	728,747	352,487
		363	2,834	37,187	52,760,279	32,569,223

Les revenus des 37,187 communes se sont élevés, en 1833, à 161,786,009 fr., et les dépenses à 147,547,774 fr.

NATURE ET SURFACE DES PROPRIÉTÉS.

Terres labourables... 25,559,151.86.24
Prés............ 4,834,621.12.42
Vignes........... 2,134,822.11.08
Bois............. 7,422,314.69.25
Vergers, jardins et pépinières....... 643,698.81.31
Oseraies, aunaies et saussaies........ 64,489.71.12
Étangs, canaux d'irrigation, etc...... 209,431.29.16
Landes et bruyères... 7,799,672.29.00
Canaux de navigation. 1,631.73.00
Cultures diverses.... 951,934.25.64
Superficie des propriétés bâties........ 241,842.00.29

Total de la contenance imposable........ 49,863,609.88.51

APERÇU STATISTIQUE.

Routes, chemins, places, rues, etc.....	1,215,115.41.47
Rivières, lacs et ruisseaux............	454,365.81.84
Forêts, domaines non productifs........	1,209,432.90.51
Églises, cimetières et bâtiments publics..	17,774.50.39
Total de la contenance non imposable.	2,896,688.64.21
Nombre des propriétés bâties...........	
Maisons et bâtiments d'habitation.......	6,642,416
Moulins à vent et à eau	82,575
Forges et fourneaux..	4,414
Fabriques, manufactures, etc........	38,030
Nombre des propriétés bâties imposabl.	6,767,433
Nombre des propriétaires...........	10,896,682
Nombre des parcelles	123,360,338 [1]

[1]. Documents publiés par le ministre du commerce, pages 9 et 10.

POPULATION.

Jusqu'à l'époque où Necker fixa les incertitudes par des recherches dont il publia les résultats, on avait beaucoup varié sur la population de l'ancienne France.

Mirabeau père évaluait, en 1754, la population de la France à 18,000,107 individ.

L'abbé Expilly l'estimait, en 1772, à 22,014,357 habitants.

Le célèbre Buffon la portait, à la même époque, à 21,672,777 habitants.

Necker l'estimait, en 1785 (non compris la Corse) à 24.676,000 habitants. La population de la Corse était évaluée à 124,000 individus, ce qui portait la population totale à 24,800,000 habitants.

Le recensement officiel de 1787 la portait à 24,800,000.

Bonvallet-Desbrosses l'évaluait, en 1789, à 27,957,267 habitants.

Le comité de division de l'Assemblée constituante l'estima d'abord, en 1791, à 28,896,000 habitants; mais un second travail, ordonné par la même Assemblée, la réduisit à 26,363,074 individus.

Le bureau du cadastre, dont M. de Prony publia le résultat, portait en l'an VI la population de la France, y compris la Corse, à 31,123,218 individus, dont :

26,048,254 pour l'ancienne France,
5,074,964 pour les pays réunis.

Depère, dans son rapport prononcé le 7 brumaire an VII au conseil des Cinq-Cents, l'évaluait à 33,501,694 habit., dont :

28,810,694 pour l'ancienne France,
4,691,000 pour les pays réunis.

Le relevé des états fournis en l'an IX et en l'an X par les préfets donne une population générale de 33,111,962 individus.

Dans les dernières années de l'empire, la population était d'environ 50,360,000 h.

Le recensement de 1815 était, suivant le traité de paix, de 29,236,000.

Le recensement de 1820 la portait à 30,468,000.

Le recensement de 1827 à 31,845,428.

Le recensement de 1831 à 32,560,934.

D'après les documents publiés par le ministre du commerce en 1835, elle est de 32,569,223, répartis ainsi qu'il suit :

Hommes mariés.........	6,047,841
Hommes veufs..........	722,611
Militaires sous les drapeaux	303,231
Enfants mâles et célibataires	8,866,422
	15,940,105
Femmes mariées........	6,056,836
Veuves................	1,502,359
Filles................	9,069,923
	16,629,118

Le gouvernement règle tous les cinq ans, par ordonnance, le chiffre officiel et authentique de la population de chaque département, de chaque arrondissement, de chaque canton, de chaque commune, mais ces chiffres sont loin d'avoir le degré d'exactitude désirable. Toutefois, malgré les erreurs dont fourmillent les dénombrements publiés par le gouvernement, c'est encore la seule base sur laquelle il soit possible de s'appuyer.

Le terme moyen de la population en France, par kilomètre carré, est approximativement de 60 1/5 habitants. Il n'y a pas plus d'un dixième des départements dans lesquels la population soit ainsi répartie; il y a plus d'un tiers où elle dépasse plus ou moins ce terme, et quatre où elle est double ou plus que double; dans les autres, elle est généralement fort inférieure au terme moyen de répartition, et dans quatre elle est moins considérable de moitié.

Le département du Nord compte 171 habitants, plus une fraction par kilomètre carré; Paris seul en contient, en nombre rond, 22,445, ce qui donne une densité de population trois cent soixante-douze fois plus grande que la densité moyenne de toute la France : le surplus du département de la Seine ne contient que 357 individus par kilomètre carré, ce qui est encore le sextuple de la densité moyenne de toute la France.

Un calcul approximatif classait ainsi par âge, en 1826, les habitants de la France :

De 9 ans et au-dessous.	5,968,810
De 9 à 16 ans.	3,054,370
De 16 à 21 ans.	2,652,030
De 21 à 25 ans.	2,919,220
De 25 à 30 ans.	2,367,230
De 30 à 35 ans.	2,201,340
De 35 à 40 ans.	2,016,860
De 40 à 45 ans.	1,834,780
De 45 à 50 ans.	1,641,430
De 50 à 55 ans.	1,451,880
De 55 à 60 ans.	1,229,148
De 60 à 65 ans.	991,930
De 65 à 70 ans.	740,520
De 70 à 80 ans.	764,050
De 80 et au-dessus.	166,410
	30,000,000

La France ne compte qu'une seule ville dont le nombre des habitants excède 700,000 âmes, Paris. Il n'y a non plus qu'une seule ville, Marseille, dont le nombre des habitants s'élève au delà de 145,000. Lyon en compte plus de 133,000; Bordeaux 109,000; Rouen et Nantes plus de 87,000; Lille près de 70,000; Toulouse 60,000; Strasbourg près de 50,000; Orléans, Amiens, Metz, Nîmes plus de 40,000; Montpellier, Saint-Étienne, Angers plus de 30,000; Rennes, Avignon, Nancy, Versailles, Clermont, Toulon de 28 à 29,000. La population de la plupart des autres villes est au-dessous de ces nombres; et les trois chef-lieux des départements des Basses-Alpes, des Ardennes et de la Creuse (Digne, Mézières et Guéret) n'ont pas même 4,000 habitants.

MOUVEMENT DE LA POPULATION DE 1817 A 1830.

RÉSUMÉ des années 1817-1832	NAISSANCES.				TOTAL des naissanc.	MARIAGES.	DÉCÈS.		TOTAL des décès.	AUGMENTATION de la Population
	Enfants légitim.		Enfants natur.							
	Mascul.	Fémin.	Mascul.	Fémin.			Mascul.	Fémin.		
1817	456,570	425,002	31,887	30,686	944,125	205,244	382,813	365,410	748,223	195,902
1818	440,972	414,312	30,216	28,345	913,855	212,979	376,412	375,495	751,907	161,948
1819	475,651	446,606	33,660	32,001	987,918	215,088	398,260	389,795	788,055	199,863
1820	460,463	432,121	33,915	32,434	958,933	208,893	389,822	380,884	770,706	188,227
1821	463,069	432,803	34,552	32,934	963,358	221,864	377,062	374,152	751,214	212,144
1822	465,274	437,774	35,820	33,928	972,796	247,495	391,443	382,719	774,162	198,634
1823	460,807	433,552	35,710	33,952	964,021	262,020	376,101	366,634	742,735	221,286
1824	471,490	441,488	36,280	34,894	984,152	231,650	385,785	377,821	763,606	220,546
1825	468,151	436,443	35,381	34,011	973,986	243,674	400,444	397,568	798,012	175,974
1826	474,837	445,883	37,061	35,410	993,191	247,104	419,613	416,015	835,658	157,533
1827	469,209	440,219	36,098	34,670	980,156	255,738	399,864	391,261	791,125	189,071
1828	465,745	440,198	35,924	34,780	976,547	246,830	421,956	415,189	837,145	139,402
1829	460,887	434,289	35,276	34,075	964,527	248,796	405,366	398,087	803,453	161,074
1830	461,756	436,838	35,241	34,029	967,864	270,435	408,558	401,195	809,753	158,111
1831	000,000	000,000	000,000	000,000	000,000	000,000	000,000	000,000	000,000	000,000
1832	000,000	000,000	000,000	000,000	000,000	000,000	000,000	000,000	000,000	000,000
1833	000,000	000,000	000,000	000,000	000,000	000,000	000,000	000,000	000,000	000,000

Il résulte du tableau précédent, que pendant les dix-sept années, depuis 1817 jusqu'à 1830, il est né en France 6,981,902 garçons et 6,563,567 filles.

Le rapport du premier nombre au second est à très-peu près égal à 17/16, c'est-à-dire que les naissances des garçons ont excédé d'un seizième celles des filles. Si l'on prend ce rapport pour chacune des quatorze années, on trouve qu'il est à peu près constant : sa plus grande valeur a été 15/14, et la plus petite 19/18.

On suppose communément que le rapport des naissances masculines aux naissances féminines est égal à 22/21, ce qui diffère sensiblement de 17/16 ; mais ce dernier rapport est le plus digne de confiance, parce qu'il est conclu de plus de treize millions et demi de naissances des deux sexes ; nombre bien supérieur à ceux qu'on avait employés jusqu'ici à la détermination de cet élément.

Pour savoir si le climat influe sur le rapport dont il est question, on a considéré séparément une trentaine de départements, les plus méridionaux de la France. Les naissances dans ces départements, depuis 1817 jusqu'à 1830, ont été de 1,973,765 garçons et de 1,853,911 filles : le rapport du premier nombre au second est celui de 17 à 16, comme pour la France entière ; et en le calculant en particulier pour chacune des quatorze années, on trouve aussi qu'il n'a pas beaucoup varié, ses limites extrêmes étant 11/13 et 18/17. Ce résultat porte à conclure que la supériorité des naissances des garçons sur celles des filles ne dépend pas du climat d'une manière sensible.

Les naissances des enfants naturels des deux sexes paraissent s'écarter du rapport de 17 à 16. Depuis 1817 jusqu'à 1830, ces naissances, dans toute la France, ont été de 487,021 garçons et 466,119 filles ; le rapport du premier nombre au second diffère peu de celui de 23 à 22, ce qui semblerait indiquer que dans cette classe d'enfants, les naissances des filles se rapprochent plus de celles des garçons que dans le cas ordinaire.

Dans ces mêmes quatorze années, il est arrivé trente et une fois que les naissances annuelles des filles ont excédé celles des garçons dans quelques départements, savoir : une fois dans les Ardennes, deux fois dans le Cher, quatorze fois dans la Corse, une fois dans l'Hérault, une fois dans l'Isère, deux fois dans la Marne, une fois dans le Rhône, deux fois dans l'Yonne, une fois dans les Hautes-Alpes, une fois dans les Bouches-du-Rhône, deux fois dans la Haute-Saône, une fois dans la Dordogne, une fois dans la Manche, et une fois dans les Pyrénées-Orientales.

Quand il naît un enfant naturel, il en naît 13,2 ou plus de 13 légitimes ; ce qui revient à peu près à 10 enfants naturels pour 132 enfants légitimes.

Les décès masculins surpassent les décès féminins ; les premiers étant représentés par 55, les autres le sont par 54.

On compte un mariage pour 131,4 ou 131 habitants, et pour 4 naissances un douzième ; ou compte 3,8 ou presque 4 enfants légitimes par mariage.

On compte un décès pour 39,7 ou 40 habitants, et pour 1,24 ou une naissance un quart.

On compte une naissance sur 32,2 habitants, et pour 0,81 décès ; ce qui revient à 10 naissances pour 8 décès.

Quant à l'accroissement de la population, on voit que les garçons y ont une plus grande part que les filles : les garçons y contribuent pour un 301e, et les filles seulement pour un 386e. Si l'accroissement total, qui est d'un 169e, se maintenait le même, la population augmenterait d'un dixième en 16 ans, de deux dixièmes en 31 ans, de trois dixièmes en 44 ans, de quatre dixièmes en 57 ans, de moitié en 69 ans, et il faudrait 117 ans pour qu'elle devînt double de ce qu'elle est maintenant.

LOI DE LA MORTALITÉ EN FRANCE.

On entend par mortalité, la quantité proportionnelle des individus qui, sur une population déterminée, succombent dans un certain laps de temps, sous l'empire des circonstances habituelles. Les calculs les plus exacts relatifs à la mortalité sont ceux ci-après, publiés par le bureau des longitudes. La table n° 1 indique combien, sur un million d'enfants qu'on suppose nés au même instant, il en reste de vivants après un an, deux ans, etc. La table n° 2 offre le partage de la population suivant les âges ; elle suppose, comme la première, un million de naissances annuelles. La table n° 3 donne la loi de la population pour dix millions d'habitants.

FRANCE.

TABLE N° 1.

ANS.	NOMBRE.	ANS.	NOMBRE.
0	1,000,000	56	248,782
1	767,525	57	240,214
2	671,834	58	231,488
3	624,668	59	222,605
4	598,713	60	213,567
5	583,151	61	204,380
6	573,025	62	195,054
7	565,838	63	185,600
8	560,245	64	176,035
9	555,486	65	166,377
10	551,122	66	156,651
11	546,888	67	146,882
12	542,630	68	137,102
13	538,255	69	127,347
14	533,711	70	117,656
15	528,969	71	108,070
16	524,020	72	98,637
17	518,863	73	89,404
18	513,502	74	80,423
19	507,949	75	71,745
20	502,216	76	63,424
21	496,317	77	55,511
22	490,267	78	48,057
23	484,083	79	41,107
24	477,777	80	34,705
25	471,366	81	28,886
26	464,863	82	23,680
27	458,282	83	19,106
28	451,635	84	15,175
29	444,932	85	11,886
30	438,183	86	9,224
31	431,398	87	7,165
32	424,583	88	5,670
33	417,744	89	4,686
34	410,885	90	3,838
35	404,012	91	3,093
36	397,123	92	2,466
37	390,219	93	1,938
38	383,300	94	1,499
39	376,363	95	1,140
40	369,404	96	850
41	362,419	97	621
42	355,400	98	442
43	348,342	99	307
44	341,235	100	207
45	334,072	101	135
46	326,843	102	84
47	319,539	103	51
48	312,148	104	29
49	304,662	105	16
50	297,070	106	8
51	289,361	107	4
52	281,527	108	2
53	273,560	109	1
54	295,450	110	0
55	257,193		

TABLE N° 2.

ANS.	NOMBRE.	ANS.	NOMBRE.
0	28,763,192	56	3,478,634
1	27,879,430	57	3,234,136
2	27,159,750	58	2,998,285
3	26,511,499	59	2,771,238
4	25,899,808	60	2,553,152
5	25,308,876	61	2,344,179
6	24,730,788	62	2,144,462
7	24,161,357	63	1,954,134
8	23,598,315	64	1,773,317
9	23,040,450	65	1,602,110
10	22,487,146	66	1,440,596
11	21,938,141	67	1,288,830
12	21,393,382	68	1,146,837
13	20,852,939	69	1,004,613
14	20,316,957	70	892,111
15	19,785,617	71	779,248
16	19,259,122	72	675,895
17	18,737,680	73	581,875
18	18,221,498	74	496,962
19	17,710,772	75	420,877
20	17,205,690	76	353,293
21	16,706,423	77	293,825
22	16,213,131	78	242,041
23	15,725,956	79	197,459
24	15,245,026	80	159,553
25	14,770,455	81	127,758
26	14,302,340	82	101,475
27	13,840,767	83	80,081
28	13,385,809	84	62,941
29	12,937,526	85	49,410
30	12,495,969	86	38,855
31	12,061,178	87	30,660
32	11,633,188	88	24,243
33	11,212,024	89	19,065
34	10,797,709	90	14,807
35	10,390,261	91	11,345
36	9,989,694	92	8,565
37	9,596,023	93	6,363
38	9,209,263	94	4,644
39	8,829,431	95	3,325
40	8,456,548	96	2,330
41	8,090,636	97	1,594
42	7,731,727	98	1,063
43	7,379,857	99	688
44	7,035,068	100	431
45	6,697,415	101	260
46	6,366,957	102	151
47	6,043,766	103	83
48	5,727,922	104	44
49	5,419,517	105	22
50	5,118,652	106	10
51	4,825,436	107	4
52	4,539,992	108	2
53	4,262,449	109	1
54	3,992,943	110	0
55	3,731,622		

APERÇU STATISTIQUE.

TABLE N° 3.

ANS.	NOMBRE.	ANS.	NOMBRE.
0	10,000,000	56	1,209,405
1	9,692,745	57	1,124,401
2	9,442,537	58	1,042,403
3	9,217,162	59	963,467
4	9,004,497	60	887,646
5	8,799,050	61	814,993
6	8,598,068	62	745,558
7	8,400,096	63	679,387
8	8,204,345	64	616,523
9	8,010,394	65	557,000
10	7,818,029	66	500,847
11	7,627,158	67	448,083
12	7,437,763	68	398,717
13	7,249,870	69	352,747
14	7,063,528	70	310,157
15	6,878,797	71	270,919
16	6,695,753	72	234,986
17	6,514,465	73	202,298
18	6,335,005	74	172,777
19	6,157,443	75	146,325
20	5,981,843	76	122,829
21	5,808,267	77	102,153
22	5,636,764	78	84,150
23	5,467,390	79	68,650
24	5,300,186	80	55,471
25	5,135,193	81	44,417
26	4,972,445	82	35,279
27	4,811,972	83	27,841
28	4,653,798	84	21,883
29	4,497,945	85	17,179
30	4,344,430	86	13,509
31	4,193,268	87	10,660
32	4,044,470	88	8,428
33	3,898,046	89	6,628
34	3,754,003	90	5,148
35	3,612,346	91	3,944
36	3,473,082	92	2,978
37	3,336,216	93	2,212
38	3,201,753	94	1,615
39	3,069,698	95	1,156
40	2,940,059	96	810
41	2,812,844	97	554
42	2,688,063	98	369
43	2,565,729	99	239
44	2,445,858	100	150
45	2,328,471	101	90
46	2,213,581	102	52
47	2,101,215	103	29
48	1,991,407	104	15
49	1,884,185	105	8
50	1,779,584	106	3
51	1,677,643	107	1
52	1,578,403	108	1
53	1,481,911	109	0
54	1,386,213	110	0
55	1,297,360		

PRODUITS DOMINANTS DES TROIS RÈGNES.

PRODUCTIONS MINÉRALES.

La France est riche en métaux et en minéraux de toute espèce. La nature l'a abondamment pourvue de fer, de cuivre, de plomb, d'antimoine, de manganèse, de houille, de porphyre, de granites, de marbres de toute espèce, d'ardoises, etc.

Les mines ne peuvent être exploitées sans une autorisation du gouvernement; les travaux sont soumis à la surveillance du corps royal des mines, divisé en cinq inspections et en dix-huit arrondissements.

Or. — On ne connaît pas de mine de ce métal qui mérite d'être citée. Celle de la Gardette, département de l'Isère, est abandonnée depuis longtemps. L'Ariége, la Garonne, le Tarn, le Gardon, le Rhône, la Cèze, le Doubs, le Rhin, charrient des paillettes d'or que les habitants recueillent avec soin, et dont le produit s'élève annuellement à environ 500 marcs.

Argent. — Il n'y a en France qu'une seule mine où l'argent se trouve seul ou presque seul, celle d'Allemont (Isère), dont l'exploitation est suspendue et dont on possède de beaux échantillons; mais beaucoup de mines de plomb donnent des produits considérables en argent : telles sont celles de Sainte-Marie aux Mines, Giromagny, la Croix aux Mines, Poullaouen, Allenc, etc., etc.

Fer. — Le sol de la France renferme de riches et abondantes mines de fer. Presque tous les départements en sont pourvus, mais il n'y en a guère que les deux tiers qui exploitent des mines de ce métal utile. Les départements où le fer est le plus abondant et où se trouve la plus grande quantité d'usines pour le préparer, sont ceux de la Haute-Marne, Haute-Saône, Nièvre, Côte-d'Or, Dordogne, Orne, Meuse, Moselle, Ardennes, Isère, Cher, Aude, Pyrénées-Orientales, Ariège et Haute-Vienne. L'exploitation du fer a lieu aussi, mais moins en grand, dans les départements de la Charente, Côtes-du-Nord, Doubs, Eure, Eure-et-Loir, Indre, Indre-et-Loire, Jura, Loire-Inférieure, Mayenne, Nord, Haut-Rhin, Bas-Rhin, Saône-et-Loire, Sarthe, Vosges, Hérault, Hautes-Pyrénées, Basses-Pyrénées, Drôme, Landes, Loir-et-Cher, Morbihan, Gironde, Lot-et-Garonne, Lot, Haute-Garonne, Tarn, Aveyron, Corrèze, Puy-de-Dôme, Haute-Loire, Vienne, Yonne, Ille-et-Vilaine, Manche et Corse. Il n'y a par conséquent pas plus de 34 départements où le fer n'est pas exploité ou travaillé.

Le fer se trouve en filons ou en amas dans les terrains appelés primitifs; en amas, en rognons, en couche ou en grains dans les terrains de transition, notamment en Vendée, contrée qui offre des mines extrêmement riches. Dans certains départements, le minerai est traité dans les hauts fourneaux, où l'on obtient un fer impur appelé gueuse, qu'on peut raffiner ensuite et convertir en fer marchand dans des affineries et dans des fourneaux dits de réverbère. Dans d'autres départements, le minerai de fer est traité par la méthode appelée catalane, qui a l'avantage de donner, par une première et seule opération, du fer et même de l'acier, selon la qualité de la mine employée, mais par laquelle il serait impossible de traiter la mine de fer en grains. (*Voy. ci-après pour les produits de l'industrie du fer, l'article forges et hauts fourneaux*).

Cuivre. — On exploite principalement le cuivre à Chessy et Saint-Bel, département du Rhône, et à Sainte-Marie aux Mines, département du Haut-Rhin. La mine de Baigory, Basses-Pyrénées, dont les galeries descendaient à près de 500 pieds de profondeur, a été détruite dans la guerre de 1793, et n'a pas été relevée depuis.

Plomb. — Peu de pays sont aussi riches que la France en mines de plomb, qui se trouvent disséminées sur diverses parties du territoire, mais il en est peu d'exploitées : les principales sont celles de Poullaouen, Pompéan, Chatelaudren, Huelgouat (Finistère), Sainte-Marie aux Mines, Giromagny (Haut-Rhin), la Croix aux Mines (Vosges), Villefort (Lozère), Vienne (Isère). Le plomb est encore exploité dans les départements des Hautes-Alpes, Basses-Alpes, Aveyron, Gard, Loire, Bas-Rhin; la Vienne et la Vendée, possèdent de très-riches gisements susceptibles d'être exploités avec avantages. Les mines de plomb sont pour la plupart riches en argent, et fournissent, outre le plomb, de l'alquifoux ou plomb sulfuré, et de la litharge.

Étain. — On trouve des traces de ce métal dans les départements de la Haute-Vienne, du Finistère et de la Loire-Inférieure; mais jusqu'à présent les mines qui le contiennent n'ont pas paru susceptibles d'être exploitées avec avantage.

Antimoine. — Ce métal se trouve abondamment dans la vallée d'Urcel (Aisne); à Charbes (Bas-Rhin); à Dèze, Ally, Mercœur (Corrèze); à Auzat (Puy-de-Dôme); à la Ramée et autres lieux de la Vendée où il est très-abondant et où il a été autrefois exploité; à Villefort et Violas (Lozère); à Partès, Saint-Florent et Auzac (Gard). On en trouve aussi dans les départements de la Charente, de la Haute-Loire, du Cantal et de l'Allier. Une exploitation considérable existe à la Licoune, département de la Haute-Loire.

Manganèse. — Les principales mines de manganèse sont celles de Saint-Dié et Laveline (Vosges), Tholey (Moselle), Saquet (Dordogne), Saint-Jean de Gardonnèque (Gard). Celle de Romanèche (Saône-et-Loire) pourrait seule fournir toute l'Europe de ce minéral pendant plusieurs siècles.

Zinc. — Des mines de ce métal existent à Pierre-Ville (Manche), Auxelle-Haut (Haut-Rhin), Montalet (Gard), Allemont (Isère), aux environs de Bourges, de Saumur, et ailleurs.

Houille. — La France possède plus de deux cent cinquante mines de houille exploitées, qui occupent plus de dix-huit mille ouvriers, et fournissent par an vingt à vingt et un millions de quintaux de houille, dont un tiers est produit par le département de la Loire[1]. Le terrain houiller commence dans le département du Nord, autour de Lille et Valenciennes; c'est là que se trouvent les mines d'Anzin, les plus considérables et les plus remarquables par les travaux et les machines qu'on y a exécutés. Ce dépôt houiller fait partie de la grande zone de deux lieues de large sur plus de cinquante lieues de long, qui s'étend depuis le département du Pas-de-Calais jusqu'au delà d'Aix-la-Chapelle, et qui semble se rattacher aux terrains houillers du duché de Luxembourg et de la Bavière rhénane, du département de la Moselle, où il y a beaucoup d'exploitations, aux environs de Sarre-Louis, et enfin à ceux du département du Haut-Rhin. Hors de cette zone, on

---

[1] Voyez ci-après, à l'article fabriques et manufactures, le tableau du produit des diverses branches de l'industrie minérale.

retrouve de grands dépôts houillers dans le centre et le midi de la France : on les voit d'abord dans le département de Saône-et-Loire, où ils sont particulièrement exploités au Creuzot; plus ou moins interrompus par des montagnes qui les recouvrent, et par d'autres sur lesquelles ils sont adossés et autour desquelles ils tournent : ils se prolongent dans le département de la Nièvre, où l'on exploite la houille à Decize; dans celui de l'Allier, où on l'exploite à Noyant, Fins, etc.; et enfin dans le département de la Creuse. Ils se prolongent aussi par Roanne, Montbrison, Saint-Étienne, Rive de Gier, dans les départements de la Loire et du Rhône, où il existe des exploitations considérables. A partir de Rive de Gier, le terrain houiller se continue au pied oriental des Cévennes, et on le suit dans les départements de l'Ardèche, du Gard, de l'Hérault, de l'Aude, et jusqu'au pied des Pyrénées : il existe sur cette ligne plusieurs mines exploitées, particulièrement aux environs d'Alais, de Lodève, etc. Le terrain houiller se présente également sur la pente occidentale de la même chaîne, et parcourt les départements du Tarn, de l'Aveyron, du Lot, de la Dordogne, et va finir dans le département du Cantal : c'est dans cette partie que se trouvent les mines considérables d'Aubin (Aveyron), qui suffiraient seules pour l'approvisionnement de la France, si les transports étaient facilités par des voies de communication; plus loin sont les mines des environs de Figeac (Lot). Au delà de ces dépôts, se trouve un espace immense où il n'y a plus d'indice de terrain houiller; ce n'est plus que dans les départements de la Vendée, de Maine-et-Loire et de la Loire-Inférieure qu'il se représente : on y exploite les mines de Faymoreau, en Vendée, de Saint-Georges aux environs de Saumur, de Montrelais et de Nort aux environs de Nantes. Plus loin, on reconnaît encore le même terrain dans les départements de la Manche et du Calvados, où l'on exploite surtout les mines de Litry, à six lieues de Caen.

Les produits de ces diverses mines ne s'élevaient, en 1812, qu'à sept millions. On peut suivre dans le tableau que nous donnons ci-après, le progrès de cette production et l'abaissement successif du prix moyen de la houille sur le carreau des mines, depuis 1819 jusqu'à 1831 [1].

---

1. *Enquête sur les houilles en 1830*, p. 30.

Années.	PRODUCTIONS. quint. mét.	Prix moyen du quint.
		f. c.
1819	8,263,457	1 082
1820	9,374,120	1 054
1821	9,728,098	1 073
1822	10,230,675	1 041
1823	10,245,151	1 052
1824	11,363,136	1 016
1825	12,783,270	1 012
1826	13,258,201	1 048
1827	14,740,609	1 025
1828	15,266,341	0 998
1829	14,927,578	0 970
1830	15,965,703	0 975
1831		

Alun. — L'alun est principalement exploité à Lavencas, à la Burgne, à Fontaine, à la Salle (Aveyron), à Cussy (Aisne).

Sulfate de fer. — Les principales exploitations de sulfate de fer se trouvent à Goincourt, près de Beauvais (Oise); à Urcel (Aisne); à Gersdorf (Bas-Rhin); à Hardinghen, près de Boulogne (Pas-de-Calais); à Uxel (Corrèze); à Saint-Julien de Valgalgues (Gard).

Asphalte, bitume. — L'asphalte est exploité avec succès aux environs de Seyssel (Ain). Le bitume se trouve aux environs de Soulz-sous-Forêts (Bas-Rhin), de Dax (Landes), et d'Orthez (Basses-Pyrénées).

Pétrole. — On ne connaît qu'une fontaine où l'on recueille cette substance, celle de Gabian (Hérault).

Sel gemme. — Il existe à Vic (Meurthe) une mine de sel gemme, découverte en 1819, qui occupe une étendue dont le minimum ne paraît pas être de moins de 30 lieues carrées, et on calcule qu'elle pourrait fournir à une exploitation de 96,000 ans, à raison d'un million de quintaux métriques par année.

Sources salées. — De nombreuses sources salées sourdent sur plusieurs points du territoire de la France. Les plus importantes sont celles de Dieuze, Moyenvic, Château-Salins (Meurthe); Salins et Montmorot (Jura); Saulnot (Haute-Saône); Arc (Doubs); Soultz (Bas-Rhin), et Salies (Haute-Garonne) : viennent ensuite les sources salées de Carcastel et de Fourtou (Aude); de Camarade et de la Bastide (Ariége); de Pouillenaé (Côte-d'Or); de Saint-Pandelon (Landes); de Reling, d'Herbitzheim, de Saltzbrun, de Sarralbe, de Morlange (Moselle); d'Aincille (Basses-Pyrénées); de Sassenay (Saône-et-Loire); de Baumes et de Courthezon (Vaucluse).

Les salines de Dieuze, Moyenvic, Château-Salins, Soultz, Saulnot, Arc, Salins, Montmorot, et la mine de sel gemme de Vic, ont été concédées, en 1825, pour 99 ans, à titre de régie intéressée, à une compagnie qui a le titre de Compagnie des salines de l'Est.

Marais salants. — Située dans un climat tempéré très-propre à faire le sel, la France est le pays de l'Europe et de tout le globe où il se fait le plus grand commerce de sel marin. Les principaux lieux où l'on exploite les marais salants sur l'Océan, sont : Marennes, Tonnay-Charente et les îles d'Oléron et de Ré dans le département de la Charente-Inférieure; Saint-Vivien, département de la Gironde; Guérande, Saint-Wolf, Mesquer, le Croisic, Bourgneuf, Batz, dans la Loire-Inférieure; Montebourg, Genest, les Pieux, Vaines, Saint-Patrice, Muvée, Courtils, Villedieu, Briqueville, Lessay, Portail, dans le département de la Manche; les Sables, Saint-Gilles-sur-Vie, Olonne, Landevieille, Chaillé-les-Marais, et l'île de Noirmoutiers, dans la Vendée. Et sur la Méditerranée, Peccais, département du Gard; Cette, département de l'Hérault.

L'impôt sur le sel à l'extraction des marais salants, en remplacement de la taxe pour l'entretien des routes, a été voté par le corps législatif dans la séance du 14 avril 1806. Par l'art. 48 de cette loi, le droit à percevoir au profit du trésor a été établi à raison de 2 décimes par kilogramme de sel, sur tous les sels enlevés soit des marais salants de l'Océan, soit de ceux de la Méditerranée, soit des salines de l'Est, soit de toute autre fabrique de sel. Par l'art. 49, tous les sels fabriqués dans les salines des départements de la Meurthe, du Jura, du Mont-Blanc, de la Haute-Saône, du Doubs, du Bas-Rhin et du Mont-Tonnerre, devaient payer, outre le droit fixé par l'article 48, 2 fr. par quintal métrique du sel de leur fabrication.

Aujourd'hui, le taux moyen du droit est de 28 fr. 50 c. par quintal métrique, sauf la réduction de 5 pour cent accordée pour tout déchet par la loi du 11 juin 1806. L'impôt du sel frappe chaque année sur une quantité qui s'est progressivement accrue depuis 1814, et qui s'élève à 2,144,569 quintaux pour une population de 32,569,223 habitants; ce qui porte la consommation moyenne, par individu, à environ 7 kilogrammes, et le montant du droit à un peu moins de 2 fr. — Le produit total de cette taxe s'élève à 61,500,000 f. La portion perçue dans l'intérieur par les agents des contributions indirectes est de 7,500,000 fr., et celle qui est réalisée par les préposés des douanes se monte à 54,000,000.

Pendant les années où le sel a été franc d'impôt, la consommation de cette denrée a été prodigieuse; mais elle s'est ralentie à un tel point, depuis le rétablissement de l'impôt, qu'elle est à peine du dixième de ce qu'elle était auparavant : il importe de connaître la cause de cette diminution, parce qu'elle intéresse essentiellement l'agriculture. Lorsque le sel était à bas prix, l'agriculteur pouvait en donner à ses bestiaux; il le mêlait avec le fumier pour exciter la végétation : en Provence, on le répandait au pied des oliviers pour leur donner de la vigueur; mais dès qu'il a été grevé de l'impôt, l'usage s'est borné à assaisonner nos aliments et nos salaisons. Dès ce moment l'agriculture a perdu un de ses plus grands éléments de prospérité; il suffit, pour s'en convaincre, de comparer l'état des animaux auxquels on peut donner une bonne ration de sel par semaine, avec ceux qui en sont privés : ces derniers, quoique nourris avec la même quantité et la même qualité de fourrage, sont maigres, souffreteux, tandis que les premiers présentent tous les caractères d'une parfaite santé, et assurent à leurs propriétaires un meilleur service et une dépouille plus avantageuse. De tous les impôts, il n'en est pas de plus nuisible à la prospérité agricole, et de plus funeste aux intérêts de la nation, que celui qu'on a mis sur le sel. Sans doute il faut des impôts; mais la science du législateur est de bien déterminer les matières imposables, pour ne pas frapper de mort les germes producteurs, et on peut être convaincu que, de quelque manière qu'on remplace l'impôt du sel, le gouvernement méritera la reconnaissance des propriétaires ruraux.

MARBRES, PORPHYRES, GRANITES, ALBATRES, ETC.

« La France abonde en carrières de marbre. Il est peu de ses provinces qui n'en présentent plusieurs espèces. Les plus belles,

les plus riches en couleurs, se trouvent surtout au midi, dans le Languedoc, le Dauphiné, la Provence, les Alpes, les Pyrénées. Le nord en possède aussi quelques variétés, et les marbres de Flandre et de Picardie ne sont ni sans réputation ni sans emploi. Parmi eux on exploite surtout :

« Le marbre de Rance à fond blanc, mêlé de rouge brun (Nord); ceux de Barbançon (id.), à fond noir, veiné de blanc; de Clermont (Oise), d'un gris cendré clair, nuancé de violet; de Trelon (Nord), rouge et jaunâtre; la lumachelle à fond rouge, nuancé de veines d'un rouge plus clair; et la brèche de Givet (Ardennes), noire, veinée de blanc (l'usage de ces deux espèces de marbres est commun à Paris); la *brèche de Doulers*, à fragments cendrés, blancs, rougeâtres; une brocatelle de Boulogne (Pas-de-Calais), à taches jaunâtres, mêlées de filets rouges, et une autre gris de lin, parsemée de veines plus foncées (employée pour la colonne de Boulogne et les lambris de la Bourse); plusieurs autres encore de différentes couleurs dont les gîtes se trouvent aux environs d'Avesnes et de Maubeuge; les marbres gris de Champagne, près de Langres (Haute-Marne); gris blanc, semé de taches roses, à Chaumont (Haute-Marne); gris cendré ou jaunâtre, jaspé de petites lignes noirâtres, près de Troyes (Aube).

« Dans les provinces du centre on connaît les marbres de l'Aunis (Charente-Inférieure), à fond gris et à fond jaunâtre. Ceux du Poitou (Vienne). A fond rouge foncé, mêlé de taches jaunes, et à fond gris ou jaune sans mélange, à la Bonardelière. Ceux de la Normandie. Près de Caen (Calvados), à fond d'un rouge sale, veiné de gris ou de blanc, employé pour les tables des cafés, des restaurateurs. Ceux de l'Anjou. A fond gris, veiné de blanc, près d'Angers (Maine-et-Loire); à fond jaune, mêlé de rouge et de blanc, à Sablé (id.). Ceux de l'Auvergne. Lumachelle à fond gris de perle (Puy-de-Dôme); rouge veiné, aux environs de Brioude (Haute-Loire). Ceux du Maine. A fond noir, près d'Argentré (Mayenne); jaspé de rouge, de blanc et de bleu d'ardoise, dit marbre de Berthessin, près de Laval (id.). Ceux de Bretagne. A fond noir veiné de blanc, dans la rade de Brest. Ceux de Bourgogne. A fond jaune, près de Tournus (Saône-et-Loire), très-employé à Lyon; marbre de Châlons, à fond blanc et rouge foncé; un blanc, jaspé de violet et de rose, employé à Beaune et à Dijon; le marbre de Montbard, taché de blanc, rouge et jaune; une brèche, dite de Rochepôt (Côte-d'Or), à fond rouge et jaune; de Saint-Romain (id.), etc.

« Au midi on trouve les marbres du Languedoc. Blanc, bleu turquin, rouge cerise, blanc et rose; rouge cervelas nuancé de gris, de rose, de vert et de violet; une griotte d'un rouge foncé semé de spirales noires, à Caunes (Aude), à Coudoms, à Carcascatel, à Valmigère (id.); des marbres jaunes et gris, gris et blancs, noirs et jaunes; gris cendré jaspé de gris plus foncé, près de Pouzin (Ardèche) (le pont de la Drôme en est construit); le marbre de la Sainte-Baume, à fond d'un rouge pâle, sillonné de longues bandes blanches, à la Sainte-Baume, près de Saint-Maximin (Aude) (les colonnes de l'arc de triomphe du Carrousel, les soubassements des églises Saint-Roch et Notre-Dame à Paris); une griotte d'un brun foncé avec des taches ovales d'un rouge de sang, au milieu desquelles se détachent de grandes veines blanches (Hérault) (les plates-bandes de l'arc du Carrousel, et surtout les appuis de la grille du chœur de Notre-Dame); le marbre dit de Sigean (Aude), d'un vert rembruni, mêlé de taches rouges, quelquefois couleur de chair, sur lesquelles serpentent des filets gris et verts.

« Après les marbres du Languedoc, ceux des Pyrénées sont les plus nombreux. Parmi les blancs on distingue ceux de la montagne du Cos (Hautes-Pyrénées), de Loubié, de Saint-Sauveur, dans les vallées de Bastan; de la Pène, d'Escat, de Brille (Basses-Pyrénées), de Saint-Béat (Ariège). Sans avoir une couleur aussi pure, un grain aussi fin, un poli aussi brillant que celui de Carrare, ces marbres sont cependant propres à la sculpture, surtout celui de la vallée de Salat, celui connu à Bagnères sous le nom de marbre vierge, et celui de Saint-Béat. C'est de la première qualité de ces marbres qu'étaient faits la statue de Louis XVI, destinée à la ville de Rennes, et le buste de Charles X, placé dans une des salles du Musée qui portait le nom de ce prince, au Louvre.

« Parmi les marbres de couleur on estime ceux de Sarrancolin (Ariège), taché de gris, de jaune et de rouge; de Villefranche (Pyrénées-Orientales), nuancé de rouge, de blanc et de vert; le marbre Campan, un des plus riches en couleurs, tantôt d'un vert pâle, rehaussé de veines d'un vert plus foncé, tantôt à fond rose pâle semé de veines de talc vert, ou bien d'un rouge sombre veiné de rouge plus sombre encore. Ces trois variétés se trouvent quelquefois réunies dans le même morceau. On connaît encore les marbres de Saint-Béat (Ariége), à fond noir veiné de blanc, à Labat-Saint-Bertrand (id.); des marbres nankins, panachés de jaune, de gris blanc, près de Mausions; des gris sur gris aux environs de Bouchet, de la goule de Signac, etc.; une brèche, dite des Pyrénées, d'un rouge brun relevé par des taches noires, grises ou rouges, qui prend un beau poli, et par cela même est très-estimée; une autre dont la pâte est d'un jaune-orange clair avec de petits fragments d'un blanc éclatant; d'autres semées de taches noires sur un fond jaune, ou à fragments jaunâtres et noirs entremêlés de taches blanches, appelées brèches d'Aste. Tous ces marbres sont également propres à l'architecture et à l'ameublement.

« Parmi les marbres de Provence ou des Alpes, les plus connus sont : la brèche de Marseille, rougeâtre, à fragments gris et bruns; celle d'Aix, à fond jaunâtre, semé de taches grises, brunes et rouges; le marbre de Trest, mélangé de jaune, de gris, de rouge et de blanc.

« Le Dauphiné donne plusieurs variétés de marbre blanc, telles que celui des Aiguilles de Flumay (Isère), des Challanches, d'Allecourt (id.); du Désert, dans la vallée de la Baume. Ces marbres deviendraient utiles à l'art, si des communications faciles en permettaient l'exploitation.

« Dans les marbres noirs on distingue surtout ceux de Seyssin (Isère), à filets ondoyants gris, à filets blancs coupés d'autres filets jaunes, à filets jaunes uniques, enfin à fragments blancs, veinés de rose ou de violet. Ces quatre espèces de marbres sont ce qu'on appelle le marbre portor, un des plus beaux de la France.

« On fait encore beaucoup de cas du marbre noir de Saint-Firmin dans le Valgo de Mar (Hautes-Alpes), à 2 lieues de Gap. On s'en est servi pour le mausolée du connétable de Lesdiguières, dans la cathédrale de Gap.

« Parmi les marbres de couleur, on emploie celui de Briançon, d'un rouge veineux ou nuancé de rouge, de gris, de blanc et de jaune, que l'on exploite aux Eygliès, et qui a servi à la construction des remparts ainsi qu'à celle de la plus grande partie des maisons de Mont-Dauphin; un marbre cypolin, riche de ses larges zones de talc verdâtre; un marbre poudingue, composé de divers fragments blancs, gris, jaunes, rouges, verts, retenus dans un ciment rougeâtre qui prend un beau poli, et dont il existe quelques belles tables à Grenoble. Les recherches de M. Héricart de Thury ont encore signalé dans le Dauphiné le marbre gris jaune de Sassenage, le gris bleu de Saint-Quentin, les deux variétés de la Grande-Chartreuse, l'une grise et rouge, l'autre grise et blanche, etc.

« Les porphyres sont plus durs que les marbres : tandis que ceux-ci se laissent rayer par le fer, ceux-là étincellent sous le briquet; cette extrême dureté permet de leur donner un poli plus vif. Leurs couleurs sont moins mélangées, moins variées; leurs fonds plus unis. On en connaît en France de noirs, de bruns, de verts, de rouges, de violets. Les montagnes des Vosges en renferment toutes les variétés; des noirs à Framont; des verts à Chevetrey (il existe un beau vase de ce dernier à la Monnaie de Paris); des bruns sur le mont des Èvres; des violets à cristaux verts entre Giromagny et Ocelle-Bas : c'est une des plus belles espèces de porphyres. On en trouve une variété à fond rouge et à cristaux rougeâtres auprès de Roanne (Loire); de roses et de rouges en Vendée, et de diverses couleurs dans les montagnes de l'Esterelle (Var).

« Les diorites, les serpentines, etc., fournissent aussi de beaux objets d'ornement et se trouvent dans divers lieux de la France.

« Les granites, assemblage de petites pierres de différentes couleurs, les unes très-dures, les autres plus tendres, liées ensemble par un ciment plus ou moins tenace, se rencontrent dans plusieurs endroits du royaume. Les plus beaux sont dans les Vosges, les Hautes-Alpes, et surtout dans la Bourgogne, la province qui en présente une plus grande quantité après les Vosges. On trouve un granite gris à la base du Ballon (Vosges) (on s'en est servi pour les pavés du péristyle du Panthéon); un autre près de Cherbourg (avec lequel on construit l'éperon du Pont-Neuf); un noir, blanc, verdâtre et rose, d'un bel effet, auprès d'Autun; un noir et blanc à Giromagny, à la montagne de Felsberg (Vosges), près de celle des Échellaons, de Charence (id.) (on voit à la Monnaie de Paris une belle table de ce granite); un rose pâle à cristaux gris à Marmagne (Saône-et-Loire); un rose verdâtre, à cristaux gris et noirs, à la montagne des glaciers de Girause (Alpes-Hautes), très-employé à Grenoble pour consoles, tables, chambranles de cheminée; un rouge et noir avec des taches verdâtres, à la montagne de Tarare, près de Lyon. On trouve encore des granites de différentes espèces en Franche-Comté, et près de Limoges, de Nantes, d'Alençon, etc., etc.

« Moins durs que les granites, les porphyres et les marbres, les albâtres viennent après eux, et se distinguent en deux espèces : les calcaires et les gypseux. Les premiers, d'un blanc de lait pur, sont agréables à la vue, mais la pâte en est si tendre qu'elle se laisse entamer par l'ongle; les seconds, d'une couleur jaunâtre tirant sur le miel, sont plus durs et prennent un beau poli. Les grottes d'Arcy (Yonne) présentent des blocs énormes de cette dernière espèce, bien plus estimée que la première. On en trouve aussi des bancs à Montmartre, près de Paris. L'albâtre de Lagny (Seine-et-Marne) est jaunâtre, à demi transparent, et se polit bien. — Les principaux gisements de l'albâtre calcaire sont à Boscadon, près d'Embrun (Hautes-Alpes), dans les Basses-Pyrénées, où il est d'un blanc éclatant, dans les grottes et les cavernes des environs de Poligny (Jura), dans le comté de Foix, à Fontestorbe de Belestat, à Bédrillas (Ariége), etc.

« Parmi les différentes espèces de pierres, de grès, d'ardoises, répandues en plus ou moins grande quantité sur le sol de la France, on distingue la pierre de Château-Landon (Seine-et-Marne), à laquelle sa couleur jaune de miel et son poli donnent l'apparence du marbre. (L'arc de triomphe de l'Étoile en est entièrement construit, ainsi que les quatre piédestaux placés aux extrémités du pont d'Iéna.) La pierre de meulières, qui tire son nom de l'emploi qu'on en fait pour les meules de moulin, et dont on connaît trois espèces : une blanche, une jaunâtre, et une d'un gris bleu, plus dure, et par cela même plus estimée : la première espèce s'exploite dans la plaine de Gometz, près du village des Molières (Seine-et-Oise); les autres se trouvent à Saint-Martin-d'Ablois, en Champagne (Marne), à la Ferté-sous-Jouarre (Seine-et-Marne), à Houlbec, près de Pacy-sur-Eure, en Normandie; enfin dans le Quercy, près de Cahors, à Calcerette et à Saint-Cirq. La pierre à aiguiser les instruments tranchants, dont il y a des gîtes en Lorraine, en Champagne, dans les environs de Langres, de Celles, de Marcilly. Le grès des paveurs, si commun aux environs d'Houdan, d'Étampes, de Fontainebleau, et dont les bancs immenses fournissent les pavés des rues de Paris. Le silex, connu sous le nom de pierre à fusil, dont l'usage est si fréquent, si répandu, est l'objet d'une industrie qui n'existe que dans quelques villages de France, à Noyers, à Couffy, à Lye, dans le Berri (Indre); à Cerilly, en Bourgogne (Yonne); à la Roche-Guyon (Seine-et-Oise), et surtout à Mensles, près de Saint-Aignan (Loir-et-Cher). Il y avait en 1794, dans les magasins de cette dernière ville, 30 millions de pierres taillées, et prêtes à servir. La pierre à lithographier se trouve aux environs de Ferrières, près de Nancy, de Belley, de Bourges, de Tours, et surtout de Châteauroux. C'est des carrières découvertes près de cette ville que se tirent les meilleures. Enfin la pierre à chaux et à plâtre (le gypse), dont il existe des couches abondantes à Montmartre, près de Paris, et à Metz, en Lorraine.

« Le schiste argileux, connu sous le nom d'ardoise, a trois principaux gisements en France : dans les environs de Cherbourg et de Saint-Lô (Manche), en Normandie; dans l'Anjou, non loin d'Angers (Maine-et-Loire); et près de Charleville, à Fumay (Ardennes), en Champagne. Le banc d'Angers a 2 l. de longueur. Il fournissait, il y a quelques années, 27 millions d'ardoises. Celui de Charleville a 60 pieds d'épaisseur, et l'on y a ouvert 18 carrières, d'où l'on tirait par an jusqu'à 60 millions d'ardoises. Ces nombres étonnent l'imagination. Il en est de même de la production des épingles, des clous, des pipes, des allumettes : toutes choses dont la valeur intrinsèque est nulle, mais dont l'usage général entretient une production immense, et rapporte des millions à qui les fabrique en grand : nouvel exemple, parmi tant d'autres, des grands résultats produits par de petites causes.

« La France est riche encore en marnes, en argiles, depuis la plus grossière, dont on fait la poterie la plus commune, jusqu'à celle qui donne la belle faïence, et qui se trouve à Montereau-sur-Yonne, à Savigny, près de Beauvais, à Forges-les-Eaux, à Gumercy, dans les environs de Maubeuge, etc.

Un banc considérable de kaolin existe à Saint-Yrieix (Haute-Vienne); la Vendée en offre aussi de grands gisements[1]. »

Le graphite ou pierre à crayons est abondant dans certains départements, et surtout

---

[1]. Notes statistiques sur la France, par M. Benoiston de Châteauneuf.

en Vendée, où des gisements ont été reconnus par M. Rivière [1].

PRODUCTIONS VÉGÉTALES.

Le règne végétal offre en France une multitude d'arbres et de plantes de toute espèce, dont la plupart sont une source inépuisable de richesses pour ce beau pays : les plantes céréales et oléagineuses, les fruits, les légumes y sont cultivés avec un tel succès, que non-seulement ils suffisent aux besoins de la population, mais permettent encore souvent qu'on en exporte une quantité immense. D'un autre côté, les vins et les eaux-de-vie, constamment recherchés par les étrangers, sont, pour l'agriculture et le commerce, une source intarissable de prospérité. Indépendamment de ces objets du premier intérêt, les fleurs, les plantes tinctoriales, les herbes médicinales y sont encore répandues avec profusion, et les végétaux des quatre parties du monde, que la nature semblait lui avoir refusés, croissent au milieu des productions indigènes : tels sont la renoncule inodore, apportée par saint Louis des plaines de la Syrie; la tulipe et le marronnier d'Inde, originaires de la Turquie; le saule pleureur, qui vient des environs de Babylone; l'acacia de la Virginie, le pêcher de la Perse, l'héliotrope des Cordilières, le réséda d'Égypte, le tabac du Brésil, l'angélique de la Laponie, la tubéreuse de Ceylan, le chou-fleur d'Orient, le raifort de la Chine, la pomme de terre, le maïs et l'abricot d'Amérique, le lilas, l'asperge et le melon d'Asie, l'oignon d'Égypte, l'œillet d'Italie, le soleil du Pérou, la capucine du Mexique, la balsamine de l'Inde, le lis de la Palestine, etc.

Céréales. — Les grains, surtout le blé, sont en France un des plus grands objets de culture, et le fond de la richesse territoriale. Les plus beaux blés sont ceux du Dauphiné, du Languedoc et de la Provence ; la Beauce, le Berri et la Picardie sont les provinces qui en fournissent le plus.

Des agriculteurs instruits évaluent les récoltes annuelles à 130,000,000 d'hectolitres de grains, et leur produit en argent, à raison de 18 fr. 50 c. l'hect. (prix moyen des dix dernières années), à deux milliards quatre cent cinq millions.

Suivant d'autres agriculteurs, la totalité des terres ensemencées en céréales ne dépasse pas 14,000,000 d'hectares, dont 4,500,000 sont affectés à la culture du froment, 2,000,000 à celle du seigle, 1,180,000 à celle de l'orge, et 5,900,000 aux autres menus grains. — Les récoltes produisent annuellement 155,076,000 hectol. de grains, savoir : froment, 48,000,000 à 16 hectol. par hectare; seigle, 22,300,000 hectol., à 8 hectol. 1/2 par hectare; orge, 17,000,000 à 11 hect.; avoine, 41,000,000 à 16 hect. — L'ensemencement enlève plus d'un sixième de la récolte. — La subsistance, calculée de 2 à 4 hectolitres par bouche, en emporte 97,000,000; les animaux 29,500,000, et les autres usages 1,600,000. Ainsi, la consommation s'élève au niveau de la production ordinaire. Mais, quand l'année est mauvaise, on reste de 5,000,000 au-dessous de la consommation. Ce déficit est alors couvert par la réserve des bonnes années et par l'importation.

Enfin, d'après des renseignements administratifs, qui diffèrent beaucoup des précédents, la moyenne des produits annuels de l'agriculture sur quatre ans (1825—1828), aurait été de :

Blé.......	59,595,600 hectolitres.
Méteil....	11,401,000
Seigle.....	29,164,600
Orge	15,547,150
Sarrasin...	7,727,200
Avoine....	32,066,587

Le produit brut d'un hectare est, dans le nord, de 69 fr.; dans le midi, de 26 fr. 50 c.; dans les Landes et les Alpes, de 6 f.; auprès de Paris, de 216. Le terme moyen est de 34 fr.

Maïs. — La culture en grand du maïs n'a lieu dans aucun des départements du Nord. En tirant une ligne de la Charente-Inférieure au département du Bas-Rhin, et parallèlement une autre ligne du département de l'Ariége à celui de l'Ain, on a toute la partie de la France où réussit cette culture. On trouve cependant quelques champs de maïs sur les bords de la Loire, mais la qualité est de beaucoup inférieure à celle du maïs récolté plus au midi. La culture du maïs est de la plus haute importance pour les départements de Lot-et-Garonne, de la Haute-Garonne, de l'Isère, de la Dordogne, de la Charente, et en général pour tous ceux compris entre les deux lignes que nous venons d'indiquer. Le maïs, dont le grain fournit une nourriture saine et abondante

---

[1]. Compte rendu des travaux de l'Académie des sciences, etc.

pour l'homme, est pour ces départements favorisés une véritable prairie pendant l'été, parce qu'on en cueille régulièrement les feuilles pour les bestiaux, et qu'elles fournissent une nourriture fort succulente et très-propre à les engraisser : en hiver, son grain, moulu ou préparé, devient à son tour, pour les bœufs, les cochons et la volaille, une excellente nourriture. Le produit annuel de la culture de cette plante est d'environ 6,000,000 d'hectolitres.

Sarrasin. — Le sarrasin se trouve, en général, dans presque toutes les parties de la France, à l'exception peut-être de quelques pays à blé, tels que le département de la Seine-Inférieure, une partie de ceux d'Eure-et-Loir, du Loiret, et quelques autres. Le sarrasin semble n'occuper que les terrains abandonnés par les autres céréales ; c'est d'ordinaire dans les terres les plus maigres de la partie montagneuse et stérile du département de l'Ain, dans les maigres plaines de ceux de l'Aube et de la Marne, dans les bruyères de la Bretagne, qu'on le cultive en grand. Dans les autres départements, on ne le cultive que comme supplément au déficit des autres céréales, pour servir à engraisser la volaille, ou comme plante fourragère. Le produit de la récolte annuelle du sarrasin est de 7,727,200 hectolitres.

Graines oléagineuses. — La culture du colza, de la navette et du pavot, ne s'étend pas à tous les départements ; elle se borne seulement à ceux du Nord, du Pas-de-Calais, de la Seine-Inférieure, de l'Oise, de la Marne, des Vosges, des Haut et Bas-Rhin : il y a bien encore quelques autres départements ou plusieurs de ces plantes sont cultivées, mais les produits en sont peu importants. Le colza est surtout cultivé en grand dans le département du Nord, où il offre des avantages inappréciables ; on y trouve des milliers de moulins où l'on fabrique une quantité immense d'huile, qui est pour ce département un objet considérable de commerce.

Lin. — En aucune contrée de l'Europe on ne récolte de plus beaux lins; aussi la France n'a-t-elle point de rivale pour la confection de ses inimitables batistes. Cette plante se cultive principalement dans les départements du Calvados, des Côtes-du-Nord, du Finistère, d'Ille-et-Vilaine, du Nord, du Pas-de-Calais, de la Somme, de la Seine-Inférieure, et en général dans le voisinage de la mer.

Chanvre. — On cultive le chanvre dans presque toutes les parties de la France avec le plus grand avantage ; cependant la quantité immense qui s'en récolte est loin de suffire à la consommation, et l'on est obligé d'en tirer encore une quantité assez considérable de l'étranger pour l'entretien des manufactures. Les départements d'Ille-et-Vilaine, de l'Isère, de Lot-et-Garonne, de la Marne, de la Sarthe et des Vosges, sont ceux qui en produisent davantage.

Tabac. — Le sol de la France est généralement propre à la culture du tabac, et il est présumable qu'il se naturaliserait facilement dans tous les départements, pour lesquels il serait une nouvelle source de richesse ; mais le monopole de la fabrication du tabac appartient exclusivement au gouvernement, qui a restreint la culture de cette plante aux seuls départements du Finistère, de Lot-et-Garonne, du Nord, et des Haut et Bas-Rhin. Il dit au planteur : Tu ne cultiveras ton champ que dans des conditions déterminées ; il dit au vendeur : Ta denrée est à moi et je la payerai le prix que je voudrai ; il dit au consommateur : Mon produit est de qualité inférieure aux produits étrangers, cependant tu n'en auras pas d'autre et tu le payeras le prix que je voudrai y mettre, c'est-à-dire, quatre fois plus cher que les produits étrangers de qualité supérieure. La cessation de ce monopole est réclamée depuis longtemps par les consommateurs, par l'agriculture et par les départements privés de cette riche branche d'industrie.

Plantes tinctoriales. — La garance, le pastel, la gaude et le safran sont cultivés avec avantage dans plusieurs départements, principalement dans ceux des Bouches-du-Rhône, de l'Hérault, du Loiret, de Lot-et-Garonne, du Nord, de Vaucluse, et du Haut et du Bas-Rhin.

Houblon. — On ne cultive en grand le houblon que dans les départements voisins de la Belgique, où la bière est la boisson commune ; savoir, dans ceux du Nord, de la Somme et du Pas-de-Calais.

Pommes de terre. — La culture des pommes de terre est prospère dans tous les départements : elle est plus étendue dans ceux où le blé est plus rare, tels que les départements de la Lozère, de la Haute-Saône, du Tarn, des Vosges, etc. Les départements de la Meurthe, de la Moselle, des Bouches-du-Rhône, de Vaucluse, de l'Ariége, de l'Aube, de la Côte-d'Or et d'Eure-et-Loir, en récoltent une quantité beaucoup plus considérable que les autres départements qui les avoisinent. En général, ce légume est cultivé dans presque toute la France, soit dans les potagers, comme plante auxiliaire pour la cuisine, soit dans les champs et en grand, comme objet d'économie rurale. La culture de ce tubercule est d'autant plus avantageuse, qu'il peut remplacer les jachères, prépare la terre à recevoir des céréales, et offre un mets sain, agréable, nutritif, et d'une grande ressource pour la nourriture des animaux, et même des hommes en général; on le trouve également sur la table somptueuse du riche et sur la table modeste de l'agriculteur.

Pois, fèves, haricots, lentilles.—Les pois, les fèves de marais et les haricots se trouvent généralement dans tous les départements; ils ne sont guère en France qu'un objet d'économie domestique, si ce n'est aux environs des grandes villes, pour l'approvisionnement desquelles on les cultive en grand : secs, ils sont des objets de commerce; il s'en fait des exportations assez considérables. Les lentilles viennent dans les terrains les plus pauvres, et même presque dépouillés de végétation; elles donnent d'excellentes récoltes dans les sols argileux, et servent même à les améliorer. Le département de l'Aisne, et surtout l'arrondissement de Soissons, fournit une quantité considérable de haricots de première qualité.

Choux, navets, raves. — Ces légumes se cultivent dans tous les potagers de la France comme un objet d'économie domestique; cependant dans quelques départements on les cultive en grand pour l'engrais des bestiaux.

Betterave.—La betterave, peu cultivée autrefois, et qui n'entrait qu'en très-petite quantité dans la nourriture des bestiaux, est devenue depuis quelques années une des productions les plus précieuses pour l'économie agricole, non-seulement parce que l'industrie en extrait une matière sucrée qui ne diffère en rien du sucre de cannes, mais encore parce que le résidu pulpeux de l'opération offre aux bestiaux un aliment très-substantiel et d'une facile conservation. Ce double produit donne à la betterave une supériorité très-marquée sur toutes les autres plantes fourragères, au moyen desquelles on a proposé trop souvent de substituer chez nous, à l'ancienne culture pauvre et routinière, une culture variée et raisonnée. Aussi aujourd'hui, grâce à la fabrication du sucre indigène, la betterave se propage et commence à prendre place dans les assolements.

Cette plante peut être cultivée plusieurs années de suite dans les mêmes terrains : ordinairement la troisième année on ensemence en blé, et l'on obtient autant de grains que si la terre fût demeurée en jachère; la raison en est que la terre se trouve fumée par les feuilles qui demeurent sur le champ, ainsi que par les bestiaux qu'on envoie se nourrir des mêmes feuilles. La récolte varie de douze mille kilogrammes de betteraves par hectare à quatre-vingt mille; mais la moyenne, pour les départements du Nord et du Pas-de-Calais, est de vingt-cinq à trente mille kilogrammes. Le cultivateur vendant ses betteraves à raison de 16 fr. les mille kilogrammes, il en résulte que le produit brut d'un hectare s'élève à 480 fr.

L'introduction de la fabrication du sucre en Europe est une de ces révolutions industrielles dont les exemples ne sont pas rares dans l'histoire des peuples, qui déplacent les sources de la production au profit des uns, au préjudice de quelques autres, et à l'avantage du plus grand nombre. Aucune tentative de fabrication nouvelle n'a peut-être jamais englouti plus de capitaux, n'a causé plus de sinistres financiers que la fabrication du sucre de betteraves. Jamais une industrie nouvelle n'a excité plus d'ardeur et d'enthousiasme, jamais un plus grand nombre d'individus ne s'y est précipité pour remplacer ceux dont la destinée avait été la ruine ou une diminution considérable de leur fortune.

En 1828, le nombre des fabriques de sucre de betteraves en activité était de 58, celui des fabriques en construction à cette même époque était de 31 : elles se trouvaient réparties dans vingt et un départements, occupaient 3,130 hectares, et produisaient environ 3,380,000 kilogr. Vers la fin de l'année 1835, le nombre des fabriques était de 542, occupant environ 150,000 ouvriers, 20,000 hectares de terre, 60,000,000 de capitaux; elles ont produit 33 millions de kilogr. de sucre. A l'ouverture de la campagne de 1836, 105 nouvelles fabriques étaient en construction, et le produit de la campagne prochaine était évalué à 45 millions de kilogr. de sucre.

Les départements qui possèdent le plus de fabriques de sucre indigène sont ceux du

APERÇU STATISTIQUE.

Nord, du Pas-de-Calais, de la Somme, de l'Aisne et de l'Isère.

Les départements où sont établis les fabriques sont les suivants [1] :

NOMBRE DES FABRIQUES.

Ain	30
Aisne	1
Charente-Inférieure	2
Cher	4
Côte-d'Or	1
Côtes-du-Nord	1
Drôme	2
Eure-et-Loir	1
Gers	1
Indre-et-Loire	2
Isère	18
Landes	1
Loire-Inférieure	1
Loiret	4
Maine-et-Loire	2
Marne (Haute-)	2
Meurthe	3
Meuse	1
Morbihan	1
Moselle	8
Nord	136
Oise	8
Pas-de-Calais	73
Puy-de-Dôme	2
Rhin (Bas-)	3
Rhin (Haut-)	1
Saône (Haute-)	2
Saône-et-Loire	2
Sarthe	1
Seine	2
Seine-Inférieure	3
Seine-et-Oise	1
Somme	26
Vaucluse	3
Vendée	1
Vienne (Haute-)	1
Total	342

Voici quelle a été la quantité de sucre colonial introduit en France, et celle de sucre indigène livré à la consommation pendant les cinq dernières années :

Années.	Sucre colonial.	Indigène.
1828	61,255,232 k.	4,000,000 k.
1831	67,542,792	10,000,000
1832	62,669,638	15,000,000
1834	66,951,481	20,000,000
1835	60,000,000	30,000,000

[1]. Documents relatifs au projet de loi sur le sucre indigène, recueillis par la commission et publiés par décision de la Chambre des Députés.

Dans l'origine de la fabrication, on obtenait de la betterave 3 pour cent en sucre brut; ensuite on en a tiré 4, puis 5; aujourd'hui, dans les fabriques qui travaillent bien, on obtient généralement 6 pour cent d'un fort beau sucre. Dans quelques établissements, le rendement s'élève même à 6 1/2 pour cent. Les 1000 kilogr. de betteraves produisent donc 60 kilogr. de sucre, qui coûte un peu moins de 27 c. le kilogr., pris dans la betterave, si l'on peut s'exprimer ainsi, c'est-à-dire, abstraction faite des frais de fabrication, en supposant le rendement à 6 pour cent. L'analyse a démontré que les betteraves dont on obtient cette proportion contiennent généralement 10 pour cent de sucre cristallisable; et c'est uniquement à l'imperfection des procédés que l'on doit de n'en tirer que la moitié de cette quantité; il n'est pas de fabricant éclairé qui n'espère parvenir à obtenir par la suite au moins 10 pour cent. Lorsqu'on sera parvenu à ce point, le sucre ne coûtera plus que 20 c. le kilogr., abstraction faite des frais de fabrication.

Légumes et plantes diverses. — Les plantes potagères et légumineuses abondent sur tous les points du territoire de la France, et y sont en général d'une excellente qualité. Les artichauts, les asperges, le melon, l'ail, l'oignon, sont l'objet d'une culture particulière, à laquelle se livre la population environnante de plusieurs grandes villes. L'ail est mis au nombre des aliments dans les départements méridionaux. L'oignon se cultive généralement dans tous les lieux de la France. L'oseille, les épinards, la laitue et autres espèces de salades, se cultivent dans tous les jardins. Les départements du midi fournissent des champignons très-recherchés et en grande quantité. Les truffes abondent dans les départements du centre et du midi, principalement dans celui de la Dordogne, où ce comestible est un objet de commerce véritablement important. Enfin, dans les départements du Nord et du Pas-de-Calais, quelques cantons cultivent en grand la chicorée, destinée à être brûlée et mélangée au café.

Prairies naturelles. — Traversé par plusieurs grands fleuves, arrosé par une multitude de rivières et de ruisseaux, coupé par diverses chaînes de montagnes qui donnent naissance à de riches et fertiles vallées, le territoire de la France offre d'immenses et belles prairies, qui fournissent une quantité considérable de fourrages, et nourrissent d'innombrables bestiaux : on porte à plus de 710 millions le produit annuel de cette seule partie de l'agriculture. Les Vosges recèlent de nombreuses et belles prairies entre leurs larges saillies vers le Rhin et la Moselle; il en est de même des monts d'Argonne, des Ardennes et de la Côte-d'Or. Au centre et au midi de la France, les départements qui ont pris leurs noms des groupes de montagnes du Puy-de-Dôme, du Cantal et de la Lozère; ceux qui empruntent leurs dénominations aux rivières de d'Ardèche et de la Corrèze, et tout le Limousin, forment une seule prairie divisée par des crêtes de montagnes, laissant quelques cultures de sarrasin et de seigle s'établir sur leurs plateaux plus ou moins étendus. Quelques parties de la Flandre et de la Normandie, situées au bord de la mer, présentent aussi de belles prairies naturelles; celles de l'île de la Camargue, à l'embouchure du Rhône, sont célèbres dans tout le midi. Des diverses observations faites sur toute l'étendue du territoire de la France, il résulte : 1° que les départements du nord offrent de vastes et riches prairies, où de nombreux troupeaux de toute espèce pâturent jour et nuit dans la belle saison, et où l'on récolte en outre des foins pour l'hiver; 2° que ceux du centre possèdent aussi de riches prairies, mais que l'usage des pâturages y est peu commun; 3° que les pâturages du midi consistent la plupart dans les montagnes, ressources précieuses dans des pays d'ailleurs peu fertiles.

Prairies artificielles. — Ce genre de culture, très-étendu depuis quelques années, a donné une plus grande valeur à beaucoup de terrains élevés, où une autre culture nécessitait un plus grand travail en présentant moins d'avantages. La luzerne, le sainfoin, le trèfle, le pois gris, la vesce, sont en général les plantes dont se composent en France les prairies artificielles, qu'il serait intéressant de multiplier de plus en plus, surtout dans les terrains en friche. Cette culture augmenterait le nombre des bestiaux de la France, et les produits de l'agriculture y seraient beaucoup plus considérables.

Vignes[1]. De toutes les branches de la production rurale, l'industrie des vins est celle qui certainement mérite le plus d'intérêt en France; aussi nous y arrêterons-nous avec prédilection. En effet, quelle contrée donne, et depuis un temps immémorial, des vins en aussi grande abondance, plus variés, plus délicieux de couleur, de sève, de finesse, de moelleux, de bouquet, de cet arome si délicat, si léger, gracieux parfum qui charme à la fois l'odorat et le goût? On trouve d'excellents vins sur divers points du globe : la Perse, le cap de Bonne-Espérance, les îles Canaries, Madère, la péninsule espagnole, l'Italie, la Grèce, la Hongrie, et le Rhin, fournissent aux consommateurs opulents quelques rares qualités de vins qu'une mesquine jalousie nationale ne nous fait point dédaigner, mais qui, tantôt d'une dureté extrême, tantôt d'une saveur affadie par la surabondance de la matière sucrée, ou trop chargés d'alcool, fatiguent l'organe du goût, et excitent du trouble dans le système nerveux. Les grands vins de France n'ont point de rivaux quand ils sont bien faits, et c'est avec toute raison qu'on a dit de cette belle industrie, qu'elle était *essentiellement française.*

Aussi, à l'exception d'une zone septentrionale, qui comprend la majeure partie des anciennes provinces de Bretagne, de Normandie, d'Artois et de Flandre, la France se livre-t-elle avec une grande activité à une production qui fait sa richesse, et qui a contribué à faire chérir le nom français chez tous les peuples civilisés. En vain le génie fiscal s'est-il acharné sur cette riche proie, et a-t-il gêné, par une avidité aussi imprévoyante que fatale, le naturel accroissement de la vraie industrie vinicole; en vain un autre génie, plus fatal encore, celui de la *protection*, a-t-il fermé, ou du moins rétréci jusqu'à l'absurde le marché étranger, aux dépens de la richesse publique logiquement entendue, deux millions d'hectares de terrains, qui resteraient entièrement stériles, ou qui ne donneraient que de chétives récoltes, produisent encore en France plus de 40,000,000 d'hectolitres de vin!

Nous offrirons ici un résumé rapide de l'industrie œnologique, et nous indiquerons les crûs les plus importants de nos départements, classés, autant que possible, par grandes vallées; nous dirons les qualités par lesquelles brillent les vins les plus célèbres, et nous donnerons les chiffres que la statistique, dans l'état d'imperfection où elle se trouve encore, fournit avec le plus de probabilité. Voyons d'abord l'ordre dans

---

[1]. Nous sommes redevables de cet article sur l'industrie vinicole à M. L. Leclerc, l'un de nos économistes les plus distingués.

APERÇU STATISTIQUE.

...quel se présentent les départements français suivant l'importance, ou plutôt la quantité et l'étendue de leurs vignobles. Ce sont les seuls chiffres officiels que l'on possède; on verra plus loin que tel département, où les vignes ont moins d'étendue, produit cependant plus de vin que tel autre dans lequel les vignobles occupent une grande surface. Cela tient à la différence de rendement des cépages, et au point de maturité auquel on récolte le fruit. La différence dans le rendement peut s'élever quelquefois de 1 à 5.

		hectares.
1.	Gironde	138,823
2.	Charente-Inférieure	111,682
3.	Hérault	103,682
4.	Charente	99,493
5.	Dordogne	89,894
6.	Gers	87,772
7.	Gard	71,307
8.	Lot-et-Garonne	69,349
9.	Var	67,657
10.	Lot	58,627
11.	Aude	50,148
12.	Haute-Garonne	48,908
13.	Loiret	39,882
14.	Bouches-du-Rhône	39,490
15.	Pyrénées-Orientales	38,442
16.	Maine-et-Loire	38,260
17.	Saône-et-Loire	37,936
18.	Yonne	37,543
19.	Tarn-et-Garonne	37,703
20.	Indre-et-Loire	35,004
21.	Aveyron	34,410
22.	Tarn	31,243
23.	Rhône	30,552
24.	Loire-Inférieure	29,346
25.	Puy-de-Dôme	29,152
26.	Vienne	28,744
27.	Vaucluse	28,594
28.	Isère	27,698
29.	Ardèche	26,862
30.	Loir-et-Cher	26,591
31.	Côte-d'Or	26,371
32.	Drôme	23,986
33.	Basses-Pyrénées	23,175
34.	Aube	22,908
35.	Jura	21,027
36.	Deux-Sèvres	20,893
37.	Landes	20,679
38.	Seine-et-Marne	18,972
39.	Marne	18,400
40.	Indre	18,110
41.	Allier	17,976
42.	Vendée	17,700
43.	Ain	16,869
44.	Seine-et-Oise	16,711
45.	Meurthe	16,371
46.	Corse	16,113
47.	Hautes-Pyrénées	15,382
48.	Corrèze	15,203
49.	Basses-Alpes	13,958
50.	Loire	13,897
51.	Meuse	13,540
52.	Haute-Marne	13,136
53.	Bas-Rhin	13,123
54.	Cher	12,883
55.	Haute-Saône	11,769
56.	Ariége	11,591
57.	Haut-Rhin	11,141
58.	Sarthe	10,081
59.	Nièvre	9,900
60.	Aisne	9,076
61.	Doubs	8,011
62.	Hautes-Alpes	5,901
63.	Haute-Loire	5,855
64.	Moselle	5,291
65.	Eure-et-Loir	5,001
66.	Vosges	4,490
67.	Haute-Vienne	3,043
68.	Seine	2,784
69.	Oise	2,601
70.	Ardennes	1,725
71.	Eure	1,677
72.	Mayenne	1,290
73.	Lozère	983
74.	Morbihan	685
75.	Cantal	388
76.	Ille-et-Vilaine	138
77.	Somme	14
	Calvados, Côtes-du-Nord, Creuse, Finistère, Manche, Orne, Pas-de-Calais, Seine-Inférieure et Nord	0
	Total	2,134,632

1. *Vallée de la* GARONNE, *de la* CHARENTE *et de l'*ADOUR, *bornée au sud par les Pyrénées, à l'est par les Cévennes, au nord par la chaîne de l'Auvergne, du Limousin, et par le plateau de Gatine.*

Cette vallée contient environ 895,000 hectares de vignes, dans dix-huit départements.

LA GIRONDE. C'est le premier département vinicole de la France; celui qui produit les vins les plus célèbres et les plus universellement connus, parce qu'ils gagnent à voyager, et parce qu'à la finesse de leur bouquet, à la délicatesse de leur séve, ils joignent l'avantage d'être inoffensifs quand on en fait un usage modéré. Plus de cinq cent cinquante communes prospèrent au moyen de cette magnifique culture; leur industrie est si ingénieuse et le climat si favorable, que les plus riches produits se récoltent souvent sur un sol qui, spontanément, ne donnerait aucune végétation. Sur 2,500,000 hectolitres de vin, 1,600,000 environ sont livrés au commerce intérieur et extérieur. Les vins du Bordelais se divisent en quatre classes, et le prix de la première peut s'élever jusqu'à 6000 francs le tonneau [1]; malheureusement, dans les lieux de grande consommation, et surtout à l'étranger, on les falsifie, on ose même les *imiter* : les fabricants d'Amsterdam sont particulièrement accusés de se livrer à de telles profanations.

On divise encore les vins de Bordeaux en vins du Médoc, des Palus, des Côtes, des Terres-Fortes, et d'Entre-deux-Mers, avec des subdivisions à l'infini. Les Palus sont les atterrissements gras et fertiles qui bordent les rives de la Garonne et de la basse Dordogne; les Côtes sont deux chaînes de coteaux qui s'étendent sur les rives droites de la Garonne et de la Dordogne; les Terres-Fortes sont les terrains bas du Médoc, qui ne renferment point de gravier; et enfin l'on doit entendre l'Entre-deux-Mers, de l'espace compris entre les deux rivières.

Il faudrait un volume pour décrire et apprécier convenablement les innombrables variétés bien étudiées et bien connues des vins du Bordelais; nous indiquerons seulement les plus recherchés : le Château-Margaux, le plus riche en sève, d'un bouquet extrêmement fin et délicat; le Château-Laffitte le suit de très-près; Latour, moins fin, mais plus corsé; Haut-Brion, moins moelleux, a plus de vivacité, de chaleur, de couleur. Dans les seconds crus, on recherche particulièrement Rauzan, Durfort, Lascombe, Léoville, Larose, Gorse, Brane-Mouton, Pichon-Longueville. Il faut être d'une grande habileté de dégustation pour reconnaître les nuances qui séparent ces vins des premiers.

Cantenac, Margaux, Saint-Julien, Commensac, Saint-Gemme, Pauillac, Saint-Estèphe, Pessac, sont des vignobles qui, bien que classés dans le deuxième ordre, produisent une variété infinie de vins exquis.

Dans la troisième, on trouve moins de finesse, mais du corps, une charmante couleur, des perfections enfin qui les font particulièrement rechercher en Hollande, en Allemagne et dans tout le nord de l'Europe. On rencontre des qualités précieuses dans les

[1]. 228 litres.

vins classés en quatrième ordre, dont il se fait une grande consommation à Paris, où la population se montre en général d'un goût facile en matière de vins. Une légère âpreté, qui ne déplaît point quand on a l'habitude des vins du Bordelais, les caractérise spécialement.

Les vins blancs offrent aussi une très-grande variété. Ceux de première classe se récoltent dans les Graves, et en général sur la rive gauche du fleuve. Moelleux et spiritueux depuis Castres jusqu'à Langon, les Graves ont plus de légèreté et d'arome dans le voisinage de Bordeaux même. Il faut citer de prédilection les crus de Coutet, Clément, Doisy, Caillau, dans les vignobles de Barsac, pour leur haute perfection. Preignac, Sauterne, Bommes, Villenave-d'Ornon et Blanquefort, sont également au premier rang; leur arome offre une légère analogie avec le girofle; de plus, on y distingue quelque chose d'assez semblable à l'odeur de la pierre à fusil. Les mêmes vignobles donnent encore des vins de seconde classe fort estimés; il faut y joindre Cérons, Podensac, Langon et les crus voisins, Pujols, Sainte-Croix du Mont, Loupiac, Léognan, Martillac, etc. La troisième classe fournit les vins de Virelade, Arbanas, Budos, Cadillac, etc., qui acquièrent moins de prix en vieillissant, mais qui ont des qualités précieuses; ils donnent lieu à un commerce énorme. Bordeaux est le point central de ce commerce et l'entrepôt des vins qui, dans cette belle vallée, sont les plus remarquables; c'est de là qu'ils s'expédient sur tous les points du globe.

Près d'un cinquième des vins du Bordelais, dans les crus inférieurs, sont convertis en eaux-de-vie, qui s'expédient pour les États-Unis, l'Angleterre, la Russie, la Suède et le Danemark; quelques-unes se vendent pour du Cognac, bien qu'en général, elles soient inférieures aux produits de la Charente.

La Gironde, premier département vinicole de la France, producteur des vins les plus facilement exportables, a dû souffrir plus que tout autre du système dit protecteur; elle s'est plaint souvent, et se plaint encore avec éloquence, d'être sacrifiée à des contrées où l'industrie s'est formée, en quelque sorte, artificiellement. Si jamais ses plaintes sont entendues, il n'est point de prospérité, si brillante qu'on puisse la concevoir, à laquelle le Bordelais ne puisse atteindre.

La Dordogne, cinquième département vinicole de la France, produit, sur la rive droite de la rivière, quelques vins fort estimés; ceux de la rive gauche ont plus de couleur et moins de parfum. Les vins blancs de la gauche, au contraire, sont en meilleure réputation. Tous, en général, prennent de la qualité en vieillissant. On fait grand cas des rouges de Bergerac, Creysse (la Terrasse), Genestet, Prigonrieux, la Force, Sainte-Foy, Lembra, pour leur bouquet fin et léger. En fait de vins blancs, il faut citer, dans le voisinage de Bergerac, la Brunetterie, Catte Saint-Bris, Berbesson, Rosette et Ronay, qui ont du corps, de la sève, et un joli bouquet.

La Dordogne fait encore des vins de liqueur assez recherchés, mais inférieurs aux muscats de l'Hérault, parce qu'ils sont moins fins et moins parfumés. L'entrepôt principal des vins de la Dordogne est Bergerac, où se vendent aussi des eaux-de-vie estimées. Les vins s'expédient pour Bordeaux et Paris; les eaux-de-vie vont dans la Charente.

LA CHARENTE-INFÉRIEURE, deuxième département vinicole, et la CHARENTE, quatrième, brillent beaucoup plus par la supériorité de leurs eaux-de-vie sur tous les produits analogues du globe, que par leurs vins peu recherchés pour la table. Le premier produit 2,500,000 hectolitres de vins, et le second en récolte 1,700,000. Quelques blancs, ceux de Cherac, par exemple, près de Saintes, ne sont pas sans mérite. Le rendement des vins, convertis en eaux-de-vie, étant fort variable, puisque tantôt ils donnent un cinquième, tantôt un dixième, on ne peut évaluer exactement l'importance de la distillation; nous n'indiquerons donc qu'une donnée moyenne de 450,000 hectolitres pour les deux départements. Toutes ces eaux-de-vie portent dans le commerce le nom de Cognac, synonyme, dans le langage commun, de ce qu'il y a de plus excellent en fait de liqueur.

On nomme Champagne la contrée où se fabriquent les eaux-de-vie les plus parfaites; elle s'étend dans les deux départements, et comprend en partie les territoires de Saintes, Jonzac et Cognac.

En suivant, vers l'est, le nord de la vallée, nous trouverons le département de la CORRÈZE, le quarante-huitième en œnologie. Il donne environ 200,000 hect. de vins, qui ne jouissent point d'une grande réputation; leur goût devient agréable en vieillissant. Un quart à peu près se vend au dehors. Argentat donne un vin blanc estimé. Ce qui se fait d'eau-de-vie s'envoie à Bordeaux.

LE CANTAL et LA LOZÈRE sont insignifiants sous le rapport des vins; le premier (75e) donne 11,000 hect.; le second (73e) 25,000 hect. Entrons dans le bassin du Lot, qui arrose trois départements riches en vignobles: l'Aveyron, le Lot et Lot-et-Garonne.

L'AVEYRON est le vingt et unième département vinicole; il produit, en vins ordinaires, 280,000 hect.; le mélange des produits de l'Hérault leur est favorable.

LE LOT (10e) récolte 40,000 hect., dont moitié se vend au dehors, ou se convertit en assez bonne eau-de-vie. Les vins noirs sont précieux pour donner de la couleur, du corps, de la vivacité à des vins faibles. Bordeaux et Paris en emploient beaucoup à cet usage: vins de Cahors! c'est tout dire. Les producteurs de ces vins utiles apportent beaucoup d'habileté dans la vinification.

LOT-ET-GARONNE (8e) produit 800,000 hect. de vins bien colorés, assez agréables comme vins d'ordinaire; jeunes, ils sont épais et capiteux, mais l'âge les améliore. Clairac et Buzet font des vins blancs plus agréables que ne l'est leur nom (vins pourris, le raisin étant très-mûr); ces vins ont un joli bouquet, ils sont doux et fins. Le département fait aussi quelques eaux-de-vie.

TARN-ET-GARONNE (36e), 450,000 hect. d'assez bons vins, dont quelques-uns sont de difficile conservation. Pech-Langlade, coteau dans les environs de Castel-Sarrasin, produit un vin rouge de très-bonne qualité. Il se fait peu d'eau-de-vie.

LE TARN (22e), 350,000 hect. de vins, dont plusieurs soutiendraient la comparaison avec les bons crus ordinaires de la Bourgogne. C'est l'arrondissement d'Alby qui fournit les meilleurs. Ceux de Gaillac gagnent à voyager et à vieillir; Paris en consomme, et il s'en fait des envois aux colonies et en Hollande. Ce dernier pays tire aussi des vins blancs de Gaillac. Presque tout ce qui est livré à l'exportation s'embarque à Bordeaux.

L'ARIÈGE (56e), rien de remarquable, bien qu'on y récolte 100,000 hect. Les ceps, dits hautains, entrelacés dans le branchage des cerisiers et des érables, donnent des fruits qui mûrissent mal.

HAUTE-GARONNE (12e). Les deux arrondissements du nord donnent seuls des vins qui, en général, sont épais et fort colorés. Quelques-uns se distinguent par de la finesse et un bouquet agréable: tels sont ceux de Villandric et de Fronton. Peu de vin blanc; de l'eau-de-vie dans les années abondantes. La récolte est évaluée à 480,000 hectolitres.

Les Hautes-Pyrénées (47e), 360,000 hect. Vins colorés, âpres, épais. L'âge les rend assez bons. Les meilleurs se vendent sous le nom de Madiran, vignoble qui en produit d'assez estimés. Bayonne en tire beaucoup. Quelques blancs de l'arrondissement de Tarbes se gardent longtemps, et acquièrent de la qualité.

Le Gers (6e), 400,000 hect., dont une grande partie donne l'eau-de-vie dite d'Armagnac, eau-de-vie extrêmement fine, douce et moelleuse, livrée telle qu'elle s'échappe de l'alambic, c'est-à-dire, au degré convenable pour être servie. Il lui manque cependant quelque chose du brillant parfum des bonnes eaux-de-vie de la Charente, et elle ne peut prétendre qu'au second rang. Les cantons d'Eauze, de Casaubon, Nogaro, Manciet, fabriquent la meilleure eau-de-vie. Bien que les vins n'offrent rien de remarquable, on en exporte cependant à l'étranger.

Les Landes (37e), 340,000 hectolitres, dont une forte portion se convertit en eaux-de-vie qui portent aussi le nom d'Armagnac, sans être aussi belles que celles du Gers. Les vignobles de l'ouest, cultivés dans les dunes, donnent de très-bons vins. La légèreté et l'arome de violette distinguent en particulier ceux de Messanges. Les vins blancs de l'arrondissement de Saint-Sever sont robustes et de bon goût; en vieillissant, ils perdent une désagréable saveur de terroir. Banos, Arcet et quelques autres crus, envoient en Flandre des blancs qui ont de la douceur et du spiritueux. Ce département expédie aussi des vins blancs en Allemagne.

Les Basses-Pyrénées (33e), 380,000 hectolitres de vins dont plusieurs, parmi les rouges, sont de qualité remarquable. Le Jurançon est célèbre; le plus rouge porte une belle couleur, du spiritueux, de la sève, et un bouquet extrêmement agréable. Le vin paillet est plus fin et plus léger, mais on le prise moins. Le vin de Gan près de Pau est plus corsé, plus moelleux; il se conserve plus longtemps, mais a moins de renom. Les mêmes crus donnent de beaux vins blancs dans lesquels on reconnaît un léger arome de truffe. Les grandes opérations de commerce se font à Bayonne, où l'on spécule beaucoup sur les vins.

2. *Vallée de la* Méditerranée *fermée, à l'est, par les Alpes; au nord-est, par le Jura; au nord, par les Faucilles; à l'ouest, par la Côte-d'Or et les Cévennes, jusqu'aux Pyrénées.*

Cette vallée renferme 666,373 hectares de vignes, dans vingt départements.

La Haute-Saône, au nord (55e), 380,000 hect. de vins insignifiants, en général.

Le Doubs (61e). Il produit environ 200,000 hect. de vins fort ordinaires. L'arrondissement de Besançon renferme cependant quelques bons crus dont les produits ont une belle couleur, du corps, et, après quatre ou cinq années, de l'agrément. On cite surtout les Trois Chalets et Eminguey; Milerey donne des vins blancs assez jolis.

Le Jura (35e), 500,000 hect. de vins dont quelques-uns ont du mérite, bien qu'en général on classe les meilleurs après ceux de Bourgogne. Plus de 300,000 hect. s'expédient en Suisse. L'état barbare des voies de communication ne permet pas aux habiles producteurs du Jura de prendre une assez large part du riche débouché de la capitale, où le vin d'Arbois, si délicieux, n'est connu que des vrais amateurs.

Les premiers crus rouges manquent de moelleux. Les Arsures, près d'Arbois, produisent cependant un rouge remarquable par sa finesse, sa vivacité, et un léger arome de framboise. Salins, Marnox, Aigle-Pierre, se sont fait de la réputation.

Quand Château-Châlons appartenait à une respectable abbesse qui faisait garder son beau vignoble jour et nuit, qui vendangeait tard, qui confiait le soin des celliers aux membres de son chapitre les plus exercés par une longue expérience, la renommée du vin de Château-Châlons n'était point supérieure à son mérite. Avec les riches chapitres et les opulents monastères, beaucoup de vins de France s'en sont allés, qui ne reviendront plus avec les droits réunis, l'octroi et les bans de vendange.

Arbois donne des vins jaunes qui, nous le répétons, méritent d'être plus connus à Paris; ils deviennent vraiment délicieux en vieillissant, et sont supérieurs, au fond, à plus d'un vin étranger qui se vend fort cher, et qui nous arrive rarement sans avoir passé au laboratoire des manipulateurs. Arbois fait encore des mousseux fort agréables, mais très-indociles et trop fumeux, ce qui nuit à la limpidité. On récolte dans tout le département des vins agréables à côté de vins fort médiocres.

Avant de pénétrer dans la partie la plus brillante de la Bourgogne, descendons au sud, pour visiter l'Ain.

L'Ain (43e), 500,000 hect. Bons vins ordinaires de second ordre; les plus communs passent à l'alambic. Les meilleurs vins rouges et blancs se font à Seyssel.

Nous classons dans le bassin de la Méditerranée les riches départements vinicoles de la Côte-d'Or et de Saône-et-Loire, parce que leurs crus les plus célèbres sont assis sur le revers sud-est de la chaîne européenne qui traverse la contrée, conséquemment dans les eaux de la Saône.

La Côte-d'Or, trente et unième département vinicole, sous le seul rapport de la quantité, mais aux premiers rangs pour la supériorité de ses vins, dont la sève et le bouquet n'ont à craindre aucune rivalité. Dans les bonnes années, ce sont des vins parfaits, dans toute la rigueur du terme; mais là, comme partout, des causes dont l'examen sortirait trop de notre cadre, ont fatalement conduit le producteur à négliger la perfection de la liqueur, pour obtenir *une plus grande quantité de liquide;* c'est ainsi que nos grands vins de France dégénèrent, et descendent du haut rang où les avait placés le monde. L'abus des mélanges, ensuite, et (qu'on nous pardonne un mot trivial) les *tripotages* introduits par la cupidité qui ne recule devant aucune profanation, rendent de jour en jour plus difficile l'acquisition des vrais et grands vins, tenus suspects, comme tous les autres, des plus indignes falsifications [1].

De Dijon à Beaune on parcourt une suite d'admirables vignobles : Vosne, Vougeot, Chambolle, Nuits, Alox, Savigny; plus au sud, Volnay, Pomard, La Romanée, Meursault, Puligny, Montrachet, Chassagne, Santenay, Chagny, voilà des noms célèbres! et cependant, il faut le dire, plusieurs ne le sont plus qu'en souvenir, tant la rage des mélanges ou des maladroites fumures a pu produire de mal. C'est presque avec tristesse que nous dirons que le département produit six cent mille hectolitres de vin, parce que c'est trop, eu égard à la contenance des vignobles; en industrie, on produit trop quand on produit mal.

C'est surtout à l'excellente variété de raisin noir connue sous le nom de *pineau*, que les bons vins de la Côte-d'Or doivent leur supériorité; le Chaudenay blanc donne leur excellence aux vins blancs supérieurs. Mais l'un et l'autre fournissent peu de liquide; il a donc fallu remplir les cuvées au moyen de cépages fort prodigues de jus insignifiant ou mauvais.

Nous ne présenterons point la longue liste des crus de ce département; ils sont assez connus, et on en trouve partout la brillante nomenclature. Nous dirons seulement que depuis une dizaine d'années, on a introduit dans ces vignobles la fabrication des vins mousseux qui, bien que plus corsés, plus vigoureux, plus hauts en goût et en bouquet que leurs frères aînés de la Champagne, ne détrôneront jamais ces derniers, pour raisons qui seront déduites plus loin.

Saône-et-Loire (17e), produit environ 800,000 hect. de vins, auxquels nous pouvons accorder l'éloge ou distribuer le blâme contenus dans le précédent paragraphe. Les plus recherchés ne possèdent cependant pas au même degré le bouquet qui caractérise les beaux produits de la Côte-d'Or; mais aussi ils sont moins exposés aux altérations fréquentes que ces derniers éprouvent, et dont il n'est point toujours facile de les guérir radicalement. Châlons, Mâcon, pour les vins rouges; Pouilly, Fuissey, pour les blancs, ont des vignobles remarquables.

Le Rhône (23e) produit 700,000 hect. de vins, parmi lesquels il en est plusieurs qui jouissent d'une haute réputation. Le Beaujolais, au nord, rentre tout à fait dans le caractère bourguignon, et ses produits se vendent fréquemment comme mâconnais. Moulin-à-vent, Thorins, Julienas, sont des vins dont les amateurs font un grand cas, mais qui arrivent rarement au consommateur dans un état d'intégrité parfaite; les intermédiaires nuisent singulièrement aux bons vins bourguignons.

Le sud produit des vins robustes qui supportent bien le transport par mer; ils ont de la sève, et un parfum fort agréable. Les rouges et blancs de Côte-Rôtie sont particulièrement estimés, et les Condrieu blancs méritent la haute faveur dont ils jouissent.

Si maintenant nous continuons notre voyage œnologique par la droite du Rhône, nous visiterons les départements méditerranéens situés au pied des Cévennes.

L'Ardèche (29e), 500,000 hect. de vins qui s'expédient en majeure partie à Bordeaux pour les pays du nord de l'Europe, où ils sont en faveur.

Ces vins ont en général de la couleur et une saveur agréable, mais peu de bouquet; ils vieillissent et sont très-solides. Saint-Pe-

---

[1] Une société établie récemment à Paris sous le nom de Société d'œnologie française et étrangère, essaye, dit-on, d'opposer les efforts d'un zèle éclairé à l'avidité et à la fourberie qui perdent le commerce des vins et ruinent les propriétaires, en dégoûtant les consommateurs. Elle a fait établir, sous son patronage, un vaste dépôt où n'entrent que les vins reconnus authentiques par un comité d'habiles dégustateurs. Une société analogue vient de se former en Italie.

ray est en tête des rouges, par le vignoble de Cornas, et au premier rang des blancs. Ces blancs, récoltés dans les vignobles de Gaillard Saint-Jean, moussent comme le Champagne, sont délicats et portent un léger parfum de violette : c'est un bien joli vin.

Le GARD (7ᵉ) produit plus d'un million d'hectolitres de vins, dont un tiers se convertit en eau-de-vie. La vigne est une des richesses de ce département dont l'industrie manufacturière a pris une extension si remarquable depuis cinq ou six ans : le Gard se place décidément au nombre des premiers départements de la France.

Beaucoup de ses crus sont dignes d'attention ; tandis qu'ailleurs on dégénère, ici l'on s'améliore et l'on grandit. La côte de Tavel, Lirac, Saint-Geniez, Ledénon, Saint-Laurent des Arbres, Beaucaire, donnent des rouges, les uns légers et extrêmement agréables, les autres plus fermes, mais très-fins, de bon goût et d'un charmant bouquet. Roquemaure, Saint-Gilles-les-Boucheries, Bagnols, ne sont pas seulement des vignobles étendus, ils donnent encore des qualités précieuses pour l'exportation, et vieillissent à leur avantage. En fait de vins blancs, il faut citer de nouveau Tavel, Laudun, et surtout Calvisson près de Nîmes, pour sa délicieuse clarette. Les eaux-de-vie se vendent à Cette et à Montpellier.

L'HÉRAULT, troisième département vinicole français, produit plus de deux millions d'hectolitres qui donnent lieu à un énorme commerce. On en convertit beaucoup en eau-de-vie. Saint-Christol et Saint-Georges, donnent des vins rouges très-estimés des amateurs, bien que soutenus trop fréquemment par de l'eau-de-vie. Maraussan et Sauvian, près de Béziers, fournissent des blancs muscats qui approchent du Frontignan et du Lunel, deux vignobles trop célèbres, pour qu'il soit nécessaire d'insister sur leur haut mérite. Mais si nous avons dit qu'Amsterdam commettait l'irrémissible crime œnologique de fabriquer du Bordeaux qu'elle vend pour tel, nous devons avouer aussi que l'Hérault confectionne avec talent des vins qui jouent ceux d'Espagne. Rien de mieux, sans doute, que de se prêter à d'innocentes illusions, et de satisfaire la classe des consommateurs qui croient au Malaga, à l'Alicante, au Rota, au Xérès, puis au Madère, à vingt sous le titre : mais ces manipulations donnent lieu à des fraudes, à de véritables *vols* que la morale commerciale ne saura jamais justifier par le grand argument des gros bénéfices, et que les vrais amateurs de vins authentiques réprouveront toujours dans l'intérêt de l'industrie vinicole elle-même.

Pézénas est le grand marché central des eaux-de-vie ; marché régulateur des prix de ce liquide dans toute l'Europe. L'agiotage y est presque aussi savamment entendu qu'à la Bourse de Paris ou de Londres [1].

L'AUDE (11ᵉ), 600,000 hect. dont le tiers est distillé. L'Aude donne beaucoup de vins grossiers et désagréables par leur goût de terroir ; mais aussi les vignobles de Narbonne, Ginestas et Sijean, produisent des vins rouges d'une belle couleur, moelleux et de très-bon goût. Limoux et Magni fournissent, pour les dames, un vin blanc, dit blanquette, qu'elles aiment pour sa douceur, sa légèreté et l'agrément de son bouquet.

Les PYRÉNÉES-ORIENTALES (15ᵉ) donnent 370,000 hect., dont forte partie se convertit en eau-de-vie de bonne qualité. Les vins se récoltent tard, lorsque la grappe a acquis une parfaite maturité. Bagnols donne des vins d'une couleur superbe, moelleux, corsés, d'un goût exquis, d'une grande finesse de bouquet quand ils vieillissent, et ils peuvent vieillir cinquante ans sans rien perdre de leur mérite. C'est un des beaux vins de France, mieux apprécié des étrangers que de nous autres parisiens. Port-Vendre, Collioure donnent aussi des produits qui approchent très-près de ceux de Bagnols. La Suisse, l'Allemagne, le Brésil tirent beaucoup de vins des Pyrénées-Orientales. Les vins du Roussillon, par leur goût et leur couleur, sont fort utiles aux manipulateurs de la capitale. Les blancs, qui sont en général secs et spiritueux, vont à Cette pour s'y métamorphoser en Madère. Le vin blanc muscat de Rivesaltes, quand il est bien fait, quand il a vieilli, est le meilleur vin de liqueur qui se récolte en Europe, ce qu'on ignore presque en France. Le Maccabeo, vin blanc de Salces, près de Perpignan, a, dit-on, quelque ressemblance avec le Tokay. Presque tous ces vins de liqueur portent dans le commerce le nom de vins de Grenache, les plants qui les produisent provenant du vignoble espagnol de ce nom.

Il faut maintenant revenir à Lyon, passer le fleuve et suivre sa rive gauche.

L'ISÈRE (28ᵉ), 360,000 hect. de vins, en

---

[1]. On lisait dernièrement dans un journal de commerce, sous la rubrique de Pézénas, cette phrase curieuse : « Bien que les baissiers affec-« tent un grand scepticisme sur l'élévation iné-« vitable et prochaine du cours, etc. »

général chauds, susceptibles de vieillir et de voyager. Il n'y a point de cru bien célèbre en fait de vin rouge; mais la côte Saint-André donne des vins blancs légers, vifs, et d'un goût fort agréable. L'Isère expédie en Suisse et en Allemagne.

La Drôme (32e), 290,000 hect. La côte de l'Ermitage, sur le territoire de Tain, produit un vin célèbre, et qui peut entrer en comparaison avec les meilleurs de France, pour le corps, le moelleux, la finesse, la délicatesse et l'excellence du bouquet. Le même vignoble, divisé en plusieurs quartiers, ayant chacun sa nuance et son genre de mérite, produit aussi des vins blancs délicieux, qui le deviennent surtout avec l'âge. Le quartier de Rancoule en fournit un supérieur à tous les autres. Dié fait un mousseux fort agréable. Le vin de paille [1], que quelques propriétaires de Tain font avec de grandes précautions, est d'une couleur dorée et d'une saveur exquise; on le vend, dit-on, très-cher. Le commerce de Bordeaux achète presque tous les vins de l'Ermitage pour les exporter aux États-Unis et dans le nord de l'Europe. On évalue à 2,500 hect. la récolte de ce beau cru.

Vaucluse (27e), 150,000 hect. de vins, dont partie s'exporte en Suisse et en Allemagne. Château-Neuf du Pape, Sorgues, Saint-Sauveur, donnent d'excellents vins, en grande réputation depuis longues années; ils joignent à de la chaleur un joli bouquet et beaucoup de finesse. On s'en procure difficilement d'authentiques. Château Neuf de Gadagne, Morières, Avignon, Orange, ont encore des crus fort estimés, mais il faut avouer que l'œnologie de ce département est en mouvement rétrograde. On y fait encore des vins de liqueur qui sont loin de valoir les Grenaches, quoiqu'ils en portent le nom; du moût, concentré à la chaudière, puis saturé d'eau-de-vie, en dose bien calculée, peut faire une liqueur supportable, mais non du vin.

Les Bouches-du-Rhône (14e) sont en progrès, du moins pour ce qui est de la qualité. La production s'élève à près de 600,000 hect. Il faut rendre cette justice à un grand nombre d'habiles propriétaires, qu'ils apportent des soins minutieux et bien entendus à la vinification; mais leurs vins, excellents pendant quelques années, manquent du principe conservateur, et dégénèrent rapidement; Séon Saint-Henry, Séon Saint-André, Saint-Louis, Sainte-Marthe, donnent des qualités remarquables; Cuques, Château-Gombert, Saint-Jérôme, les Olives, le leur cèdent de très-peu. Pour ce qui est des blancs, nous citerons Cassis qui en produit de supérieurs; Roquevaire, Cassis, la Ciotat, Barbantane, Saint-Laurent, produisent des vins de liqueur estimés, en faisant sécher à demi le muscat avant de le soumettre au pressoir. Les vins cuits, des mêmes lieux, lorsqu'ils ont vieilli, sont une délicieuse liqueur que les Hollandais prisent fort. On sait quel commerce énorme d'eaux-de-vie fait le port de Marseille. Les départements voisins les lui fournissent en majeure partie. Enfin Roquevaire donne au commerce une quantité considérable de raisins, habilement séchés; ils ont peu de rivaux.

Le Var, 9e département vinicole, produit près de 1,000,000 d'hect., dont une forte partie est soumise à la distillation. La Malgue et la Gaude donnent des rouges recherchés. Les vins de Bandol s'exportent avec beaucoup d'avantage. Les muscats sont inférieurs à ceux des Bouches-du-Rhône. En somme, s'il n'y a point de crus de premier ordre dans le Var (plusieurs de l'est mériteraient d'être mis en lumière), l'industrie vinicole y est du moins en grande activité, et fait la principale richesse des habitants. Sur les côtes de la Méditerranée et dans les Amériques, on boit le vin du Var avec plaisir.

La Corse (46e). Ce magnifique département, si riche d'avenir, lorsque sa puissante fécondité sera comprise et exploitée, est en progrès marqué sous le rapport de l'industrie vinicole. Il s'y fait près de 300,000 hectolitres de vins, dont une partie passe à l'alambic, et l'on y sèche une masse énorme de raisins délicieux. Les vins sont liquoreux, mais encore acerbes, parce qu'on entend mal la vinification; vienne un peu plus de soin, et les récoltes prendront un rang distingué dans la production française; le goût agréable, le corps, la délicatesse de plusieurs excellents crus situés dans les cinq arrondissements, se généraliseront, et feront la richesse de ce beau pays. Hambourg et les villes hanséatiques lui achètent beaucoup. Le cap Corse tient le premier rang.

Mais n'oublions point que les pentes des Alpes cottiennes et maritimes voient leurs

---

[1]. On appelle ainsi les vins tirés de raisins demi-séchés sur la paille, sur des claies, ou suspendus; en cet état on les soumet à une pression qui donne du jus épais et sucré, mais qui s'éclaircit après la fermentation. La Hongrie, l'Allemagne méridionale et notre Alsace pratiquent cette vinification.

nombreux contre-forts ornés de quelques vignobles.

Les Hautes-Alpes (62e). La récolte peut s'y élever à 100,000 hect. de vin bon ordinaire. La clarette de la Saulce, près de Gap, vaut presque celle de Dié.

Les Basses-Alpes (49e) produisent près de 100,000 hect. de vins, les uns d'assez bonne qualité, les autres médiocres. Ceux des Mées figurent avec honneur sur les meilleures tables.

Que le lecteur permette maintenant au *Guide*, si cette rapide exploration n'est pas trop fatigante, de le conduire à l'ouest, et de lui faire parcourir le bassin de la Loire, puis ensuite celui de la Manche, et enfin celui de la mer du nord. Notre course sera rapide, car elle ne sera plus éclairée ni charmée par les brillants rayons du soleil méridional ; soit dit sans rabaisser en rien le mérite de bon nombre d'excellents vignobles que nous allons visiter.

3. *Vallée de la Loire, limitée par les Cévennes à l'est, les monts d'Auvergne et du Limousin au sud, les montagnes du Nivernais, de la forêt d'Orléans et de la Bretagne, au nord.*

Cette vallée renferme 364,431 hectares de vignes dans vingt et un départements.

La Haute-Loire (63e), 95,000 hectolitres de vin qui se consomme dans le pays.

La Loire (50e), 140,000 hect. de vins, dont plusieurs se classent dans les premières qualités de bon ordinaire. Le Renaison, dont la saveur est agréable, est un vin fort utile aux fabricants de Paris ; il rend leurs mélanges un peu moins mauvais. Château-Grillet produit un joli vin blanc en réputation pour sa vivacité et l'agrément de son bouquet.

Le Puy-de-Dôme (25e), 450,000 hect. On fait mal le vin en Auvergne, on n'y sait pas le faire. Le petit nombre de propriétaires qui entendent mieux les choses, obtiennent de bons produits ; tout le reste a peu de valeur, se consomme sur les lieux, ou va donner de la joie aux buveurs des barrières de Paris. Le rouge de Chanturgue, près de Clermont, est très-agréable, mais il ne peut voyager. Chateldon, à trois lieues de Thiers, est léger et délicat ; il acquiert du bouquet dans la bouteille. Le blanc de Corent est un joli vin, de bon goût, et mousseux quand il est jeune.

L'Allier (41e), 360,000 hect. Encore un département où règne, sans contrôle, la plus déplorable routine, laquelle régnera longtemps, attendu que ses vins se vendent bien pour la Creuse, où l'on est peu difficile, où l'on est content du vin quand le vin a de la couleur. Les vins de l'Allier ne s'amélioreront que par l'introduction de bons cépages et par une vinification mieux entendue. Les environs de Saint-Pourçain et de la Chaise donnent un vin blanc assez agréable, et qui coupe, qui corrige bien les rouges trop colorés.

La Nièvre (59e), 280,000 hect. Peu ou point d'art dans la vinification ; empirisme complet. Mais la nature fait quelquefois très-bien toute seule, notamment à Pouilly-sur-Loire, le seul vignoble qu'il nous soit possible de citer. On y récolte des vins blancs qui ont du corps, de la vivacité, et une saveur agréable, donnée par l'excellent raisin nommé dans le pays blanc-fumé ; il s'en boit convenablement à Pouilly même, surtout le matin, parce que cet innocent usage tue les vers, disent les amateurs ; tout le reste s'envoie à Paris pour le détail, ou pour de savantes fabrications.

Le Cher (54e), 275,000 hect. Les vins rouges et blancs de la montagne de Sancerre sont d'un agréable goût, délicats, légers, analogues à quelques vins de la Basse-Bourgogne. Ils se vendent bien, mais se gardent peu. Beaucoup de blancs de l'intérieur ont du moins le mérite de faire d'excellent vinaigre à Orléans. Quelques propriétaires commencent à raisonner leur vinification et à sortir leurs vins d'une affligeante médiocrité.

Le Loiret (13e), 1,200,000 hect. de vins, dont aucun n'est supérieur, mais qui se distinguent en général par un goût agréable et franc, et par une bonne couleur. En vins rouges, Guignes, Saint-Jean de Bray, Saint-Jean le Blanc, Saint-Denis en Val, Meun, Baugency et Sandillon, ne sortent pas de ce qu'on appelle bon ordinaire, mais cet ordinaire est parfois très-bon. Jargeau, sur la rive gauche du fleuve, est de bien peu inférieur aux précédents. Les vins du Gâtinais doivent avoir beaucoup dégénéré, s'il est vrai qu'ils charmassent nos ancêtres du XIIIe siècle. Après tout, l'Orléanais se console par la quantité, et partout les écus donnent un grand mérite au vignoble qui les fait circuler en abondance. Nous ne dirons rien des vins blancs, si ce n'est qu'ils font le premier vinaigre du monde : c'est un mérite que tous les vins blancs n'ont pas.

Eure-et-Loir (65e), 300,000 h. de vin.

La Sarthe (50e), 150,000 hect.

La Mayenne (72e), 10,000 hectolitres. Si tant de causes ne renchérissaient les bons vins au delà de toute mesure, les trois départements que nous venons de nommer n'en produiraient pas de détestable; car nous ne parlons point d'un petit nombre de propriétaires qui, à force de travaux et de dépenses, réussissent un peu mieux que leurs voisins. Mais remontons à la source des affluents gauches de la Loire, pour en suivre le cours jusqu'à leur jonction avec le fleuve.

La Creuse est un pays très-élevé; il n'a point de vignobles. Il tire facilement du Puy-de-Dôme et de l'Indre ce qui lui est nécessaire, et il consomme peu.

L'Indre (40e), 300,000 hect. Aucun cru remarquable; quelques bons ordinaires à Valançay, Vic la Moustière, Venil, la Tour du Breuil.

Loir-et-Cher (30e), 250,000 hect. récoltés en majeure partie dans l'arrondissement de Blois.

L'intensité de couleur des vins, dits vins noirs, les rend précieux pour l'industrie des mélanges; une seule pièce, dit-on, en colore parfaitement sept de vin blanc; la même propriété colorante agit également sur l'eau et l'alcool, d'où l'on peut déduire l'utilité infinie des vins noirs. Mais les rouges se placent dans une catégorie plus élevée, sans cependant sortir de ce qu'on appelle vins d'ordinaire. Leur couleur est belle, leur goût agréable et franc; ils gagnent beaucoup à être mis en bouteille. Les Grouets, Thésée, Monthion-sur-Cher, Meûnes, donnent les meilleurs. On récolte dans la Sologne des vins blancs qui ont de l'agrément et de la douceur. Les autres crus ont pour la plupart cherché et planté des cépages qui donnent la quantité. On fait de l'eau-de-vie estimée par sa douceur dans la Sologne, et aux environs de Blois; elle convient surtout à la fabrication des liqueurs, et elle donne lieu à un bon commerce.

Indre-et-Loire (20e), 675,000 hect., dont partie est distillée. Ce département a de très-bons vignobles, parmi lesquels il faut citer Joué et Bourgueil. Le premier donne des vins rouges qui soutiennent bien la comparaison avec l'Auxerrois; les produits du second ont de l'analogie avec la bonne quatrième classe du Bordelais. Ils gagnent l'un et l'autre beaucoup à vieillir. Tout le reste, à peu d'exception près, rentre dans la classe des vins du Cher, bons vins, commercialement parlant. Vouvray donne de très-bons vins blancs, moelleux et d'une saveur agréable, mais un peu capiteux. Il s'exporte, ainsi que beaucoup de vins de cette contrée, en Belgique et en Hollande. Beaucoup de vins blancs usurpent le nom de Vouvray, ce qui nuit essentiellement aux intérêts de ce beau vignoble.

M. le comte Odart fait dans sa terre de la Dorée, près de Tours, des vins de paille extrêmement remarquables, et qui, s'ils ne sont supérieurs au madère sec, le jouent cependant à s'y méprendre. Cet habile vinificateur ne produit que pour sa propre consommation; de plus, il possède, dit-on, la collection de vignes la plus complète qu'il y ait en France. Il publie en ce moment un excellent traité sur la culture des vignes et la vinification.

La Haute-Vienne (67e), 30,000 hect. de vin sans aucun mérite.

La Vienne (26e), 650,000 hect. Les vins rouges se conservent très-longtemps, mais ils n'ont rien de bien remarquable. Pour les blancs, dont quelques-uns ne manquent pas de mérite, on les distille en majeure partie, et l'eau-de-vie, qui vaut quelquefois celle de la Charente, s'expédie à Paris et à Bordeaux.

Les Deux-Sèvres (36e), 280,000 hect. Peu de vins rouges; plusieurs sont d'une belle couleur, mais du reste ordinaires. Beaucoup de blancs que l'on distille. Quelques-unes des eaux-de-vie sont assez bonnes pour pouvoir usurper le nom de Cognac dans le commerce.

La Vendée (42e), 265,000 hect. Le principe de la quantité est adopté depuis longtemps dans la Vendée; les bons cépages ont été arrachés et jetés au feu.

Maine-et-Loire (16e), 500,000 hect. On récolte de très-bons vins blancs dans l'Anjou; ceux de Saumur ont de la finesse, un goût agréable, quelque bouquet, mais ils fatiguent un peu la tête. On fait moins de vins rouges, et Saumur récolte encore les meilleurs. Les vins blancs s'exportent dans le nord de l'Europe; on en convertit aussi en eau-de-vie et en vinaigre très-estimé.

La Loire-Inférieure (24e), 100,000 hectolitres, en vins blancs surtout, dont les meilleurs s'exportent à l'étranger. Montrelais d'abord, ensuite Varades, la Chapelle et quelques crus des arrondissements de Nantes et d'Ancenis, donnent de bon vin, parce qu'il est tiré de bons cépages et qu'il est bien fait. Tout le reste est mauvais et désagréable par un goût de terroir prononcé; aussi le propriétaire fait-il de l'eau-de-vie qui se vend bien en Angleterre.

Nous ne mentionnerons l'Ille-et-Vilaine que pour parler de Redon. Les vins de ce territoire sont légers et assez agréables; ils ont de l'analogie avec ceux de Nantes.

4. *Vallée de la* Marche, *limitée au sud-est par une partie de la chaîne européenne (Côte-d'Or), au nord-est par les Ardennes occidentales, au sud par la chaîne du Nivernais et de la forêt d'Orléans.*—143,822 hectares de vignes dans onze départements.

L'Yonne (18e), 950,000 hect. Nous sommes ici dans ce qu'on appelle en œnologie la basse Bourgogne. Il s'y fait des vins délicieux, moins délicieux que ceux de la haute Bourgogne, moins délicieux que du temps des célèbres chanoines de l'Auxerrois, lesquels auraient rougi de planter des cépages prodigues en jus, insipides ou détestables; car, il faut le répéter, la Bourgogne va abdiquant sa vieille gloire! Nous y avons entendu dire et répéter : « Mieux « valent quatre pièces de mauvais, qu'une « de bon ».

On vante un peu trop le cru des Olivottes, près de Tonnerre, bien qu'il ait encore du mérite quand il est bien traité. Chaque contrée a son vignoble favori; en France, et dans les réunions d'amis, après une copieuse dégustation, on ne manque jamais de l'exalter comme le premier et le plus magnifique du globe. Mont-Savoie, les Poinsots, la Chapelle, sont dans le même cas. L'arrondissement de Tonnerre a encore en fait de vins rouges d'autres vignobles distingués; mais en général ils ne sont pas assez forts en sève. Ils ont cependant plus de spiritueux que les vins récoltés dans le reste du département.

L'Auxerrois, ou du moins la belle grande côte d'Auxerre est restée fidèle à son bon vieux pineau noir; aussi le vin de la Chainette, fils des bénédictins, est-il toujours généreux, fin, délicat, d'une sève et d'un bouquet qui n'en rendraient guère à la haute Bourgogne; aussi le Migrain est-il toujours un vin charmant, d'une belle couleur, corsé, d'un goût agréable et voyageant bien. Irancy, Dannemoine (dont le nom est des plus significatifs), Coulange la Vineuse (vin du seigneur, autre nom qui dit tout), Vincelotte, Avalon, Vezelay, Givry, Joigny, Cravant, Jussy, Vermanton, Arcy-sur-Cure, rivalisent par des qualités diverses, mais toutes estimables, dans les vignes où les bons cépages sont conservés avec quelque respect.

En fait de vins blancs, Junay, près de Tonnerre, le dispute quelquefois au Meursault de la Côte-d'Or. Épineul, dans le voisinage, donne encore des vins exquis. Le vignoble de Chablis a une réputation justement acquise par sa finesse et son agréable parfum. Il serait trop long de citer tous les crus qui cependant mériteraient de l'être.

L'Yonne fait des vins mousseux qui seraient parfaits s'ils étaient aussi inoffensifs que le Champagne; on en trouve déjà de vieux dont les dames pourraient s'effrayer, mais que les têtes un peu viriles trouvent admirable de saveur et de parfum. Pourquoi ne fait-on pas plus de tentatives de vente à l'étranger ?

L'Aube (34e), 700,000 hect., dont plus de moitié se vend au dehors, en Flandre, par exemple, en Picardie, en Normandie, où les excellents Riceys vont neutraliser les effets de la bière et du cidre. Ricey-le-Haut, Ricey-le-Bas, Ricey-Haute-Rive, le Val-des-Riceys sont les membres d'une famille riche et brillante. Lorsque les vins de ces crus sont bien faits et bien traités, quand le bon pineau y domine, ils ont de la vivacité, du spiritueux, un goût agréable, la sève prononcée et un bouquet charmant. Mais le commerce les livre rarement sans mélange, et le mélange leur est extrêmement nuisible. Le reste du département fournit de bons vins rouges d'ordinaire.

Les Riceys récoltent encore des vins blancs fort estimés, vifs, perlés et d'une agréable saveur. Bar-sur-Aube fait aussi de joli vin blanc.

La Haute-Marne (52e), 600,000 hect., dont moitié sort du département. Aubigny et Mont-Saugeon dans le voisinage de Langres, font les meilleurs rouges; ils se distinguent par du bouquet et de la délicatesse, moindre toutefois dans ce dernier. Les vins de ce département manquent de couleur, et on leur en fait une par des moyens artificiels.

La Marne n'occupe que le trente-huitième rang en France, pour l'étendue des vignobles, mais elle mérite certainement l'un des premiers quant à la qualité. Aucun vin ne jouit de plus de vogue et de popularité que le vin de Champagne; aucun n'est recherché avec plus d'empressement en Europe; à ces mots : *Vins de Champagne*, s'associent toutes les idées de gaieté, d'esprit, de compagnie aimable et piquante. Quel repas bien ordonné se passerait de Champagne! quel dessert aurait du sens, si le bruit du Champagne et sa mousse pétillante ne venaient dérider tous les fronts! et ce qui ajoute au charme de cette belle liqueur si animée, si vive, si limpide, c'est qu'elle ne cause aucun trouble dans la pensée, qu'elle excite, mais qu'elle n'obscurcit point, quand la modération est là pour ajouter au plaisir en le réglant. Aussi les chansonniers ont-ils célébré à l'envi cette gracieuse liqueur. Les poëtes pindariques s'en sont mêlés en latin et en français ; l'un d'eux s'écrie[1] avec l'enthousiasme de la reconnaissance :

> . . . .
> Massique, chanté par Horace,
> Devant Sillery, soumets-toi !
> Falerne ! descends de ta place,
> Dans Aï reconnais ton roi !
> Comme la liqueur agitée
> Lance les feux du diamant !
> Et par quel doux frémissement
> Disparaît la mousse argentée !

Ces vins et les beaux vignobles qui les produisent sont trop connus, pour qu'il soit nécessaire de les passer tous en revue ici ; nous dirons seulement que les mousseux sont le produit d'une industrie, d'une vraie *fabrication* qui, cette fois, ne peut encourir de blâme, tant qu'elle n'use d'aucune substance étrangère au fruit de la vigne. Cette industrie, pour être bien faite, suppose une grande intelligence, et réclame des soins si coûteux, si fréquemment trompés par le résultat, qu'il lui est impossible de livrer ses produits, même de second ordre, à bon marché. Aussi, défiez-vous des mousseux à deux francs la bouteille, et buvez plutôt de l'eau de Seltz à quinze sous !

On sait l'énorme commerce que fait la Marne avec les étrangers. Un fait bien connu aussi, mais qui n'en est pas moins curieux, c'est la diversité de goûts qui s'observe chez les nations comme chez les individus. Telle variété de mousseux fera pâmer d'aise un lord anglais, fervent adorateur du *Champaigne*, et semblera de la piquette maussade au boyard russe, ou au baron allemand. Force est alors de confectionner pour Pétersbourg ce que Vienne repousserait dédaigneusement, et d'envoyer à Édimbourg ce qui insurgerait tout un dessert parisien. Calculez, maintenant, la masse énorme de capitaux que ce commerce met en mouvement ! calculez ensuite ce qui se vendrait de pseudo-Champagne, si les tarifs de douane de tous les peuples européens ne s'interposaient entre le désir d'innocentes jouissances, et le peuple qui les exploiterait si bien au profit de sa richesse ! Et dire, qu'attendu le volume et le poids, la variété de philanthrope[1] qu'on appelle un contrebandier, est impuissante pour corriger de telles erreurs !

La Marne produit au moins 700,000 hect. de vins ; elle en récolte de délicieux en rouge. Les vignobles qui avoisinent le cheflieu sont les plus estimés : Verzy, Vercenay, Saint-Basle, Bouzy ; on imite parfois ce dernier avec un art perfide ; mais, en nature, il est d'une finesse, d'une délicatesse, d'une saveur, d'un bouquet admirables. Haut Villiers, Mareuil, Disy, Pierry, Épernay, Sillery, Cumières, et *tutti quanti*, font des vins en haute réputation ; tous ne sont pas mousseux, mais tous, ou plutôt l'un d'eux, doit indispensablement servir de cortége au sublime légume dont le Périgord et la ville de Barbezieux surtout, farcissent leurs belles volailles ; ceci est de la science.

L'Aisne (60ᵉ), 275,000 hect. Les meilleurs vins se vendent dans le département du Nord. L'arrondissement de Laon donne des vins rouges légers et délicats, d'un goût agréable. Les blancs, même ceux de Château-Thierry que l'on vante cependant, sont faibles en qualité ; quelques-uns ont de la saveur : cela touche trop au nord.

Seine-et-Marne (38ᵉ), 700,000 hect. Quelques propriétaires intelligents et bien placés parviennent à Fontainebleau, à Moret, à Melun, à faire un vin d'un goût assez franc et d'une belle couleur. Le reste se consomme sur les lieux de production ou se vend à Paris : voilà tout ce qu'on en peut dire. Le raisin croquant de Tomery, dont il se vend une si énorme quantité sous le nom de chasselas de Fontainebleau, est une véritable richesse pour cette partie du département.

Seine-et-Oise (44ᵉ), 600,000 hect. de vins qu'on est toujours sûr de vendre, quand même on l'obtiendrait, comme cela a lieu à Argenteuil et ailleurs, à force de poudrette, ingrédient qui (à la lettre) donne à plusieurs son bouquet. L'intelligence, la bonne exposition, et surtout les meilleurs cépages font mieux que cela chez quelques vignerons.

La Seine (68ᵉ), 125,000 hect. Il s'en fait beaucoup plus que cela dans le cheflieu seulement.

L'Oise (69ᵉ), 80,000 hect. Un phénomène œnologique des plus curieux, c'est l'existence d'un excellent cru dans ce dé-

---

[1]. Le comte de Chévigné, gendre de madame veuve Cliquot-Ponsardin, de Reims, dame dont l'habileté et l'intelligence commerciales ont ouvert de si riches débouchés aux vins mousseux, depuis vingt ans.

[1]. Mot plaisamment juste de l'économiste anglais Senior.

partement. M. Dupressoir, propriétaire d'une magnifique exposition nommée le Mont de Pot, commune de Gouvieux, près Chantilly, a arraché tous les vieux cépages usés et dégénérés de sa côte; il leur a substitué les riches plants de Volnay, et il recueille depuis trois ans des vins faits avec un grand soin, et qui ont été pris par les plus habiles dégustateurs, pour du haut Bourgogne de seconde classe. C'est un tour de force auquel l'auteur de ce simple résumé refuserait de croire s'il n'avait vu, expérimenté, et vu de plus habiles expérimenter avec étonnement. C'est qu'en effet la science enfante des prodiges, mais ici de tristes prodiges, au résumé; car il est peu probable qu'on eût créé à grands frais un bon vignoble à Mont de Pot, si le régime qui pèse sur l'industrie vinicole, et toutes les causes qui renchérissent ses produits, n'entravaient point la vente des excellents vins, dont alors le bas prix faciliterait l'écoulement. C'est au reste une honte que l'Oise fasse du vin de ce mérite, quand des vignobles favorisés du ciel en font de détestable.

L'Eure (71e), 30,000 hect. de vin qui est fort au-dessous des excellents cidres qu'on y fait.

La Somme, 77e département vinicole, celui qui forme l'extrémité de l'échelle, sous tous les rapports. Cagny, près d'Amiens, a un petit vignoble.

5. *Vallée de* LA MER DU NORD, *comprenant les bassins particuliers du Rhin, de la Moselle et de la Meuse; limitée à l'est, par les montagnes de la forêt Noire; au sud, par l'extrémité du Jura, par les monts Faucilles et le plateau de Langres; et à l'ouest, par les Ardennes occidentales. 65,680 hectares de vignes, dans sept départements.*

Le Haut-Rhin (57e), 580,000 hect. Peu de vins rouges, et en général assez médiocres, ce n'est dans l'arrondissement de Colmar où se trouvent quelques bons crus. Kaisersberg peut être cité pour son vin de Geisbourg. L'industrie des mélanges étouffe peu à peu la belle réputation des vins blancs de l'Alsace. Le Kitterlé de Guebwiller est encore pourtant un excellent vin, sec, ferme, spiritueux, d'un goût tout à fait original de noisette. Turckheim ne lui est guère inférieur. Les *vins gentils* de l'arrondissement de Colmar sont extrêmement agréables; les Allemands en achètent beaucoup pour corriger leur vin du Rhin, c'est-à-dire, pour l'avancer, et le mettre en état d'être bu avant que l'âge n'en ait diminué l'âpreté.

Le vin de Thann, à six lieues de Béfort, enivre avec violence; est-ce pour cela qu'il est si recherché?

Le Haut-Rhin fait encore des vins de paille, en suspendant et faisant sécher le raisin jusqu'en mars. Ces vins, quand ils ont vieilli, forment une liqueur extrêmement agréable, et qui se vend fort cher. Le département exporte beaucoup en Suisse et en Allemagne.

Le Bas-Rhin (53e), 500,000 hect. Peu de vin rouge, mais des vins blancs très-remarquables par leur excellent goût, leur sève et leur bouquet. Tels sont le Finkenwein de Molsheim, et le Riesling de Volxheim. Quelques vins muscats, de beaucoup inférieurs à ceux du sud de la France, sont cependant agréables, et se vendent bien.

Les Vosges (66e), 150,000 hect. Dans le pays, on fait grand cas des vins rouges de Charmes, Darouval et Ubexi, arrondissement de Mirecourt.

La Meurthe (45e), 800,000 hect. Quelques rouges se sont fait un nom par leur couleur, leur délicatesse, et l'agrément de leur goût. Le canton de Thiaucourt fournit les meilleurs. Beaucoup de crus célèbres autrefois, ont dégénéré; d'autres, tombés entre les mains de cultivateurs intelligents, gagnent par la conservation ou l'introduction de bons cépages.

La Moselle (64e), 260,000 hect. L'invasion des mauvais plants a ruiné la célébrité de beaucoup de vignobles de la Moselle. Ce qu'on fait de meilleur a de la couleur et un bon goût. Quelques blancs, ceux de Dornot près de Metz, ont de l'agrément et de la légèreté. L'eau-de-vie de la Moselle est estimée.

La Meuse (51e), 525,000 hect. La quantité triomphe dans ce pays comme en beaucoup d'autres. Bar-le-Duc et Bussy-la-Côte, fournissent cependant des vins légers et délicats; Creue, près de Saint-Mihiel, est encore estimé par ses vins rouges, rosés et blancs. L'arrondissement de Commercy a beaucoup de vignobles dont les produits sont corsés, spiritueux et de bon goût; ils supportent bien le transport. Le département exporte en Belgique et dans le Luxembourg, malgré les énormes droits qui repoussent les vins de France.

Les Ardennes (70e), 80,000 hect. de vins communs. Ralay, près de Vouziers, fait un vin paillet assez agréable.

Tel est l'aperçu général des soixante-dix

sept départements français où la vigne se cultive. Deux pensées tristes nous ont dominé pendant ce trop rapide résumé de l'une des plus belles branches de notre agriculture : c'est d'abord l'injustice avec laquelle les agronomes, eux-mêmes, la traitent dans leurs exigences de protection pour d'autres produits auxquels le sol français est assurément moins propre; c'est ensuite le fardeau par trop pesant d'une taxation dont l'effet est l'abandon de la qualité, qui a fait la réputation de nos vins français. Les fraudes, les falsifications, les mélanges, les vols de toute nature, sont la suite inévitable d'un tel état de choses.

Nous avons nommé un grand nombre d'excellents vignobles; beaucoup ont dû nous échapper, qui méritent cependant l'estime des vrais amateurs; mais combien de dignes cultivateurs qui restent fidèles à la bonne industrie vinicole, qui repoussent des cépages proscrits autrefois par les vieilles ordonnances de Charles IX, comme *infâmes*; qui ne tourmentent point leurs plants précieux d'engrais exagérés, meurtriers; qui soignent la vinification! hommage leur soit rendu ! les traditions dont ils sont les dépositaires, aidées de la science qui perfectionne et améliore, se retrouveront intactes, un jour, au grand profit de la France, quand le progrès de la raison aura fait disparaître les causes du désordre actuel.

Arbres fruitiers. — La France est, sans contredit, le pays de l'Europe le plus abondant en fruits de toute espèce; son sol en fournit beaucoup au delà des besoins de la consommation, et dans quelques départements ils servent à faire la boisson ordinaire des habitants. Il n'y a pas de jardins, pas d'espaliers, pas de vergers, où l'on ne rencontre des pommiers, et surtout des poiriers. Dans quelques départements, on cultive les arbres pour en faire du cidre ou du poiré; tels sont les départements de la Somme, de la Seine-Inférieure, de l'Eure, du Calvados, de la Manche, de l'Orne et d'Ille-et-Vilaine. La Manche et le Calvados produisent les meilleurs cidres; ceux de Touques et d'Isigny, surtout, supportent la mer et sont connus même dans les pays vignobles où il prend fantaisie de faire usage de cette boisson. Le pays de Caux (Seine-Inférieure), quoique produisant des cidres de qualité moins estimée, est remarquable par ses plantations de pommiers, qui y sont l'objet particulier des soins les plus suivis du cultivateur. Dans le département de l'Eure, le pommier et le poirier sont généralement plantés sur toute la surface du territoire : toutes les routes, chemins vicinaux, passages, etc., sont bordés d'un double ou triple rang de ces arbres, dont le fruit produit beaucoup de cidre, qui est consommé sur les lieux, exporté pour Paris, ou converti en eau-de-vie; il en est de même dans la Manche et le Calvados. Les cidres sont aussi très-abondants dans le département d'Ille-et-Vilaine; le quartier de Dol produit un cidre qui supporte le transport par mer. — La poire et la pomme, cultivées comme fruits de table, sont communes dans tous les jardins, dans tous les vergers; il s'en fait des exportations assez considérables, notamment de poires de bon-chrétien, que l'on embarque à Dieppe, au Hâvre, à Nantes et à Bordeaux, pour l'Angleterre et les colonies. Dans les départements d'Indre-et-Loire, de Lot-et-Garonne, des Bouches-du-Rhône, du Var, des Basses-Alpes, etc., on prépare des poires tapées dont il se fait des exportations considérables dans les autres départements et à l'étranger. Rouen fait des gelées de pommes qui sont très-renommées.

Dans plusieurs parties de la France on fait un commerce étendu d'arbres fruitiers, soit avec les départements, soit avec l'étranger. Dans les environs de Paris, les pépinières de Vitry-sur-Seine ont de la réputation; celles de Metz et de la Lorraine sont considérables et font des envois en Allemagne.

Les départements de l'Aveyron, des Basses-Alpes et d'Indre-et-Loire, cultivent en grand les pruniers, qui fournissent des pruneaux très-recherchés en France et dans l'étranger; la Limagne et la vallée de Montmorency abondent en cerises délicieuses; les plaines et les vallées des Vosges sont couvertes de merisiers, dont le fruit, distillé par les habitants, donne une eau-de-vie excellente, connue sous le nom de kirsch-wasser.

Le châtaignier est très-multiplié dans les départements de l'Ardèche, de la Corrèze, du Cantal, de la Creuse, de la Lozère et de la Haute-Vienne; dans les départements où il est cultivé en grand, il entre dans le cadre des revenus territoriaux. La récolte des châtaignes fait une partie de la richesse du département de l'Ardèche; sur une longueur de plus de deux lieues, depuis l'Ardèche jusqu'aux montagnes, les coteaux à l'ouest de la vallée forment une vaste et épaisse forêt de châtaigniers, qui fournissent les excellents marrons connus sous le nom de marrons de Lyon. Les départements de l'Aveyron, de la Corrèze, de la Dordogne et de la Haute-Vienne, présentent sur presque toute leur étendue des forêts de châtaigniers : les châtaigneraies de la Haute-Vienne occupent 40,000 hect. sur 554,266. Dans ces départements, pendant six mois au moins de l'année, les habitants des campagnes, les métayers, domestiques et ouvriers ne vivent presque que de châtaignes. Indépendamment de son fruit, le châtaignier donne une grande quantité de merrain, des cercles pour les futailles, des échalas pour la vigne, des courbes de bâteaux, et un bois de charpente incorruptible.

L'olivier croît principalement dans les départements méridionaux formés de l'ancienne Provence. Le département des Bouches-du-Rhône produit les huiles les plus fines et les plus délicates de toute la France. Malgré la rigueur des hivers, qui ont détruit beaucoup d'oliviers, la récolte en est encore assez considérable. Le noyer offre aussi une grande ressource dans les départements où l'on ne cultive pas de graines oléagineuses.

Quoiqu'on rencontre, dans toutes les parties de la France, des arbres fruitiers, tels que cerisiers, pêchers, abricotiers, pruniers, etc., c'est principalement dans les départements méridionaux que cette culture donne les plus beaux produits; les départements de la Provence sont riches en orangers, citronniers, pêchers, pistachiers, câpriers, jujubiers, figuiers, amandiers, pruniers, aveliniers, etc. L'exportation des fruits secs ou confits y est très-lucrative; elle rapporte seule au département des Bouches-du-Rhône environ 250,000 fr. par an.

La culture du mûrier, très-soignée dans les départements de l'Allier, d'Indre-et-Loire, de l'Ardèche, du Gard, de la Drôme, de l'Ain, de l'Hérault, de l'Isère, de la Loire, des Bouches-du-Rhône, du Var et de Vaucluse, procure à ces départements des avantages considérables : on évalue le produit annuel de la soie à 1,500,000 de kilogr.

Les départements du Gard et de Vaucluse fournissent au moins les deux tiers de cette quantité. Pour que la production de la soie grége en France soit de 1,500,000 kilogr., il faut que la quantité de cocons soit d'environ 18 millions de kilogr. On calcule qu'il faut 16 kil. de feuilles de mûrier pour obtenir un kilogramme de cocons, en sorte que le produit annuel de feuilles de mûrier en France doit être de 288 millions de kil.; et en admettant que chaque arbre fournisse, terme moyen, 40 kilogr., le nombre des mûriers doit s'élever à environ 7 millions.

Bois.—Le sol de la France est propre à la végétation de toutes les essences d'arbres nécessaires à ses besoins, sous les rapports du chauffage, du commerce, des constructions et des arts de toute espèce, sauf quelques bois précieux que le luxe tire de l'Amérique pour l'ameublement. Quoique inégalement répartis sur la surface du royaume, les bois se trouvent dans presque tous les départements. Ces bois sont l'objet d'un commerce considérable et d'un revenu territorial des plus grands. Les plus vastes forêts sont celles des Ardennes, de Villers-Coterets, de Fontainebleau, d'Orléans, du Jura, des Landes, des Cévennes, du Morvant, des Pyrénées, etc.

Les tableaux joints au projet du code forestier, et publiés lors de sa présentation en 1827, fixent à 6,416,480 hectares l'étendue des forêts de la France, dont :

Appartenant à l'État, à la couronne et aux communes..............	3,123,180
Apparten. au duc d'Orléans	55,783
Apparten. aux particuliers	3,237,517
Total...	6,416,480

Suivant le rapport de M. le comte Roy, distribué aux chambres lors de la présentation de ce code, la superficie des forêts était de 6,900,000 hectares, dont 1,500,000 appartenaient à l'État, 1,900,000 aux communes, et 3,500,000 aux particuliers. Sur cette étendue, on comptait 466,224 hectares de futaies pleines, dont 60,000 appartenaient à l'État.

Dans ses Recherches statistiques sur les forêts de la France, publiées en 1829, M. Faiseau-Lavanne évalue la superficie des forêts à 6,842,623 hectares, répartis ainsi qu'il suit :

Bois de l'État............	1,134,961
Bois des communes......	1,959,904
Bois de la couronne.....	66,592
Bois appartenant à la famille royale..........	193,970
Bois des particuliers.....	3,487,196
Total...	6,842,961

D'après les documents statistiques sur la France, publiés par le ministre du commerce en 1835, l'étendue des forêts est 7,422,314 hectares.

Tourbe. — Les plus grandes tourbières que possède la France, sont celles de la vallée de la Somme, entre Amiens et Abbeville; il en existe aussi de considérables dans les environs de Beauvais, dans la vallée de l'Ourcq, dans les environs de Dieuze, dans la vallée d'Essone, entre Corbeil et Villeroy; il s'en trouve aussi dans la vallée de Bièvre. En Normandie, un grand nombre de prairies sont sur la tourbe. Il en existe beaucoup aussi en Bretagne, sur les bords de la Loire, près de son embouchure. Dans le midi de la France, il en existe encore dans quelques vallées, comme dans celles de la rivière de Vaucluse, dans plusieurs îles du Rhône, etc.

PRODUCTIONS ANIMALES.

Chevaux. — La France est l'un des pays de l'Europe le plus heureusement favorisé pour élever des chevaux de belle race et de bonne qualité. Par la nature variée de ses pâturages et de son sol, elle est le plus heureusement située pour se livrer avec avantage à leur reproduction, et cependant les produits y sont, en ce genre, constamment au-dessous des besoins.

Plus que toutes les autres nations, la France a eu à une époque, qui n'est pas fort éloignée, abondance de chevaux propres à tous les genres de services: autrefois même, quelques-unes de ses races avaient une grande réputation en Europe, et il se faisait en conséquence un commerce d'exportation très-considérable. Ces races, par leur mélange avec des races moins parfaites, suite du peu de lumières des propriétaires ou des erreurs du gouvernement, se sont beaucoup détériorées, mais le type en existe toujours, et il ne s'agit que de prendre de bonnes mesures pour les relever.

Deux moyens sont employés par le gouvernement pour l'amélioration de la race chevaline: d'une part, on encourage l'industrie particulière en distribuant des primes aux meilleures juments, en donnant des rétributions annuelles aux propriétaires des meilleurs étalons, et en instituant des prix de course dans plusieurs départements; d'autre part, on fournit aux éleveurs des étalons de choix dans les lieux où l'industrie particulière ne procurerait que de mauvais éléments de reproduction. L'administration entretient ces étalons dans ses établissements, tantôt après les avoir achetés, soit en France, soit à l'étranger, tantôt après les avoir fait naître et élever dans ses propres haras.

Le gouvernement dépense annuellement une somme de 1,500,000 fr. pour encourager l'amélioration de la race chevaline. Les sommes consacrées à l'encouragement de l'industrie particulière s'élèvent à environ 220,000 fr.: 50,000 fr. pour les primes aux juments, 60,000 fr. pour les approbations d'étalons, 110,000 f. pour les courses dans neuf départements. Une somme de 1,180,000 fr. est consacrée à l'entretien de vingt-un établissements appartenant à l'administration, savoir: 3 haras: le Pin, Rosières et Pompadour; 3 dépôts d'étalons et poulains: Tarbes, Pau et Langonnet; 14 dépôts d'étalons: Abbeville, Angers, Arles, Aurillac, Besançon, Blois, Braisne, Cluny, Libourne, Montiérander, Rhodez, Saint-Lô, Saint-Maixent et Strasbourg, et le dépôt de remontes de Paris.

Une amélioration notable paraît se faire remarquer dans plusieurs circonscriptions de dépôts d'étalons, particulièrement dans celles d'Abbeville, d'Angers, de Tarbes et d'Aurillac. Les éleveurs commencent à ne plus faire leurs croisements au hasard et contre toutes les données de la science; ils s'imposent quelques sacrifices pour nourrir et dresser leurs jeunes chevaux: aussi en tirent-ils déjà un meilleur parti. Les éleveurs de Normandie n'adoptent peut-être pas avec autant d'empressement la direction qu'on voudrait les voir suivre: quelques préventions les arrêtent encore; mais il en est qui se hasardent à donner l'exemple, et comme ils réussissent, ils auront bientôt de nombreux imitateurs.

De son côté, l'administration, en introduisant au haras du Pin, comme dans ses deux autres haras, les meilleures méthodes d'éducation, contribue à exciter puissamment l'émulation des éleveurs normands. Il y a donc lieu d'espérer qu'avant peu d'années, on verra se manifester dans cette province, que la nature a si bien dotée pour l'élève des chevaux, le mouvement d'amélioration et de progrès qui se fait sentir dans quelques autres parties de la France.

Nous allons maintenant passer en revue les races de chevaux que fournissent les différentes parties de la France. — Le département du Nord fournit d'excellents chevaux pour l'agriculture, les charrois, l'artillerie et les équipages de luxe: les plaines de la Beauce sont encore labourées par des chevaux entiers tirés du Vimeux, du Boulonais, du Calaisis, de l'Artois, du Santerre, que les cultivateurs achètent à deux ou trois ans, et qu'ils revendent à six ou sept pour le service des messageries et des postes. — Les départements de l'Aisne, de la Seine, de Seine-et-Oise, de Seine-et-Marne, donnent de très-bons chevaux de trait pour l'agriculture, l'artillerie et les charrois. — La Normandie a toujours fourni d'excellents chevaux d'équipages de luxe, des chevaux de selle pour la chasse, la cavalerie et le manége : la plaine de Caen et le Cotentin paraissent être plus particulièrement destinés aux premiers, et la plaine d'Alençon aux seconds; le pays d'Auge donne des chevaux de trait d'une bonne tournure, quoique leur tête soit un peu forte et leurs jambes chargées.—L'Anjou, le Maine, la Touraine et le Perche, élèvent une assez grande quantité de chevaux de trait et de chevaux propres aux remontes de la cavalerie légère : il s'en élève surtout d'excellents dans la vallée de la Sarthe et dans les environs de Craon.—La Bretagne est, après la Normandie, le pays le plus propre à la multiplication des chevaux; elle fournit à cette dernière province une très-grande quantité de poulains qui se revendent ensuite comme chevaux normands, lorsqu'ils ont acquis du corps dans de plus riches pâturages; elle donne des chevaux de trait, de cavalerie et de carrosse. Le cheval breton n'est pas aussi beau que le cheval normand; mais il est plus solide et résiste plus long-temps au travail : le Morbihan a de doubles bidets presque infatigables. — Le Poitou, l'Aunis, la Saintonge, l'Angoumois, l'Anjou, fournissent de bons chevaux pour tous les usages; ils en sortent ordinairement avant trois ans, pour aller s'améliorer dans les gras pâturages de la Normandie et de la Beauce.—Le Berri produit des chevaux de trait et de cavalerie, dont la race a besoin d'être améliorée.—Le Limousin, l'Auvergne et le Périgord, ne peuvent être comparés à aucune autre partie de la France pour les chevaux de selle. La race limousine est aussi distinguée par la figure, la vigueur, la légèreté, la finesse et la durée : elle n'est en état de rendre un service utile qu'à six ou sept ans; mais elle est encore bonne à vingt-cinq ou trente.—La Guienne, la Navarre, le Béarn, le Condommois, le pays de Foix, le Roussillon, et quelques autres provinces voisines, possèdent une excellente race, recommandable par sa vigueur, sa souplesse et sa légèreté et qui se ressent encore de son origine espagnole : les chevaux navarreins surtout jouissent d'une grande réputation pour le manége et pour la guerre.—Le Rouergue et le Querci ont une race de chevaux approchant des navarreins. — La Camargue a une race de chevaux petits, mais vifs et vigoureux. (*Voy*. l'article Camargue du Guide Pittoresque, dans la livraison des *Bouches-du-Rhône*). — L'île de Corse possède une excellente race de chevaux, petite, mais extrêmement sûre de jambes et très-forte. — Le Dauphiné et la Franche-Comté élèvent beaucoup de bons chevaux pour la cavalerie légère, l'artillerie et les convois. — L'Alsace fournit des chevaux propres à la culture, à l'artillerie et à la cavalerie.—La Bourgogne, le Bourbonnais et le Nivernais élèvent de bons chevaux pour différents services. — La Lorraine et la Champagne élèvent des chevaux de petite taille, susceptibles de résister aux plus longues fatigues lorsqu'ils sont nourris avec soin.—Les Ardennes possèdent une belle race de chevaux propres à tous les usages de la guerre et à l'agriculture : les chevaux ardennais, bien caractérisés et faciles à reconnaître, sont nerveux, sobres, durs au travail, et du meilleur service.

Anes et mulets. — Les départements des Deux-Sèvres, de la Vienne, de la Dordogne, du Cantal, du Puy-de-Dôme et de la Haute-Vienne, sont ceux où l'on s'occupe principalement de la reproduction des ânes et des mulets. Les mulets les plus recherchés sont ceux des Deux-Sèvres et de la Vienne, dont il se fait un commerce considérable aux foires de Melle. C'est aussi dans cette partie que se trouvent les ânes Mirebalais si vantés, les plus hauts et les plus forts que l'on connaisse, et dont le poil a quelquefois un pied de long : on ne les emploie qu'à la reproduction. La race des mules et mulets produite dans le midi des Deux-Sèvres est supérieure à celle d'aucun autre pays, non-seulement de la France, mais même de l'Europe. C'est de là que proviennent ces mules si recherchées en Espagne, qui y servent de monture de luxe, et de bêtes de trait pour les équipages les plus somptueux; ces mulets de charge, à l'aide desquels seuls les montagnes des Alpes et des Pyrénées sont franchies avec sécurité, et qui fournissent les moyens de transport entre les pays qui en occupent les revers opposés; ces mulets, connus sous le nom de mulets d'Auvergne et provençaux, qui parcourent les grandes routes de France, traînant à leur suite des voitures prodigieusement chargées : c'est là enfin que les Languedociens et les Provençaux se pourvoient de mules pour battre leurs grains. L'arrondissement de Melle possède plus de vingt haras de baudets.

Bœufs et vaches.—Le gros bétail est répandu en général sur toute la surface de la France; sa nourriture est un objet de spéculation et de commerce pour les départements riches en prairies et en gras pâturages. Dans une grande partie du royaume, le bœuf est employé de préférence au cheval pour le labour des terres: la lenteur de sa marche et la force de ses muscles le rendent très-propre à ce travail; c'est principalement dans les pays de montagnes qu'on en a adopté l'usage d'une manière exclusive. Partout sa chair fait partie essentielle de la nourriture des habitants; aussi le soin de l'élever et de l'engraisser occupe et enrichit les habitants des campagnes dans un grand nombre de départements.

On élève beaucoup de vaches le long du cours des rivières de la Marne, de l'Yonne et de la Seine, notamment aux environs de Meaux, de Melun et de Montereau. Dans la Beauce et le pays Chartrain, aux environs de Dreux, d'Etampes, et dans les paroisses d'Itteville, de Maisse et de Bourray, il y a beaucoup de pâturages où l'on s'occupe de l'éducation des bêtes bovines. Le Perche offre des hauteurs couvertes de bruyères où l'on élève des génisses qui se vendent aux marchés du pays, et quelques paroisses engraissent des bêtes à cornes, qui sont conduites aux marchés de Sceaux et de Poissy. Les environs de Sens, de Joigny et de Saint-Florentin, possèdent des prairies et des pâturages où l'on élève du gros bétail pour l'approvisionnement de Paris. Dans la Champagne, aux environs de Troyes, de Langres, de Rhétel, de Sainte-Menehould, on élève beaucoup de bœufs et de vaches pour la consommation des villes voisines. Les montagnes des Vosges sont couvertes de bêtes à cornes qui y trouvent leur nourriture pendant une grande partie de l'année. L'Alsace offre de riches pâturages où l'on nourrit beaucoup de bestiaux qui se consomment dans les deux départements du Haut et du Bas-Rhin. Les pâturages de la Flandre sont excellents et nourrissent de nombreux élèves faits dans le pays, ainsi que des bœufs et des vaches maigres qu'on y amène de l'Artois, de la Picardie, et qui s'y engraissent facilement. Plusieurs cantons de la Normandie sont abondants en pâturages: les meilleurs sont ceux du Cotentin, du Vexin et du pays d'Auge: on appelle herbages le pâturage servant à l'engrais des bêtes à cornes qu'on y amène de l'Angoumois, de la Saintonge, du Poitou, du Querci, de la Marche, du Limousin, de la Bretagne et du Berri, etc. Dans la Bretagne, plusieurs paroisses des environs de Rennes nourrissent une grande quantité de vaches; le pays d'outre-Loire, les îles de la Loire depuis Nantes jusqu'à Paimbœuf, le pays de Retz, les environs de Quimper et du Tréguier, abondent en pâturages où l'on engraisse beaucoup de gros bétail. Les landes du Maine et la vallée de l'Huisne offrent des pâturages où l'on élève une grande quantité de bêtes à cornes. L'Anjou nourrit et engraisse beaucoup de bestiaux pour la consommation locale et l'approvisionnement de Paris. Les départements de la Vienne et des Deux-Sèvres, les grands et les petits marais, le pays d'Aunis, abondent en pâturages où l'on nourrit des bêtes à cornes. Le Nivernais et la Bourgogne élèvent et engraissent des bestiaux. Dans les montagnes de la Franche-Comté, on élève et l'on nourrit quantité de bœufs, et des vaches qui donnent beaucoup de lait, avec lequel on fabrique des fromages analogues à ceux de Gruyères. Le Bourbonnais, la Haute-Marche, l'Angoumois, nourrissent beaucoup de bœufs, de vaches et de veaux. Le Limousin est, après la Normandie, la province de France où l'on engraisse le plus de bœufs; le commerce des bêtes à cornes fait le principal revenu de ce pays. L'Auvergne élève quantité de bœufs et de vaches. Les montagnes du Forez fournissent d'excellents pâturages qui nourrissent une grande quantité de vaches dont le lait sert à faire des fromages estimés. Les montagnes du haut Languedoc, le Vivarais, les pays de Montauban, de Cahors, de Rodez, d'Armagnac, de Comminge et de Foix, abondent en pâturages qui nourrissent beaucoup de bestiaux. L'île de la Camargue, en Provence, est peuplée d'une multitude de bêtes à cornes, parmi lesquelles on remarque celles qui servent aux combats de taureaux qui ont lieu annuellement dans la ville d'Arles. Les montagnes du Dauphiné, notamment celles de Sassenage, d'Oysans, de Grenoble, etc., etc., nourrissent beaucoup de bœufs et une grande quantité de vaches dont le lait sert à faire des fromages renommés.

Les bœufs de race normande sont de haute taille, prennent aisément de la chair et de la graisse, pèsent de 600 à 1200 livres, et quelquefois davantage. Les bœufs bretons et manceaux sont petits et s'engraissent assez bien. Les bœufs de la Touraine et de l'Anjou sont de taille élevée et s'engraissent aussi assez bien. Les bœufs du Poitou, de l'Angoumois, de l'Aunis et de la Saintonge, sont assez grands, mais, en général, leur poids n'est pas en proportion de leur taille. Les bœufs de la Gascogne sont les plus grands de tous; leur poids varie de 6 à 900 livres. Les bœufs du Périgord, du Querci, du Limousin, sont aussi d'assez haute taille et à peu près du même poids que les bœufs gascons. Les bœufs d'Auvergne et du Bourbonnais sont de forte taille, et pèsent de 5 à 700 livres.

Les plus grandes vacheries de France se trouvent en Normandie, en Bretagne, et dans les pâturages des Vosges, des Alpes, des Cévennes, des montagnes d'Auvergne, etc. On remarque que les meilleurs beurres viennent du nord, et les fromages les plus susceptibles de conservation, du midi de la France. L'Auvergne, la Franche-Comté, la Brie, la Bresse, la Bretagne, la Normandie et plusieurs autres provinces, fournissent une quantité considérable de fromages renommés par leurs diverses qualités. La Bretagne, la Normandie et le Boulonais fournissent aussi une grande quantité de beurres frais et salés, qui donnent lieu à un commerce très-étendu.

Moutons. — Après la récolte des céréales et des vins, celle des laines est la plus importante pour l'agriculture; et elle est devenue d'un bien plus grand intérêt, depuis que la propagation des mérinos et l'amélioration des toisons indigènes, opérée par le croisement des races, nous ont enrichis d'une telle variété de laines, qu'elles peuvent fournir à la fabrication de l'étoffe la plus fine et des tissus les plus grossiers. Cependant, quoique la France ait fait beaucoup depuis quarante ans pour améliorer ses troupeaux, il s'en faut bien qu'elle ait atteint le but où elle peut arriver. — On compte en France environ 35 millions de bêtes à laine, de plusieurs races distinctes et précieuses chacune dans son espèce, donnant depuis trois livres pesant de laine jusqu'à sept, et valant environ 6 fr., ce qui fait 210,000,000 de fr. La toison des brebis de race indigène est longue, grosse et médiocrement abondante; mais depuis la fin du dernier siècle, l'espèce s'est considérablement améliorée par le croisement avec les béliers de race espagnole.

Les départements de l'Aude, du Cher, de la Drôme, d'Eure-et-Loir, de la Marne, de l'Aube, du Puy-de-Dôme, de Seine-et-Marne et de Seine-et-Oise, sont ceux où l'on élève le plus de moutons. Dans les contrées arides du midi de la France, le lait de brebis entre dans la confection des fromages, entre autres de ceux de Roquefort.

Chèvres. — La chèvre, par la facilité qu'il y a à la nourrir, par son lait recherché et recommandé aux estomacs languissants, par sa fécondité, peut, à juste raison, être appelée la vache du pauvre, dont elle fait souvent tout l'avoir et la seule ressource. Une modique somme en procure la propriété; elle occupe peu de place dans le logement, elle est familière, attachée; il ne lui faut qu'une petite quantité de vivres. Pour les soins qu'elle exige, elle est la nourrice des enfants quand la mère ne peut les allaiter elle-même; elle donne chaque année un ou deux chevreaux, du lait très-bon pendant plusieurs mois; et quand l'âge de la tuer ou de s'en défaire est arrivé, on tire parti de sa dépouille. Son lait n'est pas propre à faire du beurre, mais il donne des fromages de quelque valeur : ceux des départements de l'Ain et du Jura sont particulièrement recherchés. Son poil est employé par les passementiers : on le file pour en faire des étoffes et des ouvrages de merceries. Il est vrai que, livrée à elle-même, la chèvre broute les jeunes pousses et contribue à la destruction des bois quand elle n'est pas surveillée; mais quel serait l'homme assez cruel pour ne pas lui pardonner le léger dommage qu'elle cause, en faveur des avantages qu'on en retire ? Qui oserait condamner les pauvres, hors d'état de nourrir une vache, faute de propriétés, à ne pas y suppléer par l'usage des chèvres qu'ils peuvent alimenter à peu de frais ?

Dans plusieurs départements, les chèvres vivent en troupeaux, mais, en général, elles se trouvent mêlées avec ceux des moutons, ou répandues dans les chaumières, dont les pauvres habitants élèvent une ou deux chèvres selon leurs facultés. La Corse, les départements du Rhône, de l'Ardèche, et ensuite ceux de l'Indre, de la Vienne, de la Haute-Saône, de la Nièvre, du Haut et du Bas-Rhin, sont ceux qui en nourrissent le plus.

Aux environs de Lyon, dans douze communes du Mont-Dore, qui, dans son plus grand diamètre, n'a pas deux lieues d'étendue, on possède 11,250 chèvres réparties entre des particuliers; il y en a qui en ont jusqu'à soixante, et plus. En général, ces animaux passent leur vie dans l'étable, et ils n'en sortent guère qu'au moment de la monte; néanmoins, dans quelques communes on les fait sortir pendant quelques jours dans les champs après la moisson. Leur

[...]urriture se compose, pendant l'hiver, en [grande] partie, de feuilles de vigne que [l'on] cueille après la vendange; on les jette [da]ns des fosses bétonnées, situées dans le [ce]llier ou sous un hangar, où ces feuilles [son]t imbibées d'eau, pressées et foulées avec [for]ce; lorsque la fosse est remplie, on la recouvre de planches sur lesquelles on place [de]s pierres énormes. Au bout d'environ [de]ux mois, on découvre la fosse pour en [tir]er les feuilles, qui forment, pendant l'hiver et jusque dans le mois d'avril, presque [la] seule nourriture des chèvres.

Porcs. — On engraisse des porcs presque [p]artout, mais ils sont beaucoup plus multipliés dans certains départements que dans [d']autres. Dans l'Aisne, ils sont fort nombreux et fournissent presque la seule viande [c]onsommée par les habitants des campagnes. [L]es départements formés de l'ancienne Normandie en élèvent en quantité considérable. [L]a race en est fort belle dans le département d'Ille-et-Vilaine, et la grande abondance de toutes les substances qui leur conviennent les a multipliés dans la Vendée, [au] point qu'il n'y a pas de petite métairie [q]ui n'en élève plusieurs. La Vienne et les [D]eux-Sèvres en comptent aussi un assez [g]rand nombre. L'Allier, la Nièvre, les départements de la ci-devant Lorraine, les [H]aut et Bas-Rhin, la Haute-Saône, les élèvent avec soin et y trouvent un objet de [sp]éculation avantageux. Le département de [la] Creuse est un de ceux qui s'occupent [act]ivement de l'engrais des porcs; mais il [tir]e en grande partie ses élèves du Cher et [de] la Haute-Vienne. Ces animaux multiplient d'une manière remarquable dans la [D]ordogne, l'Aveyron, la Charente-Inférieure. On en trouve dans toutes les communes du Tarn et dans la plupart de celles [de] la Lozère. L'île de Corse nourrit des [po]rcs demi sauvages. Le porc réussit parfaitement bien vers les Pyrénées, et y fait [la] base d'un commerce important, soit en [frais], soit en salaisons; c'est des Basses-Pyrénées que nous viennent les jambons renommés de Bayonne.

Animaux sauvages, gibier, etc. — Le [sol] de la France nourrit une assez grande [diver]sité d'animaux sauvages; mais on ne [com]pte dans la classe de ceux qui sont dangereux à l'homme, en grandes espèces, que [l'ours], le loup et le sanglier. — L'ours [est] assez rare et ne se rencontre que dans [les] hautes montagnes des Alpes et des Pyrénées. — Presque tous les bois de quelque étendue sont la demeure d'une plus ou moins grande quantité de loups, auxquels on fait une guerre très-active : on les trouve en grand nombre dans les départements formés de la ci-devant Lorraine, dans l'Orne, la Sarthe, la Mayenne, le Morbihan, la Vendée, le Cher, le Jura, l'Aveyron, les Landes, le Tarn et la Lozère. — Le sanglier est assez multiplié dans les vieilles forêts des contrées montagneuses. — Le renard est assez commun dans certaines contrées. — Les Pyrénées nourrissent le chamois ou l'ysard, le bouquetin, qui se retrouvent aussi dans la Drôme, l'Isère, et sur la chaîne des Alpes. — Le cerf, le daim, le chevreuil, le blaireau, qui habitent les bois taillis, se trouvent dans tous les départements boisés. — Le lièvre et le lapin abondent presque partout. — La taupe, la martre, le putois, la fouine, la belette sont assez communs. Parmi les autres animaux, on compte deux espèces de hérissons, neuf ou dix chauves-souris, l'écureuil, le rat, le mulot, le campagnol, la souris, le loir, etc. La loutre se rencontre fréquemment dans les rivières.

La classe des oiseaux sauvages est assez nombreuse, et fournit dans certains départements une branche de revenu lucrative. Le Midi possède quelques espèces rares, qui ne se retrouvent point dans le Nord, telles que le flamant, qu'on rencontre quelquefois sur les côtes de la Provence; le guêpier, le rollier, le becfigue, l'ortolan, etc. L'oie sauvage se trouve de préférence dans les départements qui renferment des étangs ou que traversent de grandes rivières. Les marais de la Vendée et de la Charente-Inférieure fourmillent de canards sauvages, qui abondent aussi pendant l'hiver sur les étangs et les rivières de la plupart des départements, que fréquentent aussi les vanneaux, les bécassines, etc. Les côtes maritimes sont peuplées d'alouettes de mer, d'échassiers, d'huitriers, d'avocettes, et d'une multitude d'autres oiseaux : quelquefois, lorsque les hivers sont très-rigoureux, on voit apparaître sur ces côtes des oiseaux rares, et qui ne quittent guère les glaces des contrées septentrionales, ce sont : les cygnes, les pingouins, les guillemots, etc. — Le héron habite les lieux solitaires des départements où il se trouve de vastes forêts et des étangs. — La caille se trouve partout. Les grives abondent dans tous les pays vignobles, notamment dans les départements de la Loire, de la Lozère et des Basses-Pyrénées. — La grande outarde se trouve assez fréquemment dans l'Aube, la Vendée, les Deux-Sèvres, la Vienne ; la petite outarde est fort commune dans ceux d'Eure-et-Loir, de la Sarthe, de l'Orne, du Calvados, de l'Eure, de la Seine-Inférieure, du Cher et de l'Indre.—La perdrix grise est commune dans beaucoup de départements, mais la rouge abonde plus particulièrement dans ceux du Midi. — Les palombes, ou les tourterelles, sont l'objet d'une chasse importante dans le département des Basses-Pyrénées.—Le pigeon ramier, plié à la domesticité, est un objet de spéculation avantageuse dans un grand nombre de départements. — L'alouette abonde dans tous les pays de plaine, dans tous les départements où l'on récolte beaucoup de grains, particulièrement dans ceux d'Eure-et-Loir et du Loiret.—Les merles, les linots, les rossignols, les chardonnerets, les bouvreuils, les moineaux, les loriots, les pinsons, les étourneaux, les pics, les mésanges, les martins-pêcheurs, les oiseaux de proie, les corbeaux, les pies, etc., etc., etc., sont très-multipliés et se trouvent presque partout.

Les reptiles sont rares en France, et deux espèces, seules venimeuses, sont assez communes dans les lieux rocailleux ou aquatiques de quelques départements : ce sont la vipère et l'aspic. On y connaît deux orvets, six espèces de couleuvres de mœurs innocentes, et quatre ou cinq espèces de lézards. La tortue boueuse est assez commune dans les eaux dormantes des départements de la Haute-Garonne, de l'Aude, du Tarn, de l'Hérault, du Gard, de la Lozère, de la Haute-Loire et de l'Ardèche : elle s'avance dans les terres vers la fin de l'automne pour s'y creuser une retraite où elle passe l'hiver; dans l'été, elle est presque toujours à terre. La grenouille, très-multipliée presque partout, fournit dans certains départements un aliment à la fois sain et agréable.

Volailles. — Il est peu de cantons en France où l'on n'élève des oiseaux de basse-cour, mais tous les départements ne sont pas également favorisés sous ce rapport. Les ci-devant provinces du Maine, de Normandie, de Guienne, de Languedoc, sont celles qui abondent le plus en volaille de toute espèce. Il s'en fait un commerce considérable et qui s'étend fort loin ; on y sale des oies pour toute l'année, comme on sale des porcs dans d'autres endroits. — On élève beaucoup d'oies dans les départements de la Seine-Inférieure, de l'Orne, de l'Eure, de la Mayenne, d'Ille-et-Vilaine, des Côtes-du-Nord, du Finistère, du Morbihan, de la Loire-Inférieure, du Puy-de-Dôme, du Cantal, de l'Isère, des Hautes-Alpes, de la Drôme, du Gers, des Landes et des Hautes-Pyrénées les campagnes du département du Tarn en sont couvertes ; dans les départements du Pas-de-Calais, de l'Yonne, de l'Aube, de la Côte-d'Or, de la Saône, de la Loire, de l'Ain, d'Indre-et-Loire, de Loir-et-Cher, les oies forment une branche de commerce plus ou moins considérable ; celles qu'on élève dans le département du Tarn sont d'une espèce particulière, qui mérite d'être multipliée : elles sont fort grosses et presque aussi grandes que le cygne, et ont pour marques distinctives une masse de graisse qui leur pend sous le ventre, entre les pattes et les cuisses, et qui descend souvent jusqu'à terre. Dans le département du Tarn, de l'Aude, et dans ceux qui sont formés de la ci-devant Guienne, on conserve les oies toute l'année en en salant les membres que l'on coupe par morceaux et qu'on fait cuire dans la graisse de l'animal : on en prépare ainsi une quantité étonnante dans le ci-devant Périgord, du côté de Bayonne, et aux environs de Toulouse ; cette dernière ville en consomme annuellement plus de cent vingt mille. —Le canard se trouve dans les mêmes endroits que l'oie, on y en élève aussi une grande quantité.—Dans tous les départements où se trouve l'oie, on élève également un grand nombre de dindonneaux : une partie est consommée dans le pays, l'autre passe, en vie dans les départements environnants. Caussade et ses environs, faisant partie du département du Lot, en envoient annuellement dix mille vivants dans les départements voisins. Ceux qu'on tue servent à faire les dindes aux truffes, qui sont un objet de commerce considérable pour les villes de Caussade et de Souillac (Lot), et pour plusieurs villes du département de la Dordogne. Les dindes de l'Angoumois, nourries avec le fruit du hêtre, sont fort estimées. A Saint-Chamond (Loire), les dindes acquièrent une grosseur monstrueuse ; on les y engraisse avec des noix. — De tous les animaux domestiques, la poule est le plus généralement répandue ; on la trouve partout, partout on l'élève pour le produit de sa ponte et de sa couvaison. Dans la plus grande partie des départements, on laisse les poulets librement errer dans les champs ; on se contente de l'accroissement qu'ils prennent dans cet état, et on les vend dès qu'ils ont acquis un certain degré de force. Mais dans certains départements on s'occupe particulièrement de les éducation : on ne confie point à la nature seule le soin de leur accroissement, l'art se joint à elle pour améliorer sa chair et favoriser son développement. Tous les départements cités précédemment comme abondants en volailles, élèvent beaucoup de poulets de cette manière; mais c'est surtout dans ceux de la Sarthe, de l'Orne, du Calvados, de l'Eure, de la Seine-Inférieure, d'Ille-et-Vilaine, du Finistère, du Cantal, du Puy-de-Dôme, de la Drôme et de la Dordogne, qu'on suit ce procédé. Les poulardes du Mans, de la Bresse, du Périgord, de la Normandie et de la Bretagne, les chapons d'Auvergne et du Dauphiné, jouissent d'une réputation méritée.

Abeilles. — Ces utiles insectes sont répandus dans toute la France, et il est bien peu de cantons où il ne se trouve quelques ruches. Les départements où l'on s'occupe plus particulièrement de leur éducation, sont ceux formés des ci-devant provinces de Normandie, Bretagne, Anjou, Poitou, Bordelais, Provence, Languedoc, Berri, Orléanais, Beauce, Maine, Champagne et Franche-Comté; et parmi ces départements, il en est quelques-uns qui s'occupent plus exclusivement du soin des abeilles; tels sont les départements du Calvados, des Basses-Alpes, de l'Aude, de Loir-et-Cher, du Loiret, d'Eure-et-Loir, de la Sarthe, du Jura. Une pratique très-avantageuse, en ce qu'elle augmente la quantité et la qualité de la cire et du miel, est celle de transporter les ruches d'un pays à l'autre, ce qui a lieu dans les départements de Loir-et-Cher, d'Eure-et-Loir et du Loiret : on place 30 ou 40 ruches sur des charrettes de transport, qui marchent au pas et presque toujours la nuit. Après la récolte des sainfoins et des vesces, lorsque la Beauce est nette, les propriétaires d'abeilles de ce pays conduisent leurs ruches dans le Gâtinais ou aux environs de la forêt d'Orléans, où se trouvent de la bruyère et du sarrasin en fleur. Les émigrations se font souvent à plus de dix lieues, et il n'est pas rare de voir dans l'automne jusqu'à 3,000 ruches étrangères dans un petit village; on les y laisse environ deux mois. — Le miel le plus recherché est celui de Narbonne; mais on fait dans certains départements un miel qui approche beaucoup de sa qualité, notamment dans ceux du Jura, du Calvados et des Basses-Alpes.

Vers à soie. — Presque tous les départements méridionaux s'occupent de l'éducation des vers à soie. Les soies de cru de France passent pour être les plus belles : il n'y a pas d'organsins comparables à ceux des départements de l'Ardèche, de la Drôme, des Hautes et Basses-Alpes, du Var et des Bouches-du-Rhône (*voy.* Mûriers, page 91).

Poissons. — Après la culture et le soin des bestiaux, la pêche offre les plus grandes ressources pour la consommation et le commerce. Sans parler des pêches lointaines, le littoral de l'Océan et de la Méditerranée offre plus de 400 lieues de côtes où nos pêcheurs peuvent se livrer à la pêche d'une infinité de poissons très-bons pour la nourriture de l'homme. Cinq grands fleuves, plus de cinq mille rivières, dont quelques-unes sont considérables, et un grand nombre d'étangs, abondent en poissons de toute espèce, dont la pêche, quoique moins considérable que celle de la mer, offre de grandes ressources pour la nourriture des habitants de l'intérieur de la France.

Depuis Dunkerque jusqu'à Saint-Valery, la pêche se fait avec de petits bâtiments capables de tenir la mer à une certaine hauteur et de soutenir l'effort des filets, ou bien avec des hameçons dans des bateaux côtiers, lorsqu'on ne veut pas s'éloigner des côtes. Les bateaux côtiers vont toute l'année à la pêche des raies, des limandes, des merlans. La pêche au filet a lieu quatre fois l'année : la première, pour les soles, les raies et quelques autres poissons, commence le 4 ou 5 janvier, et finit vers le 5 mai; la seconde, qui commence en mai, et se continue jusqu'au 20 juillet, est principalement pour les maquereaux; la troisième est peu de chose; la quatrième, ou la pêche du hareng, commence dans les premiers jours d'octobre et finit vers le 20 décembre. — Les pêcheurs du Pas-de-Calais et de la Somme s'occupent beaucoup de la pêche du poisson frais, et de celle du maquereau aux filets; ceux de la Manche, du Calvados et de la Seine-Inférieure, s'occupent aussi de la pêche du maquereau, ainsi que de celle des soles, des limandes, merlans et autres poissons qu'ils envoient à Paris. La pêche du hareng se fait principalement à Dieppe. Les sardines, les maquereaux, les congres, les saumons forment une pêche considérable dans toute la Bretagne : une partie se consomme fraîche dans le pays; l'autre passe dans le commerce après avoir été salée. La pêche des sardines est fort abondante sur les côtes de la Charente-Inférieure et de la Vendée, et forme le principal commerce du pays,

La pêche et la salaison des anchois est l'objet d'un commerce assez important sur les côtes de la Provence, notamment à Fréjus, à Cannes et à Saint-Tropez.

INSTRUCTION PUBLIQUE.

LANGUE FRANÇAISE.

La langue française, née des ruines du latin et du celtique, mêlés de quelques mots tudesques, n'a commencé à prendre quelque forme que vers le Xe siècle. Les Romains, maîtres de l'Espagne et des Gaules, y introduisirent leur langue avec leurs lois, leurs mœurs et leurs coutumes : au IVe, au Ve siècle, toutes les Gaules jusqu'au Rhin, toutes les Espagnes, et nécessairement l'Italie entière, parlaient la langue latine. Tous les peuples de ces contrées avaient oublié entièrement leur langue particulière et ne faisaient plus usage que de la langue romaine : les procès se plaidaient en latin, tous les actes se faisaient en cette langue ; il en était de même des prières et des instructions. Il y avait plus de quatre cents ans que les Romains possédaient les Gaules, quand un peuple guerrier, les Francs, vint du fond de la Germanie leur enlever la plus belle partie de leurs conquêtes. Les Francs, mêlés et dispersés parmi les Gaulois, dont ils ne furent ni les ennemis, ni les vainqueurs, désapprirent, de même que l'avaient fait les Gaulois, leur langue tudesque : on n'en fit presque plus d'usage qu'à la cour des rois francs, parce qu'ils étaient de famille germanique ; mais en apprenant la langue romaine avec les Gaulois, les Francs se conformèrent à l'usage vulgaire, sans se mettre en peine de la régularité du latin. C'est ainsi que se forma le roman rustique ou la langue romane vulgaire, usitée parmi le commun des Gaulois et des Francs, qui ne faisaient plus qu'un même peuple. A dater du VIIe siècle, trois langues avaient donc cours dans les Gaules, la langue latine encore officielle et ecclésiastique, une langue vulgaire uniformément altérée du latin, une langue allemande que les vainqueurs avaient apportée avec eux, qu'ils perdirent en partie et qu'ils n'imposèrent pas aux habitants du pays. Bientôt la chute du goût entraîna la chute de la langue latine ; les ecclésiastiques furent à peu près les seuls qui l'entendissent. Les langues romane et tudesque l'emportèrent, tout imparfaites qu'elles étaient, et furent seules en usage jusqu'au règne de Charlemagne, qui fit d'inutiles efforts pour donner à la sienne la supériorité sur la romane. Le tudesque demeura la seule langue de l'Allemagne, après la grande époque du partage de 843. Le roman rustique prévalut dans la France occidentale ; le peuple du pays de Vaud, du Valais, de la vallée d'Engadine, et de quelques autres cantons de la Suisse, conserve encore aujourd'hui des vestiges de cet idiome.

Les progrès de cette nouvelle langue, si on considère l'époque de son origine, furent très-lents, et même presque insensibles, ainsi qu'on peut en juger par l'état informe où elle était encore au IXe siècle. Le plus ancien vestige, et sans doute le plus authentique de la langue romane, telle qu'on la parlait au milieu de ce siècle, est le serment de Louis le Germanique, frère de Charles le Chauve. Cette langue n'offrait alors qu'un essai informe, et la poésie de cette époque était aussi barbare que la prose.

Le Xe siècle offre déjà des différences sensibles dans la langue écrite ; l'échantillon le plus sûr que l'on puisse produire est une traduction du symbole attribué à saint Athanase, que Montfaucon plaçait au commencement de ce siècle. Dans le XIe siècle on remarque encore un peu plus de correction dans le langage et plus d'éloignement du latin que dans les deux siècles précédents. C'est vers ce siècle que parurent les premiers grammairiens ; leurs leçons n'avaient guère pour objet que l'étude de la mince latinité, qui aidait encore un petit nombre de personnes à entendre les prières de l'église et à rédiger les actes judiciaires. Mais cette latinité, aussi barbare et moins énergique que le roman, n'était plus parlée nulle part ; elle n'était plus entendue ni du gentilhomme, ni du bourgeois, et moins encore de l'homme de campagne. L'usage s'introduisit d'écrire en roman et de se servir de cette langue pour l'instruction. D'abord les leçons furent rédigées en prose, mais dans la suite on les mit en vers.

On commença au XIIe siècle à introduire dans la langue quelques termes grecs de la philosophie d'Aristote. La manie des vers, pour lesquels on avait déjà pris goût dans le siècle précédent, devint si dominante, qu'on rima jusqu'aux vers latins, et souvent même la prose, qui n'en différait que parce qu'elle n'était point coupée ni mesurée comme eux. Un des plus anciens ouvrages en ce genre que l'on connaisse est la traduction du poëme de Marbode sur les pierres précieuses. Marbode était évêque de Rennes, il composa son ouvrage en vers latins; mais il paraît qu'il fut immédiatement traduit en vers français, car cette traduction est dans le même manuscrit que l'ouvrage latin.

Un ouvrage non moins ancien est le célèbre roman de Rou ou de Rollon, imprimé et publié récemment par les soins de M. Pluquet. C'est encore à ce siècle qu'appartient le premier modèle des romans de chevalerie, le roman de Brut, qui écrivait vers l'an 1155, où figure pour la première fois l'enchanteur Merlin, un des personnages les plus populaires du moyen âge. On doit citer aussi le châtelain de Coucy, dont les chansons sont lues encore aujourd'hui avec plaisir.

Au XIII° siècle, la langue commença à se débrouiller de la barbarie des siècles précédents. On s'en aperçoit en lisant l'histoire de la prise de Constantinople par Villehardouin, l'un des plus anciens monuments que nous ayons de la prose française et de notre histoire nationale en langue vulgaire. Toutefois, dans cet écrivain, le caractère de l'idiome français n'est pas encore très-développé, et les progrès de la langue sont moins marqués que dans les Établissements de saint Louis, et surtout dans son édit contre les blasphémateurs. C'est à ce siècle qu'il faut rapporter la composition du roman de la Rose, commencé par Guillaume de Lorris, et achevé au commencement du XIV° siècle par Jean de Meun. On cite aussi, du même siècle, les vers de Thibaut, comte de Champagne, à qui l'on doit un recueil de chansons, dont les vers, en langue déjà française, ont un tour libre, hardi, naïf, et semblent appartenir à une époque plus avancée de notre langue. Thibaut naquit en 1201 et mourut en 1253.

Ce progrès de la langue, à une époque si reculée, est remarquable dans la prose comme dans la poésie. Cette même époque qui vit naître Thibaut, le premier chansonnier parmi les rois, vit naître le premier narrateur éloquent et naïf en langue vulgaire, Joinville, qui écrivit l'histoire de saint Louis, après la mort de ce monarque, avec un charme de naturel et une grande fraîcheur d'expression.

Au commencement du XIV° siècle, l'espèce de passion qu'on avait eue pour la poésie se ralentit beaucoup: alors on vit paraître une foule de romans en prose; mais la langue y gagna peu. Sous le règne de Charles V, le goût de ce monarque pour les lettres, et la protection dont il honora ceux qui les cultivaient, fit reprendre à la langue française le cours de ses progrès; la poésie surtout en fit de considérables. Le premier écrivain de ce siècle fut Froissart, tout à la fois poëte et chroniqueur.

A cette époque la France se trouvait divisée en deux parties distinctes sous le rapport du langage: on nommait les habitants du sud de la Loire peuples de la langue d'Oc, parce que le mot oc était employé par eux pour affirmer, par opposition à ceux de la langue d'Oui ou d'Oyle, chez lequel le mot oui avait la même signification que oc.

Malgré les troubles qui agitèrent la France pendant un grand nombre d'années, les lettres furent cultivées avec quelques succès dans le XV° siècle, notamment sur la fin du règne de Charles VII. Les romans de chevalerie se multiplièrent plus que jamais; mais il en est peu qui méritent d'être cités. Alain Chartier, commentateur lourd et pédantesque, traducteur plat et historien ennuyeux, fut néanmoins celui qui rendit le plus de services à la langue. Après lui vint Philippe de Commines, dont le langage doux et agréable est surtout remarquable par sa naïve simplicité.

Parmi les poëtes on cite Villon, et surtout Charles d'Orléans, à qui l'on doit le premier ouvrage de poésie où l'imagination soit correcte et naïve. De tous les poëtes du XV° siècle, Villon fut celui qui mit le mieux à profit tout ce que la langue et la poésie avaient alors d'acquis et de richesses. Ses poésies ont parfois un caractère qui plaît; elles respirent une sorte de mélancolie, un retour amer et triste sur la vie si courte de cet auteur, si gâtée par le vice et par la folie.

De 1462 jusqu'à la fin du XV° siècle, l'imprimerie, encore toute récente, reproduisit un grand nombre de romans de chevalerie; c'était la lecture favorite du temps. Le génie des romans chevaleresques était partout. Si l'on consulte Olivier de la Marche, chroniqueur exact et judicieux, on y trouve des scènes toutes chevaleresques. Si l'on prend les Mémoires de Boucicaut, on voit ce personnage historique et sérieux, soumis à toutes les épreuves de l'éducation galante des romans : c'est le style fleuri de Gérard de Nevers, ou du Petit Jehan de Saintré; c'est le même mélange d'images guerrières et champêtres.

Le XVI° siècle fut illustré par le règne de François 1er. Dans ce siècle, la langue éprouva les plus heureux changements dans ses expressions et dans ses tours. Le grec et le latin, enseignés alors dans les écoles avec plus de soin et de goût, l'enrichirent d'une foule de mots simples et composés, dont on avait besoin dans les sciences et dans les arts, ou pour rendre de nouvelles idées. Néanmoins, quoique la langue eût tiré un grand secours du grec et du latin, quoiqu'elle se fût aidée de l'italien déja perfectionné, elle n'avait cependant pas encore une consistance régulière. En 1529, François Ier abolit l'ancien usage de plaider, de juger, de contracter en latin; usage qui attestait la barbarie d'une langue dont on n'osait se servir dans les actes publics; usage pernicieux aux citoyens, dont le sort était réglé dans une langue qu'ils n'entendaient pas. On fut obligé de cultiver le français, qui commença à faire quelques progrès; mais la syntaxe étant abandonnée au caprice, la langue n'était ni noble, ni régulière. Le français acquit de la vigueur sous la plume de Montaigne; toutefois il n'eut pas encore d'élévation et d'harmonie; Ronsard gâta la langue, en transportant dans la poésie française les composés grecs dont se servaient les philosophes et les médecins; Marot se fit remarquer par une manière gaie, agréable, et tout à la fois simple et naturelle. Régnier se distingua éminemment de tous les écrivains de son siècle; on trouve dans ses œuvres plusieurs pièces d'assez bon goût, et on n'y rencontre plus, comme dans celles de Ronsard, auquel il succéda, toutes ces expressions bizarrement latines et grecques. Malherbe fit le premier sentir que le génie de la langue pouvait s'élever jusqu'au sublime, et atteindre la majesté de l'ode; celle qu'il a tirée du psaume CXIV est une des plus belles et des plus purement écrites, et montre quel était le véritable état de la langue vers la fin du XVIe siècle et le commencement du XVIIe. Dans ce siècle, la langue devient plus noble et plus harmonieuse par l'établissement de l'Académie française, fondée en 1635. Enfin, sous Louis XIV, la langue acquit la perfection où elle pouvait être portée dans tous les genres. Cependant il existait encore à cette époque des différences très-prononcées entre le langage des habitants des différentes parties de la France. La langue d'Oc était encore tellement en vigueur, que Racine se plaignait au bon la Fontaine de ne pouvoir se faire entendre aussitôt après avoir passé la Loire.

Les lumières que des siècles ont amenées se sont toujours répandues sur la langue des beaux génies : en donnant de nouvelles idées, ils ont employé les expressions les plus propres à les inculquer. De nouvelles connaissances, un nouveau sentiment ont été décorés de nouveaux termes, de nouvelles allusions. Toutes ces acquisitions sont très-sensibles dans la langue française; Corneille, Descartes, Pascal, Racine, Despréaux, etc., fournissent autant d'époques de nouvelles perfections. Selon les grammairiens, ce fut en 1656, lorsque Pascal fit paraître les fameuses Provinciales, qu'on regarda la langue comme parvenue à son plus haut point d'élégance et de pureté.

Le génie de la langue française est la clarté, l'ordre, la justesse, la pureté des termes, qui la distinguent des autres langues, et y répandent un agrément qui plaît à tous les peuples. Son ordre dans l'expression des pensées la rend facile; la justesse en bannit les métaphores outrées, et sa pureté interdit tout emploi des termes grossiers et obscènes. La langue française n'a point une étendue fort considérable; elle n'a point une noble hardiesse d'images, ni de pompeuses cadences, ni de ces grands mouvements qui pourraient rendre le merveilleux; elle n'est point épique; ses verbes auxiliaires, ses articles, son manque d'inversions nuisent à l'enthousiasme de la poésie; mais une certaine douceur, beaucoup d'ordre, d'élégance, de délicatesse et de termes naïfs, la rendent éminemment propre aux scènes dramatiques. Elle manque de mots composés, et par conséquent de l'énergie qu'ils procurent; elle est peu propre au style lapidaire, et à ce que nous appelons harmonie imitative; mais tous ces petits défauts n'empêchent pas que notre langue ne soit l'une des plus belles de toutes. D'autres langues ont des qualités que le français n'a pas dans le même degré de perfection; mais la liberté et la douceur de la société n'ayant été longtemps connues qu'en France, le langage en a reçu une délicatesse d'expression et une finesse pleine de naturel qui ne se retrouvent guère ailleurs; il a mille avantages que les autres langues n'ont pas, et elles ont des défauts dont il est exempt. En un mot, l'ordre naturel dans lequel on est obligé d'exprimer ses pensées et de construire ses phrases, répand dans la langue française une douceur et une facilité qui plaît à tous les peuples; et le génie de la nation se mêlant au génie de la langue, a produit plus de livres agréablement écrits qu'on n'en voit chez aucune autre nation. Y a-t-il en effet quelque caractère que notre langue n'ait pris avec succès? Elle est folâtre dans Rabelais; naïve dans Marot, la Fontaine et Brantôme; harmonieuse dans Malherbe et Fléchier; sublime dans Corneille et Bossuet. Que n'est-elle pas dans Boileau, Racine, Voltaire, Fénélon, J. J. Rousseau, Buffon, Barthélemy, et une foule d'autres écrivains en vers et en prose, dont les ouvrages seront aussi précieux pour la postérité, que les ouvrages des anciens le sont pour nous?

Différents patois sont encore en usage dans différentes parties de la France. Dans le Nord, le flamand est assez usité; dans le bassin de la Somme, on parle le picard, composé de latin, de celtique et du tudesque. Entre les Vosges et les Ardennes, on parle le patois lorrain ou messin, espèce de dialecte roman corrompu par les mots français et allemands que la succession des temps y a introduits. Entre les Vosges et le Rhin, un allemand corrompu est l'idiome de la presque totalité des habitants. Sur les bords de la Vilaine, le langage des cultivateurs est le français du XIIIe siècle; et 800,000 individus en Bretagne parlent l'idiome bas-breton, que plusieurs auteurs prétendent être, avec plus ou moins d'altération, la langue des Celtes. 100,000 Basques parlent l'escuara, qui n'a d'analogie avec aucune autre langue de l'Europe. Dans toute la France, au sud du 46e parallèle, les différents dialectes de la langue romane, le gascon, le béarnais, le provençal, le languedocien, sont la langue usuelle du peuple et de la plus grande partie de la population, qui n'a pas entièrement oublié la langue des troubadours. Le bourguignon a son dialecte particulier, et comme le Midi ses poésies et ses chansons nationales. Les Normands et les Champenois se font remarquer par un accent et les expressions étranges. En sorte qu'il n'y a réellement que dans l'Ile de France, l'Orléanais, le Blaisois et la Touraine, c'est-à-dire, l'ancien domaine de Hugues Capet, où l'on parle le français pur.

Organisation de l'instruction publique.

Avant la révolution de 1789, on comptait en France vingt-trois universités, établies à Paris, Toulouse, Montpellier, Orléans, Avignon, Cahors, Perpignan, Angers, Orange, Aix, Poitiers, Caen, Bordeaux, Valence, Nantes, Bourges, Besançon, Reims, Douai, Strasbourg, Pont-à-Mousson, Pau et Dijon. Pendant les premières années de la république, des écoles centrales, des écoles primaires et des écoles secondaires remplacèrent les anciennes universités. Sous l'empire, on organisa sous le nom d'Université de France, un corps enseignant qui a éprouvé quelques modifications après la chute du gouvernement de la Restauration. Actuellement, l'Université se compose de vingt-six académies, fixées à Aix, Amiens, Angers, Besançon, Bordeaux, Bourges, Caen, Cahors, Clermont, Dijon, Douai, Grenoble, Limoges, Lyon, Metz, Montpellier, Nancy, Nîmes, Orléans, Paris, Pau, Poitiers, Rennes, Rouen, Strasbourg et Toulouse. Chaque académie est composée d'un recteur et de deux inspecteurs, et comprend plusieurs facultés; leur ressort s'étend sur un ou plusieurs départements, et elles ont la surveillance des collèges communaux, des institutions et pensions particulières, des écoles chrétiennes et des écoles primaires. Chaque faculté se compose d'un doyen, qui en est le chef, et d'un certain nombre de professeurs. La réunion des recteurs, des inspecteurs généraux d'académie, des doyens des facultés, des professeurs de ces facultés et de ceux des collèges royaux, représente ce qu'on appelle l'Université de France, à la tête de laquelle est le ministre de l'instruction publique, exerçant les fonctions de grand maître, et un conseil composé de sept membres inamovibles, qui règle les affaires administratives.

Il y a en France six facultés de théologie catholique, et deux de théologie protestante: les premières sont établies à Paris, Rouen, Bordeaux, Lyon, Aix et Toulouse; les secondes à Strasbourg et à Toulouse. Neuf facultés de droit, établies à Paris, Caen, Dijon, Poitiers, Rennes, Strasbourg, Aix, Grenoble et Toulouse. Trois facultés de médecine, à Paris, Strasbourg et Montpellier. Cinq facultés des sciences et des lettres, à Paris, Caen, Dijon, Grenoble et Montpellier. A ces facultés seules appartient le droit de conférer les grades de docteur, de licencié et de bachelier.

Indépendamment des facultés de médecine de Paris, Montpellier et Strasbourg, il existe encore, dans plusieurs villes, des écoles secondaires de médecine: Rennes, Angers, Poitiers, Toulouse, Marseille, Lyon, Grenoble, etc., possèdent des écoles de ce genre, où l'on confère seulement le grade d'officier de santé. — Il y a aussi à Paris, Strasbourg et Montpellier trois écoles de pharmacie. — La médecine et la chirurgie militaires ont aussi des établissements particuliers consacrés à l'instruction des médecins et des chirurgiens attachés aux armées de terre et de mer. Paris, Metz, Lille, Rochefort, Toulon, ont des hôpitaux d'instruction de ce genre, dont les professeurs sont à la nomination des ministres de la guerre et de la marine.

L'instruction publique se divise en trois degrés : instruction primaire, instruction secondaire, instruction supérieure.

L'instruction primaire est donnée en France dans la plupart des villes et des villages par un simple maître d'école, ou par les directeurs d'écoles mutuelles, les frères de la doctrine chrétienne et les sœurs de charité. Lire, écrire, les simples éléments du calcul, et, dans quelques écoles, quelques notions de géographie, ainsi que la connaissance du dessin linéaire, tel est l'ensemble de cet enseignement.

La population de la France étant de 32,569,223 habitants, on peut, sous le rapport de l'instruction primaire, la diviser en quatre classes : la 1re classe se composant des enfants au-dessous de deux ans, au nombre de 1,811,787 ; la 2e classe, des enfants au-dessus de deux ans et au-dessous de six ans, au nombre de 2,744,524 ; la 3e classe, des enfants au-dessus de six ans et au-dessous de quinze, au nombre de 4,987,261 ; la 4e classe, des adultes de quinze ans et au-dessus, au nombre de 22,906,689.

La première classe appartient tout entière à l'éducation maternelle. La deuxième classe doit être recueillie dans les asiles, pour s'y préparer à recevoir l'instruction. La troisième classe doit suivre les écoles primaires proprement dites. La quatrième classe est appelée aux écoles dites d'adultes, pour y recevoir l'instruction qui lui manque.

Sur les 2,744,524 enfants en âge d'aller aux asiles, il y en a au moins 2,500,000 qui n'y vont pas. — Sur les 4,987,261 enfants en âge de suivre les écoles primaires, il y en a encore 2,537,536, savoir : 838,803 garçons, 1,698,733 filles, qui n'y vont en aucun temps de l'année, et 3,740,804, savoir : 1,700,890 garçons, 2,039,914 filles, qui n'y vont pas en été.— Sur les 22,906,689 adultes, 14,353,856, savoir : 5,741,542 hommes, et 8,612,314 femmes, ne savent ni lire ni écrire [1].

En France, la masse qui manque de toute instruction se compose donc encore, tant en enfants qu'en adultes, de 19,391,392 personnes, c'est-à-dire 63 sur 100, ou de plus de trois cinquièmes de la population totale, déduction faite de 1,811,707 enfants au-dessous de deux ans [1].

Toutefois, l'instruction primaire a fait en France de grands progrès depuis une vingtaine d'années. Ces progrès ont été de sept centièmes par année de 1817 à 1820, de trois centièmes de 1820 à 1823, d'un tiers de centième par an de 1823 à 1829, et de trois centièmes et demi par an de 1829 à 1833.

D'après des recherches faites avec le plus grand soin, le nombre des élèves était à celui des habitants, en 1820, comme 1 est à 27 ; en 1829, comme 1 est à 23 2/3 ; en 1832, comme 1 est à 16 3/4 ; en 1834, comme 1 est à 14 1/2.

Académies.	En 1820	En 1823	En 1829	En 1833
Metz.......	le 11e	le 10e	le 10e	le 9e
Strasbourg...	12e	9e	9e	9e
Nancy.......	15e	11e	10e	10e
Besançon....	10e	10e	10e	10e
Amiens......	12e	11e	11e	10e
Dijon.......	15e	13e	16e	12e
Paris.......	18e	15e	24e	13e
Douai.......	17e	14e	14e	13e
Pau.........	18e	33e	35e	17e
Rouen.......	24e	20e	15e	18e
Grenoble....	80e	52e	43e	19e
Caen........	32e	27e	38e	22e
Aix.........	43e	40e	36e	25e
Montpellier...	46e	39e	47e	25e
Nîmes.......	33e	28e	40e	25e
Poitiers.....	39e	38e	50e	26e
Orléans.....	128e	42e	34e	28e
Lyon........	45e	27e	31e	28e
Bordeaux....	69e	69e	44e	31e
Cahors......	47e	46e	38e	34e
Toulouse....	69e	52e	54e	35e
Angers......	74e	58e	61e	40e
Bourges.....	68e	51e	73e	48e
Clermont....	189e	187e	109e	52e
Limoges.....	92e	93e	110e	52e
Rennes......	150e	115e	96e	80e
Progression.	25/100	3/100	2/100	14/100

Les études ecclésiastiques ont lieu dans les séminaires placés sous l'inspection de l'évêque ; il y en a un par diocèse, et quelquefois deux. Les élèves en théologie sont au nombre d'environ 13,000.

---

[1]. Les contingents du recrutement de l'armée, pour les trois années 1830, 1831, 1833, ont fourni un total de 864,048 hommes, sur lesquels il y en avait 40,324 qui ne savaient que lire, 381,283 qui savaient lire et écrire, 421,607 qui ne savaient ni lire ni écrire, et 20,834 dont on n'avait pu vérifier l'instruction.

[1]. Rapport fait en 1835 au conseil de la Société pour l'instruction élémentaire, par M. Boulay de la Meurthe.

L'enseignement supérieur appartient aux écoles dites Facultés. Il comprend l'étude de la théologie, du droit, de la médecine, des sciences et des lettres. Le nombre des étudiants qui fréquentent les cours était :

Facultés de droit.... en 1833.. 4,467
　　　　　　　　　　en 1834.. 4,897
　　　　　　　　　　en 1835.. 5,137
Facultés de médecine, en 1833.. 2,013
　　　　　　　　　　en 1834.. 2,446
　　　　　　　　　　en 1835.. 2,672

L'instruction secondaire est donnée dans cinq sortes d'établissements : dans les colléges royaux, dans les colléges communaux, dans quelques colléges particuliers, dans les institutions et dans les pensions. Cet enseignement comprend la connaissance de la langue française, de la langue latine, de la géographie, de l'histoire, de la philosophie, des mathématiques, de la physique, de la chimie et de l'histoire naturelle. Dans quelques établissements publics d'instruction, on suit encore des cours de mathématiques spéciales, de commerce, de législation commerciale, de dessin, de langues vivantes, etc. Les colléges n'avaient, en 1834, que 67,175 élèves; ils en avaient en 1835, 78,298.

Les colléges royaux sont entretenus aux frais de l'État; il y en a 46, dont 5 à Paris; savoir : *de première classe*, à Paris, Henri IV, Louis-le-Grand, Saint-Louis, Bourbon et Charlemagne; à Bordeaux, Lyon, Marseille, Rouen, Strasbourg, Versailles.—De *deuxième classe* : Amiens, Angers, Avignon, Besançon, Bourges, Caen, Dijon, Douai, Grenoble, Metz, Montpellier, Nancy, Nantes, Nîmes, Orléans, Reims, Rennes, Rodez, Toulouse. — De *troisième classe* : Cahors, Clermont, Limoges, Moulins, Pau, Poitiers, Pontivy, le Puy, Tournon, Tours.

Les colléges communaux sont aux frais des communes; leur nombre s'élève à plus de 300. Les institutions et les pensions sont des entreprises particulières : on en compte environ 1,300. Tous ces établissements publics d'instruction paient à l'Université un droit consistant dans le vingtième du prix de la pension de chaque élève.

Plusieurs grands établissements publics d'instruction contribuent puissamment à la propagation des sciences, des belles-lettres, des beaux-arts, de l'agriculture, et peuvent être regardés comme faisant partie de l'enseignement supérieur.

Au premier rang est l'Institut de France, formé par la réunion des académies française, des inscriptions et belles-lettres, des sciences, des beaux-arts, et des sciences morales et politiques : ces cinq académies comptent 215 membres titulaires, 35 académiciens libres, 31 associés et 216 correspondants. L'Institut n'est point un corps enseignant; mais il est le centre des connaissances humaines, il en entretient le goût et l'étude par ses concours, il en récompense les travaux par ses couronnes.

Des cours publics et gratuits sont faits régulièrement chaque année à Paris pour tous les genres d'instruction par des professeurs du premier mérite, au collége de France, au muséum d'histoire naturelle, à l'école des langues orientales, à la bibliothèque du roi et à celle des beaux-arts, au conservatoire des arts et métiers. Un grand nombre d'établissements sont encore spécialement destinés à l'enseignement particulier d'une branche quelconque de la science. Telles sont les suivants :

École normale.—Paris possède, rue Saint-Jacques, n° 115, une école normale, placée sous l'autorité immédiate du ministre et du conseil royal de l'instruction publique. Elle est destinée à former des professeurs dans les sciences et dans les lettres, pour les autres établissements de l'université de France. La pension y est gratuite, et les élèves, reçus au concours, sont considérés comme boursiers royaux. Les principales conditions d'admission sont 1° de n'avoir pas moins de 17, ni plus de 23 ans révolus au 1er janvier de l'année où on se présente; 2° d'avoir terminé ses études, y compris la philosophie, dans un collége royal ou dans un collége communal de plein exercice, et d'en produire les certificats, ainsi que des attestations de moralité, de bonne conduite, etc.; 3° d'avoir pris, avant d'entrer à l'école, le grade de bachelier ès lettres pour la section des lettres, et celui de bachelier ès sciences pour la section des sciences, et d'en représenter les diplômes et certificats avec une autorisation légalisée de ses père, mère, ou tuteur, pour contracter un engagement de dix années dans l'instruction publique. Le registre d'inscription est ouvert dans toutes les académies du royaume et au chef-lieu de l'école, du 15 juin au 15 juillet; le concours a lieu depuis le 5 au 10 août, également dans toutes les académies. Il consiste, pour la section des lettres, en compositions écrites sur toutes les parties de la rhétorique et de la philosophie, et en interrogations sur les objets divers de l'enseignement dans ces classes, dans celles d'histoire et d'humanités ; pour la section des sciences, en compositions de mathématiques et de physique; plus une dissertation française et une version latine, avec des interrogations correspondantes. Les élèves déclarés admissibles doivent en outre, dans les dix premiers jours de la rentrée de l'école, subir, devant les professeurs de l'établissement, un examen définitif, dont les résultats, comparés à ceux des premières épreuves, peuvent seuls assurer leur admission. Les cours s'ouvrent le 16 octobre, et la durée en est de trois années. Indépendamment des cours ou conférences de l'intérieur, les élèves de l'école normale suivent les cours publics des facultés des sciences et des lettres, du collége de France, du muséum d'histoire naturelle, etc.

Académie de médecine. — Cette académie a été créée par l'ordonnance royale du 20 décembre 1820, et organisée par celle du 28 octobre 1829. Elle est instituée spécialement pour répondre aux demandes du gouvernement sur tout ce qui intéresse la santé publique, et principalement sur les épidémies, les épizooties, les différents cas de médecine légale, la propagation de la vaccine, l'examen des remèdes nouveaux et des remèdes secrets, les eaux minérales naturelles ou factices. Elle est en outre chargée de continuer les travaux de la société royale de médecine et de l'académie royale de chirurgie.

L'académie est divisée en onze classes ou sections, savoir : 1° d'Anatomie et de Physiologie ; 2° de Pathologie médicale ; 3° de Pathologie chirurgicale ; 4° de Thérapeutique et d'Histoire naturelle médicale ; 5° de Médecine opératoire ; 6° d'Anatomie pathologique ; 7° d'Accouchements ; 8° d'Hygiène publique, Médecine légale et Police médicale ; 9° de Médecine vétérinaire ; 10° de Physique et Chimie médicales ; 11° de Pharmacie. Elle désigne elle-même les membres qui forment chacune de ces classes ou sections.

École polytechnique. — Cette école est placée par l'ordonnance du 30 octobre 1832 dans les attributions du ministre de la guerre ; elle est soumise à un régime militaire. Elle est destinée en général à répandre l'instruction des sciences mathématiques, de la physique, de la chimie et des arts graphiques. Son objet spécial est de fournir les élèves de l'école de l'artillerie de terre et de mer, du génie militaire, des ponts et chaussées, des mines, du génie maritime, des poudres et salpêtres, des ingénieurs hydrographes du corps royal d'état-major, partie de géodésie et des autres services publics qui peuvent exiger des connaissances étendues dans les sciences physiques et mathématiques, telles que l'enseignement même de ces sciences.

Les candidats à l'école polytechnique ne sont admis à l'école que par voie de concours. Les examens sont subis d'après un programme publié chaque année ; ce programme indique les conditions à remplir.

La durée du cours complet d'instruction est de deux années ; les élèves obtiennent cependant, dans le cas de maladie, l'autorisation de rester trois ans, mais jamais plus longtemps. Les élèves ne passent d'une année d'étude à l'autre, et ne parviennent aux écoles d'application qu'après avoir subi des examens sur toutes les parties de l'enseignement.

Chaque élève paie une pension annuelle de 1,000 francs, et subvient en outre aux frais de son habillement, ainsi que des livres et autres objets nécessaires à ses études.

Vingt-quatre places gratuites sont instituées en faveur des élèves peu aisés de l'école. De ces vingt-quatre places, qui peuvent être divisées en places à demi-pension, huit sont attribuées au département de l'intérieur, douze à celui de la guerre, et quatre à celui de la marine.

L'école polytechnique, créée au milieu des orages de la révolution, a fourni des hommes supérieurs pour tous les services publics : depuis sa création, aucun événement n'a honoré la France sans que quelqu'un des élèves de cette école n'y ait participé : les prodiges de l'arme du génie et de l'artillerie, dans les combats et les siéges ; les perfectionnements apportés dans tous les établissements militaires et civils ; les routes, les canaux, les ponts, sont partout des monuments de leur génie. Plusieurs d'entre eux dirigent aujourd'hui nos manufactures les plus importantes, et l'Institut compte parmi ses membres les plus distingués des savants sortis de cette école.

École d'artillerie et du génie à Metz. — Cette école, créée par arrêté du 12 vendémiaire an XI (4 août 1802), est destinée à former des officiers pour le service des corps royaux de l'artillerie et du génie. Les élèves qui la composent sont pris parmi ceux de l'école polytechnique reconnus admissibles dans les services publics, d'après l'examen ouvert à cet effet après le 1er octobre de chaque année, à cette dernière école, et qui détermine l'arme à laquelle ils sont destinés. Ils reçoivent, lors de leur admission, le brevet d'élève sous-lieutenant, dont on fait remonter la date au 1er octobre de l'année de leur sortie de l'école polytechnique. Les élèves sous-lieutenants de l'artillerie et du génie sont assujettis, à l'école d'application, au même régime d'instruction et de discipline, suivant la division à laquelle ils appartiennent. La durée des études est de deux ans, ou trois ans au plus ; au bout de ce temps, les élèves qui ont satisfait aux examens de sortie sont classés définitivement, suivant leur ordre de mérite, dans leur arme respective. Ils sont alors placés dans les corps de l'artillerie et du génie, *pour occuper les emplois de lieutenant réservés aux élèves par la loi du 14 avril 1832.* En conséquence du temps consacré par les élèves à leur instruction, il est reconnu à chacun d'eux quatre années d'études préliminaires, antérieurement à l'époque de leur admission à l'école d'application ; ces quatre années leur sont comptées comme service effectif, dans la liquidation de leur pension de retraite et pour l'admission dans l'ordre de la Légion d'honneur.

École militaire de Saint-Cyr.—Les élèves admis à l'école militaire de Saint-Cyr, à l'exception de deux qui, sortant de l'école de la Flèche sont aux frais du gouvernement, doivent payer 1500 francs de pension, non compris 750 fr. pour le trousseau, dont le devis est envoyé aux parents à l'époque de l'admission.

Nul ne peut se présenter au concours pour l'admission, s'il ne justifie qu'il est Français ou naturalisé.

Les candidats doivent être âgés de dix-huit ans au moins, et de vingt-quatre ans au plus, au 1er octobre de l'année du concours. Cependant les sous-officiers et soldats des corps réguliers peuvent être admis à concourir jusqu'à l'âge de 25 ans, pourvu qu'ils n'aient pas accompli cet âge avant le 1er janvier de l'année courante, et qu'ils aient au moins deux ans de service actif sous le drapeau au 1er octobre de la même année.

Les examens pour les places d'élèves pour l'école spéciale militaire sont ouverts à Paris et dans les principales villes du royaume, à la même époque que ceux de l'école polytechnique, et sont faits par les mêmes examinateurs. Le programme des connaissances exigées est publié, tous les ans, trois mois avant que cet examen ait lieu. Les jeunes gens qui désirent concourir pour l'admission à l'école spéciale militaire doivent se faire inscrire à la préfecture du département où leurs parents ou tuteurs ont leur domicile légal, avant le 10 juin, et déposer, 1° leur acte de naissance, revêtu des formalités prescrites par les lois ; 2° une déclaration signée d'un docteur en médecine, ou d'un docteur en chirurgie, attachés l'un et l'autre à un hospice ou hôpital civil et militaire, constatant que le jeune homme a eu la petite vérole ou a été vacciné, et qu'il n'a ni maladie contagieuse, ni infirmités qui le rendent impropre au service ; 3° un certificat du sous-préfet, visé par le préfet, constatant que les parents sont en état de payer la pension du jeune homme ; 4° un sous-seing privé dans lequel les parents contractent l'engagement de solder la pension de leur fils, par trimestre et d'avance, dans la caisse du receveur-général du département de Seine-et-Oise, et de subvenir à la dépense du trousseau. Les candidats ne peuvent être examinés que dans l'arrondissement où le domicile de leur famille est établi, ou dans celui où ils auront terminé leurs études.

Les résultats de tous les examens sont soumis à un jury, sur la proposition duquel le ministre secrétaire d'État de la guerre dresse le tableau des nominations et le présente à l'approbation du roi. Lorsque le roi a prononcé, des lettres de nomination sont adressées aux élèves reçus, avec l'indication de l'époque où ils doivent se présenter à l'école militaire de Saint-Cyr.

Les élèves ne sont reçus à l'école que sur la présentation d'un acte d'engagement volontaire contracté pour un régiment d'infanterie ou de cavalerie, suivant les formes et sous les conditions voulues par la loi du 21 mars 1832 sur le recrutement de l'armée, et l'ordonnance royale du 28 août de la même année.

Les élèves admis à l'école spéciale militaire y restent deux ans. A l'expiration des deux années, ils subissent un examen de sortie ; ceux qui ne satisfont pas à cet examen peuvent rester à l'école un an de plus, si des circonstances graves leur ont occasionné une suspension forcée de travail.

École royale de cavalerie de Saumur.— Cette école a été réorganisée par ordonnance du 10 mars 1825, pour former les instructeurs en chef des corps des troupes à cheval; instruire ceux des élèves de l'école spéciale militaire qui sont désignés pour la cavalerie, et créer une pépinière de sous-officiers instructeurs.

On admet à l'école royale de cavalerie : 1° un lieutenant par chaque régiment de cavalerie, d'artillerie ou escadron du train et des équipages militaires ; ces officiers sont tenus de suivre pendant deux ans les cours de l'école, et prennent, durant leur séjour, la dénomination de lieutenants d'instruction; 2° les élèves sortant de l'école spéciale militaire et destinés au service de la cavalerie. Ils prennent les noms d'officiers élèves de cavalerie. Après deux ans de séjour à l'école, ils sont placés comme sous-lieutenants dans les régiments ; 3° des jeunes gens, enrôlés volontairement ou tirés des régiments de cavalerie, qui, sous la dénomination de cavaliers élèves instructeurs, forment un corps de troupe, et sont, deux ans après, répartis dans les régiments comme sous-officiers instructeurs ; 4° comme élèves maréchaux-ferrants, des enrôlés volontaires ou des appelés; 5° enfin, comme élèves trompettes, des jeunes gens de l'âge de 14 à 18 ans, et plus spécialement des enfants de troupe.

École militaire de la Flèche. — C'est un collége militaire, institué en 1831, destiné à l'éducation des fils d'officiers sans fortune, et de préférence d'enfants orphelins. Le nombre d'élèves entretenus aux frais de l'État est de 300 à bourse entière, et de 100 à demi-bourse. On admet aussi des enfants payant pension : le prix de la pension est de 850 francs; celui de la demi-pension de 425. L'âge d'admission est de 10 à 12 ans.

Écoles vétérinaires. — Des écoles établies à Alfort, à Lyon et à Toulouse, sont destinées à former des vétérinaires. Tous les sujets de l'âge de 16 à 25 ans peuvent être admis au nombre des élèves, dont les uns sont aux frais des parents, les autres gratuits, titulaires de bourses entières et de demi-bourses.

La pension alimentaire est de 360 fr. par an, payables par trimestre et par avance : tous les élèves sont soumis au même régime, sont habillés de la même manière et reçoivent la même instruction.

L'époque d'entrée est fixée au 8 octobre de chaque année; nul ne peut être reçu que d'après une autorisation du ministre du commerce. Les sujets autorisés à se présenter ne prennent définitivement rang parmi les élèves qu'après avoir prouvé devant le jury d'examen, qu'ils réunissent les conditions requises, qui sont : de savoir lire et écrire correctement, et d'être en état de forger, en deux chaudes, un fer de cheval ou de bœuf.

Toute demande à l'effet d'obtenir l'autorisation d'entrer dans l'une des écoles vétérinaires doit être adressée, avant le 1er septembre de chaque année au plus tard, au ministre du commerce, avec l'acte de naissance du pétitionnaire, un certificat de bonne conduite, et une attestation constatant qu'il a été vacciné ou qu'il a eu la petite vérole.

Le gouvernement fait les frais de 120 bourses, dont une par département, à la nomination du ministre du commerce, sur la présentation du préfet, et trente-quatre à la nomination directe du même ministre. Ces bourses sont toutes divisées en demi-bourses. Pour qu'un élève obtienne une demi-bourse, il faut qu'il ait étudié pendant six mois au moins comme élève payant pension, et qu'il se soit fait remarquer par la régularité de sa conduite et par des succès dans ses études. L'élève titulaire d'une demi-bourse peut en obtenir une seconde, mais toujours comme récompense de sa conduite et de ses succès.

Le ministre de la guerre entretient à l'école d'Alfort quarante élèves militaires pour le service des corps de troupes à cheval.

Les élèves qui, après quatre années d'études, sont reconnus en état d'exercer l'art vétérinaire, reçoivent un diplôme de vétérinaire, dont la rétribution est fixée à 100 fr.

Les écoles vétérinaires possèdent des hôpitaux où sont reçus et traités tous les animaux malades. Les propriétaires de ces animaux n'ont à payer que la pension alimentaire, dont le prix est fixé chaque année.

Institution des jeunes aveugles. — Cette institution, située à Paris, rue Saint-Victor, n° 68, est consacrée à l'instruction de soixante jeunes garçons et de trente filles aveugles, qui sont entretenus gratuitement pendant huit années aux frais de l'État ; elle fut créée par Louis XVI en 1791. M. Valentin Haüy, qui avait formé en France un établissement pour l'éducation des aveugles, en fut le premier instituteur. Les demandes en admissions gratuites sont adressées au ministre de l'intérieur, et doivent être accompagnées : 1° de l'extrait de naissance de l'élève proposé, qui ne doit avoir, aux termes des règlements, ni moins de dix ans, ni plus de quatorze ; 2° de l'extrait de baptême ; 3° d'un certificat de médecin ou d'un chirurgien, dûment légalisé, constatant que l'enfant est frappé de cécité totale, qu'il n'a point de maladies contagieuses, qu'il n'est point en idiotisme ; 4° d'un certificat de vaccine ou de petite vérole ; 5° enfin d'un certificat de bonne conduite et d'indigence, délivré par le maire ou le curé de la paroisse qu'habitent les parents. Indépendamment des élèves gratuits, on admet dans l'institution des élèves payants. On traite du prix et des conditions de la pension avec le directeur, qui en rend compte au conseil d'administration. La maison est gouvernée par une administration bienfaisante, composée de sept membres nommés par le ministre.

Institution des sourds-muets. Cette institution, située à Paris, rue Saint-Jacques, n° 256, est sous la surveillance immédiate du ministre de l'intérieur ; elle est administrée par un conseil gratuit et honoraire, composé de sept membres.

Le nombre des élèves aux frais de l'État est fixé à 100, dont 80 à places entièrement gratuites, 10 à demi-bourse, et 10 à trois quarts de bourse.

Pour être admis dans l'institution, il faut avoir dix ans et pas plus de quinze, produire l'acte de naissance, l'extrait baptistaire, le certificat de vaccine, le certificat d'indigence, celui de l'infirmité : toutes ces pièces dûment légalisées. L'enfant, à son entrée, est examiné par le médecin de l'établissement.

Le ministre de l'intérieur nomme aux places vacantes pour moitié, et les administrateurs pour l'autre moitié.

La durée des études y est de six ans ; on y met les élèves en possession de tous les bienfaits de la morale et de la religion, et dans le cas de satisfaire aux besoins des communications sociales ; ils y sont exercés à l'art d'articuler la parole et de la lire sur les lèvres de celui qui parle.

Des ateliers sont établis pour les enfants qui, d'après la condition et le vœu de leurs parents, sont destinés à les fréquenter, et à y trouver des moyens d'existence. Ceux des élèves que leurs parents destinent à une profession plus libérale, sont exercés, pendant le temps consacré au travail dans les ateliers, aux études spéciales qui y ont le plus de rapport.

Une partie de l'institution est affectée au logement des filles, qui y reçoivent, des dames professeurs, la même instruction que les garçons, et qui y sont exercées aux ouvrages de leur sexe et aux soins de l'économie domestique.

Le prix de la pension pour un élève de l'un et l'autre sexe est fixé à 900 fr.

Il faut encore ajouter à ces établissements généraux d'instruction : l'école des chartes ; l'école spéciale des langues orientales vivantes, où l'on enseigne l'arabe vulgaire, l'arabe littéral, le persan, le turc, l'arménien, le grec moderne, et l'hindoustani ; l'école des ponts et chaussées ; l'école des ingénieurs géographes ; l'école des mines de Paris, qui possède un cabinet complet de la minéralogie de la France ; l'école des mineurs de Saint-Étienne ; l'école de chant et de déclamation ; l'école des beaux-arts (à Paris et à Rome) ; l'école de mathématiques et de dessin ; des écoles particulières de commerce et d'industrie ; l'école forestière de Nancy ; les écoles d'agriculture de Roville et de Grignon ; les écoles des arts et métiers de Châlons et d'Angers ; l'école spéciale d'état-major ; l'école du génie maritime à Brest ; l'école de maistrance de Toulon, etc., etc.

Plusieurs académies et un grand nombre de sociétés savantes concourent à la propagation des sciences, des arts et de l'agriculture. Telles sont à Paris : le bureau des longitudes, chargé de la publication des observations astronomiques et météorologiques, de la connaissance des temps et du perfectionnement des tables astronomiques ; l'académie royale de médecine ; les écoles de chirurgie et de pharmacie ; les sociétés de phrénologie et de chimie médicale ; la société royale des antiquaires de France ; la société asiatique ; les sociétés de statistique, de géographie, de géologie, des sciences physiques et chimiques, des sciences naturelles, entomologiques ; la société royale d'agriculture ; la société d'horticulture ; la société d'œnologie ; l'Athénée ; la société biblique ; la société pour l'émancipation intellectuelle ; la société pour l'instruction élémentaire ; la société d'encouragement pour l'industrie nationale ; la société des amis des arts ; la société libre des beaux-arts ; la société philomatique, etc., etc., etc. Parmi les sociétés savantes les plus remarquables des départements, nous citerons les académies des sciences de Bordeaux, Dijon, Besançon, Mâcon, Rouen ; l'académie des jeux floraux de Toulouse; la société académique de Nantes; la société des antiquaires de Normandie, etc., etc., etc.

Cent quatre-vingt-douze villes, disséminées dans quatre-vingt-cinq départements, non compris celui de la Seine, possèdent des bibliothèques publiques; les plus importantes sont celles : de Bordeaux, 115,000 volumes; d'Aix, 75,000; Besançon, 56,000; Troyes, 50,000; Versailles, 45,000; Amiens, 42,000; Dijon, 40,000; Caen, 40,000; Chartres, 40,000; Marseille, 35,000; Rouen, 25,000; la bibliothèque remarquable de Carpentras, 24,000 volumes. — Huit cent vingt-deux villes de 3,000 à 18,000 âmes sont entièrement privées de bibliothèques publiques. Les cent quatre-vingt-douze villes qui jouissent d'établissements de ce genre réunissent à elles toutes deux ou trois millions de volumes, qui, comparés à la population totale des quatre-vingt-cinq départements, donnent un volume pour quinze habitants. La ville de Paris possède dans ses bibliothèques publiques 1,378,000 volumes, ou trois volumes pour deux habitants.

Le personnel de l'instruction publique se compose de :

Inspecteurs généraux	12
Recteurs	25
Inspecteurs	50
Professeurs des facultés de droit	106
Id. des facultés de médecine	61
Agrégés desdites facultés	49
Professeurs des facultés de théologie catholique	18
Id. de théologie protestante	14
Id. des facultés des sciences	60
Id. des facultés des lettres	43
Id. du collège de France	24
Id. au muséum d'hist. naturelle	13
Id. de langues orientales	7
Id. d'archéologie	1
Id. de l'école des chartres	2

ORGANISATION POLITIQUE.

Aux termes de la charte de 1814, modifiée en 1830, la France est une monarchie constitutionnelle.

Le roi est le chef suprême de l'État; sa personne est inviolable et sacrée.

La justice se rend en son nom. Les juges qu'il institue sont inamovibles.

Il a seul la puissance exécutive; il sanctionne et promulgue les lois, mais il ne peut ni les faire ni les suspendre.

La puissance législative s'exerce collectivement par le roi, la chambre des pairs et la chambre des députés.

Le roi nomme les pairs, qu'il doit choisir dans les catégories déterminées par la loi; ils sont à vie, et le nombre en est illimité.

Les colléges électoraux nomment les députés pour cinq ans; leur nombre est de 449.

Pour être député, il faut être Français, avoir 30 ans, et payer 500 fr. de contributions.

Pour être électeur, il faut être Français, avoir 25 ans, et payer 200 fr. de contribution.

Leur nombre est en ce moment (1834) de 193,660.

Le roi nomme des ministres, qu'il charge de l'exécution des lois. Ils sont responsables, et peuvent être traduits en jugement. Alors la chambre des députés les accuse, et celle des pairs les juge.

Le roi, à son avénement au trône, jure, en présence des chambres réunies, le maintien de la charte constitutionnelle.

Il a le droit de faire grâce et de commuer les peines.

Les Français sont égaux devant la loi, quels que soient d'ailleurs leurs titres et leurs rangs; ils sont tous admissibles aux emplois civils et militaires.

Ils contribuent indistinctement, dans la proportion de leur fortune, aux charges de l'État.

Chacun professe sa religion avec une entière liberté.

Aucun impôt ne peut être établi ni perçu s'il n'a été consenti par les deux chambres, et sanctionné par le roi. L'impôt foncier n'est consenti que pour un an.

Aucune loi n'a ce caractère si elle n'a été discutée et votée librement par la majorité des deux chambres.

Le roi convoque chaque année les deux chambres. Il les proroge et peut dissoudre celle des députés; mais, dans ce cas, il doit en convoquer une nouvelle dans le délai de trois mois.

ORGANISATION ADMINISTRATIVE.

La France est divisée en 86 départements, 363 arrondissements et 2,834 cantons, renfermant 37,187 communes.

Les ministres, chacun dans le département qui lui est attribué, sont les premiers administrateurs de l'État.

Près des ministres est placé le conseil

l'État, comme conseil consultatif. Ce conseil est divisé en autant de comités qu'il y de ministères.

Chaque département est administré par n préfet dont le traitement est proportionné l'étendue et à la population de sa juridicon ; les traitements de préfet varient de 0 à 40,000 fr. ; le seul préfet de la Seine çoit 100,000 fr. A chaque préfecture sont ttachés des conseillers de préfecture, rétriués par l'État.

Le conseil de préfecture, dont les attriutions sont tout à la fois contentieuses et dministratives, prononce :

1° Sur les demandes des particuliers, tenant à obtenir la décharge ou la réduction le leur cote de contributions directes ;

2° Sur les difficultés qui peuvent s'élever ntre les entrepreneurs de travaux publics t l'administration, concernant le sens ou exécution des clauses de leurs marchés ;

3° Sur les réclamations des particuliers ui se plaignent de torts et dommages proédant du fait personnel des entrepreneurs, non du fait de l'administration ;

4° Sur les demandes et contestations conrnant les indemnités dues aux particuliers raison des terrains pris ou fouillés pour la nfection des chemins, canaux et autres vrages publics, sauf les cas prévus par la i du 18 mars 1810 ;

5° Sur les difficultés qui peuvent s'élever matière de grande voirie ;

6° Sur les demandes qui sont présentées r les communautés des villes, bourgs ou llages, pour être autorisées à plaider ;

7° Sur le contentieux des domaines namaux ;

8° Sur les contestations relatives à la perption des droits de navigation ;

9° Sur celles relatives à l'exécution du glement concernant les ponts à bascule ;

10° Sur les usurpations de biens communx et sur les contestations relatives à l'ocpation de ces biens ;

11° Sur toutes les difficultés et réclamans relatives aux contributions ;

12° Sur les contraventions en matière de nde voirie ;

13° Sur les contestations élevées entre s conseils d'administration des corps et les bricants, au sujet de la fourniture des raps destinés à l'habillement des troupes ;

14° Enfin, sur tous les faits dont la conaissance lui est spécialement attribuée par s lois.

Les comptes des receveurs des communes des établissements publics, qui ne doivent pas être soumis à la cour des comptes, sont réglés par le préfet en conseil de préfecture.

Les acquisitions, aliénations et échanges, ayant pour objet des chemins communaux, sont autorisés par le préfet en conseil de préfecture.

Les réclamations contre la teneur des listes électorales du jury, et des listes des électeurs communaux, sont jugées par le préfet en conseil de préfecture.

Le préfet statue, en conseil de préfecture, sur les demandes d'indemnité formées par les anciens propriétaires qui ont été dépossédés en exécution des lois sur les émigrés, les déportés et les condamnés révolutionnairement.

Chaque arrondissement est administré par un sous-préfet, subordonné au préfet du département, dont le traitement est de 4000 f.

Les cantons n'ont point de fonctionnaires administratifs.

Il y a un conseil général par département, composé par autant de membres qu'il existe de cantons, sans cependant pouvoir excéder le nombre de trente. Ce conseil s'assemble chaque année ; l'époque de sa réunion est déterminée par ordonnance du roi ; la durée de sa session ne peut excéder quinze jours ; il nomme un de ses membres pour président, un autre pour secrétaire. Il fait la répartition des contributions directes entre les arrondissements, statue sur les demandes en réduction, faites par les conseils d'arrondissements, villes, bourgs et villages ; il détermine, dans les limites de la loi, le nombre de centimes additionnels dont l'imposition est demandée pour les dépenses du département ; il entend le compte annuel que le préfet rend de l'emploi des centimes additionnels qui ont été destinés à ses dépenses ; il exprime son opinion sur l'état et les besoins du département, et l'adresse au ministre de l'intérieur.—Un conseil d'arrondissement, qui ne peut être de moins de neuf personnes, a à peu près les mêmes attributions auprès du sous-préfet.

Les membres des conseils généraux de département et d'arrondissement sont nommés par les colléges électoraux.

Chaque commune a un maire, assisté d'un ou de plusieurs adjoints, et un conseil municipal appelé à délibérer sur tous les intérêts de la commune. Les fonctions de maire sont gratuites.

Les conseillers municipaux sont élus par l'assemblée des électeurs communaux. Sont électeurs communaux : 1° les citoyens les plus imposés aux rôles des contributions directes de la commune, âgés de vingt-un ans accomplis, dans les proportions suivantes : Pour les communes de mille âmes et au-dessous, un nombre égal au dixième de la population de la commune : ce nombre s'accroît de cinq par cent habitants en sus de mille jusqu'à cinq mille; de quatre par cent habitants en sus de cinq mille jusqu'à quinze mille; de trois par cent habitants au-dessus de quinze mille. 2° Les membres des cours et tribunaux, les juges de paix et leurs suppléants; les membres des chambres de commerce, des conseils de manufactures, des conseils de prud'hommes; les membres des commissions administratives des colléges, des hospices et des bureaux de bienfaisance; les officiers de la garde nationale; les membres et correspondants de l'Institut; les membres des sociétés savantes, instituées ou autorisées par la loi; les docteurs de l'une ou de plusieurs des facultés de droit, de médecine, des sciences, des lettres, après trois ans de domicile réel dans la commune; les avocats inscrits au tableau, les avoués près les cours et tribunaux, les notaires; les licenciés de l'une des facultés de droit, des sciences, des lettres, chargés de l'enseignement de quelqu'une des matières appartenant à la faculté où ils ont pris leur licence : les uns et les autres, après cinq ans d'exercice et de domicile réel dans la commune; les anciens fonctionnaires de l'ordre administratif et judiciaire, jouissant d'une pension de retraite; les employés des administrations civiles et militaires, jouissant d'une pension de retraite de six cents francs et au-dessus; les élèves de l'école polytechnique, qui ont été, à leur sortie, déclarés admis et admissibles dans les services publics, après deux ans de domicile réel dans la commune (toutefois, les officiers appelés à jouir du droit électoral, en qualité d'anciens élèves de l'école polytechnique, ne peuvent l'exercer dans les communes où ils se trouvent en garnison, qu'autant qu'ils y auraient acquis leur domicile civil et politique avant de faire partie de la garnison); les officiers de terre et de mer, jouissant d'une pension de retraite; les citoyens appelés à voter aux élections des membres de la chambre des députés, ou des conseils généraux des départements, quel que soit le taux de leur contribution dans leur commune.

Les maires et leurs adjoints sont nommés, ni les membres du conseil municipal, par le roi, dans les communes qui ont trois mille habitants et au-dessus, et dans les chefs-lieux d'arrondissement; et par le préfet, au nom du roi, dans les autres communes. Les conseils municipaux se réunissent quatre fois par an : au commencement des mois de février, mai, août et novembre. Chaque session peut durer dix jours. Des réunions extraordinaires et pour un objet spécial, peuvent avoir lieu lorsqu'elles sont autorisées par le préfet. Le maire préside le conseil municipal; en cas d'absence ou d'empêchement, l'adjoint le remplace. Un conseil municipal ne peut valablement délibérer s'il n'y a au moins la moitié des membres présents.

ORGANISATION JUDICIAIRE.

Tous les Français sont égaux devant la loi, quel que soit le rang qu'ils tiennent dans l'État; la France n'a qu'une même juridiction, un même juge, une même loi.

TRIBUNAUX CIVILS.

Il y a sept espèces de juridictions civiles, savoir : les justices de paix, les tribunaux de première instance ou d'arrondissement, les conseils de prud'hommes, les tribunaux de commerce, les tribunaux administratifs, les cours royales et la cour de cassation. En matière criminelle, il y a les tribunaux de simple police, les tribunaux correctionnels, les cours d'assises, les conseils de guerre, les tribunaux maritimes, la cour de cassation, et la cour des pairs, qui connaît des crimes de haute trahison.

Justice de paix. — Dans chaque canton il y a un juge de paix et deux suppléants. Les juges de paix sont nommés par le roi sans limitation de la durée des fonctions, ainsi que les deux suppléants qui le remplacent. Les attributions des juges de paix sont judiciaires, ou extra-judiciaires, ou conciliatrices. Comme juges, ils connaissent des causes purement personnelles et mobilières jusqu'à la valeur de 50 fr., et à la charge d'appel jusqu'à 100 fr.; ils connaissent de même sans appel jusqu'à la valeur de 50 fr., et à la charge d'appel, à quelque somme que la demande puisse monter, des actions civiles pour dommages faits aux champs, des réparations locatives, du payement du salaire des domestiques, etc. — Comme conciliateurs, les juges de paix entendent les parties, les invitent à se concilier, et tâchent de leur en indiquer les moyens.—Les fonctions extra-judiciaires des juges de paix consistent dans la délivrance des actes de notoriété nécessaires pour la célébration du mariage, en cas d'impossibilité de se procurer ces actes; la rédaction des actes d'adoption et d'émancipation, la convocation et la présidence des conseils de famille, la formation du jury de révision de la garde nationale, etc., etc.

Tribunaux de première instance. — Ces tribunaux, composés de magistrats inamovibles, sont établis dans chaque arrondissement communal. Ils prononcent sur les appels des jugements rendus par les juges de paix. Ils jugent en première instance et en dernier ressort toutes les affaires personnelles et mobilières, jusqu'à la valeur de 1,000 fr., et les affaires réelles dont l'objet principal est de 50 fr., ou au-dessous, de revenu déterminé, soit en rente, soit en prix de bail; enfin, toutes les affaires réelles, personnelles ou mixtes, à quelque somme ou valeur que l'objet de la contestation puisse s'élever, si les parties y donnent d'avance leur consentement. Ils jugent, à la charge d'appel, toutes les autres affaires civiles. Dans les arrondissements où il n'y a point de tribunaux de commerce, ils jugent en outre les affaires commerciales, en premier et en dernier ressort, suivant les proportions ci-dessus établies. A chaque tribunal de première instance sont attachés un procureur du roi et au moins un substitut.

Il y a en France 1 tribunal de 42 juges et 20 suppléants (celui de Paris), 4 tribunaux de 12 juges, 2 de 10 juges, 58 de 9 juges, 2 de 8 juges, 13 de 7 juges, 49 de 4 juges, et 223 de 3 juges.

La totalité des tribunaux de première instance a expédié 121,155 affaires en 1832, et 120,492 en 1833.

Conseils de prud'hommes. — Ces conseils sont établis dans les principales villes manufacturières. Ils connaissent de toutes les contestations qui ont lieu entre les manufacturiers, les fabricants, les chefs d'ateliers et les ouvriers qu'ils emploient. La police des ateliers est de leur ressort. Les membres de ces conseils sont élus dans une assemblée générale des principaux commerçants, présidée par le préfet.

Tribunaux de commerce.—Les tribunaux de commerce sont composés de juges et de juges suppléants élus par les notables commerçants, et d'un greffier. Chaque tribunal est composé d'un président, de deux juges au moins et de huit au plus; celui de Paris a 9 juges et 16 suppléants.

Les tribunaux de commerce connaissent de toutes contestations relatives aux engagements et transactions entre négociants, marchands et banquiers, pour affaires commerciales; et entre toutes personnes, des contestations relatives aux actes de commerce. La loi définit quels sont les actes réputés actes de commerce.

Tribunaux administratifs.—On comprend sous cette dénomination le conseil d'État, les conseils de préfecture et la cour des comptes.

Le conseil d'État, dont l'existence, avec ses membres amovibles, est une institution légale et utile, considéré comme conseil du roi et des ministres, est, comme tribunal prononçant sur des questions contentieuses, souverainement inconstitutionnel, et ne présente point aux justiciables des garanties suffisantes. Toutefois, en théorie, ce n'est pas le conseil d'État qui juge; il donne son avis, qui ne devient décision que par la signature du roi, apposée à l'acte rédigé en forme d'ordonnance. C'est donc le roi qui juge, et cet usage de son autorité, quelque différence que l'on ait cherché à établir entre la justice des tribunaux et celle de l'administration, nous paraît impossible à concilier avec le principe fondamental de la séparation des pouvoirs.—Le conseil d'État juge tantôt en premier et dernier ressort, tantôt comme tribunal d'appel seulement. Il embrasse dans ses attributions comme tribunal, toutes les affaires administratives contentieuses où la propriété n'est point en litige comme question principale, auquel cas les tribunaux ordinaires doivent prononcer.

Les conseils de préfecture ont été créés par une loi du 28 pluviôse an VIII, qui leur remit la juridiction administrative contentieuse. Quoique portant le nom de simples conseils, ils n'en sont pas moins de véritables tribunaux, lorsqu'ils prononcent sur un litige; il en est autrement lorsque la loi ne leur demande qu'un simple avis. Ainsi, ils agissent en une double qualité, et ils ont deux ordres distincts d'attributions. La présence de trois membres est nécessaire; les arrêtés délibérés par deux conseillers de préfecture seulement sont nuls.

La cour des comptes, séante à Paris, a été organisée par une loi du 16 septembre

1807 ; elle est composée d'un premier président, de trois présidents, de dix-huit maîtres des comptes, et d'un nombre indéterminé de référendaires tous inamovibles. Elle est chargée du jugement des comptes, des recettes du trésor, des receveurs généraux de département et des régies et administration des contributions indirectes, des dépenses du trésor, des payeurs d'armées, des divisions militaires, des arrondissements maritimes et des départements, des recettes et dépenses des fonds et revenus spécialement affectés aux dépenses des départements et des communes, dont les budgets sont arrêtés par le chef du gouvernement.

Au nombre des autres tribunaux administratifs, nous nous bornerons à mentionner les tribunaux chargés de juger en matière de prises maritimes, les commissions de liquidation, les commissions spéciales de travaux publics, les conseils de révision en matière de recrutement, etc.

Cours royales. — Il y a en France vingt-sept cours royales, qui embrassent dans leur ressort un certain nombre de tribunaux de première instance. Elles siègent dans les villes suivantes : Agen, Aix, Ajaccio, Amiens, Angers, Besançon, Bordeaux, Bourges, Caen, Colmar, Dijon, Douay, Grenoble, Limoges, Lyon, Metz, Montpellier, Nancy, Nîmes, Orléans, Paris, Pau, Poitiers, Rennes, Riom, Rouen et Toulouse.

Les cours royales sont composées d'un premier président, de trois, quatre ou cinq présidents, d'un procureur général, d'un certain nombre d'avocats généraux, et de vingt à soixante conseillers. Elles prononcent, 1° sur les appels des jugements civils et par ceux de commerce ; 2° sur ceux rendus en premier ressort par les tribunaux des jugements arbitraux quand ils sont sujets à l'appel ; 3° sur ceux des ordonnances de référé. Elles connaissent encore de la réhabilitation des faillis, des prises à partie, et des fautes de discipline des officiers ministériels qui leur sont attachés. Les cours royales ne sont des tribunaux que d'appel, et il y aurait en général excès de pouvoir de leur part, si elles se permettaient de prononcer sur un chef de demande qui n'aurait pas déjà reçu jugement.

Les cours royales ont été saisies en 1832 de 10,388 affaires civiles et de 11,311 en 1833. Il a été rendu en 1832, 5,301 arrêts confirmatifs et 2,465 arrêts infirmatifs ; et, en 1833, 5,470 de la première espèce, et 2,617 de la seconde. En 1833 le nombre des appels de justices de paix s'est élevé à 3,115.

Les chambres de mise en accusation des cours royales ont rendu 6,456 arrêts, dont 8 contenant déclaration d'incompétence ; 729 portant qu'il n'y a lieu à suivre, et 5,719 ordonnant le renvoi des inculpés, dont 5,433 affaires devant les cours d'assises, et dont 282 devant les tribunaux de police correctionnelle ou de simple police.

Cour de cassation. — La cour de cassation, séante à Paris, est un tribunal suprême chargé de maintenir l'unité de jurisprudence. Sa juridiction s'étend sur tous les tribunaux ordinaires, civils ou criminels, et sur les tribunaux extraordinaires lorsque leurs décisions sont attaquées pour cause d'incompétence.

La cour de cassation a droit de censure et de discipline sur les cours royales ; elle peut, pour causes graves, suspendre les juges de leurs fonctions, ou les mander près du ministre de la justice, pour y rendre compte de leur conduite.

La cour de cassation est composée d'un premier président, de trois présidents, de quarante-cinq conseillers, qui sont inamovibles.

La cour de cassation remplit l'office que faisait autrefois le conseil des parties ; elle confirme ou annulle les arrêts ou jugements en dernier ressort. Elle n'est point un troisième degré de juridiction, elle n'a jamais à connaître du fond des affaires dans les décisions qui lui sont déférées ; et elle n'est chargée que de faire respecter la loi violée ou mal appliquée ; n'étant ainsi aux plaideurs qu'une garantie contre l'erreur ou l'ignorance de leurs juges. Quand la cour de cassation annulle un jugement, elle remet les parties au même état qu'elles étaient auparavant, et renvoie l'affaire pour être statué au fond devant le tribunal ou la cour qui en doit connaître.

Elle est divisée en trois sections dont la compétence diffère :

1° La section des requêtes prononce sur l'admission ou le rejet des demandes en cassation dans les matières civiles ; sur l'admission ou le rejet des demandes en prise à partie formées hors des cas où la connaissance appartient aux cours royales ; des demandes en règlement de juges, quand le conflit s'élève entre deux cours royales, ou entre deux tribunaux de première instance qui ne ressortissent pas à la même cour ; enfin des demandes en renvoi pour cause de sûreté publique et suspicion légitime.

2° La section civile juge définitivement

les demandes en cassation qui ont été admises par la section des requêtes; celles qui lui sont déférées d'office en matière civile par le procureur général; enfin, les demandes en prise à partie dont la section des requêtes a prononcé l'admission.

3° La section criminelle connaît de tous les pourvois qui ont pour objet des jugements en dernier ressort rendus par les tribunaux criminels, quels qu'ils soient.

La cour de cassation, section criminelle, a rendu en 1833, 1,782 arrêts définitifs, savoir:

En matière criminelle	881
En matière correctionnelle	321
En matière de simple police	133
En matière de garde nationale	384
Sur des demandes de règlement de juges	56
Sur des demandes en renvoi devant d'autres juges	7
Total	1,782

481 de ces arrêts ont cassé les décisions attaquées.

La cour de cassation a été saisie en 1832 de 570 pourvois en matière civile, parmi lesquels 416 appartiennent aux cours royales de France, 16 à celles des colonies, 133 aux tribunaux de première instance et 5 aux tribunaux de commerce. Les justices de paix n'en ont fourni aucun. La chambre des requêtes a prononcé 508 arrêts, dont 225 d'admission, et 283 de rejet. La chambre civile en a prononcé 129, dont 78 de cassation et 51 de rejet. Sur les 508 arrêts rendus par la chambre des requêtes, 389 s'appliquent à des pourvois formés contre des arrêts de cours royales, et 104 à des pouvoirs formés contre des jugements de tribunaux de première instance. Dans les 389 arrêts rendus sur des décisions de cours royales, il y a 153 admissions et 236 rejets; dans les 104 arrêts rendus sur des jugements de tribunaux de première instance, il y a 65 admissions et 39 rejets. Sur les 129 arrêts rendus par la chambre civile, 93 s'appliquent aux cours royales et 36 aux tribunaux de première instance. Sur les arrêts de cours royales, il y a eu 50 arrêts de cassation et 40 de rejet, et, sur les jugements des tribunaux de première instance, 36 arrêts de cassation et 10 de rejet.

En 1833, la chambre des requêtes de la cour de cassation a rendu 482 arrêts, tant de rejet que d'admission, et la chambre civile 166 arrêts de rejet ou de cassation [1].

TRIBUNAUX CRIMINELS.

Tribunaux de simple police. Le tribunal de police est occupé par le juge de paix ou par le maire. Le juge de paix connaît exclusivement, 1° des contraventions commises dans l'étendue de la commune chef-lieu du canton; 2° des contraventions dans les autres communes de son arrondissement, lorsque, hors le cas où les coupables auront été pris en flagrant délit, les contraventions auront été commises par des personnes non domiciliées ou non présentes dans la commune, ou lorsque les témoins qui doivent déposer n'y sont pas résidants ou présents; 3° des contraventions à raison desquelles la partie qui réclame conclut pour ses dommages-intérêts à une somme indéterminée, ou à une somme excédant quinze francs; 4° des contraventions forestières poursuivies à la requête des particuliers; 5° des injures verbales; 6° de l'action contre les gens qui font métier de deviner et pronostiquer ou d'expliquer les songes.

Les maires devraient connaître, concurremment avec les juges de paix, de toutes autres contraventions commises dans leur commune; mais leur juridiction n'est pas organisée.

Les tribunaux de simple police ont jugé en 1833, 113,291 procès, où se trouvaient impliqués 150,157 individus. Sur ce nombre, 24,830 ont été acquittés, 5,149 ont été condamnés à l'emprisonnement, et 119,082 à l'amende.

Tribunaux correctionnels. — Les tribunaux de première instance ont des attributions relatives à l'instruction des affaires criminelles en général, et au jugement des affaires correctionnelles en premier ressort, ainsi que des appels des jugements de simple police. Un de leurs membres, nommé par le roi pour trois ans, dirige l'instruction, sans perdre séance au jugement des affaires civiles. Il y a au moins un juge d'instruction dans chaque arrondissement.

Appelés à prononcer sur le rapport du juge d'instruction, les tribunaux de première instance ne peuvent le faire qu'au

---

[1]. Compte général de l'administration de la justice civile et commerciale en France, en 1831, 1832 et 1833.

nombre de trois juges; et, dans ce cas, ils se bornent ou à faire remettre le prévenu en liberté, ou à le renvoyer soit devant la section chargée de statuer sur sa culpabilité, soit devant la chambre des mises en accusation, dont il sera ci-après parlé.

Constitués en tribunaux correctionnels, ils prononcent, au nombre de trois juges, sur les délits ou infractions que la loi punit de peines correctionnelles. Les peines en matière correctionnelle sont : l'emprisonnement à temps dans un lieu de correction; l'interdiction à temps de certains droits civiques, civils ou de famille; l'amende.

Les tribunaux civils des chefs-lieux de département où ne siège pas une cour royale, sont juges d'appel des jugements correctionnels rendus par les tribunaux d'arrondissement; les jugements des tribunaux de chef-lieu de département sont déférés au tribunal du chef-lieu voisin, sans qu'il y ait réciprocité.

134,053 affaires ont été soumises en 1833 à la juridiction correctionnelle, et 203,814 prévenus y étaient impliqués (11,232 affaires et 15,921 prévenus de moins qu'en 1832). Parmi les prévenus figuraient 47,373 femmes. — 26,722 prévenus ont été acquittés, et 177,092 ont été condamnés, savoir :

A l'emprisonnement d'un an et plus................	5,091
A l'emprisonnement de moins d'un an...............	26,787
A l'amende seulement......	144,753
A la surveillance seulement..	67
A être détenus par voie de correction (enfants)........	388
A démolir les constructions situées trop près des forêts..	6
Total...	177,092

Il y a eu appel dans 5,824 affaires relatives à 8,251 prévenus. 3,146 jugements ont été confirmés et 2,678 infirmés en tout ou en partie. Par suite des décisions des cours et tribunaux d'appel, le sort de 1,468 prévenus s'est trouvé aggravé, tandis que 2,065 ont obtenu, au contraire, soit une diminution de peine, soit l'annulation des condamnations prononcées contre eux en première instance.

Parmi les 203,814 individus jugés correctionnellement, 8,450 se trouvaient en récidive.

Cours d'assises. — Les cours d'assises sont des tribunaux composés d'un jury qui déclare le fait, et de magistrats qui appliquent la loi, prononcent la peine ou l'acquittement; elles sont chargées de statuer sur les crimes et sur les délits politiques.

Le jury se compose de citoyens âgés de trente ans, portés sur les listes électorales et du jury, savoir : les censitaires payant 200 fr. de contributions directes; les fonctionnaires nommés par le roi et exerçant des fonctions gratuites; les officiers des armées de terre et de mer en retraite, jouissant d'une pension de douze cents francs au moins; les docteurs et licenciés des facultés de droit, des sciences et des lettres, les docteurs en médecine, les membres et correspondants de l'Institut, etc. La cour d'assises est présidée par un conseiller à la cour royale, délégué à cet effet, et assisté de deux autres conseillers, ou juges du tribunal de première instance, si la cour d'assises ne siège pas au chef-lieu de la cour royale.

Le jugement de la cour d'assises est sans appel, il ne peut être détruit que par la cour de cassation pour vice de forme.

Les listes générales du jury, d'où ont été extraites les listes partielles pour le service des assises en 1833, comprenaient 187,921 citoyens. En retranchant de ce total 775 électeurs qui ont été doublement inscrits dans le département où ils ont leur domicile politique, et dans celui où ils résident, et 4,516 autres électeurs qui n'auraient pas atteint l'âge nécessaire pour faire partie du jury, il reste 182,630 jurés qui ont été portés sur les listes aux titres suivants :

Électeurs...............	164,411
Fonctionnaires nommés à des fonctions gratuites.......	847
Officiers en retraite jouissant d'une pension de 1,200 fr. au moins...............	4,370
Docteurs et licenciés des facultés...............	3,209
Docteurs en médecine......	3,566
Membres et correspondants de l'Institut et des autres sociétés savantes...........	291
Notaires................	4,780
Plus imposés après les électeurs	1,156
Total.....	182,630

En 1833, les cours d'assises ont statué contradictoirement sur 5,004 accusations, dont 113 avaient pour objet des crimes causés par les troubles politiques, et 4,891 des affaires ordinaires. Sur ce dernier nombre, 1,414 accusations avaient pour objet des crimes contre les personnes, et 3,477 des crimes contre les propriétés.

La totalité des accusés est de 6,964 (601 de moins qu'en 1832); ainsi le rapport des accusés avec la population est de 1 sur 4,674 hab. (Il était de 1 sur 4,304 en 1832.) Les départements de la Creuse, des Deux-Sèvres, de la Meuse, sont ceux où le nombre des accusés est le moins grand; les départements de la Seine et de la Corse sont ceux où le nombre est plus grand. — 1,131 femmes figuraient parmi les 6,964 accusés. Sur ce nombre 98 accusés n'avaient pas 16 ans; 2,170 avaient de 16 à 25 ans; 2,305 avaient de 25 à 35 ans; 2,391 dépassaient 35 ans, et parmi les derniers se trouvaient 48 septuagénaires et 6 octogénaires. — 3,849 accusés étaient célibataires, 3,114 mariés ou veufs; 207 n'étaient pas Français. — 4,107 accusés étaient complétement illettrés; 2,007 savaient lire et écrire imparfaitement; 667 lisaient et écrivaient bien; 183 avaient reçu une instruction supérieure.

Sur 6,964 accusés, jugés contradictoirement pour crimes ordinaires, 2,859 ont été acquittés, et 4,105 condamnés aux peines suivantes :

A mort....................	42
Aux travaux forcés à perpétuité.	127
Aux travaux forcés à temps....	784
A la réclusion...............	726
A des peines correctionnelles...	2,401
Enfants de moins de 16 ans...	25
Total....	4,105

Sur les 42 individus condamnés à mort, 30 ont été exécutés, et 12 ont obtenu une commutation de peine.

Les cours d'assises ont tenu 386 sessions, et ont jugé 356 affaires ayant pour objet des délits de la presse et des délits politiques. 590 individus y étaient impliqués; sur ce nombre, 449 ont été acquittés, 12 n'ont été condamnés qu'à l'amende, et 129 à l'emprisonnement [1].

Conseils de guerre. — Les conseils de guerre permanents sont les tribunaux naturels des militaires et des individus attachés à l'armée ou réputés tels; ils sont au nombre de deux dans chaque division militaire, et composés de sept juges, savoir : un colonel qui remplit toujours les fonctions de président, un chef de bataillon ou d'escadron, deux capitaines, un lieutenant, un sous-lieutenant et un sous-officier : un capitaine y fait les fonctions de rapporteur.

Les jugements des conseils de guerre sont en dernier ressort, et ne peuvent être annulés par le conseil de révision que dans cinq hypothèses : 1° Lorsque le conseil de guerre dont le jugement lui est soumis n'a point été formé de la manière prescrite par la loi; 2° lorsque le conseil a outrepassé sa compétence, soit à l'égard des prévenus, soit à l'égard des délits dont la loi lui attribue la connaissance; 3° lorsque le conseil s'est déclaré incompétent pour juger un individu soumis à sa juridiction; 4° lorsque les formes prescrites n'ont point été observées, soit dans l'information, soit dans l'instruction; 5° enfin, lorsque le jugement n'est pas conforme à la loi dans l'application de la peine.

Il est de principe général que les jugements militaires ne peuvent être déférés à la cour de cassation, les conseils de révision étant institués pour tenir lieu de ce degré de juridiction; mais la loi du 27 ventôse an VIII autorise le recours en cassation contre les jugements des tribunaux militaires de terre et de mer, pour cause d'incompétence ou d'excès de pouvoir, *lorsque ce motif est allégué par un citoyen non militaire.*

Le conseil de révision est composé de cinq membres : un officier général qui préside, un colonel, un chef de bataillon ou d'escadron, et deux capitaines. Le rapporteur est pris parmi les juges et désigné par eux.

Tribunaux maritimes. — Les tribunaux maritimes, qu'il faudrait plutôt appeler commissions maritimes, puisqu'ils n'ont pas de permanence, sont composés de huit juges, d'un commissaire rapporteur et d'un greffier. Le président est désigné à chaque fois par l'intendant de marine; il est choisi parmi les contre-amiraux présents dans le port : les autres membres sont : deux capitaines de vaisseau, deux commissaires de marine, et deux membres du tribunal de première instance de l'arrondissement dans lequel se trouve situé le port.

Tous les délits commis dans les ports ou arsenaux, relativement à leur police ou à leur sûreté, ou au service maritime, sont de la compétence des tribunaux maritimes, lorsque les prévenus appartiennent à la marine.

---

[1]. Compte général de l'administration de la justice criminelle, pendant l'année 1833.

PERSONNEL DE L'ORDRE JUDICIAIRE.

Le personnel de l'ordre judiciaire est ainsi composé :

Conseil d'État.

Conseillers d'État	22
Maîtres de requêtes	24

Cour de cassation.

Premier président	1
Présidents de chambre	3
Conseillers	45
Procureur général	1
Avocats généraux	6

Cours royales.

Premiers présidents	27
Présidents de chambre	93
Conseillers	630
Conseillers auditeurs	63
Procureurs généraux	27
Premiers avocats généraux	27
Avocats généraux	33
Substituts	73
Greffiers	27

Tribunaux de première instance.

Présidents	361
Vice-présidents	89
Juges d'instruction	375
Juges	803
Juges suppléants à Paris	20
Procureurs du roi	361
Substituts	461
Greffiers	361

Justices de paix.

Juges	2,846
Greffiers	2,846
	9,525
Avocats	6,619
Avoués	3,569
Huissiers	8,206
	27,919

ORGANISATION ECCLÉSIASTIQUE.

Tous les cultes sont permis en France; mais la masse de la population professe la religion catholique, apostolique et romaine; le gouvernement n'accorde des traitements qu'aux ministres des cultes chrétiens. Le concordat de 1801 avait fixé le nombre des archevêchés, évêchés, paroisses et succursales; un nouveau concordat, conclu en 1817, a augmenté le nombre des évêchés et des archevêchés. Il y a maintenant 14 archevêchés, ayant 66 évêchés pour suffragants.

Les archevêchés et évêchés suffragants sont :

Archevêché de PARIS :

Chartres, Versailles,
Meaux, Arras,
Orléans, Cambrai.
Blois,

Archevêché de LYON et de VIENNE :

Autun, Saint-Claude,
Langres, Grenoble.
Dijon.

Archevêché de ROUEN :

Bayeux, Seez,
Évreux, Coutances.

Archevêché de SENS et d'AUXERRE :

Troyes, Moulins.
Nevers,

Archevêché de REIMS :

Soissons, Amiens,
Châlons, Beauvais.

Archevêché de TOURS :

Nantes, Quimper,
Le Mans, Vannes,
Angers, Saint-Brieux.
Rennes,

Archevêché de BOURGES :

Clermont, Tulle,
Limoges, Saint-Flour.
Le Puy,

Archevêché d'ALBI :

Rodez, Mende,
Cahors, Perpignan.

Archevêché de BORDEAUX :

Agen, Périgueux,
Angoulême, La Rochelle,
Poitiers, Luçon.

Archevêché d'AUCH :

Aire, Bayonne.
Tarbes,

Archevêché de TOULOUSE :

Montauban, Carcassonne.
Pamiers,

Archevêché d'AIX :

Marseille, Gap,
Fréjus, Ajaccio.
Digne,

Archevêché de BESANÇON :

Strasbourg, Belley,
Metz, Saint-Dié,
Verdun, Nancy.

Archevêché d'AVIGNON :

Nîmes, Viviers,
Valence, Montpellier.

Le personnel du clergé français est ainsi composé :

Cardinaux	4
Archevêques	14
Évêques	66
Vicaires généraux	174
Chanoines	660
Curés	3,301
Vicaires	6,216
Desservants	25,175
Chapelains	500
Aumôniers	906
Prêtres habitués des paroisses	1,677
Directeurs et professeurs dans les séminaires	1,072
Élèves dans 86 séminaires et 120 écoles secondaires	10,904
	52,202

Les bourses des séminaires sont au nombre de 2,525, et constituent une dépense de 1,010,000 fr.

Il y a à Paris un séminaire diocésain (celui de Saint-Sulpice), et un petit séminaire ; un chapitre royal à Saint-Denis ; environ 3,000 congrégations religieuses de femmes, ce qui fait un peu plus d'une congrégation par canton : de ce nombre vingt congrégations seulement se consacrent à la vie contemplative, et 2,780 sont vouées au soulagement des malades ou à l'enseignement.

Les luthériens et les calvinistes sont en France au nombre d'environ 5,000,000. Les luthériens, ou protestants de la confession d'Augsbourg, habitent, pour la plupart, dans les départements du Haut et du Bas-Rhin ; ils ont des pasteurs, des consistoires, des inspections et des consistoires généraux. Les pasteurs et cinq anciens d'autant d'églises consistoriales forment une inspection : on compte six inspections dans ces départements. Il y a un consistoire général établi à Strasbourg, chargé de l'administration supérieure de toutes les églises consistoriales, et une académie ou séminaire pour le culte luthérien. Le nombre des ministres de ce culte est de 366.

Les calvinistes, ou protestants réformés, ont des pasteurs, des consistoires et des synodes : cinq églises consistoriales forment l'arrondissement d'un synode. Les membres d'un synode ne peuvent s'assembler sans la permission du gouvernement, et le synode ne peut pas durer plus de six jours. Le nombre des églises consistoriales est de 98 : le département du Gard en compte 17 ; il y en a cinq dans chacun des départements de l'Ardèche, de la Drôme, de Lot-et-Garonne, de la Lozère et des Deux-Sèvres. Les protestants de cette confession ont une faculté de théologie à Montauban. Le nombre des ministres de ce culte est de 230.

Les israélites sont en France au nombre d'environ 60,000. Le consistoire central siége à Paris ; les synagogues consistoriales sont à Strasbourg, Colmar, Metz, Nancy, Bordeaux et Marseille. Le personnel se compose d'un grand rabbin du consistoire central, de 7 grands rabbins de synagogues consistoriales, et de 90 rabbins communaux.

Les autres cultes ont peu de sectateurs : il y a cependant quelques villages du Bas-Rhin et des Vosges peuplés d'anabaptistes.

ORGANISATION FINANCIÈRE.

Dans chaque département il y a un receveur général des finances. Des receveurs et percepteurs particuliers assurent, dans les arrondissements et les communes, le recouvrement des impôts.

Chaque département a un payeur du trésor royal.

La comptabilité est vérifiée chaque année par des inspecteurs généraux.

Les douanes, les eaux et forêts, l'enregistrement, les domaines, les contributions indirectes, ressortissent du ministère des finances.

Il y a quatre inspections générales des douanes, divisées chacune en directions.

Les eaux et forêts forment une administration composée de 40 conservations, d'inspections et de sous-inspections.

Dans chaque département il y a un directeur de l'enregistrement et un directeur des domaines.

Dans chaque arrondissement il y a un directeur des contributions indirectes.

ORGANISATION MILITAIRE.

La France est partagée en 21 divisions militaires, dont chacune embrasse dans sa circonscription un certain nombre de départements. Chaque division a un état-major, est commandée par un lieutenant général, et administrée par un intendant militaire ; il y a dans chaque département ou subdivision un maréchal de camp et un sous-intendant. Dans chaque division militaire, il y a des conseils de guerre permanents, et un conseil pour la révision de leur jugement.

1re division. *Paris.* Seine, Seine-et-Oise, Aisne, Seine-et-Marne, Oise, Loiret, Eure-et-Loir.

2e division. *Châlons.* Ardennes, Meuse, Marne.

3e division. *Metz.* Moselle, Meurthe, Vosges.

4e division. *Tours.* Indre-et-Loire, Loir-et-Cher, Maine-et-Loire, Mayenne, Sarthe.

5e division. *Strasbourg.* Haut-Rhin et Bas-Rhin.

6e division. *Besançon.* Ain, Doubs, Jura, Haute-Saône.

7e division. *Grenoble.* Isère, Drôme, Hautes-Alpes.

8e division. *Marseille.* Basses-Alpes, Bouches-du-Rhône, Var, Vaucluse.

9e division. *Montpellier.* Ardèche, Gard, Lozère, Hérault, Tarn, Aveyron.

10e division. *Toulouse.* Aude, Ariége, Haute-Garonne, Gers, Tarn-et-Garonne, Hautes-Pyrénées, Pyrénées-Orientales.

11e division. *Bordeaux.* Landes, Gironde, Basses-Pyrénées.

12e division. *Nantes.* Charente-Inférieure, Loire-Inférieure, Deux-Sèvres.

13e division. *Rennes.* Côtes-du-Nord, Finistère, Ille-et-Vilaine, Morbihan.

14e division. *Caen.* Manche, Calvados, Orne.

15e division. *Rouen.* Seine-Inférieure, Somme, Eure.

16e division. *Lille.* Nord, Pas-de-Calais.

17e division. *Bastia.* Ile de Corse.

18e division. *Dijon.* Aube, Haute-Marne, Yonne, Côte-d'Or, Saône-et-Loire.

19e division. *Lyon.* Rhône, Loire, Cantal, Haute-Loire, Puy-de-Dôme.

20e division. *Périgueux.* Lot, Lot-et-Garonne, Corrèze, Charente, Dordogne.

21e division.......

On compte 183 places de guerre, citadelles, forts, châteaux et postes militaires, divisés en quatre classes : la première et la deuxième classe en comprennent 110 ; la troisième, 21, et la quatrième, 52. Il y a un état-major et un commandant dans chaque place forte de première et de deuxième classe.

Les villes de Rennes, la Fère, Strasbourg, Toulouse, Douai, Metz et Grenoble ont des arsenaux de construction ; et ces mêmes places, à l'exception de Grenoble, qui est remplacé par Valence, ont des écoles d'artillerie [1]. Arras, Montpellier et Metz ont des écoles régimentaires du génie ; Metz a en outre une école d'application pour le génie et l'artillerie. Paris a une école militaire, une école d'application pour les ingénieurs géographes militaires et pour le corps royal d'état-major, un gymnase normal militaire, un hôtel royal des invalides, ayant une succursale à Avignon. Il y a une école spéciale à Saint-Cyr, une école préparatoire à la Flèche, une école d'équitation à Saumur. Les villes de Strasbourg, de Douai et de Toulouse possèdent des fonderies de canons. Des manufactures d'armes existent à Saint-Étienne, Tulle, Mutzig, Charleville, Klingenthal, Maubeuge et Châtellerault [2]. Des poudreries et des raffineries de poudre sont établies sur plusieurs points.

L'armée se renouvelle par l'appel dans ses rangs de 70 à 90 mille hommes chaque année, fournis par le recrutement forcé et par 11 à 12,000 enrôlés volontaires. La durée du service est fixée à huit années.

Le recrutement fait peser sur le pays un si lourd impôt que le plus vif intérêt doit s'attacher à tous les renseignements qui peuvent en expliquer les mouvements et les résultats. Voici des détails statistiques sur la classe de 1830, publiés par l'École des communes, journal consacré aux progrès administratifs.

En 1829, le chiffre total des jeunes gens illettrés était de 37,321 ; en 1831, il était réduit à 36,382, et pour 1833 à 34,892. Les écoles régimentaires sont également en voix d'extension croissante ; elles ont été suivies en 1831 par 27,059 soldats ; en 1832, par 30,470 ; en 1833, par 32,450.

Le défaut de taille a exempté 75,078 jeunes gens ; les infirmités ou difformités, 48,175. Les départements, qui ont présenté le plus de jeunes gens impropres au service, sont, l'Allier, Vaucluse, la Seine-Inférieure, la Haute-Loire, le Pas-de-Calais ; ceux qui en ont donné le moins, l'Yonne, le Jura, le Morbihan, la Haute-Marne.

Ont été exemptés comme aînés d'orphelins, 2,528 ; fils ou petits-fils de veuves,

---

[1]. Il y avait aussi à Auxonne une école d'artillerie, qui a été supprimée depuis peu.

[2]. Les manufactures d'armes de Charleville et de Maubeuge viennent d'être supprimées.

APERÇU STATISTIQUE.

12,438; fils ou petits-fils de septuagénaires ou aveugles; 1,122; puînés de frères aveugles ou impotents, 111; aînés de frères appelés, 75; frères de militaires en activité ou morts au service, etc. (art. 14 de la loi), 2,038.

Sous le point de vue des professions, le contingent de 1833 était ainsi composé : ouvriers en bois, 4,800; ouvriers en fer, 3,200; ouvriers en cuivre, 1,600; ouvriers en pierre ou mineurs, 3,200; employés aux travaux de la campagne, 43,200; écrivains ou commis de bureaux, 1,600; tailleurs d'habits, 1,600; bateliers et mariniers, 800; professions diverses, 16,800; sans profession et vivant de leurs revenus, 3,200.

Le chiffre des remplaçants a été de 21,179, plus du quart du contingent.

La mortalité dans l'armée offre un résultat bien consolant : la comparaison entre les observations qui ont eu lieu en 1832, en 1833, en 1834, et les incorporations correspondantes des années 1824, 1825, 1826, offre une perte en hommes de 4 pour cent par année, tandis que dans la vie ordinaire, et pour la même période d'âge que celle des jeunes soldats, la mortalité dépasse 5 pour cent. La profession militaire en temps de paix serait donc favorable à la conservation de l'existence.

EFFECTIF DE L'ARMÉE EN 1836.

ÉTATS-MAJORS.

En activité.

Maréchaux de France	11
Lieutenants généraux	61
Maréchaux de camp	99
Colonels employés à divers titres	31
Lieutenants-colonels, id.	17
Chefs d'escadron ou de bataillon	121
Capitaines, id.	360
Lieutenants, id.	88
Sous-lieutenants employés au recrutement	86

En disponibilité.

Lieutenants généraux	39
Maréchaux de camp	49
Colonels	5
Lieutenants-colonels	12
Chefs d'escadron	7
Capitaines	18

Cadre de vétérans.

Lieutenants généraux	22
Maréchaux de camp	28

Cadre de réserve.

Lieutenants généraux	10
Maréchaux de camp	23

Employés à divers services.

Lieutenants généraux	2
Maréchaux de camp	4
Lieutenant-colonel	1

INTENDANCE MILITAIRE.

En activité.

Intendants militaires	20
Sous-intendants de 1re classe	66
Sous-intendants de 2e classe	64
Adjoints à l'intendance de 1re cl.	21
Adjoints de 2e classe	13

En disponibilité.

Intendant militaire	1
Sous-intendants de 1re classe	8
Sous-intendants de 2e classe	7
Adjoints de 1re classe	5
Adjoints de 2e classe	2

Employés à divers services.

Intendants militaires	3
Sous-intendants de 1re classe	3
Sous-intendant de 2e classe	1

ÉTAT-MAJOR DES PLACES.

Commandants de place	115
Majors de place	10
Adjudants de place et commandants de postes militaires	131
Secrétaires archivistes	58
Portiers-consignes	308
Aumôniers	5
	627

ÉTAT-MAJOR DE L'ARTILLERIE.

Colonels employés à divers titres	33
Lieutenants-colonels à divers titres	32
Chefs d'escadron	35
Capitaines en premier	99
Capitaines en second	10
Capitaines en résidence	60
Élèves sous-lieutenants à Metz	120
Examinateurs et professeurs	29
Contrôleurs d'armes dans les manufactures	63
Réviseurs d'armes dans les manufactures	45
Contrôleurs pour le service des fonderies	18
Agents comptables	

FRANCE.

Gardes d'artillerie............ 279
Chefs et maîtres artificiers...... 22
Chefs et sous-chefs et ouvriers
 d'état................... 118

En disponibilité.

Capitaines de 1re classe........ 3
Capitaines de 2e classe 4
                                ———
                                991

ÉTAT-MAJOR DU GÉNIE.

Colonels employés à divers titres. 24
Lieutenants-colonels à divers titres 24
Chefs de bataillon....*id.*...... 67
Capitaines en premier......... 135
Capitaines en second.......... 92
Examinateurs et professeurs.... 10
Élèves lieutenants à Metz...... 68
Gardes principaux............ 25
Gardes ordinaires............. 466
Chefs, sous-chefs et ouvriers d'état 4

En disponibilité.

Chefs de bataillon............ 2
Capitaines................... 2
                                ———
                                917

Total général des états-majors 3,844

	Officiers.	Troupes.	Total.
Infanterie....	7,553	178,467	186,020
Cavalerie.....	2,266	36,375	38,641
Artillerie.....	1,142	20,287	21,429
Génie........	208	4,259	4,467
Équipages mil.	100	1,172	1,272
Vétérans.....	154	6,536	6,690
	11,423	247,096	258,219
Gendarmerie.			15,778
			274,297

L'effectif des chevaux est de 51,276.

ADMINISTRATION.

Intendants militaires.......... 19
Sous-intendants de 1re classe ... 31
Sous-intendants de 2e classe 45
Sous-intendants de 3e classe..... 85
Adjudants................... 22
Officiers de santé............. 832
Officiers d'administration et comp-
 tables.................... 263
Infirmiers-majors et ordinaires... 969
Aumôniers.................. 38
Directeurs des vivres.......... 20
Agents comptables............ 174
Commis de 1re classe........... 39
Commis de 2e et 3e classe...... 83
Sous-employés............... 70
                                ———
                                2,690

GARDE NATIONALE.

La garde nationale est une institution à la fois civile et militaire, créée dans le but de maintenir l'ordre public, de garantir les droits de chaque citoyen et l'indépendance nationale. Elle se compose de tous les citoyens de vingt à cinquante ans en état de porter les armes, organisés dans tous les départements en bataillons et en légions, armés et équipés.

En vertu de la loi du 22 mars 1831, la garde nationale est organisée par communes et par cantons. Une ordonnance du roi peut former les compagnies communales d'un canton en bataillons cantonaux.

Tous les Français âgés de 20 à 60 ans sont obligés personnellement au service de la garde nationale, dans le lieu de leur domicile réel, sauf les exceptions qui sont établies par la loi et les empêchements reconnus par les jurys et les conseils de révision; la loi règle aussi quelques exemptions temporaires et la faculté de se faire remplacer.

Le service de la garde nationale se divise en service ordinaire dans l'intérieur de la commune, en service de détachements hors du territoire de la commune, en service de corps détachés pour seconder l'armée de ligne.

Il y a un contrôle de service ordinaire comprenant tous les citoyens jugés par le conseil de recensement capables de ce service, pourvu qu'ils payent une contribution personnelle; et un contrôle de réserve, comprenant tous les citoyens pour lesquels le service habituel serait trop onéreux : ces derniers sont seulement requis dans les circonstances extraordinaires.

La garde nationale est formée, dans chaque commune, par subdivision de compagnie, par compagnie, par bataillon et par légion; la cavalerie de la garde nationale est formée dans chaque commune ou dans le canton par subdivision d'escadron ou par escadron. Chaque bataillon a son drapeau, et chaque escadron son étendard.

Dans les villes, chaque compagnie se compose, autant que possible, des gardes nationaux du même quartier; dans les communes rurales, les gardes nationaux de la même commune forment une ou plusieurs compagnies, ou même une subdivision de compagnie.

APERÇU STATISTIQUE.

La garde nationale élit les officiers dans les formes présentées par la loi.

Il résulte d'un rapport fait à la Chambre des députés par M. d'Argout, ministre de l'intérieur, que l'effectif des citoyens composant la garde nationale, au 1er décembre 1832, était de 5,729,052, dont :

Service ordinaire	3,781,206
Réserve, composée d'individus pour lesquels le service ordinaire serait une charge trop pénible	1,947,846
Total	**5,729,052**

Le service ordinaire était divisé ainsi :

Infanterie communale	1,871,073
Infanterie cantonale	1,823,958
Infanterie	3,695,031
Artillerie	19,025
Sapeurs-pompiers	54,723
Marins	2,012
Cavalerie	10,415
Total du service ordinaire	3,781,206

Sur ce nombre, 724,000 citoyens étaient habillés et équipés, dont :

Gardes nationaux des communes	524,000
Gardes nationaux en uniformes ruraux	200,000
Total	724,000

Le total des citoyens mobilisables était, au 1er décembre 1832, de 1,945,899 dont, de vingt à trente ans :

Veufs sans enfants	4,019
Citoyens rempl. à l'armée	55,157
Mariés, sans enfants	156,096
Soutiens de famille	106,541
Mariés, avec enfants	393,053
	714,866
Célibataires de 20 à 35 ans	1,231,033
Total	1,945,899

Le matériel de l'armement se composait, à la même époque, de :

Fusils français et étrangers délivrés par le gouvernement	871,208
Fusils appartenant aux communes	54,881
Fusils appart. aux citoyens	63,339
Fusils	989,428
Mousquetons	21,889
Paires de pistolets	4,094
Sabres d'infanterie	224,135
Sabres de cavalerie	7,826
Sabres d'artillerie	9,922
Épées de sous-officiers	343
Lances	2,541
Canons de 4 avec affûts	383
Canons de 6 avec affûts	231
Canons de 8 avec affûts	8
Canons de 12 avec affûts	8

L'ensemble de ce matériel représente une valeur de	32,500,000 fr.
L'ensemble du matériel de l'habillement et de l'équipement représente une valeur de	84,000,000
Total	116,500,000 fr.

La dépense annuelle, tant à la charge de l'État que des départements, des communes et des citoyens, est évaluée à 70,500,000 fr.

LÉGION D'HONNEUR.

La Légion d'honneur a été instituée par la loi du 29 floréal an X, pour récompenser les services et les vertus militaires et civiles. Cet ordre est composé de chevaliers, d'officiers, de commandeurs, de grands officiers et de grands-croix. Les membres de l'ordre le sont à vie. Le nombre des chevaliers est illimité; celui des officiers est fixé à 2,000, celui des commandeurs à 400, celui des grands officiers à 160, et celui des grands-croix à 80. Malgré cette fixation, les membres actuels, dont le nombre est supérieur, conservent leurs grades : la réduction se fera par les extinctions. Les étrangers sont admis et non reçus, et ne prêtent aucun serment.

Pour monter à un grade supérieur, il est indispensable d'avoir passé dans le grade inférieur, savoir : pour le grade d'officier, quatre ans dans celui de chevalier; pour le grade de commandeur, deux ans dans celui d'officier; pour le grade de grand officier, trois ans dans celui de commandeur; pour le grade de grand-croix, cinq ans dans celui de grand officier. Chaque campagne est comptée double aux militaires dans l'évaluation des années exigées; mais on ne peut compter qu'une campagne par année, sauf les cas d'exception, qui doivent être déterminés par une ordonnance spéciale.

EFFECTIF DES MEMBRES DE L'ORDRE EN 1836.

Grands-croix avec traitement	91

Grands-croix sans traitement . . 5
Grands officiers avec traitement. 197
Grands officiers sans traitement. 22
Commandeurs avec traitement. . 643
Commandeurs sans traitement. . 162
Officiers avec traitement. . . . 2,956
Officiers sans traitement. . . . 1,593
Chevaliers avec traitement . . . 21,914
Chevaliers sans traitement. . . 22,610

Total. . . . 50,193

MARINE.

PERSONNEL.

Amiraux 3
Vice-amiraux 10
Contre-amiraux 20
Capitaines de vaisseau de 1re classe 28
Capitaines de vaisseau de 2e classe 42
Capitaines de frégate 70
Capitaines de corvette 90
Lieutenants de vaisseau 450
Lieutenants de frégate 550
Élèves de 1re classe 200
Élèves de 2e classe 100

Total. . . . 1,563

MATÉRIEL.

Bâtiments de guerre.

Vaisseaux de guerre de 1er rang. . 8
Vaisseau de guerre de 2e rang. . . 1
Vaisseaux de guerre de 3e rang. . 9
Vaisseaux de guerre de 4e rang. . 10
Frégates de 1er rang 14
Frégates de 2e rang 7
Frégates de 3e rang 14
Corvettes de 32 bouches à feu. . . 9
Corvettes de 28 bouches à feu. . . 5
Corvettes de 24 bouches à feu. . . 6
Corvette de 20 bouches à feu . . . 1
Corvettes avisos de 18 b. à feu . . 8
Bricks de 20 bouches à feu. . . . 21
Bricks de 18 à 16 bouches à feu . 8
Bricks avisos de 10 bouches à feu 21
Goëlette de 10 bouches à feu . . . 1
Bombardes de 10 bouches à feu. . 8
Canonnières-bricks de 8 b. à feu. 4
Goëlettes, cutters, etc., de 6 à 8. 16
Bâtiments de flottille, etc., de 4 bouches à feu et au-dessous . . . 36

Bâtiments de transport.

Corvettes de charge de 800 tonn. 18
Gabares de 450 à 560 tonneaux. . 9
Gabares de 300 à 400 tonneaux. . 14
Gabares de 200 à 280 tonneaux. . 7
Transports 4

Bâtiments à vapeur.

Bâtiments de la force de 150 à 160 chevaux 11
Bâtiments de 120 à 150 chevaux . 2
Bâtiments de 80 à 100 chevaux . . 2
Bâtiment de 40 à 60 chevaux . . . 1

Total. . . . 283

Bâtiments en construction.

Vaisseaux 26
Frégates 32
Corvette de guerre. 1
Corvette aviso. 1
Gabares 2
Bâtiments à vapeur. 11

73

HOSPICES ET HOPITAUX.

En 1784, Necker évaluait le nombre des hospices et des hôpitaux à environ 700, non compris les hospices militaires, et il portait de 100 à 140,000 les pauvres qui venaient y chercher la guérison ou un abri contre la misère.

Les documents statistiques publiés en 1835 par le ministre du commerce portent à 1,329 le nombre des hôpitaux et hospices du royaume. Les revenus ordinaires et extraordinaires de ces établissements pour l'année 1833 se sont élevés à la somme de 51,222,052 fr., répartis ainsi qu'il suit[1] :

Redevances en argent. . . . 8,927,207
Id. en nature, évaluées. 3,239,288
Rentes sur l'État 4,215,052
Rentes sur les particuliers. 1,792,833
Intérêts des fonds placés au trésor 297,422
Subventions et allocations. 18,883,591
Dons et legs 1,026,836
Produit du travail des individus admis dans les établ. 630,088
Recettes diverses et imprév. 12,209,746

Total des recettes. . 51,222,057
La dépense pendant cette même année s'est élevée à. . . 48,842,097

Le nombre d'individus existant dans les hôpitaux et hospices au 1er janvier 1833,

---

1. Documents statistiques, page 92.

APERÇU STATISTIQUE.

était de................. 154,253
Il en a été admis pendant l'année 425,049
Il en est sorti par décès...... 45,303
Id. par guérison, etc...... 381,169
Il restait au 31 décembre.... 152,830

BUREAUX DE BIENFAISANCE.

Le nombre des bureaux de bienfaisance est de 6,275. En 1833, ces bureaux ont secouru à domicile 695,932 individus. La recette de ces établissements pendant ladite année s'est élevée à 10,315,746 fr., et la dépense à 8,956,036 fr.

ENFANTS TROUVÉS ET ABANDONNÉS.

Le nombre des enfants trouvés et abandonnés pendant l'année 1833 s'est élevé à 127,507; celui de 10 années, de 1824 à 1833, a été de 1,192,043, ce qui porte le nombre moyen annuel à 119,204.

MONTS-DE-PIÉTÉ.

Il existe en France 13 monts-de-piété, établis à Paris, Lyon, Bordeaux, Marseille, Strasbourg, Nantes, Rouen, Besançon, Metz, Dijon, Avignon, Nîmes et Brest. En 1833, ces établissements ont reçu 1,736,794 articles, sur lesquels il a été prêté 27,231,847 fr.

PRISONS.

Les prisons sont classées selon la différence des peines que doivent subir les condamnés. On les distingue en maisons d'arrêt, maisons de justice, maisons centrales, dépôts de mendicité et bagnes.

Les maisons d'arrêt renferment les prévenus et les condamnés à moins d'un an de prison; leur nombre est de 363.

Les maisons de justice sont destinées aux détentions qui s'étendent à un an et plus; il y en a 86, autant que de chefs-lieux de cours d'assises.

Les prisons centrales sont destinées à recevoir les criminels qui doivent subir une longue réclusion; elles sont au nombre de vingt, et renferment environ 17,560 condamnés, répartis ainsi qu'il suit :

Beaulieu............	1,000
Cadillac............	300
Clairvaux..........	1,800
Clermont...........	550
Embrun............	800
Ensisheim..........	850
Eysses.............	1,200
Fontevrault........	1,660
Gaillon............	1,200
Haguenau..........	650
Limoges............	800
Loos...............	1,400
Melun.............	1,000
Montpellier........	500
Mont-Saint-Michel..	600
Nîmes..............	1,250
Poissy.............	700
Rennes.............	600
Riom...............	550
Doullens...........	150
Total....	17,560

Les dépôts de mendicité renferment les mendiants et les vagabonds; ils sont au nombre de 5.

Les bagnes renferment les condamnés aux fers et aux travaux forcés, dont le nombre s'élève à 7,000, répartis de la manière suivante :

A Brest.........	2,700
A Rochefort.....	1,100
A Toulon........	3,200
	7,000

Ces 7,000 condamnés nécessitent une dépense annuelle de 2,176,500 fr. ou 310 fr. 93 c. par condamné; dépense qui se divise ainsi :

Administration des chiourmes	57,800
Solde des gardes, etc......	386,100
Hôpitaux pour les gardes...	26,400
Vivres pour les gardes.....	53,000
Entretien des établissements.	31,600
Salaires des condamnés employés dans les ateliers des ports...............	215,000
Hôpitaux des condamnés...	196,000
Vivres des condamnés.....	955,600
Habillement, couchage, etc..	245,000
	2,176,500

CAISSES D'ÉPARGNE.

La caisse d'Épargne est une institution philanthropique qui a pour objet de recevoir en dépôt les plus petites sommes que les particuliers veulent y placer; elle a été fondée dans la seule vue de l'utilité publique, et pour offrir à toutes les personnes laborieuses les moyens de se créer des économies.

A Paris, l'administration supérieure se compose de vingt-cinq directeurs et d'un nombre déterminé d'administrateurs, nommés par le conseil des directeurs. Ces fonctions sont entièrement gratuites. Les bureaux de la caisse centrale et ceux des succursales sont ouverts tous les dimanches et lundis pour recevoir les versements. On ne peut verser ni moins d'un franc, ni plus de trois cents francs à la fois. Aucun déposant ne peut avoir à son compte une somme supérieure à deux mille francs en capital.

Les sommes reçues sont immédiatement versées au trésor royal, au compte de la caisse d'épargne. Chaque déposant devient ainsi propriétaire d'une somme équivalente à son avoir, à prendre au trésor royal par l'intermédiaire de la caisse d'épargne.

Le conseil des directeurs fixe tous les ans, au mois de décembre, le taux de l'intérêt pour l'année suivante. Ce taux a été maintenu à 4 pour cent pour l'année 1835.

Le compte de chaque déposant est réglé annuellement ; l'intérêt est ajouté au capital pour reproduire des intérêts. Il est tenu compte des intérêts à partir de deux semaines après le jour du versement ; ce compte s'arrête une semaine avant la demande en remboursement.

Chaque déposant peut retenir à volonté tout ou partie des sommes qui lui appartiennent. Les remboursements sont effectués dans les douze jours de la demande.

Les remboursements peuvent être demandés dans les succursales, mais ils ne sont effectués qu'à la caisse centrale.

En cas de décès d'un déposant, les fonds appartenant à la succession sont remboursés à ses héritiers ou ayants droit.

La caisse d'épargne a reçu, depuis son origine jusqu'à la fin d'avril 1836, 88,976,559 fr. 70 cent.

BUDGET GÉNÉRAL

DES DÉPENSES ET SERVICES POUR L'EXERCICE 1837.

DETTE PUBLIQUE.

Rentes 5 p. o/o	147,096,672
Rentes 4 1/2 p. o/o	1,028,600
Rentes 4 p. o/o	10,464,412
Rentes 3 p. o/o	34,498,015
Fonds d'amortissement	44,616,463
Intérêts, primes et amortissement des emprunts pour ponts et canaux	9,940,000
Dette consolidée et amortissement	247,642,162
Intérêts de capitaux de cautionnements	9,000,000
Dette flottante	10,000,000
Dette viagère	4,656,000
Pensions de la pairie	1,030,000
Pensions civiles	1,660,000
Pensions à titre de récompenses nationales	590,000
Pensions aux vainqueurs de la Bastille	21,000
Pensions militaires	44,832,000
Pensions ecclésiastiques	2,688,000
Pensions de donataires	1,412,000
Pensions de la caisse de vétérance de l'ancienne liste civile	600,000
Subventions aux fonds de retraite des ministères	6,953,130
Secours aux pensionnaires de l'ancienne liste civile	400,000
Total	331,484,292

DOTATIONS.

Liste civile	13,000,000
Chambre des pairs	720,000
Chambre des députés	643,000
Légion d'honneur (Supplément à sa dotation)	2,147,000
Total	16,510,000

JUSTICE ET CULTES.

Dépenses de la Justice.

Administration centrale (Personnel)	417,800
Administration centrale (Matériel)	107,000
Conseil d'État (Personnel)	470,400
Conseil d'État (Matériel)	12,000
Cour de cassation	797,300

APERÇU STATISTIQUE.

Cours royales............	4,246,900
Cours d'assises...........	154,400
Tribunaux de 1re instance..	5,551,470
Tribunaux de commerce...	179,900
Tribunaux de police......	62,700
Justices de paix..........	3,103,200
Frais de justice criminelle..	3,322,000
Pensions................	200,000
Dépenses diverses.........	45,000
Dépenses des exercices clos.	Mémoire.
Total...	18,669,770

Dépenses des Cultes.

Personnel des bureaux des cultes................	146,000
Indemnités temporaires aux employés supprimés.....	16,089
Matériel et dépenses diverses des bureaux............	30,000
	192,089

Culte catholique.

Traitement et dépenses concernant les cardinaux, archevêques et évêques...	1,017,000
Traitements et indemnités des membres des chapitres et du clergé paroissial....	27,985,000
Chapitre royal de St-Denis..	97,600
Bourses des séminaires....	1,000,000
Secours à des ecclésiastiques et à d'anciennes religieuses	1,070,000
Dépenses du service intérieur des édifices diocésains...	445,000
Acquisitions, constructions et entretien des édifices diocésains.............	1,600,000
Secours pour les établissements ecclésiastiques....	862,000
	34,076,600

Cultes non catholiques.

Dépenses du personnel des cultes protestants.......	790,000
Dépenses du matériel des cultes protestants.......	100,000
Dépenses du culte israélite.	80,000
Cultes....	35,238,689
Justice ...	18,669,770
Total....	53,908,459

AFFAIRES ÉTRANGÈRES.

Au 1er janvier 1836, la France entretenait dans les États des diverses puissances :

Ambassadeurs.............	9
Ministres plénipotentiaires.....	15
Ministres résidants.........	5
Secrétaires d'ambassade et de légation.................	31
Consuls généraux...........	18
Consuls de 1re classe.........	31
Consuls de 2e classe.........	35
Vice-consuls...............	11
Élèves consuls.............	15
Agents des affaires étrangères...	2
Drogmans..................	21
Secrétaires interprètes.........	3

Administration centrale (personnel)...............	534,700
Administration centrale (matériel)................	149,000
Traitement des agents politiques et consulaires....	4,135,000
Traitement des agents en inactivité................	80,000
Frais d'établissements.....	300,000
Frais de voyage et de courriers	600,000
Frais de service...........	697,000
Présents diplomatiques....	50,000
Indemnités et secours.....	60,000
Dépenses secrètes.........	650,000
Missions extraordinaires et dépenses imprévues.....	100,000
Dépenses des exercices clos.	Mémoire.
Total...	7,355,700

INSTRUCTION PUBLIQUE.

Administration centrale (personnel)...............	500,000
Administration centrale (matériel)................	176,623
Services généraux........	510,000
Administration académique et départementale......	819,900
Instruction supérieure.—Facultés................	1,946,256
Instruction secondaire.....	1,655,600
Encouragements à l'instruction primaire (fonds généraux)................	1,600,000
Dépenses de l'instruction primaire (sur produits de centimes additionnels votés par les conseils généraux, en exécution de la loi du 28 juin 1833).........	3,000,000
Dépenses de l'instruction primaire (sur produits de cen-	

(APERÇU STATISTIQUE.)

times facultatifs spéciaux, votés par les conseils généraux).............. 500,000
Écoles normales primaires (fonds spéciaux)........ 200,000
Établissements scientifiques et littéraires.......... 1,673,500
Souscriptions, encouragements, indemnités et secours pour les sciences et pour les lettres........ 526,600
Dépenses des exercices clos. Mémoire.

Total... 13,108,479

INTÉRIEUR.

Traitement du ministre et personnel de l'administration centrale.......... 735,000
Pensions et indemnités temporaires aux employés supprimés par mesure d'économie............... 97,000
Matériel et dépenses diverses de l'administration centrale 214,000
Archives du royaume...... 80,000
Dépenses secrètes et ordinaires de police générale.... 1,265,500
Dépenses du personnel des lignes télégraphiques. — Service ordinaire....... 765,500
Dépenses du matériel des lignes télégraphiques. — Service ordinaire...... 158,000
Dépenses générales du personnel des gardes nationales 110,000
Dépenses générales du matériel des gardes nationales 71,000

3,496,000

Ponts et chaussées et mines.

Administration centrale.... 215,000
Personnel du corps des ponts et chaussées.......... 2,980,000
Personnel du corps et autres dépenses des mines..... 500,000
Subvention à la caisse des retraites................ 355,000
Travaux à entretenir ou à continuer. (Routes royales et ponts) 22,400,000
Id. (Navigation intérieure). 7,020,000
Id. (Ports maritimes et services divers).......... 4,500,000
Travaux à entreprendre... 400,000
Travaux sur produits de droits spécialisés...... 830,000
Travaux extraordinaires de navigation. (Loi du 30 juin 1835, art. 1er).... 1,000,000
Chemins de fer......... 50,000
Frais généraux du service des départements; secours, etc............ 50,000
Subventions aux compagnies pour travaux par voie de concession 700,000

41,000,000

Bâtiments civils et monuments publics.

Entretien des bâtiments et édifices publics d'intérêt général à Paris........ 500,000
Construction et grosses réparations d'intérêt général à Paris............ 140,000
Construction des maisons centrales de détention..... 600,000
Conservation d'anciens monuments historiques..... 120,000
Bâtiments des cours royales 348,000

1,708,000

Beaux-Arts.

Établissem. des beaux-arts. 403,000
Ouvrages d'art et décoration d'édifices publics....... 400,000
Encouragements et souscriptions................ 286,000
Indemnités ou secours à des artistes, etc........... 120,000
Subventions aux théâtres royaux 1,300,000

2,509,000

Établissements de bienfaisance et secours généraux.

Subventions aux établissements généraux de bienfaisance............. 490,000
Secours aux bureaux de charité, institutions de bienfaisance et autres....... 400,000
Secours aux sociétés de charité maternelle......... 120,000
Secours aux étrangers réfugiés en France........ 2,500,000
Secours aux condamnés politiques.............. 300,000
Secours aux orphelins et aux combattants de juillet... 27,000

3,837,000

APERÇU STATISTIQUE.

Dépenses départementales.

Dépenses fixes du personnel des préfectures et des sous-préfectures.......	7,335,000
Dépenses fixes du matériel des maisons centrales de détention, etc........	3,766,534
Dépenses variables........	24,801,298
Dépenses variables imputables sur ressources locales extraordinaires........	934,100
Dépenses extraordinaires facultatives.............	15,613,000
Total...	52,450,000

COMMERCE.

Traitement du ministre et personnel de l'administration centrale...........	418,000
Matériel et dépenses diverses des bureaux...........	81,000
Travaux aux établissements thermaux et aux lazarets.	130,000
Service sanitaire...........	50,000
Haras, dépôts d'étalons, primes, achats d'étalons, etc.	1,500,000
Écoles vétérinaires et encouragements à l'agriculture.	560,000
Conservatoire et écoles des arts et métiers........	400,000
Encouragements aux manufactures et au commerce.	149,000
Encouragements aux pêches maritimes............	3,000,000
Poids et mesures.........	600,000
Secours aux colons.......	935,000
Secours spéciaux pour pertes résultant d'incendies, de grêle, etc............	1,889,622
Total...	9,712,622

MINISTÈRE DE LA GUERRE.

1re SECTION. — *Divisions territoriales de l'intérieur.*

Administration centrale (personnel)...............	1,354,000
Administration centrale (matériel)................	230,000
Frais généraux d'impressions	150,000
États-majors.............	14,632,258
Gendarmerie............	17,362,000
Recrutement............	492,000
Justice militaire..........	208,000
Solde et entretien des troupes	109,942,795
Habillement et campement..	11,088,000
Lits militaires............	4,819,803
Transports généraux......	913,000
Remonte générale........	2,602,674
Harnachement...........	250,000
Fourrages...............	16,370,947
Solde de non-activité......	550,000
Dépenses temporaires.....	4,379,577
Dépôt de la guerre et nouvelle carte de France....	377,000
Matériel de l'artillerie.....	7,112,000
Matériel du génie........	9,475,000
Écoles militaires..........	1,958,000
Invalides de la guerre.....	3,006,589
2e SECTION. — Occupation d'Ancône.............	788,965
3e SECTION. — Possessions françaises dans le nord de l'Afrique..............	20,357,389
Total...	228,420,000

MARINE ET COLONIES.

Administration centrale (personnel)...............	689,100
Administration centrale (matériel)................	174,500
Corps d'agents entretenus, traitements fixes, abonnements, etc............	7,815,400
Solde des corps organisés à terre et des équipages embarqués (hôpitaux et vivres compris)..........	19,198,600
Travaux du matériel naval (ports)...............	16,848,400
Travaux du matériel naval (établissem. hors des ports).	1,700,000
Travaux de l'artillerie (ports)	1,385,700
Travaux de l'artillerie (établissements hors des ports)	550,000
Travaux hydrauliques et bâtiments civils..........	4,754,500
Affrétements et transports par mer..............	118,000
Chiourmes..............	245,000
Dépenses diverses........	264,300
Sciences et arts maritimes (personnel)............	416,000
Sciences et arts maritimes (matériel).............	358,000
Dépenses des services militaires aux colonies......	6,664,400
Subvention au service intérieur des colonies.......	1,000,000
Total...	62,181,900

MINISTÈRE DES FINANCES.

Cour des comptes	1,149,000
Administration centrale des finances (personnel)	5,382,500
Administration centrale des finances (matériel et dépenses diverses)	866,400
Monnaies et médailles.—Service des établissements monétaires	282,600
Cadastre	5,500,000
Frais de trésorerie	2,700,000
Traitements, taxations, commissions et bonifications aux receveurs des finances sur les impôts et revenus directs et indirects	5,186,000
Traitements et frais de service des payeurs	980,000
Total	**22,046,500**

FRAIS DE RÉGIE, DE PERCEPTION ET D'EXPLOITATION DES IMPÔTS ET REVENUS.

Contributions directes.

Service administratif dans les départements	3,753,300

Frais de perception.

Remises des percepteurs	11,045,400
Frais de premier avertissement	274,000
	15,072,700

Enregistrement, timbre et domaines.

Service administratif et de perception dans les départements	9,608,600
Timbre	800,950
	10,409,550

Forêts.

Service administratif et de surveillance dans les départements	3,004,500
Avances recouvrables	669,000
	3,675,500

Douanes.

Service administratif et de perception dans les départements	23,319,748

Contributions indirectes.

Service administratif et de perception dans les départements	20,383,700
Poudres à feu	2,341,300
	22,725,000

Tabacs.

Frais d'exploitation	6,408,000
Achats de tabacs indigènes et exotiques	14,500,000
	20,908,000

Postes.

Service administratif et de perception dans les départements	9,610,800
Transport des dépêches	11,321,660
	20,932,460
Salines et mines de sel de l'Est	158,011
Total	**117,198,969**

REMBOURSEMENTS, NON-VALEURS ET PRIMES.

Restitutions et non-valeurs sur les contribut. directes	30,587,289
Remboursements de sommes indûment perçues sur produits indirects et divers	2,340,700
Restitutions de produits d'amendes, saisies et confiscations attribuées à divers	3,112,000
Primes à l'exportation des marchandises	7,000,000
Escomptes sur le droit de consommation des sels et sur les droits de douanes	2,200,000
Total	**45,239,989**

RÉCAPITULATION GÉNÉRALE DES DÉPENSES.

Dette publique	331,484,292
Dotations	16,510,000
Services généraux des ministères	501,733,660
Frais de régie, de perception, etc.	117,198,969
Remboursements, restitutions, etc.	45,239,989
Total général des dépenses de l'exercice 1837	1,012,166,910

DÉPENSES D'ORDRE.

Imprimerie royale	1,965,300
Chancelleries consulaires	250,000
Poudres et salpêtres	3,239,012
Légion d'honneur	9,172,698

APERÇU STATISTIQUE.

Frais de fabrication des monnaies et médailles.......	837,394
Total...	15,464,404

BUDGET ANNEXÉ A CELUI DU MINISTÈRE DE L'INTÉRIEUR POUR L'EXERCICE 1837.

Exécution des routes stratégiques dans l'Ouest.....	2,500,000
Achèvement des phares et fanaux...............	350,000
Total...	2,850,000

BUDGET GÉNÉRAL
DES VOIES ET MOYENS DE L'EXERCICE 1837.

Contributions directes.

Foncière................	252,927,959
Personnelle et mobilière...	52.437,000
Portes et fenêtres........	27,167,502
Patentes................	32,587,000
Taxe de premier avertissement................	685,000
Total...	365,804,461

Enregistrement, timbre et domaines.

Droits d'enregistrement, de greffe, d'hypothèques, et perceptions diverses.....	165,661,000
Droit de timbre.........	31,000,000
Revenus et prix de vente de domaines.............	4,211,000
Domaines et bois engagés ou échangés...............	300,000
Prix de vente d'objets mobiliers et immobiliers provenant des ministères...	1,550,000
Total...	202,722,000

Coupes de bois.

Principal des adjudications.	19,400,000
Décime, produits accessoires	3,700,000
Total...	23,100,000

Douanes.

Droits de douanes, droits de navigation et recettes accidentelles de douanes...	108,320,000
Droits de consommation des sels..................	54,980,000
Total...	163,300,000

Contributions indirectes.

Boissons et droit de fabrication des bières.........	78,380,000
Diverses taxes et recouvrements d'avances pour divers services...........	35,905,000
Produit de la vente des tabacs	74,380,000
Produit de la vente des poudres à feu.............	4,705,000
Total...	193,370,000

Postes.

Produit de la taxe des lettres	34,060,000
Droit de 5 p. o/o sur les envois d'argent..........	793,000
Produit des places dans les malles-postes..........	1,500,000
Produit des places dans les paquebots.............	2,408,000
Produit des offices étrangers et recettes diverses.	693,000
Total...	39,454,000
Versement au trésor par la ville de Paris, pour la ferme des jeux.........	5,500,000
Produit de la rétribution et des droits universitaires.	3,463,000
Versement du produit des rentes et domaines appartenant à l'université.....	537,000
Salines et mines de sel de l'Est	750,000
	1,025,000

Produits de divers revenus publics.

Droits de vérification des poids et mesures......	1,000,000
Produit de la taxe des brevets d'invention........	300,000
Ressources locales extraordinaires pour dépenses départementales.........	934,168
Pensions et rétributions des élèves des écoles militaires	705,000
Produit de l'ancienne dotation de l'hôtel des invalides de la guerre.......	851,000
Produit de la moitié de la retenue de 3 p. o/o exercée au profit de la caisse des invalides de la marine sur les dépenses du matériel de ce département...	470,000
Recettes de diverses natures	901,967
Total...	5,162,135

Produits divers provenant des ministères............	1,193,000

Produits extraordinaires.

Produits et revenus locaux d'Alger..............	1,700,000
Produit de la rente de l'Inde	1,000,000
Intérêts de la créance sur l'Espagne.............	1,954,404
Prélèvements sur les bénéfices de la caisse des dépôts et consignations.......	1,000,000
Recouvrements sur prêts faits en 1830 au commerce et à l'industrie............	1,200,000
Total...	6,854,404
Recettes de diverses origines	240,000
Produits d'amendes, saisies et confiscations attribuées à divers..............	3,150,000
Total des voies et moyens de l'exercice 1837...	1,014,600,000
Sur cette somme de....	1,014,600,000
il convient de déduire celle de............	117,198,969
pour frais de régie, de perception et d'exploitation des impôts et reven.	
Reste pour faire face aux dépenses............	897,401,031

RECETTES POUR ORDRE.

Imprimerie royale........	2,050,000
Chancelleries consulaires...	250,000
Direction générale des poudres et salpêtres.......	3,236,900
Légion d'honneur........	9,172,698
Retenues sur les matières versées au change......	937,394
Total...	15,646,992

RÉSULTAT.

Les recettes présumées sont de............	1,014,600,000
Les dépenses de......	1,012,166,910
Excédant présumé de recette..........	2,433,090

COLONIES.

Les colonies françaises sont : en Asie et dans l'Hindoustan, Pondichéry et Karikal sur la côte de Coromandel; Yanaon sur la côte des Serkars; Chandernagor et son territoire, et plusieurs loges et factoreries sur la côte du Bengale; Mahé et son territoire, la loge de Calicut sur la côte de Malabar; Surate dans le golfe de Cambaye; et les factoreries de Mascate et de Moka en Arabie.

En Afrique, la France possède Alger et son territoire sur la Méditerranée; l'arrondissement de Saint-Louis et l'île de Gorée, au Sénégal; l'île de Bourbon dans l'Océan indien, et l'île Sainte-Marie près de la côte orientale de Madagascar.

En Amérique, les provinces françaises consistent dans la Martinique, la Guadeloupe, Marie-Galande, les Saintes, la partie orientale de l'île Saint-Martin, la Désirade, les îlots de Saint-Pierre et Miquelon dans les parages de l'île de Terre-Neuve, la Guyane française.

La population des colonies françaises en 1831 était répartie ainsi [1] :

	Population libre.	Esclaves.	Total.
Martinique..	23,417	96,229	119,117
Guadeloupe..	22,334	97,339	119,663
Guyane.....	3,760	19,102	22,862
Bourbon....	27,645	70,285	97,930
Sénégal.....	2,997	11,409	14,406
	80,143	294,434	374,577

ÉTABLISSEMENTS DANS L'INDE.	Indiens et Topas.	Européens.	Total.
Pondichéry..	75,669	776	76,445
Chandernagor	35,612	283	35,895
Karikal.....	33,348	111	33,459
Mahé.......	3,073	29	3,102
Yanaon.....			4,000
			152,901

INDUSTRIE COMMERCIALE.

Sous le gouvernement des rois de la première race, que l'histoire nous représente comme étrangers à tout sentiment de félicité publique, l'industrie et le commerce durent être à peu près nuls, ou se bornèrent seulement à la fabrication et aux échanges des objets de première nécessité. Le gouvernement des rois de la seconde race ne fut, sous ce rapport, guère plus satisfaisant: l'esclavage du peuple et sa condition rendue

---

[1]. *Documents statistiques*, publiés par le ministère du commerce en 1835, pages 64 et 65.

extrêmement malheureuse par la tyrannie sans cesse croissante des seigneurs; l'État sans défense, abandonné lâchement aux ravages des pirates du Nord, et des suspensions de ces ravages, sous le nom de paix, achetées honteusement à prix d'argent; une guerre presque continuelle entre les princes de la famille royale; les souverains n'ayant aucune autorité pour empêcher le mal; une misère à peu près universelle : tel est en général le spectacle que présentait la France pendant leur règne. La plupart des métiers étaient exercés par des artisans isolés, rançonnés, misérables; les industries étaient, pour ainsi dire, patriarcales, exploitées au sein de la famille; chaque ménage fabriquait, à peu d'exceptions près, les objets nécessaires à sa consommation, et la *division du travail* était presque inconnue. Charlemagne fut un météore qui luit un moment au milieu d'une nuit profondément obscure; c'est aux encouragements que lui accorda ce prince que l'industrie française doit ses premiers développements : il entretint des relations amicales avec le roi de Perse pour la sûreté du commerce français; il accueillit les Italiens qui portaient leur industrie dans ses États; il contint les Danois, qui exerçaient la piraterie la plus horrible dans l'océan Germanique; les fabriques, qui jusque-là n'avaient existé que dans les cloîtres, se répandirent dans les campagnes. Mais, à sa mort, ces lueurs d'espérance se dissipèrent, l'industrie et les arts n'attirèrent presque plus l'attention du gouvernement. L'établissement du gouvernement féodal contribua particulièrement à ruiner les manufactures et le commerce; et s'il n'anéantit pas entièrement l'industrie à laquelle ils donnent lieu, elle ne consista que dans la fabrication d'objets d'un besoin absolu, dans des échanges et des ventes dans la banlieue des villes et des villages. Comment aurait-il existé quelque prospérité dans un pays tourmenté et ruiné par des vexations et des extorsions de toute espèce; où un particulier ne pouvait se déplacer, pour faire un voyage de deux lieues, sans courir le danger d'être tué ou dévalisé par les hommes dont les seigneurs se servaient pour se faire la guerre? La renaissance du commerce eut lieu sous Philippe-Auguste. Les croisades, en jetant dans d'autres contrées une multitude de Français, leur firent connaître des jouissances inconnues de la plupart des nations d'Occident, et qu'ils ne purent satisfaire, à leur retour dans leur patrie, que par le commerce, qui allait acheter les marchandises là où elles se trouvent, pour les leur revendre. C'est à cette époque qu'on vit se former des manufactures de toiles à Laval, à Lille, à Cambrai; des fabriques de draps à Amiens, à Reims, à Arras, à Beauvais, et qu'on enrichit la France de l'art de la distillation des vins, de celui de fabriquer les parfums, etc. Saint Louis s'occupa de l'industrie manufacturière, mais seulement sous le rapport de la police, et nullement sous celui des mesures à prendre pour en augmenter l'activité et la perfectionner; toutes les forces industrielles jusqu'alors isolées, se concentrèrent; l'industrie eut sa discipline; l'apprentissage fut soumis à des règles précises; les confréries furent établies, placées sous la protection d'un saint, et gouvernées par un surveillant général. Sous Charles VII, quelques idées saines de l'économie politique se glissèrent dans les actes de l'administration, et portèrent le gouvernement à apporter des restrictions à l'exercice de monopoles funestes concédés à des particuliers. Charles VII montra du zèle pour ranimer le commerce de la partie de la France qui reconnaissait son autorité. Louis XI, dont l'amour désordonné de la chasse causa de grands maux à l'agriculture, mérite des éloges pour différentes mesures qu'il prit dans des vues de bien public; il créa à Tours une manufacture d'étoffes de soie, et introduisit dans les campagnes la culture du mûrier. L'origine des manufactures de soie de Lyon date du règne de François Ier. Henri IV créa différentes manufactures et perfectionna celles qui existaient de son temps. Parmi celles que sa sollicitude a procurées à la France, se trouvent celles de tapis façon de Perse, de tapisserie de haute lisse, de glaces à l'instar de Venise, etc. Des manufactures de toiles façon de Hollande reçurent aussi de lui des encouragements. Sous Louis XIII, l'extension que commençaient à prendre les manufactures et le commerce, fit sentir la nécessité de créer la place de surintendant de la navigation.

Le siècle de Louis XIV, illustré par tous les genres de gloire, fut aussi celui des progrès de l'industrie et du commerce. Ce monarque, convaincu que la prospérité d'une grande nation repose presque entièrement sur le commerce, l'agriculture et l'industrie, s'associa Colbert pour exécuter ses desseins, Colbert, que la France citera avec un juste orgueil au premier rang de ses grands hommes d'État. Avant d'être employé dans les affaires publiques, Colbert avait été commis d'une maison de commerce de Lyon; frappé de bonne heure de l'infériorité de nos manufactures et du peu de développement de notre commerce, il eut bientôt compris la nécessité de favoriser les premières en donnant une vive impulsion au second. Au lieu de laisser subsister les anciens règlements dans leur forme exclusive et tracassière, il les modifia de la manière la plus avantageuse aux besoins nouveaux. Il créa des inspecteurs instruits, chargés de répandre au sein des fabriques les procédés les plus utiles, qu'il faisait acheter ou surprendre à l'étranger par des émissaires intelligents et infatigables. Par ses soins, de grandes routes furent ouvertes ou réparées, le canal du Languedoc fut exécuté, et le canal de Bourgogne entrepris; dans le but d'améliorer le travail de nos manufactures de draps, il détermina Hindret et Van Robais à quitter l'Angleterre et la Hollande et à venir s'établir en France; le désir de créer la fabrication des dentelles superfines et de perfectionner celle des dentelles communes le porta à faire venir trente principales ouvrières de Venise et deux cents de Flandre; on lui doit l'introduction dans nos établissements du métier à bas, la formation de la fabrique de tapisserie des Gobelins; enfin, par l'édit de 1664, il obtint du roi que, tous les ans, un million, qui en vaudrait aujourd'hui plus de deux, serait mis en réserve pour encourager les manufactures et le commerce maritime. En moins de cinq ans, Colbert augmenta la marine de 50 vaisseaux de guerre, 8 galères et 20 brûlots : ainsi la France comptait, en 1672, 60 vaisseaux de ligne et 40 frégates, et en 1681, 198 bâtiments de guerre et 166 mille marins pour le service des équipages et de l'artillerie. Colbert fut à la fois créateur et législateur de l'administration des revenus publics; il décupla les produits en ouvrant à l'industrie, à l'agriculture, une large voie d'améliorations et d'encouragements; il fit un appel à tous les talents, à toutes les hautes capacités, et tous les arts répondirent à son appel par des chefs-d'œuvre.

A la mort de Colbert, l'impulsion donnée à l'industrie ne tarda pas à se ralentir. La révocation de l'édit de Nantes priva la France d'une partie de ses avantages par la persécution aussi injuste qu'impolitique exercée contre les protestants, qui allèrent fonder ailleurs des établissements manufacturiers. Les successeurs du grand ministre, croyant que la prospérité des manufactures ne pouvait être maintenue que par l'observation des règlements de fabrication, se bornèrent à en assurer l'exécution, ce qui rendit tout perfectionnement impossible. Aussi, tandis que l'industrie française se trainait en esclave sur le chemin de la routine, celle de l'étranger étudiait le goût changeant du consommateur, se conformait aux caprices de la mode, variait ses produits, consultait les besoins et les usages de chaque pays, et nous fermait peu à peu tous les débouchés.

Le commerce maritime d'exportation de la nation française occupait, en 1789, 580,000 tonneaux de toutes les nations, et dans ce nombre il existait seulement 152,000 tonneaux français. On comptait en France, à cette époque, plus de 1,000 bâtiments, de 250 tonneaux l'un dans l'autre, employés aux seuls voyages de long cours, tant aux Indes orientales et occidentales qu'aux pêches de la morue et de la baleine.

La valeur totale des importations en France a été, pendant l'année 1789, de 634,365,000 fr., et celle des exportations de 438,477,000 fr.

La révolution française, en délivrant les artisans de toutes les entraves créées par une mauvaise politique, commença une ère nouvelle pour le commerce et l'industrie. Devenus libres en France comme les individus, les arts et métiers, délivrés des jurandes, des maîtrises, des corporations, etc., acquirent un développement extraordinaire. Du moment où la liberté fut rendue à l'exercice de toutes les professions, les nombreux concurrents sentirent qu'ils ne pourraient se distinguer que par un travail plus parfait et plus économique; l'émulation, excitée de toutes parts par l'intérêt et l'amour-propre, fit abandonner le chemin tracé par la routine, afin de parvenir à faire mieux ou au moins à fabriquer à plus bas prix, et partout ces efforts ont été couronnés de succès. Les machines, qui remplacent aujourd'hui la main de l'homme dans presque toutes les opérations de l'industrie manufacturière, ont aussi opéré une grande révolution dans les arts : depuis leur application, on ne peut plus calculer les produits par le nombre de bras employés, puisqu'elles décuplent le travail. Mais c'est surtout aux progrès étonnants de la chimie moderne que l'on est redevable du degré de prospérité auquel sont arrivés les arts et les manufactures. Bloquée de toutes parts, la France s'est vue à une certaine époque réduite à ses propres ressources : toute communication au dehors lui était presque interdite; ses besoins augmentaient, et elle commençait déjà à sentir la privation d'un grand nombre d'objets qu'elle avait tirés jusque-là des pays étrangers : le gouvernement fit un appel aux savants, et en un instant le sol se couvrit d'ateliers ; des méthodes plus parfaites et plus expéditives remplacèrent partout les anciennes ; le salpêtre, la poudre, les fusils, les canons, les cuirs, etc., furent préparés par des procédés nouveaux ; et la France fit voir à l'Europe étonnée ce que peut une nation éclairée lorsqu'on attaque son indépendance.

Sous le Directoire, l'industrie, presque éteinte par six années de guerre, éveilla la sollicitude des chefs de la République ; l'un d'entre eux, Lareveillère-Lépaux, pensa qu'il serait utile de lui rendre quelque activité, et afin d'encourager les *industriels* qui avaient résisté à la tourmente révolutionnaire, il fit décréter la première Exposition publique des produits de notre industrie. Elle eut lieu au Louvre en *1797* ; et, comme il est facile de le supposer, les résultats en furent bien peu satisfaisants ; cependant, quels qu'ils fussent, ils semèrent des germes dont on espéra recueillir plus tard d'heureux fruits. En effet, à peine Bonaparte eut-il saisi d'une main ferme les rênes de l'État, que son génie mesura d'un coup d'œil tout ce qu'avait d'avenir le pays qu'il était appelé à gouverner ; profitant donc des faibles lueurs de paix que l'éphémère traité d'Amiens sembla jeter un instant sur la France, il s'appliqua à attirer en quelque sorte, à la surface du sol, tous les éléments de richesse qui étaient enfouis dans son sein ; au nombre de ces éléments il ne put oublier l'industrie ; il voulut d'abord connaître ses ressources et ses besoins ; dans ce but il décréta l'Exposition publique de 1802.

Cette fois, répondant à l'appel d'un homme qui avait tant fait pour la gloire de la France, savants, artistes, industriels, tous s'empressèrent d'orner de leurs productions les vastes salles du Louvre, et les étrangers admis dans cette brillante enceinte, les Anglais surtout, ne surent qu'admirer le plus, ou de nos ressources et de notre intrépidité pendant la guerre, ou de notre intelligence et de notre activité pendant la paix. A partir de cette époque, une ère nouvelle fut ouverte à l'industrie ; son utilité, jusque-là contestée, fut reconnue par le chef de l'État ; sous sa main puissante elle devint un levier qui, prenant pour point d'appui l'énergique mesure du blocus continental, menaça d'une ruine imminente cette Angleterre qui, seule de l'Europe, n'avait pas vu luire nos armes victorieuses dans l'enceinte de ses villes.

Le règne de Napoléon fut pour l'industrie une longue série de découvertes et de progrès. Chargés tout à la fois de pourvoir aux exigences de la consommation de la France, en partie aussi aux besoins des peuples coalisés avec nous contre l'Angleterre, nos établissements industriels durent se multiplier rapidement pour se mettre au niveau d'une consommation presque européenne, puis abandonner ensuite les sentiers de la routine pour suivre la large voie des perfectionnements. Cette marche, devenue indispensable par la nécessité de remplacer, en les imitant, les produits anglais auxquels étaient habitués les peuples que nous en privions, fut rendue d'autant plus facile que, quittant cette fois le champ des abstractions pour pénétrer dans le domaine positif des faits et de la pratique, la science prêta sa coopération puissante aux recherches tentées par les intelligences industrielles, et montra dans la découverte de machines, ou de procédés simples et peu dispendieux, tout ce qu'on peut attendre d'un travail opiniâtre secondé par le génie.

L'alliance de la science et de l'industrie porta cette dernière à un point de prospérité qui dépassa de beaucoup les florissantes années du règne de Louis XIV ; et comme, en toutes choses, un premier succès n'est considéré que comme un moyen d'en obtenir un second, les immenses bénéfices réalisés par les industriels les plus habiles ou les plus entreprenants furent immédiatement appliqués à la création de vastes ateliers qui rendirent importantes certaines localités jusqu'ici obscures ou ignorées ; de ce nombre sont encore Mulhouse, Saint-Quentin, Tarare, Roubaix, et une foule d'autres qui durent à cette brillante époque les éléments du mouvement et de la richesse qu'elles n'ont cessé de développer jusqu'à nos jours.

Une activité si soutenue et une prospérité si croissante trouvèrent pourtant un terme dans les suites de la fatale campagne de Russie. La défection de nos alliés, en rompant les conventions qui avaient créé le blocus continental, rompit aussi l'harmonie qui existait entre la production et la consommation, et cette cause, grossie plus tard par celle bien autrement funeste de l'envahissement de notre territoire par les armées coalisées, eut pour effet immédiat la complète inactivité de l'industrie que n'alimentait même plus la consommation intérieure.

L'historien, dans son impartialité, a dû sans doute reprocher de graves erreurs à Napoléon, mais il reste à l'industrie un devoir non moins équitable à remplir envers la mémoire de ce grand homme : ce devoir est celui de la reconnaissance. L'industrie peut-elle oublier en effet que c'est par lui qu'elle fut tirée du néant où elle avait été plongée par des actes antérieurs à la révolution et par la révolution elle-même ; que c'est à sa constante sollicitude qu'elle dut la prospérité qu'elle répandit sur la France pendant son règne ; qu'enfin, c'est lui qui lui créa cette importance politique dont elle ne voulut plus déchoir, et qui, barrière puissante, contribua fortement à arrêter, en 1830, l'effet des ordonnances rétrogrades des ministres de Charles X ?

L'industrie néanmoins était momentanément inactive, bien que parvenue à ce qu'on croyait être l'apogée de son développement, lorsque l'abdication de Napoléon à Fontainebleau amena la paix générale. Cette paix, quoique onéreuse à la France, ne tarda cependant pas à faire sentir son heureuse influence sur le sort des peuples, car la certitude du repos, jointe au bien-être, succédant tout à coup à l'inquiétude et aux privations, l'industrie se vit appelée à produire tout ce qu'une consommation long-temps comprimée avait fait naître de besoins dans une population qui, malgré ses pertes, s'élevait encore à vingt-huit millions d'individus. C'est alors qu'on vit naître et grandir cette fièvre industrielle qui tourmenta pendant plusieurs années les esprits intelligents ou actifs que la carrière jusque-là si brillante des armes ne devait plus séduire. Jamais non plus aucune époque ne fut aussi favorable à un mouvement nouveau des esprits.

Par suite du traité de 1814, la France s'était vue dépouillée de ses provinces les plus industrielles ; les unes échurent en partage à la Hollande, d'autres furent agglomérées à la Prusse ; il devint donc nécessaire de remplacer à l'intérieur la production qui nous abandonnait aux frontières. S'il n'avait fallu toutefois que reporter à l'intérieur la production qui nous manquait, ce résultat eût été promptement atteint avec les éléments que nous possédions déjà ; mais là ne se borna pas le rôle déjà si étendu de l'industrie, il était réservé à la paix de le grandir encore.

Le traité de 1814, si funeste à la France à tant d'égards, avait cependant proclamé un grand bienfait, le rétablissement des relations pacifiques de peuple à peuple, relations qui influent d'une manière si puissante sur la civilisation et le bien-être des masses, que ce point demeure aujourd'hui tout à fait incontesté. Ces relations amenèrent des échanges ; et tandis que, d'une part, les produits de nos manufactures trouvaient des débouchés aux lieux riches seulement des productions de leur sol ou des dépouilles de leurs troupeaux, ces mêmes productions introduites à leur tour chez nous sous de faibles droits, permirent à nos industriels de livrer à la consommation des objets réduits de moitié d'abord, puis ensuite des deux tiers de leur valeur primitive. De là une action double et puissante sur la consommation ; car, pendant que, d'un côté, le besoin de travailleurs faisait hausser la main d'œuvre, de l'autre, le bas prix de la matière abaissait les produits manufacturés de telle sorte, que peu de mois suffirent pour en doubler la consommation ; et lorsque cette Angleterre, qui (on doit le reconnaître) nous ouvre la carrière en beaucoup de choses, nous eut appris à suppléer par les machines aux bras qui allaient nous manquer, la production et le bon marché ne trouvant plus de bornes, la consommation suivit ce mouvement, et trois années s'étaient à peine écoulées qu'elle ne semblait pas satisfaite d'une activité industrielle plus que triplée.

Heureux alors nos manufacturiers si, par une prévoyante enquête, ils avaient cherché à entrevoir où devait se rencontrer enfin l'équilibre entre la consommation et la production ! ils auraient évité un choc d'autant plus terrible, qu'il était inattendu. Mais cette ardeur que nous portons en toutes choses ne permit aucune réflexion, aucune trêve ; notre industrie ne put dès lors échapper à cette loi éternelle de la nature qui place la réaction après l'action ; une crise devint imminente, elle se fit sentir en 1818.

Cette crise avertit l'industrie que l'équilibre entre la production et la consommation étant dépassé, il fallait désormais, pour espérer des succès, unir à la prudence dans les combinaisons la perfection dans les produits. Tous les chefs d'établissements industriels qui comprirent cette nouvelle exigence de leur position purent, malgré de nombreux écueils, diriger leur marche de manière à obtenir, sinon de brillants résultats, au moins un dédommagement raisonnable aux efforts qu'ils venaient de tenter; mais ceux qui, moins clairvoyants ou plus enclins à la routine, suivirent leur marche habituelle, firent fausse route et laissèrent le champ libre aux premiers; alors, semblable au navire qu'on allége d'une partie de sa cargaison au milieu d'une tempête, l'industrie, quelque temps débarrassée d'un surcroît de production, reprit une partie de son activité première.

Mais on se lasse promptement des froids calculs de la prudence; aussi cet état de choses, qu'on pouvait considérer comme prospère, ne put-il se maintenir au delà d'une période de cinq années. Une nouvelle crise eut lieu de 1823 à 1824 : moins forte, il est vrai, que la première, parce qu'elle était moins inattendue, mais cependant assez grave pour porter le découragement dans un grand nombre d'établissements. Il fallut cette fois trouver ailleurs que dans la voie des progrès un palliatif à la dépréciation sans cesse croissante des produits manufacturés, et c'est dans cette circonstance que la grave question de la diminution du salaire de l'ouvrier fut abordée, débattue, et, quoiqu'à regret, généralement adoptée. Jusqu'à cette dernière crise, la classe nombreuse et imprévoyante qui vit de son travail, avait, tant que les salaires s'étaient maintenus à un taux élevé, influé d'une manière marquée sur la consommation des produits agricoles et manufacturés; la réduction de ces salaires réagit d'abord d'une manière fâcheuse sur la consommation de ces derniers, puis enfin sur celle des premiers; car, avec moins de travail, ou un moindre prix du travail, le bien-être en tout genre diminue progressivement.

Par cette double diminution de consommation, il y eut nécessairement aussi réduction dans l'emploi des matières premières : ce qui détermina une baisse sensible sur leur cours. Dans cet état de choses, l'agriculture se sentant froissée, réclama de l'administration supérieure une protection abusive à l'égard de quelques-uns de ses produits dont le pays s'alimentait à la fois à l'intérieur et à l'étranger : nombreux dans les chambres, influents près des ministres (nous étions alors en 1825), les grands propriétaires obtinrent sans peine qu'on admettrait leurs réclamations comme base d'une loi de douane; c'est ainsi que les bestiaux, les laines et d'autres produits que nous tirions de nos voisins de l'Est et du Midi, ne nous arrivèrent plus, ou nous parvinrent à grand'peine, frappés qu'ils furent d'un droit qui équivalait à une prohibition. Mais cette mesure, adoptée contrairement aux intérêts généraux du pays, aux intérêts particuliers même de ceux qui l'avaient réclamée, ne tarda pas à donner naissance à un système de représailles dont, en définitive, l'agriculture et l'industrie devinrent les victimes.

Par suite du droit prohibitif imposé en 1826 à l'entrée des matières brutes, nous arrêtâmes les transactions établies avec des peuples qui n'avaient, pour les continuer, qu'un seul moyen, celui que nous venions de leur enlever. Repoussés de notre sol, ils tournèrent leurs regards vers d'autres contrées, qui s'empressèrent d'accueillir le riche tribut que nous refusions; et s'il est vrai de dire que nous ne tirâmes rien de l'étranger, nous ne lui envoyâmes rien non plus, et dès lors il devint évident pour tous les bons esprits que, si déjà l'agriculture avait eu à supporter le contre-coup des premières crises industrielles, elle devait ressentir encore les atteintes d'une crise nouvelle qu'elle venait de provoquer si imprudemment. En effet, à peine nos transactions avec l'étranger furent-elles arrêtées, que la production industrielle, calculée sur un écoulement qui lui échappait au dehors, se ralentit tout à coup pour éviter l'encombrement; de là, diminution de travail, diminution de consommation intérieure, puis enfin, comme conséquence forcée, dépréciation nouvelle des produits agricoles qu'on avait cru favoriser.

Un tel état de malaise créé par l'abandon des vrais principes d'économie politique, qui veulent qu'on admette sous de faibles droits tous les produits bruts qui servent d'aliments aux différentes industries d'un peuple, surtout quand ce peuple trouve dans leur admission un moyen d'échange pour ses produits manufacturés, cet état se perpétua d'année en année, et ce n'était plus qu'à l'aide d'une prévoyance constamment en éveil qu'il devenait possible de suivre une route signalée par de fréquents naufrages, lorsque la révolution de 1830 vint, comme une rude et dernière épreuve, mettre à nu tout à la fois, d'une part, l'imprudente activité d'un grand nombre d'établissements industriels, et de l'autre, l'incurie du gouvernement d'alors.

La commotion de cette époque amena une perturbation générale dans le monde commercial, des faillites nombreuses et accablantes sur tous les points de la France, la cessation absolue de travail pour des milliers d'ouvriers, réduits ainsi au dénûment le plus complet. Tout cela n'est qu'une partie de l'affligeant tableau que présentait alors notre position industrielle. Toutefois, ce n'est point à la révolution de 1830 qu'il faut attribuer les souffrances que nous eûmes à déplorer lorsqu'elle fut accomplie; la cause en remontait à une époque antérieure et prenait principalement sa source dans des concessions aussi partiales que fausses faites à la grande propriété; la révolution n'eut donc d'autre effet que de déchirer brusquement le voile qui masquait aux yeux du plus grand nombre une plaie devenue de jour en jour plus profonde.

Immédiatement après cette violente secousse politique, la perspective d'une guerre avec l'étranger entraînant une guerre civile dans sa marche, ne permit d'abord au nouveau gouvernement d'autres soins que ceux commandés avant tout par la dignité du pays, et, pendant deux années, l'industrie, abandonnée à elle-même, eut à lutter contre des chances de troubles qui lui imposèrent des sacrifices multipliés.

Mais enfin, deux années d'attente ayant éclairci peu à peu cette sombre perspective, la confiance reparut, et avec elle cette activité passagère qui a marqué le cours des années 1833, 1834 et 1835. Cette activité présage-t-elle le retour de l'industrie à un état normal? ou tient-elle seulement aux besoins momentanés d'une consommation quelque temps arrêtée? Ces besoins remplis, une chute nouvelle n'attend-elle pas notre industrie trop confiante?... [1].

FABRIQUES ET MANUFACTURES.

L'industrie française embrasse tous les genres de travaux opérés par la main des hommes et soumis aux combinaisons de leur intelligence et de leurs besoins. Dans l'aperçu statistique de chacun de nos départements, et à la suite de la description de chaque ville, bourg ou village, nous avons fait connaître les principaux objets qui y sont fabriqués. Nous ne passerons donc ici en revue que les principales productions de nos établissements industriels.

Acides minéraux. — La fabrication des acides minéraux a fait en France de grands progrès depuis quelques années, et forme aujourd'hui l'objet d'une industrie très-importante. Les plus grands établissements en ce genre sont situés dans les faubourgs de Paris et aux environs de cette capitale; à Montpellier, Bordeaux, Lyon, Rouen, Belbeuf, Lescure-lez-Rouen; à Couternon, Massannay-le-Bois (Côte-d'Or); à Villequier-Aumont, Urcel, Andelain (Aisne), etc.

Aciéries. — Les principales fabriques d'acier sont celles de Rives (Isère); la Bérardière, le Chambon (Loire); Bèze (Côte-d'Or); le Raveau, près de Cosne (Nièvre); Athis-Mons (Seine-et-Oise); Arc (Haute-Saône); Sarralbe (Moselle); Illkirch (Bas-Rhin); Foix, Pamiers (Ariége); Ria (Pyrénées-Orientales), etc., etc.

Aiguilles à coudre. — Rugles, Laigle, Amboise et Paris sont les principaux lieux où s'exerce cette industrie.

Amidonneries. — Les établissements les plus considérables en ce genre sont ceux de Troyes, Lyon, Toulouse, Valenciennes, Nérac, Lille, Metz, Montpellier, Rouen, Orléans et Paris.

Armes. — Les manufactures royales de Charleville, Tulle, Maubeuge et Mutzig sont renommées, à juste titre, pour la fabrication des armes à feu de luxe et de guerre; mais le grand centre de la fabrication des armes à feu en France est Saint-Étienne. Châtellerault et Klingenthal fabriquent des armes blanches.

Batistes. — Les batistes de Saint-Quentin, de Valenciennes, de Cambrai et de Solesmes, ont une supériorité marquée sur tous les produits en ce genre; aussi sont-elles recherchées avec empressement par les étrangers.

Blanchisseries. — Les plus renommées sont celles de Saint-Quentin, Troyes, Reims, Tarare, Cambrai, Lille, Valenciennes, Abbeville, Arras, Beauvais, le Mans, Laval, Mayenne, Rouen; Alençon et Vimoutiers (Orne); Cernay (Haut-Rhin); Orbec (Calvados); Vezelise (Meurthe), etc., etc.

Boissellerie. — Les principales fabriques se trouvent dans les Vosges et dans les bois de Nouvion, Saint-Gobain et Villers-Cotterets (Aisne).

Bonneterie en coton. — **Cette fabrication**

---

[1] Vicissitudes et progrès de l'industrie française, par J. Randoing.

est disséminée dans un grand nombre de villes, et occupe une multitude d'ouvriers. Troyes et Rouen sont les principales fabriques et celles dont les produits sont les plus estimés. Nîmes est renommé pour ses bas fins et à jour, qui toutefois manquent de solidité; viennent ensuite les fabriques de Caen, Besançon, Nancy, Vitry, Bar-le-Duc, Lyon, Héricourt, Sainte-Marie-aux-Mines, Arcis, Méry, Romilly, Estissac, etc. La fabrication de la bonneterie occupe à Troyes et dans les environs dix mille métiers, onze à douze mille ouvriers, et donne annuellement pour sept millions de produits [1].

Bonneterie en laine. — La bonneterie en laine se fabrique en beaucoup plus de lieux que la bonneterie en coton, mais elle occupe un moins grand nombre d'ouvriers, et ses produits sont beaucoup moins considérables. Montdidier, Grandvilliers, Roye, Fère en Tardenois, Neuilly-Saint-Front, Montolieu, Orléans, Reims, Caen, et leurs environs, etc., ont des fabriques de bas de laine au métier. Poitiers, Chartres et toute la Beauce, Chaumont, Vignory, et quelques autres lieux de la Champagne, s'occupent de la fabrication des bas et des bonnets à l'aiguille.

La fabrication de bonneterie de laine, dite bonneterie de Santerre, est répandue dans au moins soixante communes du département de la Somme. 800,000 kilogr. de laines peignées, d'une valeur d'environ 8 millions, sont employés à cette fabrication, qui occupe 15,000 ouvriers et environ 30,000 fileuses, ouvrières, enfants, etc. [2].

Bonneterie en soie. — Nîmes, Lyon, Paris, Romans, Saint-Jean du Gard, Uzès, le Vigan, Tours, Wasselonne, Montpellier, Ganges, sont les principaux lieux de fabrication.

Bougies. — Paris, Toulouse, Dijon, Chaumont, le Mans, Albi, Tulle, etc., fabriquent des bougies estimées.

Broderies. — Tarare, Lyon, Nancy, Saint-Quentin, Lunéville, Toul, Metz, sont surtout renommés pour leurs broderies sur mousselines, tulles et autres objets.

Bronzes. — L'industrie des bronzes est entièrement concentrée à Paris, où elle occupe cinq mille ouvriers. Ses produits s'élèvent annuellement à environ vingt millions, dont douze à treize sont vendus dans l'intérieur et le reste livré à l'exportation.

Châles. — L'introduction des châles de l'Inde en France ne date que de l'époque de l'expédition d'Égypte. Les premiers que l'on essaya de fabriquer n'étaient autre chose que des écharpes à deux ou trois couleurs, fabriqués sur des métiers *à la tire*, comme les étoffes de Lyon; les seules matières qu'on employa à leur confection furent le coton pour trame, la soie pour chaîne et pour broché. On ne les découpait point à l'envers, parce que le liage actuel du broché n'étant pas encore en pratique, la rupture de la trame brochée aurait entraîné la ruine du dessin. Bientôt MM. Ternaux y employèrent les laines mérinos, et le grand succès qu'ils obtinrent les décida à faire venir de Moscou des laines de cachemire. Le *pas de liage*, c'est-à-dire la combinaison du jeu des lames, au moyen de laquelle on parvient à fixer le dessin de manière qu'il ne soit point sujet à se débrocher, fut alors inventé, et le découpage devint possible. Depuis ce temps-là les bordures cessèrent d'être lourdes et massives comme elles l'étaient auparavant. L'*espoulinage*, perfectionnement apporté à la fabrication des châles en 1819, conduisit à l'imitation complète des cachemires indiens. Dans ce procédé, la main seule de l'homme confectionne le tissu, passe les fils, nuance et varie les couleurs. Les Indes, où la main d'œuvre est à si bon marché, comme en tout pays où la vie et la dignité de l'homme sont comptés pour rien, paraissaient donc avoir l'avantage sur l'Europe pour la fabrication de ce genre de châles; et cependant, dès 1827, nos fabricants assuraient qu'ils pouvaient livrer leurs châles, imitation de ceux de l'Inde, à meilleur marché que ceux qui nous viennent de cette contrée.

La fabrication des châles et de tous les objets qui s'y rattachent s'élève à vingt millions de francs, dont cinq à six millions faits avec le poil de chèvres du Thibet; elle occupe 10,000 ouvriers et plus de 25,000 personnes, hommes, femmes et enfants employés à divers travaux préparatoires ou d'apprêt, formant une soixantaine de fabriques. Plus de la moitié des produits sont exportés aux États-Unis et dans toute l'Europe [1]. Les principales fabriques sont celles

---

[1]. Enquête commerciale, Interrogatoire de M. Fontaine Gris.

[2]. Enquête commerciale, Interrogatoire de M. Arsène Obry.

[1]. Enquête commerciale, Interrogatoires de MM. Hennequin et Deneirouse.

de Paris, Reims, Sèvres, Nîmes, Bohain, Iron, Grouges, Seboncourt, etc.

Chantiers de construction. — Les principaux sont : ceux de Brest, Rochefort, Cherbourg, Toulon, Marseille, Bayonne, Bordeaux, Vannes, Lorient, Nantes, Saint-Servan, le Havre, Dunkerque, Dieppe, etc.

Chapellerie. — Presque toutes les grandes villes ont des fabriques de chapeaux de feutre; mais les plus considérables et les plus renommées sont celles de Lyon et de Paris.

Clouteries. — Il y a en France un grand nombre de clouteries : les unes font des clous pour ferrer les chevaux; d'autres pour l'ardoise, la menuiserie et autres travaux d'art; d'autres fabriquent des clous en fil de fer, employés aujourd'hui à divers usages dans les travaux de bâtiments. Les clouteries les plus importantes sont celles de Champagnole, Hirson, Laigle et les environs, Braize (Allier), Charleville, Rugles, Bordeaux, Paris, Metz, Valenciennes, Raismes, Neufchâteau, etc. — MM. Manesse-Mallez et P. Sirot, de Valenciennes, fabriquent des clous à froid, en fer, en cuivre et en zinc, depuis les plus fortes dimensions jusqu'à celles de 200,000 au kilogramme.

Colle forte. — On en fabrique principalement à Strasbourg, Givet, Saint-Flour, Orléans, Marseille, Bordeaux, Nantes, Bouzonville (Moselle), Lyon, Rouen, et aux environs de Paris.

Corderies. — Toulon, Brest, Rochefort, possèdent de belles corderies pour la marine de l'État; il y en a d'autres pour la marine marchande à Dunkerque, le Havre, Abbeville, Bordeaux, Boulogne, Nantes, Saint-Malo, Vannes, etc. Paris, Soissons, Nogent-sur-Seine, Auray, Lannois, Lille, Limoges, Metz, et plusieurs autres villes fabriquent des cordages, des cordes et des ficelles de toute espèce.

Coutellerie. — Le commerce de coutellerie occupe en France environ 50,000 ouvriers, répartis entre Paris et la province. Châtellerault compte 2,000 ouvriers en ce genre; Langres environ 3,000; Thiers en a au moins 6,000, tant dans la ville que dans les villages environnants; pendant plus de trois lieues le cours de la Durolle présente une suite de cascades formées par les écluses des usines où l'on fabrique des couteaux, des canifs et des rasoirs : on dirait un long escalier sur lequel cette rivière glisse en faisant mouvoir mille machines.

Paris, Langres, Nogent-le-Roi (Haute-Marne), Châtellerault, Thiers, Moulins, sont renommés à juste titre pour leurs fabriques de coutellerie : celles de la France sont peut-être les plus parfaites de l'Europe pour les objets communs. La seule ville de Thiers, dont la population est occupée aux opérations de la coutellerie, a établi une division de travail tellement exacte, que les divers objets qui sortent de ses ateliers pour le service du peuple sont livrés à des prix si bas, qu'aucune fabrique étrangère ne peut lutter avec elle : on y trouve des couteaux à 50 c. la douzaine, des canifs et des ciseaux à 75 c. la douzaine, des fourchettes à 50 c. la douzaine, des rasoirs depuis 5 fr. jusqu'à 10 fr. la douzaine, et tous ces objets ont des qualités convenables à leur usage. Paris, Langres, Châtellerault, Moulins, sont renommés à juste titre pour leurs fabriques de coutellerie fine.

Couvertures de laine. — Les villes où cette fabrication est la plus étendue, sont celles de Reims, Rouen, Beauvais, Lille, Lyon, Orléans, Sommières. Cette dernière ville a douze assortiments de cardes à laine, qui produisent 7 à 800 livres par jour, et vingt-quatre métiers à tisser, qui peuvent confectionner 200 couvertures par jour; environ 400 ouvriers sont occupés à cette fabrication [1].

Cristaux. — La production du cristal en France est concentrée entre quatre établissements : Saint-Louis, Baccarat, Choisy et la Gare; il y a aussi un petit établissement peu important à la Villette. Les quatre grands établissements sont associés entre eux par un acte d'union; ils ont fixé les proportions que chacun devait produire. En même temps un établissement central de vente a été constitué à Paris, et toutes les ventes faites pour chacun des établissements y sont facturées; ainsi une seule volonté fixe la quantité de la production du cristal en France, et son prix.

En 1833, la fabrication totale du cristal s'est élevée à 2,700,000 fr.; savoir : Baccarat, 1,300,000 f.; Saint-Louis, 950,000 f.;

---

[1] Enquête commerciale, Interrogatoire de M. Griolet aîné.

Choisy et la Gare, 450,000 fr. Le capital employé dans les quatre établissements est évalué à 4 millions [1].

Dentelles et blondes. — Les dentelles se fabriquent à Valenciennes, Lille, Dieppe, Alençon, Saint-Lô, Avranches; celles de Valenciennes sont remarquables par leur extrême finesse et par leur solidité. Le Puy fabrique des dentelles communes et des dentelles noires. Les blondes se fabriquent principalement aux environs de Caen, à Bayeux et à Basleroi (Calvados), et à Chantilly (Oise). Le Puy fabrique aussi des blondes de peu de largeur.

Draperie. — On fabrique en France quatre sortes de draps différents les uns des autres : les draps de Sedan, les draps d'Elbeuf et de Louviers, les draps du Midi, et les draps communs pour l'habillement des artisans et des habitants de la campagne. M. Cunin Gridaine évalue à 400 millions la totalité des étoffes de laine fabriquées en France, dont 250 millions sont absorbés par les draps. Sedan, Louviers, et quelques maisons d'Elbeuf, ne fabriquent guère que des draps fins. Les principales fabriques sont ensuite celles de Rouen, Bernay, Caudebec, Darnetal, Clermont-l'Hérault, Lodève, Carcassonne, Limoux, Chalabre, Cenne, Châteauroux, Limoges, Romorantin, Beaumont-le-Roger, Saint-Pons, Saint-Chinian, Vienne, Vire, Montluel, Ambérieux, Vernoux, Conques, Saint-Geniez, Lizieux, Nogent-le-Rotrou, Loches, Mouy, Bitschweiler, etc., etc.

Sedan fabrique annuellement 28 à 30,000 pièces de draps, qui représentent un capital de 20 à 21 millions, et donnent une moyenne de 23 fr. l'aune. La plus basse qualité est de 17 à 18 fr., et les qualités supérieures vont jusqu'à 50 f. On compte dix-huit pompes à feu et trente établissements hydrauliques; le capital absorbé en bâtiments, usines et machines, peut s'évaluer de 70 à 80 millions; la masse des affaires roule sur 18 à 20 millions, et égale un capital presque égal à leur importance [2].

Le capital fixe de toutes les fabriques de Louviers en bâtiments, machines et ustensiles, est de 25 à 30 millions; le prix des draps varie de 18 à 65 fr. [3]

Le capital de toutes les fabriques d'Elbeuf est évalué à 150 millions, exigeant un capital roulant d'environ 75 millions. Cette ville fabrique de 6 à 700,000 pièces de draps, représentant un capital de 50 millions [1].

Le canton de Clermont-l'Hérault fabrique annuellement environ 38,000 pièces de draps, dont 20,000 sont destinées pour l'exportation du Levant et en Égypte, 8,000 pour la consommation intérieure, et 10,000 pour l'habillement des troupes. Les 20,000 pièces exportées représentent une valeur de deux millions de fr.; les 8,000 pièces consommées à l'intérieur, 700,000; les 10,000 pièces pour l'habillement des troupes, 1,700,000 fr. Total : 4 millions [2].

Lodève fait annuellement environ 60,000 pièces, et en a fait jusqu'à cent mille pièces (en 1831). On compte 20 à 25 grands établissements. La population ouvrière s'élève de 8 à 10,000 ames [3].

La fabrique de Carcassonne produit annuellement pour 7 à 8 millions; celles de Limoux, Chalabre et Cenne réunies, pour environ autant. Le capital engagé dans les établissements de Carcassonne est de deux millions à 2,600,000 fr., et davantage dans les autres lieux de fabrique du département. Carcassonne fabrique annuellement environ 30,000 coupes de draps par 18 à 20 aunes, et occupe environ 7,000 ouvriers à la ville et à la campagne; Limoux, Chalabre et Cenne en occupent environ autant. La majeure partie des produits s'exporte dans les échelles du Levant, sur les côtes de Barbarie, quelque peu en Amérique, et très-peu en Sardaigne et en Piémont [4].

La fabrique de Châteauroux produit des draps qui tiennent le milieu entre les bonnes qualités du Midi et les qualités secondaires d'Elbeuf; ils se distinguent surtout par leur force et leur long usage. La production s'élève à environ dix mille pièces, soit 270,000 aunes, au prix de 8 à 11 fr. pour les draps teints en pièce, et 12 à 18 f. pour les draps teints en laine qui sortent des grands établissements. Le nombre d'ouvriers employés à cette fabrication est de 1,800 à 2,000 [5].

---

1. Enquête commerciale, Interrogatoire de M. Eodard et de M. Stéphane Flachat.
2. Id., Interrogatoire de M. Cunin Gridaine.
3. Id., Interrog. de M. Jourdain Ribouleau.

1. Enquête commerciale, Interrogatoire de M. Lefort.
2. Id., Interrogatoire de M. Hercule Maistre.
3. Id., Interrogatoire de M. Benjamin Fournier.
4. Id., Interrogatoire de M. Mandoul.
5. Id., Interrogatoire de M. Muret de Bort.

Épingles. — Cette industrie est presque entièrement concentrée à Laigle et à Rugles.

Faïenceries et poteries. — Il existe en France douze fabriques de faïence fine, dite porcelaine opaque ou terre de pipe; ce sont celles de Creil, Montereau, Choisy-le-Roi, Gien, Forges-les-Eaux, Arboras, deux petites à Nîmes, celle de Sarguemines, deux autres du côté de Thionville, celle de Toulouse, et une petite à Bordeaux susceptible de développement. Il y a en outre une multitude de petites fabriques dans divers départements. Ces fabriques établissent par an pour cinq millions de produits environ [1].

Les produits des fabriques de Montereau, de Creil, de Gien et de Choisy, s'élèvent annuellement à 1,970,000 fr., répartis ainsi qu'il suit : Montereau, 670,000 fr.; Creil, 480,000 fr.; Gien, 460,000 fr.; Choisy, 360,000 fr. Sur cette somme, il paraît que la faïence fine, dite porcelaine opaque, doit être comptée pour un quart environ. Nevers, Lyon, Toulouse, Nancy, Lunéville, et un grand nombre d'autres villes, possèdent aussi des faïenceries et des fabriques de poterie de terre; mais peu des produits de ces fabriques sont exportés au dehors.

La poterie grossière, qui fournit aux besoins des neuf dixièmes de la population, est d'une très-grande importance par le nombre de bras qu'elle occupe : on compte plus de 300 ateliers de ce genre. Sur plusieurs points de la France, les habitants de plusieurs villages et de quelques petites villes sont employés à cette fabrication, dont les produits varient selon la nature des terres qu'on travaille, et la couverte dont on les revêt.

Faux. — Il n'y a guère qu'une trentaine d'années que l'on fabrique des faux et des faucilles en France : les premiers essais que nous avons faits ont présenté les difficultés qui accompagnent toujours l'introduction d'un nouveau genre d'industrie; les premières faux étaient de pesanteur inégale et très-inférieures à celles de Styrie; mais aujourd'hui les forges de Grandvillard (Hautes-Alpes), du Bief d'Étoz, de Jougne, de Sauxillanges, de Ferrières-sous-Jougne, de Moutlebon, de Gras (Doubs), de Doucier (Jura), de Molsheim (Bas-Rhin), de Sabo, près Albi, d'Oradour-sur-Vayres (Haute-Vienne), de Foix et de Toulouse, en livrent au commerce une grande quantité, de qualité égale à celles d'Allemagne. La seule manufacture de MM. Garigou, de Toulouse, produit annuellement 160,000 faux d'excellente qualité, au prix moyen de 2 fr. Oilleville, dans les Vosges, a une manufacture assez considérable de faucilles.

Fer-blanc. — Les principales fabriques sont celles de Carignan, Gouille (Ardennes), Imphy (Nièvre), Montalaire (Oise), la Chaudeau (Haute-Saône), et Bains (Vosges).

Ferronnerie. — Charleville, Boutancourt, Nouzon, Vrignes-aux-Bois (Ardennes), Villedieu-les-Poêles (Manche), Rouillon (Doubs), fabriquent quantité d'objets de ferronnerie en tout genre.

Filatures de coton. — La filature de coton par mécanique n'était presque pas pratiquée en France avant la révolution. La plupart des cotons employés dans nos fabriques étaient filés au rouet ou à la main; une partie des fils était importée de Suisse et d'Angleterre. Depuis cette époque, des établissements immenses se sont formés de toute part; les mécaniques les plus parfaites ont été importées d'Angleterre et perfectionnées par nos artistes : la filature du coton par mécanique est devenue, en peu d'années, une de nos branches d'industrie les plus importantes; et à l'exception des numéros très-fins qu'on introduit en France pour alimenter les fabriques de mousselines de Tarare et de Saint-Quentin, et les fabriques de tulle de Calais, de Douai, etc., les établissements français fournissent à tous les besoins.

On estime la production générale du coton ainsi qu'il suit :

	kilogr.
Aux États-Unis d'Amérique	175,000,000
Dans l'Inde	30,000,000
Au Brésil	12,000,000
Dans les colonies de Bourbon, Cayenne, etc.	3,000,000
En Égypte et dans le Levant	10,000,000
Total	230,000,000

La consommation se partage ainsi :

En Angleterre	150,000,000
En France	40,000,000
Aux États-Unis	18,000,000
En Chine : la moitié de la récolte de l'Inde	15,000,000
En Suisse, Saxe, Prusse et Belgique	17,000,000
Total	240,000,000

---

[1]. Enquête commerciale, Interrogatoire de M. de Saint-Cricq-Cazeaux.

Cet aperçu présente la consommation comme dépassant la production de 10,000,000 de kilogr., ou d'environ 70,000 balles. C'est en effet ce que confirment, d'un autre côté, les relevés commerciaux, et ce qui explique la diminution annuelle des approvisionnements et la hausse des prix.

En France, la filature du coton est évaluée à 3,500,000 broches, produisant annuellement 34,000,000 de k. de cotons filés, évalués, année moyenne, à 170,000,000 fr. On y emploie 37,000,000 de kilogr. de coton brut, évalués à.............. 88,000,000

Il reste pour la main-d'œuvre, le combustible, l'entretien des établissements, les intérêts et les bénéfices.............. 82,000,000

Le capital fixe de la valeur réduite actuelle des machines et ateliers est évalué à 105,000,000 de fr., soit 30 fr. la broche.

Le nombre des ouvriers employés dans la filature doit s'élever de 80 à 90,000. La moyenne des salaires est de 1 fr. 30 c. par individu [1].

Les principales filatures sont celles de Guebwiller, Mulhausen, Wesserling, Sainte-Marie aux Mines et autres localités de l'Alsace; de Saint-Quentin, Rouen, Caen, Amiens, Bar-le-Duc, Lille, Roubaix, Tourcoing, Lyon, Paris, Darnetal, Bolbec, Troyes, Gisors, Nonancourt, etc.

L'industrie alsacienne, y compris la lisière des Vosges, de la Haute-Saône et du Doubs, forme une zone industrielle où l'on compte 56 filatures, dont 40 dans le Haut-Rhin, 4 dans le Bas-Rhin, et 12 dans les départements ci-dessus indiqués. Ces 56 filatures comprennent 700,000 broches en activité (en 1834) et 120,000 broches en construction, ce qui portait, en 1835, le nombre des broches à 800,200, employant annuellement de 8 à 9,000,000 kil. de coton brut : la majeure partie des fabriques filent les numéros 30 à 45, une assez grande quantité le n° 80 jusqu'à 150; sept à huit filatures filent les numéros fins de 140 à 150. La masse des capitaux immobilisés en bâtiments, machines, appareils et outils nécessaires à la filature, représente une valeur de 45 à 50 millions ; le capital roulant est de 60 millions environ. Le nombre d'ouvriers employés à la filature est de 17 à 18,000 de tout âge et de tout sexe. La moyenne des salaires est de 1 fr. 32 c. [1]

Le nombre des filatures existant à Saint-Quentin et dans son rayon est de 37, formant 210,000 broches. Ces fabriques sont mues par des machines à vapeur représentant ensemble une force de deux cents chevaux, et par des cours d'eau évalués à la force de cent chevaux. Elles filent annuellement 1,500,000 kilogr. de coton, qui, au terme moyen de 8 fr. le kilogr., est de 12 millions de francs. Le capital engagé est évalué à la somme de 9 à 10 millions [2].

Rouen et les autres localités du département de la Seine-Inférieure possèdent 240 filatures, grandes et petites, comprenant ensemble 960,000 broches, et filant annuellement 11 à 12 millions de kilogr. de coton brut. Ces fabriques représentent un capital de 38,400,000 fr. [3]

Filatures de laine. — Les villes où sont établies des manufactures de draps sont en partie toutes celles où se trouvent des filatures de laine. Les établissements les plus importants en ce genre sont ceux de Reims, Autrecourt près Sedan, Louviers, Elbeuf, Amiens, Rouen, Lodève, Carcassonne, Clermont-l'Hérault, Castres, Châteauroux, Montauban, etc., etc.

A Amiens, le nombre des métiers à filer la laine s'élève aujourd'hui à 360, répartis entre 42 filatures, lesquelles comprennent de 3 à 36 métiers, ce qui forme environ 60 systèmes de laines peignées, lesquels produisent à peu près 550,000 kilogr. de laine. L'estimation de tous ces métiers peut être portée à 720,000 fr., le capital fixe à 3,500,000 fr., et le capital roulant à environ 3,000,000 de fr. [4]

Roubaix produit pour 1,600,000 fr. de laine filée, et Turcoing pour 3,200,000 fr. [5]

Filatures de soie. — Lyon, Saint-Vallier, Orange, Saint-Donnat, Saint-Remy, Roquevaire, Alais, Tain, Tours, etc., possèdent des filatures de soie.

---

1. Enquête commerciale, Interrogatoire de M. Nicolas Kœchlin.

2. Idem, Interrogatoire de MM. Joly et Bouchart-Demarolle.
3. Id., Interrogatoire de M. Fauquet-Lemaître.
4. Id., Interrog. de M. Pourcelle d'Estrées.
5. Id., Interrogatoire de M. Mimerel.

Flanelles. — Reims, Réthel, Darnetal, Saint-Lô, Lizieux, Dinan, Iffaudic, Chollet, Metz, etc., sont renommés pour leurs fabriques de flanelle.

Fonderies de canons. — Strasbourg, Metz, Douai, Ruelle, le Creuzot, Toulouse, Nantes, Saint-Gervais (Isère), et la forge de la Commune (Ardennes), ont des fonderies de canons.

Fonderies de métaux. — Les principales sont celles de Romilly-sur-Andelle, Imphy, Ivoi-le-Pré, Givet, Nevers, Laigle, Avignon, Paris, Chaillot, etc., etc.

Forges et hauts fourneaux. — Les mines à fer appartiennent à deux catégories bien distinctes. Les unes, les hauts fourneaux et les forges, ont pour objet le traitement des minerais et la conversion de la fonte, soit en fer malléable, soit en acier : elles ne peuvent être établies que dans les localités où se trouvent réunies certaines conditions particulières, qui se réduisent en définitive à la proximité des minerais, du combustible et de la force motrice. Les autres, consacrées à l'élaboration du fer en barres, comprennent des fabrications fort variées, qui ne sont point liées nécessairement aux industries précédentes. Il existait, en 1834, huit cent soixante-huit usines consacrées à la fusion des minerais et à la fabrication du fer et de l'acier de forge. Ces usines, sous le rapport de leurs méthodes de fabrication, et par suite de la nature des combustibles dont elles font usage forment quatre classes bien tranchées : les trois premières sont caractérisées par la fabrication de la fonte et par la conversion de ce produit soit en fer malléable, soit en acier. Ces diverses opérations sont pratiquées, dans les usines de la première classe, avec l'emploi exclusif du charbon de bois ; dans celles de la deuxième, avec l'emploi simultané ou alternatif du charbon de bois et des autres combustibles ; et dans celles de la troisième classe, par l'emploi exclusif du combustible minéral ; enfin, dans les usines de la quatrième classe, le minerai est converti directement en fer malléable ou en acier, exclusivement au moyen du charbon de bois.

Il résulte des recherches de l'administration des mines, appliquées aux quatre époques de 1818, 1825, 1826 et 1827, que la somme de la production des fers en barre, qui, en 1818, était de 800,000 quintaux métriques pour la fabrication au bois, la seule en usage à cette époque, s'est élevée, en 1825 à 1,417,000 quintaux, sur lesquels la fabrication à la houille figure pour 421,000 quintaux ; en 1826, à 1,484,000 quintaux, dont 400,000 fabriqués à la houille ; en 1827, 1,475,000 quintaux, dont 411,000 fabriqués à la houille. Quant à la fonte, la totalité de la production, qui était en 1818 de 1,140,000 quintaux métriques pour la seule production au bois, a été, en 1825 de 1,976,000 quintaux, dont 53,000 fabriqués au coke ; en 1826, de 1,995,000 quintaux, dont 35,000 fabriqués au coke ; et en 1827, de 2,131,000 quintaux, dont 75,000 produits au coke [1].

M. Pasquier, rapporteur de la commission d'enquête sur les fers, évaluait, en 1828, la production annuelle de la fonte en France de deux millions deux cent mille à deux millions trois cent mille quintaux métriques : sur cette quantité, la production de la fonte douce propre au moulage est de 250 à 300,000 quint. mét. La production annuelle du fer forgé est d'un million 400,000 à un million 500,000 quintaux, y compris les produits des forges à la catalane, qui convertissent le minerai immédiatement en fer.

La production du fer forgé se classe en trois grandes divisions, savoir : le fer fabriqué à la houille ; le fer fabriqué au charbon de bois, de qualité dite marchande, et peu supérieure au premier ; enfin, le fer fin, également fabriqué au charbon de bois. La fabrication à la houille fournissait à l'époque du rapport les deux sixièmes de la production totale, le fer de qualité marchande fabriqué au bois trois sixièmes, et le fer fin un sixième seulement [2].

Le montant des capitaux engagés de l'industrie des fers était réparti ainsi :

379 hauts fourneaux au bois, à 100,000 le haut-fourneau....	37,900,00
14 hauts fourneaux au coke, à 175,000 f. l'un	2,450,00
1,125 feux d'affinerie, à 40,000 l'un.......	45,000,00
130 forges à la catalane, par évaluation.....	4,500,00
Capital immobilier......	93,850,00

---

1. Enquête sur les fers en 1828, page 9.
2. Id., page 282.

Capital pour fonds de roulement.................. 93,000,000

Total des capitaux engagés dans l'industrie des forges.. 186,850,000 [1]

La consommation de la France était alors, tant en fonte qu'en fer de toutes qualités, d'environ 300,000 quintaux métriques de fonte de moulerie, et de 1,450,000 quint. mét. de fer [2].

Le relevé des tableaux fournis par les ingénieurs des mines sur la situation de la fabrication du fer en 1831, évalue l'extraction du minerai brut et non lavé à 1,800,000,000 kilogr., qui ont été traités dans 1,246 établissements, renfermant :

Lavoirs à bras...............	2,180
Bocards....................	81
Patouillets.................	279
Fourneaux de grillage........	35
Hauts fourneaux au charbon de bois..................	454
Hauts fourneaux au coke.....	28
Hauts fourneaux au coke et au charbon de bois..........	8
Affineries au charbon de bois.	1,040
Fours à puddler.............	226
Laminoirs à barreaux........	94
Fours à la catalane..........	102
Affineries pour la conversion de la fonte en acier.........	95
Fours de cémentation........	32
Petits fourneaux pour l'acier fondu....................	57
Feux de martinets pour fer et acier.....................	317
Laminoirs de tôlerie à l'anglaise	38
Ferblanteries...............	26
Martinets pour les faux......	29
Fabriques de limes..........	23

Ces feux et ateliers ont occupé 24,000 ouvriers, travaillant dans l'enceinte même des établissements, indépendamment du nombre plus considérable de ceux qui ont été employés au dehors à l'exploitation des mines, fabrication du charbon, transports, etc.

La consommation en combustible a été, pour le charbon de bois, de 500,864,400 kilogr., et pour la houille et le coke, de 324,019,200 kil.

Le produit de cette immense fabrication a été la création d'une valeur considérable, dont le tableau suivant renferme les éléments :

Fonte brute............	34,695,237
Fonte moulée, 1re fusion.	10,076,014
Fonte moulée, 2e fusion.	6,327,909
Fonte mazée............	5,736,749
Fer obtenu de la fonte par le bois.............	43,456,977
Fer obtenu de la fonte par la houille...........	16,500,378
Fer obtenu du minerai...	4,214,073
Acier obtenu de la fonte.	1,936,514
Acier obtenu du minerai.	138,822
Acier de cémentation...	1,846,552
Acier fondu............	353,190
Acier corroyé..........	2,949,900
Fer martiné de toutes formes.................	5,591,041
Fer fondu en vergine....	10,410,802
Feuillart..............	2,147,116
Petits fers............	4,125,434
Fers de tirerie.........	4,215,807
Fil de fer..............	6,762,630
Tôle de fer............	7,150,166
Tôle d'acier...........	347,710
Fer-blanc.............	2,905,862
Ancres................	225,210
Faux..................	658,008
Faucilles..............	300
Limes................	1,597,746

En 1836, le ministre du commerce a distribué aux chambres le compte rendu des travaux des ingénieurs des mines pendant l'année 1835. La plupart des chiffres de ce grand travail diffèrent de ceux que nous avons donnés ci-dessus ; toutefois nous n'avons pas cru devoir les supprimer, parce qu'ils font connaître la différence des évaluations à des époques même très-rapprochées, et que d'ailleurs les calculs ne sont pas présentés de la même manière.

Il résulte du travail publié par le ministère, et résumé dans le tableau imprimé ci-après, que la valeur créée par l'industrie du fer s'élève à cent sept millions quatre cent quinze mille sept cent cinquante-six francs, et que cette industrie occupe annuellement environ trente-huit mille ouvriers.

---

[1]. Enquête sur les fers, page 287.
[2]. Id., page 289.

premier rang. Les deux premiers établissements ont présenté, à l'exposition de 1834, deux glaces remarquables par leurs dimensions : l'une avait 153 pouces sur 93 (14,229 pouces carrés), et l'autre 150 pouces sur 98 (14,700 pouces). Il n'avait pas encore été produit d'aussi grandes glaces.

Horlogerie. — Depuis qu'on traite l'horlogerie commune en manufacture, le prix des montres et pendules a tellement baissé que l'usage en est devenu général. Le seul commerce de l'horlogerie à Paris est un objet de plus de vingt millions par an, et y occupe plus de 10,000 ouvriers : on y trouve des montres d'argent à 12 fr., et des pendules montées à 50 et 60 fr. Les principales fabriques d'horlogerie sont celles de Paris, Versailles, Angers, Mâcon, Besançon, Montbéliard, Saint-Nicolas d'Aliermont et Beaucourt.

Instruments de musique. — Paris, Strasbourg, Mirecourt, et la Couture (Eure), fabriquent des instruments de musique qui sont l'objet d'un commerce fort étendu.

Limes. — Avant la révolution, la fabrication des limes nous était complétement étrangère : les Anglais nous fournissaient les limes fines, l'Allemagne approvisionnait nos ateliers de grosses limes, les râpes provenaient presque toutes des fabriques qui sont au delà du Rhin. — On fabrique des limes à Paris, à Marseille, à Toulouse, à Orléans, au Chambon (Loire); à Ilkirch (Bas-Rhin); à Sahorre et à Ria (Pyrénées-Orientales); mais la manufacture la plus importante est celle d'Amboise, qui à elle seule fabrique annuellement pour 350,000 f., dont 150 à 200,000 de limes fines. La masse des produits de cette manufacture a été, en 1826, de 200,000 paquets de limes dites d'Allemagne, 50,000 douzaines de limes dites façon anglaise, 6,000 carreaux de 5 à 16 pouces, du poids de 3 à 10 livres, 2,000 paquets de limes dites de Nuremberg.

Linge de table. — Saint-Quentin, Lille, Armentières, Loos, Wazemmes, Lizieux, Beaufort, etc., etc., fabriquent du linge de table en fil et en coton, uni et damassé.

Liqueurs. — Lyon, Grenoble, la Côte-Saint-André (Isère), Grasse, Phalsbourg, Verdun, Bordeaux, Andaye, etc., fabriquent des liqueurs renommées.

Meubles. — La fabrication des meubles a été portée à Paris au plus haut degré de perfection ; les meubles riches qu'on y fabrique sont recherchés dans toute l'Europe, à cause de l'élégance des formes, de la beauté des ornements, de la solidité de la construction. On fabrique des meubles dans presque toutes les grandes villes de France ; mais la ville de Paris en confectionne autant à elle seule que toutes les autres villes réunies. L'ébénisterie y occupe environ 4,000 ouvriers, dont un quart au moins sont des fabricants travaillant seuls chez eux ou occupant un ou deux apprentis ou ouvriers.

Machines et appareils à vapeur. — La première machine à vapeur a été établie en France, en 1749, aux mines de Littry (Calvados), pour l'extraction de la houille. Pendant longtemps les machines à vapeur ont été peu employées, et chaque année il n'en a été établi qu'un petit nombre jusqu'en 1816. Mais depuis cette époque les accroissements annuels sont devenus très-sensibles, et ils se sont manifestés d'une manière remarquable dans les dernières années : 64 de ces machines ont été établies en 1830 ; 40 en 1831 ; 77 en 1832 ; 158 en 1833 ; 159 en 1834. Le nombre total des machines à vapeur fonctionnant en France au 31 décembre 1834, était de 1,132, réparties dans 56 départements, et représentant une force de 15,741 chevaux ; la plus forte de ces machines, employée aux forges d'Imphy (Nièvre), était de 105 chevaux ; la plus faible d'un demi-cheval.

Indépendamment des chaudières qui servent à la marche des machines à vapeur, l'industrie a commencé en 1803 à employer de simples chaudières à vapeur pour le chauffage ou pour tout autre usage ; mais jusqu'en 1819 il n'en a été établi qu'un petit nombre : les accroissements annuels se sont manifestés depuis cette époque, et surtout dans les dernières années. En 1830, il a été établi 62 chaudières ; en 1831, 33 ; en 1832, 50 ; en 1833, 86 ; en 1834, 84. Le nombre total des chaudières à vapeur fonctionnant en France à la fin de 1834, était de 720, réparties dans 44 départements [1].

Mines. — L'exploitation des mines est une des branches importantes de l'industrie française : on en jugera par les tableaux suivants :

---

[1]. Compte rendu des travaux des ingénieurs des mines pendant l'année 1835, page 20.

Les usines à fer les plus importantes sont celles du Troncais (Allier); la Voulte (Ardèche); Saint-Nicolas-lez-Rocroi, Boutancourt, Vrigne aux Bois (Ardennes); Vic-Dessos (Ariège); Gincla (Aude); Decazeville (Aveyron); Vierzon, la Guerche, Grossouvre (Cher); Bèze, Forges-sur-Ouche, Cussy-les-Forges, Châtillon-sur-Seine, Sainte-Colombe, Buffon (Côte-d'Or); La Poultière (Eure); Rochejean (Doubs); Alais (Gard); Champagnole, Clairvaux (Jura); Corbançon (Indre); Terrenoire (Loire); les nombreuses usines de la Haute-Marne (on y compte 104 forges et 52 hauts fourneaux); Abainville, Jeand'heurs (Meuse); Hennebon (Morbihan); Creutzwald-la-Houve, Falk, Moyeuvre et Hayange (Moselle); Fourchambault, Garchizy, Guérigny, Pont-Saint-Ours, Donzy, Prémery (Nièvre); Niederbronn (Bas-Rhin); les forges de la Haute-Saône (au nombre de 39, et 35 hauts fourneaux); Bains (Vosges), etc., etc.

L'établissement de Fourchambault est un des plus considérables qui existent en France; l'usine est établie sur une très-grande échelle, et tout ce qui a rapport au travail du fer en ce qui concerne l'étirage, se fait au moyen de laminoirs cannelés, mus par deux machines à vapeur, chacune de la force de soixante chevaux. Seize fours à réverbère sont affectés à l'affinage du fer. Les fontes sont fournies par 18 hauts fourneaux. L'usine de Fourchambault occupe, en y comprenant les hauts fourneaux qui y sont attachés, l'exploitation des bois nécessaires à leur consommation, etc., environ 3,000 ouvriers, qui gagnent, terme moyen, 2 francs par jour. La fabrication moyenne s'élève à 500,000 kilogr. par mois. Les 18 hauts-fourneaux consomment annuellement cent mille cordes de bois, et 52,000 hectol. de houille; 27 millions de kilogrammes de minerai sont nécessaires à leur alimentation [1].

L'établissement du Creuzot, dont les travaux sont momentanément suspendus, se compose de 4 hauts fourneaux, 18 fours à puddler, 6 fours à réchauffer, 2 fours à mazer et 6 fours à balai. Les hauts fourneaux sont mus par une machine à vapeur de la force de 100 chevaux, les forges par une de 75, et une autre de 16 chevaux. Une douzaine de machines à vapeur sont en outre employées à extraire la houille et à tirer l'eau [1].

Les forges de Châtillon-sur-Seine se composent de 13 hauts fourneaux, 11 feux de forge, 8 fours à puddler; elles produisent 8 à 9 millions de fonte, et 4,500,000 à 5 millions de kilogr. de fer [2].

Les forges d'Hayange et de Moyeuvre consistent en 4 hauts fourneaux, 12 fours à puddler, 14 fours à réchauffer, 6 feux d'affinerie ordinaires au charbon de bois, 2 fours à réverbère servant à mazer, 4 machines à vapeur de la force de 25, de 20, de 16 et de 12 chevaux. Ces usines produisent annuellement 5,400,000 kilogr. de fonte au charbon de bois, 600,000 kilogr. au coke, et 5,200,000 kilogr. de fer [3].

Les forges de Vierzon se composent de 5 hauts fourneaux et 14 feux d'affinerie. Elles fabriquent annuellement 3,250,000 kilogr. de fonte, dont un million en fonte moulée, et produisent 1,500,000 kil. de fer [4].

L'établissement de la Poultière comprend 8 hauts fourneaux, dont moitié environ produisent de la fonte en gueuse, et les autres des fontes dites de moulerie; 24 feux de forge, sur lesquels 21 affineries et chaufferies, et 3 feux de renardière pour les fers de tirerie. Les hauts-fourneaux produisent de 10,800 à 2 millions de kilog. de fonte en gueuses, et 2 millions à 2,200,000 kil. de fonte de moulerie; les forges fabriquent un million 7 à 800,000 kilogr. de fer, dont 150 à 200,000 kilogr. propres aux fils de fer [5].

Ganterie de peau. — La ganterie de Paris est justement renommée comme la plus belle de l'Europe; on cite ensuite celle de Grenoble, Chaumont, Blois, Vendôme, Milhaud, Lunéville, Saint-Junien, et Niort pour la ganterie de daim et façon de castor.

Glaces. — La France possède les plus célèbres manufactures de glaces de toute l'Europe, et les glaces de ces manufactures acquièrent chaque jour des dimensions plus grandes, qui les font rechercher avec empressement par toutes les nations. Les manufactures de Saint-Gobain, Cirey et Saint-Quirin, Prémontré, Vaucelles, tiennent le

---

1. Guide pittoresque du Voyageur en France, livraison de la Nièvre, page 5 et suiv.

1. Enquête sur les fers, page 72 et suiv.
2. Id., page 132.
3. Id., page 156 et suiv.
4. Id., page 192.
5. Id., page 251.

Valeur créée dans chaque département par l'exploitation des combustibles minéraux, des métaux, de la tourbe, des sels et des bitumes minéraux, et rapport de cette valeur à la valeur totale créée en France.

DÉPARTEMENTS, rangés suivant l'ordre d'importance de leurs produits.	Exploitation des combustibles minéraux et de la tourbe.	Fabrication et élaborations principales du fer, de la fonte et de l'acier.	Exploitation des métaux autr. que le fer, des sels et des bitumes minéraux.	TOTAL.	RAPPORT.
Loire...........	6,765,112	3,940,623	6,550	10,714,285	0,07212
Nord...........	7,954,586	2,304,372	»	10,258,908	0,06905
Marne (Haute-)..	»	9,973,489	»	9,973,489	0,06713
Saone (Haute-)...	786,165	8,540,008	576,600	9,896,773	0,06661
Cote d'Or......	»	8,114,631	»	8,114,631	0,05461
Ardennes.......	581	6,472,201	»	6,472,782	0,04357
Doubs..........	68,269	5,531,540	271,515	5,871,327	0,03952
Nièvre.........	378,770	5,247,019	»	5,625,789	0,03786
Moselle........	15,158	5,008,289	341,135	5,364,582	0,03610
Charente-Inférre	20,000	»	4,379,496	4,399,496	0,02963
Meuse..........	»	4,182,925	»	4,182,925	0,02816
Cher...........	»	3,628,296	1,449	3,629,745	0,02443
Vosges.........	80,765	3,500,032	700	3,581,497	0,02411
Saone-et-Loire..	1,601,423	1,767,494	22,563	3,391,480	0,02280
Ariège.........	»	3,285,367	»	3,285,367	0,02213
Jura...........	35,890	2,222,782	432,682	2,691,354	0,01811
Dordogne.......	10,685	2,584,522	17,387	2,612,594	0,01759
Rhin (Bas-).....	218,366	1,778,657	445,619	2,442,642	0,01643
Aveyron........	639,096	1,716,757	»	2,355,853	0,01585
Gard...........	876,331	882,484	576,708	2,335,523	0,01572
Isère..........	263,098	1,742,085	18,918	2,024,101	0,01362
Seine..........	»	2,015,901	»	2,015,901	0,01356
Rhin (Haut-)....	26,191	2,671,428	»	1,697,619	0,01143
Aude...........	2,191	762,068	810,000	1,574,259	0,01060
Pyrénées(Basses-)	»	544,078	1,001,433	1,546,411	0,01048
Oise...........	181,265	1,269,674	93,620	1,544,559	0,01040
Loire-Inférieure	665,033	411,124	449,196	1,525,353	0,01027
Eure...........	»	1,483,258	»	1,483,258	0,00998
Meurthe........	»	33,709	1,400,849	1,434,558	0,00965
Indre..........	»	1,401,928	»	1,401,928	0,00944
Aisne..........	113,607	236,329	908,841	1,258,777	0,00847
Ardèche........	69,979	1,065,336	83,600	1,218,915	0,00820
Mayenne........	476,200	696,267	»	1,172,467	0,00789
Somme..........	1,097,600	»	»	1,097,600	0,00739
Pas-de-Calais...	652,262	364,050	»	996,312	0,00670
Calvados.......	823,411	75,980	15,000	914,391	0,00615
Pyrénées-Orient.	»	782,612	113,000	895,612	0,00603
Sarthe.........	375,160	520,343	»	895,503	0,00603
Tarn...........	383,600	500,996	»	884,596	0,00595
Bouch.-du-Rhone.	526,983	54,054	283,000	864,037	0,00582
Landes.........	8,767	804,101	50,000	862,868	0,00580
Orne...........	»	794,824	»	794,824	0,00535
Lot-et-Garonne.	»	781,704	»	781,704	0,00526

APERÇU STATISTIQUE.

Valeur créée dans chaque département par l'exploitation des combustibles minéraux, des métaux, de la tourbe, des sels et des bitumes minéraux, et rapport de cette valeur à la valeur totale créée en France.

DÉPARTEMENTS, rangés suivant l'ordre d'importance de leurs produits.	Exploitation des combustibles minéraux et de la tourbe.	Fabrication et élaborations principales du fer, de la fonte et de l'acier.	Exploitation des métaux autr. que le fer, des sels et des bitumes minéraux.	TOTAL.	RAPPORT.
Garonne (Haute-)	»	773,497	»	773,497	0,00521
Seine-Inférieure	12,280	703,059	18,240	733,579	0,00494
Rhône	113,211	375,160	208,093	696,464	0,00469
Morbihan	»	636,307	24,414	660,721	0,00445
Hérault	221,446	35,803	384,162	651,411	0,00432
Allier	160,119	432,569	36,280	828,968	0,00423
Yonne	120	605,159	»	605,279	0,00407
Vienne (Haute-)	»	575,484	»	575,484	0,00387
Charente	»	525,492	»	525,492	0,00355
Seine-et-Oise	223,285	299,056	»	522,341	0,00352
Gironde	1,800	513,846	»	515,646	0,00347
Indre-et-Loire	»	446,771	»	446,771	0,00301
Vendée	4,701	»	499,009	433,710	0,00292
Côtes-du-Nord	»	388,320	40,000	428,320	0,00288
Finistère	»	»	414,323	412,323	0,00277
Ille-et-Vilaine	»	296,069	34,400	330,469	0,00222
Eure-et-Loire	»	324,868	»	324,868	0,00218
Puy-de-Dôme	104,429	8,510	201,435	314,374	0,00212
Maine-et-Loire	232,920	41,780	»	274,700	0,00185
Manche	»	151,265	111,305	262,300	0,00177
Loire (Haute-)	255,884	»	5,325	261,209	0,00176
Marne	25,760	220,552	»	246,312	0,00166
Vienne	»	231,475	»	231,475	0,00155
Tarn-et-Garonne	»	193,901	»	193,001	0,00130
Corrèze	45,061	142,913	»	187,974	0,00126
Aube	28,736	130,416	»	159,152	0,00110
Var	20,669	21,284	110,000	151,953	0,00102
Pyrénées (Hautes-)	»	147,269	»	147,269	0,00099
Lozère	»	»	118,280	118,280	0,00079
Vaucluse	31,085	77,474	6,000	114,559	0,00077
Lot	233	103,772	»	104,005	0,00070
Loir-et-Cher	»	101,537	»	101,537	0,00068
Loiret	»	99,980	»	99,980	0,00067
Ain	»	12,897	64,385	77,282	0,00052
Drôme	»	47,103	»	47,103	0,00031
Corse	»	36,325	8,000	44,325	0,00029
Sèvres (Deux-)	»	41,606	»	41,606	0,00028
Meuse	22,533	»	»	22,533	0,00015
Alpes (Hautes-)	11,433	»	»	11,433	0,00008
Alpes (Basses-)	9,534	»	»	9,534	0,00006
Cantal	3,150	»	»	3,150	0,00002
Seine-et-Marne	»	»	»	»	»
Gers	»	»	»	»	»
TOTAUX	26,644,883	107,415,756	14,507,245	148,567,884	1,00000

Mousselines. — Lyon, Alençon, Vezelise, Saint-Quentin, et notamment Tarare, fabriquent des mousselines unies et brodées de toutes finesses et qualités.

Orfèvrerie et Bijouterie. — Depuis longtemps la France ne connaît pas de rivale pour la bijouterie et l'orfèvrerie : le goût du dessin, la beauté des formes, l'élégance des ornements, l'égalité constante du titre de la matière, ont acquis à ce genre d'industrie une réputation qu'elle n'a pas cessé un moment de mériter. L'orfèvrerie et la bijouterie forment un commerce de plus de 30,000,000 pour la seule ville de Paris, et occupent près de 4,000 ouvriers.

Ouvrages au tour. — La manufacture la plus considérable et la plus renommée en ce genre d'ouvrage est celle de Saint-Claude, qui fournit la France et une partie des nations civilisées, d'ouvrages en buis, os, ivoire, écaille, corne, etc.; les seuls cantons de Saint-Claude et de Moirans occupent plus de 600 ouvriers.

Papeteries. — Pendant longtemps les Anglais et les Hollandais nous ont surpassés dans la fabrication du papier. Aujourd'hui la France rivalise avec ces puissances pour tout ce qui tient au perfectionnement des usines, et elle leur est de beaucoup supérieure pour toutes les opérations chimiques de cette fabrication. Les magnifiques établissements de MM. Canson et Montgolfier à Annonay; de MM. Firmin Didot, au Mesnil-sur-l'Estrée; d'Écharcon, près d'Essonne; de Jeand'heurs, du Marais, etc., placent à un très-haut degré la fabrique française dans ce genre de travail. Les papeteries les plus importantes sont celles d'Aubenas, d'Annonay, de Vire, d'Angoulême, de Laval, de Jeand'heurs, d'Ambert, de Beaujeu, de Saint-Bresson, de Rambervillers et environs, de Rives, de Courtalin, d'Écharcon, du Marais, du Mesnil-sur-l'Estrée : cette dernière manufacture emploie 250 ouvriers, et fabrique, par les procédés anglais les plus perfectionnés, cinq lieues de papier par jour, sur 4 pieds de large.

Papiers peints. — La fabrication des papiers peints a pris un si grand développement depuis quarante ans, que ses produits servent aujourd'hui à l'ameublement de toutes les classes de la société. Cette industrie s'exerce dans plusieurs localités, mais Paris est la ville où elle a pris le plus de développement. Les manufactures de papiers peints de cette capitale n'ont pas de rivales en Europe pour la beauté, la perfection des dessins et la modicité des prix.

Plaqué. — L'industrie du plaqué a pris un grand développement depuis quelques années. Cette fabrication, qui ne date que d'à peu près quinze ans, est concentrée à Paris, où elle est exercée par neuf fabricants marchands qui ont manège, et par de petits établissements où l'on a un tour et des mandrins. Les Anglais ont sur nous, sous un certain rapport, un avantage marqué, parce que leur cuivre laminé leur revient à un prix de beaucoup inférieur au nôtre; mais, d'un autre côté, les fabricants de Paris se distinguent par le bon goût et la solidité de leurs produits. Cette industrie occupe environ 3,000 ouvriers, et donne lieu annuellement à un commerce de six millions [1].

Porcelaine. — La France a pour la fabrication de la porcelaine un avantage fondamental, celui de la matière première. Le kaolin de Saint-Yrieix, près de Limoges, est plus pur qu'aucun autre kaolin connu, et à cette cause de supériorité s'ajoute celle du goût et des arts du dessin; c'est ce qui explique le progrès énorme que la fabrication de la porcelaine a fait dans ces derniers temps. Les produits des diverses manufactures s'élèvent aujourd'hui à environ 4 millions 500,000 fr., qui représentent, pour la quantité, 8,000,000 au moins au prix où l'on fabriquait il y a dix ans. Les principales manufactures sont celles de Sèvres, Limoges, Saint-Yrieix, Toulouse, Giey-sur-Aujon, Lurcy-Lévy, Bayeux, Bourganeuf, Foecy (Cher), Condom, Chantilly, etc.

Produits chimiques. — Les fabriques françaises de produits chimiques de Rouen, Deville, Clichy-la-Garenne, Bouxvillers, Montpellier, Béziers, Strasbourg, Lyon, Lille, Marseille, Pouilly, Dieuze, plusieurs localités des environs de Paris, etc., etc., etc., ont une supériorité bien marquée sur toutes les fabriques étrangères des mêmes produits.

Quincaillerie. — Saint-Étienne, Charleville, Boulay (Moselle), Thiers, Beaucourt, Nevers, Strasbourg, Molsheim, Châtellerault, Rugles, l'Aigle, etc., sont renommés

---

[1]. Enquête commerciale, Interrogatoires de MM. Parquin, Gandais, Bertholon et Veyrat.

pour leurs fabriques de quincaillerie en tous genres ; le village des Eccorbotins et ses environs fournissent Paris et une grande partie de la France de serrurerie et de quincaillerie commune d'un prix très-modéré. Paris est justement renommé pour la quincaillerie fine.

Raffineries de sucre. — Les plus importantes sont celles de Nantes, Orléans, Paris, Marseille, Roquevaire, Rouen, etc. Les départements de la Somme, du Nord, du Pas-de-Calais, de l'Aisne, de la Côte-d'Or, de la Haute-Marne, de la Meurthe, etc., possèdent un grand nombre de fabriques de sucre de betterave, dont les produits paraissent devoir s'élever, en 1836, à 40 millions de kilogr. de sucre.

Rouennerie. — Rouen, Laval, Bar-le-Duc, et plusieurs autres villes manufacturières, fabriquent une quantité immense de tissus de coton de toute sorte, connus sous le nom de Rouenneries.

On évalue la fabrication des tissus rouennerie en Normandie à 105,000,000 fr. environ. Le capital fixe de cette industrie est d'environ 3 millions pour six cents fabriques ; le capital roulant varie de 35 à 55 millions. Le nombre d'ouvriers employés pour la fabrique de rouenneries, tant dans la Seine-Inférieure que dans une partie des départements de la Somme, du Pas-de-Calais, de l'Aisne, de l'Eure et de la Manche, travaillant pour Rouen, est de 60,000, et celui des employés divers se rattachant à cette industrie, tels que bobineuses, trameuses, ourdineuses, etc., etc., est d'environ 49,170. Le nombre des métiers est d'environ 60,000. La quantité de coton employée annuellement est de 7,500,000 kilogr., représentant, avec les diverses teintures qui y sont appliquées, une valeur de 55,500,000 f.[1]

Rubans de soie. — Les manufactures les plus importantes sont celles de Lyon, Saint-Étienne, Saint-Chamond et Paris.

Savonneries. — Marseille et Bédarieux sont des villes renommées pour leurs savonneries. Grasse et Paris fabriquent des savons de toilette ; Reims, Lille, Amiens, Abbeville, Saint-Quentin, et plusieurs autres villes, fabriquent des savons mous pour diverses manufactures et blanchisseries.

Soieries. — On compte en France environ 70,000 métiers qui fabriquent des soieries et emploient, l'un dans l'autre, 30 kilogr. de soie [1]. On évalue la totalité des soieries fabriquées annuellement à la somme de 140,000,000 de fr., laquelle somme se compose de 80 millions de matière brute, et de 60 millions de main d'œuvre et profits. Lyon, Nimes, Avignon, Tours, Saint-Jean du Gard, Alais, le Vigan, Saint-Étienne, Paris, etc., sont principalement célèbres par leurs fabriques de soieries.

Les manufactures de soieries françaises ont une supériorité marquée sur toutes les autres, et doivent principalement cet avantage au goût qui les distingue : à Lyon surtout, la manufacture est portée au plus haut degré de perfection. Les quatre cinquièmes des soieries fabriquées en France sont exportées.

En 1789, le nombre des métiers à Lyon et dans les faubourgs de cette ville, était de 18,000 ; au mois d'avril 1836, la soierie occupait 24,000 métiers dans Lyon et les faubourgs, et 21,000 dans les campagnes à 12 lieues à la ronde.

Les procédés de fabrication s'étant perfectionnés, surtout pour le façonné, et les étoffes essentielles, celles qui occupent le plus de bras, étant maintenant bien plus légères et plus faciles à fabriquer, il faut admettre que cinq métiers font aujourd'hui autant de travail que 65 à 75 en faisaient avant la révolution. De 1806 à 1820, dans l'établissement de la condition publique, où passent presque toutes les soies achetées, pour que leur poids soit constaté, il a été conditionné, année moyenne, 380,000 kilogr., avec un petit mouvement ascendant. Depuis 1830, le mouvement est devenu plus rapide, et la moyenne de 1830 à 1833 s'élève à 565,000 kilogr. En 1835, il a été conditionné 743,125 kilogr.

On a calculé que dans l'espace de sept années (de 1825 à 1831), le terme moyen de l'importation totale des soies grèges et organsines en France peut être évalué à un million de kilogr., dont un peu plus de moitié est réexporté, principalement en Angleterre ; les neuf dixièmes de cette importation consistent en soie d'Italie.

Tanneries. — On en compte en France

---

[1]. Enquête commerciale, Interrogatoire de M. Ad. Caignard.

[1]. Rapport du docteur Bowring.

plus de deux cents fort importantes, parmi lesquelles nous citerons seulement celles de Paris, Rouen, Meung (Loiret), Lille, Troyes, Saint-Germain en Laye, Sens, Sierck, Rennes, Dinan, Metz, Lonjumeau, Pont-Audemer, etc.

Tapis. — Les tapis sont d'un usage presque général en Orient, en Angleterre et surtout en Hollande. A Paris, l'usage tend à s'en généraliser chez les gens aisés; mais malheureusement la malpropreté des habitations s'opposera encore long-temps, dans les habitations de la classe moyenne, et surtout dans celles des villes de l'intérieur, à l'emploi des tapis : nos escaliers, nos vestibules, nos corridors sont trop souvent des foyers d'insalubrité, qui dégoûtent les propriétaires d'en multiplier l'usage.

Les tapis se divisent en deux catégories : les tapis veloutés et les moquettes; les tapis jaspés et les tapis ras. Paris, Aubusson et Felletin, Beauvais, Abbeville, Tours, Amiens, Besançon, Turcoing, sont les principaux lieux où l'on fabrique des tapis.

La fabrication annuelle des tapis en France est évaluée à 3,500,000 fr. Les villes d'Aubusson et de Felletin, qui occupent 15 à 1800 ouvriers, en confectionnent à elles seules pour environ deux millions, et fabriquent plus de vingt espèces de tissus pour tapis : les tapis veloutés, les tapis ras, les moquettes coupées et épinglées, les écossais, les brochés, les vénitiennes, en un mot toutes les espèces de tissus connus pour tapis [1].

Abbeville fabrique annuellement pour 250,000 fr. de tapis, supérieurs pour la fabrication, le bon goût, les dessins, la bonne confection et l'éclat des couleurs, aux tapis anglais de même qualité [2].

La fabrique des tapis ras produit environ 1,000 pièces, et est susceptible de prendre un grand accroissement; elle est principalement concentrée à Amiens, Abbeville, Turcoing et Besançon. Amiens en fabrique annuellement pour 200,000 fr. [3].

Teintureries. — Paris, Lyon, Reims, Rouen, Sedan, Elbeuf, Louviers, Amiens, Abbeville, Montauban, Troyes, Deville, Bapaume, Avignon, et une multitude d'autres villes manufacturières, possèdent des teintureries importantes. On compte à Rouen et dans les vallées environnantes 87 établissements de teinture, dont 42 exclusivement occupées pour la teinture en grand teint; ces établissements produisent chaque année 2,496,000 kilog. de coton teint [1].

Tissus de coton. — Les départements formés de l'ancienne Normandie, la ville de Troyes et ses environs, la zone alsacienne, la ville et les environs de Saint-Quentin, etc., sont les lieux où il se fabrique le plus de toiles et de tissus de coton. M. Mimerel, délégué des chambres de commerce de Lille, Roubaix et Turcoing, évalue la production générale de coton en France à 600,000,000 de fr. Les salaires, y compris les frais de transport, s'élèvent à 400 millions; nous employons pour 110 millions de matières premières, y compris le blanchiment et les matières colorantes. Les intérêts des capitaux représentent 30 millions; la dépréciation et l'entretien des usines est de 30 millions. En temps ordinaire, les bénéfices des producteurs montent à 30 millions. — Sur ces 600 millions, on emploie 35,000,000 de kilogr. de coton en laine, évalué à 70 millions, et à 180 millions, lorsqu'il est filé [2].

On compte dans la zone alsacienne, qui comprend les départements des Haut et Bas-Rhin, ainsi qu'une partie de ceux des Vosges, de la Haute-Saône et du Doubs, 58 à 60 mille métiers, dont 3,000 métiers mécaniques, occupés aux tissus de coton, et fabriquant annuellement de 1,800,000 à 2,000,000 de pièces de calicots, mousselines et tissus de couleurs variées, qui, au terme moyen de 40 fr. par pièce, représentent une valeur d'environ 80 millions. Soixante-dix mille ouvriers sont annuellement occupés au tissage [3].

Dans la Normandie, environ 20,000 métiers fabriquent des calicots, et emploient annuellement quatre millions de kilogr. de coton [4].

Amiens fabrique annuellement 80,000 pièces de velours et autres tissus de coton [5].

---

1. Enquête commerciale, Interrogatoire de M. Sallendrouze.
2. Id., Interrogatoire de M. Vayson.
3. Id., Interrogatoire de M. Mallet.

---

1. Enquête commerciale, Interrogatoire de M. Lemarchand.
2. Id., Interrogatoire de M. Mimerel.
3. Id., Interrog. de M. Roman et de MM. les délégués du Haut et du Bas-Rhin.
4. Id., Interrogatoire de M. Ad. Caignard.
5. Id., Interrogatoire de M. Delahaye-Martin.

Toiles de fil et de lin. — La perfection à laquelle est parvenue en France la fabrication des toiles, est due à Colbert, qui fit venir de la Flandre des familles instruites dans l'art de filer et de tisser les batistes de Brabant, les toiles damassées de Flandre, etc., et répartit ces familles dans les provinces où l'on fabrique les toiles.

Tous les départements fabriquent aujourd'hui des toiles en plus ou moins grande quantité, mais il en est de plus remarquables en ce genre : tels sont les départements composés des ci-devant provinces de Normandie, de Picardie, de la Flandre, du Cambrésis, de la Bretagne, du Maine, du Dauphiné, de l'Auvergne, du Beaujolais, etc., etc.

Les toiles que l'on fabrique dans les départements formés de la Normandie sont des toiles communes de chanvre et de lin; des blancars, composés exclusivement de fil de lin; les toiles fortes de lin, dont les principales se fabriquent du côté d'Yvetot, de Bolbec, de Lizieux et de Vimoutier, où se font les toiles cretonnes; les toiles à matelas; les toiles damassées; les coutils; les toiles ouvrées pour linge de table, etc., etc.

Les toiles de mulquinerie forment l'objet le plus considérable de la fabrique des toiles dans les départements du Nord et de l'Aisne.

Dans la Somme, on fabrique des toiles à voiles pour les bâtiments qui s'adonnent à la pêche et au cabotage.

Les départements formés de la Bretagne fabriquent beaucoup de toiles de lin pour chemises, mouchoirs et draps; mais la fabrique de toiles à voiles est une des plus considérables; c'est surtout à Rennes, à Dinan, et aux environs de Vitré, de Fougères, de Quimper, de Léon, de Saint-Malo, qu'elles sont établies. Le département du Finistère fabrique aussi des toiles tissues de lin, dites Crest. Saint-Brieux et les environs fabriquent des toiles larges et étroites, dites toiles de Bretagne. Laval et Mayenne possèdent des fabriques de toile de lin très-estimées.

Les départements d'Indre-et-Loire, de la Sarthe, de la Mayenne, des Deux-Sèvres, de la Vienne, fabriquent beaucoup de toiles pour la consommation intérieure, notamment les villes de Mamers, la Ferté-Bernard, Laval, Chollet, Beaufort, Angers, etc.

Le département de l'Isère a des fabriques de toiles de chanvre estimées, établies principalement à Voiron, Grenoble, Mens, Saint-Marcellin et Crémieu. Les départements formés de l'Auvergne ne donnent guère que des toiles communes. Les départements des Basses-Pyrénées fabriquent de bonnes toiles et des mouchoirs dont il se fait un commerce assez important. La fabrique des toiles de lin et de chanvre est assez considérable dans le département de Lot-et-Garonne, notamment à Nérac, Agen et Villeneuve-d'Agen. Le département de la Haute-Vienne fabrique des toiles de chanvre et des siamoises.

Le département de l'Aube fabrique une quantité considérable de toiles de coton dont toutes les chaînes sont composées de fil de lin. Le département de la Haute Marne et les environs de Réthel, de Troyes, de Reims, fabriquent considérablement de toiles de fil de chanvre écru, toiles de ménage, treillis, toiles à sacs et d'emballage, etc.

Une partie des départements du Rhône et de la Loire fournit beaucoup de toiles et de toilerie dite de Beaujolais. Enfin, on fait dans le département des Bouches-du-Rhône des toiles de ménage et du linge de table : Marseille, Toulon, la Ciotat font des toiles à voiles.

Tissus de laine. — On peut diviser la fabrication des tissus de laine en deux grandes catégories : les tissus de laine peignée et les tissus mérinos. Reims, Amiens, Abbeville, le Cateau-Cambrésis, Roubaix et Turcoing, sont les principales villes qui fabriquent des tissus de laine. La fabrication seule des mérinos est évaluée de 16 à 18,000,000 de fr., et le capital engagé dans cette industrie dépasse 25,000,000 de fr.

Le total des produits de l'industrie rémoise pendant le cours d'un an est de 60 millions. Reims peut employer chaque année 3,500,000 kilogr. de laine, lavée à chaud, qui représentent une valeur de 34,500,000 fr. Les tissus fabriqués à Reims sont les tissus mérinos croisés, les tissus lisses, les napolitaines, les flanelles croisées et lisses, les circassiennes, les casimirs, les gilets brochés et les couvertures [1].

La fabrication annuelle des alépines, industrie spécialement exercée à Amiens, est

---

1. Enquête commerciale, Interrogatoire de M. Ed. Henriot.

évaluée à environ 18,000,000 de fr. Roubaix et Turcoing fabriquent pour 10,400,000 fr. de stoffs, lasting, etc. Le Cateau-Cambrésis fabrique des mérinos et des bombasines. Abbeville fabrique des bouracans, des espagnolettes et diverses autres étoffes.

Toiles peintes. — La manufacture de Jouy (Seine-et-Oise), fondée en 1760 par M. Obèrkamp, peut être regardée comme la première en ce genre qui ait été établie en France. Depuis, cette industrie fut prodigieusement multipliée, notamment à Mulhausen, Wesserling, Guebviller, Colmar, Munster, Nantes, Rouen, Bapaume, Darnetal, Deville-lez-Rouen, Bolbec, Avignon, etc., etc., etc.

La fabrique des indiennes ou toiles peintes peut se diviser en trois classes : l'indienne dont s'occupe essentiellement la fabrique de Rouen, qui se vend dans les prix de 75 c. à 1 fr. 50 c. l'aune; l'indienne fine qui fait la grande masse de la fabrication de l'Alsace, dans les prix de 1 fr. 50 c. à 3 fr.; les mousselines imprimées, dans les prix de 2 fr. à 5 fr.

Le département de la Seine-Inférieure compte de 60 à 70 manufactures d'indiennes, qui emploient 11,000 ouvriers et livrent à la consommation 1,100,000 pièces, à peu près, dont la valeur est estimée à 40,000,000 de fr. L'industrie alsacienne occupe 12 à 15,000 ouvriers [1].

Tulles. — L'industrie des tulles comprend à peu près 1,500 métiers, dont environ 390 à Lille, 550 à Calais, 96 à Douai; le reste se répartit dans diverses parties de la France, et plus particulièrement dans les campagnes des environs de Saint-Quentin. Les 1,500 métiers emploient environ 50,000 ouvriers et peuvent produire 13 millions de racks de tulle écru, à 75 c., ce qui fait 9,750,000 f.; la broderie figure pour 20,000,000 de fr.; les frais d'apprêt, etc., etc., se montent à 2,975,000 fr.; ensemble 32,725,000 fr. La quantité de coton employée est de 390,000 demi-kilogr., retors, numéros 170 à 200, et une très-petite quantité du n° 120 pour lisières et séparations.

Il y a à Saint-Quentin et dans les environs, douze fabriques principales, et un plus grand nombre de quatre métiers et au-dessous, qui comptent ensemble 450 métiers, qui ont coûté 4,500,000 fr. Valeur des bâtiments servant aux fabriques, 450,000 fr.; six établissements d'apprêt, 300,000 fr.; capital roulant, 5,000,000; ensemble, 10,250,000 fr. La production des 450 métiers s'élève à 4,000,000 de racks de tulle écru à 75 c., 3,000,000; broderie, 4,000,000; blanc, apprêt, 700,000 fr.; ensemble, 7,700,000 fr. La consommation est de 117,000 demi-kilogr. de coton. Le nombre des ouvriers est de 16,000, dont 15,000 brodeuses [1].

Vannerie fine. — Landouzy, Hirson, Origny et plusieurs autres localités du département de l'Aisne, s'occupent de cette fabrication.

Verreries. — On compte en France 230 verreries, réparties dans 52 départements. Sur ce nombre, 191 sont en activité et occupent 9,986 ouvriers. Ces usines consomment annuellement 314,860 quintaux métriques de houille, 225,770 stères de bois, et 10,334 fagots. La valeur approximative des produits annuels est de 23,571,100 fr. [2]

Un homme placé par ses lumières au premier rang de l'industrie dont nous nous occupons, évalue à 202 le nombre des fours en activité, savoir :

Fours à bouteilles............	90
Fours de verre à vitres........	25
Fours de gobèleterie et verroterie.	75
Fours à cristal................	8
Fours à glaces................	4

La production totale paraît pouvoir être évaluée à 29,000,000 de fr., savoir :

Bouteilles.......	14,000,000
Verre à vitres....	3,500,000
Gobèleterie.....	6,000,000
Cristal.........	3,500,000
Glaces.........	2,000,000

La fabrication des bouteilles est répandue dans toute la France; on compte 10 fours à Rive de Gier, 7 à Bordeaux, 8 dans la vallée de l'Argonne, 8 en Picardie, 7 en Flandre, 2 près de Paris; il y en a aussi en Bretagne, en Normandie, dans le Bourbonnais et dans le Midi. Les principales usines

---

1. Enquête commerciale, Interrogatoires de MM. Roman et Henri Barbet.

1. Enquête commerciale, Interrogatoires de MM. Mimerel et Robert Belin.
2. Id., t. II, page 168.

sont celles de Follembray, Vauxroy, Quincangrogne, Souvigny, Alais, Rive de Gier, Auzat, Sèvres.

Le verre à vitres a ses points principaux de fabrication à Rive de Gier (10 fours), Prémontré, Choisy, Monthermé, Miélin, etc. Gœtzenbruck (Moselle) fabrique des verres de montre.

Les fours à cristal sont répartis comme il suit : 2 et quelquefois 3 à Baccarat, 2 à Saint-Louis, 1 à Choisy, 1 à la Garre, 1 à la Villette.

Saint-Gobain, Cirey et Saint-Quirien, Prémontré et Vaucelles, fabriquent des glaces.

Nous aurions pu comprendre encore dans cet aperçu de nos productions industrielles une foule de fabrications particulières, dont les produits, sans être comparables à ceux des principales branches d'industrie, donnent cependant lieu à un commerce assez considérable. Parmi ces produits il n'en est pas de plus dignes d'intérêt que ceux qui forment, sous le nom d'*articles de Paris*, la base d'une partie essentielle de nos exportations : la lithographie, la librairie, les instruments de précision, la bijouterie, les armes de luxe, la tabletterie, les objets d'arts, etc., etc., ont obtenu de tout temps la faveur des consommateurs étrangers. On ne saurait donner ici un aperçu exact de l'immense quantité d'ouvriers occupés par les diverses fabrications de la capitale, qui dépassent bien certainement une valeur de deux cents millions de francs : les ouvriers qui s'y livrent sont, en général, les mieux rétribués, les plus intelligents, les plus capables, et jouissent d'une santé plus robuste, d'une aisance plus générale.

COMMERCE.

Mieux partagée que l'Angleterre, qui ne fonde en grande partie son commerce étranger que sur l'exportation de produits industriels, dont les autres nations, par leur propre travail, peuvent un jour apprendre à se passer, la France possède, dans son sol aussi étendu que varié, une mine inépuisable de produits naturels, et ces produits, par les qualités qui leur sont propres, lui assurent sans rivalité l'entrée et la conservation des marchés du monde entier. Chaque année elle vend au dehors pour plus de 760 millions de produits de son sol et d'objets manufacturés excédant ses besoins, et achète en retour pour plus de 690 millions de matières premières ou déjà travaillées, dont elle a besoin pour son agriculture et ses fabriques ; c'est là son commerce général, dont le mouvement est de plus de 1,450 millions. Son commerce spécial, celui qui ne se rapporte qu'à sa seule consommation, ainsi qu'à l'excédant de ses produits qu'elle vend au dehors, est d'environ un milliard 50 millions, dont 490 millions pour les importations, et 560 millions pour les exportations. Ce commerce d'exportation et d'importation avec les étrangers est le grand pivot des richesses publiques, lorsque la civilisation est fort avancée ; sans lui, la production se bornerait aux besoins de la consommation locale ; c'est ce commerce qui excite à produire le superflu, qui, par l'exportation, devient le nécessaire des nations étrangères.

Le commerce intérieur, le seul qui appartienne véritablement à la nation, le seul durable et le plus productif, consiste dans l'échange et le transport d'un point à un autre des objets nécessaires à la consommation ; c'est une répartition de l'inégalité des productions naturelles ou artificielles. Il est assez difficile d'évaluer le commerce intérieur ; M. Chaptal évaluait, en 1819, les produits annuels de l'agriculture à . 4,678,728,885 les produits de l'industrie à 1,404,102,400

En supposant exacte cette approximation, et en admettant que ce chiffre n'ait pas changé, le total des produits s'élèverait à 6,082,831,285

Si l'on ajoute à cette somme le montant des importations, qui est de 1,184,413,223

on aura la somme de ... 7,267,244,508 sur laquelle il convient de retrancher le montant des exportations, qui est de .. 1,325,741,366

Le mouvement annuel du commerce intérieur serait donc de 5,941,503,142

COMMERCE DE LA FRANCE DE 1815 A 1834.

COMMERCE SPÉCIAL.

Années.	VALEUR DES MARCHANDISES IMPORTÉES MISES EN CONSOMMATION.				VALEUR DES MARCHANDISES EXPORTÉES.		
	Matières nécessaires à l'industrie	Objets de consommation. Naturels.	Fabriqués.	Totaux.	Produits naturels.	Objets manufacturés.	Totaux.
1815	139,762,530	41,929,007	17,785,224	199,467,661	138,066,484	284,081,292	422,147,776
1816	145,288,250	67,646,078	29,763,715	242,698,753	133,661,491	414,041,826	547,706,317
1817	184,333,681	113,057,196	34,983,646	332,374,523	100,549,540	363,499,849	464,049,389
1818	201,738,348	103,838,338	29,997,802	335,574,488	135,039,148	367,244,935	502,284,083
1819	175,306,929	93,478,147	25,763,210	294,548,256	145,285,660	314,946,564	460,232,224
1820	220,258,708	88,549,013	26,200,945	335,009,566	161,551,591	381,561,183	543,112,774
1821	232,076,542	90,595,428	32,919,887	355,591,857	127,126,597	323,662,246	450,788,843
1822	252,615,686	79,593,579	36,781,268	368,990,533	126,792,824	300,886,332	427,679,156
1823	217,404,955	64,911,452	35,046,455	317,362,862	154,829,230	272,355,627	427,184,859
1824	271,101,280	91,218,224	38,698,823	401,018,127	166,896,366	338,940,146	505,836,512
1825	268,878,060	86,954,957	44,746,523	400,579,530	164,510,109	379,371,060	543,881,169
1826	296,104,305	99,216,231	40,795,936	436,116,472	149,561,029	311,466,142	461,027,171
1827	276,380,167	99,593,935	38,162,899	414,137,001	158,197,142	348,626,595	506,823,737
1828	278,590,868	136,845,918	38,323,551	453,760,337	167,377,012	343,838,910	511,215,922
1829	307,907,130	140,283,128	35,162,581	483,353,130	153,269,519	350,978,110	504,247,629
1830	303,385,328	153,546,829	32,310,528	489,242,685	119,459,235	333,442,106	452,901,341
1831	229,797,889	120,245,270	24,145,380	374,188,539	118,187,097	337,387,384	455,574,481
1832	280,988,356	196,117,755	27,987,377	505,093,488	146,622,345	360,792,629	507,414,974
1833	344,524,041	111,914,600	34,698,830	491,137,471	154,653,027	404,772,027	559,425,054
1834	360,036,968	106,688,951	37,201,121	503,933,048	146,864,551	363,127,826	509,992,377
1835							

COMMERCE GÉNÉRAL.

MARCHANDISES ARRIVÉES.

Années.	PAR NAVIRES FRANÇAIS.			PAR NAVIRES ÉTRANGERS.			PAR TERRE.	Totaux.
	Nombre.	Tonnage.	Valeur des cargaisons.	Nombre.	Tonnage.	Valeur des cargaisons.	Valeur.	
1825	3,387	329,725	220,123,027	4,218	414,670	113,150,281	200,348,084	533,622,392
1826	3,440	355,776	243,248,240	4,910	543,682	147,313,236	174,167,134	564,728,610
1827	3,350	353,102	230,140,195	4,439	475,509	136,042,007	199,621,926	565,804,228
1828	3,465	346,591	242,935,455	4,728	527,639	158,972,008	205,669,858	609,677,321
1829	3,018	331,049	241,178,956	5,070	581,755	170,574,370	195,600,071	616,353,397
1830	3,226	340,171	254,375,794	5,169	669,283	196,318,140	187,644,499	638,338,433
1831	3,375	333,216	203,623,584	3,951	461,194	130,296,489	178,905,178	512,825,651
1832	4,290	399,948	247,342,871	5,651	714,638	224,238,267	181,291,203	652,872,341
1833	3,561	358,157	278,153,354	5,115	622,735	188,963,825	226,158,573	693,275,752
1834	3,965	394,486	301,569,933	6,124	736,918	192,707,608	225,915,795	720,194,336
1835								

MARCHANDISES FRANÇAISES ET ÉTRANGÈRES EXPORTÉES.

1825	3,908	354,311	245,252,999	5,994	400,440	218,885,407	203,155,708	667,294,114
1826	3,580	355,742	220,983,481	5,308	432,672	157,101,419	182,423,869	560,508,769
1827	3,522	346,370	235,129,660	5,321	439,842	210,504,550	156,767,066	602,401,276
1828	3,341	326,835	218,963,080	5,063	460,519	225,044,048	165,915,504	609,922,632
1829	3,101	316,462	216,785,846	4,490	420,228	223,562,445	167,470,355	607,813,646
1830	2,679	258,621	188,918,261	4,139	370,518	220,135,434	163,610,369	572,664,064
1831	2,671	326,253	191,198,457	4,240	362,981	263,029,493	163,941,961	618,169,911
1832	4,045	347,285	243,079,717	4,636	461,704	245,351,655	207,850,760	696,282,132
1833	3,075	318,840	239,948,358	4,580	464,028	310,460,201	215,907,753	766,316,312
1834	4,221	370,217	239,983,876	5,093	518,216	258,176,578	216,544,584	714,705,038
1835								

APERÇU STATISTIQUE.

COMMERCE DE LA FRANCE
AVEC
CHACUNE DES PUISSANCES DE L'EUROPE.

COMMERCE SPÉCIAL.

	IMPORTATIONS			EXPORTATIONS		
	1825.	1830.	1833.	1825.	1830.	1833.
Angleterre	27,473,944	16,119,180	24,417,151	67,454,802	63,969,244	67,913,132
Pays-Bas	67,878,716	59,265,525		56,051,415	36,578,700	
Hollande			4,103,407			11,613,204
Belgique			53,553,014			43,163,661
Suède et Norwège	9,701,842	11,254,040	13,163,070	2,620,818	2,039,783	2,555,491
Danemark	936,874	731,444	2,669,658	1,363,221	1,315,833	1,960,298
Russie	12,663,967	38,294,453	19,523,518	7,039,553	6,707,505	8,036,907
Villes hanséatiques	3,352,004	6,738,974	4,755,772	9,086,319	9,097,603	14,228,494
Autriche	5,304,532	3,129,652	4,695,244	1,106,176	3,557,055	3,648,823
Prusse	12,253,626	18,380,521	12,506,238	8,474,477	8,040,194	6,748,980
Allemagne	26,613,603	32,442,129	21,657,573	33,513,854	35,635,841	37,823,414
Suisse	11,332,24	12,457,704	11,927,713	22,061,527	26,713,733	32,293,146
États sardes	49,210,406	68,558,073	74,709,755	30,931,379	27,579,613	30,193,708
Toscane et États romains	8,744,149	7,215,821	7,064,553	5,426,874	6,966,275	8,529,622
Naples et Sicile	8,613,735	12,732,960	9,504,713	8,622,051	7,022,559	7,179,573
Espagne	16,273,034	22,916,117	30,920,426	53,272,629	34,245,237	44,205,654
Portugal	1,386,977	1,273,017	1,059,105	3,619,334	1,402,820	1,788,083
Turquie	11,687,106	11,236,469		7,760,588	9,657,586	
			11,048,565			9,183,736
Grèce			126,414			1,450,331
Total	276,426,816	322,766,682	305,405,879	310,405,017	280,559,641	332,506,347

COMMERCE GÉNÉRAL.

	1825.	1830.	1833.	1825.	1830.	1833.
Angleterre	38,464,479	24,944,331	39,741,659	99,358,290	103,005,983	116,195,858
Pays-Bas	79,752,118	65,275,282		75,154,248	36,475,666	
Hollande			5,480,678			16,070,201
Belgique			68,844,933			52,348,158
Suède et Norwège	21,038,104	11,625,674	13,404,414	3,098,323	2,538,722	3,206,735
Danemark	1,004,492	836,988	2,842,305	1,432,457	1,602,108	2,468,371
Russie	15,281,195	41,775,855	23,103,800	8,958,959	9,440,779	10,555,791
Villes hanséatiques	6,737,929	9,773,574	8,561,776	11,890,485	12,937,679	18,045,071
Autriche	26,468,464	32,457,658	48,243,379	2,663,250	6,633,919	6,657,401
Prusse	15,239,711	20,671,642	20,491,292	9,649,657	8,382,668	7,401,060
Allemagne	29,755,071	33,452,201	28,367,138	35,711,412	37,558,181	41,945,770
Suisse	18,572,063	19,479,839	31,979,586	31,979,586	41,925,035	58,161,490
États sardes	56,338,489	73,429,079	68,637,600	40,451,412	40,306,952	49,687,122
Toscane et États romains	12,513,300	11,398,535	9,538,663	6,503,049	9,239,706	11,691,229
Naples et Sicile	15,011,007	15,558,095	15,127,867	10,792,909	8,767,058	10,927,145
Espagne	29,516,918	30,791,687	43,844,595	68,452,171	47,318,975	62,491,590
Portugal	1,689,876	2,174,205	1,811,978	4,033,102	1,806,093	2,011,724
Turquie	18,607,703	15,939,049		10,158,794	13,057,960	
			17,164,911			14,412,779
Grèce			823,624			1,965,539
Commerce général avec l'Europe	385,987,019	409,883,704	447,198,614	420,488,304	380,997,452	486,273,043
Commerce spécial avec l'Europe	276,426,816	322,766,682	305,405,879	318,405,017	280,559,641	332,506,347
Commerce spécial hors d'Europe	124,152,684	166,476,003	185,731,592	225,476,152	172,341,700	226,918,707
Commerce général hors d'Europe	147,635,373	228,454,720	246,077,138	246,805,810	191,666,582	280,043,269
Importations	954,201,929	1,167,881,118	1,184,415,925			
Exportations	1,211,174,285	1,025,563,483	1,325,741,306			
Total	2,145,377,203	2,133,446,925	2,510,154,389			

Montant du commerce d'importation et d'exportation pendant 9 années (1825 — 1833) 19,636,996,021 fr., dont la moyenne est de 2,181,888,446.

(APERÇU STATISTIQUE.)

EFFECTIF DE LA MARINE MARCHANDE AU 1er JANVIER 1833.

	Nombre.	Tonnage.
Navires de 800 tonneaux et au-dessus........	1	1,000
Navires de 700 à 800 t.	2	1,442
Navires de 600 à 700 t.	1	625
Navires de 500 à 600 t.	11	5,915
Navires de 400 à 500 t.	44	18,935
Navires de 300 à 400 t.	187	63,902
Navires de 200 à 300 t.	539	132,055
Navires de 100 à 200 t.	1,200	176,403
Navires de 60 à 100 t.	1,485	118,502
Navires de 30 à 60 t.	1,037	46,025
Navires de 30 tonneaux et au-dessous......	10,518	82,303
Totaux....	15,025	647,107

Voici l'état du tonnage en 1833, par direction de douanes :

Bayonne............	6,537
Bordeaux...........	78,915
La Rochelle.........	28,772
Nantes.............	59,389
Lorient.............	43.089
Brest..............	51,341
Saint-Malo..........	53,462
Cherbourg..........	35,025
Rouen.............	96,481
Abbeville...........	23,142
Boulogne...........	14,106
Dunkerque.........	18,373
Toulon............	18,628
Marseille...........	86,159
Montpellier.........	18,518
Perpignan..........	13,791
Bastia.............	6,379
Total....	647,107

La marine marchande française emploie donc 15,025 navires, jaugeant ensemble 647,107 tonneaux, et occupant environ 60,000 marins. Au 31 décembre 1827, la marine marchande anglaise comptait 23,300 navires, jaugeant ensemble 2,460,500 tonneaux et employant 151,400 marins.

La navigation par bateaux à vapeur a eu lieu en 1834 dans 32 départements; le nombre des bateaux a été de 82, non compris les bâtiments de l'État, et sur ce nombre on compte employés :

Au transport des passagers seulement.	46
Id. des marchandises seulement..	1
Id. tant des passagers que des marchandises.................	14
A la remorque..................	13
Id. et au transport des passagers et marchandises...............	8

Ces bateaux, considérés isolément, peuvent admettre au plus 350 passagers, et au moins 20. Leur charge est au plus de 214 tonneaux, et au moins 20. Le nombre des passagers s'est élevé à 924,063, le poids en marchandises à 22,909 tonneaux. — 92 machines à vapeur existent dans les 82 bateaux; 68 sont à basse pression, et 24 à haute pression. De tous les appareils moteurs, le plus fort est celui du bateau à vapeur le *Neptune*, qui sert à la remorque dans la Seine Inférieure : cet appareil est composé de deux machines à vapeur et d'une force totale de cent quarante chevaux [1].

MOUVEMENT DE LA GRANDE ET DE LA PETITE NAVIGATION DE LA FRANCE EN 1833.

ENTRÉE.

	Navires.	Tonnage.
Navigation avec l'étranger et les colonies..	3,561	363,157
Pêche.............	4,442	79,160
Cabotage...........	78,123	2,523,632
Totaux des entrées.	86,126	2,960,949

SORTIE.

Navigation avec l'étranger et les colonies..	3,075	318,840
Pêche.............	4,531	097,129
Cabotage...........	75,957	2,431,342
Totaux de la navigation française.........	84,163	2,847,311

NAVIGATION ÉTRANGÈRE.

Entrée...........	5,115	622,735
Sortie...........	4,580	464,028
Totaux de la navigation étrangère...	9,695	1,086,763
Totaux de la navigation française...	170,289	5,808,260
	179,984	6,895,023

[1]. Compte rendu des travaux des ingénieurs des mines pendant l'année 1835, page 26.

COMMERCE DES COLONIES FRANÇAISES EN 1823, 1829 ET 1832[1].

IMPORTATIONS.	1823.	1827.	1832.
Martinique	13,627,037	23,391,784	17,381,981
Guadeloupe	9,219,078	20,493,960	17,795,925
Guyane	1,923,941	2,754,039	1,882.337
Bourbon	8,944,498	11,026,269	6,763,222
Sénégal	1,886,223	4,415,559	3,268,651
	36,600,777	62,081,611	47,092,116
EXPORTATIONS.			
Martinique	16,840,615	25,726,196	13,946,941
Guadeloupe	16,019,265	22,287,538	16,736,635
Guyane	2,045,427	2,219,992	1,740,370
Bourbon	9,998,627	13,790,107	14,025,926
Sénégal	1,774,837	3,310,518	2,693,862
	46,677,771	67,334,351	49,142,734

COMMERCE DE LA FRANCE PENDANT L'ANNÉE 1834[2].

IMPORTATIONS ET EXPORTATIONS.

IMPORTATIONS.	MARCHANDISES ARRIVÉES, (Commerce général.)			MARCHANDISES MISES EN CONSOMMATION. (Commerce spécial.)	
	par mer.	par terre.	total.	Valeurs.	Dts. perçus.
Matières nécessaires à l'industrie	326,930,746	127,768,462	454,699,208	360,036,968	38,995,758
Objets de consommation naturels	132,633,328	12,876,118	145,509,446	106,688,959	55,863,866
Objets de consommation fabriqués	34,714,467	85,271,215	119,985,682	37,207,121	6,539,343
Totaux	494,278,541	225,915,795	720,194,336	503,933,048	101,398,967

EXPORTATIONS.	MARCHANDISES FRANÇAISES ET ÉTRANGÈRES. (Commerce général.)			MARCHANDISES FRANÇAISES. (Commerce spécial.)	
	par mer.	par terre.	total.	Valeurs.	Dts. perçus.
Produits naturels	177,572,042	60,643,706	238,215,748	146,864,551	663,910
Objets manufacturés	320,588,412	155,900,878	476,489,290	363,127,826	423,432
Totaux	498,160,454	216,544,584	714,705,038	509,992,377	1,087,342

NAVIGATION.

ENTRÉE DES BATIMENTS.	Nombre de navires.	Tonnage.	MARCHANDISES ARRIVÉES PAR MER, (Commerce général.)		
			des colonies françaises.	de l'étranger.	Total.
Navires français	3,965	394,486	70,440,283	231,129,650	301,569,933
Navires étrangers portant pavillon du pays d'où ils viennent	5,171	604,170	—	164,633,353	164,633,353
Navires étrangers autres pavillons	953	132,748	—	28,075,255	28,075,255
Totaux	10,089	1,131,404	70,440,283	423,838,258	494,278,541

1. Documents statistiques, publiés par le ministère du commerce en 1835, page 67 à 69.
2. Tableau général du commerce de la France en 1834, publié par l'administration des douanes.

SORTIE DES BATIMENTS.	Nombre de navires.	Tonnage.	MARCHANDISES FRANÇAISES ET ÉTRANGÈRES EXPORTÉES PAR MER, (Commerce général.)		
			pour les colonies françaises.	à l'étranger	Total.
Navires français	4,221	370,217	49,982,594	190,001,282	239,983,876
Navires étrangers { portant pavillon du pays où ils vont	4,217	376,503	—	211,597,820	211,597,820
Navires étrangers { autres pavillons	866	141,713	—	46,578,758	46,578,758
Totaux	9,304	888,433	49,982,594	448,177,860	498,160,454

ENTREPOTS.

Valeur des marchandises				
en entrepôt au 31 décembre 1833				113,538,626
entrées en entrepôt pendant l'année 1834	Par importation { directe	13,012,920		469,230,967
	{ par transit	410,300,267		
	Par mutation d'entrepôt	46,017,780		
Total				582,869,593
retirées des entrepôts pendant l'année 1834	Pour la consommation	286,582,171		438,968,771
	Pour la réexportation { par mer	60,779,846		
	{ par transit	39,246,632		
	Par mutation d'entrepôt	52,360,112		
en entrepôt au 31 décembre 1834				143,900,822

TRANSIT.

EXPORTATIONS.	Valeurs des marchandises qui, expédiées en transit par la France, ont consommé leur destination pendant l'année 1834.			
	Par navires		Par terre.	Total.
	français.	étrangers.		
Produits naturels	19,295,492	1,658,668	22,955,940	43,910,100
Objets manufacturés	14,343,456	34,637,376	30,879,396	79,860,228
Totaux	33,638,948	36,296,044	53,835,336	123,770,328

PRIMES..... { Valeurs des marchandises exportées avec jouissance de prime............ 88,411,215
{ Sommes payées pour primes.. 9,272,151

NUMÉRAIRE. { Le mouvement en numéraire n'est pas compris dans le relevé des importations et exportations présenté ci-dessus.
{ Les entrées et les sorties qui ont pu en être constatées sont { pour l'entrée, de 97,286,744
{ { pour la sortie, de 192,406,884

SAISIES..... { Valeurs des marchandises saisies { à l'importation............ 1,125,747 } 1,313,022
{ { dans l'intérieur du royaume 187,275 }

FIN DE L'APERÇU STATISTIQUE.

TABLE DES MATIÈRES.

ÉTAT ANCIEN.
Division des Gaules sous les Romains	1
Invasion des Francs	2
Chronologie des rois de France	3
Époques de la réunion à la couronne des diverses provinces	6
Division de la France sous la monarchie	id.
Nomenclature des anciennes provinces	7
Organisation administrative	12
Finances	13
Recettes et dépenses	14
Organisation judiciaire	15
Organisation ecclésiastique	16
Organisation militaire	17
Ordres privilégiés	18

ÉTAT MODERNE.
TOPOGRAPHIE	18
Étendue	id.
Limites	id.
Frontières	id.
Côtes	19
Iles	20
Lignes de partage d'eau	id.
Canaux	22
Mouvement d'élévation des lignes de partage d'eau	id.
Routes	24
GÉOLOGIE	25
SOURCES MINÉRALES	27
MÉTÉOROLOGIE	28
DIVISION DU SOL	29
Division de la France par départements, arrondissements, cantons et communes	31
Étendue et population des départements	id.
Nature et surface des propriétés	32
POPULATION	33
Mouvement de la population de 1817 à 1830	34
Loi de la mortalité en France	35
PRODUITS DOMINANTS DES TROIS RÈGNES	37
PRODUCTIONS MINÉRALES	id.
Or	id.
Argent	id.
Fer	id.
Cuivre	38
Plomb	id.
Étain	id.
Antimoine	id.
Manganèse	id.
Zinc	id.
Houille	id.
Alun	39
Sulfate de fer	id.
Asphalte	id.
Pétrole	id.
Sel gemme	id.
Sources salées	id.
Marais salants	40
Marbres, porphyres, granites, etc.	id.
PRODUCTIONS VÉGÉTALES	44
Céréales	id.
Maïs	id.
Sarrasin	45
Graines oléagineuses	id.
Lin, chanvre	id.
Tabac	id.
Plantes tinctoriales	id.
Houblon	id.
Pommes de terre	id.
Pois, fèves, haricots, etc.	46
Choux, navets, etc.	id.
Betteraves	id.
Légumes et plantes diverses	47
Prairies naturelles	id.
Prairies artificielles	48
Vignes	id.
Arbres fruitiers	61
Bois	62
PRODUCTIONS ANIMALES	63

Chevaux	63
Anes et mulets	64
Bœufs et vaches	65
Moutons	66
Chèvres	id.
Porcs	67
Animaux sauvages, gibier, etc.	id.
Volailles	68
Abeilles	69
Vers à soie	id.
Poissons	id.
INSTRUCTION PUBLIQUE	70
Langue française	id.
Patois	73
Organisation de l'instruction publique	id.
Facultés	id.
Instruction primaire	74
Instruction secondaire	id.
Collèges royaux	75
École normale	id.
Académie de médecine	76
École polytechnique	id.
École d'artillerie et du génie à Metz	id.
École militaire de Saint-Cyr	77
École royale de cavalerie de Saumur	id.
École militaire de la Flèche	78
Écoles vétérinaires	id.
Institution des jeunes aveugles	id.
Institution des sourds-muets	79
Institutions diverses	id.
Principales bibliothèques	80
Personnel de l'instruction publique	id.
ORGANISATION POLITIQUE	id.
ORGANISATION ADMINISTRATIVE	id.
ORGANISATION JUDICIAIRE	82
Tribunaux civils	id.
Justices de paix	id.
Tribunaux de première instance	83
Conseils de prud'hommes	id.
Tribunaux de commerce	id.
Tribunaux administratifs	id.
Cours royales	84
Cour de cassation	id.
Tribunaux criminels	85
Tribunaux de simple police	id.
Tribunaux correctionnels	id.
Cours d'assises	86
Jury	id.
Conseils de guerre	87
Tribunaux maritimes	id.
Personnel de l'ordre judiciaire	88
ORGANISATION ECCLÉSIASTIQUE	id.
ORGANISATION FINANCIÈRE	89
ORGANISATION MILITAIRE	id.
Effectif de l'armée en 1836	91
GARDE NATIONALE	92
LÉGION D'HONNEUR	93

MARINE	94
Personnel de la marine	id.
Matériel	id.
HOSPICES ET HÔPITAUX	id.
BUREAUX DE BIENFAISANCE	95
ENFANTS TROUVÉS	id.
MONTS-DE-PIÉTÉ	id.
PRISONS	id.
CAISSES D'ÉPARGNES	id.
BUDGET GÉNÉRAL POUR 1837	96
Dépenses	id.
Dette publique	id.
Justice et cultes	id.
Affaires étrangères	97
Instruction publique	id.
Intérieur	98
Commerce	99
Guerre	id.
Marine et colonies	id.
Finances	100
Budget des voies et moyens	101
COLONIES	102
INDUSTRIE COMMERCIALE	id.
FABRIQUES ET MANUFACTURES	108
Acides minéraux	id.
Aciéries	id.
Aiguilles à coudre	id.
Amidonneries	id.
Armes	id.
Batistes	id.
Blanchisseries	id.
Boissellerie	id.
Bonneterie en coton	id.
Bonneterie en laine	109
Bonneterie en soie	id.
Bougies	id.
Broderies	id.
Bronzes	id.
Châles	id.
Chantiers de construction	110
Chapellerie	id.
Clouteries	id.
Colle-forte	id.
Corderies	id.
Coutellerie	id.
Couvertures de laine	id.
Cristaux	id.
Dentelles et blondes	111
Draperies	id.
Épingles	112
Faïenceries	id.
Faux	id.
Fer. Voyez forges	id.
Fer-blanc	id.
Ferronnerie	id.
Filatures de coton	id.
Filatures de laine	113
Filatures de soie	id.

Flanelles	114	Savonneries	123
Fonderies de canons	id.	Soieries	id.
Fonderies de métaux	id.	Tanneries	id.
Forges et hauts fourneaux	id.	Tapis	124
Ganterie de peau	117	Teintureries	id.
Glaces	id.	Tissus de coton	id.
Horlogerie	118	Toiles de fil et de lin	125
Instruments de musique	id.	Tissus de laine	id.
Limes	id.	Toiles peintes	126
Linge de table	id.	Tulles	id.
Liqueurs	id.	Vannerie fine	id.
Meubles	id.	Verreries	id.
Mines (exploitation des)	id.	**Commerce**	127
Mousselines	122	Commerce de la France de 1815 à 1834	128
Orfévrerie et bijouterie	id.	Commerce de la France avec chacune des puissances de l'Europe	129
Ouvrages au tour	id.		
Papeterie	id.		
Papiers peints	id.	Effectif de la marine marchande au 1er janvier 1833	130
Plaqué	id.		
Porcelaine	id.	Mouvement de la navigation en 1833	id.
Produits chimiques	id.		
Quincaillerie	id.	Commerce des colonies françaises en 1823, 1829 et 1832	131
Raffineries de sucre	123		
Rouenneries	id.	Commerce de la France pendant l'année 1834	id.
Rubans de soie	id.		
		Table des matières	133

FIN DE LA TABLE DES MATIÈRES.

IMPRIMERIE DE FIRMIN DIDOT FRÈRES ET Cie,
RUE JACOB, n° 24.

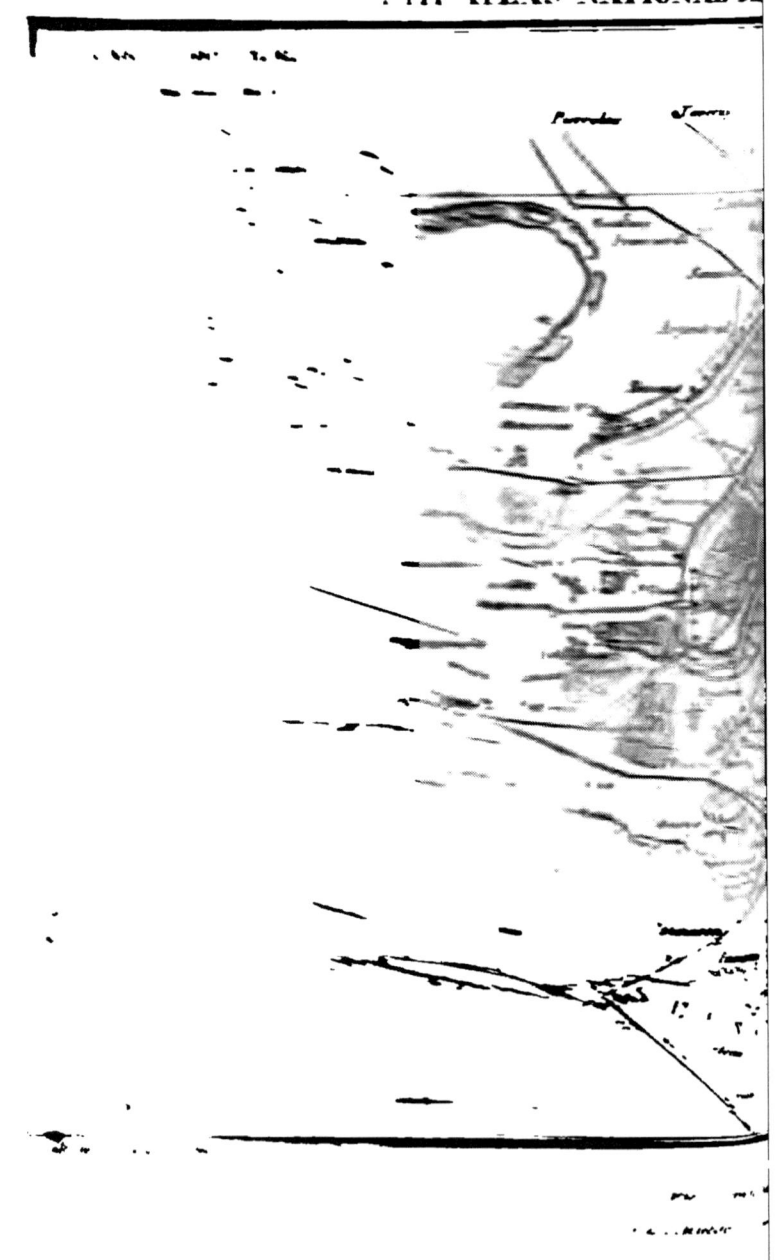

DÉPARTEMENS DE LA FRANCE.

Guide Pittoresque
DU
VOYAGEUR EN FRANCE.

PARIS ET SES ENVIRONS.

DÉPARTEMENT DE LA SEINE.

APERÇU STATISTIQUE.

Le département de la Seine est formé en entier d'une partie de la ci-devant province de l'Ile-de France, et tire son nom, comme la plupart de ceux du royaume, de sa principale rivière, qui le traverse du sud-est au nord-ouest. Enclavé dans le département de Seine-et-Oise, c'est le plus petit de tous les départements de la France, mais c'est le plus peuplé relativement à sa superficie. — Le climat est sain et tempéré; la hauteur moyenne annuelle du thermomètre est de + 9 à 10 degrés de Réaumur; la température moyenne de l'été est de + 18°, et celle de l'hiver de — 3°. Toutefois cette température est sujette à de grandes variations : dans l'été de 1793, le thermomètre s'est élevé jusqu'à + 30°; il marquait + 28° dans les mémorables journées de juillet, et descendit à — 18° dans l'hiver de 1795. La Seine gèle, après quelques jours d'un froid continu, de — 6°. — Les vents dominants sont ceux du sud, de l'ouest et du nord; les deux premiers amènent la pluie et l'humidité. Les vents du nord-est, de l'est et du sud-est, amènent presque toujours le beau temps; mais ils ne soufflent guère que pendant un quart de l'année.

Le territoire du département de la Seine est généralement uni : on y trouve cependant quelques collines, mais point de montagnes proprement dites. Les points culminants, au-dessus du niveau de la mer, sont la butte Montmartre, dont l'élévation est de 136 mètres, et la butte Saint-Chaumont, élevée de 123 mètres. — Le sol n'est pas également bon dans toute son étendue : cependant la grande quantité d'engrais qu'offre le voisinage de la capitale, et le soin particulier que l'on donne à la culture, suppléent à la qualité du terrain. Il s'y trouve beaucoup de collines, des plaines de la plus grande fertilité et des pâturages excellents. On cultive une très-grande quantité de légumes et d'arbres fruitiers dans les terres sablonneuses et légères; ils forment le principal produit des communes rurales les plus voisines de Paris. La Seine et la Marne, dont la navigation active favorise un commerce considérable, y coulent dans plusieurs directions, fertilisent de belles plaines et de riches prairies, au-delà desquelles de riants coteaux, couverts d'habitations charmantes, offrent des sites agréables et variés, embellis par un paysage enchanteur. Une infinité de grandes routes le traversent en tous sens. Ces routes, bordées de deux rangs de beaux arbres, larges et pavées sur toute leur longueur, ressemblent à de magnifiques avenues, qui annoncent le voisinage et l'opulence de la capitale du plus beau royaume du monde. Les campagnes voisines de Paris participent du luxe, de l'aisance et de la magnificence de cette grande cité. Les bois de Boulogne, de Vincennes, de Meudon, de Fleury, et quelques bouquets disséminés à Romainville, Bondy, Fontenay, etc., forment aux environs des promenades solitaires délicieuses.

Le département de la Seine a pour chef-lieu Paris, ville capitale du royaume. Il est divisé en 3 arrondissements et en 20 cantons, renfermant 81 communes. — Superficie, 22 lieues carrées. — Population, 935,108 habitants.

MINÉRALOGIE. Indices de manganèse, pyrites sulfureuses. Carrières nombreuses de pierre à bâtir à Saint-Maur, Neuilly, Ivry, Arcueil, Bagneux, Vaugirard, etc. Plâtre d'excellente qualité à Montmartre, au Mont-Valérien, Châtillon, Belleville, Ménilmontant. Sable à fonderies. Argile de diverses natures. Craie. Tourbe, etc.

SOURCES MINÉRALES à Passy, à Auteuil. Indices de sources sulfureuses à Villetaneuse.

PRODUCTIONS. Toutes les céréales, légumes et fruits en abondance ; vin, cidre ; très-peu de bois, pâturages. Menu gibier. Bon poisson d'eau douce. Vaches laitières, ânesses, chèvres, moutons mérinos, chèvres cachemires. — Nombreuses pépinières. Culture en grand des légumes potagers, portée au plus haut degré de perfection.

INDUSTRIE. Manufactures de draps fins, tissus mérinos et cachemires, châles, gazes, tulles, crêpes, blondes, dentelles, indiennes ; papiers peints. Fabriques de chapellerie ; passementerie, mercerie ; bonneterie de soie et de coton ; broderies en tout genre, modes, nouveautés, chapeaux de paille et de soie, fleurs artificielles ; sellerie et carrosserie ; meubles, bronzes et dorures, acier poli ; coutellerie de luxe ; horlogerie, orfévrerie, joaillerie, bijouterie fine et fausse, plaqué d'or et d'argent, boutons de métal, or et argent battu, limes, outils, mécaniques de toute espèce, instruments de mathématiques, de physique et d'astronomie ; quincaillerie fine, perles fausses, tabletterie, parfumerie, chocolat, liqueurs, gants de peau, cartonnage, brosses et pinceaux, bouchons de liége, cordes d'instruments, plomb de chasse et laminé, caractères d'imprimerie, clous, bougies, chandelle, colle-forte, amidon, acides minéraux, produits chimiques, savon, céruse, cuirs vernis, porcelaine et cristaux. Nombreuses teintureries en soie, laine, fil et coton ; blanchisseries de cire, raffineries de sucre et de sel, distilleries, amidonneries ; lavoirs de laines, tanneries, corroieries, maroquineries ; filatures de coton, de laine et de duvet cachemire ; blanchisseries de toiles, verreries, faïenceries ; appareils considérables pour la confection du gaz hydrogène servant à l'éclairage. — Exploitation en grand des carrières de pierres à bâtir, et du plâtre. — Manufactures royales des glaces, des tabacs, de tapisseries et tapis de pied, etc.

COMMERCE de vins, eaux-de-vie, esprits, liqueurs, huiles, vinaigre, eaux minérales naturelles et factices, grains, farines, légumes secs, fourrages, beurre, fromages, comestibles, marrons, fruits, poisson d'eau douce, marée, huîtres, sel, fer, laines, coton, soie, épicerie, droguerie, denrées coloniales de toute espèce, bois de chauffage et de charpente, charbon de bois, houille, bois des îles, couleurs et vernis, marbre, pierres de taille, tuiles, ardoises, faïence, porcelaine, cristaux, verre à vitres, draperie et toilerie, soieries, rubans et nouveautés, librairie, gravures et produits lithographiques, etc. — Entrepôt des denrées et marchandises destinées à la consommation de Paris.

VILLES, BOURGS, VILLAGES, CHATEAUX ET MONUMENTS REMARQUABLES ;
CURIOSITÉS NATURELLES ET SITES PITTORESQUES.

ARRONDISSEMENT DE SAINT-DENIS.

ASNIÈRES-SUR-SEINE. Village situé à 2 l. de Saint-Denis et à 2 l. de Paris. Pop. 519 hab. Il est assez bien bâti, dans une position agréable, sur la rive gauche de la Seine, que l'on y passe sur un pont nouvellement construit. On y remarque une place publique plantée d'arbres en quinconce, ainsi qu'un beau château et plusieurs jolies maisons de campagne.

AUBERVILLIERS. Grand et beau village, situé dans la plaine de Saint-Denis, à une demi-lieue de cette ville et à 2 l. de Paris. ⊠ Pop. 2,230 hab.

Ce village portait autrefois le nom de Notre-Dame-des-Vertus, à cause d'une image de la Vierge que l'on voyait autrefois dans l'église de la paroisse, et qui était en grande vénération dans toute la contrée : la façade de l'église date du règne de Henri II, ainsi que la tour qui lui sert de clocher, où l'on voit la date de 1541. C'est à Aubervilliers que séjourna Henri IV pendant le siége de Paris. Ce village a été ruiné pendant les guerres des Armagnacs, et presque entièrement détruit par les Prussiens en 1815. — *Fabriques* de vinaigre. Raffinerie de sucre.

AUTEUIL. Beau village, bâti dans une belle situation, sur une colline qui borde la rive droite de la Seine, à 2 l. 1/2 de Saint-Denis, 1 l. 3/4 de Paris. ⊠ Pop. 2,764 h.

Le coteau sur lequel s'élève Auteuil présente un grand nombre de jolies maisons de campagne, dont l'agrément est augmenté par la proximité du bois de Boulogne, de

Paris, de Saint-Cloud et de Versailles. Plusieurs personnages célèbres ont habité ce village. Boileau, Molière, Chapelle, Franklin, Condorcet, Helvétius, Houdon, Cabanis, Rumfort, y avaient leurs maisons. On voit encore aujourd'hui, dans la deuxième rue à gauche, après l'église, en allant à Saint-Cloud, celle de Boileau, qui y faisait son séjour ordinaire pendant la belle saison, et où il se plaisait à recevoir les plus célèbres littérateurs de son temps, notamment Chapelle, Racine, La Fontaine et Molière. Tout le monde connaît l'aventure plaisante qui leur arriva dans un des soupers d'Auteuil. Le vin ayant jeté les convives dans la morale la plus sérieuse, leurs réflexions sur les misères de la vie et sur cette maxime, que le premier bonheur est de ne point naître, et le deuxième de mourir promptement, leur firent prendre l'héroïque résolution d'aller sur-le-champ se jeter dans la rivière. Ils y allaient; elle n'était pas loin. Molière alors leur représenta qu'une si belle action devait avoir le jour pour témoin. Ils s'arrêtèrent, et se dirent en se regardant les uns les autres : « Il a raison ! » A quoi Chapelle ajouta : « Oui, messieurs, ne nous noyons que demain, et, en attendant, allons boire le vin qui nous reste. »

L'église d'Auteuil fut construite vers le XVIIe siècle; mais la façade et la tour, dont la flèche est en pierre et de forme octogone, datent du XIIe siècle. On y voit le tombeau d'Antoine Nicolaï, premier président de la chambre des comptes, mort en 1731. Sur la place publique est un obélisque en marbre, qui supporte un globe surmonté d'une croix dorée, élevé à la mémoire du chancelier d'Aguesseau : on lit sur la base, entre autres inscriptions, la suivante :

LA NATURE
NE FAIT QUE PRÊTER
LES GRANDS HOMMES A LA TERRE.
ILS S'ÉLÈVENT, BRILLENT, DISPARAISSENT.
LEUR EXEMPLE ET LEURS OUVRAGES
RESTENT.

Auteuil possède une fontaine d'eau minérale ferrugineuse froide, qui jouissait, en 1628, d'une grande réputation. Dans la belle saison, un bal champêtre, établi sous les verts ombrages qui avoisinent la porte dite de Passy, est le rendez-vous ordinaire de la meilleure société de Paris.

Fabriques de briques façon anglaise. Imprimerie d'indiennes. Glacière (au Point-du-Jour). — Fête patronale le 15 août et le dimanche suivant.

BAGATELLE. *Voy.* NEUILLY.

BAGNOLET. Village situé dans le fond d'un vallon agréable, entre Montreuil et Romainville, à 1 l. 3/4 de Saint-Denis, 1 l. 3/4 de Paris. Pop. 1,100 hab. — *Fabriques* de carton. Blanchisserie de cire. Exploitation de carrières de plâtre. — Fête patronale le 1er dimanche de septembre.

BATIGNOLLES-MONCEAU (les). Beau village de formation récente, situé proche de la barrière Clichy et traversé par la route qui mène à Saint-Ouen; considéré comme un des faubourgs de Paris, c'est, sans contredit, le plus élégant. A 2 l. de Saint-Denis. Pop. 6,850 hab. — *Fabriques* de clous, savon, sel ammoniac. Distilleries d'eau-de-vie.

BAUBIGNY. Village situé à la source du Ru de Montfort, près du canal de l'Ourcq, à 1 l. 1/2 de Saint-Denis et 2 l. de Paris. Pop. 250 hab.

BELLEVILLE. Village situé à 1 l. 1/2 de Saint-Denis et à 1 l. de Paris. Population, y compris Ménilmontant et la Courtille, qui dépendent de cette commune, 9,900 hab.

Belleville est un village fort ancien où les rois de la première race avaient un château; son premier nom était *Savia*, qu'il changea en celui de Poitrinville, dit Belleville. Il s'est beaucoup augmenté depuis 60 ans, et touche maintenant aux barrières de Paris.

Ce village est bâti dans une charmante situation, sur une hauteur en grande partie couverte de maisons de campagne agréables, et peuplé de guinguettes placées sous des berceaux, dans des jardins bien ombragés, où, les jours de fête, pendant la belle saison, se porte une foule innombrable de Parisiens qui viennent y goûter les plaisirs de la danse et de la promenade. L'avantage de sa position, à proximité de Paris et des prés Saint-Gervais, et la salubrité de l'air qu'on y respire, l'ont aussi fait choisir pour y placer plusieurs maisons d'éducation des deux sexes.

Les hauteurs de Belleville, de Ménilmontant et de la butte Saint-Chaumont, sont célèbres par le courage héroïque que les élèves de l'École polytechnique et les guerriers français y déployèrent le 30 mars 1814, contre les armées réunies de toutes les puissances de l'Europe. — Aux environs, on remarque de vastes carrières de plâtre, qui forment des galeries dont les voûtes élevées sont soutenues par des piliers conservés dans la masse de l'exploitation.

Fabriques de limes, cuirs vernis, carton de pâte, porcelaine, produits chimiques, crayons. Filature et fabrique de tissus unis de cachemire. Affinage d'or et d'argent.

BONDY. Village situé à 2 l. 1/2 de Saint-Denis et à 3 l. de Paris. ✉ ⚒ Pop. 2,385 hab. Il est bâti dans une plaine fertile, près du canal de l'Ourcq, et donne son nom à une forêt autrefois infestée par les voleurs et tellement redoutée, qu'elle est passée en proverbe pour désigner un lieu de brigandage. Aujourd'hui cette forêt est percée de belles routes et offre une multitude de promenades agréables. On voit à Bondy un joli château, entouré d'un beau parc, et plusieurs belles maisons de campagne. — *Fabriques* de fécule. Éducation des mérinos.

BOULOGNE. Beau et grand village, très-agréablement situé entre le bois qui porte son nom et la Seine, à 2 l. 3/4 de Saint-Denis et à 1 l. 3/4 de Paris. ✉ Population, 5,391 hab.

Le village de Boulogne n'est séparé de Saint-Cloud que par la Seine, qu'on y traverse sur un fort beau pont de pierre de douze arches. Sous les rois de la première et de la deuxième race, il se nommait Menus-lez-Saint-Cloud, mais, en 1320, quelques habitants de ce lieu, à leur retour d'un pèlerinage à Notre-Dame de Boulogne-sur-Mer, firent bâtir auprès du village de Menus une église exactement semblable, dit-on, à celle qu'ils venaient de visiter, et qui reçut le nom de Notre-Dame de Boulogne-sur-Seine, puis de Boulogne-la-Petite; le village finit par retenir le nom de Boulogne. Cet édifice gothique fut achevé en 1343, et agrandi dans le siècle suivant.

Le village de Boulogne est un des plus remarquables des environs de Paris. Il est grand, percé d'une longue et belle rue, bien bâti, et formé principalement de belles maisons de campagne, qui comptent parmi leurs agréments les charmantes promenades qu'offrent le bois de Boulogne et la proximité du parc de Saint-Cloud.

Le bois de Boulogne, dont la contenance est d'environ 2,000 arpents, portait jadis le nom de bois de Rouvray; les Parisiens, obligés de le traverser pour aller à Boulogne, s'habituèrent à lui donner ce dernier nom, qui lui est resté. Avant la révolution, il ne présentait plus que des bois décrépits, presque mourants de vieillesse. Lorsque Napoléon eut choisi Saint-Cloud pour sa résidence d'été, il fit faire dans ce bois d'immenses défrichements, de nombreuses plantations, et en peu d'années il offrit une des promenades les mieux percées et les plus agréables des environs de Paris. En 1815, les troupes anglaises, sous les ordres du général Wellington d'odieuse mémoire, y établirent leur camp, et, pour se construire des baraques, rasèrent les taillis, les chênes séculaires, les arbres même des avenues de cette magnifique promenade! Vingt ans se sont écoulés depuis cette époque, et le bois de Boulogne conserve encore les traces de cette dévastation. Ce bois est enclos de murs et fermé de onze portes ou grilles, dont deux au nord, la porte Maillot, qui donne sur la belle avenue de Neuilly, et la porte de Neuilly, qui conduit à ce village; quatre à l'ouest, la porte Sainte-James, qui donne sur le parc de ce nom, la porte de Madrid, ainsi nommée d'un château construit par François Ier en 1520, et aujourd'hui détruit, la porte de Bagatelle, qui tire son nom de ce château (*voyez* NEUILLY), et la porte Longchamps, qui doit le sien à une ancienne abbaye dont nous parlerons ci-après. A l'extrémité méridionale du bois, il y a deux portes, celle de Boulogne et celle des Princes, qui conduit au village de Brillancourt. Les trois portes du bois du côté de l'est donnent sur les villages d'Auteuil, de Passy et sur le faubourg de Chaillot : la seconde porte le nom de la Muette, à cause de sa proximité du château de ce nom (*voy.* PASSY).

Le bois de Boulogne est percé d'une infinité de routes et de ronds-points. A l'exception de quelques arbres qui bordent les avenues, il n'est planté qu'en taillis, qui commencent à donner d'épais ombrages, et offrent des promenades gracieuses très-vivantes et très-fréquentées dans la belle saison. C'est à cette époque le rendez-vous des heureux du jour, qui parcourent ses nombreuses allées dans leurs légers ou fastueux équipages; c'est aussi dans ses longues routes que les brillantes cavalcades de Paris, après avoir charmé de leur tumultueux éclat l'admirable avenue des Champs-Élysées, viennent se faire admirer encore. Qui ne connaît le bois de Boulogne, rendez-vous de chasse, de festins et de danse, rendez-vous d'amour, et surtout d'affaires d'honneur, rendez-vous enfin de promenades à pied, à cheval, à âne, en voiture à deux et à quatre roues, depuis le modeste cabriolet de place jusqu'au hardi phaéton et l'élégant wiski; depuis l'humble fiacre jusqu'à la légère calèche et au brillant landau? Est-il quelqu'un de nos lecteurs, même parmi ceux qui habitent la province et les pays étrangers, qui n'ait été au moins une fois au bois de Boulogne, comme gastronome, danseur ou promeneur? qui n'y soit allé avec sa belle ou pour rêver à sa belle? comme champion ou comme témoin d'un duel? Mais peut-être aussi en est-il peu qui l'aient parcouru en tous sens, qui en connaissent tous les détours, et surtout qui l'aient vu dans son ancien état.

L'Abbaye de Longchamps était un monastère de l'ordre de Cîteaux, situé à l'extrémité du bois de Boulogne, sur la rive droite de la Seine. Ce monastère fut fondé dans le XIIIe siècle, par Isabelle de France, sœur de saint Louis, qui y finit ses jours en 1269. Les religieuses de cette abbaye suivaient la règle de saint François. En 1543, leurs mœurs et leur discipline commencèrent à se relâcher; elles sortaient et recevaient des jeunes gens au parloir; enfin, le scandale devint tel, qu'il fut question de les réformer; mais on n'y parvint qu'en partie, et l'esprit mondain se perpétua dans cette abbaye jusqu'à sa suppression, qui eut lieu en 1792. Avant cette époque, il se faisait chaque année, les mercredi, jeudi et vendredi de la semaine sainte, un pèlerinage dont l'objet était une espèce de concert spirituel : les uns allaient pour voir, les autres pour être vus. Les femmes venaient y montrer leurs riches toilettes et leurs attraits, la richesse et l'élégance de leurs voitures, de leurs livrées et de leurs équipages; les étrangers venaient y faire assaut de magnificence avec les Français; on se réservait pour ces jours-là tout ce qu'il y avait de plus frais, de plus nouveau, de plus original. Le peuple s'y rendait à pied, les jeunes gens riches à cheval, lorgnant insolemment, comme aujourd'hui, toutes les femmes. Les sapins délabrés, traînés par des rosses efflanquées, faisaient ressortir la richesse et l'élégance des voitures de maîtres. Les artisans buvaient et s'enivraient; l'église était déserte, les cabarets étaient pleins : c'est ainsi qu'on pleurait la passion de Jésus-Christ. L'archevêque de Paris crut arrêter le scandale en interdisant la musique aux religieuses. On vint dans leur église pour entendre leurs belles voix, et on finit même par ne plus y entrer. — La promenade de Longchamps, qui attirait une si grande affluence dans les allées du bois de Boulogne, cessa en 1792 et reprit en 1796. La file des voitures entrait par la porte Maillot, traversait le bois de Boulogne jusqu'à Longchamps sans s'arrêter, et sortait par une autre porte. Cette promenade se continue encore tous les ans; mais les voitures ne vont guère au-delà de la barrière de l'Étoile.

Le village de Boulogne a des fabriques d'eau de javelle, de cire à cacheter, de soude. — *Commerce* de fer, bois et charbon de terre.

BOURGET (le). Village composé d'une seule rue, situé à 1 l. 1/4 de Saint-Denis et à 3 l. de Paris. ⊠ ☞ Pop. 575 hab. — *Fabriques* de toiles cirées et de taffetas gommés. Éducation des mérinos.

CHAPELLE-SAINT-DENIS (la). Ce village, dont les premières maisons se rapprochent des barrières de la capitale, semble n'être qu'une extension du faubourg Saint-Denis. Il forme cependant une commune séparée, qui doit son origine à une chapelle élevée en l'honneur de sainte Geneviève. Les Anglais le brûlèrent en 1358, et les Armagnacs en 1418. C'est sur son territoire que se tenait autrefois la fameuse foire du Landit (*voy.* Saint-Denis).

A l'extrémité de ce village commence la belle avenue qui conduit à Saint-Denis, dont on découvre de là les clochers : à gauche, s'élève la butte Montmartre. — C'est la patrie de Claude-Emmanuel Luillier, surnommé Chapelle, du lieu où il reçut le jour, et connu par le charmant Voyage de Chapelle et de Bachaumont.

Fabriques de liqueurs fines, produits chimiques, fécule, vinaigre. Toiles cirées, peaux de buffle. Distilleries d'eaux-de-vie. Raffinerie de sel. — *Commerce* de vaches laitières et de porcs. — A 1 l. 1/2 de Saint-Denis. ⊠ ☞ Pop. 2,472 hab.

CHARONNE (le grand et le petit). Village qui touche aux barrières de l'est du faubourg Saint-Antoine. Il comprend une partie du parc de Bagnolet et de Ménilmontant, ainsi que le hameau du Petit Charonne. L'église paroissiale, bâtie sur la pente d'un coteau, est une des plus anciennes des environs de Paris. A 2 l. 1/4 de Saint-Denis et 1 l. 1/4 de Paris. ⊠ Pop. 2,361 hab.

Fabriques de papiers peints, produits chimiques, couleurs. École d'arts et métiers. Blanchisserie de cire et fabrique de bougie.

CLICHY-LA-GARENNE. Village situé dans une belle plaine, entre la rive droite de la Seine et la route de Saint-Denis à Versailles, à 1 l. 1/2 de Saint-Denis et à 3/4 de l. de la barrière de Clichy, qui donne entrée au beau quartier de la Chaussée-d'Antin. ⊠ Pop. 3,109 hab.

Ce village est très-ancien. Les rois de la première race y avaient un palais où Dagobert épousa, en 625, Gomatrude, qu'il répudia quatre ans plus tard également dans cet endroit, où il se maria ensuite avec Nantechilde, suivante de sa première femme. Dagobert y fit son séjour le plus ordinaire, et il affectionnait tellement Clichy, qu'il engagea la plupart des hommes de sa cour à y bâtir des habitations.—Le 26 mai 627, Clotaire II convoqua dans son palais de Clichy un concile mixte, composé d'évêques et de laïques, pour régler les affaires du royaume. Deux autres conciles y furent encore convoqués en 636 et en 653.—La construction de l'église paroissiale est due à l'illustre saint Vincent de Paul, qui était curé de Clichy en 1612.

C'est à Clichy que se tenait, pendant les années 1795—96—97, le fameux club dit la Société de Clichy; réunion d'un parti qui travaillait ouvertement à la contre-révolution, et qui fut anéanti par la révolution du 18 fructidor an V (4 septembre 1797).

Dans la journée du 30 mars 1814, les grenadiers et les chasseurs de la garde nationale parisienne se replièrent sur le village de Clichy, et prirent poste aux fenêtres et sur la plate-forme du bâtiment de la barrière. Les troupes de ligne qui les secondaient prirent place aux créneaux du tambour en charpente; les canonniers vétérans se placèrent aux embrasures, et un feu vif et fourni força les troupes étrangères à se jeter dans les maisons. Le maréchal Moncey, pour préparer un second point de défense, fit construire en arrière un retranchement de charrettes et de bois de chantier : à sa voix, les sapeurs-pompiers, les femmes et les enfants improvisèrent ce retranchement. Le travail avançait avec une rapidité incroyable, et bientôt une seconde barricade allait s'élever au bas de la rue, lorsque la trompette annonça l'armistice, et le feu s'éteignit sur toute la route; mais un nouveau mouvement de tirailleurs russes parut offensif, et le combat recommença entre eux et la garde nationale. De nouveaux ordres survenus arrêtèrent cette reprise d'hostilité. Clichy fut livré aux troupes étrangères, qui, furieuses d'avoir été arrêtées si long-temps sous les murs de Paris, livrèrent cette commune au pillage.

Fabrique importante de céruse dite de Clichy, supérieure en qualité aux céruses de Hollande et des autres pays étrangers; de produits chimiques renommés, sel ammoniac, colle-forte, vernis, cordes à boyau, plomb laminé, tuiles de Bourgogne. Teintureries et apprêts divers.

COLOMBES. Grand et beau village, très-agréablement situé sur une colline dont l'aspect est au nord, et presque à l'extrémité d'une plaine renfermée dans le second coude que forme la Seine au sortir de Paris. A 2 l. 1/4 de Saint-Denis et à 3 l. 1/4 de Paris. Pop. 1,649 hab.

Ce village est généralement bien bâti, et remarquable par plusieurs belles places publiques bien plantées. On voit aux environs plusieurs maisons de campagne fort agréables, dans l'une desquelles le bon Rollin composa son Histoire ancienne.—*Fabriques* de colle-forte, bonneterie en coton, fécule de pommes de terre. Épuration d'huiles.

COURBEVOIE. Village situé sur une des collines qui bordent la rive gauche de la Seine, et d'où l'on jouit d'une vue fort étendue. A 2 l. 1/2 de Saint-Denis et 2 l. 1/4 de Paris. ✉ Pop. 1,934 hab.

Il y a peu de villages, aux environs de Paris, qui possèdent autant de jolies maisons de plaisance bâties entièrement en pierres, que Courbevoie; presque toutes ont de fort beaux jardins, avec des charmilles qui forment des masses de verdure et servent de fonds aux divers tableaux. Parmi ces habitations, celle connue sous le nom de Château des Colonnes, créée par M. Poze, fermier-général, est une des plus jolies et des plus agréables (*voyez la gravure*). Le château se distingue par une gracieuse élégance, et l'architecture peut en être proposée comme un véritable modèle; il y a dans l'ensemble de l'édifice une harmonie et une variété qui lui donnent un aspect d'un effet aussi nouveau que pittoresque. En avant de la façade principale règne un large perron dans toute son étendue, au-dessus duquel est une galerie formée par une colonnade de l'ordre Pœstum. A droite et à gauche, sur cette façade, sont deux pavillons en saillie, formant, au premier étage, des terrasses ornées de colonnes doriques; le tout est surmonté d'une corniche du même ordre et d'un attique au centre.—Les jardins, dessinés dans le principe à la française, l'ont été depuis dans le genre pittoresque; ils sont ornés d'une collection précieuse de statues et de bustes en marbre. On remarque surtout, au milieu d'une vaste pelouse plantée d'arbres des espèces les plus variées, un groupe de lutteurs, attribué à Canova, et les bustes des douze Césars, exécutés dans des proportions colossales. — Du château, la vue générale embrasse une vaste étendue: d'une part, on voit en face s'élever majestueusement les flèches gothiques de Saint-

CHÂTEAU DES COLONNES
à Courbevoie

SAINT-DENIS.

Denis; à droite, on découvre les îles de Neuilly, au-delà les hauteurs de Montmartre; à gauche, la vue s'étend jusqu'aux coteaux de Montmorency.

La caserne de Courbevoie, construite sous le règne de Louis XV pour loger le régiment suisse, est la plus considérable des environs de Paris. Elle consiste en un grand corps de bâtiment de 64 toises de face, situé au fond de la cour, et ayant deux ailes en retour : de ce côté, le bâtiment et ses deux ailes sont partagés dans leur longueur par un corridor donnant entrée aux chambres; du côté de la terrasse, trois pavillons font avant-corps sur cette façade, qui, ainsi que les autres corps-de-logis, est élevée de deux étages au-dessus du rez-de-chaussée. Le pavillon du milieu, décoré d'un fronton et percé d'une grande porte en arcade, contient un grand vestibule et un vaste escalier. Les pavillons des angles sont distribués en logements d'officiers. Sur les côtés de la cour, s'élèvent deux bâtiments en regard, ayant aussi des pavillons à leurs extrémités. Le quatrième côté est fermé par un mur, contre lequel sont appuyés divers pavillons symétriques. Au-milieu de tous ces bâtiments existe une vaste cour ombragée de plusieurs rangs d'arbres. Derrière le bâtiment principal est une belle terrasse, plantée d'arbres, dont la vue étendue est fort agréable; sur les côtés sont des jardins à l'usage des officiers.

L'église paroissiale a été reconstruite presque en entier en 1789. La nef principale a la forme d'une ellipse. L'extérieur se compose d'un corps peu élevé en forme de rotonde, sur lequel se dessine, en avant-corps, un petit péristyle de quatre colonnes lisses, d'un ordre grec pœstumien, qui est élevé de quelques marches sur le sol de la rue, et que couronne un fronton triangulaire, dont la corniche de l'entablement, d'ordre toscan, règne dans tout le pourtour extérieur de la rotonde. Une belle porte, composée d'un chambranle et d'une corniche, décore l'intérieur du péristyle, dont le mur est orné de bossages; au-dessus de la corniche s'élèvent trois gradins, qui, faisant amortissement, lient la coupole à la partie inférieure de l'édifice. Le caractère de l'ensemble de cette élévation, le style sévère de sa décoration, et les belles proportions du péristyle, peuvent faire considérer cet édifice comme un exemple des bonnes productions de l'art vers la fin du XIIIe siècle, et comme un nouveau modèle du caractère à donner aux édifices religieux des campagnes.

Fabriques de blanc de céruse, toiles peintes. Beau lavoir de laines. Distilleries d'eau-de-vie. — *Commerce* de bois, vins, eau-de-vie et vinaigre.

COUR-NEUVE (la). Village situé à 1/2 l. de Saint-Denis et à 2 l. 1/2 de Paris. Pop. 587 hab.

DENIS (SAINT-). Ancienne et jolie ville. Chef-lieu de sous-préfecture, dont le tribunal de première instance est à Paris. ⊠ ☞ Pop. 9,686 hab.

Cette ville est située dans une belle plaine, sur les rivières de Croud et du Rouillon, près de la rive droite de la Seine, et sur un canal qui fait communiquer cette rivière au canal de l'Ourcq. Elle était autrefois fortifiée et a soutenu plusieurs sièges. Les Orléanais la prirent en 1411, sous le règne de Charles VI, pendant qu'il assiégeait Paris. L'année suivante, elle tomba au pouvoir des Anglais. Les ligueurs et les frondeurs s'en emparèrent également dans les siècles suivants. En 1567, les catholiques et les protestants se livrèrent une bataille sanglante dans la plaine qui avoisine cette ville. Le 1er octobre 1789, le maire de Saint-Denis fut massacré par suite d'une insurrection causée par la cherté du pain.

La ville de Saint-Denis paraît devoir son origine à une chapelle construite vers l'an 240 par une dame chrétienne, pour y déposer les restes de saint Denis, de saint Rustique et de saint Éleuthère, ses compagnons. Cette chapelle fut remplacée par un oratoire où, suivant Grégoire de Tours, Chilpéric fit enterrer un de ses fils, en 580. Dans le VIIe siècle, Dagobert Ier substitua à cet oratoire une magnifique église, près de laquelle se groupèrent quelques habitations, qui, peu à peu, donnèrent naissance à un village assez considérable; mais ce ne fut guère qu'à l'époque du ministère de l'abbé Suger que Saint-Denis fut considéré comme ville.

L'origine de l'abbaye de Saint-Denis remonte, dit-on, à l'époque du martyre de ce saint, mais il n'y a rien de certain sur l'époque de sa première fondation. Dagobert Ier agrandit le monastère, le combla de biens, de richesses, et fit décorer magnifiquement l'église, où il fut enterré en 638, et qui depuis cette époque devint le tombeau privilégié des rois. Les successeurs de Dagobert contribuèrent presque tous à enrichir l'abbaye qui devait recevoir leurs cendres. Pepin-le-Bref fit abattre l'église construite ou restaurée par Dagobert, et sur son emplacement en fit bâtir une autre beaucoup plus vaste, qui ne fut achevée qu'en 775, sous le règne de Charlemagne. Ce monarque y enferma les tombeaux de Charles-Martel et de Pepin, qui avaient été élevés en dehors. Les ravages des Normands obligèrent d'entourer l'abbaye de fortifications dont il reste encore quelques traces.

Il ne reste presque rien de l'église reconstruite par Charlemagne. Suger, abbé de Saint-Denis et régent sous Louis-le-Jeune, fit élever, de 1130 à 1134, le portail, le vestibule et les tours de l'église actuelle, ainsi que le rond-point et la crypte, ou caveaux semi-souterrains qui contiennent les sépultures. Sous saint Louis, l'abbé Odon fit joindre le rond-point au portail de Suger par la nef, qui ne fut achevée qu'en 1281, sous Philippe-le-Hardi. Cette belle nef est beaucoup trop élevée relativement au portail, et se distingue par un style fort différent. L'axe du sanctuaire est incliné sur la gauche. Ces parties de l'édifice sont aussi plus étroites que la grande nef; néanmoins le plan est bien disposé, et les chapelles circulaires qui en contournent le pourtour, produisent un fort bel effet. Les voûtes et toutes les croisées du sanctuaire semblent être du même temps et de la même manière que celle de la nef; ce qui prouve que l'ouvrage de Suger n'était pas encore achevé à l'époque de sa construction. Le portail et les tours, dont l'une a cent soixante-huit pieds de hauteur, sont d'un style mâle et simple, et présentent le caractère de solidité qui se retrouve dans les édifices construits vers le XI° et le XII° siècle. La partie inférieure de ce portail est ornée de sculptures d'une composition bizarre, d'une belle exécution. La nef, construite vers la fin du XIII° siècle, présente ces formes légères et élégantes qui caractérisent les constructions de cette époque. Le chœur et le rond-point, élevés de dix-huit marches sur la crypte pratiquée au-dessous de la partie postérieure de cette église, participent de ces différents styles.

Les vitraux, autrefois regardés comme les plus anciens qui nous fussent restés, ayant été détruits, on les a remplacés par des verres de couleur, où le jaune doré qui y domine produit un assez bon effet.—Sous le vestibule de l'église est placé le cénotaphe de Dagobert Ier, réédifié par saint Louis : ce monument est extrêmement curieux, sous le double rapport de l'art et du sujet représenté dans les trois reliefs qui contiennent la prétendue révélation faite à Ansoalde, ambassadeur de Sicile, par un anachorète, nommé Jean, qui assurait avoir vu Dagobert sur un esquif, entre les mains de démons qui le fustigeaient, et secouru par saint Denis, saint Martin et saint Maurice. Ce monument, qui était à double face, a été séparé en deux parties, dont une forme le cénotaphe de Dagobert, et l'autre celui de Nautil, son épouse. — Dans la chapelle à droite qui précède le chœur, on a placé le mausolée de François Ier, érigé en 1550, d'après les dessins, les uns disent du Primatice, et d'autres de Philibert Delorme. Il est en marbre blanc et composé de seize colonnes ioniques cannelées, de six pieds de hauteur, qui soutiennent un entablement. Sur les caves ou gisants placés sur la voûte principale de ce monument, sont placées les statues, plus grandes que nature, de François Ier et de Claude de France, sa femme, dans leur état de mort. Ces statues, d'une belle exécution, sont attribuées à Jean Goujon. La voûte, enrichie de bas-reliefs et d'arabesques exécutés par cet habile sculpteur, offre des génies éteignant le flambeau de la vie; l'immortalité de l'ame y est ingénieusement exprimée par l'allégorie du Christ vainqueur des ténèbres; les quatre prophètes de l'Apocalypse entourent ces deux figures. Le bas-relief qui fait le tour du monument, représente les batailles de Cérisoles et de Marignan. Au-dessus de l'entablement sont placées, à genoux, les statues en habit de cour de François Ier, de la reine et de leurs trois enfants. — Dans la chapelle à gauche sont les tombeaux de Louis XII et de Henri II : le premier, dont le style indique la renaissance du bon goût, est d'un grand caractère de dessin et offre des détails précieux. Louis XII et Anne de Bretagne sont de l'exécution la plus hardie et d'une effrayante vérité; les figures des douze apôtres, placés dans les douze arcades ornées d'arabesques qui entourent le cénotaphe, sont remarquables par la beauté de leur attitude et par leur exécution; le bas-relief représente les triomphes des Français en Italie, la bataille d'Agnadel et l'entrée de Louis XII à Milan; les statues agenouillées de Louis XII et d'Anne couronnent ce monument. — Le tombeau de Henri II, exécuté par Germain Pilon, sur les dessins de Philibert Delorme, est orné de douze colonnes d'ordre composite, avec leurs pilastres en marbre; les quatre vertus cardinales en bronze en décorent les angles : Henri II et Catherine sont représentés morts dans le monument, et vivants et agenouillés sur le couronnement.

On descend dans la crypte sépulcrale par deux escaliers latéraux. Les souterrains sont distribués en un grand nombre de petits caveaux ouvrant sur une galerie circulaire, soutenue par de petites arcades portées sur des colonnes, dont les chapiteaux ornés de bas-reliefs indiquent la manière du style dégénéré à l'époque du Bas-Empire. Ces voûtes renferment les cénotaphes des rois, classés chronologiquement, et consistant pour la plupart dans des statues grossièrement ébauchées et couchées sur une pierre tumulaire. Les premiers tombeaux que l'on rencontre au pied de l'escalier par lequel on descend dans les souterrains, sont ceux de Clovis et de Clotilde, de Childebert, et successivement, en faisant le tour jusqu'à la sortie, où se trouvent les Valois. Le caveau du centre était destiné à la famille des Bourbons ; à droite et à gauche sont deux caveaux, dont un est occupé par la sépulture du dernier prince de Condé. Le caveau du milieu de la galerie tournante forme une chapelle expiatoire.

Les tombeaux des souterrains ne contiennent plus aucun des corps qui y avaient été déposés. Le 31 juillet 1793, la Convention nationale, sur la proposition de Barrère, rendit un décret portant que : « les tombeaux et mausolées des ci-devant rois élevés dans l'église de Saint-Denis seraient détruits. » Une commission fut nommée pour présider à cette destruction, conjointement avec la commission des monuments, à la tête de laquelle se trouvait M. Lenoir. L'exécution du décret de la Convention commença le 6 août 1793. Trois jours suffirent pour démolir cinquante-un tombeaux qui se trouvaient dans le chœur et dans l'église, pour ouvrir cinquante une sépultures de princes et de rois. La plus grande partie des monuments détruits appartenait aux rois de la première et de la seconde race, et à ceux de la troisième race antérieurs à Charles V. Les ossements tirés de ces tombeaux furent jetés pêle-mêle dans deux fosses creusées à la place qu'occupa jusqu'au XVIIIᵉ siècle la tour dite des Valois, monument attenant à la croisée de l'église du côté du septentrion.

Le 12 novembre, on chargea sur des chariots les tombeaux les plus remarquables, ainsi que plusieurs objets précieux enlevés du trésor de l'abbaye de Saint-Denis, pour les conduire à Paris. Une nombreuse députation, partie avec ces chariots, se présenta au nom de la ville (qui avait quitté le nom de Saint-Denis pour prendre celui de Franciade) à la Convention nationale : elle portait avec elle différents dons patriotiques, parmi lesquels on remarquait une grande croix de vermeil, la tête de saint Denis, et plusieurs bustes de saints, également en vermeil. Après avoir fait l'hommage de cette offrande à l'assemblée, l'orateur se leva et prononça le discours suivant, que nous rapportons pour donner une idée de l'esprit public de cette époque :

« Citoyens représentants,

« *Les prêtres ne sont pas ce qu'un vain peuple pense ;*
« *Notre crédulité fait toute leur science.*

« Tel est le langage que tenait autrefois
« un auteur dont les écrits ont préparé
« notre révolution ; les habitants de Franciade viennent vous prouver qu'il n'est
« étranger ni à leur esprit ni à leur cœur.
« Un miracle, dit-on, fit voyager la tête
« du saint que nous vous apportons, de
« Montmartre à Saint-Denis. Un autre miracle plus grand, plus authentique, le
« miracle de la régénération des opinions,
« vous ramène cette tête à Paris. Une seule
« différence existe dans cette translation.
« Le saint, dit la légende, baisait respec-
« tueusement sa tête à chaque pose, et nous
« n'avons point été tentés de baiser cette
« relique puante. Son voyage ne sera point
« marqué dans les martyrologes, mais dans
« les annales de la raison, et sera doublement
« utile à l'espèce humaine. Ce crâne
« et les guenilles sacrées qui l'accompagnent
« vont enfin cesser d'être le ridicule objet
« de la vénération du peuple, et l'aliment
« de la superstition, du fanatisme et du
« mensonge. L'or et l'argent qui les enveloppent vont contribuer à affermir l'empire de la raison et de la liberté. Les trésors amassés depuis plusieurs siècles par
« l'orgueil des rois, la stupide crédulité des
« dévots trompés et le charlatanisme des
« prêtres trompeurs, semblent avoir été réservés par la Providence pour cette glorieuse époque. On dira bientôt des rois,
« des prêtres et des saints : Ils ont été.
« Voilà enfin la raison à l'ordre du jour,
« ou, pour parler le langage mystique, voilà
« le jugement dernier qui va séparer les
« bons d'avec les mauvais.

« Vous, jadis les instruments du fanatisme,
« saints, saintes, bienheureux de toute espèce, montrez-vous enfin patriotes ; levez-
« vous en masse, marchez au secours de la
« patrie, partez pour la Monnaie...! Et puis-

« sions-nous, par votre secours, obtenir
« dans cette vie le bonheur que vous vous
« promettiez pour une autre!

« Nous vous apportons, citoyens législa-
« teurs, toutes les pourritures qui existaient
« à Franciade; mais comme il se trouve des
« objets désignés par la commission des
« monuments, comme précieux pour les
« arts, nous en avons rempli six chariots :
« vous indiquerez un dépôt provisoire où
« la commission puisse en faire le triage. »

L'église de Saint-Denis a été enrichie de plusieurs tableaux modernes. Tels sont : la prédication de saint Denis, par Monsiau; Dagobert ordonnant la construction de l'église, par Ménageot; l'institution de l'église Saint-Denis comme sépulture des rois, par Garnier; sa dédicace en présence de Charles-Quint, par Meynier; saint Louis faisant placer les cénotaphes de ses prédécesseurs, par Landon; saint Louis recevant l'oriflamme, par le Barbier aîné; Philippe portant sur ses épaules le corps de son père mort, par Guérin; Charles-Quint visitant l'église Saint-Denis avec François Ier, par Gros; le couronnement de Marie de Médicis à Saint-Denis, imitation de celui de Rubens; Louis XVIII ordonnant la continuation des travaux de l'église, par Manjaud.

Les bâtiments de l'abbaye de Saint-Denis, élevés sur les dessins de Robert Cotte, sont remarquables par leur étendue et leur belle construction; ils forment un double carré. La façade, qui regarde la ville, est décorée d'un grand fronton orné de sculptures, représentant saint Maur implorant le secours de Dieu pour la guérison d'un enfant déposé à ses pieds par une mère affligée. Cette maison est aujourd'hui occupée par l'institution des orphelines de la légion d'honneur.

On remarque encore à Saint-Denis l'ancien couvent des Carmélites, dont l'enclos forme aujourd'hui une belle pépinière; l'église, d'une belle construction, offre un péristyle en avant-corps, de six colonnes d'ordre ionique, couronné par un fronton orné de sculptures.

Au nord, et près de Saint-Denis, est un très-beau corps de casernes d'infanterie, précédé de belles plantations.

INDUSTRIE. Fabriques de toiles peintes, cardes, plomb laminé, gélatine, salpêtre, soude. Blanchisserie de toiles. Lavoirs de laines. Moulin à pulvériser le bois de teinture. Brasseries. Tanneries. Nombreux moulins à farine pour l'approvisionnement de Paris. Pépinières. Atelier pour construction de machines.

COMMERCE de farines, vins, vinaigre, bois, laine. — Foire considérable, dite du Landit, le 11 juin. Il s'y vend plus de 90,000 moutons.

A 2 l. de Paris, 6 l. de Versailles. — *Hôtels* de France, du Plat d'étain, des Trois Maillets, du Grand Cerf. — Célérifères partant toutes les heures pour Paris, et retour.

DRANCY. Village situé à 1 l. 1/2 de Saint-Denis et à 3 l. de Paris. Pop. 220 h.

DUGNY. Village situé sur la Crould, à 1 l. 1/2 de Saint-Denis et à 3 l. 1/2 de Paris. Pop. 463 hab. On y remarque plusieurs maisons de campagne fort agréables par leur situation et par leurs dépendances. — *Fabriques* de tulle. — *Manufacture* de cire et de bougie. Moulins à blé.

ÉPINAY-SUR-SEINE. Joli village, situé à 1 l. de Saint-Denis et à 3 l. 1/2 de Paris. ⊠ Pop. 870 hab.

Épinay est un lieu fort ancien où les rois de la première race avaient une maison de plaisance. Frédégaire rapporte que ce fut à Épinay que Dagobert fut atteint de la maladie dont il mourut quelque temps après à Saint-Denis. Ce village est bâti dans une belle plaine, sur la rive droite de la Seine, et traversé par la grande route de Paris à Rouen. Il est environné de maisons charmantes qui ont été habitées par plusieurs personnages célèbres, entre autres, Fourcroy, Lacépède, M. de Sommariva, Mme de Montmorency-Luxembourg, etc. Le château de la Brèche, qui est une dépendance de cette commune, a appartenu à Gabrielle d'Estrées. Dans la chapelle du château d'Ormesson, on voit un marbre noir sur lequel on lit cette inscription :

« Extrait des dernières volontés d'Élisabeth-Sophie
« d'Houdetot, née Lalive de Bellegarde, décédée à Pa-
« ris, le 28 janvier 1813.

« J'ordonne que mon cœur soit mis à part et porté
« dans le tombeau ou près du tombeau de mon père et de
« ma mère, à Épinay. »

Fabriques de sondes, et entreprise de sondages pour puits artésiens.

GENNEVILLIERS. Grand et beau village, situé dans une plaine fertile renfermée dans un coude que forme la Seine, à 1 l. 1/4 de Saint-Denis et à 3 l. de Paris. ⊠ Pop. 1,100 hab.

Ce village a beaucoup souffert dans les guerres civiles qui désolèrent les règnes de Charles V, Charles VI et Charles VII. Un parti du duc d'Orléans le détruisit entièrement en 1411. Lors de la grande inondation de la Seine, en 1740, il fut renversé de fond en comble par la violence des eaux.

On voit à Gennevilliers une charmante maison de campagne, habitée autrefois par le maréchal de Richelieu, qui y fit bâtir une glacière superbe qu'on admire encore aujourd'hui. Elle forme un immense cône renversé recouvert d'un tertre planté d'un bois taillis, du milieu duquel s'élève un élégant pavillon périptère, surmonté d'une coupole couronnée par une statue de Mercure: douze autres statues sont placées sur l'entablement à l'à-plomb des colonnes. Ce charmant pavillon offre un joli point de vue et fait l'admiration de tous ceux qui le visitent.

ILE SAINT-DENIS. Joli village, situé à 1/4 de L. de Saint-Denis et à 2 L. 1/2 de Paris. Pop. 200 hab. Ce village est bâti dans une île charmante que forme la Seine: l'église en occupe la pointe; les maisons sont rangées en forme de quai sur le bord de la rivière et offrent une perspective fort agréable. C'est dans la belle saison le rendez-vous des habitants de Saint-Denis et des communes environnantes, qui viennent y jouir du plaisir de la pêche, ou y manger des matelotes justement renommées.

L'île Saint-Denis renfermait jadis une forteresse, qui a été remplacée par un joli château environné d'un beau parc. On y aborde par plusieurs bacs, qui facilitent le passage d'une rive à l'autre.

MONTFAUCON. Hauteur située au-delà des faubourgs du Temple et de Saint-Martin, où est établie la voirie, ou le dépôt des innombrables chevaux et des autres animaux hors de service destinés à être abattus. Cette immense voirie, dont on réclame depuis long-temps la translation à une plus grande distance de Paris, est infectée d'une multitude de rats dont on évalue le nombre à plus de cent mille, qui trouvent dans les débris des chevaux morts une nourriture abondante, et qu'il est presque impossible de détruire. Ces animaux se sont creusé des terriers aux alentours des clos d'équarrissage, qui ont fait crouler toutes les murailles et toutes les constructions élevées dans le voisinage. Toutes les éminences ont été perforées par eux à un tel point que le terrain tremble sous les pieds. Leur voracité est telle, que si on laisse une nuit les carcasses des chevaux abattus, dans un coin du clos, le lendemain elles sont entièrement dépouillées de toutes les chairs qui y étaient restées adhérentes. La crainte d'exposer Belleville et une partie des faubourgs de Paris voisins de la voirie de Montfaucon à l'irruption de cette multitude d'animaux voraces, a jusqu'ici empêché l'administration d'ordonner la translation de cette voirie dans un autre lieu.

Les fourches patibulaires ou gibet de Montfaucon, élevées autrefois sur l'emplacement où sont aujourd'hui les clos d'équarrissage, ont été abattues au commencement de la révolution. L'histoire nous a conservé les noms de plusieurs particuliers qui ont terminé leur carrière sur ce monument du crime et de l'infamie; leurs excessives richesses et leurs déprédations ont conduit la plupart à cette fatale extrémité. On remarque dans cette énumération beaucoup de trésoriers, de surintendants des finances, et plusieurs personnes attachées à l'administration des finances. Henri Tapperel, prévôt de Paris, fut pendu à Montfaucon, en 1320, pour avoir fait périr un innocent pauvre, qu'il substitua à la place d'un riche coupable qui avait été, pour ses crimes, condamné à la mort. — Girard Gueste, employé dans les finances, sous le règne de Philippe-le-Long. Son successeur, Charles-le-Bel, l'ayant convaincu d'avoir détourné les finances du trésor royal, lui fit donner la question d'une manière si violente, qu'il mourut dans les tourments. Son corps fut traîné dans les rues de Paris, puis pendu à Montfaucon. — L'an 1322, Pierre Remi, principal trésorier de Charles-le-Bel, accusé de malversations dans cette place, fut exécuté au gibet du Montfaucon, que lui-même avait fait réparer quelque temps auparavant. — Mané de Maches, trésorier-changeur du trésor royal, y fut pendu en 1331. René de Siran, maître des monnaies, éprouva le même sort en 1333, tous les deux pour avoir abusé de la confiance du souverain dans leurs places. — Pierre des Essarts, prévôt de Paris, grand-bouteillier de France, et qui avait eu la souveraine administration des finances, fut exécuté aux halles le 1er juillet 1313; sa tête fut mise au bout d'une lance, et son corps fut porté au gibet de Montfaucon. — Jean Montaigu, surintendant des finances, fut condamné à être décapité dans les halles de Paris. Son corps fut porté à Montfaucon, et sa tête fut élevée au bout d'une lance sur les piliers des halles. — Jacques de Baune, surintendant des finances sous le règne de François Ier, fut pendu à Montfaucon, le 14 août 1527, âgé de soixante-deux ans. — Jean Poncher, trésorier des guerres sous François Ier, fut pendu à Montfaucon.

Parmi les autres fameux suppliciés à Montfaucon, dont l'histoire nous a conservé le nom, on trouve un Laurent Garnier, pendu à ce gibet par arrêt du parlement, pour avoir tué un collecteur des tailles. Après être resté pendu pendant un an et demi, sa mémoire fut réhabilitée d'une manière assez singulière pour devoir être rapportée. Il fut détaché à la sollicitation de son frère. Son corps fut mis dans un cercueil, et porté, avec tout l'appareil des pompes funèbres, par les rues de Paris. De chaque côté, douze hommes vêtus de deuil marchaient en procession, torches et cierges en main. La marche était précédée par quatre crieurs, portant sur leur dos les armoiries du défunt, faisant retentir leurs cloches, et criant par intervalle : « Bonnes « gens, dites vos patenostres pour l'ame de « feu Laurent Garnier, en son vivant demeu- « rant à Provins, qu'on a nouvellement trou- « vé mort sous un chêne : dites vos patenos- « tres ; que Dieu bonne merci lui fasse. »

Étienne Pasquier remarque que tous ceux qui se sont mêlés de la construction des fourches de Montfaucon ont eu du malheur. Enguerrand de Marigny les fit bâtir et les étrenna; Pierre Remi, dont nous avons parlé, les fit réparer, et y fut pendu; et Jean Mounier, lieutenant-civil de Paris, y ayant fait mettre la main pour les refaire, y fit amende honorable. Le court tableau que nous venons d'exposer des financiers pendus à Montfaucon pour leurs concussions et leurs vexations, prouve qu'il y a eu des rois qui n'entendaient pas raillerie sur le mauvais emploi des finances.

MONTMARTRE. Bourg situé sur une montagne conique à peu près isolée, à 1 l. 1/2 de Saint-Denis et près des barrières de Paris. Pop. 4,630 hab.

Le bourg de Montmartre remonte à une haute antiquité. Il est assez difficile d'assigner la véritable étymologie de son nom; la plus vraisemblable paraît être due à un temple de Mars qui aurait existé jadis sur cette butte, appelée *Mons Martis* dans un poëme latin que le moine Albon écrivit en 896 sur le siège de Paris. Deux des plus anciens chroniqueurs, Frédégaire et Hilduin, le nomment *Mons Mercurii*, d'un temple dédié à Mercure; enfin d'autres écrivains l'appellent *Mons Martyrum,* à cause, disent-ils, que ce fut au pied de cette montagne que saint Denis et ses compagnons furent martyrisés.

La montagne de Montmartre était couverte de maisons et formait, dès 627, un village qui fut presque entièrement détruit en 886, pendant le siège de Paris par les Normands. En 978, lors de la guerre que l'empereur Othon II fit à Hugues-Capet, celui-ci établit son quartier-général à Montmartre. En 1133, Burchard de Montmorency, à qui Montmartre appartenait, le céda à Louis-le-Gros et à la reine Adélaïde son épouse, qui y fondèrent une abbaye de religieuses de l'ordre de Saint-Benoît, célèbre tour à tour par la piété et par les déréglements de ses nonnes. Les Anglais portèrent un grand désordre dans cette maison religieuse. Henri IV y établit son quartier-général, et ses officiers, pour oublier l'ennui du siége de Paris, s'occupaient autant, dit Sauval, de la conquête des nonnes que de celle de la capitale. Le roi lui-même sut se faire aimer d'une jeune religieuse nommée Marie de Beauvillière, qu'il fit abbesse de Montmartre. Il vécut publiquement avec elle, et les religieuses, autorisées par l'exemple de leur supérieure, ne connurent plus de frein dans leurs déréglements. Henri IV ayant été obligé de lever le siége de Paris, emmena avec lui sa charmante abbesse, et ses officiers, imitant en cela leur prince, conduisirent à Senlis, où ils allaient, les jeunes religieuses, qui ne demandèrent pas mieux que de les suivre. — L'abbaye de Montmartre était la plus belle, la plus riche et la plus renommée des environs de Paris : elle fut détruite en 1794; aujourd'hui une belle et vaste maison de campagne s'élève sur son emplacement.

Le bourg de Montmartre est dans une situation remarquable et très-pittoresque, sur la montagne de son nom, d'où l'on découvre, dans toute son étendue, la ville de Paris et ses gracieux environs. Cette montagne gypseuse fournit une masse énorme de plâtre et produit à elle seule plus des trois quarts de ce qui est nécessaire pour les constructions. Les carrières forment des galeries extrêmement curieuses, qui méritent d'être visitées avec attention.

La butte Montmartre, une des principales hauteurs qui dominent Paris, fut transformée en forteresse en 1814 et en 1815. Le 29 mars 1814, cette hauteur fut défendue par 15 ou 18,000 hommes de troupes françaises, au nombre desquelles étaient les braves élèves de l'École polytechnique, contre les armées des puissances coalisées, conjurées contre Napoléon. Cette petite armée soutint pendant la journée entière l'honneur national contre une supériorité numérique de plus de 40,000 ennemis, et ne se retira qu'après avoir perdu 5 à 6,000 hommes et avoir fait éprouver à l'ennemi une perte beaucoup plus considérable.

On voit à Montmartre, ainsi qu'aux alentours, plusieurs maisons de campagne, quantité de guinguettes et beaucoup de moulins à vent. Entre Montmartre et Saint-Ouen se trouve une glacière artificielle, établie d'après un principe ingénieux. Montmartre possède un établissement philanthropique digne de figurer à côté des plus célèbres de la capitale, et connu sous le nom d'Asile de la Providence : c'est une espèce d'hospice, placé dans une grande et belle maison, accompagné d'un vaste jardin, dans lequel on reçoit et l'on entretient cinquante à soixante vieillards des deux sexes. La moitié de ce nombre paie en entrant une modique pension ; les autres sont entretenus gratuitement.

Le cimetière Montmartre, l'un des quatre destinés à recevoir les dépouilles mortelles des habitants de la capitale, est assis dans l'emplacement d'une ancienne carrière à plâtre. On y voit plusieurs tombes remarquables, entre autres celles de M. Larmoyer, de M. et de Mme Legouvé, de Mlle Volnais, de Saint-Lambert, de Greuse, de M. du Bocage, du maréchal de Ségur, du sculpteur Pigale, etc., etc.

Sur la hauteur on remarque le fragment d'un obélisque, sur la face méridionale duquel était gravée l'inscription suivante :

L'AN 1736,
CET OBÉLISQUE A ÉTÉ ÉLEVÉ PAR ORDRE
DU ROI,
POUR SERVIR D'ALIGNEMENT
A LA MÉRIDIENNE DE PARIS DU CÔTÉ
DU NORD.
SON AXE EST A 2,931 TOISES 2 PIEDS
DE LA FACE MÉRIDIONALE
DE L'OBSERVATOIRE.

Cet obélisque était un des quatre-vingt-seize que l'on avait projeté d'élever d'espace en espace dans toute la longueur du méridien de Paris qui traverse la France du sud au nord; cette ligne, qui passe par l'église Saint-Sulpice, et dont la perpendiculaire est élevée à l'Observatoire royal, a puissamment servi au travail de la carte générale de France. A la latitude de l'Observatoire de Paris, le degré de longitude a été trouvé de 37,568 toises, la minute de 626 toises, et la seconde de 10 toises 1/2 ; et dans l'hypothèse que la terre est aplatie par ses pôles, d'un 187e, ce degré est de 37,822.

Pour la latitude on a trouvé que de Paris à Amiens le degré était de 57,069 toises.

Fabriques de tulle, savon vert, toiles cirées, instruments de marine, tapis peints et vernis, encre et produits chimiques. Fonderie de bronze. — Maison de santé. Pensions pour l'un et l'autre sexe. — Théâtre de la banlieue (salle Rochechouart).

MUETTE (la). *Voyez* PASSY.

NANTERRE. Joli bourg, situé au bas d'un coteau, près du Mont Valérien, à 3 l. 3/4 de Paris. ✉ Pop. 2,511 hab.

Nanterre passe pour être un des anciens lieux habités des environs de Paris; il est certain qu'il existait au Ve siècle. En 420, saint Germain, évêque d'Auxerre, et saint Loup, évêque de Troyes, en passant par ce village, convertirent au christianisme une jeune bergère du nom de Geneviève, qui fit entre leurs mains vœu de virginité et embrassa la profession de religieuse. Depuis cette époque Geneviève vécut si saintement, et après sa mort il se fit, dit-on, tant de miracles sur son tombeau, sur lequel on éleva une chapelle, qu'elle fut déclarée sainte, et que la ville de Paris se mit sous sa protection et la prit pour sa patronne. — La chapelle a été démolie et le pèlerinage dont elle était l'objet transféré à l'église paroissiale, édifice construit à différentes époques, dont la façade, décorée de deux ordres en pilastres, fut bâtie en 1638. L'intérieur de cette église est d'ailleurs peu remarquable; on y voit un petit mausolée élevé à la mémoire de Ch. Le Roi, fils du célèbre horloger de ce nom.

Nanterre était autrefois un bourg fortifié, entouré de murs flanqués de tours, qui ont été remplacés par des promenades agréables. En 1346, les Anglais s'en emparèrent et y mirent le feu ; ils le prirent encore en 1411, et y commirent toutes sortes d'excès. Le 2 juillet 1815, les Français y battirent complètement une colonne de l'armée des puissances coalisées contre la France.

Le bourg de Nanterre est généralement bien bâti, dans une grande plaine, à peu de distance de la Seine. Sa situation entre Paris et Saint-Germain-en-Laye, sur la route de Rouen; le voisinage de ses carrières de pierres à bâtir ; ses gâteaux, son ratafia et son petit-salé, si estimés des gastronomes; et surtout le pèlerinage à la chapelle de Sainte-Geneviève, lui ont depuis très-long-temps acquis une grande célébrité.

Fabriques de colle-forte. Produits chimiques, toiles cirées. Raffinerie de sucre. Tuilerie. — *Commerce* de gâteaux renommés, porc frais et salé, plâtre, pierres à bâtir.— *Hôtel* de la Boule d'or.

Le Mont-Valérien, une des plus hautes collines qui environnent Paris, est une dépendance de la commune de Nanterre; on jouit, sur le sommet, d'une vue magnifique. Du temps de Henri IV, il existait déjà sur cette colline un ermitage qui, plus tard, fut converti en une chapelle, à laquelle on donna le nom de Saint-Sauveur. En 1634, il s'y établit une congrégation sous le nom de prêtres du Calvaire, dont la chapelle était le but d'un pèlerinage que l'on y faisait la nuit du jeudi au vendredi saint, en portant des croix; quelques dévots se faisaient fustiger en chemin; des pèlerins et des pèlerines faisaient souvent des stations dans le bois de Boulogne avant d'en faire sur la montagne du Calvaire, et peu à peu la galanterie et le plaisir ayant fini par remplacer le zèle et la pénitence, les pèlerinages nocturnes furent supprimés par l'archevêque de Paris, en 1697. La loi de 1791 ayant détruit toutes les congrégations, celle du Calvaire se dispersa et ne parvint à se reformer qu'après le concordat de 1810. Peu après cette époque, les bâtiments du couvent, qui avaient été conservés, devinrent un lieu de rendez-vous où se réunissaient toutes les nuits un grand nombre de prêtres et d'évêques qui y tenaient des conciliabules où l'on conspirait contre le gouvernement établi. L'empereur ayant été instruit de ces menées secrètes, ordonna aux grenadiers de sa garde, en garnison à Courbevoie, de se rendre au Mont-Valérien, d'y surprendre les conspirateurs, et de raser de fond en comble l'église et le couvent; ce qui fut immédiatement exécuté. Quelques années après, Napoléon ordonna de construire sur l'emplacement des anciens bâtiments un vaste édifice, qu'il destinait à une caserne, dont les missionnaires s'emparèrent après la restauration. Ce bâtiment est aujourd'hui sans destination.

NEUILLY-SUR-SEINE. Beau village, bâti dans une belle situation, de chaque côté d'une belle avenue que traverse la grande route, sur la rive droite de la Seine, que l'on y passe sur un magnifique pont en pierres de taille. ⚹ Pop. 5,608 hab.

Neuilly est un village moderne, en général fort bien bâti. On y remarque un beau château et plusieurs jolies maisons de campagne, dont une des plus élégantes est connue sous le nom de Maison de Saint-James. A l'extrémité de ce village, dans un vallon pittoresque que traverse un petit sentier qui conduit à Nanterre, on trouve un petit bois bien couvert, au milieu duquel est pratiquée une pièce d'eau dont les bords sont ombragés de saules et de peupliers : ce bois solitaire sert souvent de rendez-vous à des sociétés de Paris, qui viennent y faire des repas champêtres.

Le Château de Neuilly fut construit sous le règne de Louis XV par M. d'Argenson: M. de Sainte-Foix en devint ensuite propriétaire, et le vendit à M. de Montesson; il passa après au prince de Talleyrand, au prince Murat et à la princesse Borghèse, qui l'habita pendant quelque temps. C'est aujourd'hui la retraite favorite de S. M. Louis-Philippe et de sa famille pendant la belle saison. Ce château, bâti sur les dessins de Carteau, était déjà remarquable, dès le temps de M. de Sainte-Foix, par la beauté de ses jardins, de son parc, de son architecture, par le luxe de ses appartements, et les peintures qui le décoraient. Depuis quelques années, il a considérablement été embelli; des bronzes, des statues, de précieux tableaux en décorent l'intérieur. De nouvelles constructions y ont été ajoutées, et d'heureux changements y ont été faits par M. Fontaine, un de nos plus habiles architectes. De vastes et magnifiques jardins s'étendent jusqu'à la Seine; plusieurs îles boisées, auxquelles on communique au moyen de petites embarcations, ajoutent aux nombreux agréments de son parc, d'où l'on a en perspective, sur la rive opposée, le village de Courbevoie, les belles habitations qui l'environnent, et le magnifique pont jeté sur la Seine.

La Maison de Saint-James est précédée d'une cour régulière, dont trois des côtés sont ornés d'une balustrade élevée sur quelques marches décorées de vases et de fanaux. Le péristyle, composé de quatre colonnes ioniques, dont la pierre est très-blanche, supporte un balcon, et se dessine d'une manière piquante sur le fond de brique de cette élévation. Du côté du jardin est un perron à deux rampes, terminé par des piédestaux en marbre bleu turquin, portant des lions, et communiquant aux appartements; ce perron est couvert par un petit porche décoré de quatre colonnes dans le genre mauresque. A quelque distance de la maison, dans les bâtiments qui composent la basse-cour, est une salle de spectacle. Les jardins sont distribués avec beaucoup de goût.

Le pont de Neuilly, un des plus beaux de l'Europe, a 667 pieds de longueur, et 45 pieds d'une tête à l'autre, dont 6 pieds

CHÂTEAU DE NEUILLY.

3 pouces sont employés aux trottoirs, et 29 pieds à la chaussée ; il est supporté par cinq arches de 120 pieds d'ouverture et de 30 pieds de hauteur sous clef ; ces arches, très-surbaissées, et dont l'étonnante courbure n'a pas encore été imitée, ne sont qu'une petite portion d'un cercle dont le rayon aurait 150 pieds. Ce pont a été bâti en pierres de Saillancourt, taillées avec le plus grand soin ; la plupart de celles qui entrent dans sa construction, ont de 30 à 45 pieds cubes ; le parapet en offre qui ont 34 pieds de long. Sa noble simplicité, la grandeur de ses arches, la beauté de leurs courbes gracieuses et hardies, le choix des matériaux et le soin apporté dans l'appareil, lui assurent le premier rang parmi les monuments de ce genre.

Le CHATEAU DE BAGATELLE, situé dans l'enceinte du bois de Boulogne, est une dépendance de la commune de Neuilly. Cette jolie habitation, à laquelle on donna dans le temps le nom de Folie-d'Artois, fut construite et rendue logeable en soixante-quatre jours. Elle se compose d'une première cour dans laquelle s'élèvent le bâtiment des cuisines, les écuries, les remises et le commun. A l'extrémité de cette cour, sur un soubassement en terrasse, décoré de deux fontaines, et auquel on arrive par un perron qu'accompagnent des sphinx, s'élève le pavillon principal. Son plan, carré dans sa masse, présente un avant-corps circulaire du côté du jardin. Le rez-de-chaussée est distribué en vestibule, salle à manger, salle de billard, salon, cabinet de bains et boudoir ; au centre est l'escalier principal. L'étage supérieur contient les petits appartements. — La façade antérieure de ce pavillon est d'une proportion élégante ; ses détails sont riches et gracieux. La façade sur le jardin est beaucoup moins ornée, mais sa simplicité n'est dépourvue ni de goût ni de grace.

Fabriques de fécule, papiers et carton, produits chimiques. Raffineries d'huile. — Fête patronale le dimanche après le 24 juin.

NOISY-LE-SEC. Village situé à 2 l. de Saint-Denis et à 2 l. 3/4 de Paris. ✉ Pop. 1,863 hab. Il est bâti sur une éminence et environné de jolies maisons de campagne.

OUEN (SAINT-). Village situé à 1 l. de Saint-Denis et à 4 l. de Paris. Pop. 1,000 hab. Il est bâti sur une élévation, près de la rive droite de la Seine, où il a un petit port. Parmi les nombreuses maisons de plaisance qui l'entourent, on remarque un superbe château où Louis XVIII séjourna le 2 mai 1814, veille de son entrée à Paris. C'est de cet endroit qu'il signa la déclaration dite de Saint-Ouen, qui a précédé de quelques jours la charte constitutionnelle.

M. Ternaux l'ainé possédait à Saint-Ouen une maison de campagne remarquable par sa construction, ses points de vue et ses jolis jardins baignés par la Seine. Plusieurs établissements d'industrie y sont établis, ainsi qu'un lavoir et apprêt de laines ; on y voit un beau troupeau de chèvres du Thibet, introduites en France par ce célèbre manufacturier, conjointement avec M. Jaucourt, ainsi que de vastes silos, greniers d'abondance souterrains, où l'expérience a démontré que les grains se conservent parfaitement pendant plusieurs années. On prétend que cette maison de campagne, bâtie en 1743, et qui appartint au célèbre Necker, remplace un lieu de plaisance de Dagobert, et que c'est là que Jean Ier institua l'ordre de l'Étoile en 1351.

PANTIN. Beau village situé à 1 l. 1/2 de Saint-Denis et à 1 l. 3/4 de Paris. ✉ Pop. 1,881 hab. Il est près du canal de l'Ourcq, environné de beaux jardins et de maisons de campagne, à la proximité des belles promenades de Romainville et des prés Saint-Gervais. La partie de ce village située sur la grande route se compose d'auberges et de fermes ; l'autre partie, au sud-est de la route, contient l'église paroissiale, des maisons d'agriculteurs et des maisons de campagne.

En 1806, la garde impériale, à son retour de la brillante campagne d'Austerlitz, campa dans la plaine de Pantin. Ce fut un des villages où les Français signalèrent avec le plus de gloire et de courage, en 1814, leur persistance à défendre la capitale : Pantin fut pris et repris plusieurs fois les 29 et 30 mars par les Austro-Russes et par le corps d'armée commandé par le général Campans, qui s'y couvrit d'une gloire immortelle.

Fabriques de couvertures, coke, chaux hydraulique. Filatures de laine et de coton. Exploitation des carrières de plâtre.

PASSY. Beau et grand bourg, situé à 2 l. 1/2 de Saint-Denis et près des murs de Paris, dont il est toutefois à une distance légale de 1 l. 1/2. ✉ Pop. 4,345 hab.

Passy est fort agréablement situé au sommet et sur le penchant d'une colline qui borde la rive droite de la Seine. Il est bien bâti, et la grande rue qui le traverse jusqu'au bois de Boulogne rappelle les belles rues de la capitale. Son voisinage de Paris, l'air pur qu'on y respire, et les charmantes maisons de campagne que l'on y rencontre, en font un des endroits les plus agréables que l'on puisse habiter.

Ce bourg a été illustré par le séjour qu'y ont fait plusieurs hommes célèbres : Francklin, pendant son séjour en France, en 1788, avait fixé sa résidence à Passy; le comte d'Estaing, qui contribua avec tant de gloire à l'affranchissement de l'Amérique et à l'humiliation de la marine anglaise, y avait aussi sa maison de campagne; Raynal, qui tonna avec tant d'énergie contre les rois et les prêtres en faveur de la liberté des peuples, se retira à Passy en 1791, et y mourut le 6 mars 1796, à l'âge de 63 ans. Le célèbre rival de Gluck, Piccini, mourut aussi à Passy en 1803.

Le CHÂTEAU DE LA MUETTE est une dépendance de la commune de Passy. Ce château fut bâti au commencement du règne de Louis XV, sur l'emplacement d'un ancien rendez-vous de chasse; il a été démoli en partie pendant la première révolution, à l'exception de deux pavillons et de quelques autres accessoires. La fameuse duchesse de Berri, fille du duc d'Orléans, régent, y mourut en 1719, à l'âge de 24 ans, des suites de ses impudicités. C'est à la Muette qu'eut lieu, le 21 novembre 1783, la seconde expérience aérostatique. Près de là, on trouve une vaste esplanade, au milieu de laquelle s'élève un bâtiment appelé le *Ranelagh*, où s'assemble tous les soirs, dans la belle saison, la plus brillante société, que des danses, des comédiens ambulants, le site le plus champêtre et le plus pittoresque, y attirent de Paris et des environs depuis nombre d'années.

Passy possède une curiosité que plusieurs amateurs vont visiter avec intérêt; c'est un pont suspendu en fil de fer, exécuté en face d'une maison appartenant à M. Benjamin Delessert; ce n'est réellement qu'un modèle en grand, sur lequel cependant peuvent passer plusieurs personnes.

EAUX MINÉRALES DE PASSY.

On trouve à Passy deux sources d'eaux minérales, divisées en eaux anciennes et eaux nouvelles : les premières furent découvertes en 1658, et les dernières en 1719. Ces eaux, précieuses par leur voisinage de la capitale, sont dans une maison charmante, où l'on trouve un jardin agréable, des bosquets, des allées d'arbres bien ombragées, et des terrasses sous lesquelles on a pratiqué des galeries où les buveurs peuvent se promener à couvert.

SAISON DES EAUX. C'est ordinairement depuis le mois de mai jusqu'au mois d'octobre que l'on va prendre les eaux à la source. On peut cependant en faire usage dans toutes les saisons, parce qu'elles conservent toujours les mêmes principes.

PROPRIÉTÉS PHYSIQUES. Les eaux de Passy sont claires, limpides; leur saveur est ferrugineuse et légèrement acide; elles sont froides et déposent au fond des bassins un sédiment ochracé.

PROPRIÉTÉS CHIMIQUES. Ces eaux ont été bien des fois analysées, notamment par MM. Bayeu, Venel, Deyeux, Barruel et Planche. Telles qu'elles jaillissent du sein de la terre, elles sont généralement trop fortes, trop actives pour l'usage intérieur; la grande proportion de substances salines, et surtout de sulfate de fer, qu'elles contiennent, a fait prendre le parti de les épurer; procédé qui consiste à les laisser exposées pendant plusieurs mois à l'ardeur du soleil, dans des jarres remplies d'eau sortant de la source. Ainsi épurées par le temps et le repos, elles sont dépouillées de tous principes irritants, et tiennent en dissolution du carbonate et du proto-sulfate de fer, des sulfates de chaux et de magnésie, de l'alun, de l'hydrochlorate de soude, du muriate de soude, du gaz acide carbonique, et quelques traces de matières bitumineuses.

PROPRIÉTÉS MÉDICINALES. Les propriétés des eaux de Passy se déduisent des substances salines qu'elles contiennent. Il paraît constant qu'elles peuvent être considérées comme apéritives, et susceptibles d'être employées avec un grand succès dans les engorgements du foie, et surtout dans les obstructions. On a remarqué qu'à la suite des fièvres tierces et quartes dont la durée a été longue, elles complétaient la cure en rétablissant les forces des malades. Les eaux, telles qu'elles coulent de la source, sont très-actives. On les emploie avec le plus grand succès comme topiques, soit en douches, soit en lotions ou en injections.

MODE D'ADMINISTRATION. Les eaux de Passy doivent être bues froides ou presque froides, attendu qu'elles se décomposent très-promptement pour peu qu'on les fasse chauffer. Leur usage exige des précautions. Il est toujours prudent de commencer par les eaux épurées, pour passer ensuite à celles qui ne le sont pas. L'eau naturelle se prend à la dose de deux ou trois verres. On peut boire l'eau épurée en plus grande proportion.

Fabriques de cordes sans fin, d'eaux minérales factices. Raffineries de sucre.—Manufacture de bougie dite de l'Étoile (à l'Étoile). — *Commerce* de vins, eaux-de-vie, huiles, bougies, etc.

PIERREFITTE. Village bâti dans une situation agréable, sur la pente d'une colline d'où l'on découvre, dans sa longueur, toute la riante vallée de Montmorency. A 1 l. de Saint-Denis et à 3 l. 1/4 de Paris. Pop. 817 hab. C'est la patrie du célèbre chirurgien Petit, mort en 1708, dont nous avons indiqué par erreur le lieu de naissance à Pierrefitte, arrondissement de Beauvais (Oise).

PRÉ-SAINT-GERVAIS (le). Village situé à 1 l. 1/2 de Saint-Denis et 1 l. 1/2 de Paris. Pop. 375 hab.

Ce village est presque uniquement composé de guinguettes, très-fréquentées pendant la belle saison par les habitants de la capitale. Le sol, dont les accidents variés offrent à chaque pas de riants tableaux, est cultivé avec soin; presque tous les champs sont bordés de lilas et de rosiers; les coteaux sont couverts de vignes et de vergers; enfin, la proximité du bois de Romainville fait de ce village un des sites les plus gracieux des environs de Paris. Outre les guinguettes, qui presque toutes sont élégamment décorées à l'extérieur, on y voit plusieurs jolies maisons de campagne.

PUTEAUX. Village situé à 2 l. 1/4 de Saint-Denis et à 2 l. 1/2 de Paris. Pop. 2,026 hab. Il est bâti sur la rive gauche de la Seine, qui forme en cet endroit une île agréable, à la descente d'une colline qui fait face à celle de Suresnes. Presque tout le territoire est consacré à la culture des légumes potagers, et surtout à celle des rosiers, dont les habitants vendent les fleurs aux parfumeurs de Paris. — *Fabriques* d'indiennes. Teinturerie. Filature de laine et de bourre de soie.

ROMAINVILLE. Charmant village, bâti dans une situation fort agréable, à 1 l. 3/4 de Saint-Denis et 2 l. de Paris. Pop. 850 hab. Il est entouré de maisons de campagne charmantes: celle qui porte le nom de Château de Romainville est surtout remarquable par sa position sur une éminence, qui lui procure une des plus belles vues des environs de Paris; le parc, planté dans le genre paysager, et pourvu d'eaux abondantes, renferme une belle collection d'arbres et d'arbustes étrangers.

Le bois de Romainville n'est pas fort étendu; mais sa proximité de la capitale et ses beaux ombrages en font un but naturel de promenades champêtres, très-fréquentées dans la belle saison. — Fête patronale le 31 juillet.

STAINS. Village situé près de la Crould, à 1 l. de Saint-Denis et 2 l. 1/2 de Paris. Pop. 956 hab.

On voit à Stains un des beaux châteaux des environs de Paris; il est bâti sur une élévation qui domine la plaine de Saint-Denis et plusieurs maisons de campagne environnantes. Les bâtiments sont beaux et spacieux; les jardins d'une distribution admirable. Le parc, traversé par la Crould, et dont l'étendue est considérable, est coupé de champs, de prairies, de vallées, peuplé de gibier de toute espèce et d'oiseaux aquatiques les plus rares. Cette magnifique propriété appartenait, sous l'empire, à Jérôme Napoléon.

Fabriques de tulle, de fécule. Filature de soie et de laine. Blanchisserie. Éducation en grand des moutons et des abeilles.

SURESNES. Joli bourg bâti dans une situation pittoresque, au bas du Mont-Valérien, sur la rive gauche de la Seine, à 2 l. 3/4 de Saint-Denis et à 3 l. de Paris. Pop. 1,444 hab. Plusieurs maisons de campagne charmantes décorent ce bel endroit, qui domine toute la plaine.

Suresnes est célèbre par les conférences qui y furent tenues, en 1593, entre les catholiques et les protestants, et à la suite desquelles Henri IV embrassa la religion catholique. Sur la fin du siècle dernier, M. Héliot fonda à Suresnes le couronnement d'une rosière, qui se fait encore tous les ans avec beaucoup d'appareil le jour de l'Assomption : suivant les statuts, le curé doit choisir trois filles au-dessus de dix-huit ans, à l'issue de vêpres, et notifier son choix aux marguilliers de la paroisse, lesquels se réunissent ensuite pour procéder, par la voie du scrutin, à l'élection de la rosière. Le prix est de trois cents francs.

Une grande partie du territoire de Suresnes est plantée en vignes, dont le vin jouissait jadis d'une grande réputation; aujourd'hui ce vin est regardé comme une boisson détestable, et il est passé en proverbe de dire, pour désigner un vin qui n'est point potable, que c'est du vin de Suresnes. — *Fabriques* de tuiles. Lavoirs de laines.

VILLETANEUSE. Village situé à l'extrémité de la vaste plaine de Saint-Denis, à 3/4 de l. de la ville de ce nom et à 3 l. 1/2 de Paris. Pop. 375 hab. Il est divisé en deux parties, dont la plus petite renferme l'église, et un ancien château environné de fossés pleins d'eau, alimentés par une source d'eau vive. — *Fabriques* d'amidon, fécule, colle-forte, etc.

VILLETTE (la). Joli bourg situé à 2 l. de Saint-Denis et près de la barrière Saint-Martin. ✉ Pop. 4,500 hab.

Ce bourg est dans une charmante situation, à l'extrémité du canal de l'Ourcq, sur le superbe bassin de la Villette, qui alimente le canal Saint-Martin, et fournit l'eau à un grand nombre de fontaines, ainsi qu'à plusieurs réservoirs destinés au nettoiement des rues et des égouts de cette capitale. La Villette est presque entièrement composé de guinguettes, d'auberges, d'entrepôts et de magasins.

Le bassin de la Villette, commencé en 1806 et achevé en 1809, présente un parallélogramme dont la plus grande dimension est de 800 mètres, et la moindre de 80. Il est bordé de quatre rangs d'arbres, revêtu en maçonnerie sur toutes ses faces, et presque constamment couvert d'une multitude de barques dont quelques-unes sont pontées et étonnent par leurs grandes dimensions. A son extrémité, du côté de Paris, s'élève d'une manière pittoresque la belle barrière de Pantin, qui semble avoir été placée là tout exprès pour embellir la charmante perspective qu'offre cette immense pièce d'eau (*voy. la gravure*).

Fabriques d'apprêts de boyaux de bœufs à l'usage des charcutiers, de savon, produits chimiques, papiers. Raffineries d'huile et de sucre. Distilleries. Brasseries. Corderies. — Entrepôt de vins, eaux-de-vie, huiles, charbon, houille, etc., etc.

ARRONDISSEMENT DE SCEAUX.

ALFORT. *Voy.* MAISONS.

ANTONY. Joli bourg situé sur le penchant oriental d'un coteau, à 1 l. de Sceaux et 3 l. 1/4 de Paris. ✉ Pop. 1,194 hab. Il est assez bien bâti, près de la grande route d'Orléans, sur laquelle se trouve une dépendance de ce bourg, qu'on nomme Pont-d'Antony, à cause du pont bâti sur la Bièvre. L'église paroissiale offre un chœur assez beau, et surtout une belle tour surmontée d'une pyramide, que l'on croit avoir été bâtie dans le XIVe siècle : elle est entourée d'un ancien cimetière, et offre un point de vue pittoresque.

Fabriques de bougies. Blanchisserie de cire. Fours à plâtre. Lavoirs de laine.

ARCUEIL. Joli village, situé sur la Bièvre, à 1 l. de Sceaux et à 1 l. 3/4 de Paris. Pop. 1,816 hab.

Suivant l'abbé Lebeuf, Arcueil doit son nom aux arcades de l'aqueduc que les Romains y élevèrent pour conduire les eaux au palais des Thermes. Ce village, situé dans une vallée agréable, n'est séparé de Cachant que par le bel aqueduc moderne, qui conduit à Paris, par divers canaux souterrains, les eaux du Rungis. Son exposition est riante et pittoresque; c'est un des lieux les plus fréquentés par les habitants de la capitale, par les amis des muses, par les jeunes élèves des maisons d'éducation, et surtout par les étrangers. L'église paroissiale, dont la construction remonte au règne de saint Louis, est remarquable par la délicatesse du travail de son portail gothique et par les galeries qui entourent le chœur.

L'aqueduc d'Arcueil a été construit par Marie de Médicis, qui le fit exécuter sur les dessins et sous la conduite du célèbre Jacques de Brosse, dans le dessein d'amener les eaux à son palais du Luxembourg. Louis XIII posa, en 1613, la première pierre de ce monument, qui fut achevé en 1624. Cet aqueduc traverse la vallée de Bièvre, sur une longueur d'environ deux cents toises; il a douze toises d'élévation dans sa plus grande hauteur, à partir du lit de la Bièvre, et consiste en une épaisse muraille soutenue de chaque côté par des contre-forts, entre lesquels sont vingt arcades d'environ vingt-quatre pieds de largeur : huit seulement de ces arcades, inégalement espacées, sont à jour, et la rivière de Bièvre passe sous deux d'entre elles. Les contre-forts s'élèvent jusqu'à une belle corniche dorique, à grands modillons, qui règne dans toute sa longueur; au-dessus de cette corniche, s'élève un attique formant intérieurement une galerie voûtée et recouverte en dalles de pierre. Dans le milieu de cette galerie est le canal, où les eaux coulent entre deux banquettes qui permettent de parcourir, à pied sec, toute la longueur de l'aqueduc. Le jour y pénètre par des ouvertures pratiquées entre les contre-forts. Au-delà de cette construction extérieure, du côté du village de Rungis, est une galerie souterraine, d'abord en ligne droite, puis sur les côtés d'un carré, d'environ 150 toises. Cette galerie, percée de barbacanes et flanquée de pierrées qui pénètrent dans les terres en divers sens, recueille les eaux qu'une autre galerie, en deçà du mur aqueduc de la vallée, conduit à Paris. Un château d'eau, situé près de l'Observatoire, et vingt-sept regards, dans lesquels on descend par des escaliers, facilitent le jaugeage des eaux, la visite et l'entretien des travaux, dont l'ensemble se développe sur une longueur de 6,600 toises. L'aqueduc d'Arcueil fournit aux fontaines de Paris cinquante-sept pouces cubes d'eau. — Une partie de l'aqueduc antique existe encore; elle est contiguë au nouveau.

Fabrique de colle-forte. Filature de coton. Pépinières. — Fête patronale le dimanche qui suit la Saint-Denis.

BAGNEUX. Village situé à une demi-lieue de Sceaux et à 2 l. de Paris. Pop. 885 h.

Ce village est bâti sur une éminence d'où l'on jouit d'un air salubre et d'un paysage agréable; il se distingue par son église paroissiale, et par une multitude de belles maisons de campagne. Bénicourt, favori du cardinal de Richelieu, et l'exécuteur de ses ordres les plus secrets, y avait fait construire une belle habitation, dont un pavillon donnait sur la rue Saint-Étienne. Au commencement de la première révolution, la maison ayant été vendue et démolie, on découvrit la destination mystérieuse de ce pavillon, et d'un puits non moins fameux qui avait servi d'oubliettes. Quand on eut ouvert ce puits, dont l'entrée avait été bouchée, et qui avait environ cent pieds de profondeur, on reconnut les ossements de plus de quarante cadavres, ainsi qu'un grand nombre de vêtements, des montres, bijoux, argent, etc. — L'église de Bagneux, dont la fondation remonte au XIII° siècle, est un des plus beaux édifices religieux des environs de la capitale. Le vaisseau est voûté et fort beau; la nef est décorée de petites galeries dans le genre de celles de Notre-Dame de Paris. Sur le couronnement des bas-côtés, s'élèvent des arcs-boutants qui soutiennent la construction supérieure de la principale nef. Le portail est d'une haute antiquité: on y voit un bas-relief représentant le Père éternel, accompagné de quatre anges portant des chandeliers. Sur les restes de l'ancien clocher, il a en été élevé un nouveau d'une élégante construction. Le presbytère est une des plus belles habitations de ce genre.

BERCY. Grand et beau village, situé à 3 l. de Sceaux, à la sortie de la barrière de la capitale de ce nom. ⊠ Pop. 3,939 h.

Ce village doit son nom à quelques guinguettes et autres habitations construites hors de la barrière, où les boissons franches du droit d'entrée, et à un prix moindre qu'à Paris, attirent journellement un grand nombre d'artisans. La plus grande partie des vins et autres liquides imposables arrivant par la haute Seine et passant nécessairement devant Bercy, le commerce sentit la nécessité d'y former un entrepôt, et bientôt toute la partie qui s'étend depuis la barrière de la Rapée jusqu'à la rue de la Grange-aux-Merciers fut achetée et couverte de magasins, dont les bâtiments, élevés sur le bord de la Seine, formèrent un quai nouveau, qui offre aujourd'hui un des plus beaux ports de Paris, communiquant avec la rive gauche du fleuve par un beau pont suspendu. — Le 31 juillet 1820, dans l'après-midi, presque tous les bâtiments construits sur ce quai furent dévorés par un effroyable incendie; quelque zèle que l'on ait mis dans les secours qui furent prodigués de suite, il fut impossible de se rendre maître de la flamme; le vin, l'eau-de-vie, les huiles s'échappaient des tonneaux et coulaient en torrents enflammés, et l'on ne put empêcher les bâtiments voisins du principal foyer d'être entièrement consumés. A neuf heures, l'incendie était dans toute son intensité; mais on avait pris toutes les précautions nécessaires pour que ses ravages ne s'étendissent pas plus loin. Ce ne fut qu'à quatre heures du matin que les pompiers, la gendarmerie, les différentes autorités et l'immense population des environs, accourus pour porter des secours, furent maîtres du feu. Les papiers, les registres et le portefeuille de l'entrepôt furent seuls sauvés. Plus de 40,000 pièces de vin, d'eau-de-vie et d'esprit furent consumées, et la totalité de la perte, tout compris, dépassait la somme de 10 millions. Cet événement, qui ruina un grand nombre de négociants, n'empêcha point les maisons du port de Bercy de se reconstruire; les dommages furent promptement réparés, et l'entrepôt offre aujourd'hui un des plus beaux et des plus importants établissements en ce genre que l'on connaisse. Dans les mois des arrivages de vins, le port de Bercy est aussi animé, aussi embarrassé que les rues les plus fréquentées de Paris.

2.

On voit à Bercy un beau château, bâti dans une position agréable, au milieu d'un parc de neuf cents arpents, baigné par les eaux de la Seine. Non loin de là, est le château du Petit-Bercy, maison de campagne fort agréable, dont le parc a été transformé en magasins.

Fabriques de vinaigre. Raffinerie de sucre. Distilleries. Tanneries. — Entrepôt et commerce considérable de vins, eaux-de-vie, vinaigre, huiles, bois à brûler, de charpente et de charronnage, etc. — Fête patronale le dimanche après le 8 septembre.

BICÊTRE. *Voy.* Gentilly.

BONNEUIL-SUR-MARNE. Joli village situé sur une colline, près de la Marne, à 4 l. de Sceaux et à 4 l. 3/4 de Paris. Pop. 255 hab. C'était, dès 616, une résidence royale où Clotaire II tint, en 617, une assemblée des grands seigneurs bourguignons. L'empereur Lothaire y avait sa maison de plaisance en 842, et y donna une charte en faveur de l'abbaye de Saint-Denis, citée dans la chronique de Frédégaire. — L'église paroissiale date du XIV° siècle ; elle offre des détails très-soignés.

Bonneuil-sur-Marne mérite d'être visité par les étrangers, tant par sa position pittoresque que par ses promenades délicieuses. Un embranchement des eaux de la Marne forme sur le territoire de cette commune une petite rivière qui porte le nom de Mort-Bras. — Éducation des mérinos.

BOURG-LA-REINE. Bourg situé dans un vallon agréable, près de la rive gauche de la Bièvre, sur la grande route de Paris à Orléans. A 1/4 de l. de Sceaux et 2 l. 1/4 de Paris. ✉ Pop. 997 hab.

Ce bourg consiste principalement dans les maisons qui bordent la grande route. Il possède plusieurs belles habitations, dont la plus remarquable a appartenu à Gabrielle d'Estrées. On y voit encore la chambre où cette belle prodiguait ses faveurs à Henri IV ; elle forme aujourd'hui un beau salon, où l'on a conservé quelques restes de l'ancienne décoration. Cette maison fut choisie en 1722, pour l'entrevue de l'infante d'Espagne, âgée seulement de quatre ans, et de son futur époux (depuis Louis XV), qui n'avait alors que douze ans : une inscription gravée sur une pierre incrustée dans le mur du palier, au premier étage, consacre la mémoire de cette entrevue.

C'est à Bourg-la-Reine que le célèbre Condorcet termina ses jours en 1794. Proscrit par la Convention, errant aux environs de Paris en attendant un passe-port qu'était allé lui chercher M. Suard, il était entré dans un cabaret de Clamart, pour y prendre un peu de nourriture, lorsqu'un municipal, qui s'y trouvait par hasard, lui demanda ses papiers. N'en ayant pas, il fut arrêté et conduit à Bourg-la-Reine, pour être transféré ensuite à Paris. Connaissant d'avance le sort qui l'y attendait, Condorcet prit, pendant la nuit, une dose de poison actif qui mit fin à son existence. Il fut enterré dans le cimetière de Bourg-la-Reine, où aucun signe extérieur, pas même une simple pierre, n'indique le lieu où reposent les cendres du secrétaire perpétuel de l'Académie française, du philosophe qui a consacré sa vie entière à étendre le cercle des connaissances humaines, et à perfectionner les liens politiques qui doivent gouverner la société.

Le presbytère de Bourg-la-Reine a longtemps été possédé par le célèbre Dupuis, savant et ingénieux auteur de l'Origine de tous les cultes.

Manufacture de faïence. — C'est sur le territoire de cette commune que se tient, le lundi de chaque semaine, le marché important de bestiaux connu sous le nom de marché de Sceaux. *Voy.* Sceaux.

BRIE-SUR-MARNE. Village situé sur la pente d'une colline qui borde la rive droite de la Marne, à 5 l. de Sceaux et à 3 l. 3/4 de Paris. Pop. 379 hab. On y voit un château remarquable par sa situation et par la richesse de ses points de vue. — L'église paroissiale date, dit-on, du XIII° siècle.

CHAMPIGNY-SUR-MARNE. Village situé sur la Marne, à 5 l. de Sceaux. Pop. 1,300 hab. — Aux environs, sur une des collines qui bordent la Marne, on remarque un magnifique château de construction moderne, dont les points de vue sont admirables.

CHARENTON. Bourg agréablement situé en amphithéâtre sur la rive droite de la Marne, au confluent de cette rivière avec la Seine. Il est divisé en deux communes, dont l'une porte le nom de Charenton-le-Pont, et l'autre celui de Charenton-Saint-Maurice. A 3 l. de Sceaux et 2 l. de Paris. ✉ ☞ Pop. 3,450 hab.

Charenton-le-Pont doit son surnom à un pont sur la Marne, qui est un des plus anciennement bâtis pour faciliter, par terre, les arrivages à Paris ; aussi sa possession a-t-elle toujours été regardée comme une des clefs de la capitale. Les Normands s'emparèrent de ce pont et le rompirent en 865. Les Anglais le prirent en 1436, et en furent

Gravé sur acier par Hopwood.

Voltaire.

chassés en 1437, sous le règne de Charles VII. En 1465, l'armée de la ligue dite du Bien public s'y porta pour protéger ses opérations contre Louis XI. Les calvinistes le prirent en 1567. Henri IV l'enleva, en 1590, aux soldats de la Ligue, qui s'y défendirent avec acharnement. Sa défense fut confiée, en 1814, aux élèves de l'école d'Alfort, qui résistèrent avec un grand courage aux attaques des armées étrangères. — Ce pont a été rebâti plusieurs fois : sa dernière reconstruction date de 1714. Il se compose de dix arches, dont six sont en pierre et quatre en bois. Bien qu'irrégulier, la manière dont il se groupe avec les moulins, les maisons du bourg, les grands arbres des îles de la Marne et les coteaux environnants, en fait un des points de vue les plus pittoresques des environs de Paris. — *Fabriques* de savon vert, produits chimiques. Fonderie, forges et magnifiques ateliers pour la construction des machines. Manufacture de porcelaine. — Fête patronale le deuxième dimanche de juillet.

CHARENTON-SAINT-MAURICE est bien bâti, dans une belle position, et renferme plusieurs jolies maisons de campagne ; l'une des plus remarquables est celle dite de Gabrielle d'Estrées, que l'on voit à gauche, à l'entrée du bourg, en arrivant de Paris.

Charenton-Saint-Maurice possède une célèbre maison de santé pour le traitement des aliénés, où l'on peut recevoir quatre cents individus des deux sexes. Cette maison, bâtie sur une colline au pied de laquelle coule la Marne, offre de toute part une vue ravissante ; l'air qu'on y respire est pur, les enclos vastes, les jardins charmants, et les promenades délicieuses. Les caves, bâties à cent pieds au-dessous du sol des jardins, et pouvant contenir 1,500 pièces de vin, sont regardées comme un ouvrage de maçonnerie de la plus grande hardiesse : elles sont composées de quatre nefs, chacune de 300 pieds de long sur 14 pieds de large et 12 de hauteur ; le jour y parvient par quatre lanternes en forme de puits. — *Fabriques* de coutellerie. Produits chimiques. Papeterie.

CHATENAY-LEZ-BAGNEUX. Joli village situé sur un coteau planté de vignes, qui domine une campagne fertile, à une demi-lieue de Sceaux et à 3 l. de Paris. Pop. 650 hab. La beauté du site de ce village et la variété de ses points de vue y ont fait construire un grand nombre de maisons de plaisance, parmi lesquelles on distingue celle de la Vallée-aux-Loups, construite dans le style gothique par M. de Châteaubriand.

Châtenay est le lieu de naissance du plus grand génie qu'ait produit le siècle dernier ; c'est dans une des maisons de ce village qu'est né Voltaire, le 20 février 1694.

CHATILLON-SOUS-BAGNEUX. Joli village, situé à 3/4 de l. de Sceaux et à 2 l. de Paris. Pop. 968 hab. Il est bâti dans une belle position, sur une hauteur d'où l'on jouit d'une vue magnifique : de cet endroit l'œil embrasse Bagneux, Montrouge, Vaugirard, Vanvres, Issy, Paris, le cours de la Seine, le Mont-Valérien, Vincennes et les hauteurs de Montmartre ; dans le lointain, une partie de la vallée de Montmorency sert de cadre à ce vaste et riant tableau. — On voit à Châtillon une carrière remarquable par une galerie souterraine, où des voitures attelées de trois chevaux peuvent descendre jusqu'à une profondeur de 85 pieds, pour y charger la pierre qu'elle fournit. Sur la hauteur, on remarque les ruines pittoresques de la tour de Croux, qui servait autrefois à transmettre les signaux de la tour de Mont-le-Héry. Non loin de là est une fort belle glacière. — Fête patronale le dimanche qui suit le 1er mai.

CHEVILLY. Village situé à 1 l. de Sceaux et à 2 l. 1/2 de Paris. Pop. 300 hab.

CHOISY-LE-ROI. Jolie petite ville, bâtie dans une charmante situation, sur la rive gauche de la Seine, que l'on y passe sur un beau pont. A 2 l. de Sceaux et 3 l. de Paris. ✉ Pop. 3,075 hab.

On remarquait autrefois à Choisy un magnifique château, construit en 1682 pour Mlle de Montpensier, sur les dessins de F. Mansard, et possédé successivement par Mme de Louvois, par le dauphin fils de Louis XIV, et par la princesse de Conti. A la mort de cette princesse, Louis XV acheta le château de Choisy, et le fit rebâtir presque entièrement en 1739, par l'architecte Gabriel, qui construisit aussi, à peu de distance, un petit château pour Mme de Pompadour. Il ne reste plus de ces deux châteaux que quelques bâtiments accessoires, convertis aujourd'hui en manufactures, et les restes d'une belle terrasse, contre laquelle viennent se briser les flots de la Seine, et d'où l'œil découvre une campagne immense.

La ville de Choisy est une des plus agréables des environs de Paris : sa position dans un riant bassin, ses rues larges et tirées au cordeau, ses maisons construites élégammons et presque toutes embellies par des jardins, les restes des anciennes avenues du château, la proximité de la Seine, tout concourt à en faire un séjour des plus riants.

Le pont, bâti en 1802, a 369 pieds de longueur sur 23 de largeur; il est en bois de chêne avec culées et piles en pierre, et se compose de cinq travées d'un élégant dessin.

Fabriques de toiles cirées, savon, maroquin, produits chimiques. Manufacture de faïence fine façon anglaise, demi-porcelaine blanche et décorée, impression sous émail, etc. Verrerie et cristallerie pour verres à vitres et gravures, verres à vitres de couleur, peintures sur verre pour églises et décoration de fenêtres d'appartements. Distilleries d'acides acétique et pyroligneux. Raffinerie de sucre de betteraves. — *Commerce* de vins, vinaigre, charbon de terre, etc. — Fête patronale le dimanche après la Saint-Louis.

CLAMART-SOUS-MEUDON. Village situé dans une plaine couverte de bocages romantiques, et environné de jolies maisons de campagne. A 1 l. de Sceaux et 2 l. 1/2 de Paris. Pop. 1,229 hab. — *Fabriques* de chaux et de plâtre. Nombreux établissements de blanchisserie. Exploitation des carrières de pierre de taille formées de galeries souterraines, où des voitures attelées de trois chevaux peuvent parvenir jusqu'à cent pieds de profondeur pour y faire leur chargement.

CRETEIL. Grand village, situé sur la grande route de Provins à Paris, à 2 l. 3/4 de cette dernière ville et à 3 l. de Sceaux. ✉ Pop. 1,502 hab. On y voit un beau château et plusieurs jolies maisons de campagne. — Exploitation des carrières de pierre de taille. Scierie de pierres mue par une machine à vapeur qui fait le travail de cent vingt scieurs.

FONTENAY-AUX-ROSES. Charmant village, fort agréablement situé, sur le penchant d'un coteau, à 1/4 de l. de Sceaux et 2 l. 1/2 de Paris. Pop. 1,390 hab. Il est bâti dans un territoire où l'on cultive une grande quantité d'arbustes, et particulièrement des rosiers, qui, au printemps, donnent à ce village un aspect enchanteur; les habitants se livrent également à la culture de la vigne et des fraisiers. On y trouve des haies de rosiers qui, durant la belle saison, bordent toutes les promenades; on en voit aussi de 10 à 12 pieds de hauteur le long des murs, et principalement devant la porte de chaque maison. — La situation de ce village, son charmant paysage, le genre de culture qui y est le plus favorisé, ont engagé d'y bâtir un grand nombre de maisons de campagne; l'une des plus agréables a été habitée par Scarron. — Fête patronale le premier dimanche après le 16 juillet.

Patrie du poète Chaulieu.

FONTENAY-SUR-BOIS. Village situé à 4 l. de Sceaux et à 2 l. 1/2 de Paris. ✉ Pop. 1,390 hab. Il est contigu au bois de Vincennes et possède plusieurs sources dont les eaux sont conduites par un aqueduc au château de Vincennes. L'église paroissiale, qui est fort jolie, renferme le tombeau du célèbre compositeur de musique Daleyrac. — On voit dans les environs plusieurs belles maisons de campagne. — Fête patronale le premier dimanche d'août.

FRESNES-LEZ-RUNGIS. Village situé à 3/4 de l. de Sceaux et à 4 l. 1/4 de Paris. Pop. 346 hab. Il est bâti sur la pente d'une colline au bas de laquelle coule la Bièvre, et domine le cours de cette rivière, ainsi que la campagne d'alentour.

GARE (la). *Voy.* IVRY.

GENTILLY (LE GRAND ET LE PETIT). Village très-ancien, situé sur la Bièvre, à 1 l. 1/2 de Sceaux et à 1 l. 1/4 de Paris. Pop. 3,616 hab. Le Grand-Gentilly est bâti dans la vallée de la Bièvre; on y remarque l'ancien château de Villeroy, dont le parc renferme de belles eaux fournies par l'aqueduc d'Arcueil. Le Petit-Gentilly est un hameau contigu aux murs de Paris, et presque entièrement composé de guinguettes.

BICÊTRE est une dépendance de la commune de Gentilly. Il doit son origine à un couvent de chartreux, bâti en 1250, et sur l'emplacement duquel Jean de Winchester fit construire une maison qui prit son nom, d'où, par corruption, on a fait Bischestre, puis Bicêtre. — Jean, duc de Berri, enchanté de la position de cette habitation, la fit remplacer par un vaste château qu'il fit décorer par les plus habiles artistes. Ce château, où s'était retranché le duc d'Orléans, fut pris et brûlé en 1411. Sur son emplacement, Louis XII fit élever la plus grande partie des bâtiments qui existent aujourd'hui, pour servir de retraite aux soldats mutilés. Lorsque Louis XIV eut fait bâtir l'hôtel des invalides, Bicêtre fut réuni à l'hôpital général, dont il est encore une annexe.

Le plan de Bicêtre, à l'exception de quelques additions, offre un carré d'environ 300 mètres de côté. Le principal corps de bâtiment donne, au nord, sur un jardin qu'entourent des bâtiments moins élevés, qui sont à l'usage des ateliers. L'ensemble des parallélogrammes offre trois principales cours : la première sert d'entrée par une avenue aboutissant à la grande route; dans la deuxième, est l'église, en forme de croix; la troisième renferme un grand nombre de constructions disposées sans beaucoup de symétrie, et au nombre desquelles sont les prisons et les cachots. Les cours sont plantées d'arbres, et le reste de l'enclos est en jardins. Ces bâtiments sont distribués suivant leur destination respective, pour le logement des vieillards indigents, qui occupent 2,200 lits, et qui ne sont reçus qu'à l'âge de soixante-dix ans; pour le logement des fous, et enfin pour celui des malfaiteurs, condamnés à la réclusion ou aux travaux forcés, et qui attendent le départ de la chaîne dont ils doivent faire partie : on porte à 4,500 le nombre des individus détenus ordinairement dans cette maison.

Le puits de Bicêtre, que tous les étrangers vont admirer, peut être placé parmi les morceaux d'architecture les plus étonnants qui existent, quoique ces sortes d'ouvrages ne soient guère que du ressort de la maçonnerie. Il a 16 pieds de diamètre sur 28 toises 1/2 de profondeur, ou 172 pieds. C'est l'ouvrage de l'architecte Boffrand; il est creusé dans le roc vif, où sont les sources qui y entretiennent constamment 9 pieds d'eau, toujours intarissable. Par une machine très simple, qui sert à puiser l'eau, deux seaux, dont l'un monte, tandis que l'autre descend, sont toujours en mouvement. Le réservoir dans lequel ces eaux sont distribuées, a 54 pieds carrés, et contient, lorsqu'il est plein, 4,000 muids. Cette espèce de citerne est revêtue en plomb laminé; quatre piliers soutiennent la voûte en pierre de taille; des tuyaux souterrains distribuent l'eau dans toutes les parties de l'établissement.

Bicêtre renferme plusieurs ateliers pour le poli des boutons, la cordonnerie, la giberneric, la serrurerie, et des filatures de laine. Les vieillards indigents ont aussi des ateliers, où ils se livrent à la confection de petits ouvrages en os et en bois.

La GLACIÈRE est une annexe de la commune de Gentilly, remarquable par ses établissements industriels. Outre une belle glacière, d'où ce lieu prend son nom, on y trouve une papeterie où l'on fabrique des cartes lissées et roulées de toute espèce; une manufacture de toiles peintes; une raffinerie de sucre, et des fabriques de produits chimiques, de colle-forte, gélatine, noir animal, etc.

A la MAISON-BLANCHE, autre annexe de Gentilly, existent des fabriques de cuirs vernis, de produits chimiques, une brasserie, une distillerie et une raffinerie de sucre.

GRENELLE. Village situé dans la vaste plaine de son nom, qui s'étend entre la rive gauche de la Seine, Issy et Vaugirard. On y voit une jolie salle de spectacle qui peut contenir 1,300 personnes. A 3 l. 1/4 de Sceaux et 1 l. 1/4 de Paris. Pop. 1,647 h. —*Fabriques* de carton-pâte, colle-forte façon anglaise, cordes harmoniques, foulards, produits chimiques. Teintureries en soie et en coton.

HAY (l'). Village bâti dans une belle situation, près de la Bièvre, à 1 l. 1/2 de Sceaux et 3 l. 1/4 de Paris. Pop. 365 hab. On y voit un ancien château, près duquel est une tour élevée qui domine tout le village; c'est une espèce de donjon entièrement construit en pierres de taille, flanqué de quatre tourelles terminées en culs-de-lampe et surmontées par une couverture en ardoise; l'escalier est construit en dehors, du côté méridional.

ISSY. Joli village, bâti dans une situation charmante, sur une petite colline dont la pente insensible s'étend jusqu'à la rive gauche de la Seine, qui passe à peu de distance. A 1 l. de Sceaux et 1 l. 1/2 de Paris. Pop. 1,581 hab. Plusieurs sources se trouvent sur le territoire de cette commune et contribuent à en rendre le séjour délicieux : aussi y remarque-t-on un grand nombre de jolies maisons de campagne. Le château, bâti dans une belle situation à l'extrémité occidentale du village, est remarquable par sa disposition et par la beauté des décorations de ses différentes parties. En face de l'église, on voit sur une hauteur un édifice de construction gothique, appelé la Maison de Childebert, qui occupe, dit-on, l'emplacement d'un ancien manoir royal que ce roi possédait à Issy. — *Fabriques* de blanc, produits chimiques, poudre fulminante, chaux hydraulique, etc. — Fête patronale le dimanche après le 17 septembre.

IVRY-SUR-SEINE. Village très agréablement situé, sur une colline qui borde la rive gauche de la Seine, à 2 l. 1/2 de Sceaux et à 1 l. 1/2 de Paris. Pop. 2,900 hab. On voit aux environs plusieurs belles maisons de campagne. — *Fabriques* de colle-forte, de gélatine, produits chimiques, pointes de Paris, alênes, cuirs vernis, papiers peints, encre d'imprimerie, etc. Vastes entrepôts de conservation de vins dans des caves naturelles, taillées dans le roc, à doubles courants d'air.—Maison de santé très-renommée pour le traitement des aliénés, fondée par M. Esquirol. — A LA GARRE, verrerie à bouteilles et à vitres, etc., où sont employés 340 ouvriers.

MAISONS - ALFORT. Village situé à 2 l. 3/4 de Sceaux et 2 l. 1/4 de Paris. Pop. 1,269 h.—Fête patronale le deuxième dimanche de juillet.

ALFORT, hameau dépendant de la commune de Maisons, est bâti vis-à-vis de Charenton, dont il n'est séparé que par la Marne. Il doit sa célébrité à une école vétérinaire fondée par Bourgelat, en 1766. L'anatomie, la botanique, la pharmacie, l'étude des maladies tant internes qu'externes des animaux, de leurs traitements, des soins qu'on doit donner à leur éducation, font l'objet d'autant de cours que l'on y professe. Cet établissement renferme une bibliothèque spéciale de zoologie domestique, un très-beau cabinet d'anatomie comparée et un autre de pathologie, ouverts tous les jours au public; de vastes hôpitaux où les propriétaires d'animaux malades peuvent les placer en traitement. Des forges, un laboratoire de chimie, une pharmacie, un jardin de botanique, sont attachés à cet établissement. Un beau troupeau de mérinos pour le croisement des races et l'amélioration des laines y est entretenu avec le plus grand soin. La ménagerie doit aussi fixer l'attention des amateurs de l'histoire naturelle: elle renferme plusieurs espèces d'animaux étrangers. Un amphithéâtre est destiné aux leçons des différentes parties de l'art vétérinaire et de l'économie rurale.—Dans la salle du concours, on remarque un très-beau buste en marbre blanc, élevé à la mémoire de Bourgelat.

Cette école, par la manière dont l'instruction y est dirigée, et par les soins constants et infatigables de ses savants professeurs, rend les services les plus éminents à la science, à l'agriculture et à l'état. Partie des élèves est aux frais du gouvernement, d'autres paient une pension. Leur admission doit être autorisée par le ministre de l'intérieur. La durée des cours est de huit années.

En 1814, lorsque les étrangers menacèrent la capitale, l'école d'Alfort fut tout-à-coup transformée en un camp militaire. Le château fut fortifié par les élèves; les murs du parc furent crénelés. Ces jeunes braves restèrent fermes aux postes où ils avaient été placés; plusieurs même y perdirent la vie.

MANDÉ (SAINT-). Village presque entièrement composé de maisons de campagne et de guinguettes, situé près du bois de Vincennes, à 3 l. de Sceaux et à 1 l. 1/2 de Paris. Pop. 1,707 hab. On y voit un bel hôpital, fondé, il y a peu d'années, par M. Boulard. — Fête patronale le dimanche qui suit la Saint-Pierre.

MAUR-DES-FOSSÉS (SAINT-). Village fort agréablement situé, dans une presqu'île que forme la Marne avant d'arriver à Charenton, à la sortie du canal de Saint-Maur. A 3 l. 1/4 de Sceaux et à 2 l. 3/4 de Paris. Pop. 832 hab.

L'origine de ce village paraît remonter à une haute antiquité; suivant quelques historiens, il a été fondé par des vétérans que César laissa dans les Gaules. Il est devenu célèbre par une abbaye de bénédictins, fondée, sous le règne de Clovis II, par un diacre de l'église de Paris, nommé Blidegisile. Après avoir subsisté pendant environ neuf cents ans, ce monastère fut sécularisé en 1533; son chapitre fut réuni, en 1750, à celui de Saint-Louis du Louvre, à Paris, et l'abbaye presque entièrement détruite en 1786. Les religieux de Saint-Maur, de même que tous les moines de l'ordre de Saint-Benoît, s'occupaient beaucoup de la culture des lettres; ils ont rendu des services éminents à la science par leurs nombreuses publications. Cette illustre congrégation avait rassemblé à Saint-Maur la plus belle et la plus nombreuse bibliothèque de ce temps, laquelle passa, après la sécularisation, dans la Bibliothèque du Roi et dans celle de Saint-Germain-des-Prés à Paris. Rabelais avait été moine dans ce couvent, et l'on prétend qu'il y composa son Pantagruel.

Manufacture de papier d'après les procédés anglais perfectionnés. Scierie hydraulique.

MAUR-LE-PONT (SAINT-). Village situé à la naissance du canal de son nom, sur la rive gauche de la Marne, que l'on y passe sur un pont, à 3 l. 3/4 de Sceaux et à 3 l. de Paris. Pop. 300 hab.

Le canal de Saint-Maur coupe la côte qui sépare les deux bassins que forme la Marne auprès de Saint-Maur, fait éviter aux bateaux le coude qu'elle fait en cet endroit, assure en tout temps une bonne navigation, et efface une des plus grandes sinuosités de cette rivière, en réunissant, sur une longueur de 1,110 mètres, deux parties que séparaient 10,000 m. Ce canal est formé d'un seul alignement, et se compose de deux parties distinctes : l'une souterraine, dont la longueur est de 600 m. environ, et l'autre à ciel ouvert, dont la longueur est de 500 m. La prise d'eau est dans la Marne à 240 m. au-dessous du pont de Saint-Maur, et le canal aboutit à 150 m. environ du bras de la Marne, dit Bras des Corbeaux. La pente du canal est de 3 m. 50 c., rachetée par un sas éclusé de 7 m. 50 c. de largeur et de 80 m. de longueur. Indépendamment de cette écluse, il y a à l'entrée du canal une tête d'écluse qui forme porte de garde. Le canal, dans toute la partie à ciel ouvert, forme une gare qui présente une largeur de 28 m. 50 c. au fond, et une ouverture en gueule de 37 m. 50 c. La partie souterraine, creusée presque en entier dans le roc vif, est recouverte d'une immense voûte de pierre meulière : un chemin de halage, de dix pieds de largeur, borde sous la voûte un des côtés du canal, qui a lui-même trente-et-un pieds de large d'un bord à l'autre. L'extra-dos de la voûte est planté de quatre rangs d'arbres, qui forment une promenade aussi pittoresque par sa situation que par la vue étendue et variée dont on jouit à l'extrémité inférieure de la voûte.

Le canal Saint-Maur, commencé en 1809, en exécution d'un décret du 29 mars de la même année, a été livré à la navigation le 10 octobre 1825 ; il a coûté environ 1,760,000 fr.

MONTREUIL-SOUS-BOIS. Bourg situé à 3 l. 3/4 de Sceaux et à 2 l. de Paris. ✉ Pop. 3,338 hab.

Ce bourg, devenu célèbre par son genre d'agriculture, est assis sur un coteau fertile et renommé par les pêches excellentes et les poires de crassane que son territoire produit en abondance. Les habiles cultivateurs de cet endroit se sont rendus maîtres de la nature, en perfectionnant la greffe, la taille et le palissage des arbres fruitiers. Presque toutes les maisons ont des jardins plus ou moins grands, entourés et divisés par des murs tapissés des plus beaux espaliers que l'on puisse voir. Les pêches de Montreuil sont surtout renommées pour leur grosseur et leur excellente qualité. On cultive aussi, entre les espaliers, des fraises, des pois et des légumes de toute espèce.

MONTROUGE (LE GRAND). Village situé dans une belle plaine, à 1 l. 1/2 de Sceaux et à 1 l. 1/2 de Paris. ✉ Pop. 3,847 hab.

Le PETIT-MONTROUGE, village composé de deux rangs de maisons qui commencent à la sortie de la barrière d'Enfer, est une dépendance de la commune du Grand-Montrouge. On y voit une maison de retraite pour les personnes peu aisées, qui porte le nom d'Hospice de La Rochefoucauld. C'est dans ce village et aux environs que se trouvent les portes des trois escaliers par lesquels on descend aux catacombes.

Fabriques de bougies diaphanes, cuirs vernis, noir animal, salpêtre. Distilleries. Brasseries. Raffineries de sucre. Belle pépinière.

NOGENT-SUR-MARNE. Grand village, presque entièrement composé de maisons de campagne, situé près de la rive droite de la Marne, à 4 l. de Sceaux, 2 l. 1/2 de Paris. ✉ Pop. 1,206 hab.

Nogent est un village très-ancien ; Chilpéric y possédait en 581 un manoir royal, que Clovis III habita en 692 et Childebert III en 695. Il est bâti à l'extrémité du bois de Vincennes, sur la crête d'une colline, et jouit d'une perspective charmante : d'un côté, on découvre une plaine immense arrosée par la Marne ; de l'autre, on aperçoit Paris dans le lointain, et plus près la plaine de Vincennes, dont le château de ce nom occupe le centre. La belle situation de ce village, l'air pur dont on y jouit et l'agrément de son paysage le font principalement rechercher des Parisiens amateurs de la campagne. — *Fabriques* de produits chimiques, et principalement de sulfate de quinine. — Fête patronale le dimanche de la Pentecôte.

ORLY. Village situé à 2 l. 1/4 de Sceaux, 3 l. 1/2 de Paris. Pop. 510 hab.

Orly est un village fort ancien dont il est fait mention dans les chartes de l'évêché de Paris, dès le IXe siècle, sous le nom d'*Aureliacum*. L'église est remarquable par une tour écrasée, qui devait être formidable autrefois. En 1360, elle soutint un siège opiniâtre contre les Anglais. Deux cents des plus braves habitants d'Orly et des environs qui s'y étaient retranchés, restèrent plus de trois mois dans cette forteresse ; enfin, épuisés par la famine et n'ayant reçu aucun secours, ils furent forcés de capituler. Les Anglais, bien loin d'admirer une conduite si magnanime, égorgèrent ceux qui s'étaient rendus, pillèrent le village, y mirent le feu et détruisirent en partie la tour. — Fête patronale le 1er juin.

PLESSIS-PIQUET (le). Village situé

à 1/2 l. de Sceaux et à 3 l. 1/4 de Paris. Pop. 217 hab. Il est bâti près d'un étang, sur la pente d'une montagne boisée, d'où l'on découvre Fontenay-aux-Roses, Bourg-la-Reine, Chatenay, etc. On y voit un beau château restauré et embelli par Colbert, qui y fit construire une terrasse magnifique d'où l'œil domine sur une vaste campagne et découvre une partie de Paris. — Fête patronale le dimanche qui suit la Madeleine.

PONT-DE-SAINT-MAUR. *Voy.* Saint-Maur-le-Pont.

ROSNY-SOUS-BOIS. Village situé au milieu d'une vallée agréable, à 4 l. 1/2 de Sceaux et à 2 l. 1/2 de Paris. Pop. 900 h.

RUNGIS. Village situé à 1 l. 1/4 de Sceaux et à 1 l. 3/4 de Paris. Pop. 150 h. Son territoire renferme plusieurs sources abondantes, dont les eaux sont conduites à Paris par l'aqueduc d'Arcueil.

SCEAUX. Jolie petite ville. Chef-lieu de sous-préfecture. (Tribunal de première instance de Paris.) ✉ Pop. 1,439 hab.

Cette ville n'était qu'un village peu considérable, en 1670, époque où Colbert acquit des héritiers du duc de Tresme le château de Sceaux, qu'il fit démolir pour en reconstruire un nouveau beaucoup plus magnifique. Lebrun l'embellit de ses peintures, les sculpteurs Pujet et Girardon travaillèrent à le décorer, Le Nôtre fut chargé de la distribution de l'immense parc, et en fit un lieu de délices. En 1700, le duc du Maine, fils légitimé de Louis XIV et de madame de Montespan, acheta ce château du fils de Colbert; il le fit augmenter et y consacra des sommes immenses, qui furent toujours employées par le goût. Ce prince, ami des arts et de la magnificence, y fit construire un théâtre, et rassembla dans ce lieu de délices les savants et les hommes de lettres les plus distingués. C'est là qu'au milieu de fêtes superbes, le savant Malezieu expliquait à l'aimable duchesse du Maine, surnommée la Muse de Sceaux, Homère, Sophocle, Euripide, Virgile et Térence; c'est là que La Motte, Fontenelle, Voltaire, Chaulieu, Saint-Aulaire, et une foule d'autres littérateurs, venaient apporter le tribut de leur esprit, et contribuer, par l'agrément de leur conversation vive et animée, à l'agrément d'une société nombreuse et choisie. En 1775, la terre de Sceaux passa au duc de Penthièvre, dont la vie fut remplie par une continuité d'actes de bienfaisance, et qui, de même que ses prédécesseurs, se plaisait à recevoir dans son château les littérateurs de son temps; le sentimental et gracieux Florian y fit ses meilleurs ouvrages, et y termina sa carrière en 1794.

Dans la tourmente révolutionnaire, le vaste château de Sceaux fut démoli, et rendu à l'agriculture. Toutefois, M. Desgranges, maire du lieu, aidé de quelques riches particuliers, fit l'acquisition de la partie du parc où se trouvait l'orangerie. Ce lieu, embelli par les acquéreurs, a été transformé en jardin public, où, pendant la belle saison, se tient le bal champêtre le plus fréquenté et le mieux composé des environs de Paris.

On voit à Sceaux plusieurs belles maisons de campagne. L'église paroissiale est un édifice d'une élégante simplicité, qui a été rebâti par Colbert. Dans le nouveau cimetière, reposent les dépouilles mortelles de Cailhava; non loin de là, sont celles de l'auteur d'Estelle, recouvertes d'une simple pierre, sur laquelle on lit :

ICI
REPOSE LE CORPS
DE
FLORIAN.

Sceaux possède un marché aux bestiaux renommé, qui rivalise avec celui de Poissy; il se tient au pied de la colline sur laquelle est bâtie la ville, à gauche de la grande route, sur le territoire de Bourg-la-Reine. L'enceinte du bâtiment à son usage forme un carré parfait de 160 toises en tous sens. La façade d'entrée contient les logements; les étables sont sur les côtés de la cour, au fond de laquelle est une chapelle d'un style simple et correct.

Manufacture de faïence. Marché aux bestiaux tous les lundis. — Fêtes champêtres tous les dimanches pendant la belle saison.

THIAIS. Joli village, situé dans une plaine charmante, au pied des coteaux qui s'étendent de Villejuif à Juvisy. A 1 l. 3/4 de Sceaux, 3 l. 1/2 de Paris. Pop. 1,035 h. Il est généralement bien bâti, et presque entièrement composé de maisons de campagne.

VANVRES ou VANVES. Village situé à 1 l. 1/2 de Sceaux, 1 l. 3/4 de Paris. Pop. 2,416 hab. Il est bâti au fond d'un vallon, et abonde en sources d'eau vive, qui forment au centre du village un beau lavoir pour le blanchissage du linge. Le château, bâti d'après les dessins de J. H. Mansard, sur une éminence assez élevée qui domine la vallée de la Seine, jouit d'une fort belle vue; il est isolé et consiste dans un grand corps-de-logis d'une architecture imposante, quoique très-simple. Le parc, qui s'étend dans la plaine, au bas de la colline, est surtout très-remarquable par ses belles eaux.

VAUGIRARD (LE GRAND ET LE PETIT). Beau et grand village, situé à 1 l. 3/4 de Sceaux. Pop. 6,695 hab.

Ce village est contigu aux murs de Paris et commence à la barrière de son nom. On y voit plusieurs maisons de campagne, et quantité de guinguettes consacrées aux plaisirs bruyants des artisans de la capitale, qui viennent s'y délasser les dimanches et les jours de fête des pénibles travaux de toute la semaine.

LE PETIT VAUGIRARD n'est qu'une dépendance du village principal. Il renferme le cimetière de l'ouest, où reposent les dépouilles mortelles de la Harpe, de la célèbre Clairon, du sculpteur Chaudet et de plusieurs autres célébrités.

Fabriques de carton de pâte, papiers peints, toiles cirées, produits chimiques. Raffinerie de sucre. Poteries de terre, tuileries et briqueteries.

VILLEJUIF. Joli bourg, bâti dans une belle situation, sur une éminence qui domine une plaine bien cultivée, à 1 l. 1/2 de Sceaux, 2 l. de Paris. Population 1,387 hab.

On voit à Villejuif un télégraphe de la ligne de Lyon, et sur un tertre en avant de ce bourg, un obélisque qui détermine l'extrémité septentrionale d'une base trigonométrique, établie pour le levé de la carte de France dite de Cassini. Au pied de cet obélisque, on est élevé d'environ quarante pieds au-dessus des tours Notre-Dame, et l'on jouit d'une vue magnifique sur une grande partie de Paris et de son vaste bassin.

Fabriques de toiles cirées. Belles pépinières. Exploitation de carrières à plâtre et de pierres à bâtir.

VILLEMONBLE. Village situé près de la forêt de Bondy, à 5 l. de Sceaux, 3 l. de Paris. Pop. 450 hab. On y remarque deux châteaux et plusieurs maisons de plaisance.—Fête champêtre le dimanche après la Saint-Louis.

VINCENNES. Joli bourg et château fort, situé à l'extrémité d'une avenue qui commence à la barrière du Trône, près du bois qui porte son nom, à 3 l. 1/4 de Sceaux et à 1 l. 3/4 de Paris. École d'artillerie. Pop. 2,884 hab.

Vincennes doit son origine à Philippe-Auguste, qui fit entourer le bois de ce nom d'épaisses murailles, et construisit à son extrémité un hôtel ou maison de plaisance, pour se livrer plus commodément aux plaisirs de la chasse. Louis IX visita souvent ce manoir, où, dit le naïf Joinville, « le bon « saint, après qu'il avoit ouï la messe en « esté, se alloit esbattre au bois de Vin- « cennes, et se seoit au pied d'un chesne, « et nous faisoit asseoir tous auprès de lui. « Et tous ceux qui avoient affaire à lui ve- « noient lui parler, sans ce que aucun huis- « sier ne autre leur donnast empesche- « ment. » Philippe-le-Hardi augmenta de plusieurs acquisitions le parc de Vincennes et l'entoura d'une nouvelle clôture. Jeanne de France, femme de Philippe-le-Bel, Louis-le-Hutin, Charles-le-Bel, moururent à Vincennes. Le manoir bâti par Philippe-Auguste fut rasé en 1337, et Philippe de Valois entreprit la construction du donjon que nous voyons aujourd'hui. Charles V habita souvent Vincennes; c'est à lui qu'on doit la Sainte-Chapelle qu'on admire encore de nos jours. Louis XI, qui se plaisait beaucoup dans ce château, y fit faire plusieurs augmentations et embellissements; c'est sous son règne que le donjon devint une prison d'état; il y renfermait ses victimes, qu'il aimait à avoir près de lui. Les successeurs de ce farouche tyran, n'aimant sans doute pas à vivre sous le même toit que les victimes de leur pouvoir, abandonnèrent le séjour de Vincennes jusqu'au règne de Charles IX, qui y traîna souvent sa mélancolie, et y termina des jours empoisonnés par l'homicide journée de la Saint-Barthélemy, le 30 mars 1574. Marie de Médicis, qui avait pris Vincennes en affection, joignit aux bâtiments déjà existants, la magnifique galerie que l'on voit encore. Louis XIII ajouta aux nouvelles constructions faites par sa mère, les deux corps-de-logis qui sont au midi, lesquels ne furent achevés que sous le règne de Louis XIV. Le château ayant cessé d'être habité par les rois de France, le marquis de Furcy, qui en était gouverneur, y établit en 1738 une manufacture de porcelaine qui n'eut pas de succès et fut transférée à Sèvres.

Les fréquents séjours que firent les rois au château de Vincennes n'ôtèrent point au donjon son odieuse célébrité. Depuis Louis XI, il n'avait point cessé d'être prison d'état. Parmi les personnages qui y furent enfermés, nous citerons le prince de Condé, qui y entra en 1627, et dont l'épouse eut la générosité de rester auprès de lui pendant les trois années qu'il y resta; le maréchal Ornano, qui y mourut en 1721; le duc de Vendôme; le célèbre Mirabeau, qui y resta depuis 1777 jusqu'en 1780; Diderot, qui y gémit pendant six mois. Sous le règne de Louis XVI, cette prison devint à peu près inutile; le baron de Breteuil en ordonna l'ouverture, et il fut permis d'en visiter l'intérieur. En 1791, les prisons de Paris étant encombrées, le gouvernement y fit faire des réparations propres à lui rendre son ancienne destination; mais le peuple, qui venait de renverser la Bastille, alarmé d'un tel projet, se porta à Vincennes et manifestait l'intention de démolir la forteresse, lorsqu'il en fut empêché par l'intervention du général Lafayette. Sous l'empire, le château de Vincennes redevint prison d'état: le duc de Polignac y fut enfermé une première fois; le duc d'Enghien, arrêté à Ettenheim, le 15 mars 1804, y arriva le 20 à cinq heures, fut condamné à mort dans la nuit suivante par une commission militaire, et fusillé le lendemain à quatre heures et demie du soir, dans la partie des fossés du château qui sont au nord de la forêt. En 1830, les ministres de Charles X y furent renfermés après leur condamnation, et y restèrent jusqu'à l'époque de leur translation dans le fort de Ham.

Lorsque les armées des puissances coalisées envahirent la France en 1813, le château de Vincennes fut fortifié de manière à devenir place de guerre. Après la prise de Paris, cette forteresse fut sommée de se rendre, mais le brave Daumesnil, qui en avait le commandement, refusa de la remettre aux étrangers, et ne la rendit que le 12 avril 1814, au gouvernement français. A la seconde invasion de la France, en 1815, le château de Vincennes était devenu un arsenal, où des munitions et des armes de guerre de toute espèce étaient amoncelées. Daumesnil, qui en était de nouveau gouverneur, y tint la même conduite qu'en 1814; il refusa opiniâtrément de la rendre aux étrangers, et, par sa fermeté, il conserva à la France l'immense matériel qu'elle contenait. Après la révolution de juillet, Daumesnil fut nommé une troisième fois gouverneur de la place de Vincennes, où il a terminé ses jours en 1834.

La disposition générale du château de Vincennes forme un rectangle d'environ 170 toises de longueur sur 100 de largeur;
il se compose d'anciens bâtiments terminés ou construits par Charles V, et de nouvelles constructions élevées par Marie de Médicis, Louis XIII et Louis XIV. Autour de ce parallélogramme, on voit encore des restes de tours carrées, disposées avec symétrie, et dont la seule aujourd'hui conservée, et qui fut la plus célèbre, est le donjon. De larges fossés avec revêtements, autrefois remplis d'eau vive, et maintenant à sec, entourent l'ensemble de l'édifice, dans lequel on n'entre que par deux ponts-levis.— En entrant dans ce château par le bourg, on traverse la première partie, divisée en plusieurs cours par divers bâtiments irréguliers et sans symétrie, dont une partie remonte au temps de la construction du premier château. A l'extrémité de la première cour, on en trouve une seconde, à droite de laquelle s'élève le donjon, et à gauche, la Sainte-Chapelle.

Le donjon est entouré d'une enceinte et de fossés particuliers, profonds de quarante pieds, avec un revêtement à pic. Cette enceinte, composée d'une épaisse muraille et d'une porte défendue par deux tourelles, est couronnée d'une galerie percée de meurtrières et flanquée de quatre tourelles; deux ponts-levis, dont un pour les voitures et l'autre pour les gens à pied, donnent accès dans la cour. A droite du premier pont, on lit sur une table de marbre l'inscription suivante :

Qui bien considère cet œuvre,
Si comme se montre et descœuvre,
Il peut dire que onques à tour
Ne vit avoir plus noble atour.
La tour du bois de Vincennes
Sur tours neufves et anciennes
A le prix. Or saurez, en ça
Qui la parfist et commença:
Premièrement, Philippe roys [1],
Fils de Charles, comte de Valois,
Qui de grande prouesse habonda,
Jusques sur terre la fonda
Pour s'en soulacier et esbattre
L'an mil trois cent trente trois ou quatre.
Après vingt et quatre ans passé,
Et qu'il étoit jà trépassé,
Le roi Jean [2], son fils, cet ouvrage
Fist lever jusqu'au tiers étage;
Dedens trois ans par mort cessa;
Mais Charles roy [3] son fils lessa

---

1. Philippe VI de Valois.
2. Jean II, dit le Bon.
3. Charles V, dit le Sage.

DONJON DE VINCENNES.

Qui parfist en brièves saisons
Tours, pons, braies, fossez, maisons.
Nez fut en ce lieu délectable :
Pour ce l'avoir pour agréable.
De la fille [1] au roy de Bahaigne (Bohême)
Et or a espouse et compaigne
Jeanne [2] fille au duc de Bourbon,
Pierre, en toute valour bon;
De lui il a noble lignie
Charles-le-Delphin et Marie.
Mestre Philippe Ogier [3] tesmoigne
Tout le fait de cette besoigne.
Achesverons. *Chacun supplie*
Qu'en ce mond leur bien multiplie,
Et que les nobles fleurs de liz
Es saints cieux aient leur déliz.

La tour du donjon est carrée et flanquée de quatre tourelles; elle a cinq étages, auxquels on monte par un escalier d'une construction hardie. Chaque étage est composé d'une vaste salle carrée, dont la voûte en pierre est soutenue par un gros pilier, et dans laquelle est une immense cheminée. Chaque tourelle forme aux angles de la grande salle une chambre de treize pieds de diamètre avec une cheminée. A la hauteur du quatrième étage, on fait extérieurement le tour de l'édifice sur une galerie qui règne en saillie. Le comble qui termine le cinquième étage est voûté en pierres d'une coupe très-curieuse, et forme une terrasse d'où l'on jouit de la vue la plus magnifique. A l'un des angles de cette terrasse, s'élève une guérite en pierre, dont l'exécution est de la plus grande délicatesse. — Les murs de ce donjon, qui ont seize pieds d'épaisseur, ont été construits d'une manière si solide, qu'ils ne portent encore aucun signe de vétusté. Les neuf autres tours carrées servaient aussi de prison; celle dite la Tour de la Surintendance contient quatre cachots de cinq à six pieds en carré, où les lits sont en pierre, et un grand caveau où l'on ne peut descendre que par un trou pratiqué dans la voûte; c'est un véritable tombeau.

La Sainte-Chapelle, fondée par Charles V en 1379, et rebâtie en grande partie sous les règnes de François Ier et de Henri II, est un bel édifice gothique, svelte et gracieux, dont les différentes parties présentent le style de ce genre de décoration à l'époque du retour du bon goût, c'est-à-dire qu'elles sont de la plus grande richesse. L'intérieur, très-simplement orné, n'est remarquable que par les restes de ses riches vitraux, peints par Jean Cousin sur les dessins de Raphaël.

La Sainte-Chapelle a été restaurée récemment; l'autel, construit dans un style analogue au reste de l'édifice, est surmonté d'un baldaquin élégant. On y remarque le monument élevé à la mémoire du duc d'Enghien, composé et exécuté par Deseine. Le prince, appuyé sur la Religion, soutenu par l'Innocence, lève un regard assuré vers le ciel, et indique de sa main la place où il doit être frappé, tandis que le Crime, sous la figure d'un homme tenant un poignard, s'élance vers lui. De l'autre côté du groupe principal, la France, dans l'attitude d'une femme éplorée et retenue captive, tient un sceptre brisé et paraît chercher en vain à secourir le jeune prince.

La troisième cour, dite Cour royale, dans laquelle on parvient en traversant des portiques qui ne manquent pas de beauté, est formée par deux grands bâtiments modernes, renfermant de vastes appartements richement décorés et embellis de peintures assez bien conservées, ainsi qu'une salle d'armes magnifique. Les façades sont d'ordonnance dorique en pilastres qui embrasse deux étages, et d'un attique; des vases à l'aplomb des pilastres terminent cette décoration. Ces deux bâtiments sont réunis à leur extrémité par deux murs ou galeries découvertes, ornés de bossages, couronnés de balustrades et percés de grandes arcades. La porte de cette cour, du côté du bourg, est décorée intérieurement de quatre colonnes toscanes, d'un bon style. En face est la porte qui donne entrée sur le parc; de ce côté elle a conservé son ancienne construction, mais sur la cour elle représente un bel arc de triomphe, décoré d'une riche ordonnance de six colonnes doriques.

Dans le fossé du côté de l'esplanade, à droite du pont-levis et dans l'angle rentrant formé par la tour de la Reine, on remarque sur un fût de colonne en granit rouge, élevé sur une base de marbre noir, cette simple inscription :

HIC CECIDIT!

qui rappelle que là est tombé le duc d'Enghien, tandis qu'une petite croix de pierre, située à quelques pieds plus loin, indique la

---

1. Bonne de Luxembourg, fille du roi de Bohême, femme du roi Jean et mère de Charles V.
2. Jeanne, fille de Pierre Ier, second duc de Bourbon, femme du roi Charles V.
3. Philippe Ogier, secrétaire de Charles, régent de France pendant que son père, le roi Jean, était prisonnier en Angleterre.

fosse dans laquelle son corps a reposé 15 ans. Un beau saule pleureur ombrage ce monument. Les restes mortels du prince ont été déposés dans une salle basse du pavillon du milieu faisant face au bois. Sur le cercueil, est une inscription qui indique son âge et le jour de sa mort.

Le bourg de Vincennes, dont une partie s'appelait autrefois la Pissote, est grand, bien bâti et bien percé.

Le bois de Vincennes est, ainsi que nous l'avons déja fait remarquer, contigu au bourg; son étendue est de 1,477 arpents; au centre d'une étoile où neuf routes viennent aboutir, on a élevé un obélisque d'ordre rustique, surmonté d'un globe et d'une aiguille dorée, avec deux écussons portant des inscriptions indiquant que la nouvelle plantation du bois de Vincennes eut lieu en 1731. Ce bois offre une multitude de promenades charmantes, très-fréquentées dans la belle saison par les habitants de la capitale. On voit dans l'intérieur une jolie maison de campagne dite des Minimes, qui forme une retraite charmante au milieu de la forêt. La fête patronale, qui a lieu chaque année le 15 août, est une des plus renommées des environs de Paris, et attire une grande affluence.

VITRY-SUR-SEINE. Bourg situé à 2 l. de Sceaux et à 2 l. de Paris. ⊠ Pop. 2,197 hab. Il est bâti dans une belle position, sur la pente de la montagne de Villejuif, ce qui lui procure une vue variée et étendue. Son territoire est une vaste pépinière, couverte de plants d'arbres à fruits et d'agrément, qui, vue des hauteurs de Vitry, ressemble à un vaste parc paysager. —On voit à Vitry un beau château entouré de magnifiques plantations, et plusieurs maisons de campagne fort élégantes.—Exploitation de carrières à plâtre d'excellente qualité. Culture en grand des asperges, des petits pois et des haricots verts.

HISTOIRE PHYSIQUE, CIVILE ET MORALE

DE

PARIS,

ET

DESCRIPTION DES ÉDIFICES PUBLICS

DE CETTE CAPITALE.

PARIS. Une des plus florissantes villes du monde; la première ville de l'Europe pour le nombre, la beauté et la variété de ses monuments publics; la seconde pour la population, et la quatrième pour l'étendue. Capitale de la France, résidence du chef de l'État, des ministres et des ambassadeurs. Siége de la chambre des pairs et de la chambre des députés. Chef-lieu du département de la Seine, de douze justices de paix ou cantons, et de douze mairies. Siége des directions générales des différentes branches de l'administration, de la cour de cassation, de la cour des comptes, d'une cour royale (d'où ressortissent les tribunaux des départements de la Seine, de l'Aube, d'Eure-et-Loir, de la Marne et de Seine-et-Marne); d'un tribunal de première instance et d'un tribunal de commerce; d'un archevêché qui a pour suffragants les évêchés de Chartres, Meaux, Orléans, Blois, Versailles, Arras et Cambrai. Chef-lieu de la 1re division militaire. Institut. Université. Académie universitaire. Facultés de médecine, de droit, des lettres, des sciences et de théologie. Colléges royaux de Louis-le-Grand, Henri IV, Bourbon, Charlemagne, Saint-Louis. École polytechnique. École militaire. Écoles spéciales des beaux-arts, des ponts et chaussées, des mines, d'application des ingénieurs géographes, d'application du corps d'état-major, d'équitation. Conservatoire de musique.

Athénée. Institution des sourds-muets. Bureau des longitudes. Archives du royaume. Chancellerie de la légion d'honneur. Préfecture de police. Banque de France. Bourse et chambre de commerce. Conseil général des manufactures. Entrepôts réels des douanes. Mont-de-piété. Caisse d'amortissement. Hôtel des monnaies (lettre A). Société centrale d'agriculture. Société d'encouragement pour l'industrie nationale, et nombreuses sociétés savantes, etc., etc., etc. ✉ ☞ Petite poste. Pop. 774,338 habitants, non compris les étrangers résidants à Paris temporairement.

De toutes les villes des Gaules, Paris est une des plus anciennes. Les historiens s'accordent peu sur son origine; celle qui paraît la plus vraisemblable est l'émigration de quelques étrangers originaires de la Belgique, qui, sous le nom de *Parisii*, s'établirent sur les bords de la Seine, et occupèrent la plus grande des cinq îles que formait alors le fleuve, à l'endroit où est aujourd'hui la Cité. Cette île reçut le nom de *Lutèce* ou de *Lucotèce*, et n'avait pour défense que le cours de la Seine. Le gouvernement des habitants, comme ceux de tous les Gaulois de cette époque, était républicain, et il y a tout lieu de penser qu'ils formaient un peuple nombreux adonné à la pêche et à la navigation, brave et jaloux de son indépendance. L'an 700 de la fondation de Rome

(54 ans avant notre ère), la nation des Parisii figure pour la première fois sur la scène historique. Jules-César, pressé par le besoin de continuer ses conquêtes, de renforcer sa cavalerie, convoqua dans un lieu, qu'il ne nomme pas, une assemblée générale des nations gauloises : celles des *Treviri*, des *Carnutes*, des *Senones*, n'y députèrent point, ce qui ayant mis obstacle aux projets du conquérant, il convoqua une nouvelle assemblée à Lutèce, où se réunirent les principaux chefs des Gaulois. L'année suivante, presque toutes les nations gauloises se soulevèrent contre la tyrannie du conquérant romain; les Parisiens entrèrent dans cette ligue et repoussèrent avec perte Labiénus, qui s'était présenté devant leur cité. Cet avantage ne fut pas de longue durée; Labiénus, maître des rives de la Seine, s'apprêtait à faire une descente dans l'île de la Cité, lorsque les Parisiens, voyant l'impossibilité de défendre leur position, mettent le feu à leurs habitations et se retirent sur les hauteurs voisines, où bientôt s'engage un combat terrible. Les Parisiens portent la mort dans les rangs des légions et combattent avec le courage que donne le désespoir, mais ils sont forcés de succomber devant le courage et la tactique des Romains; leur vieux général Camulogène est tué dans le combat, et n'a pas la douleur de voir ses compatriotes, ses fidèles compagnons d'armes, subir la loi du vainqueur.

César, devenu maître de Lutèce, fit rebâtir la ville, la fortifia de murailles, l'embellit de nombreux édifices, la ferma, dit-on, par deux tours ou châteaux forts, placés à la tête de deux ponts de bois jetés sur la Seine à l'endroit où l'on voit aujourd'hui le Pont-aux-Changes et le Petit-Pont. Pendant les cinq cent trente années que les Romains possédèrent cette ville, ils l'agrandirent au nord et en dehors de l'île, ce qui fit donner le nom de cité à l'ancienne ville; ils en firent la capitale des Gaules, où résidaient les gouverneurs, et y transportèrent la diète générale de cette province. Quelques empereurs même y établirent leur séjour; Constantin et Constance la visitèrent. Julien y passa deux ou trois hivers, embellit ou même rebâtit le palais des Thermes, où il fut proclamé Auguste en 360; il l'appelle sa chère Lutèce, décrit sa situation avec complaisance, vante la gravité de ses habitants, qui déjà faisaient mûrir sur les coteaux environnants les fruits de la vigne et du figuier : il paraît que ce fut vers ce temps que Lutèce reçut le titre de cité et le nom de Parisii. Valentinien y composa plusieurs des lois contenues dans son code; Gratien, son fils, y fit quelque séjour, et perdit près de ses murs, en 383, contre le tyran Maxime, une bataille qui lui coûta l'empire et la vie. A cette époque, Jupiter était honoré à Paris, à la pointe orientale de la Cité; Mars, à Montmartre; Isis, à Issy, et Mercure sur la montagne Sainte-Geneviève. On présume que vers l'an 245, saint Denis vint prêcher la foi chrétienne à Lutèce, et qu'il fut martyrisé avec ses compagnons sur la colline de Montmartre : une suite d'évêques, parmi lesquels on compte saint Marcel et saint Landry, lui succédèrent, et tout porte à croire que dès le règne de Valentinien on avait élevé sur une partie du terrain occupé aujourd'hui par Notre-Dame, une petite basilique dédiée à saint Étienne.

Childeric Ier, fils de Mérovée et chef des Francs, chassa les Romains de Paris en 465. Clovis, son fils, après la défaite de Siagrius devant Soissons, et sa conversion au christianisme, y établit le siège de son empire en 508 : sous son règne mourut sainte Geneviève, près du tombeau de laquelle il fit élever la basilique de Saint-Pierre et de Saint-Paul, nommée plus tard abbaye de Sainte-Geneviève. Quoique Paris fût alors une ville peu considérable, elle ne laissait pas toutefois d'être une place importante, puisque, dans le partage que les quatre enfants de Clovis firent des seigneuries que leur père avait laissées après sa mort, ils convinrent entre eux que Paris demeurerait neutre, sans appartenir à aucun des quatre, et que celui d'entre eux qui entreprendrait d'y entrer sans le consentement des trois autres, perdrait la part qu'il pouvait y prétendre. En 524, Childebert prit le titre de roi de Paris, où il mourut en 558 : on lui doit la fondation de l'église Notre-Dame, celle de l'abbaye Saint-Germain-des-Prés et de Saint-Germain-l'Auxerrois. Paris passa ensuite successivement sous la domination de Charibert, de Chilpéric, de Clotaire II, de Dagobert, et de la suite des rois fainéants qui furent dépossédés en 752 par le maire du palais Pepin-le-Bref. Sous les princes de la première race, la langue latine fut remplacée par le langage celtique, les lois romaines par les coutumes saliques. Un dur servage pesa sur les campagnes; mais Paris eut toujours l'avantage d'être le patrimoine particulier des rois. Ses bourgeois conservèrent leur liberté, les privilèges de leur commerce sur la Seine, et leur administration municipale.

Les rois de la dynastie carlovingienne résidèrent peu à Paris. Charlemagne visita plus d'une fois cette ancienne capitale de Clovis, mais il n'en fit jamais son séjour habituel : toutefois son règne eut sur cette ville une heureuse influence. En parcourant l'Italie, où il restait encore quelques traces de cette brillante civilisation que Rome antique avait répandue partout, il reconnut que les peuples de la Gaule étaient bien inférieurs aux nations ultramontaines. Voulant rallumer les lumières de la pensée et des arts dans ce pays où jadis elles avaient brillé d'un vif éclat, l'empereur en visita toutes les provinces. Il s'arrêta sur les bords de la Seine vers l'année 779, et établit à Paris, avec l'assistance de ce qu'il y avait de moins ignorant parmi le clergé, une école où l'on enseignait à lire, à écrire, quelques éléments de calcul, et l'art, fort honoré alors, de chanter au lutrin. On lui doit aussi l'augmentation du nombre des écoles où l'on instruisait les jeunes clercs destinés au service divin. Ce grand prince est surtout digne d'éloge pour la protection qu'il accorda aux sciences et aux lettres. « Rendez-vous habiles, disait-il aux jeunes étudiants dont il visitait les écoles, je vous donnerai des évêchés, de riches abbayes, et il ne sera pas un moment où je ne m'empresse de vous témoigner mon estime. » Puis, mécontent des étudiants nobles qui négligent l'étude parce qu'ils croient posséder les biens réels, il ajoute : « Parce que vous êtes riches, que vous êtes les fils des premiers de mon empire, vous croyez que votre naissance et vos richesses vous suffisent; que vous n'avez pas besoin de ces études qui vous feraient tant d'honneur : vous vous complaisez dans une vie délicate et efféminée; vous ne songez qu'à la parure, au jeu et au plaisir. Mais je jure, par le Dieu qui m'entend que je ne fais aucun cas de cette noblesse, de ces richesses qui vous attirent de la considération, et si vous ne réparez aussitôt, par des études assidues, le temps que vous avez perdu en frivolités, jamais, non jamais vous n'obtiendrez rien de Charles. » Ce monarque portait en lui l'étincelle de toutes les lumières; mais, jetées sur son siècle, elles s'y éteignaient; il fit beaucoup d'efforts et obtint peu de succès. Toutefois sa main souleva le voile de l'ignorance assez pour laisser entrevoir tout ce qu'il dérobait de trésors; quelques hommes les exploitèrent, lentement il est vrai, mais avec constance; le voile ne retomba plus. En songeant à l'époque où vivait Charlemagne, on peut mettre l'impulsion qu'il donna à la pensée, et surtout le soin qu'il prit de la législation, au rang de ses plus illustres actions.

Sous les faibles successeurs de ce monarque, Paris devint le patrimoine particulier des comtes héréditaires. En 845, les Normands, attirés par la richesse de cette capitale, de ses églises et de ses monastères, se précipitèrent dans la ville, pillèrent tout ce qu'on n'avait pu soustraire à leur rapacité et la livrèrent aux flammes. En 856, ces mêmes brigands débarquèrent dans la Neustrie vers le mois de décembre, s'avancèrent encore jusqu'à Paris, dont les habitants abandonnèrent de nouveau leurs habitations, qui furent encore réduites en cendres. Les invasions normandes paraissant toujours imminentes, les grands vassaux firent élever dans leurs seigneuries des forteresses, qui cependant n'empêchèrent pas ces barbares de reparaître à Paris en 861. Mais comme cette ville avait été ruinée par leurs dernières incursions, ils furent peu satisfaits du butin qu'ils y firent, et conçurent le projet de piller les villes situées sur la haute Seine ; ils détruisirent le grand pont qui s'opposait au passage de leurs barques, remontèrent le fleuve sans obstacle, entrèrent dans la Marne, saccagèrent, en passant, l'abbaye de Saint-Maur, et, se divisant ensuite, allèrent piller en même temps Meaux et Melun. Effrayés de ces calamités, les Parisiens entourèrent leur ville de tours et de bonnes fortifications, qui n'étaient pas entièrement terminées lorsque les hordes normandes, fortes d'environ 30,000 hommes et commandées par Sigefride, s'arrêtèrent sous les murs de Paris. Cette ville était alors gouvernée par le comte Eudes, que secondait dignement le brave évêque Goslin, qui, à la première nouvelle de l'approche de ces pirates, fit achever aux flambeaux une tour en bois, située à la partie occidentale de l'île de la Cité. Avant d'attaquer la ville, Sigefride promit de la respecter si le comte Eudes consentait à lui livrer passage, en faisant abattre de nouveau le grand pont, pour faciliter son incursion vers la haute Seine. Le gouverneur de Paris n'ayant point déféré à cette proposition, le siége commença. Huit assauts furent donnés successivement à la place; mais les Parisiens se défendirent avec une constance, une ténacité que les Normands ne purent lasser, malgré la persistance et les efforts multipliés de leur mobile tactique. Une année entière de vaines tentatives n'avait point découragé la constance des assiégeants; mais cette même année, comble de souffrances et de privations, n'avait pu lasser la constance des assiégés. Le comte Eudes, son frère Robert, et surtout Goslin, inspiraient une mâle stoïcité aux Parisiens, les deux princes par une franchise martiale digne du pieux Robert leur père; le prélat, par l'onction de la parole évangélique, jointe aux exhortations guerrières. Toutefois ces valeureux chefs avaient demandé un renfort de troupes à l'empereur; il envoya contre les Normands Henri, duc de Saxe, qui les éloigna et entra dans la place avec les troupes qu'il avait amenées. L'ennemi ayant reparu, ce seigneur fut tué dans une sortie imprudente où les Français furent défaits. Les instances des Parisiens recommencèrent auprès de Charles-le-Gros. Le comte Eudes se rendit lui-même à Metz où il tenait une diète, pour presser sa venue, quoique son départ de la ville assiégée répandit la terreur parmi les bourgeois, qui se crurent abandonnés. Dans l'intention d'empêcher son retour, les Normands avaient placé une garde en face de la tour qui servait de porte à Paris : Eudes lança son cheval à pleine course, s'ouvrit un chemin avec son épée, et passa au milieu de leurs rangs. La rentrée du comte Eudes dans Paris fut bientôt suivie de l'approche de l'armée impériale. Charles-le-Gros s'avança, mais ce fut pour négocier et non pour combattre. Les Normands, à son approche, avaient réuni toutes leurs troupes sur la gauche de la Seine, tandis que l'empereur était entré par la rive droite dans Paris, où il signa plusieurs diplômes qui nous ont été conservés; mais Sigefride ne paraissait point vouloir s'éloigner, et l'empereur n'osait point le combattre; il lui suffisait cependant de laisser tomber ses masses imposantes sur l'ennemi pour l'écraser. Les Normands, déjà fatigués d'un long siège, embarrassés du butin qu'ils avaient fait, et resserrés entre deux armées, eussent été sans doute taillés en pièces. Quelle fut donc la surprise des Parisiens lorsqu'ils apprirent que ce monarque, dominé par la lâcheté, négociait avec le chef normand et signait la plus honteuse capitulation qui jamais ait été conclue! Le méprisable Charles, dont la mémoire est à jamais flétrie, consentit à payer aux barbares quatorze cents marcs d'argent, à condition qu'ils lèveraient immédiatement le siége, et leur permit de transporter par terre leurs barques au-dessus de Paris, et de les remettre ensuite à flot pour continuer leur expédition dans le pays arrosé par la haute Seine.

Tout semblait concourir pour rendre méprisable et ridicule le dernier des empereurs carlovingiens : sa honteuse capitulation, qui eut des échos dans toute la France, et l'affaiblissement de sa raison, imposèrent aux grands le devoir de régler le gouvernement futur de l'empire. La race de Charlemagne ne présentait plus que des bâtards; car Charles-le-Simple, alors âgé de moins de neuf ans, était comme les autres censé illégitime, et de plus sa grande jeunesse empêchait qu'on ne songeât à lui. Dans l'espace de trois jours, Charles-le-Gros se vit abandonné de tous les seigneurs de sa suite, de ses courtisans, et même de tous ses ministres; il fut tellement délaissé, qu'à peine lui resta-t-il quelques serviteurs pour lui rendre les plus communs offices de l'humanité, et que l'évêque de Mayence fut obligé de pourvoir à sa dépense; il mourut le 12 janvier 888, au château d'Indiga en Souabe, et fut enseveli dans le couvent de Reichenaw, près de Constance.

La déposition de Charles-le-Gros, sa mort et l'extinction de la race carlovingienne, renversèrent le colosse que Charlemagne avait élevé sous le nom d'empire d'Occident. Le comte Eudes, nommé tuteur de Charles-le-Simple, battit les Normands sous les murs de Paris, les chassa du pays, et les poursuivit jusque dans le Cotentin et la Bretagne, où leurs hordes furent toujours vaincues par ce brave guerrier, auquel on décerna la couronne de France, qui devint héréditaire dans sa famille, en la personne de Hugues-Capet, élu roi en 987.

Hugues-Capet réunit à l'ancien domaine royal son duché de France, ses comtés de Paris et d'Orléans, ainsi que les riches abbayes de Saint-Germain, de Saint-Martin-de-Tours, de Saint-Denis, de Saint-Aignan et autres, dont il fut toutefois obligé de se dessaisir en faveur et par ménagement pour les prêtres et les moines. A cette époque, la France était plutôt un grand fief qu'une monarchie; et l'autorité du roi, comme suzerain, était nulle partout ailleurs que dans les domaines qui lui appartenaient en propre. Dans toute querelle particulière, même quand il s'agissait de défendre sa couronne, le roi ne pouvait armer que les vassaux et les sujets de ses terres. Une foule de petits souverains s'étaient attribué le droit de battre monnaie, de juger sans appel les causes criminelles et civiles, de lever par leurs baillis et sénéchaux des tailles et impôts de tout genre. Pour que le roi pût les punir de quelque crime, il fallait qu'il les fît ajourner en sa cour par-devant tous leurs pairs, et quand justice leur était déniée, il les poursuivait les armes à la main. Plusieurs bâtissaient des forteresses sur la croupe des montagnes, et de là s'élançaient sur les marchands et les passagers, pour en exiger un tribut : il fallait que les faibles se soumissent aux coutumes extravagantes ou brutales établies par leur bon plaisir. Ces violences et ces rapines étaient exercées par les comtes, les vicomtes, les abbés ou leurs officiers, sur la classe des hommes libres ou ingénus : quant aux serfs et aux esclaves, leur condition différait peu de celle des animaux domestiques ; les maîtres les achetaient, les vendaient, pouvaient les battre ou les tuer ; pour les fautes les plus légères, on leur administrait cent à deux cents coups de fouet, et lorsqu'ils en commettaient de plus grandes, on croyait leur faire grace en leur coupant les oreilles, le nez, un pied, une main, ou en leur arrachant les yeux.

Paris fut long-temps à se remettre des ravages commis par les Normands sur son territoire. Les premiers princes de la troisième dynastie et leurs successeurs y fixèrent leur séjour dans l'édifice appelé aujourd'hui Palais-de-justice, et pour rendre leur capitale digne d'un grand royaume, accordèrent à Paris d'importants priviléges et firent exécuter pour son embellissement des travaux immenses. Quelques auteurs prétendent que ce fut sous le règne de Hugues-Capet que l'on construisit un mur de clôture autour des faubourgs qui s'étaient formés au nord et au midi de la Cité, mais il paraît aujourd'hui prouvé que cette seconde enceinte de Paris doit être attribuée à Louis VI. Voici la description, certaine en quelques points, conjecturale en quelques autres, de cette enceinte : le mur devait partir de la rive droite de la Seine, dans le voisinage de Saint-Germain-l'Auxerrois ; il enserrait cette église et ses dépendances, devait s'étendre jusqu'à la rue des Fossés-Saint-Germain-l'Auxerrois, suivre la direction entière de cette rue, celles de Béthizi, des Deux-Boules, de la rue et place du Chevalier-du-Guet, enfin de la rue Perrin-Gosselin, et aboutir à la rue Saint-Denis : là était une porte située au nord, en face et à peu de distance du Grand-Châtelet. De cette porte, qui devait être au point où la rue d'Avignon débouche dans celle de Saint-Denis, le mur se dirigeait le long de la première rue, celle des Écrivains, enserrait l'église Saint-Jacques-de-la-Boucherie, et aboutissait à la rue des Arcis, où se trouvait une porte de ville. Comme on passait par cette porte pour arriver à l'église Saint-Méry, elle fut nommée l'Arche de Saint-Méry. De cette porte, le mur d'enceinte se continuait dans la direction des rues Jean-Pain-Mollet et Jean-l'Épine, et aboutissait à la place de Grève ; de cette place il allait jusqu'au bord de la Seine, où se terminait, du côté du nord, la seconde enceinte. — Il paraît que dans la suite l'enceinte fut de nouveau, du même côté, prolongée dans la rue Saint-Antoine jusqu'en face de la rue Geoffroi-Lasnier, où était une porte appelée Porte Baudet.

L'enceinte de la partie méridionale présente aussi plusieurs incertitudes. Il paraît que sur l'emplacement du couvent des Grands-Augustins, aujourd'hui Halle à la volaille, et sur le bord de la rivière, commençait cette partie de mur : ce point correspondait alors à la pointe de l'île de la Cité, et servait à la défense. Deux rues, situées dans le voisinage du couvent des Grands-Augustins, portaient le nom de la Barre, nom indicatif d'une porte de ville, porte qui devait être placée dans la rue Saint-André-des-Arts, vers le point où la rue des Grands-Augustins vient y aboutir. De cette porte, le mur devait se prolonger à travers le massif des maisons situées en face de la rue des Grands-Augustins, atteindre le cul-de-sac du Paon, aboutir à la rue Hautefeuille, presque en face de la rue Pierre-Sarrazin ; il se pourrait qu'en cet endroit fût une porte, la rue Hautefeuille étant, dans un grand nombre d'actes, nommée rue de la Barre.

Le mur devait suivre la direction de la rue Pierre-Sarrazin, et traverser la rue de la Harpe. De ce point il devait se diriger à peu près comme la rue des Mathurins, et aboutir à la rue Saint-Jacques, où se trouvait une porte. Le mur d'enceinte suivait évidemment de cette porte la direction de la rue des Noyers jusqu'à la place Maubert, où se trouvait une autre porte qui s'ouvrait sur la voie qui conduit à Sainte-Geneviève, à Saint-Marcel, etc. ; de là le mur se prolongeant entre les rues Perdue et de Bièvre, aboutissait à la rive gauche de la Seine, vers le point de cette rive appelé les Grands-Degrés, point qui correspondait à l'extrémité orientale de l'île de la Cité. En cet endroit de la rive était une tour, nommée Tour de Saint-Bernard et Tournelle des

3.

Bernardins, qui devait terminer l'enceinte.

Dès cette époque Paris fut divisé en trois parties : la ville, au nord de la Seine ; la Cité, au milieu ; et l'Université, au midi.

La troisième enceinte de Paris est due à Philippe-Auguste qui, craignant de voir la capitale insultée par les Anglais au moment où il s'embarquait pour une croisade, ordonna d'environner les faubourgs d'un mur de sept à huit pieds d'épaisseur, défendu par cinq cents tours, et muni d'un fossé profond. On commença en 1190 par la partie septentrionale de Paris. Le mur partait de la rive droite de la Seine, à quelques toises au-dessus de l'extrémité septentrionale du pont des Arts. Là s'élevait une grosse tour ronde qui, pendant plusieurs siècles, a porté le nom de Tour-qui-fait-le-Coin. De cette tour, le mur traversait l'emplacement actuel de la cour du Louvre, longeait la façade occidentale de cette cour, et se prolongeait, en suivant la direction de la rue de l'Oratoire, jusqu'à la rue Saint-Honoré, qui portait, vers ce temps, le nom de la Charonnerie. Là, le mur interrompu présentait une entrée fortifiée par deux tours rondes, et qui se nommait Porte Saint-Honoré. De cette porte l'enceinte s'étendait entre les rues de Grenelle et d'Orléans, jusqu'au carrefour où aboutissent les rues de Grenelle, Sartine, J.-J. Rousseau et Coquillière. Là était une porte de ville appelée Bohaigne ou Bohême, et porte Coquiller ou Coquillière. La muraille se prolongeait entre les rues J.-J. Rousseau et du Jour, jusqu'à la rue Montmartre, où était un passage appelé Porte Montmartre ou Porte Saint-Eustache. De là le mur traversait le massif de maisons qui est en face, se continuait derrière le côté septentrional de la rue Mauconseil, suivait la direction de cette rue, et traversait la rue Française. Presque à l'angle formé par les rues Mauconseil et Saint-Denis, était une porte de ville appelée Porte Saint-Denis ou Porte aux Peintres. De la porte Saint-Denis, le mur perçait le massif des maisons qui sont directement en face de la rue Mauconseil, enserrait l'emplacement de la rue aux Ours, traversait la rue Bourg-l'Abbé, et allait aboutir à l'angle méridional que forme la rue Grenier-Saint-Lazare, en débouchant dans la rue Saint-Martin.

Une porte de ville, précisément bâtie en cet endroit, n'était qu'une fausse porte ou poterne, nommée Porte de Nicolas Huidelon ; le mur traversait le massif des maisons situées entre les rues Michel-le-Comte et Geoffroy-Langevin, allait aboutir à la rue Sainte-Avoie, entre le coin de la rue de Braque et l'hôtel de Mesmes, traversait l'emplacement des bâtiments et jardins de cet hôtel, et aboutissait dans la rue du Chaume, à l'angle que forme avec cette rue celle de Paradis. Là était une porte appelée Porte de Braque, parce que la rue du Chaume était ainsi nommée. On la nommait aussi Porte-Neuve ou Poterne-Neuve. — De cette porte le mur suivait à peu près la direction de la rue et du couvent des Blancs-Manteaux, se détournait un peu de la ligne de cette rue à son extrémité orientale, et aboutissait dans la Vieille rue du Temple, entre les rues des Francs-Bourgeois et des Rosiers. Entre ces deux rues, et sur celle du Temple, se trouvait une entrée nommée Porte, ou plutôt Poterne Barbette, à cause de l'hôtel Barbette, situé dans le voisinage. — De cette porte, et sans aucune interruption, le mur décrivait une courbe un peu sensible, traversait les emplacements qui se trouvent entre la Vieille rue du Temple et la rue Culture-Sainte-Catherine, et aboutissait presque à l'extrémité méridionale de cette dernière rue, en face l'église de Sainte-Catherine-du-val-des-Écoliers. Près de là était la Porte Baudet ou Baudoyer. — Le mur traversait l'emplacement de l'église et autres bâtiments de Saint-Louis, puis passait à travers l'enclos du couvent de l'Ave-Maria, traversait l'emplacement de la rue des Barres, où l'on perça dans la suite une petite porte appelée Fausse Poterne Saint-Paul, et aboutissait à la rive droite de la Seine. Là, entre les rues de l'Étoile et Saint-Paul, vers le milieu du massif de bâtiments qui sépare le quai des Ormes du quai des Célestins, et rétrécit le quai, en s'avançant vers la Seine, s'élevait une tournelle ou fortification où dans la suite on pratiqua une porte nommée Porte Barbelle ou Barbéel-sur-l'Yeau. Cette fortification terminait à l'est de Paris l'enceinte de la partie septentrionale de cette ville.

L'enceinte de la partie méridionale fut commencée vers l'an 1208. En face de la Tour-qui-fait-le-Coin, sur la rive droite de la Seine, à l'endroit même du pavillon oriental du collège Mazarin, s'élevait une haute tour qui, appelée d'abord de Philippe Hamelin, reçut ensuite le nom de Nesle : c'est le point où commençait, du côté de l'ouest, l'enceinte méridionale. De la tour de Nesle, le mur, laissant en dehors l'emplacement de la rue Mazarine et du collège Mazarin, en suivant la direction jusqu'au point où le côté oriental de cette rue cesse d'être en alignement, traversait l'emplacement de la rue Dauphine, suivant la ligne de la rue Contrescarpe, et aboutissait à la rue Saint-André-des-Arts. Là se trouvait la porte dite Porte de Bussi. — De cette porte, le mur, laissant en dehors le passage connu sous le nom de Cour du Commerce, se dirigeait parallèlement à sa ligne entre ce passage et l'hôtel de Tours, et aboutissait rue des Cordeliers, aujourd'hui de l'École-de-Médecine, jusqu'à l'endroit de cette rue où se voit encore la fontaine des Cordeliers. En cet endroit était une porte appelée Porte des Cordelles ou des Cordeliers, Porte des Frères mineurs, et ensuite Porte Saint-Germain.

En partant de cette porte, l'enceinte traversant les rues de Touraine, de l'Observance et les emplacements intermédiaires, se prolongeait en droite ligne entre la rue des Fossés-de-M.-le-Prince et l'enclos du couvent des Cordeliers, où se voient encore de grandes parties de ce mur, puis aboutissait à la place Saint-Michel et à l'extrémité supérieure de la rue de La Harpe. A l'endroit même où cette rue débouche sur cette place, était une porte de ville nommée Gibert ou Gibard, ou Porte d'Enfer. En 1394, Charles VI lui donna le nom de Porte Saint-Michel. Le mur longeait l'enclos du couvent des Jacobins. Vers le milieu de l'espace qui se trouve entre les rues Soufflot et des Fossés-Saint-Jacques, était une porte appelée de Saint-Jacques; on la nomma aussi Porte de Notre-Dame-des-Champs. De là le mur se prolongeait sur les emplacements qui sont au nord, et à environ 10 toises du côté septentrional des rues des Fossés-Saint-Jacques, de l'Estrapade, et, ayant enserré la maison, l'église et les jardins de Sainte-Geneviève, aboutissait à la rue Bordet, où se trouvait une porte de ce nom. On l'appelait aussi Bordel et Bordelle; elle était située à environ 12 toises du point où cette rue débouche dans celle de Fourci.

Le mur d'enceinte suivait la direction de la rue des Fossés-Saint-Victor; il traversait l'enclos de l'École polytechnique, s'étendait jusqu'à la rue Saint-Victor, où était une porte de ville appelée Saint-Victor. De là le mur traversait l'emplacement du séminaire des Bons-Enfants, ceux de divers chantiers, et s'étendait en droite ligne jusqu'au bord de la Seine, dans une direction parallèle à celle de la rue des Fossés-Saint-Bernard. A l'endroit où le mur aboutissait à la rive de la Seine était une porte et fortification appelée Tournelle; là se termine l'enceinte de la partie méridionale de Paris.

Philippe-Auguste jeta les fondements de la basilique actuelle de Notre-Dame, fit construire la tour du Louvre et commencer à paver les rues : Gérard de Poissy contribua pour 8,000 marcs d'argent à cette utile entreprise. Sous le règne de ce prince, on bâtit les églises Saint-Honoré, Saint-Thomas et Saint-Nicolas du Louvre, l'hôpital de la Trinité et un port au-dessus du Pont-au-Change.

Un mois après l'affligeant résultat de la bataille de Poitiers, le 18 octobre 1356, sous les ordres du prévôt des marchands, Étienne Marcel, commencèrent les travaux de la quatrième enceinte. Dans la partie méridionale de la ville, le plan de l'enceinte n'éprouva point de changement; mais de grandes réparations s'opérèrent aux murailles qui tombaient en ruine. Les portes, munies de tours et d'autres ouvrages de fortifications, et les fossés, pour la première fois profondément creusés, et dans quelques parties remplis par les eaux de la Seine, mirent de ce côté les Parisiens en sûreté. — Dans la partie septentrionale, l'enceinte reçut un accroissement considérable. De l'ancienne porte Barbelle partait une muraille flanquée de tours carrées, qui remontait sur le bord de la rivière jusqu'au point où le fossé actuel de l'Arsenal y débouche. A l'angle formé par le fossé et par le cours de la Seine, fut élevée une tour ronde très-haute, appelée Tour de Billy. La muraille suivait la direction du fossé jusqu'à la rue Saint-Antoine, où fut construite une porte fortifiée de tours, et nommée la Bastille Saint-Antoine. De cette porte, le mur laissait le boulevard actuel en dehors, et suivait à peu près la direction de la rue Saint-Jean-de-Beauvais, jusqu'à la rue du Temple, où fut construite, avec fortifications, une porte nommée Bastille du Temple. La muraille se dirigeait ensuite parallèlement à la rue Meslée, qui a porté anciennement le nom de Rue du Rempart, jusqu'à la rue Saint-Martin, où fut bâtie une porte dite de Saint-Martin. Elle suivait ensuite la ligne de la rue Sainte-Apolline jusqu'à la rue Saint-Denis, où était une porte fortifiée, nommée Bastille de Saint-Denis. De cette bastille, le mur d'enceinte continuait en suivant la direction de la rue Bourbon-Villeneuve, qui, anciennement, se nommait rue Saint-Côme-du-milieu-des-Fossés, puis celle de la rue Neuve-Saint-Eustache. A l'endroit où cette rue aboutit à la rue Montmartre était une porte nommée de Montmartre. Ce mur se prolongeait entre la rue des Fossés-Montmartre et le cul-de-sac Saint-Claude, jusqu'à la place des Victoires, qu'il traversait; puis il coupait l'emplacement de l'hôtel de Penthièvre, aujourd'hui Banque de France, celui de la rue des Bons-Enfants, et pénétrait dans le jardin du Palais-Royal, vers le milieu de sa longueur. La ligne du mur continuant à travers ce jardin et la rue Richelieu, jusqu'à l'endroit où vient aboutir la petite rue du Rempart, suivait sa direction jusqu'au point où cette petite rue aboutit dans celle de Saint-Honoré : là, sur cette dernière rue, se trouvait une porte fortifiée, nommée Porte Saint-Honoré. De la porte Saint-Honoré, le mur, en suivant la direction de la rue Saint-Nicaise, se prolongeait jusqu'au bord de la Seine, où s'élevait une haute tour, qui a subsisté jusque sous le règne de Louis XIV ; elle était nommée la Tour du Bois. — En 1368, cette enceinte fut réparée et les fortifications augmentées. Du côté du midi on entoura les anciens murs d'un fossé profond ; sur les bords de la Seine étaient quatre tours : la Tour du Bois, près du Louvre ; la Tour de Nesle, vis-à-vis sur l'emplacement actuel du Palais des Beaux-Arts. Au levant étaient la Tournelle et la tour Billy, proche des Célestins : un fort en bois défendait la tête de l'île Saint-Louis. L'entrée de Paris par la Seine était en outre défendue, tant du côté d'amont que du côté d'aval, par de fortes chaînes en fer supportées par des bateaux.

Le XVe siècle fut extrêmement funeste à Paris, car la première année y vit régner une épidémie qui fit périr la plus grande partie de ses habitants. Dix-huit ans après, le massacre des Armagnacs, la disette, la peste, la mortalité emportèrent, dans l'espace de quelques mois, plus de cent mille personnes.

François Ier s'occupa beaucoup des fortifications de Paris ; il fit creuser plus profondément les fossés et fit raser la porte aux Peintres, située dans la rue Saint-Denis. En 1566, on étendit l'enceinte du côté de l'ouest, et on y comprit le jardin des Tuileries. Cette partie d'enceinte fut nommée Boulevard des Tuileries.

En 1418, une grande partie des habitants de Paris fut massacrée par l'horrible troupe des Cabochiens. Voici le fait qui lui donna naissance : la démence du roi Charles VI fit prendre, en 1393, l'administration des affaires de l'état aux ducs de Bourgogne et de Berri, à l'exclusion du duc d'Orléans qui, en 1401, gouverna à son tour au préjudice du duc de Bourgogne, lequel reprit bientôt le dessus. En 1404, le duc de Bourgogne, Philippe-le-Hardi, mourut en Brabant. Jean, dit *sans peur*, lui succéda et se rendit maître de la régence du royaume, à l'exclusion de la reine et du duc d'Orléans, auxquels il fit quitter Paris. Quelque temps après, le duc de Bourgogne feignit de se réconcilier avec le duc d'Orléans : c'était un piège tendu à ce dernier, qui fut assassiné à Paris, rue Vieille-du-Temple, le 23 novembre 1407, par les ordres du duc de Bourgogne. La cour, loin de venger cet assassinat, reçut la justification de Jean qui, en se retirant en Flandre, chargea le docteur Jean Petit de le défendre. La réconciliation des deux maisons, qui ne fut que simulée, se fit ensuite dans la ville de Chartres. Valentine de Milan, veuve du duc d'Orléans, mourut de douleur de voir la mort de son mari impunie. La paix se fit entre les deux partis en 1411, au château de Bicêtre près Paris; mais bientôt les troubles recommencèrent. Le comte de Saint-Pol, nommé gouverneur de Paris, dans le dessein de chasser de cette ville tous ceux qui ne seraient pas pour le duc de Bourgogne, s'appliqua à gagner la populace. Il choisit plusieurs bouchers dont les familles étaient renommées dans l'histoire des boucheries de Paris, qu'il fit chefs d'un corps de 500 hommes des plus déterminés, qu'on nomma Cabochiens, du nom de Caboche, un de ces chefs. Cette troupe commit des excès horribles, et entre autres brûla le château de Bicêtre. L'auteur de l'histoire chronologique de Charles VI dit : « Or estoient conducteurs de cette si cruelle besogne et d'un tel mesfait, ledit sieur de l'Isle Adam, messire Jean de Luxembourg, messire Charles de Lens, messire Claude de Chatelus et messire Guy de Bar, lesquels les faisoient meurtrir dans les prisons, ou bien saillir par les fenêtres ou par-dessus les murs, par le bourreau de Paris et un tas de porte-faix et de brigands des environs de Paris, et en furent bien noyés et tués de la sorte jusqu'au nombre de 3000. » La troupe des Cabochiens fut entièrement dispersée lors de la réconciliation entre les Bourguignons et les Armagnacs en 1440.

En 1420, Paris fut pris par les Anglais, qui n'en furent chassés qu'en 1436. Cette même année, le froid et la famine moissonnèrent une grande partie de la population. Neuf ans après, la misère était parvenue à un si haut degré qu'elle fit paraître, pour la première fois, des revendeurs de vieilles hardes. Tous ces malheurs ne furent rien en comparaison de ceux qui eurent lieu en 1438 : outre la peste et la famine, qui enlevèrent plus de cinquante mille habitants, des troupes de loups affamés, après avoir assouvi leur rage dans les campagnes, entrèrent dans Paris par la rivière et y exercèrent leurs ravages. « En cellui temps, dit « le Journal de Paris des règnes de Char- « les VI et Charles VII (page 182), spécia- « lement, tant comme roi fut à Paris, les « loups étoient si enragés de manger chair « d'hommes, de femmes et d'enfants, que, « en la dernière semaine de septembre « (1437), estranglèrent et mangèrent qua- « torze personnes, que grands que petits, « entre Montmartre et la porte Saint-An- « toine. » La grande mortalité causée par les chaleurs en 1466 frappa un si grand nombre de personnes, qu'on fut obligé d'accorder un asile aux malfaiteurs de tous les pays pour repeupler la capitale.

Paris doit à saint Louis la fondation de la Sainte-Chapelle; la création du Châtelet, où il ne dédaignait pas d'aller lui-même rendre la justice; l'établissement de l'école de chirurgie et de l'hospice des Quinze-Vingts; l'accroissement et la dotation de l'Hôtel-Dieu; l'institution de la police du guet faite par la bourgeoisie.

Sous Philippe-le-Hardi, on s'occupa de l'alignement et de la propreté des rues. Le parlement fut rendu sédentaire à Paris en 1313 et y attira les plaideurs et les suppôts de la justice : l'établissement de la cour des comptes, des cours des aides et des monnaies, du grand conseil et d'une foule de juridictions subalternes, y forma un corps de magistrats respectables par leurs vertus et par leurs lumières.

Sous Louis XI, Paris compta plus de 300,000 habitants, et cet accroissement devint de plus en plus sensible. La ville s'étendait chaque jour, et malgré les défenses de bâtir qui furent renouvelées, elle s'accrut beaucoup dans la partie méridionale. L'établissement de l'imprimerie et de la poste aux lettres datent du règne de ce monarque, qui augmenta par plusieurs réunions les livres de la Bibliothèque royale.

Charles VIII posa la première pierre de la Ville-l'Évêque, établit une confrérie de la Madeleine et réunit à la bibliothèque royale celle des rois de Naples.

Louis XII s'occupa peu de l'embellissement de Paris; mais il fit bénir son pouvoir par la modération des impôts et par la réforme de nombreux abus. Il fit transporter au château de Blois les livres du Louvre, et y réunit plusieurs collections qui enrichissent cette bibliothèque.

François Ier suivit les exemples donnés par les Médicis à Florence, par le pape Léon X à Rome. D'après les conseils du savant Guillaume Budé et de son confesseur Guillaume Parvi, il attira un grand nombre d'artistes et plusieurs savants à Paris, établit la bibliothèque de Fontainebleau, la plus riche en manuscrits, la plus volumineuse qui jamais eût existé dans le royaume, commença la première collection de médailles antiques, et fonda le collége de France. Mais bientôt il persécuta ou laissa persécuter par la Sorbonne et par le parlement les hommes de lettres qu'il avait attirés à Paris, les professeurs du collége qu'il avait fondé; il fit périr dans le feu des bûchers plusieurs savants et littérateurs dont les opinions religieuses contrariaient celles que la cour de Rome voulait maintenir; de plus, il abolit entièrement l'imprimerie et ne la rétablit que pour l'enchaîner dans les liens d'une censure rigoureuse. Enfin, il éteignit d'une main les lumières qu'il avait allumées de l'autre.

Sous le règne de ce monarque, plusieurs rues furent ouvertes sur le terrain d'immenses hôtels de gothique sculpture. Les monuments publics devinrent plus magnifiques, les demeures des particuliers plus agréables et plus commodes; les ordres grecs furent employés pour la première fois dans les édifices; les tableaux des meilleurs peintres de l'Italie décorèrent les palais, qu'embellirent les sculptures de Jean Goujon. Les églises de Saint-Gervais, de Saint-Germain-l'Auxerrois, de Saint-Méry, l'hôtel-de-ville, furent bâtis ou restaurés. La grosse tour du Louvre fut abattue. Le Louvre fut démoli entièrement et on en recommença la construction sur un nouveau plan. Le faubourg Saint-Germain, depuis les guerres du XVe siècle, était presque entièrement ruiné, et la charrue passait dans des lieux jadis couverts d'habitations : en 1540, on commença à le rebâtir, et, en 1544, à paver quelques-unes de ses rues.

Henri II, inspiré par quelques cardinaux, continua à faire brûler les protestants, à entraver la masse progressive des lumières en faisant saisir les livres, en persécutant les libraires et les imprimeurs. En décembre 1549, il prohiba l'impression et la publicité de tout ouvrage, à moins qu'il ne fût approuvé par la faculté de théologie de

Paris; il prohiba l'entrée en France des livres étrangers, et défendit à toutes personnes non lettrées de discuter sur des matières religieuses.

Le corps de bâtiment qu'on nomme aujourd'hui le vieux Louvre, fut terminé sous son règne, en 1548 : l'hôpital des Petites-Maisons, aujourd'hui l'hospice des Ménages, est aussi une construction de cette époque. Henri II, à l'exemple de François Ier, continua à rassembler des médailles; ce fut lui qui, le premier, ordonna que l'effigie des rois fût placée sur les monnaies.

Un seul établissement public, l'hôpital de l'Oursine, aujourd'hui jardin des apothicaires, fut fondé sous le règne de François II.

Sous le règne de Charles IX, Paris languit tourmenté par les horreurs de la discorde provoquées par les intrigues de la cour de Rome et des Guises. Le massacre des protestants fut arrêté dans l'entrevue que Catherine de Médicis eut à Bayonne, en 1565, avec le duc d'Albe, et sept années après, en 1572, cet infernal projet fut mis à exécution le jour de la Saint-Barthélemi.

Plusieurs édits de pacification, trois traités de paix, le mariage du prince de Béarn (Henri IV) avec Marguerite, sœur de Charles IX, et les promesses et les serments de ce roi, avaient tranquillisé les dissidents, connus alors sous le nom de huguenots. Ils vivaient paisiblement, dans l'espérance de ramener un jour les catholiques à les souffrir sans murmure parmi eux. Mais ils avaient affaire à des ennemis implacables, fanatiques de haine plus que de religion : c'étaient le duc d'Aumale, le duc de Nemours, le duc d'Elbœuf, le duc de Montpensier, le duc de Guise, le duc de Nevers, le bâtard d'Angoulême (né de l'adultère de Henri II avec une Écossaise), le garde-des-sceaux Birague, le maréchal de Tavannes, le maréchal duc de Retz, le duc d'Anjou, ce prince débauché qui fut Henri III, Catherine de Médicis, et enfin Charles IX, monarque sans caractère, sans humanité, sans honneur politique, qu'un mot alarmait, que la plus légère contradiction rendait furieux, qui n'a pu obtenir de l'histoire qu'un souvenir de mépris et de sang. L'indécis Charles IX flottait toujours dans la crainte de se montrer trop favorable à l'un ou à l'autre des deux partis. Catherine résolut de porter un grand coup. Dans un conseil secret, composé de ses intimes, elle fit décider l'assassinat de l'amiral de Coligni, afin d'animer les dissidents contre Charles IX, et d'entraîner ensuite ce prince à une mesure vigoureuse et générale contre eux. Le duc de Guise se chargea de trouver l'assassin; il choisit le fameux Maurevel, qui se cacha dans une maison devant laquelle l'amiral passait tous les jours en revenant du Louvre. Par une fenêtre couverte d'un rideau, il tira à Coligni un coup d'arquebuse, dont les balles lui firent une grande blessure au bras gauche et lui coupèrent l'index de la main droite. Sans la moindre émotion, l'amiral montra la maison, et la porte en fut aussitôt enfoncée : l'assassin s'était enfui déjà par une porte du cloître, sur un cheval qui lui fut donné par un des gens du duc de Guise. Le roi visita l'amiral, lui promit, et promit également au roi de Navarre et au prince de Condé, de faire chercher et punir les coupables. La fureur du roi, dont Catherine appréhendait les éclats, fit prendre le parti de lui révéler le mystère. On lui député le maréchal de Retz, qui avait sa confiance et savait l'amener à ses vues. Il lui avoue que la blessure de l'amiral n'est pas l'ouvrage de Guise seul, mais de sa mère et du duc d'Anjou; qu'ils y ont été forcés par les menées sourdes de ce rebelle, qui voulait les perdre; que la chose une fois faite, il n'y a plus de milieu, et qu'il faut ou se joindre aux catholiques pour achever ce qui est commencé, ou s'attendre à une nouvelle guerre civile. Ces premiers propos mis en avant, la reine survient, comme on en était convenu, accompagnée du duc d'Anjou, du duc de Nevers, de Birague, de Tavannes. Elle confirme à son fils tout ce que le duc de Retz venait de lui dire, et elle ajoute que depuis la blessure de l'amiral, les huguenots sont entrés dans un tel désespoir, qu'il y a à craindre qu'ils s'en prennent non-seulement au duc de Guise, mais au roi lui-même..... Catherine ajouta.... que l'amiral, depuis sa blessure, avait fait partir plusieurs dépêches pour l'Allemagne et la Suisse, d'où il espérait tirer 20,000 hommes; que si ces troupes se joignaient aux mécontents français, dénué, comme était le roi, d'argent et d'hommes, elle ne voyait plus pour lui de sûreté en France; qu'au surplus elle était bien aise de l'avertir qu'à la moindre apparence de collusion de la part de Charles avec les religionnaires, les catholiques étaient déterminés à élire un capitaine-général, et à faire une ligue offensive et défensive contre les huguenots; qu'ainsi il se trouverait entre les deux partis, sans puissance ni autorité dans son royaume. « Ces considérations firent, dit le duc d'Anjou, dans la relation de Miron, une merveilleuse et étrange métamorphose au roi; car s'il avoit été auparavant difficile à persuader, il fut lors si fort à nous à le retenir. Se levant, il nous dit de fureur et de colère, en jurant par la mort D..., puisque nous trouvions bon qu'on tuast l'amiral, qu'il le vouloit, mais aussi tous les huguenots de France, afin qu'il n'en demeurast pas un seul qui lui peust reprocher après, et que nous y donnassions ordre promptement. » Ce terrible arrêt prononcé, on ne songea plus qu'à l'exécution, et Charles, dès ce moment, se prêta à tous les déguisements qu'on lui fit sentir nécessaires pour la réussite. Il s'agissait de rassembler dans le même canton de la ville les gentilshommes calvinistes, afin de les prendre tous comme dans un filet : ils en fournirent eux-mêmes les moyens. L'amiral, alarmé de quelques mouvements qu'on voyait parmi le peuple, envoya prier le roi de lui donner une garde. On avait, peu de jours auparavant, introduit dans Paris, sous d'autres prétextes, le régiment des gardes. Le roi, non seulement en fit placer une compagnie devant la porte de Coligni, mais encore il y eut ordre aux catholiques du voisinage de céder leurs logements aux religionnaires. Les officiers de la ville furent chargés d'en faire un rôle, et de les exhorter à se retirer auprès de l'amiral. Par une suite des mêmes attentions, on mit dans la maison de l'amiral des Suisses de la garde du roi de Navarre, et ce prince lui-même fut averti par le roi de faire venir au Louvre tout ce qu'il avait de gens de main, afin de servir à la cour de rempart contre les Guises, en cas qu'ils voulussent tenter quelque entreprise... La reine-mère pressa l'exécution, qu'on fixa au point du jour de la Saint-Barthélemi, 24 août 1572 (deux jours après l'assassinat de Coligni). La résolution en fut prise dans le château des Tuileries, entre la reine, le duc d'Anjou, le duc de Nevers, le comte d'Angoulême, Birague, les maréchaux de Tavannes et de Retz... On hésita si l'on envelopperait dans la proscription le roi de Navarre, le prince de Condé et les Montmorency..... Afin de prévenir jusqu'à l'ombre du soupçon, les princes lorrains feignirent de craindre quelques violences de la part de leurs ennemis, et, sous ce prétexte, ils vinrent demander au roi la permission de se retirer. « Allez, leur dit le monarque d'un air courroucé; si vous êtes coupables, je saurai bien vous retrouver..... » Tavannes fit venir en présence du roi les prévôts des marchands, Jean Charron et Marcel, son prédécesseur, qui avaient grand crédit auprès du peuple. Il leur donna l'ordre de faire armer les compagnies bourgeoises, et de les tenir prêtes pour minuit à l'hôtel-de-ville. Ils promirent d'obéir. Mais quand on leur dit le but de l'armement, ils tremblèrent et commencèrent à s'excuser sur leur conscience. Tavannes les menaça de l'indignation du roi, et il tâchait même d'exciter contre eux le monarque, trop indifférent à son gré. « Les pauvres diables ne pouvant pas faire autre chose, répondirent alors : Hé! le prenez-vous là, sire, et vous, monsieur? Nous vous jurons que vous en aurez nouvelles; car nous y mènerons si bien les mains à tort à travers, qu'il en sera mémoire à jamais. Voilà, ajoute Brantôme, comme une résolution prise par force a plus de violence qu'une autre, et comme il ne fait pas bon acharner un peuple; car il y est après plus âpre qu'on ne veut. » Ils reçurent ensuite les instructions, savoir, que le signal serait donné par la cloche de l'horloge du Palais; qu'on mettrait des flambeaux aux fenêtres; que les chaînes seraient tendues; qu'ils établiraient des corps-de-garde dans toutes les places et carrefours, et que pour se reconnaître, ils porteraient un linge au bras gauche et une croix blanche au chapeau. Tout s'arrange, selon ces dispositions, dans un affreux silence. Le roi, craignant de faire manquer l'entreprise par trop de pitié, n'ose sauver le comte de La Rochefoucauld, qu'il aimait..... Triste et morne, le roi attend avec une secrète horreur l'heure fixée pour le massacre. Sa mère le rassure et l'encourage. Il se laisse arracher l'ordre pour le signal, sort de son appartement, entre dans un cabinet tenant à la porte du Louvre, et regarde dehors avec inquiétude. Un coup de pistolet se fait entendre... Le vindicatif Guise avait à peine attendu le signal pour se rendre chez l'amiral. Au nom du roi, les portes sont ouvertes, et celui qui en avait rendu les clefs est poignardé sur-le-champ. Les Suisses de la garde navarroise, surpris, fuient et se cachent. Trois colonels des troupes françaises, accompagnés de Petrucci, Siennois, et de Bême, Allemand, escortés de soldats, montent précipitamment l'escalier, et fonçant dans la chambre de Coligni : *A mort!* s'écrient-ils tous ensemble, d'une voix terrible. Au bruit qui se faisait dans sa maison, l'amiral avait jugé d'abord qu'on en voulait à sa vie : il s'était levé, et, appuyé contre la muraille, il faisait ses prières. Bême l'aperçoit le premier. « Est-ce toi qui es Coligni ? » lui dit-il. « C'est moi-même, répond celui-ci d'un air tranquille. Jeune homme, respecte mes cheveux blancs. » Bême lui enfonce son épée dans le corps, la retire toute fumante, et lui coupe le visage : mille coups suivent le premier. L'amiral tombe nageant dans son sang. « C'en est fait ! » s'écrie Bême par la fenêtre. « M. d'Angoulême ne le veut pas croire, répond Guise, qu'il ne le voie à ses pieds. » On précipite le cadavre. Le duc d'Angoulême essuie lui-même le visage pour le reconnaître, et on dit qu'il s'oublia jusqu'à le fouler aux pieds. Aux cris, aux hurlements, au vacarme épouvantable qui se fit entendre de tous côtés, sitôt que la cloche du Palais sonna, les calvinistes sortent de leurs maisons, à demi-nus, encore endormis et sans armes. Ceux qui veulent gagner la maison de l'amiral sont massacrés par les compagnies des gardes, postées devant sa porte. Veulent-ils se réfugier dans le Louvre, la garde les repousse à coups de pique et d'arquebuse ; en fuyant ils tombent dans les troupes du duc de Guise et dans les patrouilles bourgeoises, qui en font un horrible carnage. Des rues on passe dans les maisons, dont on enfonce les portes ; tout ce qui s'y trouve, sans distinction d'âge ni de sexe, est massacré ; l'air retentit des cris aigus des assassins et des plaintes douloureuses des mourants. Le jour vient éclairer la scène affreuse de cette sanglante tragédie. « Les corps détranchés tomboient des fenêtres ; les portes cochères étoient bouchées de corps achevés ou languissants, et les rues, de cadavres qu'on trainoit sur le pavé à la rivière. » Ce qui se passait au Louvre ne démentait pas les fureurs de la ville....... Les gardes, ayant formé deux haies, tuaient à coups de hallebarde les malheureux qu'on amenait désarmés, et qu'on pressait au milieu d'eux, où ils expiraient les uns sur les autres, entassés par monceaux. La plupart se laissaient percer sans rien dire ; d'autres attestaient la foi publique et la parole sacrée du roi. « Grand Dieu ! s'écriaient-ils, prenez la défense des opprimés. Juste Juge, vengez cette perfidie..... » Des enfants de dix ans tuèrent des enfants au maillot ; et on vit des femmes de la cour parcourir effrontément de leurs yeux les cadavres nus des hommes de leur connaissance, cherchant matière à des observations licencieuses, qui les faisaient éclater de rire [1]. Le fougueux Charles, une fois livré à son caractère impétueux, ne connut plus de bornes. On l'accuse d'avoir tiré lui-même sur les malheureux calvinistes qui fuyaient..... Il ne faut pas croire que la religion seule aiguisa les poignards. Plusieurs catholiques, reconnus pour tels, périrent dans le tumulte. Des héritiers tuèrent leurs parents ; des gens de lettres leurs émules de gloire ; des amants leurs rivaux de tendresse ; des plaideurs leurs parties. La richesse devint un crime, l'inimitié un motif légitime de cruauté.....

Ce tableau, emprunté à Anquetil (Esp. de la Ligue), est plein de vérité et de force. Mezeray peut servir à le compléter. « Pour faire en petit l'histoire de cet horrible massacre, dit-il, il dura sept jours entiers : les trois premiers, savoir : depuis le dimanche, jour de Saint-Barthélemi, jusqu'au mardi, dans sa grande force ; les quatre autres jusqu'au dimanche suivant, avec un peu plus de ralentissement. Durant ce temps, il fut tué près de 5000 personnes, de diverses sortes de morts, et plusieurs de plus d'une sorte, entre autres 5 à 600 gentilshommes. On n'épargna ni les vieillards, ni les enfants, ni les femmes grosses ; les uns furent poignardés, les autres tués à coups d'épée, de hallebarde, d'arquebuse ou de pistolet, quelques-uns précipités par les fenêtres, plusieurs trainés dans l'eau, et plusieurs assommés à coups de croc, de maillet ou de levier. Il s'en était sauvé 7 ou 800 dans les prisons, croyant trouver un asile sous les ailes de la justice ; mais les capitaines destinés pour le massacre se les faisaient amener sur une planche, près la vallée de Misère, où ils les assommaient à coups de maillet, et puis les jetaient dans la rivière. Un boucher, étant allé le mardi au Louvre, dit au roi qu'il en avait tué 150 la nuit précédente ; et un tireur d'or se vanta souvent, montrant son bras, qu'il en avait expédié 400 pour sa part. » On le nommait Crucé. — La cour de Rome reçut la nouvelle de ce hideux massacre avec les transports de la joie la plus vive. On tira le canon au château Saint-Ange, ce qui ne se fait ordinairement que dans les grandes fêtes. On alluma des feux ; il y eut une messe solennelle d'actions de grace, à laquelle le pape Grégoire XIII assista avec beaucoup d'éclat.

Les principaux édifices construits ou com-

---

[1]. La reine-mère voulut voir le cadavre de Soubise, qui était en procès avec sa femme pour cause d'impuissance.

mencés sous le règne de Charles IX sont : le palais des Tuileries; l'Hôtel de Soissons, dont l'emplacement est aujourd'hui occupé par la Halle au blé; le collége de Clermont ou des Jésuites; l'hôpital Saint-Jacques du Haut-Pas, démoli en 1823, etc., etc.

Henri III succéda à Charles IX, le 30 mai 1574. Aussi persécuteur, aussi perfide, aussi superstitieux, mais moins sanguinaire que son frère, il fut plus que lui livré à la débauche la plus honteuse, et sut comme lui associer le libertinage à la dévotion.

En 1545, le cardinal de Lorraine conçut au concile de Trente le plan d'une sainte ligue, ou association de catholiques purs, dans le triple but de défendre à main armée l'église romaine en France, de faire donner la lieutenance générale du royaume à François, duc de Guise (frère du cardinal), et de l'aider, selon l'occasion, à s'emparer du trône. Henri de Lorraine, duc de Guise, fils aîné de François, exécuta, après la mort de son père, la première partie de ces projets : la sainte Ligue, Ligue chrétienne et royale, commença sous ses auspices. Henri III, trompé d'abord sur le but que se proposaient d'atteindre les auteurs de l'union, se prêta à des intrigues qui semblaient lui prêter une arme contre ceux qu'on appelait huguenots : mieux instruit, il voulut arrêter les progrès de l'association; mais, en prince pusillanime, au lieu de la combattre avec la volonté d'un roi et les armes d'un guerrier, il suivit les conseils timides de son garde-des-sceaux, et s'en déclara le chef : c'était la reconnaître et lui donner une consistance fatale au repos public et à sa propre sécurité. Le duc de Guise, doué d'une patience opiniâtre, poursuivit dans l'ombre des desseins qu'il ne pouvait avouer. La Ligue avança. Henri III, convaincu enfin des dangers qui l'environnaient, se décida à ordonner quelques mesures de prudence. Le 12 mai 1588, sur les trois heures du matin, dit Anquetil (Esprit de la Ligue), un fort détachement de 4,000 Suisses qui était à Lagny, entra par la porte Saint-Honoré. Le roi alla le recevoir lui-même, recommanda aux soldats la modération, et marqua les postes, où ils se rendirent tambour battant et les armes hautes. Le peuple les voyait passer en silence, inquiet et étonné, mais sans aucun signe de rébellion. Ils s'emparèrent des principales places et y posèrent des corps-de-garde. Tout réussissait à souhait, lorsque sur les dix heures du matin, un rodomont de cour, comme l'appelle Pasquier, fier de ce succès, s'avisa de dire qu'il n'y avait femme de bien qui ne passât par la discrétion d'un Suisse. Ceci fut dit sur le pont Saint-Michel, voisin de la place Maubert, dont les troupes du roi avaient négligé de s'emparer, parce que la voyant pleine d'une multitude d'ouvriers, artisans, bouchers, mariniers, elles appréhendaient d'être forcées à la violence, ce qu'elles avaient ordre d'éviter. En un instant, cette parole indiscrète, passant de bouche en bouche, se répète dans la place. Aussi promptement, cette multitude, comme engourdie auparavant, commence à se remuer. Les uns courent aux armes, les autres dépavent les rues, garnissent les fenêtres de pierres, tendent des chaînes, les soutiennent de tonneaux qu'ils emplissent de terre, et qu'ils appuient de planches, de solives, de meubles et de tout ce qu'ils rencontrent sous la main. On sonne le tocsin; les barricades se poussent : les troupes, qui ne reçoivent point d'ordres, se laissent investir, et en moins de quatre heures, toute cette grande ville se trouve comme fermée, et les mutins plantent insolemment leur dernière barricade devant le Louvre. Au premier bruit, le duc de Guise se tient dans son hôtel, clos et couvert, maître des derrières de sa maison, occupés par quelques gens de main, propres à favoriser sa fuite, s'il était nécessaire. Quand il apprend que les barricades réussissent, il sort et se promène dans la rue, donnant ses ordres aux exprès que les factieux dépêchaient à chaque instant. Le roi lui envoie à plusieurs reprises commandement et prières de faire cesser les désordres. « Ce sont des taureaux échappés, répond-il froidement, je ne puis les retenir. » Enfin il s'élève un cri général, cri de tumulte et d'horreur. Entre les voix confuses, on distingue des coups de fusil, des hurlements plaintifs comme des gens qu'on égorge : c'étaient les Suisses du roi que la populace du Marché-Neuf massacrait impitoyablement. Ces malheureux soldats, se voyant enveloppés, tendaient des mains suppliantes, et se rangeaient le long des maisons pour éviter les pierres qui pleuvaient des toits et des fenêtres, avec des coups d'arquebuse. Ils montraient leurs chapelets et criaient de toutes leurs forces : *Bons catholiques!* Malgré cela il y en eut une trentaine tant tués que blessés.... Vaincu par les instances réitérées du roi, le duc de Guise part enfin de son hôtel, une baguette à la main. Devant lui tombent les barricades, il remercie le peuple, se familiarise, sans perdre de sa dignité, avec cette soldatesque singulière, et semble prendre plaisir à leurs bravades. A mesure qu'il arrive aux postes des troupes du roi, il les salue, leur parle poliment et leur fait ouvrir le chemin du Louvre. Elles se mettent en marche, sans tambour, tête nue, les armes basses et renversées, trop heureuses d'échapper par cette humiliation à la furie du peuple. Derrière elles se referment les barricades. On se fortifie aussi au Louvre; mais les plus grandes espérances étaient dans la négociation. Le matin même de cette journée fameuse, qu'un député du clergé appelait à la tribune des états de Blois, l'heureuse et sainte journée des tabernacles, le roi méditait la mort du duc de Guise et l'extinction de son parti; le soir, les bourgeois refusèrent de recevoir le mot d'ordre du prévôt des marchands, qui le leur donnait ordinairement au nom du roi; ils le reçurent du duc de Guise. Le lendemain le roi fut chassé de Paris par le duc de Guise, qu'il finit par faire assassiner à Blois; mais il ne survécut lui-même que peu de temps à cet acte illégal, et fut assassiné à Saint-Cloud par le moine Jacques Clément.

Voici les établissements qui se formèrent à Paris pendant son triste règne : le couvent des Capucins, la plus vaste de toutes les capucinières de France, démolie en 1804; les Jésuites de la rue Saint-Antoine, aujourd'hui églises de Saint-Louis et de Saint-Paul; le monastère des Feuillants, démoli en 1804, et remplacé par la belle rue de Rivoli; la fontaine de Birague, située rue Saint-Antoine, en face le collége Charlemagne; l'hôtel de Bourgogne et le théâtre Italien. La première pierre du Pont-Neuf fut posée par Henri III, le 31 mai 1578.

Henri de Bourbon, roi de Navarre, le plus proche héritier de la couronne, fut reconnu roi de France au camp de Saint-Cloud, le 2 août 1589, sous le nom de Henri IV; mais ce ne fut qu'après cinq ans d'une guerre déplorable qu'il parvint à se rendre maître de Paris. Dès le 7 août, Mayenne avait fait déclarer roi de France, sous le nom de Charles X, le vieux cardinal de Bourbon. Avec ce fantôme de souverain, Guise exerçait provisoirement la puissance souveraine. Henri IV, vainqueur dans la plaine d'Ivry du chef de la Ligue qui voulait lui fermer le chemin de Paris, se borna à former le blocus de cette ville, s'empara de Mantes, et s'y établit jusqu'à l'arrivée des secours qu'il attendait d'Angleterre. La disette ne tarda pas à faire sentir aux Parisiens toutes ses rigueurs : la faim fit bientôt de nombreuses victimes qu'on voyait expirer sur la voie publique en poussant des cris lamentables et en se tordant les bras. Quelques chefs des ligueurs, l'ambassadeur d'Espagne et le légat du pape, craignant que la famine ne décidât les assiégés à se rendre à Henri IV, jetèrent à pleines mains l'argent et l'or dans les rues; mais les pauvres répondaient : « C'est du pain, et non des pièces de monnaie qu'il nous faut. » Dans le temps que le peuple jeûnait, les couvents étaient dans l'abondance : les vivres que les moines avaient accaparés furent distribués au peuple; mais ce secours fut de courte durée. On se nourrit ensuite avec les petits animaux domestiques. Au lieu de pain, les indigents mangeaient une sorte de bouillie, faite avec du son d'avoine. Après les chiens, les chats, on mangea les chevaux, les ânes, les mulets, puis les peaux de ces animaux. Chaque matin on trouvait 150 à 200 personnes mortes sur le pavé, ou par la famine, ou par les maladies qu'elle avait engendrées.

Les chefs des ligueurs, pressés de toutes parts, entamèrent au commencement du mois d'août 1590 une négociation avec le roi; mais Henri IV, convaincu de leur mauvaise foi, rompit brusquement la négociation et attaqua Paris. Il fut toutefois obligé d'en lever le siége, pour se porter au-devant des troupes espagnoles, commandées par le duc de Parme, qu'il ne put cependant faire sortir de la position retranchée qu'il avait prise. Se rappelant alors les longues et vaines tentatives faites jadis contre Paris par les Normands, par les Anglais et par les Bourguignons, il s'éloigna pour un temps de cette ville et dissémina son armée dans plusieurs provinces.

Henri IV eut une première conférence avec les ligueurs à Surêne, en avril 1593. On y délibéra longuement sur les moyens de ramener la paix, et l'on demeura d'accord que le seul qui pût réussir était la conversion du roi à la religion catholique. Le 25 juillet ce monarque, convaincu que la couronne de France valait bien une messe, se rendit, entouré des princes et officiers de la couronne, à l'abbaye de Saint-Denis, où il fut reçu par le cardinal de Bourbon, l'archevêque de Bourges et plusieurs autres prélats, devant lesquels s'accomplit l'abjuration. Cette solennité porta un coup terrible à la Ligue; mais elle n'en rendit les chefs que plus furieux; et comme leur résistance pouvait se prolonger encore long-temps, Henri IV se décida à traiter de la conscience des principaux factieux. Ce moyen lui réussit. Les chefs n'opposèrent qu'une faible résistance aux séductions du roi, et lui vendirent honteusement leur soumission, ainsi que les diverses places qu'ils tenaient pour la Ligue. Le seigneur de Vitry fut le premier à s'inscrire sur cette liste de défections cupides, et livra la ville de Meaux pour le prix de vingt mille écus; Villeroi traita ensuite de Pontoise, moyennant 476,594 livres; Villard vendit Rouen, le Havre et plusieurs places de Normandie pour trois millions 477 mille livres; La Chastre livra Orléans et Bourges pour 898,900 livres; Brissac vendit Paris pour un million 695,000 livres, etc., etc. Enfin moyennant une somme de trente-deux millions, promise et fidèlement payée ensuite sur les revenus de l'état, Henri IV mit fin à une guerre que l'insuffisance de ses forces ne lui eût pas permis de terminer autrement.

Henri IV fit son entrée à Paris le 22 mars 1594, entouré d'un brillant et épais cortége. Il se rendit au Louvre, et de là à Notre-Dame, où il entendit un *Te Deum*. Avant la fin du jour, l'ambassadeur d'Espagne et ce qui restait encore à Paris des troupes de Philippe II reçurent l'ordre de quitter immédiatement cette ville.

Un mois s'était à peine écoulé depuis l'abjuration de Henri IV qu'il se forma un complot entre des moines et des prêtres pour le faire assassiner : un nommé Barrière, convaincu d'être venu exprès de Lyon pour commettre ce crime, fut condamné et exécuté à Lyon. Une autre tentative fut faite le 27 décembre 1594, par Jean Châtel, qui blessa le roi d'un coup de couteau, dirigé vers la gorge; cet assassin, reconnu pour un élève des jésuites, fut arrêté à l'instant, et périt du dernier supplice. On ne compte pas moins de quinze autres projets d'assassinat tentés contre Henri IV; enfin, après avoir échappé dix-sept fois aux poignards de ses ennemis, il succomba à la dix-huitième. Le 14 mai 1610, vers quatre heures du soir, le roi se rendit du Louvre à l'Arsenal, et passait dans la rue de la Ferronnerie, où son carrosse fut arrêté par un embarras de voitures : en ce moment, et tandis qu'il se penchait pour parler au duc d'Épernon, un homme monte sur l'une des roues de derrière du carrosse, et frappe le monarque au cœur. Henri IV fut transporté au Louvre; il était déjà mort.

Les principaux établissements exécutés sous le règne de ce monarque sont : l'hôpital Saint-Louis; le Pont-Neuf, commencé sous Henri III et achevé en 1607; les quais de l'Arsenal, de l'Horloge, des Orfèvres, de l'École, de la Mégisserie, Conti et des Augustins; la rue et la place Dauphine, les rues d'Anjou et Christine; l'achèvement du palais de Tuileries et de la galerie qui joint ce palais au Louvre; les fontaines du Palais; la Samaritaine, machine hydraulique, détruite en 1813; la place Royale, qui remplaça le palais des Tournelles, etc., etc.

Louis XIII, placé fort jeune sur le trône, régna, mais ne gouverna jamais; trois hommes, pendant la durée de son règne, exercèrent successivement le pouvoir suprême : Concini, de Luynes et Richelieu. La régence ayant été décernée à la reine Marie de Médicis, veuve de Henri IV, Concini, homme aimable, galant, venu avec elle d'Italie, prit en main les rênes de l'état, se jeta dans les affaires qu'il n'entendait point, et prétendit néanmoins tout voir, tout régler, et l'on pense bien qu'il régla tout dans son intérêt, car il n'était pas moins cupide qu'ambitieux. Son épouse, Italienne fine et spirituelle, s'associait à toutes les entreprises lucratives, vendait les graces et priviléges, retirait un pot de vin sur toutes les choses. L'hôtel de Concini fut bientôt rempli de richesses; il acheta le marquisat d'Ancre, et, à la grande surprise de tout le monde, ce favori, qui n'avait jamais porté les armes, reçut le bâton de maréchal de France. Tant de graces, de trésors accumulés en si peu de temps sur un étranger, firent pousser à la noblesse un cri d'indignation, auquel se joignirent les clameurs du peuple. Voulant faire taire par la terreur le mécontentement que sa puissance usurpée excitait, Concini fit couvrir Paris de gibets. Les grands se révoltèrent; la guerre civile éclata. Concini fut assassiné en se rendant au conseil; son corps traîné dans les rues, dans les places publiques, et coupé en morceaux. Louis XIII ordonna au parlement d'instruire le procès de sa femme, et ce corps se couvrit d'opprobre en la condamnant : la maréchale d'Ancre fut décapitée et son corps jeté aux flammes.

Albert de Luynes, favori de Louis XIII, succéda à la haute faveur du maréchal d'Ancre, et gouverna avec un despotisme plus révoltant encore que son prédécesseur. La guerre civile recommença, mais elle fut promptement apaisée par l'entremise de Richelieu, qui prit la place de Luynes, et pendant 18 ans gouverna la France sous le nom du mannequin Louis XIII, qu'il précéda au tombeau d'une année. Ce ministre, dont on a beaucoup trop vanté l'administration, laissa dans le trésor un déficit de quarante millions; il avait trouvé la France en paix avec l'étranger, il lui laissa la guerre; il sut abaisser la féodalité, mais il répandit des torrents de sang; il fit périr sur l'échafaud la Vieuville, de Thou, Saint-Preuil, le comte de Chalais, le duc de Montmorency, Cinq-Mars, le maréchal de Marillac et une foule d'autres grands personnages, sans compter ses exécutions mystérieuses dans ses châteaux de Bagneux et de Ruel. Il fut ingrat envers tous ceux qui contribuèrent à sa fortune : il la devait à Marie de Médicis; il la persécuta d'une manière scandaleuse, et obligea cette veuve de Henri IV, qui avait fait bâtir le palais du Luxembourg, à sortir du royaume et à se réfugier à Cologne, où elle mourut misérablement dans un galetas.

Un grand nombre d'édifices et d'établissements publics furent exécutés ou entrepris sous le règne de Louis XIII. Marie de Médicis fit bâtir le palais du Luxembourg et planter le cours la Reine; le Palais-Royal fut construit par Richelieu; les maisons, les quais de l'île Saint-Louis furent bâtis, ainsi que le pont Marie, le pont de la Tournelle, le pont Rouge (détruit en 1795), le pont au Change; on éleva le portail de Saint-Gervais, l'église Saint-Roch, l'Oratoire de la rue Saint-Honoré, le Val-de-Grace, les Madelonnettes, les hôpitaux des Incurables, de la Pitié, de la Salpêtrière, des Enfants-Trouvés. L'aqueduc d'Arcueil conduisit à Paris les eaux de Rungis. On construisit la Sorbonne et le collège de Clermont, qui porta depuis le nom de collège de Louis-le-Grand. Le Jardin-des-Plantes date aussi de cette époque. Pour la première fois les places publiques furent décorées de statues : celle de Henri IV orna le terre-plein du Pont-Neuf, et celle de Louis XIII la place Royale. Les seigneurs, qui jusqu'alors s'étaient tenus dans leurs châteaux, briguèrent au Louvre les plus chétifs logements ou firent bâtir de magnifiques hôtels dans le faubourg Saint-Germain. L'accroissement des faubourgs Montmartre et Saint-Honoré, et des quartiers Saint-Roch et Feydeau, obligea de les ceindre d'une clôture presque sur la ligne actuelle des vieux boulevards, depuis la porte Saint-Denis jusqu'à celle Saint-Honoré; de nouvelles rues s'ouvrirent dans tous les lieux vacants de cette enceinte; de riches particuliers firent bâtir un si grand nombre de maisons au dehors de la porte Saint-Honoré, que ce faubourg se trouva joint aux villages du Roule et de la Ville-l'Évêque. En même temps, la franchise de maîtrise, dont jouissaient les ouvriers établis dans la censive de l'abbaye Saint-Antoine, fit construire la grande rue de ce faubourg et les rues adjacentes, qui, se réunissant bientôt aux villages de Popincourt et de Reuilly, formèrent un immense faubourg aussi commerçant qu'industrieux.

En 1626, on commença la construction de l'enceinte septentrionale de Paris, dont les travaux furent bientôt suspendus, pour n'être repris qu'en 1631. Charles Trogec se chargea de faire construire une enceinte qui commencerait à la porte Saint-Denis, suivrait le long des fossés Jaunes jusqu'à la nouvelle porte Saint-Honoré, placée à l'extrémité de la rue de ce nom, entre le boulevard et la rue Royale. L'ancienne porte Saint-Honoré, située à l'intersection de la rue de ce nom et de la rue Richelieu, fut démolie, ainsi que l'ancienne porte Montmartre; la nouvelle porte Montmartre fut élevée sur la rue de ce nom, entre la fontaine et la rue des Jeûneurs.

Après la mort de Louis XIII, le parlement déféra la régence à Anne d'Autriche, sa veuve, mère de Louis XIV, alors âgé de cinq ans. La régente remit les rênes de l'état entre les mains du cardinal Mazarin, Italien aimable et galant, auquel Anne d'Autriche n'avait plus rien à offrir que le partage de sa puissance. Ce nouveau dominateur de la France sut d'abord dorer par de belles paroles ses fiscalités redoublées; bientôt les impôts qui allaient toujours en augmentant, excitèrent le mécontentement public, qui s'exhalait tantôt en murmures, tantôt en chansons et en écrits satiriques. Les vexations du cardinal devenant de plus en plus intolérables, l'effervescence générale alla en augmentant; on fit à cet Italien une guerre soutenue de *ponts-neufs*, hostilités chantantes, plus redoutables peut-être que la mousqueterie; car, en France, le mousquet blesse souvent, et le ridicule tue. On décochait mille traits acérés contre le ministre étranger qui dominait une nation dont il ne savait pas même parler la langue; on déchirait violemment le rideau de sa vie privée; on mettait à nu son immoralité et la galanterie active, quoique dévote, d'Anne d'Autriche; enfin, on ne pouvait pas pardonner au cardinal l'immense fortune qu'il étalait aux yeux de la France appauvrie. Si les faits accomplis servaient de leçons aux gouvernants, ils devraient se persuader qu'il n'est point d'excès auquel ne puisse se livrer un peuple à qui un ou plusieurs ministres ne craignent pas de se rendre odieux. On avait supporté, sans trop se plaindre, l'augmentation énorme d'impôts qui pesaient sur la masse de la nation; mais quand parurent les édits bursaux qui portaient préjudice aux rentrées de la ville et aux économies de la chambre des comptes et des cours des aides, la résistance du parlement et la guerre civile connue sous le nom de la Fronde éclatèrent spontanément. Mazarin, contre qui le peuple indigné se soulevait, qui déjà au commencement de l'année avait fait arrêter les présidents Gayan et Barillon, fit exiler Lainé et Loisel, et emprisonner le président Potier de Blancménil et le conseiller Broussel qu'il supposait diriger les mécontents. La violence ministérielle décida l'action de la révolte. Comme au temps de Henri III, on ferma les boutiques, on barricada les rues, on tendit les chaînes, on prit les armes, on s'attroupa : le nom de Broussel servit de cri de ralliement. La régente ordonna aux troupes de se montrer et envoya le coadjuteur de Retz et le maréchal de la Meilleraie porter des paroles d'accommodement au peuple. Les citoyens et les envoyés se rencontrèrent près la rue Richelieu. Le maréchal promit : un incrédule marqua du doute et osa même menacer cet officier, qui le tua d'un coup de pistolet. Le bruit de cet assassinat se répandit aussitôt, et les Parisiens armés accoururent se réunir à la croix du Trahoir. Le maréchal avait fait avancer ses troupes jusque-là : il leur ordonna de charger le peuple. Les citoyens soutinrent le choc avec courage; leur ardeur s'enflamma, et ne se bornant plus à garder le terrain qu'ils venaient de défendre, ils se portèrent en avant et forcèrent le maréchal à plier devant eux et à se retirer dans le Palais-Royal; puis ils reprirent leur première position. La nuit ramena un moment de calme. Le jour suivant, la cour voulut tenter un coup d'autorité. Le chancelier Seguier fut envoyé au parlement pour lui intimer l'ordre de suspendre toute délibération sur les affaires publiques; en même temps des compagnies des gardes suisses se dirigent vers le poste de Nesle pour s'en emparer. Les Parisiens courent aux armes; trente Suisses sont tués, et le reste est mis en fuite. Le chancelier, arrivé par un long détour près du pont Saint-Michel, est reconnu et vivement poursuivi, et se réfugie à l'hôtel de Luynes, au coin de la rue Git-le-Cœur. Bientôt les portes sont enfoncées; le chancelier, caché dans une armoire avec son frère l'évêque de Beauvais, échappe à toutes les recherches. Le peuple allait mettre le feu à l'hôtel, lorsque le maréchal de la Meilleraie, à la tête des gardes françaises et suisses, parvient jusqu'à l'hôtel, jette précipitamment le chancelier dans un carrosse et se dirige en toute hâte vers le Palais-Royal. A chaque pas, de nouveaux dangers les attendent; arrivés à l'entrée du Pont-Neuf, le maréchal tue, d'un coup de pistolet, une pauvre femme qui portait une hotte; la fureur du peuple s'accroît : des coups de fusil partent des maisons qui sont en face de la statue de Henri IV. La duchesse de Sully, fille du chancelier, est blessée au bras; Picaut, lieutenant du grand-prévôt de l'hôtel, et Samson, fils du géographe, qui se trouvaient dans le carrosse, sont tous deux mortellement blessés. Tout Paris est en armes; des enfants même se montrent armés de poignards; plus de deux cents barricades sont élevées et décorées de drapeaux; partout retentit le double cri de *vive le roi! point de Mazarin!* Le parlement en corps s'était rendu au Palais-Royal pour réclamer la liberté de ses membres; sur le refus de la régente, il revenait en délibérer au lieu ordinaire de ses séances, lorsque les bourgeois vainqueurs, et occupant encore leur position de la veille et la croix du Trahoir, l'obligèrent à retourner prendre sa délibération au Palais-Royal même. Le président Molé, comme presque tous les présidents du monde, tenait aux faveurs du gouvernement. Cependant, il fut homme de bien en cette circonstance : on délibéra sous les yeux de la régente et on obtint tout. Broussel fut remis en liberté, et des salves d'artillerie manifestèrent la joie publique. Ces événements se sont passés les 26 et 27 août 1648. — Les barricades sont une invention de Marcel, prévôt des marchands. Pendant la prison du roi Jean, Marcel s'était mis en état d'hostilité contre le dauphin : apprenant que ce prince levait des troupes, il imagina, à la fin de l'année 1357, de barricader chaque rue, en les faisant traverser, à leurs extrémités, par une lourde chaîne fortement attachée aux murs des maisons. Ce moyen de défense fut depuis employé dans tous les temps d'alarmes publiques.

L'année 1652 vit dissiper la Fronde à force d'intrigues et de séductions, mais sans nulles améliorations dans le gouvernement. Le cardinal Mazarin rentra triomphant à Paris, où le plus méprisable des parlements le reçut et le harangua comme un souverain. Louis XIV saisit les rênes de l'État à la mort de ce ministre, arrivée en 1661, et commença son règne réel à l'âge de vingt-deux ans. Colbert, homme austère, insensible aux séductions de la vie, laborieux, infatigable, fut appelé à la surintendance des bâtiments, et porta principalement son attention sur les arts, le commerce et les manufactures. Un règne de gloire commença pour la France : des hommes de génie étonnèrent l'Europe par leurs talents et par leur savoir. Des académies se formèrent pour le perfectionnement de la langue française, des belles-lettres, des sciences et des beaux-arts.

En 1662, Colbert fit accueillir au roi quelques projets d'embellissement pour la ville de Paris. Les rues étaient toujours fangeuses, infectes, malsaines, éclairées seulement par les lanternes allumées devant les boutiques; plusieurs n'étaient pas pavées. Vis-à-vis du château des Tuileries s'élevait un vilain pont en bois, appelé Pont-Barbier. On voyait encore, dans presque tous les quartiers, ces lourdes chaînes qui, durant la Ligue et la Fronde, servaient aux barricades. La malpropreté de la voie publique était telle que, même en été, les hommes devaient ne sortir qu'en bottes, et que les femmes d'une certaine condition ne pouvaient faire à pied cent pas hors de leurs maisons. On respirait à Paris un air si insalubre que, chaque matin, les ustensiles en cuivre étaient couverts d'une couche de vert-de-gris. Du reste, au commencement de ce règne, non moins que sous les précédents, on avait à craindre dans les rues après la nuit close : dès huit heures du soir, les voleurs circulaient avec une entière impunité, enlevant les manteaux, coupant les bourses, battant les gens volés et les assassinant, s'ils résistaient.

Mais bientôt Colbert et Louvois impriment l'essor à toutes les intelligences, et portent partout l'étincelle et l'émulation. Un magistrat fut chargé, en 1667, de la police, et fit cesser en partie les désordres de la capitale; les pages et les laquais furent désarmés; des lanternes, renfermant chacune une grosse chandelle, furent suspendues au milieu des rues (on n'imagina les réverbères qu'en 1745). L'enceinte de Paris fut portée à 3,227 arpents, et le village de Chaillot devint un de ses faubourgs. Les remparts furent abattus et remplacés, sur les boulevards du Nord, par de magnifiques promenades plantées d'arbres. La butte Saint-Roch fut aplanie, les anciens quais furent réparés, quatre nouveaux ports construits pour la commodité du commerce. Plus de quatre-vingts rues nouvelles furent ouvertes; la plupart des anciennes élargies et reconstruites. Au lieu de tristes poternes, de guichets étroits, s'élevèrent des arcs de triomphe aux portes Saint-Antoine, Saint-Bernard, Saint-Denis et Saint-Martin. Paris fut décoré des magnifiques places Vendôme, des Victoires et du Carrousel. Perrault éleva la superbe colonnade du Louvre. On construisit l'hôtel des Invalides, où la vertu guerrière trouva un honorable et décent asile. Les infirmes furent soulagés dans l'hôpital général. L'amour de la science fit fonder l'Observatoire, construire le collège des Quatre-Nations et organiser la Bibliothèque royale. La protection accordée aux arts utiles fit établir la manufacture des glaces et celle des Gobelins. Saint-Sulpice fut commencé, le Val-de-Grâce achevé. Le pont Royal ouvrit une communication facile entre les Tuileries et le faubourg Saint-Germain. Le bâtiment du Châtelet fut élevé pour y placer d'une manière convenable le tribunal spécial de la ville de Paris. Le jardin des Tuileries fut tracé par Le Nôtre. La plantation des Champs-Élysées procura aux habitants de Paris une promenade vaste et commode. La statue de Louis XIV orna la place des Victoires. Les fontaines des Cordeliers, des Capucins, d'Amour, de Sainte-Avoie, de Richelieu, des Petits-Pères, de l'Échaudé, de la Charité, de Saint-Severin, de la place du Palais-Royal, de la Brosse, de Louis-le-Grand, de Montmorency, de Saint-Martin, de Garencière, furent bâties ou reconstruites, et fournirent abondamment l'eau nécessaire aux besoins des habitants, etc., etc.

Louis XIV mourut le 1er septembre 1715, laissant un prince royal, son arrière-petit-fils, âgé de cinq ans, et un déficit de deux milliards soixante millions. Le 12 septembre, le parlement déféra la régence à Philippe d'Orléans, petit-fils de Louis XIII et fils de Philippe, frère unique de Louis XIV. Placé à la tête des affaires, et revêtu de toute l'autorité, Philippe pardonna généreusement à tous ses ennemis, et montra dans le commencement de son règne d'excellentes intentions. Mais, quoique doué d'un esprit supérieur, il était le gouvernant le moins propre à fermer l'abîme financier creusé par Louis XIV. Partisan des innovations, il adopta avec ardeur le système de Law, fondateur d'une banque générale, où chacun pouvait échanger son argent contre des billets payables à vue, hypothéqués sur le commerce du Sénégal, du Mississipi et des Indes orientales. Les Parisiens changent follement leur argent contre les décevantes espérances que Law, devenu contrôleur-général, montre en perspective. Le gouvernement, obéré par son énorme dette, augmente l'émission des billets; mais bientôt la contrainte qu'on est obligé d'exercer pour soutenir le système en révèle la faiblesse; le papier-monnaie est discrédité, et sa décadence devient aussi rapide que l'a été sa fortune. Alors le mécontentement se manifeste de toute part; une révolte est près d'éclater dans Paris. Pour satisfaire à la vindicte publique, le régent destitue le contrôleur-général; il quitte le royaume chargé de la malédiction de plusieurs millions de citoyens, qui, en échange de leur argent, avaient entre les mains pour deux milliards sept cents millions de papier sans valeur.

L'abbé Dubois, ancien précepteur de Philippe, fut tout à la fois le conseiller intime et le pourvoyeur de ses plaisirs. A travers une vie crapuleuse et digne de mépris, ce ministre fit remarquer une perspicacité subtile, de l'habileté diplomatique, et la plus grande facilité à traiter les affaires d'État, dont à sa mort tout le poids fut abandonné au duc d'Orléans, qui lui survécut peu. A sa mort, les rênes du gouvernement tombèrent dans les mains de l'incapable duc de Bourbon, ou plutôt de la marquise de Prie. A l'âge de seize ans, Louis XV voulut s'en saisir, mais incapable de les tenir, il les remit dans les mains de l'abbé Fleury, son précepteur, prêtre sexagénaire qui ne sut que recrépir l'édifice ébranlé de la monarchie; avec lui commence le règne des favorites. Louis XV, marié à Marie Leczinska, lui resta fidèle jusqu'en 1741, époque où Fleury, pour l'éloigner des affaires, le lança dans les bras du vice, en lui livrant la lascive comtesse de Mailly, laquelle partagea avec sa sœur, Mme de Vintimille, les affections du roi, qui se plut, dit-on, à les posséder ensemble dans une même nuit. A ces deux premières maîtresses succéda Mme de Châteauroux, qui mourut, dit-on, victime d'une noire jalousie excitée par son crédit, et fut remplacée par la Pompadour. Celle-ci, faiblement constituée et peu capable de soutenir le rôle des femmes lascives qui l'ont précédée dans les bonnes graces du roi, se fait la pourvoyeuse de ses plaisirs, lui procure toutes les belles qui peuvent exciter ses désirs, et lui suggère l'idée du *Parc-aux-Cerfs* où le roi faisait élever de petites filles de neuf à dix ans, impudemment ravies à leur famille désespérée!..... La Dubarry, née sous le chaume et élevée dans la fange d'une maison de prostitution, succéda à la Pompadour; le reste du règne de Louis XV s'écoula dans le plus honteux déréglement.

Cependant, sous ce règne où toutes les corruptions se confondaient, on vit naître et grandir cette philosophie qui devait raséréner les mœurs, corriger les abus et renouveler la société. Calas et Labarre périssent pourtant encore sacrifiés par le fanatisme; mais ce double meurtre porte à l'intolérance elle-même un coup terrible. Les jésuites, véhémentement soupçonnés d'avoir voulu faire assassiner le roi par Damiens, convaincus de friponnerie par une instruction judiciaire, d'immoralité et d'irréligion, furent expulsés de France. La propagation rapide de l'Encyclopédie achève d'anéantir la confiance accordée au sacerdoce, en expliquant d'une manière claire, précise, probante, tous les ouvrages de l'esprit humain.—Louis XV finit sa carrière dégradée le 10 mai 1774. Son corps, tombé en dissolution par une hâtive et insupportable putréfaction, fut emporté en poste à Saint-Denis, et sa pompe funèbre saluée d'un transport scandaleux mais mérité.

L'enceinte de Paris fut fixée de 1726 à 1728, et comprenait 3,919 arpents : elle commençait au jardin de l'Arsenal, et suivait les boulevards actuels jusqu'à la porte Saint-Honoré, passait au boulevard des Invalides, coupait les rues de Babylone, Plumet, de Sèvres (près de l'Enfant-Jésus), des Vieilles-Tuileries, et allait en droite ligne jusqu'à la rue de la Bourbe, d'où elle suivait les murs du Val-de-Grâce, les rues des Bourguignons, de l'Oursine, Censier, et aboutissait en droite ligne sur le bord de la rivière, vis-à-vis du jardin de l'Arsenal.

Parmi les principaux travaux exécutés sous le règne de Louis XV, nous citerons la construction du Garde-Meuble, du Palais-Bourbon, de l'École militaire, de l'École de droit, de l'École de chirurgie, de l'hôtel des Monnaies, de la nouvelle église Sainte-Geneviève (aujourd'hui le Panthéon), de l'église Saint-Philippe du Roule, du portail de l'église Saint-Roch, de la Halle au blé, de la Halle aux veaux, des marchés d'Aguesseau et Saint-Martin, de l'hospice du Gros-Caillou, des fontaines des Blancs-Manteaux, de Grenelle et du marché Saint-Martin. La statue équestre de Louis XV décora la place de ce nom; l'hôtel d'Armenonville fut réparé pour en faire l'hôtel des postes : la petite poste établit des communications promptes et régulières; les premières inscriptions en gros caractères noirs sur des feuilles de fer-blanc furent placées au coin de chaque rue; les réverbères furent substitués aux lanternes; les faubourgs Saint-Honoré et Saint-Germain se décorèrent d'hôtels somptueux; de nouveaux boulevards furent tracés au midi de Paris; les Champs-Élysées furent replantés; etc., etc., etc.

Louis XVI monta sur le trône dans des circonstances difficiles. Dès sa jeunesse, ce monarque avait annoncé du goût pour la réforme des abus; aussitôt qu'il fut roi, il appela au ministère les hommes qu'il crut les plus propres à réparer les maux de l'état. Le crédit national reprit, et l'on osa concevoir l'espoir d'une prospérité durable. On remboursa vingt-quatre millions de la dette exigible, cinquante de la dette constituée, et vingt-huit des anticipations; mais la plaie était trop profonde pour pouvoir la cicatriser. Il fallait un remède prompt et énergique : plusieurs furent essayés sans succès. Lorsque le mal qui empirait chaque jour fut parvenu à son dernier période, on fut obligé d'en venir à reconnaître le grand principe proclamé par tous les hommes de bonne foi : que la vie de la nation est dans la nation même, et que c'est là qu'il faut l'aller chercher. Effrayé des troubles qui commençaient à agiter l'état, Louis XVI convoqua, en 1787, l'assemblée des notables du royaume. Le déficit, qu'on prétendait ne monter qu'à quatre-vingts et quelques millions, fut bientôt démontré être de cent vingt au moins. M. de Calonne présenta un mémoire sur l'impôt territorial en nature, où le clergé était placé avec la noblesse et soumis aux mêmes impôts; cette proposition fut rejetée, et l'assemblée se sépara sans avoir pris aucune détermination propre à réparer les maux de l'état. Une deuxième assemblée des notables eut lieu à Versailles, le 6 novembre 1788, et n'eut pas un meilleur résultat. Enfin, après cent soixante-quinze ans d'interruption, l'ouverture des États-généraux, demandés avec instance depuis tant d'années, eut lieu le 5 mai 1789. Le lendemain, le tiers-état invita les deux autres ordres à se réunir à lui pour la vérification des pouvoirs; le clergé et la noblesse se refusèrent à cette invitation. Les instances du tiers-état pour éviter une scission ayant été repoussées, il se constitua, le 17 juin, en assemblée nationale. Le 20 juin, le roi fit signifier aux députés l'ordre de cesser leurs séances : ceux-ci se réunirent au Jeu-de-paume, prêtant serment de ne jamais se séparer, et de se rassembler partout où les circonstances l'exigeront, jusqu'à ce que la constitution du royaume et la régénération de l'ordre public soient établies. Là naquit positivement la révolution : le serment du Jeu-de-paume en fut le premier acte et en assura le succès.

Louis XVI, espérant intimider les députés, fait rassembler autour de Versailles une armée de 10,000 hommes, sous le commandement du maréchal de Broglie. L'assemblée envoie au roi, pour lui demander le renvoi des troupes, une députation, qui ne reçut qu'une réponse négative : une seconde députation n'ayant pas eu plus de succès, on propose d'en envoyer une troisième ; cette proposition ayant été adoptée, Mirabeau monte à la tribune, et, s'adressant aux membres de la députation, prononce le discours suivant : « Dites au roi que les hordes étrangères dont nous sommes investis ont reçu hier la visite des princes, des princesses, des favoris, des favorites, et leurs caresses, et leurs exhortations et leurs présents ; dites-lui que toute la nuit ces satellites étrangers, gorgés d'or et de vin, ont prédit, dans leurs chants impies, l'asservissement de la France, et que leurs vœux brutaux invoquaient la destruction de l'assemblée nationale ; dites-lui que dans son palais même les courtisans ont mêlé leur danse au son de cette musique barbare, et que telle fut l'avant-scène de la Saint-Barthélemi ; dites-lui que ce Henri, dont l'univers bénit la mémoire, celui de ses aïeux qu'il voulait prendre pour modèle, faisait passer des vivres dans Paris révolté qu'il assiégeait en personne, et que ses conseillers féroces font rebrousser les farines que le commerce apporte dans Paris fidèle et affamé. »

Voici, d'après le *Moniteur* [1], quel était le but de la conjuration ourdie par la cour : « L'assemblée nationale devait être dispersée, ses arrêts déclarés séditieux, ses membres proscrits, le Palais-Royal et les maisons des patriotes livrés au pillage, les électeurs et les députés aux bourreaux. Cinquante mille hommes, cent pièces de canon et six chefs dirigeant leurs coups, devaient renverser sur ses ministres le sanctuaire de la liberté. Cette nouvelle ne fut pas plus tôt connue, que la terreur se répand parmi les citoyens ; les cris redoublés *aux armes! aux armes!* se répètent dans tout Paris; quel-

---

[1]. Moniteur, juillet 1789.

ques épées brillent; on sonne le tocsin dans toutes les paroisses; on court à l'hôtel-de-ville, on se rassemble, on s'arme; un régiment allemand et un corps suisse, commandés par le prince de Lambesc, chargent sur le peuple; des gardes-françaises s'échappent de leur caserne, se mêlent avec le peuple, et, déployant une marche plus régulière, impriment ainsi le premier mouvement de la révolution. Cependant les suppôts de la cour s'applaudissaient de leur victoire et se réjouissaient de la consternation générale; mais leur joie ne fut pas de longue durée; le lendemain, un bruit sourd se répand jusqu'au chef-lieu du complot, de la prochaine arrivée de cent mille citoyens armés, pour saisir les chefs et les complices.

« Pendant ce temps, Paris s'occupait de sa défense. Toute communication entre Paris et Versailles étant interceptée, on voulut d'abord y marcher, mais comme on craignait, non sans quelque fondement, pour la personne des sénateurs qui se trouvaient sous le glaive des conjurés, on resta dans la capitale où les citoyens de tout rang, de tout ordre, de tout âge, se font inscrire sur la liste des soldats de la patrie. Tous les cœurs s'ouvrent en ce jour à l'espérance; on s'aborde, on se salue; connus ou inconnus, ouvriers, riches, pauvres, nobles, bourgeois, se rapprochent, se questionnent, se demandent réciproquement ce qu'ils savent, ce qu'ils ont appris, et se témoignent ces sentiments de fraternité qui, dans de grands désastres, rappellent toujours les hommes aux saintes lois de l'égalité.

« Le 14 juillet, la garde nationale, formée seulement de la veille, comptait déjà plus de cent cinquante mille défenseurs; mais ces défenseurs pour la plupart étaient sans armes. Bientôt les enclumes retentissent sous les coups redoublés du marteau, tout le fer est forgé en instruments de carnage, le plomb bout dans les chaudières et est arrondi en balles; des batteries sont dressées dans les postes les plus exposés à l'attaque et les plus propres à la défense; dans les rues, dans les promenades et sur les places publiques, des guerriers de tous les âges, des machines de guerre de toutes les formes; l'ardeur impétueuse de la jeunesse, les clameurs menaçantes du peuple, une foule de citoyens se portant avec une curiosité inquiète aux districts, au Palais-Royal, où les motions les plus violentes se succédaient avec une effrayante rapidité; les orateurs les plus véhéments, montés sur des tables, enflamment l'imagination des auditeurs, qui se pressent autour d'eux, et se répandent ensuite dans la ville comme la lave d'un volcan; au milieu de cette confusion universelle, le tocsin sonnant sans interruption dans toutes les paroisses, des tambours battant la générale dans tous les quartiers, des cris répétés, *aux armes! aux armes!* partout l'appareil de la guerre et le sombre courage du désespoir. Tel était le tableau qu'offrait Paris, le matin du jour mémorable du 14 juillet. »

Le lendemain, le régiment des gardes-françaises se réunit à la garde nationale aux cris de *Vive le tiers-état!* Les autres troupes suivent cet exemple, et les murs de la Bastille tombent sous les coups des citoyens. Paris s'était affranchi de la dépendance royale; une nouvelle organisation municipale avait remplacé l'ancienne; Bailly fut nommé maire, et La Fayette chef de la garde nationale, dont la création semblait avoir réalisé ces fables orientales où la baguette d'un enchanteur improvisa une armée tout entière : là, l'enchanteur était l'amour de la liberté.

Le 16 juillet, le roi donne l'ordre aux troupes de s'éloigner de Paris et de Versailles, et vient à Paris recevoir de Bailly la cocarde tricolore. L'Assemblée nationale continue ses travaux. Dans la séance de nuit du 4 août, elle décrète les droits de l'homme et l'abolition de la vénalité des charges, des privilèges et des droits féodaux. Le roi refuse son assentiment à la déclaration des droits, et appelle à Versailles de nouvelles troupes, dont les officiers foulent aux pieds, dans une orgie, la cocarde nationale. Aussitôt des groupes se forment dans tous les quartiers de Paris; une masse effrayante de peuple, armée de piques, de bâtons, de fourches, se rassemble, marche sur Versailles et force Louis XVI de venir à Paris. Le cortège qui accompagnait le roi présentait un spectacle aussi nouveau qu'extraordinaire. Un gros détachement de l'armée, des trains d'artillerie, une grande partie des hommes et des femmes armés de piques, la plupart à pied, d'autres dans des fiacres, sur des charrettes, ou montés sur des canons, ouvraient la marche; cinquante ou soixante voitures de blé et de farine, enlevées à Versailles, précédaient immédiatement celles de la cour; un corps nombreux de cavalerie bourgeoise, entremêlé de femmes, de députés, de grenadiers, environnait les carrosses du roi; suivaient pêle-mêle et confondus, à pied et à cheval, les dragons, les gardes-du-corps, les

4.

cent-Suisses, les dames et les forts de la halle portant de hautes branches de peuplier : tout ce cortége remplissait l'air de cris et de chansons allégoriques : derrière les voitures, un corps d'armée, divisé en compagnies précédées chacune de leurs canons, terminait le cortége, dont l'ensemble offrait à la fois le tableau touchant d'une fête civique et l'effet grotesque d'une saturnale. Le roi arriva sur les neuf heures à l'hôtel-de-ville et annonça qu'il était résolu de fixer son séjour dans la capitale.

Le 8 juin 1790, l'Assemblée nationale adopta la proposition d'une fédération générale fixée au 14 juillet, anniversaire de la prise de la Bastille, et décréta que les gardes nationales choisiraient six hommes sur cent pour se réunir au jour fixé au chef-lieu du district, et que cette réunion choisirait un homme sur deux cents pour se rendre à Paris à la fédération générale. L'Assemblée décréta de plus que tous les corps militaires enverraient leurs députés à cette fédération. Des commissaires nommés par la commune de Paris choisirent le Champ-de-Mars comme le lieu le plus convenable.

Cette immense esplanade était assez vaste pour contenir la garde nationale parisienne et les fédérés des départements; mais il était difficile de placer la masse des spectateurs de manière qu'ils pussent embrasser d'un coup-d'œil tous les membres de la fédération. On conçut donc le projet de transporter de la terre du milieu sur tous les bords, et d'élever ainsi un vaste amphithéâtre d'où le public pourrait dominer l'assemblée. Vingt-cinq mille ouvriers furent aussitôt employés à y travailler sans relâche; mais quelle que fût leur activité, on ne tarda pas à s'apercevoir qu'il était impossible qu'ils eussent terminé les travaux le 14 juillet. La municipalité de Paris prit le parti d'inviter les citoyens à se joindre aux travailleurs. Aussitôt que cette invitation eut été publiée, les particuliers de tout état, de tout sexe, de tout âge, artisans et hommes de lettres, négociants et magistrats, religieux et militaires, non seulement de la capitale, mais de dix ou douze lieues à la ronde, voulurent concourir à cette œuvre patriotique. Des classes d'hommes peu accoutumés à des travaux pénibles, des vieillards, des enfants, des femmes élégantes ne dédaignèrent pas de participer aux travaux. On y voyait arriver des familles entières; les pères, les mères, les enfants, les domestiques, maniaient la bêche, traînaient la brouette ou s'attelaient à des tombereaux. Sous ces milliers de mains laborieuses et indépendantes, le sol se nivelait; et les tertres, destinés à border le Champ-de-Mars, s'élevaient presque à vue d'œil. Cette immense réunion de travailleurs offrait un spectacle varié, attendrissant, par l'activité, la joie, la confiance fraternelle et le bon ordre qui régnait entre eux. On évaluait le nombre de ces travailleurs à environ deux cent cinquante mille; et parmi tant d'individus si différents par leurs professions, leurs habitudes et leur éducation, réunis sur un même point et dans une agitation continuelle, il ne s'éleva pas une seule querelle; on n'entendit pas une seule parole désobligeante. En arrivant au Champ-de-Mars, chaque travailleur déposait à terre son habit, sa cravate, sa montre, les abandonnait à la merci de la loyauté publique, et allait avec sécurité se mettre à l'ouvrage : rien ne fut perdu, rien ne fut enlevé; on ne remarqua pas le moindre désordre, pas la moindre action reprochable.

Le 11 juillet, les travaux du Champ-de-Mars furent terminés; et le 12, les députés à la fédération, presque tous arrivés, firent vérifier leurs pouvoirs dans un bureau établi à l'hôtel-de-ville. Le 12, les électeurs donnèrent un banquet patriotique, où fut invité un fédéré par chacun des quatre-vingt-trois départements, choisi par ses camarades. Le 13, le roi passa en revue les fédérés sur la place Louis XV et les Champs-Élysées. Enfin arrive le 14 juillet, jour si attendu, objet de tant de voyages, de travaux et de préparatifs. Tous les fédérés, députés des provinces et de l'armée, rangés sous leurs bannières, partent de la place de la Bastille et se rendent au jardin des Tuileries, où ils reçoivent dans leurs rangs la municipalité et l'Assemblée nationale : un bataillon d'enfants la précédait; un groupe de vieillards marchait à sa suite. Le cortége passa la Seine en face du Champ-de-Mars sur un large pont de bateaux établi à l'endroit même où se voit aujourd'hui le beau pont d'Iéna.

Le plan du champ-de-Mars offrait un parallélogramme long de 450 toises et large de 150, dont les angles étaient arrondis. Son immense arène, bordée de talus en amphithéâtre, larges de vingt toises dans la partie supérieure, s'élevait à dix pieds au-dessus du sol; les terres en étaient soutenues par un acrotère en bois, peint en draperies ou en festons. Des ouvertures vides et des escaliers en facilitaient l'accès, et permettaient aux spectateurs d'y circuler librement. Ces talus se divisaient en deux parties : la plus élevée était privée de sièges ; l'inférieure présentait trente rangs de banquettes, graduellement élevées et séparées de dix en dix par trois larges intervalles. Cet immense amphithéâtre, couronné par les arbres des allées latérales, offrait un superbe tableau et pouvait contenir aisément cent soixante mille personnes assises, et cent cinquante mille debout. A l'entrée du Champ-de-Mars, du côté du pont, s'élevait un arc de triomphe d'une très-grande dimension, percé de trois vastes portiques égaux en hauteur. A l'autre extrémité, était un amphithéâtre destiné à recevoir l'Assemblée nationale et les autorités locales. Le roi et le président étaient assis à côté l'un de l'autre sur des sièges pareils ; les députés étaient rangés des deux côtés : la reine et la cour étaient sur un balcon élevé derrière le roi. Au centre de l'enceinte, s'élevait un vaste autel, dont trois cents prêtres, vêtus de blanc et portant des écharpes tricolores, couvraient les marches : c'était l'autel de la patrie. Soixante mille fédérés étaient rangés autour, séparés par des poteaux indiquant la place de chaque département, et sur l'amphithéâtre de la circonférence se pressaient environ quatre cent mille spectateurs. — Aussitôt que chacun eut pris sa place, des détachements de chaque département et un détachement de troupes de ligne portèrent les bannières et l'oriflamme sur l'autel, où elles furent bénites. L'évêque d'Autun célébra la messe au son de dix-huit cents instruments. Le général La Fayette, en sa qualité de major-général de la confédération, prêta serment en ces termes : « Nous jurons d'être à jamais fidèles « à la nation, à la loi et au roi ; de mainte- « nir de tout notre pouvoir la constitution « décrétée par l'assemblée nationale et ac- « ceptée par le roi ; de demeurer unis à tous « les Français par les liens indissolubles de la « fraternité. » Au même instant, tous les fédérés crient : *Je le jure*. Le président de l'Assemblée nationale fit serment d'être fidèle à la nation, à la loi et au roi, et de maintenir de tout son pouvoir la constitution. Le roi jura d'employer tout son pouvoir pour maintenir la constitution et de faire exécuter les lois. — La cérémonie fut terminée par un TE DEUM à grand orchestre. Les députés des départements, des troupes de ligne et de la marine, se rendirent ensuite au château de la Muette, où la commune de Paris leur avait fait préparer un banquet de vingt-cinq mille couverts. Une illumination générale éclaira la ville.

Un bal champêtre se forma sur la place de la Bastille ; on lisait sur l'entrée du bosquet artificiel sous lequel se réunissaient des danseurs de tous les rangs : ICI L'ON DANSE. Non loin de là, l'on voyait des ruines de la Bastille, des fers, des grilles et le bas-relief représentant des esclaves enchaînés, qui décoraient l'horloge de cette fameuse prison.

Après la fédération, les grands travaux de la représentation nationale se poursuivent avec activité. — L'année 1791 s'ouvre par un décret qui prescrit aux ecclésiastiques de prêter le serment civique. — Le 28 février, on découvre et l'on expulse du château des Tuileries une troupe contre-révolutionnaire qui se glorifie du titre de *Chevaliers du poignard*. — Le 2e avril, Mirabeau, dont la santé est détruite par tous les excès, expire dans les bras de Cabanis : son corps, porté d'abord à l'église Saint-Eustache, fut le même jour déposé dans la basilique de Sainte-Geneviève à côté du tombeau de Descartes. — Le 4 avril, l'Assemblée nationale décrète que le nouvel édifice de Sainte-Geneviève serait destiné à réunir les cendres des grands hommes. — Le 23 avril, le roi ordonne à ses ambassadeurs auprès des diverses puissances, de leur notifier le serment irrévocable qu'il fait de maintenir la constitution, et, le 21 mai suivant, il prend la fuite avec sa famille vers la frontière du nord. Arrêté à Varennes, il est ramené à Paris, où il est reçu avec la plus froide indifférence ; nul cri menaçant, nulle expression d'attachement, nul témoignage de respect ne l'accueillent sur son passage ; un profond silence, une absence complète d'émotion, prouvent à ce monarque la désaffection du peuple. — Le 11 juillet, le corps de Voltaire est transféré au Panthéon sur un char de forme antique, traîné par douze chevaux blancs, conduits par des guides vêtus à la romaine. Une députation des théâtres précédait une figure dorée représentant Voltaire ; les élèves des arts, habillés à l'antique, portaient des guirlandes de chêne, des inscriptions indicatives des chefs-d'œuvre du héros de la fête et les attributs des muses ; un coffre doré contenait la collection de ses œuvres en soixante-dix volumes, donnée par Beaumarchais ; les académies, les gens de lettres, les membres des tribunaux, des districts, du département, de la municipalité, une députation de l'Assemblée nationale, des ministres, des ambassadeurs de toutes les cours de l'Europe, accompagnaient ce dépôt des productions de l'homme de génie; ils étaient suivis par un corps de musiciens chantant des hymnes nouveaux et s'accompagnant avec des instruments de forme antique. Venait ensuite le principal objet de la cérémonie, le char qui portait le cercueil, dont la hauteur était de quarante pieds; au sommet se voyait un lit funèbre sur lequel reposait une figure de Voltaire à demi couchée; au dessus de sa tête, l'Immortalité, sous la figure d'une jeune fille ailée, élevait une couronne d'étoiles.

Le 17 juillet, un attroupement se forme au Champ-de-Mars pour demander que le roi soit mis en jugement relativement à sa fuite à Varennes; l'émeute acquérant à chaque instant plus de violence, Bailly part de l'hôtel-de-ville avec le drapeau rouge et proclame la loi martiale; les insurgés lancent sur la force armée un grand nombre de pierres; les soldats font une première décharge, qui ne produit aucun effet, parce que l'on ne voit tomber personne; provoqués par de nouveaux outrages, ils font feu sur les groupes, tuent 24 personnes et dissipent le rassemblement.

Le 13 septembre, le roi accepte la constitution dite de 1791. Avant la révolution, la France n'avait point de constitution; la séparation des pouvoirs n'était pas déterminée par les lois; le peuple obéissait à des lois souvent contradictoires et qu'il n'avait pas faites; la souveraineté était partagée entre le roi et quelques corps administratifs; tous les pouvoirs étaient confondus; les droits des citoyens sans cesse violés, parce qu'ils étaient méconnus, et ceux de la nation oubliés. Il n'y avait aucune loi qui assurât la responsabilité des agents du pouvoir, la liberté de la presse, la liberté individuelle, toutes les garanties enfin qui dans l'état social remplacent la fiction de la liberté naturelle. — Les représentants du peuple, appelés en 1789 pour réparer le désordre des finances, avaient reçu de la nation l'ordre et le pouvoir de donner avant tout une constitution à la France : le besoin en était avoué et généralement senti; tous les cahiers l'avaient énergiquement exprimé, et s'étaient expliqués formellement sur les principes fondamentaux à établir. Les mandataires du peuple se présentèrent aux États-généraux pénétrés des devoirs qu'ils avaient à remplir. Avant de s'occuper de la constitution, les représentants, considérant que l'ignorance, l'oubli ou le mépris de l'homme sont les seules causes des malheurs publics et de la corruption du gouvernement, résolurent d'exposer préalablement, dans une déclaration solennelle, les droits naturels, inaliénables et sacrés de l'homme, afin que cette déclaration, constamment présentée à tous les membres du corps social, leur rappelât sans cesse leurs droits et leurs devoirs. La première idée de la déclaration des droits fut fournie par La Fayette, qui lui-même l'avait prise aux Américains; cette idée avait quelque chose d'imposant qui saisit l'assemblée; les députés s'en emparèrent, et rédigèrent, le 20 juin 1789, cette déclaration célèbre qui fut placée en tête de la constitution, décrétée le 3 septembre 1791 et acceptée par le roi le 13 du même mois. Cette constitution, malgré quelques imperfections, était l'acte législatif le plus libéral qui jusqu'alors eût régi aucun peuple de l'Europe. Elle abolit irrévocablement les institutions qui blessaient la liberté et l'égalité des droits, tels que la noblesse, la pairie, les distinctions héréditaires, le régime féodal, les ordres, titres, dénominations et prérogatives qui en dépendent; les distinctions de naissance, les décorations, la vénalité et l'héridité des offices publics; les vœux religieux; tous les privilèges sans exception, les jurandes, corporations de professions, d'arts et métiers, etc. Elle déclara tous les citoyens admissibles aux places et emplois, sans autre distinction que celle des vertus et des talents; que les mêmes délits seraient punis des mêmes peines, sans aucune distinction des personnes; elle garantit à tout homme la liberté de parler, d'écrire et de publier ses opinions, la liberté aux citoyens de s'assembler paisiblement et sans armes, l'inviolabilité des propriétés; accorda aux citoyens le droit d'élire les ministres de leur culte; décréta qu'il serait créé et organisé des établissements de secours publics pour les enfants abandonnés et pauvres infirmes, ainsi qu'une instruction publique commune à tous les citoyens, et gratuite à l'égard des parties d'enseignements indispensables pour tous les hommes, et ordonna qu'il serait fait un code de lois civiles commun à tout le royaume.

Cette constitution régla la division du royaume et l'état des citoyens; statua sur les pouvoirs publics; organisa la représentation nationale; définit les droits de la royauté et du roi; fixa l'âge de la majorité du souverain; décréta la responsabilité des ministres; régla l'exercice du pouvoir législatif et du pouvoir exécutif; organisa l'administration intérieure, le pouvoir judiciaire, les relations extérieures, la force publique, la perception des contributions, etc., etc.

On a vu par ce qui précède que la révolution de principes marchait rapidement vers son accomplissement.—L'Assemblée législative tient sa première séance le 1er octobre 1791. Deux opinions principales partageaient alors la France : les hommes qui avaient établi la constitution pensaient que la nation française avait assez de puissance pour défendre son indépendance et conserver sa liberté contre les attaques des ennemis intérieurs et extérieurs ; d'autres croyaient au contraire qu'il était impossible de vaincre en même temps les émigrés, les puissances coalisées, le clergé, en un mot, tous les ennemis de la liberté, tant qu'il y aurait à la tête du gouvernement un roi qui, par ses habitudes, ses idées et ses affections, serait porté à s'unir à tous les ennemis de la révolution. D'un autre côté, la faction aristocratique ne restait pas inactive ; elle s'efforçait par la corruption, le mensonge et la violence, de déconsidérer l'Assemblée législative ; on découvrit à Paris une fabrique de cocardes blanches et vertes, et dans les souterrains de Versailles une fabrique de cartouches très-active ; on établit dans Paris des planches de faux assignats, plusieurs ateliers de fausse monnaie et des fabriques de poignards ; bientôt on découvrit qu'une correspondance active existait entre la France et les ennemis de l'extérieur, et que pour appuyer la contre-révolution, la Prusse et l'Autriche faisaient marcher deux cent mille hommes contre la France. Pour intimider la cour et pour déjouer ses plans, les républicains cherchèrent un appui dans la classe ouvrière des faubourgs. On approchait du 20 juin, anniversaire du serment du Jeu-de-paume ; les habitants du faubourg Saint-Antoine organisent une fête pour cette époque, et manifestent l'intention de planter un arbre de la liberté sur la terrasse des Feuillants, et d'adresser en armes une pétition au roi et à l'assemblée. La municipalité, apprenant que la pétition devait être portée par un nombre très-considérable d'hommes armés, fit des dispositions nécessaires pour maintenir la tranquillité, et donna l'ordre de doubler les postes des Tuileries. Dès le point du jour, des rassemblements d'hommes armés de piques, de faux, de haches, portant des bannières chargées d'inscriptions tour à tour patriotiques et menaçantes, se forment dans les faubourgs Saint-Antoine et Saint-Marceau ; vers les huit heures ils commencent à défiler en plusieurs colonnes, à la tête desquelles étaient Santerre et le marquis de Saint-Hurugues. Cette multitude, qui s'élevait à environ trente mille individus, pénètre de vive force dans l'assemblée législative, où elle vocifère des imprécations contre le roi ; puis, défilant autour de la salle en chantant *Ça ira*, elle sort de l'enceinte de l'assemblée et se rend au château des Tuileries. Les grilles sont abattues, les portes enfoncées à coups de hache ; les cours, les escaliers, les appartements sont en un instant envahis par vingt mille révoltés au visage farouche, aux intentions sinistres, qui brandissent des piques, des couteaux, des couperets de boucherie, etc. Un canon, monté à force de bras dans la salle des Cent-Suisses, y roule en ébranlant les planches qu'il surcharge. On menace de briser la porte du cabinet où Louis XVI est retiré : lui-même l'ouvre et se présente avec calme devant la menaçante agglomération populaire. On prodigue à ce prince tous les genres d'outrages ; on l'interroge, on l'interpelle, on le tutoie, on l'injurie ; puis on lui prescrit, d'une voix tonnante, de sanctionner le décret du 24 mai, qui prononce la déportation des prêtres insoumis, et celui du 8 juin, qui ordonne la formation d'un camp de 20,000 hommes. Le roi, sans se troubler, jure qu'il ne se dessaisira point des droits que lui donne la constitution : on couvre sa voix par les cris de : *A bas le veto ! Sanctionnez les décrets !*...... Louis XVI, avec un courage digne de la grandeur d'un souverain, monte alors sur une chaise, et tenant à prouver que les cris ne l'intimident point, il pose la main d'un garde national sur son cœur, dont les palpitations ne sont point altérées par l'imminence du danger. Altéré par un long discours, le roi boit dans la première bouteille qu'on lui présente, se coiffe du bonnet rouge, parvient, à force de stoïcité et de résignation, à calmer la foule, qui ne se retire que sur l'invitation réitérée de Pétion. Ainsi finit cette journée du 20 juin, qui eut pour but d'avilir la royauté, afin de l'anéantir ensuite plus aisément.

Cependant les puissances étrangères devenaient de plus en plus menaçantes pour l'indépendance de la France ; une formidable armée de Prussiens menaçait le Rhin. Les Girondins et les Jacobins, qui soupçonnaient avec raison la cour de favoriser l'invasion, ne voient plus d'autre moyen pour donner de l'unité et de l'énergie à la défense du territoire, que de prononcer la déchéance du roi.—Le 11 juillet, la patrie est déclarée en danger, et, dans un seul jour, quinze mille volontaires s'enrôlent à Paris, aux accents de l'hymne de *la Marseillaise*.—Le 25 juillet, un décret de l'Assemblée met toutes les sections de Paris en permanence, et la population tout entière se trouve ainsi appelée à délibérer sur les affaires publiques. La première question mise en délibération est la déchéance du roi ; dans toutes les sections, la majorité fut pour la déchéance. — Pendant qu'on préparait ainsi le renversement du gouvernement monarchique, l'armée de la coalition, composée de 70,000 Prussiens et de 68,000 Autrichiens, Hessois et nobles émigrés, se disposait à envahir la France et à marcher sur Paris par plusieurs points en même temps. Au moment où cette armée se mit en marche, le prince de Brunswick publia au nom de l'empereur d'Autriche et du roi de Prusse un manifeste « où il sommait les généraux, officiers et soldats, de revenir à leur ancienne fidélité et de se soumettre sur-le-champ au roi, leur légitime souverain; il déclarait que les membres des départements, des districts et des municipalités, seraient responsables sur leurs têtes des voies de fait qu'ils laisseraient commettre ou qu'ils ne s'efforceraient pas d'empêcher; que les habitants qui oseraient se défendre seraient punis suivant toute la rigueur de la guerre et leurs maisons démolies. Le commandant des armées de la coalition déclarait en outre que la ville de Paris, tous ses habitants, sans distinction, étaient tenus de se soumettre sur-le-champ et sans délai au roi ; il rendait personnellement responsables de tous les événements sur leurs têtes, pour être jugés militairement, sans espoir de pardon, tous les membres de l'Assemblée nationale, du département, du district, de la municipalité et de la garde nationale de Paris; il déclarait au nom desdites majestés, et sur leur foi et parole d'empereur et roi, que s'il n'était pourvu immédiatement à la sûreté, à la conservation et à la liberté du roi, elles en tireraient une vengeance exemplaire et à jamais mémorable, en livrant la ville de Paris à une exécution militaire et à une subversion totale. » Ce manifeste arriva à Paris trois jours après sa publication, dans le moment de la plus grande fermentation.

Le 3 août, Pétion demande à l'Assemblée nationale, au nom de la commune de Paris, la déchéance du roi, que différentes villes de France demandaient également. A ces demandes faites paisiblement, viennent se joindre des signes de trouble et de rébellion ouverte. Plusieurs députés, connus par leurs opinions modérées, sont, en sortant de la séance du 8 août, insultés, menacés, assaillis, et obligés de chercher un asile dans les corps-de-garde ou dans les maisons particulières. Le commandant du poste de l'Assemblée reçoit plusieurs coups de sabre. Le lendemain l'Assemblée entend un rapport sur cette attaque, et mande à sa barre le procureur-syndic du département. Ce magistrat répond en annonçant que la section des Quinze-Vingts avait le projet de faire sonner le tocsin dans la nuit suivante, si à minuit la déchéance du roi n'était pas décrétée. L'Assemblée ne se crut pas en ce moment compétente pour prononcer sur cette importante question, et les partis opposés continuèrent leurs manœuvres, et pressèrent l'exécution de leurs plans.—La cour et ses ennemis armaient chacun de leur côté : la première, sous le prétexte de repousser l'agression ; les autres, donnant pour motif de l'insurrection le danger du peuple et de ses représentants, menacés par les armements de la cour. Celle-ci, exactement instruite de tout ce qui se tramait contre elle, s'était préparée à une défense du succès de laquelle elle ne doutait pas. « Loin de craindre une insurrection, elle espérait en profiter pour se rendre maîtresse de Paris. » Telles sont les expressions du marquis de Feuquières, dans ses mémoires. La cour, dit le même auteur, croyait s'être assurée de la plus saine partie de la garde nationale. Mandat, qui la commandait, était dans ses intérêts. On avait réuni au château 1,200 Suisses, hommes sûrs, auxquels s'étaient joints, sous le même uniforme, plusieurs jeunes gens de la garde du roi. 600 personnes, la plupart officiers retirés, gardaient les appartements. Un corps considérable, composé d'hommes qui n'étaient pas d'une naissance à avoir leur entrée au château, ou d'un âge à ce qu'on pût les y introduire sans causer de justes soupçons, devait se rassembler aux Champs-Élysées, et se porter par le Pont-Tournant sur l'Assemblée nationale.—D'un autre côté, un directoire secret avait depuis quelque temps organisé une insurrection. Ce directoire, nommé par le comité central des fédérés, fut composé de cinq membres choisis parmi les quarante-trois qui s'assemblaient journellement depuis le commencement de juillet dans la salle de correspondance des Jacobins Saint-Honoré. Sa troisième séance se tint dans la nuit du

9 au 10 août, au moment où le tocsin sonna, et dans trois endroits différents, savoir, Fournier l'Américain et quelques autres au faubourg Saint-Marceau; Westermann, Santerre et deux autres au faubourg Saint-Antoine; Garin, journaliste de Strasbourg, et Barbaroux, dans la caserne des Marseillais.—Voici le récit des événements qui suivirent de pareilles dispositions : Le 9 au soir, le roi fit appeler Pétion, qui trouva le château garni de gens armés. Le roi lui demanda quel était l'état de Paris. Pétion ne lui en cacha pas la fermentation; mais tous ces interrogats n'étaient qu'un prétexte. On avait appelé ce maire pour le retenir en ôtage, et en effet on le gardait de près, et on le força, dit-on, à signer un ordre qui autorisait le commandant de la garde nationale à repousser la force par la force. Cependant des amis de Pétion sollicitent et obtiennent de l'Assemblée nationale, qu'on envoie aux Tuileries réclamer le maire de Paris. Un décret est rendu, par lequel l'Assemblée mande Pétion à sa barre. Des huissiers, précédés des grenadiers du Corps-Législatif, viennent signifier ce décret, et Pétion sort ainsi des mains de la cour. A minuit le tocsin sonne sur les deux bourdons de la cathédrale, dont un n'existe plus aujourd'hui. La municipalité est suspendue, et un conseil-général de la commune provisoire, nommé, dit-on, par les sections de Paris, est installé et remplace la municipalité légale. Pétion, Manuel et Danton étaient maintenus dans leurs fonctions. Un nommé Huguenin est élu président, et le maire Pétion, entouré d'une garde nombreuse, est consigné dans sa maison, afin qu'il ne puisse porter obstacle au succès de l'insurrection. — En même temps Mandat, commandant général de la garde nationale, et dévoué aux Tuileries, fait armer plusieurs légions de la garde parisienne; il place des forces devant la colonnade du Louvre, dans l'intention, dit-on, de fondre sur le derrière de ceux qui attaqueraient les Tuileries, et ordonne aux commandants du poste de l'hôtel-de-ville de tirer sur les bataillons du faubourg Saint-Antoine, lorsqu'ils déboucheront par l'arcade Saint-Jean. On l'accuse aussi d'avoir, sans autorisation, fait conduire sur le Pont-Neuf les canons de plusieurs sections. Manuel, procureur de la commune, ordonne à ce général de se rendre à l'hôtel-de-ville; il y arrive : on l'accuse d'abandonner les intérêts du peuple, il se justifie mal; les nouveaux officiers municipaux arrêtent qu'il sera conduit à l'Abbaye. En sortant, il est assailli, massacré par la multitude, et son corps, jeté dans la Seine, est vainement réclamé par son fils, qui veut lui rendre les derniers devoirs. —La nouvelle de cette mort déconcerte la cour et lui fait perdre l'espérance. Un autre fait vint ajouter à ses craintes : de fausses patrouilles parties du château parcouraient cette nuit-là les différents quartiers de Paris; une d'elles attaque la garde nationale aux Champs-Élysées; un combat s'engage, et plusieurs individus de ces patrouilles sont pris et conduits au corps-de-garde des Feuillants. Six d'entre eux, sur lesquels on avait trouvé des poignards, et dont l'un était un abbé Bouillon, l'autre le journaliste Suleau, sont entraînés hors du corps-de-garde par le peuple, et décapités sur la place Vendôme. Cependant la cour ne laissa pas de s'occuper de sa défense. Le général Vioménil en avait déterminé le plan, et différentes mesures se prenaient avec assez d'activité, pendant que des colonnes, composées de Marseillais, de Bretons et d'individus de différentes sections, et principalement de celles des faubourgs Saint-Marcel et Saint-Antoine, mises en mouvement dès trois heures du matin du 10 août, s'avançaient lentement vers les Tuileries. Vers 5 heures, le roi, la reine et Mme Élisabeth descendent et passent la revue de la garde nationale placée au château. Mme Campan raconte ainsi ce qui se passa dans cette circonstance : « On cria *vive le roi !* dans quelques endroits......Je vis des canonniers quitter leur poste et s'approcher du roi, lui mettre le poing sous le nez, en l'insultant par les plus grossiers propos......Le roi pâle comme s'il eût cessé d'exister. La famille royale rentra; la reine me dit que tout était perdu, que le roi n'avait montré aucune énergie, et que cette espèce de revue avait fait plus de mal que de bien. » Le roi alla jusqu'au Pont-Tournant; à son retour il fut assailli par les cris : *A bas le veto ! à bas le traître !* et en arrivant au château, il ordonna qu'on barricadât le vestibule. Une relation, écrite par le commandant de garde au poste des appartements de Louis XVI, porte qu'après cette revue, à peine le roi fut-il remonté, qu'une partie des troupes et de l'artillerie, après avoir manifesté son mécontentement, se retira à 5 heures 3/4, et qu'il ne resta plus que 2,000 hommes. Le même auteur, parlant de la foule de nobles qui fut introduite au château vers cette heure-là, et se répan-

dit dans les appartements : « Cette foule de courtisans, au nombre de 6 à 800, déployèrent chacun leurs armes, les uns des espingoles, les autres des poignards, des sabres courts, des pistolets, des couteaux de chasse, des pelles, des flambeaux, etc. » Cet état de faible défense était dû à l'opinion où était la cour que le grand mouvement n'aurait lieu que le 12, et que les événements de cette nuit devaient se borner à une entreprise contre l'Arsenal, à l'effet d'y prendre de la poudre. — Cependant les Marseillais se présentent au Carrousel, en face du château, et s'y rangent en bataille. Les hommes du faubourg Saint-Antoine les rejoignent plus tard. Ils avaient été retardés par Santerre, qui les invitait à ne pas marcher au château, sous prétexte que la cour était en force. Ces deux troupes sont rangées en bataille sur la place du Carrousel : un bataillon du faubourg Saint-Marcel pénètre par la terrasse des Feuillants dans le jardin des Tuileries ; un bataillon de la Croix-Rouge se saisit du Pont-Royal. Des gendarmes et des bataillons entiers de gardes nationales, destinés à la défense du château, quittent leur poste, et, aux cris de *vive la nation !* se replient sur le Petit-Carrousel, et se rangent parmi les assaillants. — A 7 heures du matin, la cour, toujours persuadée que l'attaque n'aurait pas lieu ce jour-là, mais inquiète de la présence des Marseillais, adresse une pétition à l'Assemblée pour demander leur éloignement. — Vers huit heures, un officier municipal entre au château et annonce la nouvelle que les colonnes rassemblées se portaient de tous les points de Paris sur les Tuileries. « Eh bien! que veulent-ils? » dit le garde-des-sceaux Dejoli. Le municipal répond : « La déchéance. — Eh bien! que l'Assemblée la prononce donc ! » La reine dit : « Mais que deviendra le roi ? » L'officier municipal se courba sans répondre. En ce moment le procureur-général Rœderer, à la tête du département, et revêtu de son écharpe, entre, et demande à parler au roi et à la reine seuls ; il leur déclare que le péril est à son comble, que la famille royale sera infailliblement égorgée, et causera en outre la perte de tous ceux qui se trouveront près d'elle, si le roi ne prend pas sur-le-champ le parti de se rendre à l'Assemblée nationale. Ici tous les auteurs qui ont écrit sur ce sujet prêtent au roi et à la reine des réponses dont l'exactitude paraît d'autant plus suspecte que toutes les relations diffèrent entre elles, et que d'ailleurs la scène eut lieu sans autres témoins que les personnages qu'on fait ainsi parler. Ce qu'il y a de certain, c'est que la reine s'opposa à ce départ. Elle avait déjà dit qu'elle préférait se faire clouer aux murs du château, plutôt que d'en sortir. Le roi, au contraire, persuadé, d'après le discours de Rœderer, que toute résistance était inutile, se résolut à suivre le conseil du procureur-général. La famille sortit donc du château par la porte qui s'ouvre sur le jardin, qu'elle traversa escortée de deux pelotons, l'un de grenadiers suisses, l'autre de grenadiers nationaux des Petits-Pères, des Filles-Saint-Thomas, etc. Arrivée à l'escalier de la terrasse des Feuillants, qui était inondée de peuple, on lui refusa le passage, et des vociférations injurieuses contre le roi et la reine se firent entendre. En vain les membres du département firent-ils leurs efforts pour faire ouvrir le passage, il fallut que l'Assemblée, instruite de l'approche du roi, envoyât une députation qui facilita l'entrée de la famille royale dans la salle des délibérations. Le roi, accompagné des six ministres et de quelques personnes de sa cour, ayant été introduit, parla ainsi : « Messieurs, je suis venu ici pour éviter un grand crime qui allait se commettre, et je pense que je ne saurais être plus en sûreté qu'au milieu de vous. » Guadet, président eu l'absence de Merlet, répondit : « Sire, vous pouvez compter sur la fermeté de l'Assemblée nationale ; ses membres ont juré de mourir en soutenant les droits du peuple et les autorités constituées. » Le roi s'assit alors à côté du président; mais sur l'observation de quelques membres, que la constitution interdisait au Corps-Législatif toute délibération en présence du roi, l'assemblée décida que LL. MM. et leur famille se placeraient dans une loge située derrière le fauteuil du président. Cette loge était celle du journal intitulé le Logographe. — Les délibérations de cette séance ayant été influencées par les événements qui se passèrent au château, il faut placer ici le récit d'une attaque qui, suivant le cours ordinaire des choses, n'aurait pas dû avoir lieu, puisque l'absence de la famille royale ôtait tout motif de combat. Une douzaine de sans-culottes, avec un officier municipal à leur tête, s'avancèrent jusqu'au pied du grand escalier ; ils y saisirent le premier factionnaire suisse et successivement cinq autres ; ils s'en emparaient au moyen de piques à crochets ; ils les dardaient dans leurs habits, les attiraient à eux, et les désarmaient aussitôt de leur sabre, fusil et giberne, en faisant de grands éclats de rire. Encouragée par le succès de ses premiers enfants-perdus, la masse entière se porte au pied du grand escalier, et l'on y massacre à coups de massue les cinq Suisses déjà saisis et désarmés. A ce moment tous les Suisses de ce poste se mettent en bataille, aux ordres des capitaines Turler et Castelberg... Ce fut en voyant ces cinq Suisses massacrés que M. Castelberg exécuta l'ordre de repousser la force par la force, et commanda le feu.

L'explosion inattendue des Suisses, les décharges redoublées qui partent des fenêtres du château, et même de ses combles, mettent en fuite les fédérés marseillais, bretons, etc., en tuent et en blessent un grand nombre, et nettoyent en un instant la cour des Tuileries et la place du Carrousel. Le capitaine Turler s'avance même sur cette place avec 120 Suisses, et s'empare de deux pièces de canon. Du côté opposé, les 300 Suisses qui défendaient le Pont-Tournant font avec succès un feu roulant sur environ 10,000 hommes postés sur cette place, et la fortune semble favoriser les assiégés. Cependant au premier coup de canon entendu de la salle de l'Assemblée, le roi dit : « J'avais défendu de tirer; » et aussitôt il donne des ordres, par suite desquels 100 Suisses et 12 officiers se replient sur les troupes rangées autour de l'Assemblée nationale. Bientôt toutes les troupes assaillantes, revenues de leur première stupeur, et animées par quelques chefs, se rallient et se portent à la fois sur les différents points. Quelques partis entrent dans le jardin et attaquent le château de ce côté, pendant qu'il est battu de l'autre par plusieurs pièces de canon placées aux angles des rues aboutissant à la place du Carrousel. Tout fut alors décidé : les 5 ou 600 nobles qui n'avaient point combattu déposent les uniformes qu'ils avaient endossés, s'évadent précipitamment par la galerie du Louvre, où ils s'étaient ménagé des issues, sortent en criant *vive la nation!* et abandonnent ainsi les femmes qui étaient demeurées au château et 800 Suisses environ qui ne pouvaient plus le défendre. Ceux-ci se rallient sous le vestibule, y sont vivement attaqués, et périssent presque tous après une résistance aussi inutile que courageuse. Le château est à l'instant envahi, et une foule de lâches assassins se joignent aux assaillants vainqueurs. Tous les hommes, Suisses ou Français, qui s'y trouvent, sont tués. On n'épargne que les femmes. Les cadavres jetés par les fenêtres, et bientôt dépouillés par la populace la plus abjecte, restèrent jusqu'au lendemain dans un état complet de nudité, et bordaient du côté du jardin et de celui du Carrousel les deux façades des Tuileries. D'après le monument élevé à Lucerne à la mémoire des Suisses morts au 10 août, il paraît que le nombre de ceux qui périrent fut de 26 officiers, et 760 soldats, et que 12 officiers et environ 350 soldats échappèrent à la mort. Plusieurs furent recueillis dans le bâtiment des Feuillants et protégés par l'Assemblée nationale. Les massacres, commencés à midi, furent terminés avant 2 heures; mais jusqu'au lendemain les environs du château présentèrent le tableau le plus hideux et le plus affligeant.

Pendant que la demeure royale offrait l'image de la désolation, la royauté elle-même recevait au sein de l'Assemblée une atteinte d'autant plus dangereuse que les formes en étaient légales. La séance du 10 août avait commencé à 2 heures du matin; mais l'agitation qui y régnait n'admit aucune délibération suivie avant midi. On avait seulement, au milieu des canons et des balles qui venaient frapper le plafond de la salle, manifesté hautement les sentiments les plus patriotiques. On procéda à un appel nominal, pour connaître les députés qui n'étaient point à leur poste; et chaque membre appelé prêta le serment suivant : « Au nom de la nation, je jure de maintenir la liberté et l'égalité, ou de mourir à mon poste. » Après avoir rendu quelques décrets urgents, l'Assemblée entend le rapport de Vergniaud, qui, au nom de la commission extraordinaire, présente un projet de décret, dont le 1er art. contient la convocation d'une Convention nationale; le second porte la suspension *provisoire* du pouvoir exécutif, jusqu'au moment où la Convention nationale aura décrété des mesures convenables aux circonstances. Ce projet porte en outre la suspension de la liste civile et la nomination d'un gouverneur pour le dauphin : enfin, il dispose que le roi et la famille royale demeureront dans l'enceinte du Corps-Législatif, et que le département fera dans le jour préparer au Luxembourg un appartement pour les loger. Ce projet est adopté et converti en décret. Mais l'Assemblée qui venait de le rendre n'avait pas la force de faire exécuter les dispositions protectrices qu'il contenait. La suspension provisoire par elle prononcée était un premier ébranlement, que devait suivre une chute entière et inévitable. La commune de Paris domina aussitôt tous les pouvoirs, et subjugua l'Assemblée elle-même. La famille royale, pendant une partie de la nuit du 10 au 11 et du 11 au 12, avait couché dans un petit appartement des Feuillants, où étaient admises toutes les personnes qui s'intéressaient à son sort. Le 12, l'Assemblée, revenant sur son premier décret, ordonne que Louis XVI et sa famille seront logés dans l'hôtel du ministre de la justice, place Vendôme; qu'il leur sera donné une garde pour leur sûreté, et alloué 500,000 fr. pour la dépense de leur maison jusqu'au jour de la réunion de la Convention nationale. Mais, presque au même instant, une députation de la commune de Paris réclame contre ces dispositions; dit que la garde du roi ne peut être assurée dans un hôtel entouré de maisons particulières, et demande que la famille royale soit transférée au Temple, édifice isolé et entouré de murailles. L'Assemblée rapporte aussitôt son décret et adopte la proposition de la municipalité.

Le résultat de la détention de Louis XVI fut la suspension de la royauté. Aussitôt s'établit un gouvernement provisoire : on abat sur les places publiques de Paris toutes les statues des rois. Les assemblées primaires sont convoquées pour le 16 août; elles nomment des électeurs, et ceux-ci nomment les députés qui doivent composer la Convention nationale. Tandis que le nouveau régime s'élabore, la commune de Paris, pour faire peur aux ennemis de la liberté, et sous le prétexte que les patriotes étaient exposés aux feux de l'étranger placés au dehors et à ceux des royalistes placés au dedans, organise les horribles massacres de septembre, dont nous ne croyons pas devoir rapporter les détails. Il suffit de dire qu'ils durèrent pendant trois jours, et qu'ils furent successivement exécutés dans toutes les prisons, à la Force, à l'Abbaye, au Châtelet, à la Conciergerie, à Bicêtre, à la Salpêtrière, etc.

Le 20 septembre 1792, la Convention nationale, appelée par une loi de l'Assemblée législative pour donner une nouvelle constitution à la France, tient sa première séance. Le lendemain de son installation, sur la motion de Collot-d'Herbois, cette assemblée décrète l'abolition de la royauté, proclame la république et organise un pouvoir exécutif composé de cinq ministres. La Convention décrète ensuite que tous les actes publics seront désormais datés de l'an Ier de la république, et que le sceau de l'État portera un faisceau surmonté du bonnet de la liberté, ayant pour exergue *République française*. Cinq jours après, sur la proposition de Tallier, la république est proclamée une et indivisible.

Le 7 novembre, Louis XVI est mis en accusation sur la proposition de Mailhe. Le 20 novembre, le ministre Roland découvre l'armoire de fer, où étaient enfermées tant de preuves accusatrices contre le monarque. Le 3 décembre, l'assemblée décrète que Louis XVI sera jugé, et qu'il le sera au sein de la Convention. Le procès commence le 4 et continue tous les jours de midi à 6 heures. Le 11, Louis XVI est conduit à la barre de la Convention. Barrère, président, se lève et dit : « Louis, la nation vous « accuse; l'Assemblée nationale a décrété « que vous seriez jugé par elle et traduit a « sa barre. On va vous lire l'acte énonciatif « des délits qui vous sont imputés.... » Mailhe lit une longue suite d'imputations, desquelles il résulte que, d'après les papiers compulsés dans les bureaux de la liste civile ou trouvés dans l'armoire de fer, le roi déchu est prévenu d'avoir entretenu des intelligences coupables : 1° avec les émigrés, dont il secondait les attentats; 2° avec les cours de Vienne, de Berlin et de Turin, qu'il encourageait à envahir la France, en leur annonçant qu'il n'avait paru se prêter à la guerre que pour accélérer la marche de leurs troupes, et conséquemment sa délivrance; 3° avec la cour de Madrid, auprès de laquelle il protestait, depuis 1789, contre toutes les sanctions qu'il pourrait donner aux décrets du Corps représentatif; 4° avec le clergé réfractaire de l'intérieur, dont il approuvait les actes de fanatisme et de rébellion. Dans un long interrogatoire, qui suit immédiatement cette lecture, Louis XVI se renferme dans un système d'ignorance, de non-participation, de compétence constitutionnelle ou de dénégation. Contre l'avis de Robespierre, qui demande que Louis soit mis à mort sur-le-champ, la Convention accorde un conseil à l'accusé. Il choisit Target et Tronchet : le premier flétrit sa réputation d'un refus; le second accepte. Lamoignon de Malesherbes vient librement s'adjoindre à la défense du monarque déchu, et, sur sa demande, la Convention autorise les deux défenseurs à s'adjoindre le citoyen Desèze, jeune avocat de Bordeaux. — Le 25 décembre, Louis XVI rédige une déclaration sous la forme de testament, qu'il termine en prenant Dieu à témoin qu'il est innocent de tous les crimes qui lui sont imputés. — Le 26, l'accusé comparait à l'Assemblée, où Desèze établit sa défense dans un plaidoyer de trois heures. — Le procès se poursuit sans discontinuité jusqu'au 20 janvier 1793. Le 14, la Convention décrète que les questions sur le jugement seront posées et discutées dans l'ordre suivant :

Louis est-il coupable ?
Le jugement sera-t-il soumis à la sanction du peuple ?
Quelle sera la peine ?

Le 15, l'assemblée se compose de 749 membres. 683 répondent affirmativement sur la première question ; 484 membres votent contre l'appel au peuple.—Le 17, le nombre des votants est de 721 ; 387 votent pour la mort immédiate, et 334 pour diverses peines. Louis est condamné à mort à une majorité de 53 voix. Parmi les votes funestes dictés avec tous les mouvements oratoires que peut inspirer la haine de la royauté, un seul excite des cris d'horreur, même parmi les jacobins les plus forcenés ; c'est celui du duc d'Orléans, cousin de Louis XVI, qui prononça le jugement suivant : « Uniquement occupé de mon devoir, convaincu que tous ceux qui ont attenté ou attenteront à la souveraineté du peuple, méritent la mort, je prononce la mort de Louis ! »—Enfin, Vergniaud, président de l'Assemblée, se lève et dit d'une voix solennelle : *Je déclare au nom de la Convention nationale que la peine qu'elle prononce contre Louis Capet est celle de mort.* Malesherbes, Tronchet et Desèze, admis à la barre, lisent une protestation de Louis XVI, par laquelle il déclare interjeter appel à la nation du jugement de ses représentants. L'Assemblée passe à l'ordre du jour. —Dans la journée des 18, 19 et 20 janvier la Convention discute la question de savoir s'il sera sursis à l'exécution du jugement de Louis Capet. Le 20, on procède à l'appel nominal, et Louis XVI, à une majorité de 34 voix, est condamné à périr dans les vingt-quatre heures.

Le soir, Louis XVI peut communiquer avec sa famille, bonheur dont il était privé depuis cinq semaines : cette entrevue déchirante, qui devait être la dernière, dura une heure et demie. — Le 21 janvier, dès l'aube du jour, on dispose l'apprêt du supplice. Une double haie de soldats était placée sans intervalle sur quatre de hauteur ; des réserves stationnaient aux carrefours avec de l'artillerie, et une escorte de cavalerie, conduite par Santerre, commandant de la garde de Paris, entourait une voiture de place, où était Louis XVI avec l'abbé Edgeworth. Un morne silence règne sur les boulevards, que le sinistre cortège suit dans toute leur longueur, pour se rendre à la place de la Révolution. Arrivé au lieu de l'exécution, Louis ôte son habit, monte sur l'échafaud sans hésiter et se propose de parler au peuple ; mais le farouche Santerre élève son épée ; aussitôt un roulement de tambours couvre toutes les voix... Les exécuteurs font leur office... Louis XVI a cessé d'exister.

La veille de l'exécution, Michel Lepelletier de Saint-Fargeau, membre de la Convention, fut assassiné par un ex-garde-du-corps nommé Pâris. Le 24 janvier, la Convention tout entière assista à ses funérailles : son lit de mort fut placé sur le piédestal où s'élevait jadis la statue équestre de Louis XIV, place Vendôme ; sur ce lit était le corps de la victime découvert jusqu'à la ceinture, laissant apercevoir la large blessure qu'il avait reçue. Le cortège l'accompagna jusqu'au Panthéon où Félix Lepelletier prononça un discours très-animé, qu'il termina en votant, comme son frère, la mort des tyrans.

Les embellissements et les monuments de Paris commencés sous le règne de Louis XV furent continués sous celui de Louis XVI. Une enceinte de 9,910 arpents renferma les anciens faubourgs, à l'entrée desquels on construisit cinquante-huit barrières, ornées de pavillons de diverses structures, qui changèrent l'aspect hideux de leur extrémité en abords magnifiques. Les faubourgs du Roule, Saint-Honoré, Saint-Lazare, Poissonnière, la Nouvelle-Chaussée-d'Antin, les rues de Provence et des Mathurins se peuplèrent d'habitations d'un goût élégant. Le Palais-de-justice fut restauré. Les galeries du Palais-Royal et ses élégantes boutiques offrirent au milieu de la capitale l'un des plus beaux bazars de l'univers. La fontaine des Innocents parut isolée au milieu d'une vaste place.—Parmi les autres constructions dignes de remarque, nous citerons l'hôtel de Salm, aujourd'hui palais de la Légion d'honneur ; les écoles de médecine, des ponts-et-chaussées et des mines ; le collège royal ; les théâtres Français et Italien, Feydeau, de l'Odéon et de la Porte-Saint-Martin ; le pont Louis XVI ; la chapelle Beaujon ; les hôpitaux Cochin, Necker, Beaujon ; la rotonde du Temple ; les halles aux draps, aux cuirs, à la marée ; les marchés des Innocents, Beauveau, Boulainvilliers ; les fontaines de l'Arbre-Sec, des Petits-Pères, du Château-d'eau ou Palais-Royal, etc., etc.

Le 15 avril une députation de la commune de Paris paraît à la barre de la Convention, et demande qu'on expulse de l'assemblée vingt-deux députés, désignés sous le nom de Girondins. Le 31 mai éclate une insurrection, qui n'est que le prélude d'une autre beaucoup plus désastreuse. Dans la nuit du 1ᵉʳ au 2 juin, la générale, le tocsin, et le canon d'alarme mettent sous les armes une population nombreuse. Près de quatre-vingt mille hommes sont rangés autour de la Convention ; mais plus de soixante-quinze mille ne prennent aucune part à l'événement et en ignorent même le motif. Les bataillons de canonniers, dévoués aux conjurés qui les payaient, environnaient le palais où siégeait l'Assemblée ; ils avaient cent soixante-trois bouches à feu, des caissons, des grils à rougir les boulets, des mèches allumées et tout l'appareil militaire propre à effrayer l'assemblée et à vaincre toutes les résistances. La majorité de la Convention, se voyant ainsi environnée par une armée menaçante, voulut se retirer ; mais de toutes parts elle fut repoussée par les complices des conjurés. La minorité, à laquelle appartenaient les membres les plus exagérés de la commune de Paris, lui arrache alors un décret d'accusation contre les plus distingués de ses membres, et bientôt après elle les fit envoyer à l'échafaud.

Le 27 juin, la Convention adopte la constitution dite de 1793. Saint-Just et Hérault-de-Séchelles furent les principaux rédacteurs de cette constitution ; elle concédait les droits politiques à tout Français âgé de 21 ans, sans aucune condition de fortune et de propriété. Les citoyens réunis nommaient un député par 50 mille âmes. Les députés, composant une seule assemblée réunissant en elle tous les pouvoirs, ne pouvaient siéger qu'un an. Ils faisaient des décrets pour tout ce qui concernait les besoins de l'état, et ces décrets étaient exécutoires sur-le-champ. Il est vrai que ces décrets étaient soumis à la sanction du peuple dans un délai donné ; mais conçoit-on une délibération perpétuelle de six mille assemblées primaires dans un pays de 25 millions d'hommes ? Le premier jour de mai les assemblées primaires se formaient de droit et sans convocation, pour renouveler la députation. Le pouvoir exécutif était confié à vingt-quatre membres, nommés par les électeurs, soumis au despotisme du corps législatif et exposé à toute heure à l'arme des décrets d'accusation, dont aucune formalité ne le garantissait. Les assemblées primaires nommaient les électeurs ; ces électeurs nommaient les candidats, et le corps législatif réduisait par élimination les candidats à 24. Le conseil exécutif se renouvelait tous les ans par moitié. Rien n'était établi pour le pouvoir judiciaire, aucune garantie n'était donnée à la liberté individuelle, et les établissements les plus tyranniques, les tribunaux les plus arbitraires pouvaient en résulter facilement, par la manière dont la constitution laissait indéterminés les crimes de lèse-nation. — Cette constitution fut adoptée en huit jours, presque sans discussion. Elle fut imprimée à des milliers d'exemplaires, pour être envoyée à toute la France, et obtint un simulacre d'acceptation. Mais ses auteurs se jouèrent de leur propre ouvrage, et le reléguèrent dans le silence et dans l'oubli ; et sous le nom de gouvernement révolutionnaire, ils organisèrent, pour la France, la plus exécrable tyrannie dont les annales du monde aient pu conserver la mémoire. — La constitution de 1793, décrétée le 27 juin (8 messidor an II), ne fut jamais mise en exécution.

Le 13 juillet, Marat meurt assassiné par Charlotte Corday, qui est arrêtée et condamnée à la mort, qu'elle subit avec un courage héroïque. — Le 16 octobre, Marie-Antoinette, épouse de Louis XVI, est condamnée à mort et exécutée. — Le 1ᵉʳ novembre, 21 députés, dits Girondins, montent à l'échafaud en chantant *la Marseillaise*. Le duc d'Orléans y fut conduit le 6 novembre. Bailly, président de la mémorable assemblée du Jeu-de-paume et ex-maire de la ville de Paris, subit le même sort le 19 du même mois, avec un raffinement de barbarie que nous n'avons pas le courage de décrire. Le tribunal révolutionnaire poursuit le cours de ses sanglants et cadavéreux exploits, frappe indistinctement dans tous les rangs et remplit les fosses mortuaires.

Cependant la domination du terrorisme touche à son terme. Le 6 ventôse an II, la commune de Paris se trouve attaquée par Robespierre et Danton ; mais bientôt ce dernier et son parti sont livrés aux bourreaux. Le parti triomphant dresse fièrement la tête au sommet de la montagne : Robespierre, St.-Just et Couthon, triumvirat dirigeant du fameux comité du salut public, absorbent au mois de floréal le pouvoir législatif et exécutif ; mais sur la fin du mois de messidor ce comité se divise ; désuni, ses membres donnent prise à leurs ennemis : Robespierre, attaqué avec violence dans le sein de la Convention par Tallien, Fréron, Legendre, Barras, Féraud,

Rovère, Lecointre, dont il demande les têtes, se justifie faiblement. Le lendemain, Billaud-Varennes renouvelle les attaques contre Robespierre, lui reproche ses crimes, et porte à son comble l'indignation de l'assemblée; un grand nombre de voix font entendre ces cris de réprobation : *A bas, à bas le tyran!* Le député Lozeau demande contre Robespierre le décret d'accusation; son arrestation est mise aux voix et unanimement décrétée. Enfin la journée du 9 thermidor vit tomber ce tyran farouche et ses complices. — A la désolation générale, aux souffrances, aux alarmes succéda la joie la plus vive; les nombreuses prisons s'ouvrirent, l'instrument de mort s'arrêta.

La Convention, devenue plus libre et tranquille, fut cependant bientôt encore troublée par les manœuvres des factions étrangères. —Le 7 germinal an III, un rassemblement de femmes entoure la salle de l'assemblée; mais quelques dispositions militaires suffisent pour le dissiper. — De nouveaux troubles éclatent dans la matinée du 12 du même mois; des femmes, des hommes, attroupés devant les boutiques des boulangers, se réunissent au son de la caisse, se dirigent sur le lieu où siégeait la Convention, et pénètrent dans l'intérieur de la salle en demandant *du pain et la constitution de 1793* : les députés, comprimés, outragés par ces furieux, restent calmes sur leurs sièges; le président, André Dumont, refuse de mettre leur demande en délibération avant que la salle soit évacuée. Cependant le tocsin du pavillon central des Tuileries avait sonné l'alarme; la générale battait dans tous les quartiers de Paris; bientôt une force imposante se trouve réunie et parvient à délivrer la représentation nationale de l'état d'oppression où elle s'était trouvée pendant plus de quatre heures. Pendant que cela se passait, le représentant Auguis, chargé par le comité de sûreté générale de parcourir différents quartiers de Paris pour y ramener la paix, et qui dans cette mission difficile montra un grand courage et un zèle infatigable, fut attaqué, blessé et retenu prisonnier par les perturbateurs, des mains desquels il parvint difficilement à se tirer.—Ces troubles n'étaient que le prélude d'événements beaucoup plus graves. Le 1er prairial, des rassemblements se forment dans tous les quartiers de Paris; des femmes ivres remplissent, dès l'ouverture de la séance, les tribunes de la Convention et interrompent les délibérations en criant toutes à la fois : *Du pain, du pain!* Le président se couvre et demande l'éloignement des perturbateurs; le tumulte redouble. André Dumont quitte le fauteuil pour aller rédiger l'ordre de faire évacuer de vive force les tribunes; Boissy-d'Anglas le remplace. Louvet demande qu'on fasse arrêter ceux qui poussent des cris séditieux. Le président en donne l'ordre; au même moment la porte de la salle est brisée à coups de hache par les factieux de l'extérieur; l'enceinte de l'assemblée est envahie par une foule d'hommes, de femmes en furie qui repoussent les représentants sur les gradins supérieurs. Le député Féraud essaie de faire rétrograder ces furieux, de les ramener à la raison. La force armée arrive et parvient à faire évacuer la salle; mais bientôt de nouveaux cris se font entendre; des hommes, des femmes, armés de piques, de fusils, forcent une seconde fois les portes, occupent les places des députés, remplissent l'espace qui se trouve entre la tribune du président et les banquettes. Le président Boissy-d'Anglas est mis en joue : l'intrépide Féraud, voyant le danger qui le menace, le couvre de son corps et est atteint d'un coup mortel. Ce brave jeune homme tombe au pied de la tribune; on l'accable d'insultes, de coups de sabre; on le traîne dans un couloir hors de la salle; sa tête est séparée de son corps, placée au bout d'une pique et présentée au président Boissy-d'Anglas qui, à cette horrible vue, frémit et fait une inclination profonde pour honorer la mémoire de son brave collègue tué en le défendant. Boissy-d'Anglas, par son sang-froid, par sa fermeté imperturbable, se montra digne de présider la représentation nationale; son courage sera un des traits notables de notre histoire.

Immédiatement après les événements de prairial, la Convention nationale se livre à la discussion de l'acte constitutionnel qui devint la constitution de l'an III. Les auteurs de cette constitution étaient Lesage, Daunou, Boissy-d'Anglas, Creuzé-Latouche, Berlier, Louvet, La Réveillère-Lépeaux, Lanjuinais, Durand-Maillane, Baudin des Ardennes et Thibaudeau. Elle établit un conseil dit des Cinq-Cents, composé de cinq cents membres, âgés de 30 ans au moins, ayant seul la proposition des lois, se renouvelant par tiers tous les ans; un conseil, dit des Anciens, composé de deux cent cinquante membres, âgés de 40 ans au moins, tous ou veufs ou mariés, et ayant l'approbation des lois, se renouvelant aussi par tiers; un directoire exécutif, composé de cinq membres, âgés de 40 ans au moins, délibérant à la majorité, se renouvelant tous les ans par cinquième, ayant des ministres responsables, promulguant les lois et les faisant exécuter, ayant à sa disposition les forces de terre et de mer, les relations extérieures, la faculté de repousser les premières hostilités, mais ne pouvant faire la guerre sans le consentement du corps législatif. Chaque membre du Directoire présidait pendant trois mois, et avait pendant ce temps la signature et le sceau de l'État. — Le mode de nomination de ces pouvoirs fut le suivant : tous les citoyens âgés de 21 ans se réunissaient de droit en assemblées primaires tous les premiers du mois de prairial, et nommaient des assemblées électorales. Ces assemblées se réunissaient tous les 20 de prairial, et nommaient les deux conseils; les deux conseils nommaient le Directoire.

La constitution de l'an III fut adoptée le 5 fructidor. Un décret du 13 du même mois portait que les deux tiers des membres devant composer les deux conseils seraient pris dans le sein de l'Assemblée nationale. Peu de temps après, la promulgation de ce décret, les éternels ennemis de la France attribuèrent à ce décret les vues les plus sinistres et organisèrent sur un vaste plan un soulèvement général contre le gouvernement conventionnel. Sous différents prétextes les sections de Paris prennent les armes; mais l'assemblée, pour maintenir la liberté de ses délibérations, se fait garder militairement. Des camps sont établis aux portes de Paris; des batteries sont braquées sur les avenues des Tuileries. Malgré ces formidables dispositions défensives, vingt-cinq mille Parisiens prennent position le 12 vendémiaire au soir dans les principaux quartiers. De son côté, la Convention se déclare en permanence, et donne ordre au général Menou de désarmer la section Lepelletier, centre des menées contre-révolutionnaires; mais ce général, après avoir perdu un temps considérable pour faire exécuter ses dispositions, capitule avec les insurgés, qui promettent de se retirer et rentrent quelque temps après dans le lieu de leurs séances. Les comités de la Convention, en apprenant que l'ordre donné au général Menou n'avait pas été exécuté, jugèrent qu'il fallait mettre à la tête de la troupe de ligne un général sûr et énergique. Le choix tomba sur Barras, qu'ils nommèrent général de l'armée de l'intérieur. Ce-

lui-ci demanda pour commandant en second le général de brigade Bonaparte, et ce choix fut approuvé par la Convention. Dans le peu d'heures de nuit qui lui reste, Bonaparte fait avec une merveilleuse rapidité des dispositions, soit d'attaque, soit de défense. Avant l'aurore, quarante pièces de canon sont en batterie au Pont-Tournant, à la tête du pont Louis XVI, à celle du Pont-Royal, au Carrousel, au débouché des rues qui aboutissent aux Tuileries. Le général Danican, commandant des sections, avait réuni plus de trente-six mille hommes. Les forces du général Bonaparte n'excédaient pas huit mille combattants. Lorsque les troupes furent en présence, le général Danican envoya un parlementaire à l'Assemblée pour lui proposer des conditions auxquelles on ne jugea pas à propos de répondre. Toutefois les comités nomment une commission pour aller porter des paroles de paix aux insurgés; mais tout à coup des coups de fusil se font entendre; les chefs de l'insurrection ont ordonné l'attaque. Bonaparte fait aussitôt porter huit cents fusils et autant de gibernes dans une des salles de la Convention, afin qu'en cas de besoin chaque député puisse se transformer en soldat. Ensuite il monte à cheval, fait avancer ses pièces en face de l'église Saint-Roch et ordonne une première décharge : les insurgés répondent par un feu de mousqueterie; une seconde décharge les oblige à se replier. Au même instant, il fait déboucher une troupe de volontaires qui se battent avec la plus grande énergie et qui achèvent de couper la colonne des assaillants qui remplissent la rue Saint-Honoré. Bonaparte, maître du point de partage, tourne alors ses pièces à droite et à gauche, fait lancer une grêle de mitraille dans toute la longueur de la rue, et met les insurgés en déroute. Les plus braves se joignent aux insurgés de la rive gauche de la Seine, et tous avancent en colonne serrée du Pont-Neuf sur le Pont-Royal, en suivant le quai Voltaire. Mais Bonaparte a déjà placé une partie de son artillerie de manière à enfiler le quai par lequel ils arrivent, et en a placé une autre pour les prendre en écharpe; il les laisse avancer, et quand il les voit à portée, il fait mettre le feu aux pièces. Les insurgés se pressent vers le pont pour s'emparer des pièces; une nouvelle décharge les disperse. En moins de deux heures, toutes les avenues du château sont libres. Le lendemain le calme était complètement rétabli.

La Convention n'abusa point de sa victoire; elle n'exerça pas la moindre vengeance. Le 4 brumaire eut lieu la clôture de cette assemblée, après une législature de trois années, un mois et six jours. Malgré les préventions que l'esprit de parti a propagées, malgré la continuité de la calomnie que les partisans de la légitimité ne cessent de reproduire contre les membres de cette assemblée politique, tout en elle porte un caractère de grandeur et de force qui sera honorablement signalé par l'impartiale postérité. Pendant sa longue session, elle a résisté à l'Europe, vaincu ses ennemis, dicté la paix, constitué la république, amené les rois coalisés à la reconnaître et à conclure la paix avec elle, ajouté la Belgique à son territoire, élevé la France au premier rang parmi les nations, triomphé des ennemis de l'intérieur et pacifié la Vendée.

Le Directoire fut installé le 10 brumaire. Sous ce gouvernement, Paris jouit d'une tranquillité dont il était privé depuis longtemps. La rapidité et l'importance des victoires du général Bonaparte en Italie étaient l'objet de l'admiration générale; les institutions de la révolution, par ces conquêtes, semblaient être plus que jamais consolidées; l'organisation des administrations se perfectionnait; tout semblait promettre à la France le triomphe de la raison, de la liberté et un avenir prospère. Mais les ennemis de la révolution conspiraient dans l'ombre et n'attendaient qu'un moment favorable pour faire éclater leurs projets liberticides. Les agents de l'étranger, avec l'or que l'Angleterre prodigua, parvinrent à influencer de toutes parts les élections, en inspirant aux citoyens des craintes chimériques sur le prétendu retour du règne sanglant de 1793. Au moyen de ces manœuvres, de cinquante journaux vendus à Louis XVIII et puissamment secondés par le vote à deux degrés, les ennemis de la patrie jettent dans les deux conseils une faction royaliste et de faux patriotes qui, à l'aide des mots magiques d'*amour de l'ordre*, rallient aisément une foule de députés bien intentionnés, mais obsédés par l'ombre toujours présente d'une terreur que personne ne songe à reproduire. La majorité des deux conseils est donc acquise au prince qui depuis cinq ans pousse l'Europe contre la France, entretient la guerre civile et les conspirations dans l'intérieur. Dès la fin du mois de fructidor une scission est ouverte entre la majorité des conseils et celle du Directoire. Si le parti royaliste, qu'on désignait alors sous le nom des Clichiens, à cause du club que ses affidés tenaient à Clichy, agit avec résolution, la conspiration, déguisée sous le masque de l'intérêt public, renversera sans peine le gouvernement; mais ce serait vainement qu'il entreprendrait de rallier à son triomphe celui de Louis XVIII: le peuple verra avec indifférence, il est vrai, la chute des Directeurs, mais au moindre signe de royauté, il se lèvera, il écrasera les vainqueurs d'un instant. — Cependant les vrais amis de la liberté prenaient des mesures pour déjouer les entreprises du parti contre-révolutionnaire. Le Directoire prend le parti d'attaquer à force ouverte les assemblées contre-révolutionnaires, et fixe le jour de l'exécution. Le 18 fructidor, à trois heures du matin, Augereau fait investir les deux assemblées législatives, pénètre dans le conseil des Cinq-Cents, arrête de sa main son collègue Pichegru et plusieurs représentants, connus par leurs opinions contre-révolutionnaires. Pendant ce temps, les députés des Cinq-Cents qui adhèrent au coup d'état de ce jour, quittent l'enceinte des Tuileries et vont délibérer au théâtre de l'Odéon. Avant la fin du jour, les Directeurs Barthélemy et Carnot sont condamnés à la déportation avec cinquante-trois députés. Le Directoire cassa ensuite les élections de quarante-neuf départements qui avaient donné à la France des représentants ennemis de ses libertés, et déporta en masse quarante-deux rédacteurs ou éditeurs des journaux qui travaillaient au renversement de la république. Pour justifier ce coup d'état, on publia une foule de pièces tendantes à prouver que la plupart des proscrits avaient conspiré en faveur de la royauté, et le peuple, qui se trompe rarement sur la justice d'une bonne œuvre, approuva l'extrême rigueur que nécessitaient les circonstances difficiles où se trouvait le gouvernement. Le coup d'état du 18 fructidor, si diversement jugé par les différents partis, sauva la république, purgea les administrations de tous les hommes qui inclinaient vers le royalisme ou qui le servaient, et affranchit le gouvernement de toutes les lois contre-révolutionnaires rendues depuis l'introduction dans les conseils des ennemis de la révolution.

Le Directoire parvint, après le 18 fructidor, à son maximum de puissance. Pendant quelque temps il n'eut point d'ennemis sous les armes. Délivré de toute opposition intérieure, il imposa la paix continentale à l'Autriche par le traité de Campo-Formio, et à l'Empire par le congrès de Rastadt. La coalition de 1792 et 1793 était dissoute; il ne restait de puissance belligérante que l'Angleterre, dont le cabinet, pour apaiser l'opposition anglaise, fit des propositions de paix; mais les négociations n'étant point sincères, le Directoire ne se laissa pas tromper par les ruses diplomatiques.

Le 15 frimaire an VI, le général Bonaparte, après avoir fait un court séjour au congrès de Rastadt, arriva à Paris et eut le lendemain une audience du Directoire. Le vainqueur de l'Italie et le pacificateur du continent fut reçu avec enthousiasme par la population parisienne. On lui accorda des honneurs que n'avait encore obtenus aucun général républicain : on dressa un autel de la patrie dans le Luxembourg, et il passa sous une voûte de drapeaux conquis en Italie, pour se rendre à la cérémonie triomphale dont il était l'objet. Le 30 floréal ce général partit de Toulon pour la mémorable expédition d'Égypte. L'escadre avait à peine perdu de vue les côtes de la Provence, que déjà se préparait une seconde coalition continentale, dans laquelle entrait la Russie. Bientôt la guerre s'allume avec fureur au-delà des Alpes et en Allemagne; Schérer flétrit, par sa déplorable incapacité, les lauriers de l'armée d'Italie; le Tartare Suwarow envahit la Suisse; toutes nos conquêtes nous échappent; la guerre de l'ouest recommence, et sur divers points éclatent des troubles, des rébellions, excités par les agents de l'étranger et des Bourbons. La république était à deux doigts de sa perte, lorsqu'un estimable citoyen fit parvenir à Bonaparte un message pour l'instruire que de sérieux désastres menaçaient la patrie. Ce général, après avoir défait l'armée ottomane sur le rivage d'Aboukir, se décida à quitter l'Égypte. Laissant à Kléber le commandement de l'armée d'Orient, il traversa sur une frégate la Méditerranée, couverte de vaisseaux anglais, débarque à Fréjus le 17 vendémiaire an VIII, et arrive à Paris le 24 du même mois. Le lendemain de son arrivée, les directeurs Barras, Gohier et Moulins lui firent une visite. Dans la journée il se rendit au Directoire au milieu d'une foule immense et au bruit des acclamations les plus vives, et remit les 100 drapeaux qu'il avait apportés d'Orient.

En partant pour l'expédition d'Égypte, Bonaparte n'avait, pour ainsi dire, laissé au gouvernement d'autre soin que celui de maintenir la paix à l'extérieur. Mais il fallait tenir les rênes de l'État avec unité dans les vues et dans les intentions, et avec une grande fermeté. Barras voulait qu'on flattât tous les partis; Merlin et Treilhard qu'on conduisît les affaires de la république comme autrefois celles d'Athènes et de Rome; Sièyes était d'accord avec tous, ou plutôt il attendait. Le manque d'un plan général et unique dans le Directoire se faisait sentir par des irrésolutions continuelles et des demi-mesures dont les conseils cherchaient à tirer parti pour augmenter leur pouvoir et leur popularité. De ces divisions du Directoire et des conseils, naissait une inquiétude qui tourmentait toutes les classes de la société. Les jacobins rouvraient leur club et les chouans organisaient le brigandage dans vingt départements. Les finances obérées, l'agriculture, le commerce, l'industrie anéantis; la misère du peuple à son comble; le crédit public entièrement perdu; un emprunt forcé et progressif sur toutes les fortunes, tout enfin prouvait le désordre et menaçait l'existence de la république. Nos armées, que le Directoire laissait dans le plus absolu dénûment, chassées de l'Italie, étaient réduites à garder nos frontières de ce côté et la ligne du Rhin. L'état des choses prouva bientôt au spirituel Barras et au diplomate Sièyes que le Directoire touchait à sa fin, et que, pour conserver quelque faible partie du pouvoir, il fallait accélérer sa chute. Alors Barras était en négociation avec les Bourbons; et il avait pour agents son secrétaire Botto, MM. David, Monnier, Eyriès, Guérin et madame Turgy. Il demandait amnistie pour lui et les personnes qu'il désignerait, et une indemnité de douze millions. Le comte de Lille (Louis XVIII) se trouvait alors à Mittau. Les formes usitées à la vieille cour, et l'instruction du comte de Lille de ne point traiter sans l'assentiment de ses alliés, l'empereur Paul Ier et le roi d'Angleterre, amenèrent des longueurs qui firent échouer le projet. Cependant Barras s'était rapproché de Sièyes. Ces deux directeurs ne se cachaient point le péril; ils s'avouaient que la France allait tomber dans la plus cruelle anarchie, et chacune de leurs conférences se terminait par ces mots : « Il faut pourtant chercher un moyen pour sauver la patrie! » Sans s'expliquer davantage il était difficile qu'ils ne s'entendissent. Sièyes devinait son collègue, et son plan ne lui souriait pas. Les directeurs réformateurs dans des vues différentes, Barras croyant avoir suffisamment entraîné Sièyes, s'attachèrent une trentaine de membres des deux conseils, à qui ils firent part, vu la triste situation de la république, de la nécessité de travailler à une réforme générale ou plutôt à un changement de gouvernement : tous entrèrent dans la ligue. On reconnut qu'avant tout il était indispensable d'assurer au parti un chef militaire, connu, aimé du soldat, qui pût entraîner l'armée par son exemple. Barras proposa Moreau et Joubert. Le caractère incertain du premier lui fit préférer le second, jeune, loyal, brave, estimé. Joubert n'ayant pas encore commandé en chef, on lui donna l'armée qui était en Piémont. Bientôt on apprit sa mort. L'embarras des directeurs fut extrême, car on leur donna en même temps la nouvelle qu'un vaisseau parti d'Égypte, et qui portait le général Bonaparte, avait été pris par les Anglais. Ce général était l'homme que désiraient Barras et Sièyes; Barras, parce qu'il croyait pouvoir compter sur celui qui lui devait en quelque sorte son élévation; Sièyes, parce qu'il ne lui supposait que l'ambition d'un soldat. Dans cette extrémité, ils eurent recours à Moreau, et Moreau accepta. Tout à coup on apprend que le général Bonaparte, débarqué à Fréjus, hâte son arrivée à Paris. Dans l'excès de sa joie, Sièyes s'écrie : « La patrie est sauvée! » Et, dans un premier moment de dépit, Moreau reprit : « Vous n'avez plus besoin de moi. Voilà l'homme qu'il vous faut; adressez-vous à lui. » Le général était à peine descendu dans son hôtel que Barras alla le trouver, lui communiqua ses projets et l'engagea à garder le secret à l'égard de Sièyes. Celui-ci, de son côté, dévoila à Bonaparte ce qu'il avait appris à Berlin des projets de son collègue, et il le peignit comme un parjure qui, voyant la république en danger, voulait composer avec ses ennemis. Bonaparte établit aussitôt sa fortune sur cette double confidence. Dans les premiers jours de brumaire, les conjurés se réunirent à un souper chez Mme Tallien. Il fut arrêté que Barras (c'était précisément celui qu'on trompait, il était juste de lui donner le plus beau rôle) serait à la tête du gouvernement provisoire, avec le titre de premier consul, et qu'il aurait pour le seconder Sièyes et Bonaparte, sous la dénomination de deuxième et troisième consuls. Le souper fut extrêmement gai. Barras but amplement, Bonaparte fit semblant de boire, et Sièyes se retrancha sur la délicatesse de sa santé..... Le mouvement fut fixé au 28 brumaire..... Dès le lendemain Bonaparte et Sièyes eurent une entrevue secrète, rue Chantereine, et convinrent de devancer le jour fixé pour la révolution. Bonaparte, qui aimait les rapprochements de date, proposa le 18 brumaire, comme devant être le pendant du 18 fructidor. Cet avis fut adopté par Sièyes. En conséquence, les dénommés ci-après, tant du conseil des Anciens que du conseil des Cinq-Cents, savoir : Lucien Bonaparte, Lemercier, Boulay de la Meurthe, Régnier, Courtois, Cabanis, Villetard, Baraillon, Cornet Fargues, Chazal, Boutteville, Vimar, Fregeville, Goupil-Préfeln, Lerwin, Cornudet, Rousseau, Leharry et Debéloy, se rendirent le 16 brumaire, entre dix et onze heures du matin, chez Lemercier, président du conseil des Anciens, à l'hôtel de Breteuil, près le Manège, et c'est dans cette réunion que le projet de translation des conseils et du Directoire à Saint-Cloud fut définitivement arrêté, et qu'il fut convenu que cette mesure serait proposée par la commission des inspecteurs au conseil des Anciens. Ces hommes se séparèrent après avoir prêté serment de se garder un secret inviolable, et être convenus de voir réciproquement les députés que l'on croyait pouvoir déterminer, par la persuasion ou la crainte, à se prêter aux mesures qu'on venait d'arrêter. La nuit du 17 au 18 fut employée à expédier les lettres de convocation. — Le 18 brumaire, à 8 heures du matin, le conseil des Anciens ouvrit sa séance. Cornet (du Loiret), au nom de la commission des inspecteurs, expose les dangers de la patrie et propose la translation des conseils à Saint-Cloud. Régnier monte à la tribune, appuie la motion de Cornet. Le décret, rendu à une grande majorité, ordonne la translation pour le lendemain; charge le général Bonaparte de prendre les mesures nécessaires pour la sûreté de la représentation nationale; confie au général toutes les troupes qui sont à Paris, et invite tous les citoyens à lui prêter main forte à sa première réquisition. — Des courriers extraordinaires portèrent ce décret dans toutes les communes de la république. — Le général Bonaparte se rendit au conseil, prononça un discours auquel répondit le président, et que les tribunes couvrirent d'applaudissements, et prêta serment. Le même jour il adressa des proclamations à la garde nationale sédentaire et aux soldats composant la force armée de Paris, et fit les nominations suivantes : le général Lefebvre fut son premier lieutenant; Andréossi, chef de l'état-major, ayant sous ses ordres les adjudants-généraux Caffarelli et Doucet; Murat eut la cavalerie et le commandement du palais du conseil des Cinq-Cents; l'artillerie fut confiée à Marmont; Lannes eût le commandement du quartier-général et des Tuileries; Moreau celui du Luxembourg; Serrurier celui de Saint-Cloud, Macdonald celui de Versailles, Morand celui de Paris, et Berruyer conserva celui des Invalides. Dix mille hommes occupèrent l'intérieur des Tuileries.—Barras, après un moment de colère, se détermina à donner sa démission, en disant : « Qu'au surplus, cette révolution était juste et nécessaire; qu'il fallait absolument que l'autorité fût concentrée; que les affaires ne pourraient marcher tant qu'il y aurait à la tête du gouvernement cinq individus qui ne s'aimaient ni ne s'estimaient. » Le général Bonaparte lui donna une escorte pour l'accompagner jusqu'à Grosbois, où il désirait se retirer. Gohier et Moulins s'étaient rendus dans la salle des audiences du Directoire; ils y appellent leurs collègues, qui refusent de venir; ils mandent le secrétaire général Lagarde et le général Lefebvre, qui ne peuvent remplir leurs fonctions, le premier, avec la minorité du Directoire, le second, parce qu'il a un nouveau chef. Moulins effrayé se sauve par le jardin du Luxembourg; Gohier se rend aux Tuileries, signe le décret de translation, refuse les sceaux de l'État, et se retire au Luxembourg, où il est gardé à vue; Sièyes et Roger-Ducos signent également le décret, et donnent aussitôt leur démission. Enfin, dans la matinée, le général Bonaparte avait réuni toutes les troupes sous son commandement, au Champ-de-Mars, et dans une harangue énergique avait exprimé son indignation contre le Directoire.

Le 19, les deux conseils se réunissent à Saint-Cloud; les Anciens dans la grande galerie du château, les Cinq-Cents dans l'Orangerie préparée à cet effet. A dix heures, les Anciens ouvrent leur séance : on s'occupait de discuter une proclamation au peuple, lorsque, suivi d'un nombreux état-major, le général Bonaparte, sans armes, est introduit et obtient la parole. Il fait le tableau de la triste situation de la république, et demande qu'il soit pris de promptes mesures pour la soustraire au danger qui la menace; Cornudet appuie le discours du général, qui se rend ensuite au conseil des Cinq-Cents. Ce conseil s'était assemblé, vers une heure, sous la présidence de Lucien. La lecture du décret de translation, faite par un secrétaire et terminée, Émile Gaudin, jeune patriote d'une grande énergie, expose les dangers de la patrie, et demande qu'une commission de sept membres soit nommée pour faire, séance tenante, un rapport sur l'état de la république, et proposer des mesures de salut public; il réclame en même temps la suspension de la séance jusqu'à la lecture du rapport. La motion de Gaudin est le signal du tumulte. Les républicains se précipitent à la tribune, et jurent de périr à leur poste. Le bureau est enveloppé, la tribune est assaillie, le président menacé; il se couvre; le calme se rétablit un moment. Quelques-uns désirent qu'il soit envoyé un message au conseil des Anciens pour connaître les motifs de la translation. Delbrel veut qu'avant tout il soit prêté par tous, et par appel nominal, serment à la constitution. L'appel nominal a lieu, et le serment est prêté. Crochon propose d'adresser un message au Directoire pour lui annoncer que le conseil est constitué à Saint-Cloud. Darracq réclame l'ordre du jour, et soutient que le Directoire n'existe plus. L'ordre du jour est rejeté. Aréna insiste pour que des courriers extraordinaires portent dans tous les départements la liste des députés qui ont prêté le nouveau serment. En cet instant le conseil des Anciens transmet la démission de Barras. On lit la lettre de ce directeur; cette lecture augmente le désordre. Les uns veulent qu'il soit immédiatement formé une liste décuple pour le remplacement du démissionnaire; d'autres que la démission soit refusée. La confusion devient extrême. La porte s'ouvre. Le général Bonaparte paraît, tête nue, sans armes, suivi de deux grenadiers. Il s'avance vers la tribune. Une commotion violente se manifeste. Tous les députés se lèvent spontanément. On fond, de toutes parts, sur le bureau, on entoure, on presse, on menace le général Bonaparte, qui demande en vain de la voix et du geste à se faire entendre. Au milieu du bruit et des cris, on distingue ces mots : *Hors la loi le dictateur!... A bas le Cromwell!... Hors la loi!...* Les vociférations redoublent. Le tumulte est à son comble. Le général Lefebvre, averti, se précipite dans la salle, suivi de plusieurs grenadiers, en s'écriant : *Sauvons notre général!* Ils l'entraînent hors de l'enceinte.

Le général Bonaparte monte aussitôt à cheval, parcourt les rangs, et dit à ses troupes : « Soldats, une trentaine de factieux ont levé sur moi leurs poignards; ils ont voulu me mettre hors la loi. Hors la loi! moi que tous les rois de l'Europe n'ont jamais pu y mettre! » Les soldats lui répondent par ces cris : *Vive notre général! A bas les assassins!* Il apprend que Lucien, désespérant de ramener le calme, a déclaré se dépouiller de la présidence, et a déposé sur le bureau sa toge, son manteau et son écharpe. Il l'envoie chercher par vingt grenadiers qui le ramènent à l'instant. Des acclamations universelles l'accueillent lorsqu'on le voit descendre du château : *Vive la république! A bas les assassins!* — Lucien, à cheval, fait connaître à tous les soldats qu'une partie de l'assemblée qu'il présidait s'est mise en rébellion contre le conseil des Anciens, et exhorte les soldats à délivrer de leur joug le reste de la représentation nationale. — Le général en chef donne l'ordre de faire évacuer la salle. Les soldats arrivent au pas de charge et pénètrent dans l'intérieur. L'officier qui les commande, élevant la voix, dit : « Citoyens représentants, je vous invite à vous retirer; j'ai ordre de faire évacuer la salle. » Grand nombre de députés vont rejoindre leur président, les autres ne bougent pas. Un second officier monte à la tribune : « Citoyens représentants, » dit-il, « je vous invite à vous retirer ; le général a donné des ordres. » Cette invitation demeurant sans effet, *Grenadiers, en avant!* s'écrie l'officier. Les grenadiers marchent au bruit du tambour ; les députés alors fuient par toutes les issues, et, se croyant toujours poursuivis, jettent dans les jardins, dans les fossés, toutes les marques de leur dignité qui auraient pu les trahir.

Cependant Lucien entre dans la salle du conseil des Anciens, qui avait conservé son attitude imposante. Le député Fargues l'avait précédé ; et le conseil, instruit par lui, savait déjà la tentative d'assassinat commise sur le général. Lucien fait une peinture énergique de tout ce qui s'est passé, et demande que le conseil des Anciens prenne des mesures promptes et efficaces pour sauver la république. Le conseil se forme en comité général. Il entend le rapport de la commission des inspecteurs, qui, considérant le conseil des Anciens comme devenu en quelque sorte la providence de la nation, propose, selon le projet de Sièyes, « la nomination d'une commission exécutive provisoire de trois membres, et l'ajournement du corps législatif au 1er nivôse. » Le conseil n'osait s'arroger une autorité entière. Il décida qu'on attendrait la fin de la journée, espérant que le conseil des Cinq-Cents pourrait encore opérer sa réunion. Elle s'opérait insensiblement au comité des inspecteurs. On fut d'avis de reconstituer le conseil dans le lieu de ses séances, et de ceux présents et de ceux restés dans la commune. La plus grande partie de ses membres reparut donc dans le local d'où on les avait chassés trois heures auparavant.

La séance se rouvre sous la présidence de Lucien. Un message l'annonce aux Anciens. Sur la proposition de Bérenger, ce conseil déclare que le général en chef, les généraux Lefebvre, Murat, Gardanne, les autres officiers-généraux et particuliers dont les noms seront proclamés; les grenadiers du corps législatif et du Directoire, les militaires composant la force armée amenée à Saint-Cloud, ainsi que les grenadiers qui ont couvert le général en chef de leur corps et de leurs armes, ont bien mérité de la patrie. Chazal présente une série de mesures qui sont renvoyées à une commission composée des représentants Boulay (de la Meurthe), Chénier, Chazal, Villetard et Jacqueminot. Lucien quitte le fauteuil, monte à la tribune et fait un tableau affligeant de la situation de la république. Boulay (de la Meurthe), au nom de la commission, prononce un discours tendant à convaincre de la nécessité de modifier la constitution de l'an III. Villetard succède à Boulay, et propose le résultat des délibérations de la commission, lequel présente les dispositions suivantes : Plus de Directoire; élimination de 61 députés de la représentation nationale; création d'une commission consulaire, composée des citoyens Sièyes, Roger-Ducos et du général Bonaparte, sous le nom de consuls de la république française, et investie de tout le pouvoir directorial; ajournement du corps législatif au 1er ventôse; nomination par chaque conseil d'une commission de 25 membres pour remplacer les conseils pendant la durée de l'ajournement. Ce projet de résolution est mis aux voix, adopté sans opposition, et transmis sur-le-champ au conseil des Anciens, où il ne trouve qu'un seul réclamant, Guyomard. Les Anciens l'approuvent donc, et arrêtent une adresse au peuple pour lui faire connaître les événements des deux journées. Les deux conseils s'occupent sans retard de la nomination des 25 membres qui doivent former chaque commission intermédiaire. Sur la proposition de Frégeville, le conseil des Cinq-Cents fait appeler les consuls pour recevoir leur serment. Ils sont introduits; le président leur fait un discours analogue à la circonstance, et les invite à jurer « fidélité inviolable à la souveraineté du peuple, à la république française une et indivisible, à l'égalité, à la liberté et au système représentatif. » Un silence profond succède à ce discours; les consuls prêtent serment, et la séance est levée au milieu des applaudissements universels. Il était alors 2 heures du matin. Revenus au conseil des Anciens, les consuls prêtent le serment, montent au bureau, embrassent le président, et se retirent aux cris de *Vive la république!* Cette séance ne finit que le 20 brumaire, à cinq heures du matin.

Telle fut, dans tous ses détails, cette révolution extraordinaire, la première, mais non pas la dernière, qui ait eu lieu, depuis 1789, sans aucune effusion de sang.

Le gouvernement directorial ne fut qu'un long orage depuis son installation jusqu'à sa chute; et cette période qui pouvait être stérile fut au contraire fertile en heureux résultats. Pendant quatre années, il soutint avec succès l'effort des puissances étrangères, et fit jouir les Français d'une liberté qui ne fut limitée que par les lois. La première exposition publique des produits de l'industrie s'ouvrit sous son administration, le 1er vendémiaire an VIII, jour anniversaire de la fondation de la république. La masse énorme de papier-monnaie émise précédemment fut retirée de la circulation, et le numéraire métallique reparut progressivement. L'octroi de bienfaisance fut fondé; les hôpitaux furent convenablement dotés; les administrations départementales et municipales reçurent une organisation régulière. Le palais du Luxembourg fut restauré, et l'on commença les travaux de la grande avenue de ce jardin; le Muséum d'histoire naturelle reçut un accroissement considérable; plusieurs quais furent rétablis, notamment une grande partie de celui qui longe le cours de la Seine; on vit s'élever les théâtres de la Cité, Olympique et des Victoires nationales, etc., etc.

L'an V vit s'établir à Paris les théophilanthropes, secte nouvelle, plus morale que religieuse, qui prêchait les devoirs des hommes envers leurs semblables, les devoirs des enfants envers leurs parents, des pères envers leurs enfants, les devoirs réciproques des époux, et où on faisait entendre des témoignages de reconnaissance pour l'Être des êtres. La première séance des théophilanthropes se tint le 26 nivôse an V, dans une maison de la rue Saint-Denis, au coin de celle des Lombards. Des inscriptions relatives aux vertus sociales, à la bienfaisance, à la justice, ornaient la salle des réunions, au centre de laquelle s'élevait un autel où était déposée une corbeille de fleurs et de fruits. Un orateur, dans un costume simple, prononçait un discours sur les avantages d'une vie régulière, des actions de bienfaisance et de la pratique des actes de vertu. Après le discours, on chantait des hymnes auxquels se mêlaient les voix des assistants. — Les théophilanthropes s'établirent successivement dans les temples de Saint-Jacques-du-Haut-Pas, de Saint-Sulpice, de Saint-Thomas-d'Aquin, de Saint-Étienne-du-Mont, de Saint-Médard, de Saint-Eustache, de Saint-Germain-l'Auxerrois, etc. Après cinq ans de prospérité, ils furent supprimés par un arrêté du 12 vendémiaire an X, qui leur défendait de se réunir dans les édifices nationaux et particuliers.

Les consuls et les deux commissions furent installés le 21 brumaire. Ce gouvernement provisoire abolit la loi sur les otages et l'emprunt forcé, et permit le retour des prêtres proscrits depuis le 18 fructidor. Ces mesures furent favorablement accueillies; mais l'opinion se révolta d'une proscription exercée contre les républicains les plus avancés : trente-sept d'entre eux furent condamnés à la déportation à la Guyane, et vingt-un mis en surveillance dans le département de la Charente-Inférieure, par un simple arrêté des consuls, qui, reculant bientôt devant leur propre ouvrage, changèrent la déportation en une simple surveillance, qui fut elle-même annulée peu de temps après.

Quarante-cinq jours après le 18 brumaire, fut publiée la constitution de l'an VIII. Cette constitution, œuvre de Sièyes et de Bonaparte, fut faite principalement dans l'intérêt des gouvernants et très-peu dans celui des gouvernés, qui n'y figurent que subsidiairement. Elle dépouilla la nation de ses droits au profit du premier consul; elle créa un sénat conservateur, composé de 80 membres inamovibles, chargé de maintenir ou d'annuler tous les actes qui lui étaient déférés par le tribunat ou par le gouvernement; un tribunat, composé de cent membres, chargé de discuter les projets de loi proposés par le gouvernement; un corps législatif muet, à qui il n'était pas permis de discuter, et dont le rôle se bornait à voter la loi au scrutin secret. Le pouvoir exécutif se composait de trois consuls, nommés pour dix ans. — Cette constitution accordait au premier consul des prérogatives bien supérieures à celles dont jouissaient les deux autres ; elle lui donnait des fonctions et des attributions particulières : il promulguait les lois, nommait seul et révoquait à volonté les membres du conseil d'état, les ministres, les ambassadeurs, les officiers de l'armée de terre et de mer, les juges criminels et civils, etc. Les deuxième et troisième consuls, pour les autres actes du gouvernement, n'avaient que leur voix consultative, et le droit de consigner leurs opinions sur le registre. Le traitement du premier consul était de 500 mille francs, et celui des deux autres de 150 mille francs.

Le nouveau gouvernement s'installa de suite. Bonaparte fut premier consul ; et il s'adjoignit pour second et pour troisième consuls Cambacérès, ex-conventionnel, et Lebrun, ex-constituant. Pour satisfaire au vœu de la république entière, le premier consul fit à l'Angleterre des offres de paix qu'elle refusa. Il réunit aussitôt toutes les forces dont pouvait disposer le gouvernement sur le Rhin et aux Alpes, donne le commandement de l'armée du Rhin à Moreau, marche lui-même en Italie, franchit le grand Saint-Bernard, recueille à Marengo la victoire que vient de lui donner Desaix avec son dernier soupir, et rentre à Paris après une immortelle campagne de quarante jours. On le reçut avec tous les témoignages d'admiration qu'excitaient une si prodigieuse activité et une victoire si décisive. L'enthousiasme fut universel ; il y eut une illumination spontanée, et la foule se porta aux Tuileries pour lui témoigner son admiration.

Tandis que la puissance du premier consul s'affermissait, des piéges mortels lui étaient secrètement tendus à Paris. Deux conspirations éclatèrent à peu d'intervalle l'une de l'autre. La première fut entreprise par quelques républicains énergiques, qui, s'indignant de voir la liberté publique, fruit de tant de travaux et de sacrifices, anéantie par celui qui avait juré de la défendre, prirent la résolution extrême d'affranchir, par un coup violent, la France de la tyrannie naissante de Bonaparte. Les conjurés étaient Ceracchi, Diana, Demerville, Aréna, Daiteg, Lavigne, Topino-Lebrun et la fille Fumey. Les conjurés devaient attaquer le consul et le poignarder en sortant de l'Opéra ; dénoncés par un des leurs, ils furent arrêtés un peu avant le moment fixé pour l'exécution du complot, condamnés et exécutés.—Le royalisme était l'ame de la seconde conspiration : quelques chouans débarqués sur les côtes de France se rendirent secrètement à Paris, et y arrêtèrent un des plus horribles complots dont l'histoire fasse mention. Le 3 nivôse, à huit heures et quelques minutes du soir, le premier consul, entouré de sa garde, sortait des Tuileries pour aller à l'Opéra. Les grenadiers à cheval qui précédaient sa voiture, trouvèrent l'entrée de la rue Saint-Nicaise presque entièrement obstruée, d'un côté par une charrette sur laquelle était un tonneau fortement cerclé en fer et en bois, et rempli (ce qu'on a su depuis) de poudre et de mitraille, et qui, placée en travers, occupait la moitié de la largeur de cette rue, et de l'autre par une voiture de place qu'un grenadier fit avancer. La voiture du premier consul franchit cet étroit passage et continua rapidement sa route. Elle était à peine arrivée dans la rue Richelieu, nommée alors rue de la Loi, qu'une détonation terrible se fait entendre. Des fragments de cheminées, de fenêtres, les vitres, les tuiles pleuvent dans le quartier ; quarante-six maisons de la rue Saint-Nicaise sont rendues inhabitables ; huit personnes sont tuées et vingt-huit blessées. La voiture du premier consul passe rapidement au milieu d'un déluge de feux et de débris sans en être atteinte, et il n'apprend qu'à son arrivée au théâtre le danger qu'il vient de courir.—Le but que se proposaient les auteurs de cette machine infernale fit naître dans toutes les ames honnêtes des sentiments d'indignation, d'horreur et d'effroi. La police attribua cette conspiration aux démocrates ; plusieurs d'entre eux furent mis en prison, et cent trente furent déportés par un simple sénatus-consulte demandé et obtenu de nuit. On découvrit enfin les véritables auteurs du complot, dont quelques-uns furent condamnés à mort.

Les Autrichiens, vaincus à Marengo et défaits en Allemagne par Moreau, se décidèrent à ratifier le traité de Campo-Formio, et la pacification devint bientôt générale par les traités avec le roi de Naples, l'empereur de Russie, la Porte ottomane, et enfin par le traité d'Amiens. La pacification de l'Europe étant terminée, Bonaparte, qui attachait sa gloire à la prospérité de la France, excita le développement de l'industrie, favorisa le commerce extérieur, parcourut les départements, fit creuser des canaux et des ports, élever des monuments et multiplier les communications. A cette époque, qui commençait une ère toute nouvelle, le tribunat, sur la proposition de Chabot (de l'Allier), émit le vœu qu'il fût donné au premier consul un gage éclatant de la reconnaissance nationale : un sénatus-consulte, en date du 8 mai, répondant à ce vœu, nomma Bonaparte consul pour dix années, après les dix fixées par l'acte constitutionnel; mais cette promulgation ne lui parut pas suffisante, et deux mois après un second sénatus-consulte le nomma premier consul à vie.

Sous l'administration de cet homme de génie, la prospérité industrielle et commerciale de la France marchait d'un pas si rapide qu'elle alarma le cabinet britannique. Bientôt l'Angleterre, qui n'avait éprouvé que le besoin d'une suspension d'armes, prépara une troisième coalition. Quelques sujets de plainte s'élevèrent de part et d'autre; les deux cabinets échangèrent plusieurs notes, il y eut plusieurs pourparlers qui n'eurent aucun résultat; enfin, la paix fut définitivement rompue et on se prépara de nouveau à la guerre. La reprise des hostilités encouragea le parti des chouans émigrés, qui ourdit à Londres, du consentement du cabinet britannique, une conspiration ayant pour chefs Pichegru et George Cadoudal, qui débarquèrent sur les côtes de France, arrivèrent secrètement à Paris où ils s'abouchèrent avec le général Moreau, que sa femme avait entraîné dans le parti royaliste. Voici quel était le plan des conjurés : on devait faire revêtir à douze cents chouans l'uniforme des grenadiers de la garde consulaire; un officier de cette garde, qu'on avait su gagner, devait livrer le mot d'ordre et se laisser relever le lendemain à la pointe du jour par les chouans, qui devaient s'emparer du premier consul. Dans le même moment, George et Pichegru, ayant entre eux Moreau, parcourraient les rues de la capitale, et l'on se flattait de renverser sans coup férir le gouvernement consulaire. Mais si les conjurés étaient d'accord sur les moyens d'exécution, ils étaient loin de s'entendre sur le parti que chacun d'eux prétendait tirer de la révolution projetée. Moreau aspirait à la dignité de premier consul; Pichegru semblait vouloir se contenter du rang de second consul; mais George voulait proclamer les Bourbons, appeler le duc d'Enghien qui était prévenu et se tenait aux portes de la France, et accomplir ainsi la restauration. Les conjurés n'ayant pu s'entendre, l'exécution fut remise à quatre jours. Dans l'intervalle, Moreau fut arrêté; on se saisit de Pichegru, de George, et de quarante-cinq de leurs complices; vingt furent condamnés à mort, mais douze seulement, au nombre desquels était George Cadoudal, furent exécutés; Pichegru fut trouvé étranglé dans sa prison; Moreau fut condamné à deux ans de détention, qui se changèrent en bannissement quelque temps après. Pendant que ces événements se passaient à Paris, le duc d'Enghien était au château d'Etteinheim, situé à quatre lieues de Strasbourg. Bonaparte, pour en finir par un terrible exemple avec les conspirations, le fit enlever, conduire à Vincennes, juger en quelques heures par une commission militaire, et fusiller dans les fossés du château.

La guerre avec l'Angleterre et la conspiration de George et de Pichegru servirent d'échelon à Bonaparte pour monter du consulat à l'empire. Le 10 floréal an X, le tribun Curée, inspiré par le second consul Cambacérès, fit la motion de convertir la république en empire, le premier consul en empereur, et de rendre héréditaire cette dignité dans la famille de Napoléon Bonaparte : un seul membre du tribunat, Carnot, ne craignit pas de s'y opposer; tous les autres adoptèrent la proposition. Le 14 floréal, elle fut officiellement transmise au sénat, qui l'adopta à une grande majorité; trois membres seuls, Grégoire, Lambrechts et Garat, refusèrent d'y adhérer.

Proclamé empereur des Français sous le nom de Napoléon Ier, Bonaparte modifia le même jour, par un sénatus-consulte, la constitution. Toute publicité fut détruite : la liberté de la presse avait déjà été soumise à une commission de censure; il ne restait qu'une tribune, elle fut abolie; les séances du tribunat furent partielles et secrètes, comme celles du conseil d'État. Il se composa une cour brillante, et environna le trône nouveau de ce faux éclat qu'on nomme splendeur, de ce luxe qui flatte l'orgueil des hommes puissants, et ravit en admiration les enfants et le vulgaire stupide : l'empire eut des princes français, des grands dignitaires, des maréchaux, des chambellans et des pages. Il fit abattre les arbres de la liberté, enlever l'inscription placée à l'entrée de la cour des Tuileries, qui portait que la royauté ne serait plus rétablie en France, et substitua au titre respectable de citoyen celui insignifiant de monsieur. Passionné par goût ou par calcul pour les cérémonies, il voulut environner d'une pompe et d'un éclat extraordinaires celle de son sacre et de son couronnement. Le pape consentit à venir de Rome à Paris pour présider à cette solennité, dont on fit les préparatifs avec une pompe, une prodigalité sans exemple, et dont les dépenses dépassèrent 85 millions.

Le 11 frimaire an XIII (1er décembre 1804), le canon retentit avant le point du jour pour annoncer aux Parisiens que la royauté, immolée le 21 janvier 1793, était ressuscitée et qu'on allait couronner la première tête d'une dynastie nouvelle. L'église Notre-Dame de Paris fut choisie pour le théâtre principal de cette solennité. L'empereur se rendit à l'église métropolitaine, escorté par sa garde et par sa nouvelle cour; il était placé avec l'impératrice Joséphine dans une voiture surmontée d'une couronne, et traînée par huit chevaux blancs. Il serait difficile d'exprimer l'enthousiasme que fit éclater la population qui se pressait sur le passage du cortège. Le pape, les cardinaux, les archevêques, les évêques et tous les grands corps de l'état, attendaient l'empereur dans la cathédrale, qui avait été magnifiquement ornée pour cette cérémonie extraordinaire. L'empereur et l'impératrice reçurent l'onction sainte. Le nouveau souverain prit sur l'autel la couronne impériale et la posa lui-même sur sa tête ; l'impératrice reçut à genoux une pareille couronne des mains de son époux. « Jamais, dit un auteur moderne, jamais on n'avait vu et jamais, sans doute, on ne reverra la vieille église métropolitaine parée et coquette comme elle l'était au sacre de Napoléon; jamais l'imposante harmonie de Lesueur et de Cherubini ne s'exhalera d'un nombre de voix et d'instruments égal à celui qu'on entendit ce jour-là; jamais on ne reverra tant de velours ornant les piliers gothiques, tant de lampes de vermeil descendant de la voûte, tant de riches tapis étendus sur les dalles, tant de vases précieux étalés sur les autels, tant de lumières étoilant dans l'espace... Et ces galeries aux arceaux sarrasins, aux grêles colonnes, comme les femmes s'y pressaient, jeunes et jolies, parées de couleurs fraîches et éclatantes!... on croyait voir, autour de la nef, une corbeille circulaire remplie de fleurs vivantes. » Cette cérémonie fut suivie d'illuminations, de divertissements, et notamment de beaux discours, abondants en traits adulateurs et vides de sens : le pape n'épargna ni les bénédictions ni les chapelets. Pendant plusieurs jours les fêtes se multiplièrent; mais ces fêtes du pouvoir absolu étaient loin d'offrir cette joie vive, franche, populaire, unanime, de la première fédération du 14 juillet.

Paris jouit d'une prospérité croissante pendant toute la durée de l'Empire. La victoire d'Austerlitz et la paix de Presbourg; les victoires d'Iéna, d'Eylau, de Friedland et la paix de Tilsit; la victoire de Wagram et la paix de Vienne, augmentèrent l'étendue et la puissance de l'Empire; et chaque nouvelle victoire fut l'occasion d'une multitude de fêtes que nous n'entreprendrons point de retracer. Après la paix de Vienne, Napoléon, revêtu du pouvoir absolu et maître du plus vaste empire, aspira à devenir chef de dynastie, sentit le besoin d'appuyer ce pouvoir sur l'avenir et de le transmettre à sa postérité. La stérilité de l'impératrice étant un obstacle à ses vues, il lui fit la proposition de consentir au divorce, et quoique Joséphine en éprouvât une peine cruelle, elle se soumit de bonne foi. Dans une assemblée de famille tenue aux Tuileries, les deux époux déclarèrent leur assentiment au divorce, qui fut prononcé par le sénat le 16 décembre 1809. Moins de deux mois après, la convention du mariage de l'empereur avec l'archiduchesse Marie-Louise fut signée à Vienne. Le mariage civil fut célébré à Saint-Cloud le 1er avril, et le lendemain l'empereur et l'impératrice firent leur entrée à Paris et passèrent sous l'arc de triomphe de l'Étoile, dont la construction, à peine commencée, fut alors revêtue d'une décoration en charpente et en toile peinte, qui représentait cet arc triomphal tel qu'il devait être lorsqu'il serait terminé. Les deux époux se rendirent aux Tuileries, où, dans le second salon du Muséum, on célébra le mariage religieux. Les présents que la ville de Paris offrit à LL. MM. dans cette circonstance furent d'une magnificence admirable: la toilette complète en vermeil, jusqu'au fauteuil et à la psyché, étaient encore plus riches, par l'élégance des formes, la supériorité de la ciselure et le choix des ornements, que par la matière elle-même; les plus grands talents n'avaient pas dédaigné d'en fournir les dessins et de concourir à leur perfection.

Des fêtes splendides furent données à l'occasion de cet hyménée. Afin de laisser à la ville de Paris le temps nécessaire pour les préparer, l'empereur et l'impératrice partirent le 27 avril pour visiter quelques départements du nord; ils furent de retour le 1er du mois de juin, et ce mois fut presque entièrement consacré aux fêtes et réjouissances publiques, qui se terminèrent par une catastrophe épouvantable. — De grands préparatifs avaient été ordonnés par le prince Schwartzenberg, ambassadeur d'Autriche, pour la fête qu'il offrit à LL. MM., le 1er juillet. Le rez-de-chaussée de l'hôtel Montesson, qu'il occupait dans la rue de la

Chaussée-d'Antin, ne se trouvant pas assez vaste, son architecte avait fait construire en bois une grande salle de bal, à laquelle on arrivait à la suite des appartements, par une galerie également en bois. Les plafonds de cette galerie étaient figurés en papiers vernis et parfaitement décorés de peintures et d'ornements. Les planchers de ces deux pièces, élevés au niveau des appartements, étaient placés sur des charpentes; un lustre énorme fut suspendu au plafond de la salle du bal; les deux côtés de la galerie et tout le pourtour de la salle furent éclairés par des demi-lustres appliqués contre les murailles. Une estrade élevée fut réservée pour la famille impériale, au centre du côté droit de la salle, et en face d'une grande porte qui ouvrait sur le jardin. La fête commença par des danses exécutées dans le jardin, au milieu d'une superbe illumination, par les premiers artistes de l'Opéra. On se rendit ensuite dans la salle de bal, où l'on dansait depuis une heure environ, lorsqu'un courant d'air agitant un des rideaux placés aux croisées de la galerie en bois, les poussa contre les bougies, qui malheureusement étaient trop rapprochées; ces rideaux s'enflammèrent. Le comte Dumanoir, chambellan de l'empereur, et M. de Tropbriant essayèrent en vain d'éteindre le feu, qui gagna promptement les plafonds de papiers vernis. En moins de trois minutes, l'incendie, comme une traînée d'artifice, dévora toutes les légères décorations dont la salle était ornée. Le prince de Schwartzenberg oublia toute son inquiétude personnelle et avec un douloureux courage ne s'occupa que de la famille impériale qui se trouva promptement dégagée par une porte qui avait été ménagée derrière l'estrade. Une fois parvenu dans la cour, Napoléon fit avancer les voitures et partit avec l'impératrice. Arrivé à la place Louis XV, il changea de voiture, fit continuer l'impératrice jusqu'à Saint-Cloud, et revint au palais de l'ambassadeur, afin de contribuer par sa présence et par ses ordres à l'efficacité des secours. La frêle construction qui était la proie des flammes fut consumée avant que les pompiers pussent en arrêter les progrès. A peine quelques personnes étaient-elles parvenues dans le jardin que l'on entendit tomber avec fracas le grand lustre; les cris de douleur et d'effroi se mêlèrent à cette scène d'horreur. La foule, qui se pressait et qui s'étouffait elle-même par ses propres efforts, rendait la sortie encore plus difficile; le parquet de cette salle ne put y résister; il s'entr'ouvrit, et des victimes sans nombre y furent écrasées et dévorées par le feu qui les enveloppait de toutes parts. Dans le jardin,... que de cris!... que de larmes!... La mère, avec des sanglots aigus, appelait sa fille, les femmes leurs maris, les maris leurs femmes, les filles leurs mères, l'ami son ami : des plaintes déchirantes étaient les seules réponses à tant d'angoisses et de douleurs. En peu de minutes, les flammes avaient dévoré ce lieu, qui naguère, semblable à un palais enchanté, renfermait l'élite de ce que la France avait de graces et de beauté... Tout à coup, au milieu des débris enflammés et lorsque tout était silencieux comme la mort, on vit s'élancer une femme jeune, belle, d'une taille élégante, couverte de diamants, agitée, poussant des cris douloureux, des cris de mère... Cette désolante apparition fut rapide comme l'éclair qui fend le nuage obscur.... Elle n'était déjà plus cette belle princesse de Schwartzenberg... et sa jeune famille était dans le jardin à l'abri de tout danger!!! — La présence de Napoléon, ses ordres, les secours qu'il fit donner à ceux qui survécurent à de graves blessures, contribuèrent beaucoup à sauver quelques victimes. Le prince Kourakin, vivement pressé dans la foule, accablé de lambeaux enflammés qui tombaient sur lui, dut la vie à son bel habit d'étoffe d'or sur lequel les brûlots glissèrent. Il n'en fut pas moins grièvement blessé, et condamné pendant trois mois à des souffrances cruelles. Le prince de Schwartzenberg, rassuré sur le sort de la famille impériale, se livra à toute sa douleur et fit tout ce qu'il était possible de faire. De grosses larmes coulaient de ses yeux. Il fut tellement occupé des malheurs des autres qu'il ne voyait pas sa famille réunie autour de lui... Il ne voyait que ce qui lui manquait... son infortunée belle-sœur... Désolé, malheureux autant qu'on peut l'être, il conserva toute sa vie un sentiment de tristesse et de mélancolie. Alors on se rappela avec effroi que les fêtes pour le mariage de Louis XVI, encore dauphin, furent changées en jours de deuil, et l'on fut plus que jamais tenté de penser que la Providence réserve ses plus grandes catastrophes aux fortunes les plus grandes.

Le 14 juillet 1810, le jury institué par Napoléon pour le jugement des ouvrages qui devaient obtenir des prix décennaux fit son rapport. Le premier grand prix d'analyse pure fut accordé à Lagrange pour son ouvrage intitulé Calcul des fonctions.—Laplace, auteur de la Mécanique céleste, eut le second prix.—Berthollet, auteur de la Statistique chimique, eut le troisième grand prix.—Cuvier eut le quatrième grand prix pour ses leçons d'anatomie. — Montgolfier eut le cinquième grand prix pour son bélier hydraulique. —Les propriétaires de l'établissement agricole *Mondria de Chivas* (dép. de la Loire) obtinrent le sixième grand prix. —M. Oberkampf eut le septième grand prix. —Le premier grand prix de seconde classe fut obtenu par M. Berthollet pour son traité de l'Art de la teinture.—Les autres prix furent obtenus par MM. Tranchot, auteur de la carte des quatre départements réunis sur la rive gauche du Rhin; Raynouard, auteur de la tragédie des Templiers; Saint-Lambert, auteur du Catéchisme universel; Delille, auteur du poëme de l'Imagination; Jouy, auteur du poëme de la Vestale; Rulhières, auteur de l'Histoire de l'anarchie de Pologne; Tissot, auteur de la traduction en vers des Églogues de Virgile; Coray, traducteur du traité d'Hippocrate sur l'air, les lieux et les eaux; Sédillot, traducteur du manuscrit d'Aboul-Hassan sur l'astronomie des Arabes; de Chezy, traducteur du poëme persan de Medjnoun et Leïla, de Djamy; de Sacy, auteur de la Chrestomathie. Girodet et David obtinrent chacun un prix pour leurs tableaux du Déluge et du Sacre; Chaudet eut le prix de sculpture pour la statue de l'empereur, et Lemot pour le bas-relief du grand fronton de la colonnade du Louvre. Les prix d'architecture furent obtenus par MM. Percier et Fontaine, auteurs de l'arc de triomphe du Carrousel. Le prix de gravure fut donné à Bervic, auteur de la Déjanire, celui de gravure en pierres fines à M. Jeuffroy, etc., etc.

Le 20 mars 1811, l'impératrice mit au monde un fils à qui Napoléon donna le nom de roi de Rome. La ville de Paris célébra sa naissance par des fêtes magnifiques, et fit présent au jeune roi d'un berceau en vermeil, figurant un vaisseau, emblème des armes de cette capitale.

Vers la même époque, la Russie, au mépris des traités, renoua ses relations commerciales avec la Grande-Bretagne. Le restant de l'année se passa en négociations qui n'aboutirent à rien, et, de part et d'autre, on se prépara à la guerre. Le 9 mai 1812, Napoléon partit des Tuileries et se dirigea sur Dresde, Kœnigsberg et le Niémen. Le 7 septembre se donna la bataille meurtrière de la Moscowa, où quatre-vingt mille hommes furent mis hors de combat, et le 14 du même mois, l'avant-garde de la grande armée entra à Moscou.

Tandis que dans cette capitale, qui devenait la proie de l'incendie allumé par les Russes, Napoléon hésitait entre la continuation de son expédition ou un retour sur ses pas, éclatait à Paris une conspiration dont le succès, quoique de peu de durée, ne laissait pas d'être inquiétant. Le général Mallet, qui déjà en Espagne avait conspiré contre l'empereur, et était pour cette cause en état d'arrestation à Paris, après s'être muni d'ordres et d'autres écrits qu'il avait fabriqués, et s'être échappé du lieu où il était retenu, se présente à la prison de la Force, vêtu de son uniforme de général de brigade; il s'annonce comme porteur d'ordres du sénat, met en liberté les généraux La Horie et Guidal, déclare que le 7 octobre l'empereur est mort devant Moscou, et sort avec ces deux généraux. Ainsi accompagné, il va au premier corps-de-garde, et répétant la nouvelle de la mort de l'empereur, ordonne aux soldats de se lever et de le suivre. Il dirige un détachement commandé par le général La Horie sur l'hôtel du ministre de la police, qui enlève ce ministre et le conduit à la prison de la Force; il envoie un autre détachement commandé par le général Guidal chez le préfet de police, qui est saisi et conduit pareillement à la Force. Après ces exploits, Mallet va s'installer au quartier général de la place Vendôme. Le général Hulin, chef de la force armée de Paris, veut s'opposer à son entreprise, Mallet lui tire un coup de pistolet qui le blesse grièvement à la mâchoire. Muni de son ordre du sénat, qui annonçait la mort de Napoléon et ordonnait l'établissement d'un gouvernement provisoire, Mallet compose le gouvernement, nomme des ministres, et c'est en montrant cet ordre qu'il entraîne plusieurs militaires, et qu'il trompe même le préfet du département, M. Frochot, et plusieurs de ses employés. Mais bientôt les premières autorités de Paris, instruites de ce qui se passait, prennent des mesures promptes pour arrêter le mouvement insurrectionnel; des détachements de la garde impériale et le chef de bataillon Laborde se saisissent de Mallet, le reconduisent dans sa prison, et tout rentre dans l'ordre. Les généraux Mallet, Guidal et La Horie furent traduits le 29 octobre devant un conseil de guerre, condamnés à mort, et fusillés le lendemain dans la plaine de Grenelle; plusieurs autres officiers, entraînés dans cette conspiration, subirent le même sort.

Le 18 décembre suivant, Napoléon, que les désastres de la campagne de Russie avaient forcé à la retraite, arriva à Paris et destitua le comte Frochot de ses fonctions de préfet de la Seine. Il obtint une levée de trois cent mille hommes, donna l'élan des sacrifices, et refit en peu de temps, avec sa prodigieuse activité, une nouvelle armée.— Bientôt l'Empire est envahi sur tous les points. Napoléon, avant de se remettre en campagne, veut se concilier la confiance des députés des départements ; l'ouverture du corps législatif venait d'avoir lieu ; il n'a pu leur annoncer la paix, il veut du moins les convaincre qu'il a fait ce qui dépendait de lui pour la négocier ; mais sa parole ne suffit plus : il se croit obligé de communiquer les pièces à une commission tirée du sénat et du corps législatif. MM. de Lacépède, Talleyrand, Fontanes, Saint-Marsan, Barbé-Marbois et Beurnonville, sont les commissaires du sénat ; MM. Raynouard, Lainé, Gallois, Flaugergues, Maine de Biran et le duc de Massa sont les commissaires du corps législatif. Ils se réunissent le 4 décembre chez l'archi-chancelier ; les conseillers d'état Regnault de Saint-Jean-d'Angely et d'Hauterive leur communiquent les pièces. En prouvant que le gouvernement a fait tout ce qu'il pouvait pour négocier, Napoléon avait espéré qu'un cri d'honneur en appellerait aux armes ; mais le sénat, sur le rapport de ses commissaires, le prie de faire un dernier effort pour obtenir la paix. Le corps législatif se prête encore moins que le sénat à donner son assentiment au parti énergique que Napoléon veut tenter pour sauver la France. Sur la proposition du député Lainé, rapporteur des commissaires, l'assemblée exige que le gouvernement se lie pour l'avenir par des engagements qui sont la censure du passé. On ne peut refuser ouvertement de combattre pour l'intégrité du territoire, mais on profite de l'urgence des besoins pour demander des garanties de liberté et de sûreté individuelle ; demandes très-justes, mais que les circonstances rendaient intempestives. Ainsi donc, au lieu d'un concert de zèle et de dévouement contre l'ennemi commun, Napoléon n'entend que des murmures et des reproches. On savait que l'Angleterre pratiquait des intelligences dans nos provinces, notamment à Bordeaux, et qu'elle s'efforçait de réveiller partout les espérances des vieux partisans de la maison de Bourbon. Ces renseignements rendaient l'opposition inopinée du corps législatif plus grave et plus embarrassante. Le temps, qui éclaircit tout, et l'ivresse du succès, qui est toujours indiscrète, révèleront un jour cette conjuration ; alors la police ne la connaissait qu'imparfaitement. Toutefois Napoléon ne peut s'empêcher de reconnaître dans ce qui se passe autour de lui une intrigue liée par des factieux. Cédant à ses soupçons, il prend le parti de dissoudre le corps législatif, et, dans l'audience de congé qu'il donne aux députés, il laisse échapper l'expression de son vif mécontentement : « Je vous avais « appelés pour m'aider, » leur dit-il, « et vous « êtes venus dire et faire ce qu'il fallait pour « seconder l'étranger ; au lieu de nous réunir, « vous nous divisez. Ignorez-vous que, dans « une monarchie, le trône et la personne « du monarque ne se séparent point ? Qu'est-« ce qu'un trône ? un morceau de bois cou-« vert d'un morceau de velours ; mais dans « la langue monarchique, le trône c'est moi ! « Vous parlez du peuple ; ignorez-vous que « c'est moi qui le représente par-dessus tout ? « On ne peut m'attaquer sans attaquer la « nation elle-même. S'il y a des abus, est-« ce le moment de me venir faire des re-« montrances, quand deux cent mille Co-« saques franchissent nos frontières ? Est-ce « le moment de venir disputer sur les liber-« tés et les sûretés individuelles, quand il « s'agit de sauver la liberté politique et « l'indépendance nationale ? Vos idéologues « demandent des garanties contre le pou-« voir : dans ce moment toute la France ne « m'en demande que contre l'ennemi... « Vous avez été entraînés par des gens dé-« voués à l'Angleterre ; et M. Lainé, votre « rapporteur, est un méchant homme. » Peu de jours après, l'empereur partit pour aller se mettre à la tête de ses valeureuses et fidèles phalanges. Au moment où il quitta Paris, les deux armées de Schwartzenberg et de Blücher étaient sur le point d'opérer leur jonction dans la Champagne. Privé de l'appui du peuple, qui demeurait en observation, Napoléon restait seul contre l'Europe entière, avec une poignée de vieux soldats et son génie, qui n'avait rien perdu de son audace et de sa vigueur. Il est beau de le voir, dans ce moment, non plus oppresseur, non plus conquérant, défendre pied à pied, par de nouvelles victoires, le sol de la patrie en même temps que son empire et sa renommée. Il marcha en Champagne contre les deux grandes armées ennemies. Le général Maisons était chargé d'arrêter Bernadotte en Belgique ; Augereau, les Autrichiens à Lyon ; Soult, les

Anglais sur la frontière d'Espagne. Le prince Eugène devait défendre l'Italie; et l'Empire, quoique envahi au centre, étendait encore ses vastes bras jusqu'au fond de l'Allemagne par ses garnisons d'outre-Rhin. Napoléon ne désespéra point de rejeter, au moyen d'une puissante réaction militaire, cette foule d'ennemis hors de la France, et de reporter ses drapeaux sur le territoire étranger. Il se plaça habilement entre Blücher, qui descendait la Marne, et Schwartzenberg, qui descendait la Seine; il courut de l'une de ces armées à l'autre, et les battit tour à tour. Blücher fut écrasé à Champ-Aubert, à Montmirail, à Château-Thierry, à Vauchamps; et lorsque son armée eut été détruite, Napoléon revint sur la Seine, culbuta les Autrichiens à Montereau, et les chassa devant lui. Ses combinaisons furent si fortes, son activité si grande et ses coups si sûrs, qu'il parut sur le point d'atteindre la désorganisation entière de ces deux formidables armées, et d'anéantir avec elles la coalition.

Mais, s'il était vainqueur partout où il se portait, l'ennemi gagnait du terrain partout où il n'était pas. Les Anglais étaient entrés dans Bordeaux, qui s'était prononcé pour la famille des Bourbons; les Autrichiens occupaient Lyon; l'armée de la Belgique s'était réunie aux débris de celle de Blücher, qui paraissait de nouveau sur les derrières de Napoléon. La défection s'introduisait dans sa propre famille, et Murat venait de répéter, en Italie, la conduite de Bernadotte, en accédant à la coalition. Les grands-officiers de l'Empire le servaient encore, mais mollement, et il ne retrouvait de l'ardeur et une fidélité à l'épreuve que dans les généraux inférieurs et dans ses infatigables soldats. Napoléon avait de nouveau marché sur Blücher, qui lui échappa trois fois: sur la gauche de la Marne, par un gelée subite qui raffermit les boues au milieu desquelles les Prussiens s'étaient engagés et devaient périr; sur l'Aisne, par la défection de Soissons, qui leur ouvrit passage au moment où il ne leur restait pas une issue pour s'échapper; à Craon, par la faute du duc de Raguse, qui empêcha de livrer une bataille décisive, en se laissant enlever dans une surprise de nuit. Après tant de fatalités, qui déconcertaient ses plans, les plans les plus sûrs, Napoléon, mal soutenu de ses généraux, et débordé par la coalition, conçut le hardi dessein de se porter sur Saint-Dizier pour fermer à l'ennemi la sortie de la France. Cette marche audacieuse et pleine de génie ébranla un instant les généraux confédérés, auxquels elle devait interdire toute retraite; mais, excités par de secrets encouragements, sans s'inquiéter de leurs derrières, ils s'avancèrent sur Paris.

Cette grande ville, la seule des capitales du continent qui n'eût point été envahie, vit déboucher dans ses plaines les troupes de toute l'Europe, et fut sur le point de subir l'humiliation commune. Elle était abandonnée à elle-même. L'impératrice, nommée régente quelques mois auparavant, venait de la quitter et de se rendre à Blois. Napoléon était loin. Il n'y avait pas ce désespoir et ce mouvement de liberté qui, seuls, portent les peuples à la résistance; la guerre ne se faisait plus aux nations, mais aux gouvernements, et l'empereur avait placé tout l'intérêt public en lui seul, et tous ses moyens de défense dans des troupes mécaniques. La fatigue était grande; un sentiment d'orgueil, de bien juste orgueil, rendait seul douloureuse l'approche de l'étranger, et serrait tout cœur français en voyant le sol national foulé par des armées si long-temps vaincues; mais ce sentiment n'était pas assez fort pour soulever la masse de la population contre l'ennemi, et les intrigues du parti royaliste, à la tête duquel s'était placé le prince de Bénévent, l'appelaient dans la capitale.

Cependant on se battit le 30 mars sous les murs de Paris; mais le 31, les portes en furent ouvertes aux confédérés. A midi, l'empereur Alexandre, le roi de Prusse, et le généralissime Schwartzenberg, font leur entrée dans la capitale, à la tête d'une partie de leurs troupes. Le peuple garde un morne silence, en voyant défiler l'étranger dans ses murs. Mais dans les beaux quartiers, des rubans, des fleurs, des couronnes pleuvent sur les hordes du Nord; des femmes élégantes étalent sur les balcons leurs parures et font insulter leur sourire sacrilège par ceux-là mêmes qu'elles célèbrent: on voudrait pouvoir douter d'un tel avilissement!... Toutefois, l'intrépide population des faubourgs, surtout celle qui avait si vaillamment concouru la veille à la défense de la ville, conserva devant les soldats étrangers une expression de physionomie assez hostile pour leur inspirer de l'inquiétude; il est même hors de doute que si elle avait cru pouvoir compter être secondée par la bourgeoisie, elle les aurait attaquées dans les rues et sur les boulevards.

Le sénat consomma la grande défection

impériale, en abandonnant son ancien maître ; il était dirigé par le prince Talleyrand, qui se trouvait depuis peu dans la disgrace de l'empereur. Cet acteur obligé de toute crise de pouvoir venait de se déclarer contre lui. Le sénat, sous son influence, nomma un gouvernement provisoire, déclara Napoléon déchu du trône, le droit d'hérédité aboli dans sa famille, le peuple français et l'armée déliés envers lui du serment de fidélité. Il proclama tyran celui dont il avait facilité le despotisme par ses longues adulations.

Cependant Napoléon, pressé par ses alentours de secourir la capitale, avait abandonné sa marche sur Saint-Dizier, et accourait à la tête de cinquante mille hommes, espérant y empêcher encore l'entrée de l'ennemi. Mais en arrivant le 1er avril, il apprit la capitulation de la veille, et il se concentra sur Fontainebleau, où il fut instruit de la défection du sénat et de sa déchéance. Voyant alors tout plier autour de lui sous sa mauvaise fortune, il se décida à abdiquer. Le 20 avril à midi, Napoléon partit de Fontainebleau pour se rendre à l'île d'Elbe. Avant de monter en voiture il fit ses adieux à sa garde par un discours touchant qui se termine par ces mots : « Adieu, mes enfants. Je voudrais vous presser tous sur mon cœur. Que j'embrasse au moins votre drapeau ! »

Ainsi tomba ce colosse qui pendant quinze années remplit l'Europe de sa renommée, et dont la grande figure historique vivra éternellement dans l'imagination des hommes. Ce héros sera dignement apprécié par la postérité, lorsqu'on le comparera à ceux qui l'ont précédé et à ceux qui viendront après lui : guerre, diplomatie, organisation intérieure, institutions diverses, finances, législation, agriculture, industrie, sciences, lettres, arts, tout reçut l'impulsion de son génie. A travers les désastreux résultats de son système, il donna une prodigieuse impulsion au continent ; ses armées ont porté derrière elles les usages, les idées et la civilisation plus avancée de la France ; les sociétés européennes ont été remuées jusque dans leurs vieux fondements ; les peuples se sont mêlés par de fréquentes communications ; les ponts jetés sur les fleuves et les grandes routes pratiquées au milieu des Alpes, des Apennins et des Pyrénées, ont rapproché les territoires, et Napoléon fit par ces moyens pour le matériel des états, ce que la révolution avait fait pour l'esprit des hommes. — Ce grand génie des temps modernes suspendit aux voûtes de nos temples les drapeaux de toutes les puissances du continent ; il vit les papes, les empereurs et les rois briguer dans ses antichambres la faveur de ses courtisans ; il prodigua les édifices que réclamait l'utilité et accorda tous ceux que désirait l'embellissement des villes du vaste empire soumis à sa domination. Qui peut dire où se seraient élevées les créations de ce génie, si la fortune des rois vaincus dans cent batailles ne se fût résignée à combattre au nom de la liberté des nations l'homme qui avait révélé à l'univers le secret de la force des nations armées au nom de la liberté ? Dans un espace de dix à douze années, il fit élever dans la seule ville de Paris un grand nombre de monuments, plus magnifiques les uns que les autres, sans qu'il en coûtât rien au trésor public ; la liste civile et le domaine extraordinaire pourvurent à tous les frais. Toutes les maisons qui existaient encore sur les ponts et sur les bords des quais disparurent ; on jouit dans sa totalité de l'aspect du cours de la Seine ; quinze cents toises de nouveaux quais tinrent plus long-temps ses eaux captives ; des ports magnifiques y facilitèrent le commerce ; les ponts d'Austerlitz, de la Cité, des Arts, d'Iéna, unirent les rives du fleuve devant le jardin des Plantes, l'île Saint-Louis à la Cité, le Louvre à l'Institut, le quai de Chaillot au Champ-de-Mars. De toutes parts des rues nouvelles sont percées, un quartier brillant s'élève depuis la rue de Rivoli jusqu'aux vieux boulevards. Le canal de l'Ourcq se commence pour amener les eaux de cette rivière de quinze lieues sur le plateau de la Villette, à quatre-vingt-trois pieds au-dessus du niveau de la Seine ; les fontaines abondantes de Desaix, de l'École de Médecine, de l'Esplanade des Invalides, du marché Saint-Honoré, du Châtelet, de Popincourt, du Gros-Caillou, du marché Saint-Germain, de la place Royale, du marché aux fleurs, et plusieurs autres, jaillissent à Paris. Des halles vastes et commodes s'élèvent tout à la fois pour le commerce des vins, de la volaille, du gibier et la vente des effets de hasard ; en même temps l'on construit les marchés Saint-Martin, des Blancs-Manteaux, Saint-Germain et des Carmes. Cinq abattoirs, placés aux extrémités de la ville, la délivrent du dangereux passage des animaux de boucherie, de la vue hideuse de leur sang souillant les ruisseaux de leur voisinage, des miasmes délétères s'exhalant des tueries. Un vaste grenier de réserve se construit; le Louvre s'achève; il reçoit dans son musée les chefs-d'œuvre de peinture et de sculpture conquis dans l'Europe entière, qui viennent s'y réunir aux meilleures productions de l'école française. La place du Carrousel est débarrassée des masures qui l'obstruaient, quinze mille hommes peuvent y manœuvrer, un arc de triomphe y sert d'accès au château des Tuileries, une grille permet d'en considérer l'ensemble, une nouvelle galerie commence de s'y prolonger vers le Louvre; le jardin des Tuileries est embelli : on aperçoit par la rue Castiglione une colonne triomphale magnifique, élevée à la gloire de l'armée française, s'élevant sur la place Vendôme; sur l'autre rive de la Seine, un portique superbe annonçant la salle des séances du corps législatif. Le palais du Luxembourg recouvre l'éclat de sa fraîcheur primitive, son intérieur embelli étonne par sa magnificence; ses tristes jardins prennent l'aspect le plus riant, une longue avenue les unit à l'Observatoire. Les fondements d'un palais pour la bourse et le tribunal de commerce sont jetés; la banque de France s'établit sur des bases solides; les églises, dévastées pendant la tourmente de l'état, commencent à se réparer et s'embellir; l'archevêché s'agrandit. Le Muséum le plus riche et le plus superbe de l'univers offre à l'admiration des Français et des étrangers les chefs-d'œuvre des grands maîtres de toutes les écoles. Le Panthéon est restauré. Le conservatoire de musique et l'hospice des incurables sont fondés, etc., etc. L'histoire dira que tout cela fut accompli au milieu de guerres continuelles, sans aucun emprunt, et même lorsque la dette publique diminuait tous les jours, et qu'on avait allégé les taxes de près de cinquante millions. Des sommes considérables demeuraient encore dans le trésor particulier de l'empereur: elles lui étaient assurées par le traité de Fontainebleau, comme résultant des épargnes de sa liste civile et de ses autres revenus privés; elles furent partagées, et n'allèrent pas entièrement dans le trésor public, ni entièrement dans celui de la France!!!

Voici l'état exact des travaux et des embellissements de Paris, à l'époque du 1er janvier 1812; c'est la copie fidèle de celui qui fut présenté par le ministre de l'intérieur. Ces grandeurs monumentales dépassaient par leur nombre, leur dépense et leur immensité, tout ce qui avait été fait jusqu'alors, et cependant toutes ces créations sont beaucoup moins considérables et bien moins importantes que celles dont tout l'Empire se couvrit sous le règne de Napoléon.

DÉSIGNATION des TRAVAUX.	ESTIMA-TION.	SOMMES dépensées.
Arc de l'Étoile............	9,000,000	2,486,000
Abattoirs de Mousseaux.	1,800,000	324,000
Temple de la Madeleine.	8,000,000	1,612,000
Marché des Jacobins....	652,000	220,000
Statue Desaix. Réparation	200,000	10,000
Magasin de l'Opéra.....	150,000	190,000
Bourse.................	6,000,000	1,685,000
Conservatoire de musiq.	690,000	350,000
Abattoir Rochechouart..	3,500,000	868,000
Abattoir Popincourt...	3,200,000	375,000
Aqueduc de l'Ourcq...	1,350,000	1,350,000
Fontaine de Bondy....	200,000	200,000
Fontaine pl. des Vosges.	107,000	107,000
Aqueducs dans Paris...	140,000	440,000
Marché St.-Martin.....	60,500	60,000
Marché des Innocents..	170,800	902,000
Marché du Temple.....	300,000	454,000
Halle aux grains.......	3,100,000	456,888
Grande Halle...	95,000	
Palais du Temple......	500,000	
Greniers de réserve....	8,000,000	1,325,000
Fontaine de la Bastille.	2,500,000	285,000
Modèle de l'éléphant...	600,000	
Gare de l'Arsenal.....	314,000	314,000
Quai de la Rapée.....	494,000	20,000
Canal de St.-Maur....	2,400,000	755,000
Abattoir de l'Hôpital...	1,800,000	243,000
Halle aux vins.........	10,500,000	1,295,000
Marché de la pl. Maubert.	248,000	
Panthéon..............	2,300,000	1,644,000
Observatoire...........	300,000	35,000
Notre-Dame...........	200,000	
Halle à la volaille......	1,438,000	888,000
Quai Montebello......	687,000	150,000
Pont St.-Michel.......	253,000	150,000
Obélisque du Pont-Neuf.	5,300,000	776,958
Rue d'Ulm.............	114,595	114,595
Rue de Tournon.......	1,305,000	1,038,000
Marché St.-Germain...	406,000	200,000
Pont de la Concorde...	478,000	178,000
Quai des Invalides.....		1,284,000
Abattoir de Grenelle..	2,500,000	238,000
Pont d'Iéna...........	6,156,000	3,354,000
Église de St.-Denis....	2,450,000	1,793,000
Hôtel des Postes, rue de Rivoli...............	6,000,000	
	96,167,895	26,451,741

Après l'abdication de Napoléon, quelques jours suffirent aux coalisés pour préparer le retour des Bourbons; déjà le 12 avril, le comte d'Artois avait été reçu aux portes de Paris par le gouvernement provisoire et par plusieurs maréchaux et officiers généraux. Le 23 avril, ce prince signa la convention de Paris, par laquelle il abandonna aux étrangers cinquante-deux places fortes, douze mille pièces de canon, vingt-cinq vaisseaux de ligne, trente frégates, pour un milliard d'approvisionnements; en un mot, le fruit de vingt années de gloire. Le 3 mai, Louis XVIII fit son entrée dans la capitale, d'où, sans tenir compte de vingt-cinq ans de notre histoire, il date ses ordonnances de la dix-neuvième année de son règne. Le 30 du même mois, il signe l'infâme convention du 23 avril, et consomme la honte de la France, en lui enlevant ses limites naturelles. Le 4 juin, il fait *concession* de la charte constitutionnelle; mais bientôt les premiers actes de la nouvelle royauté démontrèrent clairement l'intention de reconstituer la monarchie absolue; la garde nationale fut démobilisée, et la nomination des officiers fut attribuée au roi; un projet restrictif de la liberté de la presse fut présenté aux chambres et servilement adopté; l'anathème est prononcé par les prêtres sur le protestantisme; sept à huit mille officiers pris parmi les chouans et les émigrés imposés à l'armée, dont les vieux officiers sont abreuvés de dégoûts et de vexations; on rétablit les gardes-du-corps, les mousquetaires noirs et gris, les chevau-légers, les cent-suisses; les fêtes religieuses sont observées avec une extrême rigueur, et des amendes redoublées pèsent sur les malheureux commerçants qui se permettent d'entr'ouvrir leurs magasins le dimanche ou les jours de fêtes; on parle ouvertement de remettre en discussion l'inviolabilité des biens nationaux. Le peuple, qui s'était flatté que le besoin d'union et de paix aurait engagé les Bourbons à suivre une politique différente, récapitule tous ces griefs, et l'indignation nationale se soulève contre un gouvernement imposé par l'ennemi. Napoléon, qui aperçoit et juge la situation réelle de la France, s'élance de l'île d'Elbe, entouré d'une poignée de braves; il touche le sol de la Provence; la population devient son cortège de triomphe; il trouve les éléments d'une armée partout où se rencontrent des soldats, et arrive à Paris, porté sur les bras d'un peuple enivré. Louis XVIII, abandonné des défenseurs du trône et de l'autel, avait quitté cette capitale la veille pour se réfugier à Gand.

Aussitôt son arrivée, l'empereur, qui ne se faisait point illusion sur les desseins des puissances étrangères, s'occupa avec une incroyable activité de se composer une armée. Une chambre de représentants librement élue est convoquée, et se compose d'une majorité loyale dans sa popularité. Une assemblée du champ-de-mai fut convoquée pour le 1er juin; elle avait pour but de faire accepter l'acte additionnel aux constitutionnels de l'Empire par les électeurs de tous les départements de la France, et de recevoir les serments des députations des différents corps de l'armée et de la garde nationale pour le soutien et la défense de ce même acte. Le 31 mai au soir, 100 coups de canon annoncèrent la cérémonie du lendemain; une pareille salve fut répétée le 1er juin au matin. Un vaste édifice en charpente avait été élevé en face de l'École militaire. L'amphithéâtre du pourtour avait été destiné aux électeurs, aux membres de la chambre des représentants, aux députations des différents corps de l'armée. Des tribunes avaient été réservées à la reine Hortense, à ses enfants, aux grands dignitaires, aux autorités constituées de la ville de Paris. La garde impériale, les troupes de ligne, formant 50,000 hommes et 48 bataillons, avaient été distribuées en carré dans le Champ-de-Mars. A midi un quart, une salve d'artillerie annonça la sortie du cortège impérial des Tuileries; une demi-heure après, une autre salve annonça son entrée au Champ-de-Mars. L'empereur était dans la voiture du sacre, traînée par 8 chevaux blancs richement enharnachés. Il se plaça sur son trône et la cérémonie religieuse commença. Les grands-officiers de la couronne se rangèrent sur les marches du trône. La messe finie, les députations centrales des électeurs s'avancèrent sur le terre-plein où le trône était élevé, et M. Duboys, député d'Angers, prononça un discours à la suite duquel on présenta à l'empereur le résultat des votes et l'acceptation de l'acte additionnel. L'empereur y apposa sa signature, et, se tournant vers les électeurs, prononça un discours commençant ainsi : « Empereur, consul, soldat, je tiens tout du peuple; dans la prospérité, dans l'adversité, sur le champ de bataille, au conseil, sur le trône; dans l'exil, la France a été l'objet unique de mes pensées et de mes actions, etc.; » et finissant de la manière suivante : « Français! ma volonté est celle du peuple, mes droits sont les siens; mon honneur, ma gloire, mon bonheur ne peuvent être autres que l'honneur, la gloire et le bonheur de la France! » A peine l'empereur eut-il fini son discours qu'il fut salué par des acclamations unanimes. Il jura ensuite d'observer et de faire observer les constitutions de l'Empire, et fit proclamer par l'archichancelier, le serment de fidélité du peuple français représenté par les électeurs, et que des voix sans nombre répétèrent spontanément. On procéda ensuite à la distribution solennelle des aigles, et les troupes défilèrent devant l'empereur.

Napoléon quitta Paris le 12 juin pour aller combattre les Anglais et les Prussiens. Il eut d'abord quelques avantages à Ligny-sous-Fleurus, à Saint-Amand et aux Quatre-Bras; mais le 18 juin, l'armée française, après avoir triomphé toute la journée, succomba à Waterloo. Napoléon arriva à Paris le 20 juin, en même temps que la nouvelle du désastre. Le 21, le général la Fayette monte à la tribune de la chambre des représentants et prend la parole en ces termes : « Lorsque pour la première fois depuis bien des années j'élève une voix que les vieux amis de la liberté reconnaîtront encore, je me sens appelé à vous parler des dangers de la patrie, que vous seuls à présent avez le pouvoir de sauver. Des bruits sinistres s'étaient répandus; ils se sont malheureusement confirmés. Voici le moment de nous rallier autour du vieux étendard tricolore, celui de 89, celui de la liberté, de l'égalité et de l'ordre public; c'est celui-là seul que nous avons à défendre contre les prétentions étrangères et contre les tentatives intérieures. Permettez, messieurs, à un vétéran de cette cause sacrée, qui fut toujours étranger à l'esprit de faction, de vous soumettre quelques résolutions préalables, dont vous apercevrez, j'espère, la nécessité. » La première résolution que proposa le général la Fayette fut de déclarer l'indépendance nationale menacée : la seconde, que la chambre se déclarât en permanence; que toute tentative de la dissoudre fût mise au rang des crimes de haute trahison; que tout individu qui se rendrait coupable de cette tentative, fût déclaré traître à la patrie et sur-le-champ jugé comme tel. Ces propositions furent adoptées sans discussion. Le lendemain, la majorité de la chambre fut disposée à adopter la résolution de demander à Napoléon d'abdiquer le pouvoir, et, en cas de refus, de prononcer la déchéance. La nouvelle en fut portée à l'empereur, qui aima mieux user lui-même de l'initiative, que de la laisser prendre aux chambres. Aussitôt que l'abdication fut parvenue à la chambre des représentants, elle s'occupa de la formation d'un gouvernement provisoire, dont Fouché fut nommé président. Immédiatement après son installation, ce gouvernement choisit MM. de la Fayette, Voyer d'Argenson, Sébastiani et Laforest, tous quatre membres de la chambre des représentants, pour aller traiter de la paix et de l'indépendance de la France avec les puissances coalisées. Le 28 juin, une loi déclara la ville de Paris en état de siège, et décida que néanmoins les autorités civiles conserveraient leurs fonctions. Cependant les royalistes, qui étaient sortis de Paris après le départ de Louis XVIII, avaient organisé leur parti dans l'intérieur de la ville, et l'avaient placé sous la direction du colonel Montgardé; l'insurrection devait éclater dans la nuit du 1er au 2 juillet; mais Fouché trouva le moyen de la rendre inutile. Le 3 juillet, il fut décidé que Paris serait livré à l'armée anglaise et à l'armée prussienne. Le 5, la chambre des représentants, prévoyant que les troupes étrangères pourraient exécuter ou faire exécuter sa dissolution, fit une déclaration de principes, proclama tous ceux qui doivent servir de règle au gouvernement d'un peuple libre, et protesta d'avance contre la violence de l'usurpation. Le 7 juillet, pendant que la chambre des représentants délibérait sur un projet de constitution, son président reçut du président du gouvernement provisoire l'avis que les souverains s'étaient engagés à replacer Louis XVIII sur le trône, que les troupes étrangères venaient d'occuper les Tuileries où siégeait le gouvernement provisoire, et que les membres de ce gouvernement n'étant plus libres, croyaient devoir se séparer. La chambre s'ajourna au lendemain, mais, dès la pointe du jour, toutes les avenues furent envahies par la force armée.

Le spectacle que présentait Paris après l'entrée des troupes de la coalition avait quelque chose d'effrayant. Des canons étaient braqués sur tous les points par où la population aurait pu se réunir. Sur le Pont-Neuf, deux pièces étaient placées du côté du sud, de manière à balayer la rue Dauphine; deux autres pièces étaient braquées à l'extrémité du nord et enfilaient la rue de la Monnaie. Sur le pont Royal deux pièces étaient dirigées vers la rue du Bac et deux autres pièces sur le jardin ou sur le château des Tuileries. Des dispositions semblables avaient été prises sur les autres points, sur les quais, sur les boulevards, sur les principaux carrefours. Les canonniers étaient toujours à leurs pièces, mèche allumée et disposés à mitrailler la population à la moindre apparence de mouvement. De nombreux détachements des régiments ennemis campaient sur les principales places publiques; la cour des Tuileries avait été transformée en un immense bivouac. Ces mesures n'étaient que le prélude des conditions humiliantes auxquelles la France allait être soumise. Les Prussiens se disposaient à faire sauter les ponts dont les noms rappelaient des victoires remportées sur eux, ou à détruire d'autres monuments dont l'existence leur semblait un affront.

Le 8 juillet, Louis XVIII fit son entrée dans Paris, à 3 heures après-midi. L'armée de ligne tout entière avait été renvoyée au delà de la Loire; la garde nationale ne s'était point rassemblée; la douleur de voir Paris occupé par les soldats anglais et prussiens, et la crainte des dangers au milieu desquels on se voyait placé, tenait les habitants de la capitale enfermés dans leurs maisons. Lorsque le roi fut arrivé aux Tuileries, des hommes à cocardes blanches, des femmes et des jeunes filles élégamment vêtues et paraissant appartenir à une classe distinguée, se montrèrent dans le jardin, où circulaient un grand nombre de militaires étrangers. Pour manifester leur joie du retour des Bourbons, les femmes eurent l'idée de former des danses; aussitôt, des mères de famille richement parées vont prendre hardiment des soldats anglais, placent dans leurs mains les mains de leurs jeunes filles et les font danser en rond; d'autres prennent par le milieu du corps des soldats prussiens et les entraînent pour valser avec eux. Ces danses se renouvellent tous les jours. Dans le même temps, les soldats anglais dépouillent le musée qu'ils ont envahi; les Autrichiens enlèvent les monuments qui rappellent leurs défaites; les ministres étrangers calculent les sommes immenses que la France devra leur payer; en attendant ils se font livrer ses places fortes et ses derniers moyens de défense. Jours de honte et de deuil qu'un jour refuseront de croire les Français qui ne les auront pas vus!

Terminons ici cet aperçu rapide de l'histoire de Paris; les événements dont cette ville fut le théâtre sous la restauration et depuis la révolution de juillet, sont trop près de nous pour pouvoir être jugés sans passion; ils sont d'ailleurs consignés dans une foule d'écrits que nous croyons superflu de reproduire.

Nous avons indiqué précédemment les importants travaux commencés ou entièrement exécutés sous l'empire. Sous le règne de Louis XVIII, les canaux de l'Ourcq, Saint-Denis, Saint-Martin, furent achevés; la ville de Paris y a dépensé plus de 14 millions; leurs eaux assainissent les quartiers du nord. La construction de l'entrepôt général des vins, dont les frais s'élèveront à 21 millions, s'est continuée ainsi que le grenier de réserve; un nouveau grenier a été construit pour servir à l'entrepôt des sels; une halle de déchargement pour la visite des marchandises sujettes au payement des octrois; les marchés Saint-Martin, Saint-Germain, des Blancs-Manteaux, des Carmes, ont été terminés; 5 millions ont été dépensés pour subvenir aux frais des hôpitaux, des hospices; de nouveaux bâtiments ont augmenté les collèges de Henri IV et de Saint-Louis; on acquit le collège Sainte-Barbe; les anciennes prisons furent améliorées et on en construisit de nouvelles; l'embellissement de la voie publique, son éclairage, sa propreté, son entretien, ont chaque année employé des fonds considérables.

Sous le règne bigot de Charles X, la sollicitude de l'administration s'est portée spécialement sur les édifices sacrés qu'elle a décorés de tableaux, de statues; la vieille basilique de Saint-Germain des Prés a été préservée par d'immenses travaux d'une ruine imminente; l'église de Saint-Pierre s'est élevée pour le quartier du Gros-Caillou; de nouvelles basiliques ont remplacé les vieux bâtiments des paroisses de Bonne-Nouvelle, du Saint-Sacrement, de Notre-Dame de Lorette; l'église nouvelle de Saint-Vincent de Paule a été commencée. On éleva la statue de Louis XIII sur la place Royale, et celle de Louis XIV sur la place des Victoires, et l'on orna le pont de la Concorde de statues des plus illustres guerriers que l'ancienne France a produits, et de ses ministres les plus habiles. Les ponts d'Arcole, de l'Archevêché et d'Antin, furent construits de 1827 à 1830. — Sur l'espace compris dans les Champs-Élysées, entre le Cours-la-Reine et l'Allée des Veuves, on traça quatre rues aboutissant à une place publique décorée d'une fontaine, et on éleva quelques maisons à la réunion desquelles on imposa le nom de Ville ou de Quartier de François 1er: une maison qui porte son nom y fut transportée; les noms des artistes les plus fameux de son règne furent donnés à ses rues. — Sur l'emplacement de l'ancien jardin de Beaujon, à droite de l'avenue de Neuilly, s'éleva le quartier de la Nouvelle-Athènes, d'où l'on jouit de points de vue magnifiques.

Depuis la révolution de juillet, d'importants travaux d'assainissement ont été entrepris et exécutés; les quais Pelletier, de la Mégisserie et de l'École, naguère trop étroits

VUE DE PARIS, PRISE DU PONT DE LA TOURNELLE.

pour la foule qui se presse incessamment vers le centre de la capitale, deviennent les plus beaux de Paris; le quai du Port au blé va bientôt être achevé à son tour. Un nouveau pont suspendu réunit Bercy à la Gare; un autre pont réunit les deux rives de la Seine vis-à-vis le Port au blé, en s'appuyant sur l'extrémité occidentale de l'île Saint-Louis; un pont de nouvelle construction est jeté entre le pont des Arts et le pont Royal. L'église de la Madeleine a été terminée à l'extérieur et offerte dans toute sa majesté à l'admiration empressée du public. L'hôtel du quai d'Orsay s'est élevé avec une rapidité remarquable. L'arc de triomphe a été achevé. D'importants travaux ont été exécutés au Jardin des plantes; la galerie de minéralogie a été construite en entier; de nouvelles serres d'une construction élégante et légère ont été achevées et ont reçu les plantes destinées à y être enfermées. Les travaux du palais des Beaux-Arts, poussés avec une activité remarquable, sont sur le point d'être achevés. Le bâtiment de l'établissement des Sourds-Muets a été restauré; de nouveaux amphithéâtres ont été construits au Collège de France, où se continuent encore de grands travaux. D'importantes constructions ont été entreprises pour compléter certaines parties accessoires du Panthéon. Les travaux du monument de Juillet ont été activés, et on a lieu d'espérer qu'il sera achevé pour le huitième anniversaire de cette mémorable révolution. Enfin, les travaux particuliers de construction recommencent comme en 1828; et tout fait espérer que les sciences, les arts, le commerce, alimentés par la confiance générale, refleuriront d'une nouvelle splendeur.

VILLE DE PARIS.

Paris a à peu près la forme d'un ovale dont le grand axe va de l'O.-N.-E. à l'E.-S.-E. Sa plus grande longueur est de 8,400 mètres, de l'arc de triomphe de la barrière de Neuilly, à l'O.-N.-O., à la barrière de Picpus, à l'E.-S.-E.; sa plus grande largeur est de 6,000 mètres, de la barrière de la Villette, au N.-N.-E., à celle d'Enfer, au S.-S.-O. La méridienne tirée par l'observatoire donne 5,505 mètres de longueur d'un point de la clôture méridionale à un point de la clôture septentrionale; la perpendiculaire à cette méridienne, a, de la barrière de Fontarabie à l'E. à celle de Passy à l'O., une étendue de 7,809 mètres. Le circuit marqué par un mur élevé en 1787, dans le but d'éviter la fraude des douanes, est d'un peu plus de 24,000 mètres (6 l.); la superficie est de 3,489 hectares 68 ares, ou 34,396,800 mètres carrés, ou 10,060 arpents 77 perches; de cette superficie environ 800 hectares appartiennent aux rues, quais, places, boulevards, rivières, marchés, avenues, et 700 hectares aux terres consacrées aux labours, à la vigne, au jardinage, aux pépinières et aux jardins d'agrément.

La partie de la vallée de la Seine où se trouve cette capitale est circonscrite par des collines plus ou moins élevées, et constituant deux chaînes. Celle qui est au nord du fleuve présente une forme demi-circulaire, et commence à l'est avec la colline de Bercy près de la droite de la Seine, continue par les hauteurs de Charonne, de Ménilmontant, de Belleville (dont la partie la plus occidentale se nomme Butte Chaumont), de la Villette et de Montmartre; s'abaisse de là jusqu'au plateau de Monceaux, puis se relève jusqu'à la colline de Chaillot, située près du fleuve; les buttes de Montmartre, de Ménilmontant et de Chaumont, parties les plus élevées de cette rangée, ont de 80 à 90 mètres au-dessus du fond de la vallée. La chaîne du sud est moins haute que l'autre: en partant de la rive gauche de la Seine au sud-est, le sol s'exhausse jusqu'à la barrière d'Italie, près de laquelle sont le plateau d'Ivry et la butte des Cailles; un peu plus loin il est profondément sillonné par la petite rivière de Bièvre, qui afflue à la Seine, dans le sud-est de Paris; le terrain s'élève ensuite sensiblement, et forme la montagne Sainte-Geneviève, qui est couverte de maisons: cette hauteur se joint vers le S.-S.-O. au plateau de Mont-Souris, à l'ouest duquel le sol s'abaisse doucement jusqu'au Petit-Montrouge, pour s'exhausser ensuite près des barrières du Mont-Parnasse et du Maine; de là, il éprouve une déclivité peu sensible jusqu'à Vaugirard, où il s'unit à la vaste plaine de Grenelle, qui sépare cette ville de la Seine. Au delà et à 1 lieue et 2 l. de cette chaîne, il en est une autre plus élevée qui se compose principalement des hauteurs de Villejuif, de Rungis, de l'Hay, de Bagneux, de Meudon, de Saint-Cloud et du mont Valérien ou montagne du Calvaire, la plus haute des éminences qui environnent Paris. Quelques-unes de ces élévations permettent d'embrasser d'un coup d'œil le magnifique ensemble de la capitale: c'est principalement de la butte Montmartre, de celles de Chaumont et de Ménilmontant que le tableau de cette immense cité se déploie facilement devant l'observateur. Le terrain que couvre la ville a été longtemps plus inégal qu'aujourd'hui, à cause des amas d'immondices et de gravois formés sur différents points, sous les noms de buttes, voiries, monceaux et mottes, et qui la plupart offrent l'image de petites montagnes : dans la partie septentrionale on signalait le monceau Saint-Gervais, la butte de Bonne-Nouvelle ou de Villeneuve de Gravois, la butte Saint-Roch, etc. ; on les a successivement aplanis. Une vaste superficie de la ville vers le sud, repose sur le vide d'immenses carrières, dont une grande partie, nommée catacombes, renferme des ossuaires composés des ossements de plusieurs cimetières.

La Seine divise Paris en deux parties : l'une, septentrionale, la plus considérable, et l'autre, méridionale; elle entre dans la ville par l'E.-S.-E., décrit dans son sein une légère courbe, dont la convexité est tournée au nord, et en sort à l'ouest, après avoir parcouru depuis la barrière de la Rapée jusqu'à celle de Passy, une longueur de 8,000 mètres; elle forme dans cet espace trois îles : la première en descendant et la moins considérable est l'île Louviers, qui sert de chantier de bois à brûler; l'île Saint-Louis, formée de la réunion de deux petites îles, celle de Notre-Dame, à l'ouest, et celle aux Vaches, à l'est, et l'île du Palais ou de la Cité, la plus grande des trois.

MONUMENTS ET ÉTABLISSEMENTS PUBLICS.

PALAIS.

PALAIS DES TUILERIES.
(Place du Carrousel.)

Ce palais a pris son nom d'un endroit où se voyaient plusieurs tuileries, qui, pendant trois ou quatre cents ans, ont fourni la plus grande partie des tuiles qu'on employait à Paris. En 1344, il y avait en cet endroit une maison appelée Hôtel des Tuileries, que François Ier acheta pour en gratifier sa mère, qui trouvait le séjour de l'hôtel des Tournelles malsain. En 1564, Charles IX, ayant ordonné la démolition du palais des Tournelles, et Catherine de Médicis ne voulant point rester au Louvre, habité par le roi son fils, choisit la maison des Tuileries, acheta plusieurs bâtiments et terres qui l'avoisinaient, et fit jeter les fondements du palais qui existe aujourd'hui, par les deux plus célèbres architectes de son temps, Philibert Delorme et J. Bullant. Mais cette reine, infatuée de l'astrologie judiciaire, s'étant laissé persuader que tout ce qui portait le nom de Germain devait lui être funeste, fit discontinuer les travaux du château, situé sur la paroisse Saint-Germain l'Auxerrois, et fit bâtir l'hôtel de la Reine, qu'on nomma depuis l'hôtel de Soissons.

Le château des Tuileries, dans l'état où le laissa Catherine de Médicis, n'était composé que du gros pavillon du milieu, des deux corps de logis avec terrasses du côté du jardin, et des pavillons qui les terminent; mais ces cinq corps de bâtiments n'avaient pas l'élévation qu'ils ont eue depuis. Les constructions commencées et abandonnées par Catherine de Médicis furent reprises et continuées sous Henri IV, par les architectes Ducerceau et Dupérac, auxquels il fut difficile de mettre de l'unité dans l'extérieur de cet édifice, composé de corps de bâtiments à la vérité symétriques, mais de forme et de style si différents, qu'étrangers les uns aux autres, ils semblent avoir été réunis par le hasard ou le caprice. Louis XIV voulant mettre de l'ensemble dans les différentes parties du palais des Tuileries, chargea le Veau et Dorbay de ce raccordement. Dans son état actuel, la décoration extérieure de ce palais présente au moins deux styles d'architecture bien distincts : celui du palais primitif ou de Médicis, et celui des deux corps de bâtiments et des pavillons ajoutés à chaque côté. La façade consiste en cinq pavillons et quatre corps de logis sur une même ligne, dans une longueur de 168 toises. Le pavillon de l'Horloge n'avait été décoré jusqu'au règne de Louis XIV, que de l'ordre ionique et du corinthien; on y ajouta le composite et un attique. Le vestibule, percé de cinq ouvertures, est si dégagé, que la vue qui s'échappe par les arcades, se porte tout le long du jardin, jusqu'au haut des Champs-Élysées, ce qui offre une magnifique perspective. La distribution et les ornements intérieurs de ce beau palais en font la plus riche demeure que possède aucun souverain de l'Europe. Les appartements sont décorés de superbes morceaux de peinture et de sculpture, exécutés par les plus célèbres artistes français et étrangers. Devant la façade du Carrousel est une cour spacieuse, séparée d'une place immense par une grille élégante à hauteur d'appui; à la porte centrale est un arc de triomphe sur lequel étaient placés naguère quatre chevaux de bronze qui pendant 500 ans ont orné la place Saint-Marc à Venise: ces chevaux ont été remplacés en 1828 par un char à quatre chevaux de bronze, exécuté par M. Bosio.

La position du palais des Tuileries et de son jardin, cette continuité de promenades qui forment les Champs-Élysées, la grande place qui les sépare des Tuileries sans les désunir, l'avenue qui forme une des plus magnifiques entrées de ville que l'on connaisse, sont généralement considérées comme les accompagnements de ce palais. — De la barrière de l'Étoile, qui forme le point le plus élevé de la colline où elles sont placées, on découvre le jardin et le palais des Tuileries, ainsi que la belle partie de la ville qui les environne. Sur la hauteur de l'Étoile, et au milieu de la place formée par la rencontre de la route et du boulevard extérieur de Paris, s'élève un arc de triomphe colossal, d'où part une vaste avenue alignée sur le milieu du jardin des Tuileries; vers le milieu de cette avenue, commence l'immense plantation régulière dite des Champs-Élysées, séparée du jardin des Tuileries par une place où s'élevait, avant la révolution, la statue équestre de Louis XV, et où l'on voit aujourd'hui l'obélisque de Luxor. Cette place, environnée dans tous ses aspects d'objets agréables et variés, a été disposée de manière, non-seulement à ne pas former d'interruption entre le jardin des Tuileries et les Champs-Élysées, mais à prolonger au contraire, pour le spectateur, les dépendances du palais. Fermée au levant et au couchant par de belles masses de verdure que forment les deux promenades publiques auxquelles elle sert de communication, elle offre au midi le pont de la Révolution et le palais de la Chambre des députés; au nord l'architecture riche et pittoresque des bâtiments du Garde-Meuble, et le percé de la belle rue qui conduit au magnifique monument de la Madeleine. Cette décoration théâtrale sera bientôt complétée par de nouveaux embellissements, qui feront de la place de la Concorde une des plus belles places de l'Europe.

Le jardin des Tuileries était séparé du palais, sous le règne de Louis XIII, par une rue dite rue des Tuileries: il renfermait une vaste volière, un étang, une ménagerie, une orangerie, une garenne, l'hôtel de Mlle de Guise, et un jardin public où les grands seigneurs du temps allaient en parties fines. Une forte muraille, un fossé et un bastion qui embrassait toute la largeur de ce jardin, lui servaient de limites. Vers 1665, Louis XIV chargea le Nôtre de le dessiner sur un nouveau plan, et cet habile artiste en fit un chef-d'œuvre auquel, jusqu'à présent, on n'a pu opposer aucun jardin public. Le Nôtre environna le jardin de deux terrasses plantées d'arbres, celle du bord de l'eau et celle des Feuillants, qui encadrent le jardin des deux côtés de sa longueur, et qui, après un retour, s'inclinent en se rapprochant à l'extrémité occidentale, où chacune décrivant une courbe, s'abaisse par une rampe en pente douce jusqu'au niveau du sol: ces deux terrasses laissent entre elles une vaste ouverture, fermée d'une grille par laquelle la vue pénètre dans les Champs-Élysées, et en découvre la longue et magnifique avenue. Devant le château s'étend un vaste parterre, borné par un bouquet de marronniers qui occupe la plus grande partie du jardin. Le parterre se développe sur une longueur de 120 toises; du pavillon du milieu part la grande allée, qui se prolonge d'une extrémité à l'autre du jardin; aux deux tiers du parterre, cette allée se trouve coupée par un vaste bassin où jaillissent les eaux de la Seine. Son contour est orné de statues colossales, aux pieds desquelles sont encore des orangers. Devant chacune des ailes du palais l'on voit quatre pièces de gazon triangulaires, séparées par des allées; leurs angles supérieurs, coupés, forment des plans circulaires où sont placés de petits bassins. Autour des gazons croissent, sur de légers ados, des arbustes et des fleurs, que des grilles en fer défendent de la main des indiscrets. L'ordonnance du parterre change au delà d'une allée transversale, parallèle au château: on y voit seulement, de chaque côté, deux pièces carrées de gazon, environnées de fleurs. Sur le devant du bosquet s'élèvent des statues et des vases.

La terrasse qui régnait devant la façade du château vient d'être reportée en avant, et l'espace occupé par l'ancienne terrasse a été transformé en un jardin particulier pour la famille royale, séparé de la promenade publique par un fossé gazonné ou saut de loup, de six pieds de profondeur, et par un grillage à hauteur d'appui; il est divisé en deux parties par une large allée conduisant à la principale porte du château. Ce jardin est orné de vases et de statues: on y remarque de belles copies en bronze de Laocoon, de Diane chasseresse, de l'Apollon pythien, d'Antinoüs, de la Vénus sortant du bain, et d'Hercule. Vis-à-vis le château on a placé récemment les statues de Périclès, de Spartacus, de Phidias, etc.

L'extrémité du jardin, voisine de la place Louis XV, n'est pas moins heureusement embellie. Deux espaces angulaires, laissés autrefois par le Nôtre en dehors du jardin, y ont été réunis il y a quinze ans. Leur sol, exhaussé, a été couvert de plantations régulières donnant un but agréable à la promenade des terrasses, d'où de nombreux spectateurs peuvent voir commodément les fêtes données dans les Champs-Élysées. Si, descendant des terrasses, on parvient dans l'espace de niveau avec le bosquet, on voit, sur sa façade, des Termes. Au milieu est un vaste bassin octogone d'où s'élance un jet d'eau qui atteint une grande hauteur. Au bas de chaque côté des deux rampes en fer à cheval que forment les terrasses à leur extrémité, on voit sur de longs piédestaux quatre groupes représentant des Fleuves.

La longueur du jardin des Tuileries, depuis la façade du palais jusqu'à son extrémité opposée, est de 376 toises; et sa largeur, y compris les deux terrasses, est de 168 toises. Après l'allée du centre, dite la grande allée, on distingue l'allée des Orangers, qui occupe l'espace compris entre le bosquet et la terrasse des Feuillants. Cette allée, garnie dans la belle saison d'un grand nombre de magnifiques orangers, est en été le lieu le plus fréquenté du jardin.

PALAIS DU LOUVRE.

(Place du Louvre.)

L'époque de la première construction du palais du Louvre est incertaine: quelques auteurs en font remonter l'origine au VIIe siècle; mais cette conjecture ne s'appuie sur aucun document authentique. Ce qu'il y a de certain, c'est que sous le règne de Philippe-Auguste, le Louvre était un château que ce prince dégagea de diverses redevances qu'il payait annuellement aux religieux de Saint-Denis, à l'évêque et au chapitre de Paris. Selon Piganiol, la situation isolée du Louvre, dans une grande plaine et sur les bords de la Seine, fait connaître que ce château avait été bâti dans la double intention de servir de maison de plaisance aux souverains, et de former une forteresse qui défendît la rivière et tînt les Parisiens en respect. Paris ayant continué à s'accroître, le Louvre se trouva environné de maisons et de rues; cependant lorsque Philippe-Auguste fit tracer l'enceinte de Paris qui date de son règne, on évita d'y enclaver le château royal.

L'ensemble des bâtiments du Louvre offrait dans son plan un parallélogramme, qui avait dans sa plus grande dimension soixante et une toises sur cinquante-huit toises trois pieds. Ce parallélogramme, entouré de fossés alimentés par les eaux de la Seine, s'étendait depuis la rivière jusqu'à la rue de Beauvais (détruite depuis les projets de jonction du Louvre et des Tuileries), et depuis la rue Froidmanteau jusqu'à la rue d'Autriche, nommée aujourd'hui rue du Coq. Des bâtiments, des basses-cours, quelques jardins et la cour principale du Louvre en remplissaient la superficie. Les bâtiments étaient d'un extérieur si simple, que les façades ressemblaient à quatre pans de murailles, percées irrégulièrement de petites croisées les unes au-dessus des autres. Au milieu de la grande cour, qui avait en longueur trente-quatre toises trois pieds, sur trente-deux toises cinq pieds de large, s'élevait la tour du Louvre, fameuse dans l'histoire féodale, l'effroi des vassaux indociles. Construite en 1204, par Philippe-Auguste, cette tour, centre de l'autorité royale, et d'où relevaient autrefois les grands fiefs et les grandes seigneuries du royaume, était de forme ronde, entourée par un large et profond fossé, et désignée sous le nom de tour Neuve, Philippine, forteresse du Louvre, tour Ferraud, etc. Ses murs avaient treize pieds d'épaisseur près du sol, et douze pieds dans les étages supérieurs. Sa circonférence était de cent quarante-quatre pieds, et sa hauteur, depuis le rez-de-chaussée jusqu'à la toiture, était de quatre-vingt-seize pieds. Elle communiquait à la cour par un pont, dont une partie, bâtie en pierre, était soutenue par une arche;

l'autre partie se composait d'un pont-levis, dont le pignon était surmonté par une statue de Charles V, tenant en main son sceptre. La tour du Louvre surpassait en hauteur tous les autres bâtiments, avec lesquels elle communiquait par un pont sur le fossé et par une galerie en pierre. On ignore le nombre de ses étages ; mais on sait que chacun était éclairé par huit croisées hautes de quatre pieds sur trois de large, et garnies d'épais barreaux de fer. L'intérieur contenait une chapelle, un retrait et plusieurs chambres. On y montait par un escalier à vis : une porte en fer, garnie de serrures et de verrous, en fermait l'entrée. — La tour du Louvre a servi pendant longtemps de prison d'État. Philippe-Auguste y renferma Ferdinand, comte de Flandre, qu'il avait fait prisonnier à la bataille de Bouvines en 1214, et qu'il retint en prison jusqu'à ce qu'il eût consenti à lui céder tous ses États. Plusieurs princes eurent dans la suite un sort pareil : entre autres les comtes Guy et Louis de Flandre, Jean, duc de Bretagne, les comtes de Richemont et de Montfort, Enguerrand de Coucy, Enguerrand Marigny, Charles le Mauvais, le fameux captal de Buch, Jean de Grailli, qui y mourut de chagrin. Sous Charles VI, les révoltés de Paris y enfermèrent Charles des Essarts, le duc de Bar, et le comte de Dammartin. Le dernier prisonnier de marque qui y ait été renfermé est Jean II, duc d'Alençon. La tour du Louvre fut aussi destinée à contenir les trésors des rois.

Les bâtiments qui entouraient la cour principale et fortifiaient la grosse tour, étaient, ainsi que les clôtures des basses-cours et jardins, surmontés d'une infinité de tours et de tourelles, de diverses hauteurs et dimensions ; les unes rondes, les autres quadrangulaires, dont la toiture en terrasse, en forme conique ou pyramidale, se terminait par des girouettes ou des fleurons. Chacune de ces tours avait un nom, tiré de sa destination particulière ; les principales étaient celles du Fer à cheval, des Portaux, de Windal, situées sur le bord de la rivière ; les tours de l'Étang, de l'Horloge, de l'Armurerie, de la Fauconnerie, de la grande et de la petite Chapelle, la tour où se met le roi quand on joute, la tour de la Tournelle ou de la Grand'chambre du conseil, la tour de l'Écluse, la tour de l'Orgueil, la tour de la Librairie, où Charles V avait réuni sa bibliothèque, etc. Presque toutes ces tours avaient leur capitaine ou concierge, emploi exercé par de très-puissants seigneurs du temps ; plusieurs d'entre elles étaient munies de chapelles et de chapelains. On pénétrait dans le Louvre par quatre portes fortifiées. La principale entrée se trouvait à l'aspect du midi et sur le bord de la Seine. Entre les bâtiments du Louvre et cette rivière était une porte flanquée de tours et de tourelles, qui s'ouvrait sur une avant-cour assez vaste. Une autre entrée se voyait en face de l'église Saint-Germain l'Auxerrois ; elle était fort étroite, flanquée de deux tours rondes, et ornée des figures de Charles V et de son épouse. Les deux autres portes, moins considérables, se trouvaient aux autres faces de l'édifice. Les pièces principales des bâtiments qui environnaient la cour intérieure consistaient en une grande salle, ou salle Saint-Louis ; on y trouvait la salle neuve du roi, la salle neuve de la reine, la chambre du conseil, etc. Il existait dans l'enceinte un arsenal, un grand nombre de cours et basses-cours entourées des bâtiments dits de la Maison du Four, de la Paneterie, de la Saucerie, de l'Épicerie, etc. Il y avait aussi quelques jardins, dont le plus grand était carré et n'avait que six toises de longueur. La chapelle basse, dédiée à la Vierge, était la plus considérable de toutes celles que contenait le Louvre.

Les rois de France ne logèrent que rarement au Louvre jusqu'à François Ier ; l'hôtel Saint-Paul ou le château des Tournelles étaient leur demeure ordinaire. Il paraît que les bâtiments de ce château étaient en très-mauvais état en 1539, époque où l'on fut obligé d'y faire faire de grandes réparations pour y loger Charles-Quint. Dès 1528, François Ier s'était occupé d'élever sur son emplacement un nouvel édifice, sur les dessins de Pierre Lescot, qui commença le nouveau palais qu'on a depuis appelé le vieux Louvre, pour le distinguer des constructions nouvelles.

Le Louvre, tel que nous le voyons aujourd'hui, fut continué sous Charles IX, Henri III et Henri IV ; le gros pavillon fut bâti sous Louis XIII. Une grande partie des bâtiments de la cour, et la façade principale connue sous le nom de colonnade du Louvre, furent élevés sous le règne de Louis XIV. Les travaux, continués pendant quelque temps sous Louis XV, furent abandonnés jusqu'en 1804, époque à laquelle ils furent repris par ordre de Napoléon avec une grande activité.

La façade occidentale du corps de bâtiment élevé par l'architecte Pierre Lescot, aujourd'hui nommé Vieux-Louvre, offre un dessin fort simple, si on le compare à celui de la façade orientale, où les ornements se montrent avec profusion. Cette différence provient de ce que cette façade occidentale était postérieure et donnait sur des cours de service, tandis que l'autre façade appartenait à la cour d'honneur. Celle-ci est plus riche d'ornements, plus chargée de bas-reliefs; les yeux en sont fatigués, et le talent du sculpteur y brille plus que celui de l'architecte : l'accessoire surpasse le principal.— L'intérieur du Vieux-Louvre offrait un grand nombre de salles pareillement chargées de sculptures. Dans une d'elles, appelée salle des Cariatides, on admire les quatre statues colossales, en pierre, représentant des femmes, ou Cariatides, qui supportent une tribune, ouvrage du célèbre Jean Goujon, et une des plus belles productions qu'offre en Europe l'art du statuaire, depuis la restauration de cet art. C'est dans cette salle, ornée de couronnes accouplées, que l'Académie française a tenu longtemps ses séances : elle fait aujourd'hui partie du Musée des Antiques. Outre ce principal corps de logis, l'architecte Pierre Lescot construisit une partie du bâtiment en retour du côté de la Seine, et une aile qui, communiquant au Louvre, s'avançait jusqu'au bord de cette rivière, et n'en est aujourd'hui séparée que par le quai. C'est d'une fenêtre de ce bâtiment avancé, de celle qui s'ouvre à l'extrémité méridionale de la galerie d'Apollon, que Charles IX, d'odieuse mémoire, tirait des coups de carabine sur ceux qui traversaient la Seine à la nage pour échapper aux massacres de la Saint-Barthélemi. — Le gros pavillon contigu à ce dernier bâtiment est d'une construction plus récente; c'est celui où se fait chaque année l'exposition des tableaux.

Ce corps de bâtiment qui s'étend depuis le Vieux-Louvre jusqu'au bord de la Seine, et qui fait angle avec la façade méridionale du Louvre, a longtemps porté le nom de palais de la Reine, de pavillon de l'Infante, et l'espace vide enfermé entre ces bâtiments et la nouvelle grille portait le nom de jardin de l'Infante. L'étage supérieur de ce corps de bâtiment forme aujourd'hui la galerie d'Apollon, ainsi nommée à cause des sujets des peintures de son plafond. C'est ce bâtiment, avancé jusqu'au bord de la Seine, qui a fait naître le projet d'établir une galerie qui, en longeant cette rivière, irait aboutir au château des Tuileries et formerait une communication entre le Louvre et ce château.

La façade principale du Louvre, commencée en 1666, sur les dessins de Claude Perrault, fut achevée en 1670; elle a 525 pieds de longueur, et se compose de trois avant-corps, deux aux extrémités et un au centre, où se trouve l'entrée principale. Les deux intervalles que laissent ces trois avant-corps sont occupés par deux galeries dont le fond, autrefois garni de niches, est aujourd'hui percé de fenêtres. La hauteur de cette façade, depuis le sol jusqu'à la partie supérieure de la balustrade, est de 85 pieds; elle se divise en deux parties principales : le soubassement et le péristyle. Le soubassement présente un mur lisse, percé de vingt-trois ouvertures, portes ou fenêtres. Le péristyle se compose d'une ordonnance corinthienne contenant cinquante-deux colonnes et pilastres, accouplés et cannelés.— Cette façade éprouva des changements, et fut embellie sous le règne de Napoléon. Au-dessus de la porte d'entrée, placée à l'avant-corps du centre, on fit disparaître un grand cintre, et l'on établit entre les deux parties de la colonnade une communication qui n'existait pas. Au-dessus de cette même entrée étaient deux tables vides. On y a sculpté un grand bas-relief, représentant la Victoire sur un char attelé de quatre chevaux ; et l'on y a joint, comme pendentifs, deux bas-reliefs qui existent dans les cintres de l'attique composé par Pierre Lescot. Le tympan du fronton qui couronne cet avant-corps était resté vide. Lemot fut chargé de le remplir; il composa un bas-relief au centre duquel était placé, sur un piédestal, le buste de Napoléon. On voit à droite la figure de Minerve, et à gauche celle de la Muse de l'histoire, qui écrit sur le piédestal ces mots : *Napoléon le Grand a achevé le Louvre*. Devant ce piédestal, la Victoire assise, Minerve, des Muses, des Génies figurent dans les autres parties de ce fronton. En 1815, on a fait disparaître le buste de Napoléon, et on lui a substitué celui de Louis XIV, et l'inscription a été remplacée par celle-ci : *Ludovico Magno*. — Cette façade doit, sans contredit, par l'heureuse harmonie qui se trouve entre toutes les parties de l'ensemble, par le choix et la belle exécution de ses ornements, la sage économie de leurs distributions, enfin par la majesté de son étendue, occuper le premier rang parmi les plus beaux morceaux d'architecture dont Paris puisse se glorifier.

Perrault fit aussi élever, sur ses dessins, la façade du Louvre qui donne sur le cours de la Seine; façade moins magnifique que la précédente, et qui se trouve parfaitement en accord avec elle. Le soubassement, les pilastres corinthiens qui la décorent, sont dans les mêmes proportions: il ne la termina point. — La façade du côté de la rue du Coq fut en partie construite par Perrault; sa décoration, qui diffère de celle de la façade du côté de la rivière, est moins riche.

Le plan de la cour du Louvre est un carré parfait dont chaque côté a 58 toises. Les décorations des quatre façades de cette cour ne se ressemblent pas: voici les causes de cette dissemblance. — La façade occidentale de la cour appartient au corps de bâtiment appelé communément le Vieux-Louvre, bâti par Pierre Lescot, sous François Ier et sous Henri II. Cette façade fut restaurée sous Louis XIII, par l'architecte Mercier, qui, s'écartant des dessins de Lescot, éleva le pavillon placé au centre, dont l'étage supérieur fut décoré de six cariatides colossales sculptées par Sarrasin, sur le comble duquel, avant le gouvernement de Bonaparte, était un télégraphe. On y voit aujourd'hui une horloge. Cette façade, malgré les changements qu'elle a éprouvés, conserve encore le caractère d'une construction du seizième siècle. — La façade méridionale fut construite en partie par les mêmes architectes, et par Mercier, qui, continuant l'ouvrage de Pierre Lescot, en conserva les dessins. Cette façade et tout le corps de bâtiment auquel elle appartient restèrent imparfaits. Commencée au seizième siècle, continuée au dix-septième, laissée dans un état de ruine, longtemps à demi enterrée sous des décombres, elle participait de la manière de l'une et de l'autre époque. — La façade du côté oriental, celle qui se trouve derrière la façade extérieure appelée colonnade, conserve, à plusieurs égards, l'ordonnance du bâtiment appelé Vieux-Louvre, mais en diffère dans plusieurs autres. Il en est de même de la façade septentrionale. Dans le Vieux-Louvre, l'ordonnance du rez-de-chaussée est corinthienne, celle du premier étage composite, et l'étage supérieur présente un ordre attique, couronné par une espèce de balustrade barbare, et par un comble très-élevé. — Les autres façades furent composées des mêmes ordonnances; mais à l'ordre attique on substitua un troisième ordre, et à la balustrade barbare une balustrade moderne qui dérobe entièrement la vue du comble. — La façade septentrionale de la cour, depuis le Vieux-Louvre jusqu'à l'avant-corps, était construite d'après les dessins de Pierre Lescot. Sous Louis XV et sous la conduite de l'architecte Gabriel, l'autre moitié de cette même façade fut construite d'après les dessins de Claude Perrault, c'est-à-dire, conformément à la façade orientale. — Les façades de cette cour, si l'on en excepte celle qui appartient au Vieux-Louvre, entreprises ou réparées sous Louis XIII, Louis XIV et Louis XV, ne furent jamais terminées. Les bâtiments qu'elles représentaient étaient en ruine avant d'être construits. La plupart manquaient de toitures, n'en avaient que de provisoires, ou établies à la hâte, et qui ne s'élevaient pas même à la hauteur des murs de façade. Napoléon, jaloux de toute espèce de gloire, conçut le projet de finir en peu d'années ce que plusieurs rois n'avaient pu faire en plusieurs siècles; et ce projet fut exécuté. Les façades extérieures et intérieures furent entièrement ragréées, achevées, couronnées de balustrades, couvertes d'une toiture et terminées.

De vastes constructions, commencées sur la place dite du Vieux-Louvre, faisant le pendant des bâtiments qui sont en face, doivent se rattacher à la nouvelle galerie du côté de la rue Saint-Honoré, comme les bâtiments du côté opposé se rattachent à l'ancienne galerie qui borde le cours de la Seine. La nouvelle galerie commencée en 1807, et dont une grande partie est terminée; les salles du Musée des antiques, établies en 1805, au rez-de-chaussée des bâtiments du Vieux-Louvre et de ceux qui s'avancent jusqu'au quai, disposées, embellies avec goût et magnificence; le superbe et pittoresque escalier qui, de l'entrée de ces salles, conduit à celles qui sont destinées aux expositions, à la galerie d'Apollon et à la galerie dite le Musée des Tableaux; cette dernière galerie, séparée, enrichie dans toute son immense longueur; la place du Carrousel, considérablement agrandie, débarrassée de plusieurs masses de maisons qui la rétrécissaient; une large rue ouverte entre cette place et celle du Vieux-Louvre, qui met ce palais en regard avec celui des Tuileries, et plusieurs autres travaux moins importants, qu'il serait fastidieux d'indiquer, concoururent à l'embellissement du Louvre, et furent aussi pour la plupart projetés et exécutés sous le règne de Napoléon.

GALERIE DU LOUVRE. Cette galerie, qui, depuis l'aile du Louvre qui s'avance jusqu'au bord de la Seine, se continue le long du bord de cette rivière jusqu'au château des Tuileries, fut commencée par le conseil de la reine Catherine de Médicis, sous le règne de Charles IX qui en posa la première pierre. Androuet du Cerceau en fut l'architecte. Henri III la fit continuer, mais les travaux furent bientôt interrompus. Henri IV, en 1600, les fit reprendre; ce fut ce roi qui fit aussi construire et peindre en partie la galerie d'Apollon, placée en retour de celle du Louvre. En 1604, ces travaux étaient fort avancés. Henri IV avait le projet de consacrer la partie inférieure de cette galerie à l'établissement de diverses manufactures, et au logement des plus experts artisans de toutes les nations. Les parties de cette galerie construites sous Charles IX et sous Henri III se reconnaissent facilement à la différence de leur dessin, à l'interruption et à la discordance des lignes. Elles se terminent à l'endroit où cette galerie forme un avant-corps, surmonté par un campanile. Depuis ce point jusqu'au pavillon des Tuileries, appelé Pavillon de Flore, la façade de cette galerie présente une ordonnance de pilastres corinthiens, accouplés, cannelés et d'une majestueuse proportion, laquelle est couronnée par des frontons alternativement circulaires et triangulaires. Cette ordonnance n'est pas sans défaut : le bon goût est blessé par ces fenêtres qui s'élèvent jusque dans l'entablement et interrompent la continuité obligée de l'architecture de la frise. Cette violation des règles et les frontons de diverses formes sont les seules imitations qu'Androuet du Cerceau ait faites dans le dessin de l'ancienne partie de cette galerie.

MUSÉE OU GALERIE DES ANTIQUES AU LOUVRE. Ce musée fut composé, en grande partie, de statues et autres monuments, fruits des conquêtes de l'armée d'Italie en 1797, et recueillis conformément au traité de *Tolentino*, par les sieurs Berthollet, Moitte, Monge, Thouin et Tinet, commissaires nommés par le gouvernement pour la recherche des objets de sciences et d'arts. C'est aux soins scrupuleux que ces artistes et savants ont apportés dans l'encaissement et le transport de ces objets précieux, que l'on doit leur heureuse conservation. Le sieur Raymond, membre de l'Institut, et architecte du palais du Louvre, fut chargé de disposer et d'embellir les salles du Vieux-Louvre, destinées à recevoir dignement ces chefs-d'œuvre de l'antiquité. Ce musée fut, pour la première fois, ouvert au public le 18 brumaire an IX (9 novembre 1800). Deux jours avant, on avait célébré l'inauguration de l'Apollon Pythien, et consacré, par une inscription, le placement de cette précieuse statue. Les plafonds, les colonnes et autres ornements accessoires de ce musée étaient décorés comme ils le sont aujourd'hui. (*Voyez* Musées).

PALAIS DU LUXEMBOURG OU DE LA CHAMBRE DES PAIRS.

(Rue de Vaugirard, vis-à-vis la rue de Tournon.)

Ce palais était dans l'origine une grande maison que Robert de Harlay de Sancy avait fait bâtir, vers l'an 1540. Le duc de Piney-Luxembourg l'acheta et en fit agrandir les jardins en 1583. La reine Marie de Médicis en fit l'acquisition en 1612, ainsi que de trente-deux arpents et demi de terrain environnant, et sur les ruines de l'hôtel du Luxembourg fit bâtir en 1615, sur les dessins de Jacques Desbrosses et sur le modèle du palais Pitti à Florence, le vaste et bel édifice qui existe aujourd'hui. Il fut achevé en 1620, et légué par Marie de Médicis à son second fils, Gaston de France, qui voulut lui donner le nom de palais d'Orléans. En 1672, ce palais passa à la duchesse d'Alençon, qui en fit don au roi en 1694. Après la mort de Louis XIV il devint le théâtre des galanteries de la duchesse de Berri, et fut ensuite occupé successivement par la duchesse de Brunswick et par la reine douairière d'Espagne, après la mort de laquelle il rentra au domaine de la couronne. Louis XVI le donna à son frère, le comte de Provence (depuis Louis XVIII), qui l'habita jusqu'à l'époque de son évasion de Paris. En 1793 il fut converti en prison. Le Directoire y fut installé en 1795. Après le 18 brumaire, le Luxembourg devint successivement palais du Consulat, et palais du Sénat conservateur : enfin, depuis la Restauration, il a pris le nom de Palais de la Chambre des Pairs, qu'il conserve en ce moment.

L'architecture de ce palais est d'un style sévère. Le plan forme un carré presque parfait; il consiste en une très-grande cour environnée de portiques et flanquée de quatre pavillons. La façade principale présente une terrasse au milieu de laquelle s'élève un corps de bâtiment d'ordre toscan ou dorique, surmonté d'un ordre composite;

PARIS. VUE DU PONT LOUIS PHILIPPE.

PALAIS DU LUXEMBOURG.

au-dessus s'élève un dôme; aux deux extrémités de la terrasse sont deux pavillons carrés liés par deux ailes au principal corps placé entre cour et jardin. Avant les mutilations qu'on lui a fait subir récemment, la façade donnant sur le jardin offrait à ses extrémités deux pavillons, et au milieu, au-dessus de la porte, s'élevait sur un corps avancé de forme quadrangulaire, un dôme circulaire orné de statues dans les entre-colonnements : on s'occupe en ce moment de l'agrandissement et de la reconstruction de toute cette partie de l'édifice. La façade du côté de la cour diffère peu de celle du jardin : aux deux portes latérales, on voit dans les impostes les bustes de Marie de Médicis et de Henri IV; au-dessus, l'avant-corps est décoré de quatre statues colossales. Le bas-relief du fronton circulaire représente la Victoire couronnant le buste d'un héros. — Dans l'aile qui occupe le côté oriental de la cour, est la galerie des tableaux : l'aile opposée contient aussi une galerie de tableaux, et de plus, le magnifique escalier par lequel on monte à la salle de la Chambre des Pairs. Cet escalier, majestueux par son étendue, riche par sa décoration, présente plusieurs statues d'hommes illustrés par les services qu'ils ont rendus à leur patrie. Des deux côtés des marches règne un stylobate surmonté de vingt-deux colonnes ioniques qui supportent la voûte décorée de caissons, au milieu desquels sont des bas-reliefs de Duret, représentant Minerve et deux Génies offrant des couronnes. Les entablements, non occupés par des croisées, sont alternativement ornés par des trophées militaires sculptés par Hersent; et par des statues représentant Caffarelli, par Corbet; Desaix, par Gois jeune; Marceau, par Dumont; Joubert, par Stouff; Kléber et Dugommier, par Rameau. La beauté de cet escalier, au bas duquel est le groupe charmant de Psyché et de l'Amour, par Delaistre, est singulièrement augmentée par huit figures de lions couchées. — Après avoir traversé la salle des gardes, on est introduit dans la salle d'Hercule, ou des Garçons de salle; on y voit une statue d'Hercule par Pujet; une d'Épaminondas, par Duret; une de Miltiade, par Boizot. Dans la salle des Messagers d'État, sont deux statues en marbre, du Silence, par Mouchi; de la Prudence, par Deseine. La salle de la Réunion est ornée d'une grisaille représentant saint Louis combattant les infidèles, par Callet. La salle des Séances, placée au premier étage dans l'avant-corps du milieu, est semi-circulaire; son diamètre est de 77 pieds; ses murs sont recouverts de stuc blanc veiné. Des colonnes corinthiennes de pareil stuc soutiennent la voûte sur laquelle M. Lesueur a peint en grisaille des Vertus civiles et militaires. Dans les entre-colonnements sont placées les statues de Solon, par Rolland; d'Aristide, par Cartellier; de Scipion l'Africain, par Ramey; de Démosthène, par Pajou; de Cicéron, par Houdon; de Camille, par Bridan; de Cincinnatus, par Chaudet; de Caton d'Utique, par Clodion; de Phocion, par Delaistre; de Léonidas, par Lemot. Les pairs de France sont placés sur des fauteuils s'élevant en amphithéâtre dans l'hémicycle. Au milieu, du côté de la salle opposée à l'hémicycle, le fauteuil du président et le bureau des secrétaires sont placés dans un léger enfoncement semi-circulaire. Devant eux est la tribune des orateurs. La tenture de la salle est en velours bleu. Elle est éclairée pendant la nuit par un lustre magnifique descendant tout allumé et répandant une clarté égale à la lumière produite par cinq cents bougies. Rien de plus riche que la salle du Trône, dont M. Berthélemy a décoré le plafond d'un tableau représentant Henri IV sur son cheval, guidé par la Victoire. M. Callet a peint sur ses murs la Paix et la Guerre. M. Lesueur a achevé la décoration de cette salle. Quatre salles servent encore aux réunions des bureaux de la chambre. La bibliothèque se trouve dans une d'elles. Une des salles du pavillon à gauche, donnant sur le jardin, est ornée d'une tenture et d'un ameublement en velours peint par M. Vauchelet, représentant des Vues de Rome; au rez-de-chaussée est la chapelle, auprès d'elle une salle magnifique peinte par Rubens, appelée la chambre à coucher de Marie de Médicis. La salle du Livre d'or, où sont conservés les titres des pairs et le timbre de leurs armoiries, est ornée d'arabesques et de divers morceaux de peinture réunis avec tant d'art, qu'ils semblent avoir été destinés originairement pour la place qu'ils occupent. Des bustes en marbre de plusieurs sénateurs morts sont placés dans les salles.

Le palais est ouvert au public tous les dimanches; les étrangers peuvent y entrer tous les jours, excepté le lundi, de 10 heures à 4 heures du soir, en présentant leur passe-port.

À côté du palais s'élève le Petit-Luxembourg, résidence du chancelier, président de la Chambre des Pairs.

LE JARDIN DU LUXEMBOURG, planté par Marie de Médicis, a éprouvé plusieurs changements : sa plus grande longueur, de l'est à l'ouest, était de 440 toises, et s'étendait jusqu'à l'extrémité orientale du cul-de-sac de Notre-Dame des Champs; extrémité que l'on a ouverte, et qui a converti ce cul-de-sac en une rue nommée de Fleurus. A la fin de l'an IV (1795), la Convention nationale commença l'exécution du projet de la belle avenue qui se dirige depuis le palais jusqu'à l'Observatoire. En 1801, on renouvela tous les arbres de la partie orientale du jardin; on donna au terrain une pente régulière; on planta pareillement la partie méridionale qui avoisine la grande pépinière. Le parterre fut entièrement changé en 1801; des talus en gazon succédèrent au double mur de terrasse qui le bordait; il fut élargi considérablement par deux espaces demi-circulaires, établis sur les côtés. Au milieu, on plaça une pièce d'eau plus étendue que l'ancienne, qui présentait un parallélogramme. Le parterre se terminait, du côté méridional, par un vaste escalier, composé de dix marches et orné de statues. Tous ces ouvrages furent exécutés sur les dessins de Chalgrin. Dans les années 1810 et 1811, ce parterre éprouva encore de notables et heureux changements. La route de la grande avenue qui se dirige vers l'Observatoire, à force de dépôts successifs de gravois et de terre, accumulés pendant plus de dix ans, s'était enfin élevée à la hauteur nécessaire. Déjà cette avenue était plantée de quatre rangs d'arbres, et fermée, au midi, par une grille de fer, lorsqu'un nouvel architecte, M. Baraguei, proposa et fit adopter et exécuter le projet de donner au terrain de l'avenue et du parterre, depuis le bâtiment de l'Observatoire jusqu'à la façade du palais du Luxembourg, une seule et même ligne de pente. — Les balustrades qui, à l'extrémité méridionale du parterre, en ouvrent l'entrée à ceux qui descendent par l'avenue, se raccordent avec les talus de gazon, semé de rosiers, qui bordent les parties latérales de ce parterre; lequel est composé de quatre pièces de gazon, bordées de plates-bandes fleuries, entre lesquelles est le bassin octogone, dont la surface est animée par des cygnes.

L'ancien jardin avait été dessiné par Jacques Desbrosses, architecte du palais; il construisit aussi, à l'extrémité orientale de l'allée contiguë à la façade du palais, une fontaine remarquable par ses bossages et ses congélations multipliées. On arrive dans ce jardin par huit entrées principales, toutes ornées de grilles en fer. La ligne méridienne de l'Observatoire traverse le jardin du Luxembourg, et se dirige sur l'angle ouest du pavillon qui forme l'extrémité de la façade du palais, du côté du jardin; de sorte que l'axe de la grande avenue incline un peu à l'est, et forme, au point d'intersection avec la ligne méridienne, un angle très-obtus.

Les statues qui décorent les jardins sont antiques pour la plupart, mais très-mutilées. Sur la gauche, en entrant par le palais, est Vénus de Médicis, copie; Diane, copie; Bacchus adolescent; Cérès. Sur le côté opposé, Vénus Callipige; Vénus entre deux dauphins; Vénus de petite proportion dans l'attitude de celle de Médicis, par M. Chardin; Flore, copie. Sur la balustrade qui termine le parterre, sont quatre groupes d'enfants, placés autrefois dans le bassin, dus au ciseau de Sarrasin ou de Flamand; puis deux groupes de lutteurs. Sur la terrasse, à gauche du palais, du côté de la rue d'Enfer, sont : Flore; Ajax; un des Horaces vaincu; Bacchus; Cérès : après l'allée qui conduit à la rue d'enfer, Bacchus dans sa vieillesse; Mercure; Apollon; Bacchus nu; Vénus au dauphin; Méléagre; Diane chasseresse, copie; Gladiateur; Cérès; Vénus de Médicis, copie; guerrier grec nu; Annibal; le long du mur, Bacchus; près de la grille, l'Hiver par Caffieri; sur la pente douce, une belle figure de femme, représentant la Peur. Sur la terrasse à droite du palais, Vulcain, par Bridan père; Bacchus; Hébé, par Deseine; Silène; près de la grande allée, et toujours sur la terrasse, Bacchus; Méléagre; près de la Pépinière, Cérès.

PALAIS DE LA CHAMBRE DES DÉPUTÉS.
(Rue de l'Université, n° 116.)

Ce palais est une dépendance du palais Bourbon, commencé en 1722 sur les dessins de Girardini, pour la duchesse de Bourbon, et continué successivement sur ceux de Lassurance, de Gabriel père, et d'autres architectes. Sa position sur les bords de la Seine, en face des Tuileries et des Champs-Élysées, en faisait une maison de plaisance autant qu'un palais. Lors de la révolution de 1789, le palais Bourbon resta sans destination jusqu'à l'époque où l'on y établit le conseil des Cinq Cents, auquel succéda le Corps législatif. Le péristyle en face du pont a été construit de 1804 à 1807,

Rauch del. Ransonnette sc.

CHAMBRE DES DÉPUTÉS.

PALAIS ROYAL, vu du côté de la rue St. Honoré.

sûr les dessins de M. Poyet; il se compose de douze colonnes corinthiennes d'une belle proportion, et est précédé d'un vaste perron large d'environ cent pieds, et de dix-huit pieds d'élévation. La sculpture du fronton est de M. Fragonard; elle représente la Loi assise entre les deux tables de la Charte, et appuyée sur la Force et la Justice: à droite on voit l'Abondance suivie des Sciences et des Arts; à gauche la Paix ramenant le commerce; aux deux extrémités sont des figures de fleuves. Les deux figures debout sur le stylobate du grand ordre, sont Minerve, par M. Rolland, et Thémis, par M. Houdon: les quatre figures assises sur les piédestaux de l'enceinte représentent Sully, par M. Beauvallet; l'Hôpital, par M. Deseine, d'Aguesseau, par M. Foucon, et Colbert, par M. Dumont. — L'entrée du palais sur la rue est magnifique; elle consiste en une grande porte accompagnée de chaque côté d'une colonnade d'ordre corinthien. — La salle des séances est de niveau avec la plate-forme du péristyle. Sa forme est semi-circulaire; elle reçoit le jour d'en haut, et est éclairée pendant la nuit par un lustre magnifique. Les membres de la Chambre des députés y siègent sur des bancs s'élevant en gradins dans l'intérieur de l'hémicycle. Au centre s'élève la tribune des orateurs, derrière laquelle est placé le bureau du président. Deux rangs de tribunes destinées aux différents membres du gouvernement et au public, règnent dans la partie circulaire qui s'élève au-dessus du dernier banc des députés. La salle des conférences, la salle des gardes, la bibliothèque et les salles où se réunissent les bureaux, sont remarquables par leur élégance.

Le président de la Chambre des députés occupe l'ancien palais Bourbon, construit par le prince de Condé sur l'emplacement de l'ancien hôtel Lassay, dont les jardins s'étendent sur le bord de la Seine jusque vers le boulevard des Invalides.

PALAIS DE L'ÉLYSÉE.
(Faubourg Saint-Honoré, n° 59.)

Cet hôtel fut construit en 1718, pour le comte d'Évreux, par l'architecte Mollet. Mme de Pompadour en fit depuis l'acquisition, et l'habita jusqu'à sa mort. Louis XV l'ayant acheté à cette époque, le destina aux ambassadeurs extraordinaires. En 1773 il devint la propriété de M. de Beaujon, qui y fit des embellissements considérables. La duchesse de Bourbon le posséda ensuite et lui donna le nom d'Élysée-Bourbon, qu'il portait en 1792 lorsqu'il devint propriété nationale. Il fut vendu vers 1800 à des entrepreneurs de fêtes publiques qui l'occupèrent quelque temps, et le revendirent ensuite au général Murat qui le céda au gouvernement. Napoléon l'habita plusieurs fois avant sa première abdication, et y séjourna pendant la mémorable époque des cent jours. En 1816 Louis XVIII donna ce palais au duc de Berri; ce prince y avait rassemblé une riche collection de tableaux de l'école hollandaise et flamande, qui a été vendue à l'encan, et dispersée en avril 1837.

Le palais de l'Élysée jouit, avec raison, d'une sorte de réputation parmi les édifices construits, à Paris, pendant la première moitié du XVIIIe siècle. Le plan en est singulièrement heureux. Les distributions intérieures sont faites avec beaucoup d'intelligence, et elles ajoutent encore à l'agrément d'une habitation qui doit déjà à sa situation tant d'avantages précieux. Le style de l'architecture y est généralement d'un bon goût; la décoration du principal corps de logis, tant sur la cour que sur le jardin, est d'une belle proportion et d'une exécution soignée. Ce palais a eu une destinée assez remarquable; c'est qu'ayant appartenu à un grand nombre de personnes différentes, tous les travaux qui y ont été faits successivement, loin de le déformer, n'ont servi au contraire qu'à l'embellir. Le jardin, dont on aperçoit la vaste étendue des Champs-Élysées, est réellement magnifique.

PALAIS-ROYAL.
(Rue Saint-Honoré.)

Ce palais fut construit en 1628, par le cardinal de Richelieu, sur les dessins de l'architecte le Mercier. Il fut achevé en 1636, et prit le nom de Palais-Cardinal. Après avoir décoré l'intérieur de tout ce que les arts offraient alors de plus magnifique, le cardinal en fit don à Louis XIII, en 1639, avec tous les meubles et les effets précieux qu'il contenait, ne s'en réservant que la jouissance viagère, sous la condition *que cette propriété passerait aux rois de France, successeurs de Sa Majesté, sans pouvoir être aliénée de la couronne pour quelque cause et occasion que ce soit.* Richelieu mourut en 1643, et Louis XIII ne tarda pas à le suivre au tombeau. En 1643, la régente et le roi son fils vinrent s'établir dans ce palais, qui prit alors le nom de Palais-Royal

Après l'époque de sa majorité, Louis XIV céda le Palais-Royal à son frère unique, pour en jouir sa vie durant. Enfin, en 1692, le roi en fit donation entière à Philippe d'Orléans, son neveu, depuis le Régent, à l'occasion de son mariage avec Mlle de Blois. En 1793, ce palais prit le nom de Palais-Égalité, et ensuite celui de Palais du Tribunat.

Le Palais-Royal a toujours été, et doit rester le centre des mouvements politiques populaires : le café de Foy est célèbre par les discours de Camille Desmoulins; celui de Chartres par les luttes violentes des deux cocardes verte et blanche, et ensuite des Montagnards et des Girondins; le café Montansier par les réunions patriotiques des cent jours et par les vengeances du retour de Gand; le café Lamblin par l'affluence constante, sous la restauration, de la jeunesse libérale et des militaires proscrits; le café Valois, comme le sanctuaire des têtes poudrées de l'ancien régime. C'est dans le cirque qui existait au milieu du jardin que la fameuse société des Amis de la Constitution, plus connue depuis sous le nom de Jacobins, tint ses premières séances; c'est de là que partirent les premières étincelles de la révolution de 1830.

A la rentrée des Bourbons, la famille d'Orléans reprit le palais qui était son apanage. Lucien Bonaparte s'y installa durant les cent jours. Enfin, après avoir été sous les quinze années de *restauration* la demeure de la branche collatérale des Bourbons, il a été pendant dix-huit mois l'hôtel provisoire de la royauté citoyenne. Mais un palais où l'on se rappelait avoir chanté la *Marseillaise*, mais un trône au milieu des magasins les éclipsait trop; les gens affairés trouvaient incommode d'avoir un roi sur leur passage : Louis-Philippe l'a senti lui-même, et le trône passa du Palais-Royal au palais des Tuileries.

La façade de ce palais sur la rue Saint-Honoré fut bâtie en 1763 par Moreau. Elle présente deux pavillons ornés de colonnes doriques et ioniques, couronnés de frontons, sculptés par Pajou, dans lesquels les armoiries de la maison d'Orléans sont accompagnées, sur celui de la gauche, de la *Prudence* et de la *Libéralité*; sur celui de la droite, de la *Justice* et de la *Force*. Ils sont unis par un mur formant terrasse, dans lequel sont percées trois portes d'entrée. Les deux ailes des bâtiments de la première cour sont ornées de pilastres doriques et ioniques. Son avant-corps est décoré de colonnes des mêmes ordres, supportant un fronton semi-circulaire, dans lequel est un cadran supporté par deux figures. Au-dessus de l'attique sont des trophées d'armes soutenus par deux Génies. La façade du palais tournée vers le jardin est beaucoup plus étendue que celle du côté du château d'eau : deux avant-corps s'y présentent; ils sont ornés chacun de huit colonnes supportant huit statues. A droite et à gauche deux ailes s'avancent en retour d'équerre et joignent la façade à la galerie du fond en formant ainsi une cour carrée. Ces deux ailes présentent en saillie une terrasse supportée par des colonnes doriques de niveau avec le premier étage du château. A l'aplomb des colonnes sont placés des vases de fleurs. Sous la terrasse règne une galerie où le public circule, et dont le fond est occupé par des boutiques : ces ailes se terminent par deux pavillons carrés. La galerie à droite est décorée par des proues de navires, genre d'ornement qui existait sur la façade de l'aile avant la construction de la terrasse, et que l'on n'a pu reproduire dans la galerie de gauche où tout l'espace a été employé en boutiques. Sur l'emplacement des galeries de bois s'élève maintenant la magnifique galerie d'Orléans, de 300 pieds de long; qui réunit ces pavillons et complète l'ordonnance de la seconde cour du palais : son intérieur est un large promenoir couvert d'une toiture vitrée; qui éclaire deux rangs de boutiques placées sur les côtés : l'ordonnance de ces boutiques séparées par des pilastres, leur décoration extérieure; leur grandeur, sont pareilles; chacune d'elles possède une double façade, l'une sur la galerie, l'autre sur la cour ou sur le jardin. Le vestibule qui sépare les deux cours est décoré de colonnes doriques. A gauche est un vaste corps de garde; à droite se trouve le grand escalier, placé dans une espèce de dôme fort élevé et décoré de peintures.

Trois corps de bâtiments élevés de quatre étages, percés de 180 arcades, donnant le jour à une galerie étroite, environnent régulièrement trois côtés du jardin. Des pilastres corinthiens s'élèvent entre chacune de ces arcades. Une balustrade règne sur tout l'édifice; elle est ornée de vases à l'aplomb des pilastres. Des grilles pareilles ferment sur le jardin chacune de ces arcades; entre elles est un banc de pierre. La régularité de cet ordre n'est rompue extérieurement que par une rotonde semi-circulaire, affectée à un café.

PALAIS DE JUSTICE.

JARDIN DU PALAIS ROYAL.

Le jardin offre un rectangle planté de tilleuls au milieu desquels sont deux pelouses séparées par un bassin circulaire de soixante pieds de diamètre : au centre de ce bassin est un magnifique jet d'eau en forme de gerbe.

Les galeries du Palais-Royal forment le plus magnifique bazar du monde. Elles sont garnies de boutiques brillantes où l'on trouve rassemblé tout ce que l'on peut inventer de plus recherché pour le luxe, la sensualité et les plaisirs. La mode semble y avoir établi son empire : chaque saison, chaque matin, chaque heure, les objets y changent de forme. L'étranger, arrivant à Paris, peut en quelques heures y trouver tout ce qu'il faut pour monter complètement sa maison dans le dernier goût : les magasins y sont remplis des étoffes et des vêtements les plus nouveaux, d'argenterie, de bijoux, de modes, de chefs-d'œuvre d'horlogerie, de tableaux, de porcelaines, et d'une innombrable multitude d'autres objets de luxe en tout genre ; des bureaux de change de monnaies facilitent à l'étranger les moyens d'escompter le papier-monnaie de toutes les places de l'Europe ; les pâtissiers et les confiseurs y sollicitent les friands par leurs excellentes pâtisseries et leurs délicieuses sucreries ; chez les marchands de comestibles sont rassemblées les gourmandises de tous les climats ; les cafés sont sans contredit les plus brillants, les mieux fournis et les plus fréquentés du monde entier.

La renommée du Palais-Royal est universelle ; c'est le premier endroit où se rendent l'habitant de la province ou l'étranger, à leur arrivée dans la capitale. Tout ce qui n'a point à Paris une existence régulière, vient se fondre et faire nombre parmi le public spécial du Palais-Royal, qui fréquente de préférence l'allée dite de la Rotonde : l'observateur y reconnaît pêle-mêle les étrangers de tous les pays, les voyageurs de tous les départements, les célibataires, les étudiants, les réfugiés, les officiers en congé ou à demi-solde, les intrigants, les agitateurs politiques, enfin, quiconque attend du hasard et d'une rencontre heureuse un repas, une entrée au spectacle ou une soirée agréable. On imagine facilement de quelles rencontres imprévues et bizarres la Rotonde doit être le théâtre. Combien de fois, sous l'empire et même sous la restauration, n'a-t-on pas vu des frères d'armes, l'un revenant d'Espagne et l'autre de la Russie, se retrouver à la Rotonde, et s'y presser les mains en roulant des larmes dans leurs paupières ! Nous pourrions citer les noms de deux personnes qui, au moment de se séparer à Pondichéry, se donnèrent rendez-vous à trois ans de là, jour et heure fixes, à la Rotonde, et eurent le bonheur, au jour et à l'heure indiqués, de se précipiter dans les bras l'un de l'autre. On part pour faire le tour du monde, et l'on se retrouve à la Rotonde. Que de milliers de gens, si on la supprimait, resteraient souvent la bouche béante au moment d'indiquer un rendez-vous !

PALAIS DE LA LÉGION D'HONNEUR.

(Rue de Lille, n° 70.)

Cet élégant édifice, destiné à être la demeure du prince de Salm-Salm, a été donné à l'ordre royal de la Légion d'honneur. La porte d'entrée présente un arc de triomphe décoré de colonnes ioniques. Deux galeries du même ordre partent de la porte et conduisent à deux pavillons, en avant-corps, dont l'attique est revêtu de bas-reliefs ; un péristyle ionique règne autour de la cour en forme de promenoir couvert et continu. Le principal corps de logis est au fond de la cour ; sa façade est relevée par un ordre de colonnes corinthiennes. Du côté du quai d'Orsay, ce palais présente l'aspect de deux bâtiments séparés par un avant-corps demi-circulaire, décoré d'un ordre corinthien.

Les appartements de ce palais sont décorés avec une élégante simplicité, soit de stuc, soit de peintures, soit de bois précieux, suivant le caractère des différentes pièces. Le salon principal, qui donne sur le quai et occupe l'avant-corps, s'élève en forme de rotonde sur un plan circulaire dont le diamètre est de quarante pieds.

PALAIS DE JUSTICE.

(Rue de la Barillerie.)

Ce vaste édifice doit son nom à ce qu'il fut autrefois le palais des rois de France. Eudes est le premier qui y transporta sa demeure, pour qu'elle fût mieux défendue contre les attaques des Normands ; c'est lui qui fit bâtir toutes les tours qui en fortifiaient l'enceinte, et dont plusieurs existent encore. Ce palais fut restauré et considérablement augmenté par saint Louis, qui l'habita et y ajouta, entre autres, la salle qui porte son nom ; la salle appelée depuis la Grand'Chambre, et la

Sainte-Chapelle. Philippe le Bel y fit faire plusieurs reconstructions qui furent achevées en 1313; depuis, Charles VIII, Louis XI et Louis XII y ajoutèrent encore de nouveaux bâtiments. Plusieurs rois habitèrent encore le Palais, quoique le Louvre fût devenu leur demeure la plus ordinaire pendant leur séjour à Paris. Lorsque, en 1364, Charles V abandonna ce palais pour aller habiter l'hôtel Saint-Paul, ce n'était encore qu'un assemblage de grosses tours qui communiquaient les unes aux autres par des galeries. — La tour carrée de l'Horloge, qui s'élève à l'angle du Palais, formé par la rencontre du quai et de la rue de la Barillerie, ainsi que ses accessoires, décèle le genre d'architecture du seizième siècle. L'horloge qu'elle contient est la première de cette dimension qu'on ait vue à Paris; elle fut fabriquée en 1370, par un Allemand nommé Henri de Vic, que Charles V fit venir en cette ville. Le cadran fut refait et doré sous Henri III. La lanterne de cette tour contenait une cloche appelée Tocsin: elle jouissait de la prérogative de n'être mise en branle que dans les rares occasions, lors de la naissance ou de la mort des rois et de leurs fils aînés. Cependant elle enfreignit cette loi pour devenir l'instrument d'un des plus horribles attentats que la tyrannie et le fanatisme puissent commettre: elle fut une des deux cloches de Paris qui, dans la nuit du 24 août 1572, donnèrent le signal des massacres de la Saint-Barthélemi: elle a été, dit-on, pour cette cause, détruite pendant la révolution. — C'était dans la grande salle du Palais que le monarque recevait les ambassadeurs, qu'il donnait les festins d'apparat et faisait les noces des enfants de France. Elle était ornée des statues des rois depuis Pharamond, et au-dessous de chacune d'elles était une inscription qui contenait le nom, la durée du règne et l'année de la mort de chaque prince. A un des bouts de cette salle était une table de marbre, d'une dimension grande, sur laquelle se faisaient les festins royaux: les empereurs, les rois, les princes du sang, les pairs de France et leurs femmes, avaient seuls le droit d'y manger.

Le 7 mai 1618, un incendie détruisit l'antique et magnifique salle du Palais, ainsi qu'une chapelle et plusieurs corps de bâtiments qui y étaient contigus. Un nouvel incendie, qui éclata le 10 janvier 1776, en consumant toutes les constructions qui s'étendaient depuis la galerie des prisonniers jusqu'à la Sainte-Chapelle, n'en a plus laissé que des fragments incomplets et des souvenirs douteux. Jacques Desbrosses fut chargé de la reconstruction de la grande salle, détruite en 1618, et la termina en 1622. Elle se compose de deux immenses nefs parallèles, voûtées en pierres de taille, et séparées par un rang d'arcades qui portent sur des piliers décorés de pilastres doriques. Ce vaste local ne reçoit le jour que par les grands cintres vitrés qui sont à l'extrémité de chaque nef. Cette manière d'éclairer a quelque chose de noble et de grand: peut-être cependant la lumière y est-elle insuffisante pour la longueur de l'édifice, qui, dans quelques parties, reste un peu sombre. Le dorique convient bien au caractère que devait offrir la décoration de cette salle; mais Desbrosses s'y est permis, comme dans l'ajustement du même ordre et de sa frise, soit au Luxembourg, soit au portail de Saint-Gervais, des disparates qu'on aimerait à ne pas rencontrer dans une ordonnance dont la régularité fait la principale condition. Malgré quelques légers défauts, ce morceau d'architecture fait honneur et au génie de Desbrosses et à celui de son siècle: il a un caractère de grandeur dans la disposition, une manière large et bien prononcée, qui ne s'est plus retrouvée dans les édifices, même du siècle de Louis XIV. Les irrégularités que l'on remarque entre les deux arcades du bout de la salle, ne doivent point être imputées à l'architecte; elles étaient commandées, ainsi que la disposition de tous les piliers, par les constructions de la salle gothique qui est au-dessous. — En 1821, on a érigé contre l'arcade du milieu de la salle des Pas-Perdus, du côté du midi, un monument à la mémoire de Malesherbes. Il se compose d'un soubassement ayant de chaque côté deux piédestaux saillants, supportant les statues allégoriques de la France et de la Fidélité. Au-dessus du soubassement s'élève un stylobate supportant deux colonnes ioniques surmontées d'un fronton. Derrière ces colonnes est une niche dans laquelle est posée, sur un socle, la statue de Malesherbes, représenté debout au moment où il prononce la défense de Louis XVI.

Vers la fin du règne de Louis XV, on a construit, au-dessus des voûtes de la salle des Pas-Perdus, trois autres berceaux de voûtes, pour former les galeries dans lesquelles se trouvent aujourd'hui renfermés la vaste collection des registres du Parlement, les manuscrits précieux échappés aux précédents incendies, et une partie des ar-

PARIS, VUE DU PONT DES ARTS.

PALAIS DES THERMES.

chives judiciaires. Les voûtes de ces galeries, formées de briques creuses, offrent un genre de construction alors nouveau, et qui a été employé depuis dans plusieurs autres édifices. On en doit l'invention à M. Antoine, architecte, qui fut chargé de ces travaux.—Au-dessous de la salle des Pas-Perdus est un étage inférieur aussi étendu qu'elle, que des murs de refend divisent en plusieurs pièces : l'architecture de cet étage inférieur est sarrasine; les voûtes sont en ogive, avec des nervures qui en dessinent les arêtes. On y trouve une salle très-vaste, bâtie dans le même style, et plus élevée que les pièces contiguës; aux quatre angles sont quatre cheminées de grandes dimensions, et remarquables par leur construction : cette salle est nommée les Cuisines de saint Louis; on y voit un escalier par lequel on montait à la salle supérieure, sans doute pour y transporter les mets, lorsque les rois y donnaient des festins. Près de ces cuisines, un autre escalier descendait jusqu'à la rivière.

Le terrible incendie de 1776 nécessita la reconstruction d'une partie considérable de l'intérieur du Palais. MM. Moreau, Desmaisons, Couture et Antoine, architectes, et membres de l'Académie d'architecture, furent chargés d'entreprendre les travaux propres à opérer le raccordement de ce vaste ensemble. Leur plan embrassa non-seulement la cour actuelle, mais le nouvel alignement des rues adjacentes, et le tracé de la place demi-circulaire qui fait face au principal corps de bâtiment. Celui-ci s'élève au fond de la cour, sur un perron auquel on arrive par un grand escalier qui donne assez de noblesse à cette masse, d'ailleurs peu remarquable par le caractère de son architecture. Un corps avancé de quatre colonnes doriques orne la façade, composée, du reste, d'un rang d'arcades à rez-de-chaussée et de fenêtres en attique. Une sorte de dôme quadrangulaire couronne le pavillon central. Au bas du perron, et de chacun de ses côtés, sont deux arcades, dont l'une conduit au tribunal de police, et l'autre donne entrée dans ce qu'on appelle la Conciergerie, prison bâtie sur le terrain qu'occupait anciennement le jardin, et qu'on nommait alors le *Préau du Palais*. On trouve, dans l'aile à droite, un grand et bel escalier richement orné, qui conduit à la grande salle du Palais. Celui de la cour criminelle, construit à la même époque, est également remarquable. Les deux ailes sont réunies sur la rue par une grille qui ferme la cour qu'on appelle encore *Cour du Mai*.

L'intérieur du Palais est occupé par les cours et tribunaux qui s'y trouvent ainsi placés. La cour de cassation tient ses audiences dans l'ancienne grand'chambre du Parlement. Un bas-relief, représentant la Justice, sert d'ornement à sa porte d'entrée. Cette salle, décorée dans le style moderne, depuis 1810, présente en elle-même la plus extrême simplicité; mais elle est riche en ornements. Le parquet est séparé du banc des avocats par une barrière remarquable par sa beauté. Les statues des chanceliers de l'Hôpital et d'Aguesseau, par Deseine, y sont érigées sur des piédestaux. La cour royale donne ses audiences civiles dans les anciennes salles de la cour des aides : son escalier est décoré d'une statue de la Loi. La cour d'assises siége dans l'ancien local de la chancellerie du Palais, à l'extrémité de la galerie Dauphine. Les salles d'audience du tribunal de première instance sont ainsi placées : celles des deux premières sections au-dessus du perron des Lions, vers la cour Lamoignon; les cinq dernières au pourtour de la grande salle, ainsi que les sixième et septième chambres correctionnelles. La cour des comptes occupe dans la cour de la Sainte-Chapelle un édifice distinct, construit en 1740.

PALAIS DES THERMES.
(Rue de la Harpe.)

On nomme ainsi les restes considérables d'un édifice de construction romaine, situé rue de la Harpe et numéroté 53. Le palais des Thermes, dont la construction est attribuée à Constance Chlore, père de Constantin, mort en 306, ou à son petit-fils Julien, comportait, indépendamment des jardins, des bâtiments d'une grande étendue. Après avoir servi pendant plusieurs siècles de résidence aux rois de France de la première et de la seconde race, ce palais fut réduit au titre de vieux palais, les rois de la troisième race ayant choisi pour leur séjour le palais des comtes de Paris; vers 1340, il fut acquis par Pierre de Chaslus, abbé de Cluny, qui fit commencer sur une partie de son emplacement l'hôtel de Cluny.

Le palais des Thermes, qu'on nomme aussi vulgairement les Thermes de Julien, était d'une grande étendue; les bâtiments et les cours qui en dépendaient s'élevaient, du côté du sud, jusqu'aux environs de la Sorbonne : au delà et du même côté, devait être aussi la place d'armes ; au nord, en partant du point où est aujourd'hui la salle des Thermes, les bâtiments de ce palais se prolongeaient jusqu'à la rive gauche de la Seine. — La salle qui subsiste encore, unique reste d'un palais aussi vaste, offre, dans son plan, deux parallélogrammes contigus, qui forment ensemble une seule pièce : le plus grand a 62 pieds de longueur sur 42 de largeur ; le plus petit a 30 pieds sur 18. Les voûtes à arêtes et à plein-cintre, qui la couvrent, s'élèvent jusqu'à 42 pieds au-dessus du sol : elles offrent un genre de couverture peu dispendieux et d'une extrême solidité, puisqu'elles ont résisté à l'action de quinze siècles, et que pendant longtemps, sans éprouver de dégradations sensibles, elles ont supporté une épaisse couche de terre, cultivée en jardin et plantée d'arbres. L'architecture simple et majestueuse de cette salle ne présente que peu d'ornements : les faces des murs sont décorées de trois grandes arcades, dont celle du milieu est la plus élevée. La face du mur méridional a cela de particulier que l'arcade du milieu se présente sous la forme d'une niche, dont le plan est demi-circulaire. Quelques trous pratiqués dans cette niche et dans les arcades latérales, ont fait présumer qu'ils servaient à l'introduction des eaux destinées aux bains. La maçonnerie se compose de trois rangs de moellons régulièrement taillés, dont chacun a 4 à 5 pouces de hauteur, et de quatre rangs de briques, dont chaque rang peut avoir un pouce d'épaisseur. — On trouve sous cette salle un double rang en hauteur de caves en berceaux, ou plutôt de larges aqueducs souterrains de 9 pieds de large et de 9 pieds de haut sous clef ; il y avait trois berceaux parallèles, séparés par des murs de 4 pieds d'épaisseur, et se communiquant par des portes de 3 et 4 pieds de large. En 1544 on découvrit des aqueducs souterrains, qui probablement amenaient, par ces berceaux, l'eau du Rungis ou d'Arcueil au palais des Thermes.

MONUMENTS RELIGIEUX.

ÉGLISE MÉTROPOLITAINE DE NOTRE-DAME.

Deux temples ont précédé l'érection de la basilique actuelle : l'origine du premier est inconnue ; celle du second paraît remonter à l'an 555. Maurice de Sully, évêque de Paris, conçut, en 1161, le projet de l'entière reconstruction de la cathédrale sur un plan très-vaste. Les travaux en furent commencés vers 1133 ; le grand autel fut consacré en 1182 ; on présume que ce monument fut entièrement achevé en 1223, sur la fin du règne de Philippe-Auguste.

L'église Notre-Dame, bâtie en forme de croix latine, a 390 pieds dans œuvre, 144 pieds de large et 104 pieds de haut ; 120 gros piliers de 4 pieds de diamètre soutiennent les voûtes principales. La nef et le chœur sont accompagnés de doubles bas côtés, formant de larges péristyles, et d'un grand nombre de chapelles qui règnent autour de l'église ; on y entre par six portes. La façade principale se fait remarquer par son élévation, par sa sculpture et par le caractère imposant de son architecture. Elle était décorée des statues de vingt-huit rois de France, commençant à Childebert et finissant à Philippe-Auguste ; cette façade est terminée par deux grosses tours carrées qui ont 280 pieds de haut ; on y monte par 380 degrés, et l'on va de l'une à l'autre par deux galeries hors-d'œuvre, que soutiennent des colonnes gothiques d'une délicatesse surprenante.

La façade principale est percée de trois grandes portes par lesquelles on entre dans l'église. Le portique à droite, dit de la Vierge, le portique du milieu, et le portique de gauche, dit de Sainte-Anne. Ces portiques, pratiqués sous les voussures ogives, sont chargés de divers ouvrages de sculptures, représentant plusieurs traits qui ont rapport à l'histoire du Nouveau Testament. Un de ces portiques, celui qui est placé au-dessous de la tour septentrionale, est remarquable par un zodiaque où les signes sont accompagnés de l'image des travaux champêtres, ou d'attributs qui y correspondent. Du côté où était autrefois l'archevêché, est le portail méridional dit de Saint-Marcel, où sont représentés en bas-reliefs les principaux traits de la vie de saint Étienne : au-dessus, et dans la partie haute du tympan, Jésus-Christ, tenant d'une main un globe, donne de l'autre sa bénédiction. Le contour des arceaux de la voussure est rempli de figures d'anges, d'apôtres ; au bas des grands contre-forts et de chaque côté, sont huit bas-reliefs relatifs à la vie de saint Étienne. — Le portail septentrional situé du côté du cloître, présente à peu près la même dispo-

ÉGLISE NOTRE DAME,
Cathédrale de Paris.

sition que celui du midi. La statue de la Vierge, placée sur le trumeau qui sépare la porte en deux, foule sous ses pieds un dragon ailé. On a représenté, en figures de moyenne proportion, plusieurs sujets du Nouveau Testament, et l'histoire d'un personnage qui s'est donné au démon. Le style des figures semble appartenir au commencement du XIVe siècle. La porte du cloître est remarquable par l'élégance de sa construction; les deux figures agenouillées représentent Jean sans Peur, duc de Bourgogne, et sa femme Marguerite de Bavière. Les différents bas-reliefs offrent divers traits de la vie de saint Marcel, évêque de Paris. Sur le mur, à 6 pieds de hauteur, on voit sept bas-reliefs représentant plusieurs sujets de la vie de la Vierge.

Le chœur, pavé en marbre, a 126 pieds de long sur 45 de large. — Deux estrades en marbre de griotte d'Italie, servant de jubés, le séparent de la nef. Elles sont élevées de 5 pieds 6 pouces; leurs panneaux sont d'un poli transparent; dans leur milieu une grille de même hauteur ferme l'entrée du chœur. En entrant dans le chœur, l'œil est d'abord frappé de la magnificence de la boiserie, régnant de chaque côté au-dessus de vingt-six stalles. Son commencement est marqué par deux pilastres décorés d'arabesques. Des bas-reliefs représentant des traits de la vie de la sainte Vierge, et d'autres sujets pieux ornent cette boiserie. Des trumeaux, enrichis d'arabesques et des instruments de la Passion, les séparent: ils représentent, en commençant à droite, au haut du chœur, près de la chaire épiscopale, Jésus-Christ donnant les clefs à saint Pierre; la Naissance de la Vierge; sa Présentation au temple; sainte Anne l'instruisant; son Mariage avec saint Joseph; l'Annonciation; la Visitation par sainte Élisabeth; la Naissance de Jésus-Christ; l'Adoration des Mages; la Circoncision. Du côté gauche du chœur en commençant par le haut: les Noces de Cana; la Vierge au pied de la croix; la Descente de la croix; la Pentecôte; l'Assomption de la Vierge; la Religion; la Prudence; l'Humilité; la Douceur; les Pèlerins d'Emmaüs. Ces boiseries se terminent de chaque côté par une chaire archiépiscopale en cul-de-four, surmontée de baldaquins enrichis de groupes d'anges, tenant des instruments religieux. Le fond de celle du côté droit représente le martyre de saint Denis; du côté gauche, l'on voit la guérison miraculeuse de Childebert, par l'intercession de saint Germain, évêque de Paris. Au-dessus de ce lambris, l'on admire huit grands tableaux des meilleurs maîtres de l'école française du commencement du siècle dernier. Le premier de ces tableaux, en commençant à droite, par le haut du chœur, est l'Annonciation, par Hallé; le second, la Visitation, appelé le Magnificat, chef-d'œuvre de Jouvenet; le troisième, la Naissance de la Vierge, par Philippe de Champagne; le quatrième, l'Adoration des Mages, par Lafosse. Le premier, à gauche, représente la Présentation de Jésus-Christ au temple, par Louis de Boulogne; le second, une Fuite en Égypte, par le même; le troisième, la Présentation de la Vierge au temple, par Philippe de Champagne; le quatrième, l'Assomption de la Vierge, par Antoine Coypel.

Le maître-autel est élevé sur trois marches semi-circulaires en marbre de Languedoc: il a 12 pieds 8 pouces de longueur, non compris les piédestaux qui l'accompagnent; sa hauteur est de 3 pieds. Cet autel, en marbre blanc, est décoré sur le devant de trois bas-reliefs. Celui du milieu, qui est en cuivre doré, ou or moulu, représente Jésus-Christ mis au tombeau; le sculpteur Van Clève l'avait exécuté pour former le retablement d'autel de la chapelle de Louvois, dans l'église des Capucines de la place Vendôme. Ceux des côtés représentent chacun deux anges tenant divers instruments de la Passion. Le tabernacle consiste en un gros socle carré, décoré de pilastres et enrichi d'une fermeture circulaire, en bronze doré, représentant l'Agneau pascal; les angles sont ornés de petites têtes de chérubins.

Pour accompagner l'ancien autel, on a dénaturé le système d'architecture du chœur; les arcs ogives furent convertis en pleins cintres, et les piliers en pilastres. Les sept arcades qui forment le rond-point du sanctuaire sont incrustées de marbre blanc mêlé de gris, de même que les jambages ou pieds-droits qui sont posés sur des embases ou soubassements en marbre de Languedoc. Ces arcades sont séparées par des pilastres, ou montants en saillie, dont les impostes servent de chapiteaux, et sur ces mêmes pieds-droits s'élèvent d'autres pilastres attiques, terminés par une corniche ou plate-bande en ressaut sans amortissement.

La baie de l'arcade du milieu qui est derrière le grand autel est formée en niche, occupée par un groupe en marbre blanc, composé de quatre figures, dont les principales ont huit pieds de proportion. La Vierge, assise au milieu, soutient sur ses genoux la tête et une partie du corps de son fils descendu de la croix; le reste du corps est étendu sur un suaire; elle a les bras élevés et les yeux en larmes levés vers le ciel. La douleur d'une mère et sa parfaite soumission à la volonté de Dieu sont exprimées de la manière la plus vraie. Un ange sous la forme d'un adolescent soutient à droite une main du Christ, pendant qu'un autre ange tient la couronne d'épines, et regarde les impressions meurtrières qu'elle a faites sur l'auguste victime. Derrière un groupe, sur le fond en cul-de-four, incrusté de marbre bleu turquin, paraît une croix surmontée de l'inscription; un grand linceul tombe du haut de la croix et vient se perdre derrière les figures. Ce groupe, que Nicolas Coustou a terminé en 1723, est un ouvrage admirable: la tête du Christ est d'une rare beauté par l'expression et la dignité du caractère.

A l'entrée de la porte septentrionale, et près de l'escalier par lequel on monte aux tours, est un bas-relief qui servait de pierre sépulcrale au tombeau du chanoine Yves. On a représenté, dans cette production du XVe siècle, le Jugement dernier: Jésus-Christ, environné d'anges, lance de sa bouche deux glaives, l'un à droite, l'autre à gauche; sous ses pieds est le globe de la terre, et dans sa main gauche un livre ouvert. La seconde partie du monument représente un homme sortant du tombeau, contre lequel on voit un cadavre rongé de vers.

Dans l'ancienne chapelle de la Vierge est la belle statue dite la Vierge des Carmes, de 7 pieds 6 pouces de proportion, sculptée à Rome par Antoine Raggi dit le Lombard, d'après le mode du cavalier Bernin. Le lutrin en bois placé dans cette chapelle est remarquable par l'élégance de sa construction et la belle exécution de son travail. Ce pupitre est placé sur un piédestal triangulaire, dont les trois faces, un peu concaves, sont ornées de figures en bas-reliefs des apôtres saint Pierre, saint Paul et saint Jean l'Évangéliste; sur le piédestal sont représentées les Vertus théologales, la Foi, l'Espérance et la Charité. Ces figures sont d'un beau travail et d'une exécution parfaite. Le corps du pupitre est décoré de petits ornements en mosaïque très-délicats; il en est de même des consoles et des arabesques, qui rappellent les productions de Jean Goujon, de Jean Cousin, et autres célèbres artistes du XVIe siècle.

La chapelle de la Décollation de saint Jean-Baptiste renferme le mausolée en marbre érigé, en 1808, par décret de Napoléon, à la mémoire du cardinal de Belloy, archevêque de Paris. Ce monument se compose de quatre figures dont trois ont 7 pieds et demi de hauteur. Le prélat, assis dans un fauteuil placé sur son sarcophage, est représenté offrant les secours de la charité à une famille indigente. La femme qui reçoit le don a la main droite appuyée sur l'épaule d'une jeune fille. Du même côté, saint Denis, premier évêque de Paris, placé sur une petite masse de nuages, montre aux fidèles son successeur, et semble le proposer comme un exemple de vertu.

Ier arrondissement.

ÉGLISE LA MADELEINE, ou L'ASSOMPTION.
(Rue Saint-Honoré, entre les n. 369 et 371.)

Cette église fut construite en 1670, sur les dessins d'Érard, peintre du roi, pour les filles de l'Assomption: elle représente une tour couverte d'un vaste dôme de 62 pieds de diamètre. Le portail est soutenu de huit colonnes corinthiennes couronnées d'un fronton. Le mur circulaire intérieur est orné de pilastres corinthiens, supportant une corniche qui règne au pourtour de l'église. La coupole offre des peintures et des caissons de Ch. Lafosse, qui a peint aussi le plafond du chœur, représentant l'Assomption de la Vierge. On y remarque une Naissance de la Vierge par Suvée, une Assomption par Blondel, et plusieurs autres tableaux.

ÉGLISE SAINT-LOUIS.
(Rue Sainte-Croix, Chaussée-d'Antin, n° 5.)

C'est une petite chapelle fort simple, élégamment construite par Brongniart, décorée d'une ordonnance et d'un grand morceau de peinture à fresque imitant le bas-relief, par Gibelin. On y remarque une colonne tronquée en marbre noir, surmontée d'une urne cinéraire en marbre blanc, contenant le cœur de M. Choiseul Gouffier.

ÉGLISE SAINT-PHILIPPE DU ROULE.
(Rue du faubourg du Roule, n. 8 et 10.)

Cette belle église a été construite de 1769 à 1784, sur les dessins de Chalgrin, dans la forme des anciennes basiliques. Elle s'annonce par un portique de quatre

PARIS. VUE PRISE DU PONT NOTRE DAME.

colonnes doriques, de forte dimension, couronnées d'un fronton orné de bas-reliefs représentant la Religion et ses attributs, par Duvet. La longueur de l'édifice est de 156 pieds sur 72 de large : la nef a 36 pieds de largeur dans œuvre, et chacun des bas côtés 18 ; six colonnes ioniques séparent de chaque côté cette nef de ses collatérales. Le maître-autel, isolé à la romaine, est placé dans une niche au fond du sanctuaire. De chaque côté du chœur est une chapelle, l'une sous l'invocation de la Vierge, l'autre sous celle de saint Philippe. Au-dessus de l'ordre intérieur, règne dans toute la longueur de l'église, une voûte ornée de caissons, et éclairée à chaque extrémité par de grands vitraux.

ÉGLISE SAINT-PIERRE DE CHAILLOT.
(Grande rue de Chaillot, entre les n. 296 et 298.)

Elle existait au XIe siècle, et a été reconstruite en 1750, à l'exception du sanctuaire qui est plus ancien.

IIe arrondissement.

ÉGLISE SAINT-ROCH.
(Rue Saint-Honoré, entre les n. 296 et 298.)

Cette église a été rebâtie en 1653, sur les dessins de Jacques Mercier. Louis XIV en posa la première pierre, mais elle ne fut entièrement achevée qu'en 1750. Le grand portail a été construit sur les dessins de Robert de Cotte ; il est élevé au-dessus d'un grand nombre de marches, et se compose de deux ordonnances, l'une dorique, l'autre corinthienne : cette dernière est couronnée d'un fronton.

L'ordre d'architecture qui règne dans cette église est le dorique. La longueur de la nef est de 90 pieds, celle du chœur de 49, et leur largeur de 42 pieds. Vingt piliers ornés de pilastres doriques, revêtus de marbre à leur base, soutiennent la voûte de la nef ; quarante-huit piliers engagés supportent ses bas côtés ; dix-huit chapelles lui servent de ceinture jusqu'au rond-point ; trois grandes chapelles sont placées en arrière, deux autres sous la croisée, et deux autres sont adossées aux piliers de l'entrée du chœur. Aux extrémités de la croisée sont deux autels, l'un en face de l'autre, décorés sur les dessins de Boullée. On y voit les statues de saint Augustin, de saint François de Sales, etc. ; cette dernière est de M. Pajou. On y voit encore deux grands tableaux de 22 pieds de haut : celui qui est sur l'autel à gauche représente saint Denis prêchant la foi ; il est de Vien : celui qu'on voit sur l'autel, à droite, a pour sujet la maladie des Ardents ; il est peint par Doyen.

La chapelle de la Vierge, située derrière le chœur, fut bâtie en 1709 : sa forme circulaire est couronnée par une coupole, qui représente l'Assomption de la Vierge, peinte par Pierre. L'autel de cette chapelle offre la scène de l'Annonciation, exécutée sur les dessins de Falconet.—La chapelle de la Communion vient ensuite : elle est moins grande que la précédente. M. Pierre a peint sur sa coupole le triomphe de la religion, composition très-simple : sur l'autel est un groupe, sculpté par Paul Slodtz, représentant deux anges. — La chapelle du Calvaire est située à la suite, sur la ligne des chapelles précédentes, et à l'extrémité de l'édifice. Elle a peu d'élévation. Une vaste niche, éclairée par une ouverture qu'on ne voit point, présente la cime du Calvaire, l'image de Jésus crucifié, et la Madeleine pleurant au pied de la croix. Sur le premier plan, sont des soldats couchés, des troncs d'arbres, des plantes, parmi lesquelles rampe le serpent. Plus avant et au bas de cette espèce de montagne, est un autel de marbre bleu turquin, en forme de tombeau antique, orné de deux urnes : au milieu, s'élève le tabernacle, composé d'une colonne tronquée, et autour duquel sont groupés les instruments de la Passion. Cette composition sépulcrale et poétique a été conçue par Falconet. La sculpture des figures de la niche est l'ouvrage de Michel Anguier. — Une nouvelle scène sépulcrale a été récemment ajoutée : à droite de cette chapelle, de vastes rochers présentent l'ouverture d'une grotte, devant laquelle sont deux groupes de figures, en ronde-bosse, plus grande que nature : ces groupes représentent Jésus mis au tombeau.

Cette église est ornée du médaillon du maréchal d'Asfeld, du mausolée de Maupertuis, par d'Huez ; de celui du peintre Mignard, par J.-B. Lemoyne ; du buste de Barbezière ; du mausolée de Marillac. Mgr le duc d'Orléans, à la sollicitation de M. Legrand, architecte distingué, a fait sculpter au-dessus d'un des bénitiers de la grande nef, à gauche en entrant, un portrait du grand Corneille, avec cette inscription : *Pierre Corneille, né à Rouen le 6 juin 1606, mort à Paris, rue d'Argenteuil, le 1er octobre 1684, est inhumé dans cette église.*

Les tableaux dont cette église est aujourd'hui décorée consistent dans la résurrection de la fille de Jaïre, peinte en 1817 par Delorme : il orne la chapelle de la Vierge ; et dans un saint Sébastien, peint en 1817 par Bellai, placé à côté de la chapelle de la Communion. — La chaire à prêcher est remarquable par sa magnificence : les quatre Vertus cardinales soutiennent cette espèce de tribune, dont les panneaux sont ornés des Vertus théologales ; un rideau représentant le voile de l'erreur s'étend au-dessus : un génie céleste s'efforce de l'arracher. Toutes ces figures sont dorées ; leur éclat est rehaussé par la blancheur du voile et de toutes les parties lisses. Devant cette chaire un tableau de Jésus-Christ en croix, expirant dans l'ignominie, forme un contraste étonnant avec le siège du prédicateur.

ÉGLISE NOTRE-DAME DE LORETTE.
(Rue du faubourg Montmartre, entre les n. 64 et 66.)

L'ancienne église de Notre-Dame de Lorette, qui avait remplacé, en 1646, la chapelle des Porcherons, étant devenue trop petite pour recevoir la population toujours croissante des quartiers des faubourgs Poissonnière et Montmartre, la construction d'une nouvelle église fut mise au concours. Dix artistes distingués présentèrent des projets, parmi lesquels celui de M. Hippolyte Le Bas fut adopté, le 23 avril 1823. La première pierre de la nouvelle église fut posée le 25 août 1823 ; les travaux ont été achevés en 1836, et l'église consacrée le 15 décembre de cette même année, par l'archevêque de Paris.

La nouvelle église de Notre-Dame de Lorette peut contenir 3,000 personnes, et a coûté 2,050,000 fr. Elle a dans sa plus grande longueur 212 pieds sur 98 de large, et 56 dans sa plus grande hauteur, prise de la coupole. Quatre rangs de chacun huit colonnes d'ordre corinthien séparent la nef des bas côtés. Le portail est formé de quatre colonnes d'ordre ionique, surmonté d'un fronton et couronné par trois statues, représentant la Foi, l'Espérance et la Charité, par Foyatier, Laitié et Lemaire ; le fronton est décoré d'un bas-relief en ronde-bosse représentant un hommage à la Vierge, par Lebœuf-Nanteuil.

L'église Notre-Dame de Lorette est sans contredit la mieux décorée de toutes celles de la capitale. On y voit un grand nombre de tableaux exécutés par MM. Blondel, Caminade, Decaisne, Champmartin, E. Devéria, Drolling, Etex, Hesse, A. Johannot, Langlois, Monvoisin, Picot, Schnetz, Vinchon, etc., etc. ; et plusieurs belles sculptures dues au talent de MM. Cortot, Desbœuf, Dumont fils, Foyatier, Laitié, Lebœuf-Nanteuil, Lemaire, etc., etc.

IIIe arrondissement.

ÉGLISE SAINT-EUSTACHE.
(Rue Trainée et rue du Jour.)

L'origine de cette église est fort ancienne. L'historien Dulaure dit qu'elle fut élevée sur l'emplacement d'un temple antique consacré à Cybèle. L'église actuelle fut bâtie en 1532, sur les dessins de David. Jean de la Barre, prévôt des marchands, posa la première pierre, et ce n'est réellement qu'à cette époque qu'elle prit le nom de Saint-Eustache, et qu'elle fut érigée en paroisse.

L'architecture de l'église Saint-Eustache est d'un genre neutre ; la chapelle de la Vierge et le portail, ridicules travaux de Mansard, sont de deux ordres, le dorique et l'ionique. L'intérieur est d'architecture sarrasine. La voûte de la nef est haute de près de 100 pieds ; elle est soutenue par dix piliers carrés parallèles, qui s'élèvent ornés de listels et de feuilles d'acanthe jusqu'à 60 pieds du sol. Puis, à cette hauteur, une galerie élégante, rehaussée d'une rampe à trèfles, fait le tour de l'édifice. Au-dessus, les piliers s'amincissent, s'allongent, entourés de légers entrelacs gothiques, jusqu'à 6 toises du dôme, où viennent se réunir les arcs-boutants sur lesquels il est appuyé. Le chœur, commencé en 1624, fut achevé en 1637, sous le règne de Louis XIII ; c'est un morceau prodigieux, admirable d'architecture, admirable de forme, admirable par ses objets d'art. Immédiatement au-dessus de la galerie sont percées douze fenêtres cintrées, garnies de vitraux précieux, représentant les Pères de l'Église ; rien n'est plus beau comme dessin, comme couleur : la majeure partie est du célèbre N. Pinègrier ; le reste est attribué à Désaugives et à Jean de Nogare. La nef est décorée de l'ancienne chaire à prêcher de l'église métropolitaine de Paris, arrivée là par suite des événements de la révolution. À la partie orientale, dans l'intérieur de l'église, est une crypte ou chapelle souterraine dédiée à sainte Agnès. — Au chevet de l'église est la chapelle de la Vierge, ornée d'une statue en marbre blanc de la mère du Christ, placée au-dessus de l'autel ; elle a été exécutée par Pigale pour l'hôtel des Invalides. Les côtés sont ornés de grands bas-reliefs : la Présentation au temple, et Jésus-Christ prêchant dans le temple. Cette église a été décorée en outre de deux autres beaux bas-reliefs; l'un peint sur marbre blanc, par Sauvage, et imitant le bronze, représente la Charité, la Moisson et la Vendange; l'autre en simple pierre de liais, mais beaucoup plus précieux, offre Jésus-Christ au tombeau, par Daniel de Volterre. — Le buffet d'orgue provient de l'ancienne abbaye Saint-Germain.

Sous Louis XIII et au commencement du règne de Louis XIV, c'était un grand honneur d'être enterré dans les églises. Saint-Eustache parait avoir eu la vogue, car, avant la révolution, on y comptait près de cent pierres tumulaires. Parmi les plus célèbres personnages inhumés dans cette église, on cite : l'historien du Haillan ; les poëtes Voiture et Benserade; le grammairien Vaugelas; Lamothe-le-Vayer; le maréchal d'Aubusson de la Feuillade; le célèbre amiral de Tourville; le grand Colbert, dont le monument y a été replacé sous la restauration : il est représenté à genoux sur un sarcophage de marbre noir, ayant devant lui un génie supportant un livre ouvert, et de chaque côté deux statues représentant la Religion et l'Abondance. On voit aussi dans cette église le tombeau du célèbre Chevert, avec cette épitaphe :

Ci gît François Chevert, commandeur, grand'croix de l'ordre de Saint-Louis, chevalier de l'aigle blanc de Pologne, gouverneur de Givet et de Charlemont, lieutenant général des armées du Roi.

Sans aïeux, sans fortune, sans appui, orphelin dès l'enfance, il entra au service à l'âge de onze ans; il s'éleva, malgré l'envie, à force de mérite; et chaque grade fut le prix d'une action d'éclat. Le seul titre de maréchal de France a manqué, non pas à sa gloire, mais à l'exemple de ceux qui le prendront pour modèle.

Il était né à Verdun-sur-Meuse, le 2 février 1699 : il mourut à Paris, le 24 janvier 1769.

ÉGLISE NOTRE-DAME DES VICTOIRES
ou des PETITS-PÈRES.
(Place des Petits-Pères).

La première pierre de cette église fut posée en 1629 par Louis XIII, qui voulut qu'elle fût sous l'invocation de Notre-Dame des Victoires, en mémoire de celles qu'il avait remportées sur les protestants. L'église étant devenue trop petite, les Augustins firent bâtir celle qui existe aujourd'hui. Elle fut commencée en 1656, sur les dessins de Lemuet.

L'ordre d'architecture qui règne dans cet édifice est l'ionique, surmonté d'une espèce d'attique composé, qui porte des arcs doubleaux et des arrière-corps, d'où partent des lunettes avec les archivoltes qui renferment des vitraux au-dessus des cintres des arcades des chapelles. Le portail, commencé en 1739, sur les dessins de Cartaud, est composé des ordres ionique et corinthien. L'église n'a point de bas côtés, mais la nef est accompagnée de six chapelles, parmi lesquelles on remarque, dans la croisée à droite, celle de Notre-Dame de Savone toute revêtue de marbre. La troisième chapelle renferme le tombeau de Lulli et de son beau-père, ouvrage de Cotton : de chaque côté du monument sont des pleureuses en marbre, d'une proportion élégante, qui représentent les deux genres de musique, le tendre et le pathétique, parés des trophées d'instruments de musique. Au-dessus d'une pyramide en marbre, est le buste en bronze de Lulli, accompagné de deux petits anges en marbre blanc. — On remarque encore dans cette église le tombeau du marquis de l'Hôpital.

ÉGLISE NOTRE-DAME DE BONNE-NOUVELLE.
(Rue de la Lune.)

Elle a été construite récemment sur l'emplacement d'une église bâtie en 1624. Le portail, d'ordre dorique, ne présente qu'une lourde masse. L'intérieur est composé de trois nefs non voûtées, séparées par des colonnes ioniques.

IVe arrondissement.

ÉGLISE SAINT-GERMAIN L'AUXERROIS.
(Place de la Colonnade du Louvre.)

Cette église, fermée en 1831, après les dévastations dont nos lecteurs ont connu et peuvent apprécier les motifs, a été rendue au culte le 13 mai 1837.

L'église de Saint-Germain l'Auxerrois passe pour avoir été fondée par Chilpéric. Ruinée par les Normands, elle fut reconstruite par le roi Robert; le chœur fut rebâti dans le XIVe siècle; le portail actuel date de 1435. Devenue la paroisse des rois depuis qu'ils habitèrent le Louvre, cette basilique subit de notables changements; le jubé qui masquait l'entrée du chœur fut démoli; ses piliers gothiques prirent une forme moderne; plusieurs morceaux de sculpture, une grille à hauteur d'appui, en fer poli et bronze doré, donnèrent un riche aspect au chœur majestueux de ce temple. Le banc de l'œuvre, exécuté d'après les dessins de Perrault et de Lebrun, méritait de fixer l'attention. La chaire avait un dôme en forme de couronne royale. Les chapelles étaient ornées d'une multitude de beaux tableaux de Philippe de Champagne, Léonard de Vinci, Jouvenet, Pajou, etc.

Si cette église n'offre plus ses ornements intérieurs qui faisaient toute sa richesse et sa beauté, on voit encore avec plaisir son porche qui rappelle le goût arabe, et son portail tout à fait dans le style gothique. Dans la chapelle des Morts on voyait deux tombeaux en marbre, élevés à deux chanceliers de France de la famille d'Alègre. Plusieurs autres personnages remarquables furent aussi inhumés dans cette église : à côté des Pomponne de Bellièvre, des Phelipeaux, des Rostaing, reposaient le comte de Caylus, le poëte Malherbe, André Dacier et sa savante épouse, les peintres Coypel et Stella, le célèbre statuaire Coysevox, etc., etc.

V^e arrondissement.

ÉGLISE SAINT-LAURENT.
(Rue du faubourg Saint-Martin.)

Cette église fut entièrement reconstruite en 1429, augmentée en 1548, reconstruite en partie en 1595, réparée et ornée d'un portail en 1622. Elle offre un plan régulier, une nef et deux collatérales environnées de chapelles. Le chœur a été décoré par Blondel, et l'autel par Lepeintre. On remarque parmi les tableaux le martyre de saint Laurent, par Greuze.

ÉGLISE SAINT-VINCENT DE PAULE.
(Rue Montholon.)

Cette église n'est que provisoire, et doit être remplacée par une église située dans le nouveau quartier du faubourg Poissonnière, dont la première pierre a été posée le 25 août 1824.

VIe arrondissement.

ÉGLISE SAINT-NICOLAS DES CHAMPS.
(Rue Saint-Martin, entre les n. 200 et 202.)

Elle fut érigée en paroisse vers 1176, rebâtie vers 1420, et agrandie en 1575, époque où l'on construisit le portail méridional, dont les sculptures sont estimées. Le grand maître-autel est décoré d'une ordonnance corinthienne, avec attique surmonté d'un fronton; il est orné d'un tableau en deux parties, de Vouet, représentant l'Assomption de la Vierge ; les deux anges adorateurs, en stuc, sont de Sarrazin.

Plusieurs personnages distingués ont été inhumés dans cette église : tels sont Guillaume Budé, Pierre Gassendi, les historiens Henri et Adrien de Valois, Mlle de Scudéry, le poëte Viaud, etc., etc.

ÉGLISE SAINT-LEU.
(Rue Saint-Denis, entre les n. 182 et 184.)

Elle doit son origine à une chapelle construite en 1235, reconstruite en 1320, érigée en paroisse en 1617, réparée et changée intérieurement en 1727. L'autel principal est tellement élevé que le célébrant y semble au premier étage. Cette disposition inusitée a permis de placer au-dessous une chapelle basse dédiée à Jésus-Christ sur le Calvaire. On voit sur l'autel un fort beau Christ qui ornait autrefois l'église du Sépulcre.

ÉGLISE SAINTE-ÉLISABETH.
(Rue du Temple, entre les n. 107 et 109).

Cette église a été construite pour des religieuses du tiers ordre de Saint-François, en 1626. Le portail est décoré de deux ordres d'architecture en pilastres dorique et ionique. L'intérieur de l'église est d'ordre dorique.

VIIe arrondissement.

ÉGLISE SAINT-MÉRY.
(Rue Saint-Martin, entre les n. 2 et 4.)

Cette église doit son origine à une chapelle sur l'emplacement de laquelle le chapitre de Notre-Dame fonda une collégiale en 1010. Elle fut reconstruite vers 1520, telle qu'elle est aujourd'hui, et terminée seulement vers l'an 1612 : c'est un édifice d'une architecture élégante et riche en ornements, auquel on a fait d'importantes réparations en 1836. Une ceinture de nombreuses chapelles l'entoure, et quelques-unes se font encore remarquer par les beaux vitraux exécutés par Pinaigrier. Le maître-autel est isolé, et fait en forme de tombeau antique; on assure qu'il renferme en dessous la châsse de saint Méry. Les chapelles des croisées sont ornées de colonnes corinthiennes supportant des frontons triangulaires. La chapelle de la Communion, éclairée par trois lanternes, a été reconstruite en 1754. L'église est ornée de plusieurs tableaux de Coypel, Belle, Vouet, C. Vanloo, et de quelques artistes modernes.

ÉGLISE DES BLANCS-MANTEAUX.
(Rue des Blancs-Manteaux, entre les n. 14 et 16.)

Cette église, construite en 1687, est dépourvue de portail. L'intérieur, d'ordonnance corinthienne, est trop long pour la largeur : les bas côtés sont fort étroits.

ÉGLISE SAINT-FRANÇOIS D'ASSISE.
(Rue du Perche, n° 15.)

Elle a été bâtie en 1623, sur l'emplacement d'un jeu de paume, pour des capucins. L'intérieur, d'une simplicité digne de l'ordre séraphique, a été orné dans ces derniers temps de tableaux, de statues, de candélabres et de dorures. On remarque vers le chœur une belle statue de saint François d'Assise à genoux, en marbre d'Égypte, qui fait pendant à une autre statue également à genoux.

ÉGLISE SAINT-DENIS.
(Rue Saint-Louis au Marais, n° 60.)

C'est un édifice moderne, composé de trois nefs, élevé sur l'emplacement d'une église bâtie en 1684.

VIIIe arrondissement.

ÉGLISE SAINTE-MARGUERITE.
(Rue Saint-Bernard, Fg. St-Antoine, n. 28 et 30.)

C'était en 1625 une petite chapelle, qui devint succursale en 1634, et paroissiale en 1712. L'église se trouvant insuffisante par l'accroissement de la population du faubourg Saint-Antoine, on construisit en 1765 une chapelle contiguë, élevée sur les dessins de Louis. Deux arcades forment l'entrée, et présentent entre elles le portrait en un médaillon du célèbre mécanicien Vaucanson, mort en 1782. Son principal ornement, placé derrière le maître-autel, est la belle Descente de croix, sculptée sur les dessins de Girardon, par le Lorrain et Nourisson, ses élèves. Ce morceau capital était autrefois dans l'église de Saint-Landry. Au pied de la croix la sainte Vierge y contemple, dans la douleur, le corps de Jésus descendu de la croix. Deux anges sont auprès de la tête du Christ; deux autres, dans les airs, viennent considérer le Sauveur; un cinquième ange est au pied de la croix. L'intérieur de l'église est décoré de peintures à fresque, exécutées par Brunetti; elles représentent des ordonnances de colonnes, des bas-reliefs et des inscriptions relatives au caractère sépulcral de cette chapelle. L'autel est en forme de tombeau antique; derrière est un grand tableau, représentant le Purgatoire, peint par Briard : tout dans cette chapelle porte un caractère sombre et lugubre.

ÉGLISE SAINT-AMBROISE.
(Rue de Popincourt.)

C'est un édifice assez vaste et solidement construit, dont le portail pyramidal produit un effet agréable.

ÉGLISE SAINT-ANTOINE.
(Rue de Charenton, n° 38.)

Cette église n'offre rien d'intéressant.

IXe arrondissement.

ÉGLISE MÉTROPOLITAINE DE NOTRE-DAME.
(Voyez page 98.)

ÉGLISE SAINT-GERVAIS.
(Rue du Monceau Saint-Gervais.)

Cette église est une des plus anciennes de Paris. Rebâtie en 1212, réédifiée de nouveau en 1420, elle fut considérablement augmentée en 1581, et décorée d'un beau portail dont Louis XIII posa la première pierre en 1616. L'intérieur, bâti dans le style gothique, offre des voûtes fort élevées, remarquables par de belles clefs pendantes. Les vitraux du chœur et de plusieurs chapelles sont du célèbre Jean Cousin. — La chapelle de l'*Ecce Homo* renferme une belle statue du Christ couronné d'épines, par Cortot; elle est accompagnée de deux candélabres de style antique. La chapelle de la Vierge, éclairée par cinq croisées, dont trois offrent de magnifiques vitraux, est ornée d'une couronne de pierre de 6 pieds de diamètre et de 3 pieds 6 pouces de saillie, toute suspendue en l'air, et d'une hardiesse surprenante. Dans une chapelle à droite et attenante à celle de la Vierge, on remarque un très-beau groupe de six personnes, représentant une descente de croix, qui a pour pendant le tombeau du chancelier Michel le Tellier : sur un sarcophage de marbre noir est la figure à demi couchée du chancelier, au pied de laquelle est un génie en pleurs. Parmi les autres personnages inhumés dans cette église, on cite le peintre Philippe de Champagne, le poëte Scarron, le savant du Cange, Amelot de la Houssaye, etc.

Le portail de l'église Saint-Gervais est regardé comme un des beaux morceaux d'architecture moderne qu'il y ait en Europe. Il est composé de trois ordres, dorique, ionique et corinthien, l'un sur l'autre : le premier ordre est composé de huit colonnes doriques, cannelées dans leurs deux tiers supérieurs, et portées sur un socle peu élevé ; les quatre collatérales sont engagées d'un sixième dans le mur ; les quatre formant l'avant-corps du milieu, sont adossées à des pilastres pareils : un fronton triangulaire est placé au-dessus. L'ordre ionique s'élève sur le même plan ; mais l'ordre supérieur, régnant seulement sur l'avant-corps, est de quatre colonnes corinthiennes supportant un fronton semi-circulaire. Ce portail, digne de la réputation de Jacques Desbrosses, est d'un fort bel effet, et n'a besoin pour être apprécié que d'une place plus vaste, qui permette de l'apercevoir sous son vrai point de vue.

ÉGLISE SAINT-LOUIS EN L'ILE.
(Rue et Ile Saint-Louis.)

Elle occupe l'emplacement d'une petite chapelle bâtie en 1606. L'édifice actuel fut commencé en 1664 ; le chœur fut achevé en 1679 ; la nef fut rebâtie en 1723, et la coupole en 1725. La grande porte, élevée sur les dessins de Gabriel Leduc, est décorée de quatre colonnes doriques isolées, qui supportent un entablement couronné d'un fronton. Tout est agréable dans l'ordonnance de ce petit édifice, dont la sculpture fut conduite par le neveu du célèbre Philippe de Champagne. Des pilastres corinthiens décorent ses arcades élégantes : la disposition des chapelles des croisées est fort heureuse. Le clocher, construit en pierre, en forme d'obélisque percé à jour, offre un aspect singulier.

ÉGLISE SAINT-LOUIS ET SAINT-PAUL.
(Rue Saint-Antoine, n. 118 et 120.)

La première pierre de cette église fut posée par Louis XIII en 1627 ; elle fut achevée en 1641, mais elle ne fut dédiée qu'en 1676.

Cet édifice, destiné à la maison professe des Jésuites, a la forme d'une croix romaine, avec un dôme sur pendentifs au milieu de la croisée. Le portail, placé au-dessus d'un perron de plusieurs marches, a 144 pieds de hauteur sur une base de 72 : il est décoré de trois ordres d'architecture placés l'un au-dessus de l'autre ; les deux premiers sont d'ordre corinthien et le dernier d'ordre composite. L'intérieur est décoré d'une grande quantité d'ornements de sculpture ; la chapelle de la Vierge est entièrement ornée de marbre.

X^e arrondissement.

ÉGLISE SAINT THOMAS D'AQUIN.
(Place Saint-Thomas d'Aquin, faub. St-Germain.)

Ce n'était dans le principe qu'une chapelle appartenant au noviciat général des Jacobins. L'église actuelle a été commencée en 1683, et achevée en 1740, sur les dessins de Pierre Bullet : elle a 132 pieds de longueur depuis le portail jusqu'au fond du sanctuaire ; la nef a 72 pieds de hauteur sous clef ; de grands pilastres corinthiens décorent l'intérieur et soutiennent une corniche enrichie de moulures. La boiserie du chœur est fort belle ; le plafond peint à fresque par Lemoine représente la transfiguration : au-dessus du maître-autel est une gloire environnée de nuages et de chérubins, d'où partent des rayons. Dans la chapelle à droite est une statue de la Vierge, et dans celle de gauche une statue de Saint-Vincent de Paule. Le portail de l'église Saint-Thomas d'Aquin offre une ordonnance de colonnes doriques, surmontée d'une autre de colonnes ioniques.

ABBAYE-AUX-BOIS.
(Rue de Sèvres, n° 16.)

Cette église, dont la première pierre fut posée en 1718, est décorée de plusieurs tableaux, parmi lesquels on remarque un Christ, par Lebrun ; une Assomption ; une sainte Madeleine ; etc.

ÉGLISE DES MISSIONS ÉTRANGÈRES.
(Rue du Bac, n° 120.)

Cette église a été fondée par Bernard de Sainte-Thérèse en 1683 ; elle se compose d'une église supérieure très-ornée, dont l'autel est décoré d'un bas-relief représentant la Foi, l'Espérance et la Charité ; et d'une chapelle basse fort simple, où l'on remarque trois autels.

ÉGLISE SAINT-PIERRE DU GROS-CAILLOU.
(Rue Saint-Dominique.)

C'est un édifice fort simple, construit en 1822, décoré de colonnes toscanes, et précédé d'un portail aussi d'ordre toscan.

ÉGLISE SAINTE-VALÈRE.
(Rue de Grenelle Saint-Germain, n° 141.)

C'est une très-petite église, fondée en 1704, pour un couvent de filles pénitentes

SAINT SULPICE.

XI° arrondissement.

ÉGLISE SAINT-SULPICE.
(Place Saint-Sulpice.)

Cette église occupe l'emplacement d'une chapelle construite en 1211, réédifiée et agrandie en 1646, et remplacée par l'église actuelle en 1655; l'architecte Levau en fournit les premiers dessins. Dix-huit années furent employées à la construction du chœur et de ses bas côtés. Cette partie étant achevée en 1672, on continua pendant les années suivantes la construction de la croisée; mais, en 1678, les travaux furent suspendus par défaut de finances. En 1718, on s'occupa de la continuation de l'édifice. Le curé Languet, à force de quêtes et de sollicitations, pressura les bourses, épuisa la libéralité de ses paroissiens, et se procura des fonds considérables. En 1721, il obtint une loterie, et les profits de cette institution immorale contribuèrent beaucoup à l'achèvement de l'église, dont la nef fut entièrement construite en 1736. Le portail, fondé en 1733, fut élevé sur les dessins de Servandoni, habile architecte qui a laissé dans cette composition un monument de son talent, de la pureté de son goût, de sa belle imagination, et des preuves incontestables de sa supériorité sur les architectes qui, avant lui, avaient travaillé à l'édifice de Saint-Sulpice; ce portail fut en grande partie achevé en 1745; les tours et quelques autres accessoires s'élevèrent plus tard. La longueur de l'église, depuis la première marche de sa façade principale, jusqu'à l'extérieur du mur de la chapelle de la Vierge, est de 336 pieds; sa hauteur, du pavé à la voûte, de 99 pieds; la longueur du chœur est de 89 pieds; la largeur totale de l'édifice est de 174 pieds; la hauteur des tours est de 210 pieds. Le portique se compose de deux ordonnances, dorique et ionique. Les colonnes doriques ont 40 pieds de haut, 5 de diamètre, et 10 pieds d'entablement; les colonnes ioniques ont 39 pieds de hauteur, 4 pieds 3 pouces de diamètre, un entablement de 9 pieds. Aux deux extrémités s'élèvent deux corps de bâtiments carrés, unis à leur base par une balustrade, supportant deux tours différentes. Celle du midi, élevée en 1749, par Maclaurin, est composée de deux ordonnances : la première, octogone; la seconde, circulaire. La tour septentrionale, construite en 1777, par Chalgrin, diffère de la première par une plus grande élévation et une première ordonnance quadrangulaire.

Aux extrémités du portail, et à l'aplomb des tours, sont, dans leur rez-de-chaussée, deux chapelles : l'une est un baptistère, l'autre un sanctuaire pour le viatique. Chacune est ornée de quatre statues allégoriques, sculptées par Mouchi et Boizot. Les fonds baptismaux, dessinés par Chalgrin, sont précieux par leur matière et leur forme. La tribune sur laquelle repose le buffet d'orgue, est soutenue par des colonnes composites. Les piliers de la nef et du chœur sont ornés de pilastres corinthiens et revêtus de marbre jusqu'à cinq pieds de hauteur. La disposition de l'autel principal, en marbre blanc, avec ornements dorés d'or moulu, placé entre la nef et le chœur, est grande et majestueuse. Une balustrade circulaire, dont les balustres, de bronze, supportent une tablette de marbre précieux, en défend l'accès. Le chœur est orné de douzes statues en pierre de Tonnerre, représentant les Apôtres, par Bouchardon. A l'entrée de la nef sont deux valves d'un énorme coquillage, supportées par deux rochers de marbre blanc sculptés par Pigale. L'œil est ensuite frappé de l'ordonnance singulière de la chaire, exhaussée, par son double escalier, entre deux piliers. Sur le pavé de la croisée est tracée sur une plaque de cuivre, une ligne méridienne se prolongeant au vrai nord, sur un obélisque de marbre blanc de 25 pieds de hauteur. Le rayon solaire y est introduit par une ouverture d'un pouce de diamètre, pratiquée, à 75 pieds d'élévation, dans une plaque de laiton placée dans la fenêtre méridionale de la croisée, qui, du reste, est entièrement close. Cette méridienne, établie en 1743 par Henri Sully, a pour objet de fixer d'une manière certaine l'équinoxe du printemps et le jour de Pâques. Plusieurs chapelles sont ornées de fresques curieuses. Dans la troisième, on remarque à la droite de la porte d'entrée, une descente de croix d'Abel de Pujol, et diverses circonstances de la vie de saint Roch. Dans la chapelle immédiatement au-dessus, M. Vinchon a retracé le moment où saint Maurice refuse de sacrifier aux faux dieux, puis son martyre, enfin l'instant où il entre dans la félicité céleste. Dans la chapelle suivante on voit le mausolée de M. Languet de Gergy, curé de cette paroisse, par Slodtz. Aux côtés de la porte de la sacristie sont les statues de saint Pierre et de saint Jean l'évangéliste, par Pradier. Le tableau de la chapelle au-dessus représente une prédication de saint Denis. Celui de la suivante, l'Assomption; puis saint Fiacre refusant la couronne d'Écosse, par de Juine. Dans la chapelle supérieure est un saint Michel terrassant Lucifer, copie de Raphaël, par Mignard. Sur la gauche est la chapelle de saint Vincent de Paule, peinte à fresque, par Guillemot.

ÉGLISE SAINT-GERMAIN DES PRÉS.
(Place Saint-Germain des Prés.)

Le roi Childebert, fils de Clovis, fit construire cette église sous l'invocation de saint Vincent et de sainte Croix; elle était dans son origine flanquée de tours, environnée de fossés pleins d'eau et ressemblait à une citadelle. Ruinée par les Normands dans le IXe siècle, reconstruite au commencement du XIe, elle ne fut entièrement achevée qu'en 1163. L'église Saint-Germain des Prés est le plus ancien édifice religieux de Paris; sa longueur est de 298 pieds; sa largeur, sans y comprendre les chapelles qui l'entourent, est de 70 pieds. L'intérieur présente d'abord une nef, séparée des bas côtés par cinq piliers à droite et autant à gauche, supportant des arcades à plein cintre; chaque pilier se compose d'un massif où sont engagées quatre colonnes de diverses dimensions. Vers les deux tiers de la longueur de l'église est un grand autel; à l'extrémité du chœur est un autre autel, derrière lequel on a ajouté un retable en pierre. Le chœur est entouré de colonnes isolées, qui supportent sur les côtés des arcades à plein cintre, et au rond-point des arches en ogive; les fenêtres du chœur et du rond-point sont aussi en ogive. Deux tours pyramidales se trouvent du côté oriental de l'édifice; une troisième est à l'entrée de l'église. Dans la chapelle de Saint-François de Sales sont les tombeaux de Descartes, de Mabillon et de Montfaucon. La chapelle opposée renferme les restes de Boileau.

ÉGLISE SAINT-SÉVERIN.
(Rue Saint-Séverin, entre les n. 3 et 5.)

Ce n'était dans l'origine qu'un petit oratoire sous l'invocation de saint Clément. L'église actuelle est un édifice gothique dont plusieurs parties ont été reconstruites en 1347 et en 1489. La principale entrée est décorée de deux lions en pierre. Le baldaquin qui surmonte le maître-autel est supporté par huit colonnes de marbre, ornées de bronze doré.

XIIe arrondissement.

SAINT-ÉTIENNE DU MONT.
(Rue de la Montagne Sainte-Geneviève.)

Cette église doit son origine à un oratoire, nommé chapelle du Mont, construit dans le XIIe siècle, près de l'abbaye royale de Sainte-Geneviève. Lorsque Philippe-Auguste eut fait clore de murs Paris du côté de l'Université, la chapelle du Mont fut renfermée dans l'enceinte de la ville et reçut le titre de paroisse. En 1221, l'augmentation croissante de la population rendant nécessaire la construction d'une nouvelle église, l'abbé et les chanoines réguliers de Sainte-Geneviève bâtirent dans leur propre enclos une église paroissiale, qu'ils placèrent sous l'invocation de saint Étienne. L'édifice était contigu à Sainte-Geneviève, et pendant longtemps il n'eut d'autre porte pour y entrer que celle de l'église de cette abbaye.

En 1491, l'église de Saint-Étienne du Mont fut augmentée du côté du chœur de plusieurs bâtiments; les chapelles et toute l'aile de la nef, du côté du sud, furent bâties en 1538; les charniers et la chapelle de la communion ont été construits en 1605 et 1606. La façade principale, qui affecte la forme pyramidale, et où se trouvent mélangés les genres grec et sarrasin, offre un caractère étrange qui n'est pas sans agrément; quatre colonnes d'ordre composite qui portent un fronton, forment l'architecture du portail. La première pierre en fut posée en 1610 par Marguerite de Valois, première femme de Henri IV. Une seule tour, qui s'élève au nord de l'édifice, sert de clocher; elle est fort élevée, et est d'une construction peu ordinaire.

L'architecture de cette église est remarquable par sa hardiesse et par sa singularité; la partie du rond-point est surtout digne de fixer l'attention. Les voûtes, la nef et les bas côtés sont extrêmement élevés et soutenus par des colonnes ou piliers ronds d'environ cinq pieds de diamètre, dont les bases assez correctes portent sur un piédestal d'environ trois pieds de hauteur. Du sommet de ces piliers très-exhaussés et dépourvus de chapiteaux, naissent des faisceaux d'arêtes, qui forment celle de la voûte. A ces gros piliers ronds, et au tiers de leur hauteur, sont appuyés des arceaux surbaissés, de deux pieds seulement d'épaisseur, qui soutiennent un passage de la même largeur, qui fait le tour de la nef, et dans lequel un homme seulement peut passer. On monte à cette espèce de galerie par deux escaliers, dont les portes sont dessous le jubé.

Ce jubé, sculpté avec beaucoup de goût, n'est point assez élevé. La voûte, en cintre très-surbaissé, est dans le goût du temps, où déjà on avait adopté cette forme oppo-

ST ETIENNE DU MONT.

sée à celle de l'architecture sarrasine. Aux deux extrémités sont deux tourelles à jour, de formes élégantes et très-délicates, qui s'élèvent d'environ trente pieds au-dessus de son niveau, et renferment les deux escaliers pour arriver à la galerie dont nous venons de parler ; ce qui rend l'aspect de ces escaliers surprenant, c'est qu'étant à jour, on voit le dessous des marches portées en l'air par un encorbellement, et le mur de leur tête soutenu seulement par une faible colonne d'un demi-pied de diamètre, placée sur le port extérieur de l'appui de la cage, tournée en limaçon. L'architecture de ces escaliers étonne par la hardiesse et la science qu'on a déployées dans leur construction.

Au milieu de la voûte de la croisée, on remarque une clef pendante qui a plus de deux toises de saillie hors du nu de la voûte, et où viennent aboutir plusieurs de ses arêtes.

La chaise du prédicateur est un chef-d'œuvre de sculpture en bois. Une statue colossale, de Samson, semble soutenir l'énorme masse de cette chaire, dont le pourtour est orné de plusieurs Vertus assises, et séparées les unes des autres par d'excellents bas-reliefs dans les panneaux. Sur l'abat-voix est un ange qui tient deux trompettes pour appeler les fidèles.

Vis-à-vis de la porte latérale du chœur est un tableau peint par Largillière, provenant de l'ancienne église Sainte-Geneviève; *ex voto* donné en 1694 par la ville de Paris, après la cessation d'une famine qui, pendant deux ans, affligea la capitale. La sainte est représentée dans une gloire; au bas sont les prévôts des marchands et les officiers de la ville, en habits de cérémonie, suivis d'un grand nombre de spectateurs, parmi lesquels l'artiste a représenté le poëte Santeuil, enveloppé de son manteau. Dans le bas côté est le tableau du martyre de saint Étienne, peint par Charles Lebrun.

Le maître-autel, entièrement construit en marbre, est décoré avec richesse et élégance ; derrière cet autel quatre colonnes, d'ordre toscan, supportent une châsse ayant la forme d'une église gothique, où sont conservés, dit-on, les reliques de sainte Geneviève; dans une chapelle à gauche du chœur est l'ancien tombeau de la patronne de Paris, qui a été retiré de son église souterraine lors de la démolition. Les vitraux sont du XVIᵉ siècle, et méritent de fixer l'attention des amateurs de la peinture sur verre. Ils représentent plusieurs traits de l'Ancien Testament, le miracle de la sainte hostie, etc. ; les couleurs en sont admirables, mais toutes les figures pèchent par le défaut de correction dans le dessin.

L'église Sainte-Étienne du Mont renfermait autrefois un grand nombre de tombeaux d'hommes illustres et de savants; parmi les principaux nous citerons : Blaise Pascal, dont l'épitaphe a été replacée à l'entrée de la chapelle de la Vierge ; le Sueur, peintre célèbre, mort en 1655; Jean Racine, dont on voit l'épitaphe en face de celle de Pascal; le Maître de Sacy, mort en 1684; J.-P. Tournefort, botaniste célèbre, mort en 1708, etc., etc.

ÉGLISE SAINT-MÉDARD.
(Rue Mouffetard, entre les n. 161 et 163.)

Cet édifice, réparé et agrandi à diverses époques, présente des échantillons de plusieurs genres d'architecture. Le sanctuaire est entouré de colonnes cannelées et sans bases, qui supportent des arcades à plein cintre, dont le style diffère de tout le reste de l'édifice. Derrière le chœur est un petit cimetière où l'on voit une tombe élevée un peu au-dessus de terre; c'est celle du fameux diacre Pâris, qui, après sa mort, excita tant de convulsions et d'étranges miracles.

ÉGLISE SAINT-NICOLAS DU CHARDONNERET.
(Rue Saint-Victor, entre les n. 104 et 106.)

Cette église doit son origine à une chapelle fondée en 1230. Sa reconstruction fut entreprise en 1656; peu de temps après les travaux furent suspendus; ils furent repris en 1705, et l'édifice achevé en 1709, à l'exception du portail, qui est resté inachevé. L'intérieur est orné de pilastres composites, dont les chapiteaux n'ont qu'un rang de feuilles d'acanthe, et dont les socles sont revêtus de marbre. Le chœur est pavé de marbre; le maître-autel est surmonté d'une gloire d'un bon effet. Dans la chapelle Saint-Charles est le tombeau de la mère du peintre Charles Lebrun, représentée sortant de son tombeau au son d'une trompette embouchée par un ange. Le monument de Lebrun consiste en une pyramide au bas de laquelle est le portrait de ce grand artiste, par Coysevox. Les restes du poëte Santeuil ont été placés dans cette église en 1818, avec son épitaphe par Rollin.

ÉGLISE SAINT-JACQUES DU HAUT PAS.
(Rue Saint-Jacques, entre les n. 252 et 254.)

C'était dans l'origine une chapelle d'hospitaliers, convertie en église en 1566, et augmentée d'une chapelle en 1584. La première pierre de l'église actuelle fut posée en 1675; la chapelle de la Vierge, située au chevet de l'église, fut construite en 1688.

Édifices situés dans divers arrondissements.

PANTHÉON.
(Place du Panthéon, rue Saint-Jacques.)

En 1754, l'église de l'ancienne abbaye de Sainte-Geneviève menaçant d'une ruine prochaine, Louis XV entreprit la construction d'un nouveau temple où serait révérée la patronne de Paris, et adopta les beaux plans de Soufflot. Les fondations furent commencées en 1757, et la première pierre posée le 6 septembre 1764.

De tous les édifices modernes le Panthéon est certainement le plus magnifique. Le plan est une croix grecque, formant quatre nefs qui se réunissent à un centre commun où est placé le dôme. En y comprenant le péristyle, ce plan a 339 pieds de longueur sur 253 pieds 6 pouces de largeur hors d'œuvre. La façade principale, où l'on a prodigué les richesses de l'architecture, se compose d'un perron élevé sur onze marches, et d'un porche en péristyle, imité du Panthéon de Rome. Elle présente six colonnes de face, et en a vingt-deux dans son ensemble, dont dix-huit sont isolées, et les autres engagées. Toutes ces colonnes sont cannelées et de l'ordre corinthien. Chacune d'elles a 58 pieds 3 pouces de hauteur, y compris base et chapiteau, et 5 pieds et demi de diamètre. Les feuilles d'acanthe des chapiteaux sont d'un travail très-précieux; mais les profils sont loin de la pureté des beaux modèles de l'antiquité. Ces colonnes supportent un fronton, dont le tympan, dans l'origine, représentait en bas-relief une croix entourée de rayons divergents et d'anges adorateurs, sculptés par *Coustou*. Après la mort de Mirabeau, l'Assemblée nationale, par son décret du 4 avril 1791, changea la destination de cet édifice, et le consacra à la sépulture des Français illustres par leurs talents, leurs vertus et leurs services rendus à la patrie. Les administrateurs du département de Paris chargèrent M. *A. Quatremère* de la direction des changements à opérer pour transformer ce temple en PANTHÉON FRANÇAIS. Ce savant, distingué par ses talents, son goût et son zèle patriotique, remplit dignement les espérances de l'administration. Tous les signes qui caractérisaient une basilique de chrétiens furent remplacés par les symboles de la liberté et de la morale publique. Sa façade et son intérieur éprouvèrent plusieurs changements. La frise porta en grands caractères de bronze, l'inscription suivante:

AUX GRANDS HOMMES,
LA PATRIE RECONNAISSANTE.

En 1822, cette inscription disparut et fit place à une inscription mystique; la première inscription a été replacée après la révolution de juillet.

L'intérieur du Panthéon se compose de quatre nefs qui aboutissent au dôme. Chacune de ces nefs est bornée de bas côtés; un rang de colonnes en marque la séparation: ces colonnes, d'ordre corinthien, cannelées, de 37 pieds 8 pouces de hauteur, de 3 pieds 6 pouces de diamètre, sont au nombre de 130. Ces péristyles supportent un entablement dont la frise est enrichie de festons formés par des rinceaux et des enroulements découpés en feuilles d'ornement. Au-dessus de l'entablement est une balustrade. Les plafonds des nefs et de leurs bas côtés se font remarquer par le goût et l'élégante simplicité de leur dessin.

Tous les bas-reliefs et ornements qui se rapportaient à la primitive destination de l'édifice ont été supprimés dans ces nefs; et on leur a substitué des sujets analogues à la destination qui lui avait donnée l'Assemblée nationale.

La longueur totale de l'intérieur du temple, depuis le dedans du mur de la porte d'entrée jusqu'au fond de la niche qui termine la nef orientale, est de 282 pieds; la largeur ou la dimension, prise intérieurement de l'extrémité d'une nef latérale à l'extrémité de l'autre, est de 238 pieds. La largeur de chacune des nefs, prise entre les deux murs qui forment le fond des péristyles, est de 99 pieds 4 pouces.

Le dôme intérieur s'élève au point de réunion des quatre nefs; il occuperait un espace carré de 62 pieds sur chaque face, si ses angles n'étaient pas coupés par de lourds piliers remplaçant chacun trois colonnes trop légères pour soutenir l'énorme poids de ce dôme. Ainsi l'on voit dans son intérieur de simples colonnes engagées remplacer des colonnes isolées. Ces piliers, réunis entre eux par quatre arcades de 42 pieds 2 pouces de largeur, le sont aussi par quatre pendentifs élevés au-dessus des faces intérieures, ce qui rachète par le haut la forme circulaire du dôme. Ces arcades et ces pendentifs sont couronnés par un entablement circulaire orné de festons de chêne,

PANTHÉON.

dont la corniche est chargée de modillons. Le diamètre intérieur du dôme, pris à l'endroit de la frise, est de 62 pieds. Au-dessus de l'entablement s'élève, sur un stylobate intérieur, un péristyle composé de 16 colonnes corinthiennes, de 3 pieds 2 pouces de diamètre et de 33 pieds 1 pouce 9 lignes de hauteur. Dans les entre-colonnements, s'ouvrent 16 croisées, dont les vitraux sont maintenus par des châssis de fer. Au bas de ces croisées sont des tribunes auxquelles on parvient par une galerie circulaire. Le dôme est composé de trois coupoles, dont la première prend naissance au-dessus de l'entablement de la colonnade; elle est décorée de six rangs de caissons octogones et de rosaces. Dans son milieu est une ouverture circulaire de 29 pieds 5 pouces de diamètre, par laquelle on aperçoit la seconde coupole fort éclairée, sur laquelle M. Gros a peint à fresque l'apothéose de sainte Geneviève.

Le dôme extérieur présente d'abord, au-dessus des combles de trois nefs, un vaste soubassement carré, à pans coupés, où viennent aboutir quatre forts arcs-boutants, sur lesquels sont pratiqués des escaliers découverts, qui servent à monter au dôme. Sur ce soubassement, dont la partie supérieure est élevée de 102 pieds au-dessus du grand perron du porche, est un second soubassement circulaire, haut de 10 pieds 9 pouces, et dont le diamètre a 103 pieds. Au-dessus s'élève une colonnade dont le plan est pareillement circulaire. Cette colonnade, composée de 32 colonnes corinthiennes de 3 pieds 4 pouces de diamètre et de 34 pieds 3 pouces de hauteur, compris bases et chapiteaux, supporte un entablement couronné par une galerie découverte et pavée en dalles. Ce péristyle de 32 colonnes est divisé en quatre parties par des massifs en avant-corps, correspondant aux quatre piliers du dôme, et dans lesquels on a pratiqué un escalier à vis. Ces massifs, plus utiles que beaux, sont en partie cachés par les colonnes. Derrière ce péristyle, le mur de la tour du dôme est percé par douze grandes croisées, qui correspondent aux entre-colonnements de l'intérieur. Au-dessus de ce péristyle, de l'entablement et de la balustrade qui le couronnent, est un attique formé par l'exhaussement du mur circulaire de la tour du dôme: sa hauteur est de 18 pieds 3 pouces, en y comprenant sa corniche; il est percé de 16 croisées en arcade, garnies de vitraux en fer, ornées d'archivoltes et d'impostes, et placées dans des renfoncements carrés. Sur le socle de la corniche de cet attique, s'appuie la grande voûte formant la troisième coupole du dôme. Son diamètre, à la naissance de cette voûte, est de 73 pieds 2 pouces. Sa hauteur, depuis le dessus de l'attique jusqu'à son amortissement, est de 43 pieds; son galbe est divisé en 16 côtes saillantes, dont la largeur est égale à la moitié des intervalles : elle est couverte en lames de plomb.

Derrière le temple est un étroit portique fermé de grilles, sous lequel deux escaliers conduisent à l'entrée d'une église souterraine, qui règne sous toute l'étendue de l'édifice. Vingt piliers d'ordre pæstum la soutiennent. La coupe des pierres, le caractère mâle et l'harmonie des parties de cette construction souterraine ne doivent pas échapper à l'attention des curieux. Le sol de cette chapelle est de 18 pieds au-dessous de celui de la nef supérieure, dont elle a l'étendue. L'Assemblée nationale constituante, ayant, par son décret du 4 avril 1791, destiné l'édifice de Sainte-Geniève à recevoir les cendres des grands hommes de la France, décerna d'abord les honneurs du Panthéon à Mirabeau, mort le 2 avril de la même année. Voltaire, le 11 juillet, et J. J. Rousseau, le 16 octobre suivant, obtinrent les mêmes honneurs. Sur le cercueil de Voltaire on lit cette inscription :

Poëte, historien, philosophe, il agrandit l'esprit humain ; il lui apprit qu'il devait être libre ;
Il défendit Calas, Sirven, de la Barre et Montbailly ;
Combattit les athées et les fanatiques ; il inspira la tolérance ; il réclama les droits de l'homme contre la servitude de la féodalité.

A gauche est le cercueil de J. J. Rousseau. Sur son cercueil, d'où sort une main portant un flambeau, on lit :

Ici repose l'homme de la nature et de la vérité.

La Convention nationale rendit le 8 février 1795 un décret portant que les honneurs du Panthéon ne pourraient être décernés à un citoyen que dix ans après sa mort. Dans la suite, Napoléon, par décret du 20 février 1806, rendit au culte l'édifice du Panthéon, et lui conserva néanmoins la destination qui lui avait donnée l'Assemblée constituante; mais l'honneur que cette Assemblée avait réservé au génie et au mérite éminent, il l'accorda aux titres et aux dignités : il suffisait d'être grand dignitaire, grand officier de l'empire et sénateur, pour usurper la sépulture d'un grand homme. Par suite de ce décret impérial, la chapelle sépulcrale s'est agrandie de tous les autres souterrains de l'édifice. Dans un compartiment particulier de ces vastes souterrains, on voit le maréchal Lannes, duc de Montébello, mort le 31 mai 1809 : des inscriptions rappellent les exploits de ce guerrier et ses titres et illustrations. Plus loin, dans d'obscurs caveaux et dans des tombeaux en pierre, sont déposés les corps, et, dans des urnes, les cœurs de plusieurs grands dignitaires de l'empire, parmi lesquels on remarque ceux du célèbre navigateur Bougainville et du grand géomètre Lagrange.

LA MADELEINE.

(Place et boulevard de la Madeleine.)

Cet édifice n'était dans le principe qu'une chapelle de confrérie, dont Charles VIII posa la première pierre en 1493. Cette chapelle, érigée en paroisse en 1639, étant devenue trop petite pour la population croissante du faubourg Saint-Honoré, Anne-Marie-Louise d'Orléans, princesse souveraine de Dombes, posa en 1660 la première pierre d'une église plus grande, qui a subsisté au coin des rues de Surène et de la Madeleine, et qui fut vendue nationalement en 1795, démolie et convertie en chantiers. Longtemps avant cette démolition, le curé de la Madeleine ayant fait observer que son église était trop petite pour contenir le nombre toujours croissant de ses paroissiens, le gouvernement chargea M. Contant d'Ivry, architecte du roi, de faire des projets. Il en présenta plusieurs, et il se plaignit lui-même de ce qu'on avait choisi le plus mauvais. Néanmoins, la première pierre en fut posée et bénite le 3 avril 1764. C'est donc de cette époque que commencèrent les travaux sous les ordres de Contant d'Ivry; l'architecte Couture lui fut adjoint, et, par des dispositions tout à fait capricieuses, dont on n'a jamais compris les motifs, cet artiste, à son retour de Rome, changea la forme d'abord adoptée, et ajouta au monument un porche de huit colonnes avec sept colonnes en retour; les constructions continuèrent avec activité jusqu'en 1789; elles avaient déjà coûté deux millions lorsque la révolution les fit suspendre.

La belle position de ces constructions et surtout le grandiose du péristyle dont les colonnes étaient élevées à la hauteur de leurs astragales, déterminèrent plusieurs architectes à présenter des projets pour les utiliser. En 1806, ces projets ayant fixé l'attention de Napoléon, il conçut l'idée de convertir ces constructions en un temple dédié à la gloire des armées françaises; à cet effet il fit publier un programme et ouvrir un concours. Les dispositions de cet édifice, d'un genre tout nouveau, étaient détaillées dans ce programme : intérieurement il devait être décoré des statues des maréchaux et généraux qui s'étaient plus particulièrement distingués, et les murs devaient être revêtus de tables d'or, d'argent, de bronze et de marbre, pour y inscrire les noms des braves des armées françaises, suivant le mérite de leurs actions. Plus de 120 projets furent produits dans ce concours et exposés dans la grande galerie du Louvre. Une commission de l'Institut fut chargée d'en faire le rapport : quatre de ces projets y furent désignés comme ayant approché le plus près du but qui avait été proposé. Le rapport fut adressé à Napoléon, qui était alors en Prusse; en même temps il reçut particulièrement la réclamation de l'auteur d'un des quatre projets désignés, qui se plaignait d'avoir été mal jugé. Cette circonstance le détermina à ordonner au ministre de l'intérieur, alors M. de Champagny, de faire appeler en sa présence les quatre architectes dont les plans avaient été le plus avantageusement mentionnés, et d'établir entre eux une discussion contradictoire sur chacun de leurs projets, d'en dresser un procès-verbal et de le lui faire parvenir de suite avec les plans et mémoires à l'appui. On ne peut se dissimuler que l'introduction d'un pareil mode de jugement, en paralysant tous les moyens d'intrigues, laissa aux concurrents qui avaient bien fait, les moyens de défendre leurs ouvrages, car qui, mieux que ceux qui ont étudié et approfondi un problème, peuvent sinon juger, au moins relever les erreurs qui ont pu être commises pour parvenir à sa solution. Le résultat de cette réunion fut de faire obtenir le prix d'exécution à M. P. Vignon, auteur du deuxième projet désigné dans le rapport. Il fut chargé de suite de faire les dispositions nécessaires pour en commencer les travaux.

Le plan de cet architecte n'avait d'autre ressemblance avec celui de M. Couture, que par les 8 colonnes du péristyle; encore ces colonnes n'étant ni espacées également, ni assez élevées du sol de la place, furent démontées, et toutes les autres constructions démolies, à l'exception des fondations au-dessous de ces colonnes. Une fois la démolition effectuée, les reconstructions en ont été suivies avec plus ou moins d'activité jusqu'au moment des grands événements

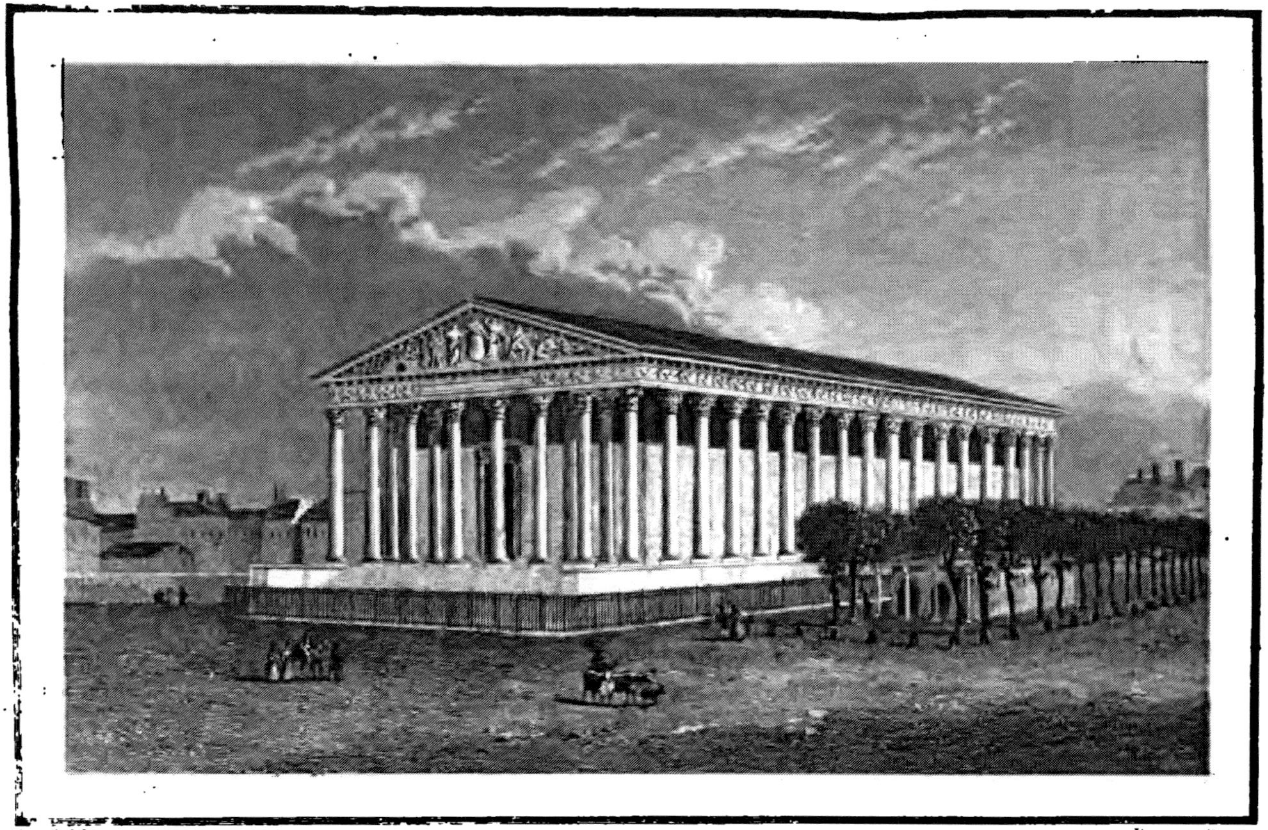

Rauch del. Hansonnette sc

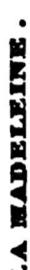

LA MADELEINE.

politiques de 1814 et 1815, époque où les travaux furent suspendus. Le monument était alors totalement fondé et élevé jusqu'à la hauteur du stylobate extérieur; de plus les grandes colonnes étaient érigées jusqu'à leurs astragales.

Au commencement de 1816, deux ordonnances royales rendirent cet édifice à sa première destination, et voulurent en outre que, dans l'intérieur de l'église, il y eût des places pour y ériger des monuments commémoratifs à la mémoire de Louis XVI, Louis XVII, Marie-Antoinette d'Autriche, reine de France, et de la princesse Élisabeth. En conséquence un nouveau projet fut rédigé par M. P. Vignon, et définitivement arrêté par ordonnance royale en date du 6 mai 1818. Ce nouveau projet, quant à sa partie extérieure, était presque semblable à celui du temple de la gloire; quant à sa partie intérieure, elle devait éprouver beaucoup de changements, qui ont nécessité des additions aux fondations existantes pour porter les colonnes qui décorent l'intérieur du monument.

L'église de la Madeleine consiste en un parallélogramme de plus de cent mètres de long sur environ quarante-cinq de large, élevé sur un stylobate de quatre mètres de haut; elle est entourée de colonnes d'ordre corinthien. Les deux faces antérieure et postérieure présentent huit colonnes chacune; dix-huit colonnes occupent chacune des faces longitudinales. L'intérieur étant éclairé par en haut, aucun jour n'est pratiqué dans les murs; mais des niches placées dans l'axe de chaque entre-colonnement sont destinées à recevoir des statues. La frise, qui règne tout autour de l'édifice, offre sur tout son développement des anges qui tiennent des guirlandes entremêlées d'attributs religieux. La cymaise supérieure ou la partie qui est à l'extrémité de la corniche est ornée de têtes de lions et de palmettes; un bas-relief de dix-neuf figures décore le fronton. Ce bas-relief a 118 pieds de longueur sur 22 de hauteur à l'angle; il représente le Christ accordant le pardon à sainte Madeleine; cette pécheresse, à genoux aux pieds du Sauveur, est plongée dans la douleur de la pénitence, et reçoit de la clémence divine la miséricorde de ses fautes. A la droite du Christ, l'ange des miséricordes, appuyé sur le trône de Dieu, contemple avec satisfaction la pécheresse convertie. Chargé d'appeler les justes, il laisse approcher l'Innocence, que la Foi et l'Espérance soutiennent. La Charité, assise et groupée avec deux enfants dont elle prend soin, ne peut suivre ses sœurs; mais elle indique d'un regard la place réservée dans les demeures célestes à la vertu triomphante. Dans l'angle, un ange accueille une âme pieuse sortant du tombeau; il lui lève son voile et lui montre le séjour qui l'attend, la vie éternelle. Cette partie du bas-relief, remarquable par la douce sérénité de toutes les figures, se termine par cette inscription : *Ecce dies salutis*. A gauche du Christ, l'ange des vengeances repousse les vices; l'Envie, au regard sombre; l'Impudicité, représentée par un groupe qu'on reconnaît au désordre de ses vêtements, et qui entraîne l'objet de sa passion impure; l'Hypocrisie, au maintien équivoque, et dont la tête est surmontée d'un masque, qui est levé; l'Avarice, pressant contre elle-même ses inutiles trésors; tout ce cortège s'enfuit devant la flamboyante épée. Un démon, qui précipite dans les flammes éternelles une âme impie, termine avec vigueur cette partie du fronton, au bout de laquelle on lit sur un socle : *Væ impio*. Au bas du fronton est placée l'inscription suivante :

D. O. M. SUB INVOCATIONE SANCTÆ MAGDALENÆ.

L'autre fronton est resté lisse; un espace, ménagé intérieurement dans cette partie de l'édifice, est destiné à recevoir la sonnerie; nouveau moyen reconnu très-ingénieux pour remplacer le clocher.

L'intérieur de l'église est une nef simple, éclairée par trois coupoles; on y arrive par un porche intérieur dont les extrémités seront occupées par deux chapelles: celle des fonts baptismaux et celle des mariages. Un petit ordre ionique orne les divisions de la nef, qui présente six chapelles latérales, trois de chaque côté : ce petit ordre garnit également le rond-point par lequel la nef se termine et dont le centre est occupé par le maître-autel. Les six grands espaces demi-circulaires au-dessus des chapelles seront ornés de bas-reliefs représentant la vie de la Madeleine.

SAINTE-CHAPELLE DU PALAIS.
(Cour de la Sainte-Chapelle, Palais de justice.)

La profonde vénération de Louis IX pour les reliques qu'il avait acquises de l'empereur Baudouin, l'engagea à faire élever un monument spécialement destiné à les contenir; c'est pour satisfaire à ce pieux désir que, par lettres patentes datées de l'an 1245, il fonda la Sainte-Chapelle, qui paraît avoir été élevée sur l'emplacement d'une petite chapelle Saint-Nicolas, fondée par Louis le Gros. Pierre de Montereau, habile architecte de cette époque, fut choisi par saint Louis pour élever ce monument qu'il termina dans l'espace de trois ans, et pour lequel il dépensa la somme de 40,000 livres tournois (environ 790,000 francs.) Les reliques et les châsses avaient coûté 100,000 livres tournois (environ 1,975,000 francs.)

Dans l'origine ce monument se composait de la grande chapelle à deux étages qui existe encore, et d'une sacristie en forme de chapelle qui se trouvait accolée à la façade du nord; dans l'étage supérieur de cette sacristie se trouvait le trésor des chartres. La chapelle haute n'avait de communication qu'avec le Palais par une large galerie; elle servait uniquement de chapelle royale. La chapelle basse était consacrée aux domestiques du Palais.

Ce qu'il y a de plus remarquable à la Sainte-Chapelle, c'est, sans contredit, l'ornementation des croisées; on ne peut se lasser d'admirer ces magnifiques vitraux, véritable muraille transparente, fortifiée de distance en distance par quelques groupes de colonnes qui s'élèvent pour supporter la voûte et donner naissance aux nervures. En voyant cette incroyable variété de compartiments, cette éclatante harmonie de couleurs, on regrette amèrement l'aveugle ignorance de ceux qui, lors de l'établissement des archives judiciaires, bouleversèrent tous les sujets, et supprimèrent toute la partie inférieure des croisées, pour réparer quelques parties dégradées. Mais il y a bien d'autres sujets de regrets; quelle différence entre la Sainte-Chapelle actuelle, quelque admirable qu'elle paraisse, et ce qu'elle était primitivement! C'est à peine si nous en pourrons donner une faible idée en cherchant à rétablir, par la pensée, tout le système de peintures qui a disparu depuis longtemps. Que sont devenues ces voûtes d'azur parsemées d'étoiles d'or, encadrées dans des nervures peintes et dorées, qui retombaient sur des colonnes revêtues de dorure et de tons mats, dont le calme contribuait à l'effet des vitraux? Où est ce petit ordre de soubassement éclatant de dorures et d'incrustations de verre, dont la richesse se mêlait à la splendeur du maître-autel étincelant d'or et de pierreries? Au lieu de tout cela, on voit de vieilles armoires remplies de dossiers, et des murs blafards recouverts d'un badigeon jaunâtre qui contraste désagréablement avec les brillantes couleurs de la peinture sur verre.

Cependant, malgré les dégradations occasionnées par le temps et les commutations politiques, la Sainte-Chapelle est encore un des plus précieux monuments que nous possédions. Elle a 110 pieds de long dans œuvre sur 27 de largeur; la hauteur des deux étages, depuis le sol inférieur jusqu'au sommet de l'angle du fronton, est également de 110 pieds.

Dans un travail historique, exposé à l'un des derniers salons, M. Lassus a démontré que Louis XI fit faire d'importantes réparations à ce monument; entre autres la grande rose du pignon, toute la toiture avec la flèche (brûlées le 26 juillet 1630); le petit bâtiment, en saillie sur la façade du midi, qui jusqu'à présent passait pour l'oratoire de saint Louis, et plusieurs autres parties du couronnement de l'édifice. C'est vers la même époque que l'on construisit un escalier extérieur, en partie détruit par l'incendie de 1630.

En 1783 les constructions faites en remplacement des bâtiments détruits par l'incendie du Palais de 1776, occasionnèrent la démolition de la sacristie de la Sainte-Chapelle. Sous Louis XIV on construisit une nouvelle flèche qui, à cause de son mauvais état, fut détruite quelques années avant la révolution de 89. C'est en 1802 que la Sainte-Chapelle fut transformée en dépôt des archives judiciaires; depuis la révolution elle servait de magasin à farine.

TOUR SAINT-JACQUES LA BOUCHERIE.
(Rue des Arcis.)

L'église Saint-Jacques la Boucherie doit son origine à une chapelle qui existait en 954, remplacée en 1119 par une église paroissiale. Vers l'an 1240 on commença à rebâtir cette église, dont les travaux ne furent achevés qu'en 1520, sous le règne de François Ier, temps où fut construite la tour très-élevée que l'on admire aujourd'hui. L'église Saint-Jacques la Boucherie fut démolie pendant la révolution de 1789, et la tour vendue à condition que l'acquéreur la conserverait. Ce monument a été racheté en 1836 par la ville de Paris.

CHAPELLE EXPIATOIRE.
(Entre les rues d'Anjou-St-Honoré et de l'Arcade.)

Ce monument, élevé par M. Fontaine, sur le terrain du Cimetière de la Madeleine, est, sans contredit, l'un des plus remarquables et des plus originaux qui

SAINTE CHAPELLE.

soient à Paris. Il est entièrement clos de murs masqués par une plantation de cyprès; quatre portes fermées par des grilles y donnent entrée. La façade présente l'aspect d'un tombeau colossal, sur le fronton duquel on lit une inscription indiquant que le monument a été élevé pour conserver le souvenir du séjour qu'y firent les dépouilles mortelles de Louis XVI et de Marie Antoinette. La première partie, qu'on peut appeler propylée, consiste en une chambre carrée, sans autre jour que celui de ses deux portes; à laquelle on monte par sept degrés, et d'où l'on passe, en montant neuf autres degrés, dans une cour en terrasse ornée de carrés de gazon entourés de grilles. A l'extrémité de cette cour se trouve le porche de la chapelle, élevé de douze degrés et composé de quatre colonnes d'ordre dorique romain, couronné d'un fronton surmonté d'une croix. La chapelle consiste en une coupole de 24 pieds de diamètre, soutenue par quatre grands arcs; trois de ces arcs, ceux du fond et des côtés, forment trois grandes niches; l'autel occupe la niche du fond; derrière les deux autres sont pratiqués des escaliers à double rampe pour descendre dans la crypte. Des piédestaux engagés dans les murs d'appui supportent deux groupes, celui de Louis XVI et de son confesseur, et celui de Marie-Antoinette implorant l'appui de la religion. Sur l'une et l'autre face de ces piédestaux sont gravés en lettres d'or sur des tablettes en marbre noir le testament du roi et celui de la reine. — La crypte est voûtée, et, à la tête de la croix, s'élève un autel fort simple en forme de tombeau.

A l'extérieur, élevé de trois marches au-dessus du sol, et compris de chaque côté entre les masses de construction du propylée et de la chapelle, règne un portique composé de neuf arcades; chacune d'elles, voûtée sur le prolongement de son cintre, forme comme une chambre séparée, au fond de laquelle s'élève un cippe funèbre; ces combles, ainsi que ceux de toutes les autres parties du monument sont en pierre à joints de recouvrement, sans fer ni charpente. Les tuyaux de descente pour l'écoulement des eaux sont déguisés par des torches funèbres.

LE TEMPLE.
(Rue du Temple, n° 80.)

Cet édifice, affecté aujourd'hui à une congrégation religieuse, occupe une petite partie de l'ancien et vaste palais des templiers, qui s'étendait depuis l'entrée du faubourg du Temple, jusqu'à la rue de la Verrerie, et comprenait une grande partie du Marais. Avant la révolution, on distinguait dans cette enceinte l'enclos du Temple, occupé aujourd'hui par les constructions qui forment le marché au vieux linge, et le palais du grand prieur formant actuellement tout ce qui reste de l'ancien domaine du Temple. Cet édifice, construit en 1667, offre sur la cour une façade décorée de huit colonnes ioniques accouplées, au-dessus desquelles sont sculptées les statues de la Justice, de l'Espérance, de l'Abondance et de la Prudence. La façade sur la rue du Temple est ornée des statues de la Seine et de la Marne.

Le jardin renfermait autrefois la tour ou plutôt le donjon du Temple, édifice composé d'une tour carrée flanquée de quatre tours rondes, présentant sur sa façade nord un avant-corps moins élevé, défendu par deux tourelles. La tour carrée avait environ 150 pieds de hauteur, non compris le comble qui était fort élevé : elle renfermait quatre étages, composés chacun d'une grande pièce de 30 pieds en carré, et de trois petites pièces pratiquées dans les tours rondes : la quatrième tour ronde contenait un assez bel escalier. La construction de ce donjon remontait au XII° siècle; pendant l'existence des templiers, il fut souvent habité par les rois de France; depuis il a servi de prison d'État, jusqu'à l'époque de la construction de la Bastille; en 1789, il contenait les archives françaises de l'ordre de Malte. Louis XVI y fut enfermé en 1793; c'est là qu'il écrivit son testament et reçut les derniers adieux de sa famille. Le donjon du Temple a été démoli en 1810.

CULTES DISSIDENTS ET NON CATHOLIQUES.
TEMPLES DES PROTESTANTS.

Le service des protestants réformés ou calvinistes se fait : 1° dans l'ancienne église de l'Oratoire, rue Saint-Honoré, en français tous les dimanches à midi, et en anglais à 3 heures; 2° dans l'ancienne église de la Visitation, rue Saint-Antoine, entre les n. 212 et 214, le dimanche à 11 heures.

Le service des protestants de la confession d'Augsbourg ou luthériens se fait rue des Billettes, n. 16 et 18, alternativement en français et en allemand, chaque dimanche et fête.

SYNAGOGUE DES ISRAÉLITES.
(Rue Notre-Dame de Nazareth, n° 17.)

La partie située sur la rue n'offre qu'un corps de bâtiment composé d'un rez-de-chaussée, et recouvert d'une terrasse qui surmonte la porte d'entrée donnant sur une cour où s'élève l'édifice consacré au culte. Son élévation est déterminée par un porche formé de deux colonnes d'ordre dorique, surmontées d'un entablement, au-dessous duquel est la porte qui donne entrée au temple : à droite et à gauche du porche sont deux petites portes conduisant aux galeries supérieures, spécialement destinées aux femmes. L'intérieur du temple se compose d'une grande salle entourée de colonnes d'ordre dorique, supportant une galerie supérieure, éclairée au moyen de grandes baies à plomb des entre-colonnements, et fermées par des grillages en bois. La voûte est à plein cintre et percée de dix ouvertures ou lanternes ; en face de la porte, et à l'extrémité du temple, s'élève le tabernacle, entouré d'une balustrade, et décoré de deux colonnes corinthiennes, dont l'entablement supporte les tables de Moïse ; entre ces deux colonnes est placé le Pentateuque, écrit sur des rouleaux en parchemin, et renfermé dans une armoire fermée par un rideau. A droite et à gauche du tabernacle sont deux tribunes destinées aux membres du consistoire central et du consistoire départemental. Le teïba, ou autel, est placé au centre de l'édifice ; on y arrive par trois marches : à l'extrémité, et vis-à-vis le tabernacle, est un chandelier à neuf branches. — Le reste de la nef, la partie comprise entre les colonnes, et le dessous de la galerie supérieure, sont garnis de banquettes en bois, divisées en stalles numérotées, au nombre d'environ cinq cents. — Le service commence, les jours de fête et de sabbat, à 7 heures et demie du matin ; et le soir, en toute saison, une heure avant le coucher du soleil. Pendant les cérémonies du soir, le temple est éclairé par trente et une lampes, en forme de lyre antique, suspendues entre chaque entre-colonnement, et par six lustres supportant des bougies.

PRÉFECTURE DE LA SEINE.

Paris est le chef-lieu du département de la Seine, qui comprend la ville de Paris, ainsi que les arrondissements de Sceaux et de Saint-Denis, dont nous avons donné précédemment la description. Le conseil général du département de la Seine, présidé par le préfet, forme le conseil général de la ville de Paris.

Paris est divisé en 12 arrondissements municipaux, dont chacun est dirigé par un maire et possède une justice de paix et une église paroissiale : le 1er arrondissement au N.-O. ; les 2e, 3e, 4e, 5e, 6e et 7e au N., et le 8e à l'E., sont à la droite de la Seine ; le 9e comprend la plus grande partie de la cité, les deux autres îles, et la portion de la rive droite qui s'étend de la place de l'Hôtel de Ville à la gare de l'arsenal ; le 10e à l'O., le 11e et le 12e au S., occupent la division à la gauche du fleuve : la partie occidentale de la Cité appartient au 11e. Un préfet de police, dont la juridiction s'étend sur tout le reste du département, et sur les communes de Saint-Cloud, Sèvres et Meudon, du département de Seine-et-Oise, surveille la sûreté publique et tous les objets de salubrité.

HOTEL DE VILLE.

La première pierre de cet édifice fut posée en 1533. La façade fut élevée jusqu'au second étage dans le style gothique ; mais, arrivée à ce point, les travaux furent suspendus. Un artiste italien, Dominique Boccadoro, dit Cortone, présenta, en 1549, à Henri II, un nouveau projet qui modifiait le premier et qui fut adopté ; c'est celui du bâtiment existant aujourd'hui, achevé seulement en 1606.

L'hôtel de ville est un bel édifice pour le temps où il a été bâti. La façade présente, au centre, un corps de bâtiment flanqué de deux pavillons, et dont la toiture est élevée suivant l'usage du temps. Cette façade est percée au premier étage de treize croisées, et ornée de plusieurs niches, où seront incessamment placés les bustes des personnages qui ont rendu les plus grands services à la cité. Elle est surmontée par un campanile où est placée l'horloge de la ville, éclairée maintenant, pendant la nuit, par un réflecteur parabolique. Au-dessus de la porte d'entrée, on remarque dans un vaste tympan, sur un fond de marbre noir, un grand bas-relief en bronze représentant Henri IV à cheval.

La disposition du plan de l'édifice est heureuse. Le perron qui mène au vestibule a de la noblesse ; ce vestibule est grand et vaste ; l'escalier principal est bien placé. La cour est peu spacieuse : les portiques dont elle est environnée, quoique peu profonds,

HÔTEL DE VILLE.

offrent une circulation commode; ils ont été décorés avec une sorte de richesse par J. Goujon, qui a également exécuté les sculptures de l'escalier. Sous une des arcades on voit la statue de Louis XIV, par Coysevox. La grande salle, ou salle du trône, a 50 pas de long; à ses extrémités sont deux vastes cheminées ornées de persiques, cariatides bronzées, et de figures allégoriques couchées sur des plans inclinés, terminées par des enroulements fort en usage sous le règne de Henri IV. A côté de la salle du trône est la salle du zodiaque, ornée de bas-reliefs et de tableaux, et le salon vert.

En 1801, le local de l'hôtel de ville a reçu des agrandissements considérables, consistant principalement dans la réunion de l'hôpital et de l'église du Saint-Esprit, et dans celle de la communion de l'église Saint-Jean, qui a été démolie. Le rez-de-chaussée de l'église du Saint-Esprit est transformé en un vaste vestibule; à la suite est un grand escalier qui conduit à l'appartement d'honneur, pratiqué dans la partie supérieure de l'église. La salle Saint-Jean, seul reste de l'église de ce nom, offre un vaste parallélogramme, éclairé par le haut, et décoré de douze colonnes corinthiennes, en arrière desquelles règne une galerie : cette salle est destinée aux assemblées publiques.

Le 26 mars 1836 le conseil municipal de la ville de Paris a adopté le projet de MM. Lesueur et Godde, pour l'agrandissement et l'embellissement de l'hôtel de ville. Suivant ce projet, approuvé depuis par le conseil des bâtiments civils et le ministre de l'intérieur, les constructions nouvelles consisteront dans deux ailes ajoutées de chaque côté de la façade actuelle : l'une allant à la rencontre de la rue Louis-Philippe projetée, avec laquelle elle se coupera en équerre; l'autre aile, en tout pareille à la première, s'étendra vers le quai. Deux façades latérales, à angle droit avec la façade, seront construites, l'une sur cette rue projetée, l'autre sur le quai; elles seront liées ensemble par la façade postérieure à l'est, laquelle complétera le parallélogramme, et formera le périmètre du nouvel hôtel de ville. La façade du quai sera précédée d'une terrasse en hémicycle, principalement destinée à l'isoler de la voie publique.

ÉTABLISSEMENTS SCIENTIFIQUES.

PALAIS DE L'INSTITUT.
(Quai Conti.)

Ce palais est l'ancien collège Mazarin ou des Quatre-Nations, fondé par le cardinal Mazarin, sur l'emplacement de l'hôtel de Nesle. Il se compose d'une première cour avec des avant-corps sur les quatre façades, et des pans coupés sur les angles. Les avant-corps à droite et à gauche présentent chacun un portique en arcade, décoré de pilastres corinthiens : l'un mène aux salles particulières de l'Institut et à la bibliothèque Mazarine; l'autre conduit à l'ancienne église des Quatre-Nations, transformée aujourd'hui en une salle pour les séances publiques de l'Institut. A la suite de cette première cour il s'en trouve une beaucoup plus vaste dont les bâtiments n'ont jamais été achevés. — L'élévation de la façade du palais, placée en regard du Louvre, produit un effet pittoresque et théâtral; elle est composée d'un avant-corps surmonté d'un dôme, au milieu de deux ailes en demi-cercle, que terminent deux gros pavillons, et présente dans quelques parties une imitation de l'antique.

L'Institut a été fondé par la Convention nationale, le 3 brumaire an v (26 octobre 1795), pour remplacer les Académies Française, des Inscriptions et des Beaux-Arts, supprimées en 1793. Une ordonnance royale, du 21 mars 1816, a substitué aux quatre classes de l'Institut, quatre Académies; depuis, une ordonnance royale du 26 octobre 1832 a établi une cinquième Académie. Ces Académies prennent rang selon l'ordre de leur fondation, et sont dénommées ainsi qu'il suit, savoir : 1° l'Académie Française; 2° l'Académie royale des Inscriptions et Belles-Lettres; 3° l'Académie royale des Sciences; 4° l'Académie royale des Beaux-Arts; 5° l'Académie des Sciences morales et politiques.

L'Académie Française, remplaçant la deuxième classe de l'Institut, tient ses séances le jeudi de chaque semaine; celle des Inscriptions et Belles-Lettres, remplaçant la troisième classe, le vendredi; celle des Sciences, remplaçant la première classe, le lundi; celle des Beaux-Arts, remplaçant la quatrième classe, le samedi; celle des Sciences morales et politiques les samedis de chaque semaine. Ces séances ont lieu au Palais de l'Institut, et durent depuis trois heures jusqu'à cinq. La séance publique annuelle de l'Académie Française se tient le 9 août; celle de l'Académie des Inscriptions et Belles-Lettres a lieu dans le mois de juillet; celle de l'Académie des Sciences se tient le premier lundi du mois de novembre; celle de l'Académie des Beaux-Arts, le premier samedi d'octobre; et celle de l'Académie des Sciences morales et politiques, dans le mois d'avril.

L'*Académie Française*, composée de quarante membres, est régie par ses anciens statuts. Elle est particulièrement chargée de la composition du Dictionnaire de la langue française; elle fait, sous le rapport de la langue, l'examen des ouvrages importants de littérature, d'histoire et de sciences. Elle nomme dans son sein et sous l'approbation du Roi, un secrétaire perpétuel, qui fait partie du nombre des quarante membres qui la composent.

L'*Académie royale des Inscriptions et Belles-Lettres* est aussi composée de quarante membres. Les langues savantes, les antiquités et les monuments, l'histoire et toutes les sciences morales et politiques dans leur rapport avec l'histoire, sont les objets de ses recherches et de ses travaux; elle s'attache particulièrement à enrichir la littérature française des ouvrages des auteurs grecs, latins et orientaux, qui n'ont pas encore été traduits. Elle s'occupe de la continuation des recueils diplomatiques.

L'*Académie royale des Sciences* est divisée en onze sections; ces sections sont composées et désignées ainsi qu'il suit : *Sciences mathématiques* : Géométrie, six membres; Mécanique, six; Astronomie, six; Géographie et Navigation, trois; Physique générale, six. *Sciences physiques* : Chimie, six membres; Minéralogie, six; Botanique, six; Économie rurale et art vétérinaire, six; Anatomie et Zoologie, six; Médecine et Chirurgie, six.

L'*Académie royale des Beaux-Arts* est aussi divisée en sections, désignées et composées ainsi qu'il suit : Peinture, quatorze membres; Sculpture, huit; Architecture, huit; Gravure, quatre; Musique (composition), six.

Il est ajouté, tant à l'Académie royale des Belles-Lettres qu'à l'Académie royale des Sciences, une classe d'Académiciens libres, au nombre de dix, pour chacune de ces deux Académies. Une ordonnance royale, du 16 mai 1830, fixe le nombre des membres de l'Académie des Inscriptions et Belles-Lettres à cinquante, y compris dix Académiciens libres. Les Académiciens libres n'ont d'autre indemnité que celle du droit de présence; ils jouissent des mêmes droits que les autres Académiciens, et sont élus dans les formes accoutumées. Les anciens Académiciens honoraires tant de l'Académie royale des Sciences que de l'Académie royale des Inscriptions et Belles-Lettres, sont de droit Académiciens libres de l'Académie à laquelle ils ont appartenu. L'Académie royale des Beaux-Arts a également une classe d'Académiciens libres, dont le nombre est déterminé par un règlement particulier, sur la proposition de l'Académie elle-même.

Le nombre des membres de l'*Académie des Sciences morales et politiques* est fixé à trente; elle est divisée en cinq sections, savoir : Philosophie; Morale; Législation, Droit public et Jurisprudence; Économie politique et statistique; Histoire générale et philosophique.

Tous les ans les Académies distribuent des prix, dont le nombre et la valeur sont réglés ainsi qu'il suit : L'Académie Française et l'Académie royale des Inscriptions et Belles-Lettres, chacune un prix de 1,500 francs; l'Académie royale des Sciences un prix de 3,000 francs; et l'Académie royale des Beaux-Arts, des grands prix de Peinture, de Sculpture, d'Architecture, de Gravure, de Composition musicale, et de Paysage historique : ceux qui remportent un de ces quatre grands prix sont envoyés à Rome et entretenus aux frais de l'État.

L'Académie des Sciences morales et politiques propose chaque année au moins un sujet de prix : le sujet est choisi tour à tour entre les questions qui se rapportent aux objets spéciaux de chacune des sections qui la composent. L'Académie se réserve de proposer des sujets de prix extraordinaires.

PRIX MONTYON.

Académie Française. — Deux prix annuels : 1° en faveur d'*un Français pauvre qui aura fait dans l'année l'action la plus vertueuse*; 2° en faveur d'*un Français qui aura composé et fait paraître le livre le plus utile aux mœurs*.

L'*Académie royale des Inscriptions et Belles-Lettres* distribue annuellement un prix de numismatique, fondé par M. Allier de Hauteroche.

Académie des Sciences. — Trois prix annuels : 1° *Prix de Statistique* ; 2° *Prix de Physiologie expérimentale* ; 3° *Prix de Mécanique.*

Des prix pour récompenser les perfectionnements de la Médecine et de la Chirurgie, et les découvertes ayant pour objet le traitement d'une maladie interne et celui d'une maladie externe.

Des prix pour récompenser ceux qui auront trouvé les moyens de rendre un art ou un métier moins insalubre, et pour les ouvrages ou découvertes qui auront paru dans l'année sur des objets utiles. Un prix annuel d'*Astronomie*, fondé par feu M. Delalande.

PALAIS DES BEAUX-ARTS.
(Rue des Petits-Augustins.)

Ce palais occupe l'emplacement de l'ancien couvent des Petits-Augustins, supprimé en 1791, et affecté alors au dépôt de différents objets d'art, qui, sous l'habile direction de M. A. Lenoir, devint le musée des monuments français, ouvert le 1er septembre 1795. Une ordonnance de Louis XVIII a détruit ce précieux dépôt. Sur son emplacement a été construite une école des Beaux-Arts, qui comprend l'enseignement de la peinture, de la sculpture et de l'architecture, et qui remplace les anciennes Académies de peinture et de sculpture fondées par Louis XIV.

La construction du palais des Beaux-Arts est aujourd'hui très-avancée, mais, pour être intéressante, sa description ne pourra être faite qu'après son entier achèvement.

UNIVERSITÉ ROYALE DE FRANCE.
(Le chef-lieu de cet établissement est rue des Saints-Pères, n° 24.)

Les séances du conseil royal d'instruction publique se tiennent les mardis et samedis. L'université est divisée en autant d'académies qu'il y a de cours royales. Son enseignement comprend les facultés où l'on obtient des grades en suivant leurs leçons durant un temps déterminé, subissant des examens, et soutenant des thèses ; les collèges royaux et communaux, les institutions et pensions, et les écoles primaires.

ACADÉMIE UNIVERSITAIRE DE PARIS.
(Rue de Sorbonne, n° 11.)

Elle occupe la maison fondée en 1253 par Robert Sorbon, chapelain de saint Louis, et réédifiée en 1629 par le cardinal de Richelieu. On admire la pureté du portail intérieur placé dans sa cour, devant l'entrée de l'église, que l'on a réparée pour y replacer le mausolée du cardinal de Richelieu, et celui du duc de Richelieu, ancien président du conseil des ministres. Ses salles servent aux leçons des Facultés de théologie, des lettres et des sciences, et à l'administration de l'Académie de Paris.

FACULTÉ DE THÉOLOGIE.
(Rue de Sorbonne, n° 11.)

Six professeurs y enseignent : dogme, morale, Écriture sainte, histoire et discipline ecclésiastique, hébreu, éloquence sacrée.

FACULTÉ DES LETTRES.
(Rue de Sorbonne, n° 11.)

Onze professeurs y enseignent la littérature grecque, l'éloquence latine, la poésie latine, l'éloquence française, l'histoire littéraire et la poésie française, la philosophie, l'histoire de la philosophie ancienne, celle de la philosophie moderne ; l'histoire ancienne, l'histoire moderne et la géographie.

FACULTÉ DES SCIENCES.
(Rue de Sorbonne, n° 11.)

Dix professeurs : de calcul différentiel et intégral, d'astronomie physique, de chimie, de minéralogie, de botanique et physique végétale, de mécanique, algèbre supérieure, zoologie, physique et géométrie descriptive.

FACULTÉ DE DROIT.
(Place Sainte-Geneviève, n° 8.)

L'étude régulière du droit commença à Paris en 1384, et fut réorganisée en 1630 sous Louis XIV. Ses premières leçons se donnèrent rue Saint-Jean de Beauvais. Cette école fut transférée, en 1771, dans le bâtiment qu'elle occupe, construit sur les dessins de Soufflot : il se compose d'un vaste amphithéâtre, de salles appropriées à la destination de l'établissement, et de logements particuliers. La façade principale est prise sur l'angle qui répond au Panthéon et interrompt la forme rectangulaire ; cette façade est ornée de quatre colonnes ioniques qui soutiennent un fronton triangulaire. On enseigne dans chacune des deux sections de l'école, formées en 1819, le droit Romain, le Code civil, les Pandectes, le Code de Procédure, et le Code de Commerce. Pour être admis à suivre ses cours, il faut apporter au secrétariat de cette faculté le diplôme de bachelier ès lettres. Il faut les suivre deux ans pour obtenir le degré de bachelier, trois ans pour celui de licencié, et quatre ans pour le doctorat, subir des examens, et soutenir des thèses. Le grade de bachelier est nécessaire pour être avoué, et celui de licencié pour être reçu avocat. Deux mille cinq cents étudiants suivent chaque année ses cours.

FACULTÉ DE MÉDECINE.
(Rue de l'École de Médecine, n° 17 Placée dans les anciennes écoles de chirurgie.)

Cet édifice, commencé en 1769, sur les dessins de Gondouin, et achevé en 1786, est composé de quatre corps de bâtiments, environnant une cour de 11 toises de profondeur sur 16 de largeur. La façade sur la rue en a 33. Le péristyle est formé de 4 rangs de colonnes ioniques. Un second péristyle de six colonnes corinthiennes, surmontées d'un fronton triangulaire sur lequel Berruer a sculpté l'Union allégorique de la théorie à la pratique de la chirurgie, annonce l'entrée de l'amphithéâtre. Sur le mur du fond sont, dans des médaillons, les portraits de J. Pitard, de A. Paré, de G. Mareschal, et de J. de la Peyronie, chirurgiens fameux. Cet amphithéâtre peut contenir 1,200 personnes, mais il est trop étroit pour une école qui ne compte jamais moins de 3,000 étudiants. L'amphithéâtre est décoré de peintures à fresque, par *Gibelin*, orné des bustes de Lamartinière et de la Peyronie, par *le Moine*. Dans la salle d'assemblée est un tableau de *Girodet*, représentant Hippocrate refusant les présents qui lui étaient offerts par les ambassadeurs du roi de Perse, pour aller exercer son art chez les ennemis de son pays. Elle est environnée des bustes des anatomistes et des chirurgiens français les plus habiles. Une *bibliothèque* de 30,000 volumes, placée dans l'aile gauche du bâtiment, est ouverte au public les *lundis, mercredis, vendredis*, de 10 à 2 heures. Vacances, du 15 août au 1er novembre. Les mêmes jours et aux mêmes heures, on voit un magnifique *cabinet d'anatomie* humaine et comparée, digne en tout de l'attention des curieux. Un cabinet de physique, des salles de dissection, et des hospices de clinique, dépendent de ce magnifique établissement, où 23 professeurs enseignent toutes les parties de l'art de guérir.

ÉCOLE POLYTECHNIQUE, COLLÉGES, etc.
(Voyez l'Aperçu statistique de la France, pages 73 et suivantes.)

OBSERVATOIRE.
(Entre les rues du faubourg Saint-Jacques et d'Enfer, à l'extrémité de la grande avenue du Palais de la Chambre des Pairs.)

Ce monument a été construit par ordre de Louis XIV, sur les dessins de C. Perrault. L'échelle en est grande et son aspect est imposant; la simplicité de son ordonnance et des membres qui en forment les détails, les dimensions élevées de ses murs et de ses ouvertures, tout annonce un édifice public du premier ordre, sur une superficie de terrain néanmoins assez resserrée. La masse principale est un plan carré, auquel on a ajouté des tours octogones sur deux angles du côté du sud, et un avant-corps sur la face septentrionale. Ce carré est disposé de manière que les deux faces latérales sont parallèles et les deux autres perpendiculaires au méridien, qui en fait l'axe, et qui est tracé sur le pavé d'une grande salle au centre du bâtiment.

L'intérieur de l'observatoire est divisé en logements particuliers et en salles appropriées aux travaux astronomiques et physiques; six de ces salles ont des ouvertures qui correspondent aux différents points du ciel. Sur la plate-forme sont des cabinets pour les observations et le jeu des instruments. Au centre du bâtiment, on a pratiqué, à travers toutes les voûtes, des ouvertures de trois pieds de diamètre, qui se prolongent jusqu'au bas des caves et qui servent à mesurer les degrés d'accélération de la chute des corps, et pour la vérification des grands baromètres. — Les caves ont une profondeur égale à l'élévation de l'édifice; l'escalier qui y conduit a 360 marches. Elles servent à des expériences sur la réfrigération et la congélation des corps, et à diverses remarques sur la température de l'atmosphère.

BIBLIOTHÈQUES PUBLIQUES.

BIBLIOTHÈQUE ROYALE.
(Rue Richelieu, n° 58.)

Les rois de France de la première et de la seconde race n'avaient point de bibliothèques; ils ne possédaient que quelques volumes à leur usage particulier, où l'on remarquait des missels, des psautiers, des Bibles, des traités des Pères de l'Église, des livres liturgiques et de plain-chant. Le roi Jean possédait huit à dix volumes, parmi lesquels se trouvaient la traduction de la Moralité des Échecs, la traduction des trois Décades de Tite-Live, un volume des guerres de la terre sainte, et quelques ouvrages de dévotion. Charles V, son successeur, qui aimait la lecture, et qui fit faire plusieurs traductions, porta sa collection jusqu'à neuf cent dix volumes : ils étaient placés dans une tour du Louvre, appelée *la Tour de la Librairie*. Gillet Mallet, valet de chambre, puis maître d'hôtel du roi, eut la garde de ces livres, et, en 1373, en composa un inventaire, encore conservé à la Bibliothèque royale : ils consistaient en livres d'église, de prières, de miracles, de Vies de Saints, et surtout en Traités d'astrologie, de géomancie, de chiromancie, et autres productions des erreurs du temps; erreurs que ce roi adoptait. Après la mort de Charles V, cette collection de livres fut en partie dispersée et enlevée par des princes ou officiers de la cour. Deux cents volumes du premier inventaire manquèrent; mais, comme le roi recevait de temps en temps quelques présents de livres qui réparaient un peu les pertes, la bibliothèque se trouva encore composée, en 1423, d'environ huit cent cinquante volumes. Cette collection disparut pendant que le duc de Betfort, en qualité de régent de France, séjournait à Paris : ce prince anglais, en 1427, l'acheta tout entière, pour la somme de 1,200 livres. Il paraît qu'il en fit transférer une partie en Angleterre. Ces volumes étaient pour la plupart enrichis de miniatures, couverts de riches étoffes et garnis de fermoirs d'or ou d'argent. — Louis XI rassembla les volumes que Charles V avait répartis dans diverses maisons royales, et y joignit les livres de son père, ceux de Charles, son frère, et, à ce qu'il paraît, ceux du duc de Bourgogne. L'imprimerie, qui commença sous son règne à être en usage, favorisa l'accroissement de sa bibliothèque. Louis XII fit transporter au château de Blois les volumes que ses deux prédécesseurs, Louis XI et Charles VIII, avaient rassemblés au Louvre, où se trouvaient les commencements d'une précieuse collection de livres, dont plusieurs provenaient de ceux que le duc de Betfort avait tirés de la tour du Louvre, pour les transférer en Angleterre. Charles VIII avait réuni à la Bibliothèque royale celle des rois de Naples; Louis XII l'augmenta de celle que les ducs de Milan possédaient à Pise. — François Ier, en 1544, avait commencé une bibliothèque à Fontainebleau; il l'accrut considérablement, en y transférant les livres que Louis XII avait réunis à Blois. Cette bibliothèque de Blois, dont on fit alors l'inventaire, se composait d'environ mille huit cent quatre-vingt-dix volumes, dont mille neuf cents imprimés, trente-huit ou trente-neuf manuscrits grecs, apportés de Naples à Blois par le célèbre Sascaris. — François Ier enrichit de plus la bibliothèque de Fontainebleau d'environ soixante manuscrits grecs, que Jérôme Fondul acquit par ses ordres dans les pays étrangers. Jean de Pins, Georges d'Armagnac, et Guillaume Pellicien, ambassadeur à Rome et à Venise, achetèrent pour le compte de ce roi tous les livres grecs qu'ils purent trouver. Deux cent soixante volumes en cette langue furent, d'après le catalogue dressé en 1544, le résultat de ces acquisitions. Depuis, François Ier envoya dans le Levant Guillaume Postel, Pierre-Gilles et Juste Tenelle; ils en rapportèrent quatre cents manuscrits grecs et une quarantaine de manuscrits orientaux. La bibliothèque de Fontainebleau s'accrut encore des livres du connétable de Bourbon, dont François Ier confisqua tous les biens. Malgré cet accroissement, les manuscrits grecs, dans cette bibliothèque, l'emportaient sur les livres français, dont le nombre n'était que de soixante-dix volumes. Il faut attribuer cette préférence moins au goût de ce roi, qui n'entendait pas le grec, qu'à celui de ses savants bibliothécaires, Guillaume Budé, Pierre du Chastel, ou *Castellanus*, Mellain de Saint-Gilles et Pierre de Montdoré. — Henri II, en 1556, d'après les insinuations de Raoul Spifame, rendit une ordonnance, qui serait devenue très-profitable si on l'eût exactement observée. Elle enjoignait aux libraires de fournir aux bibliothèques royales un exemplaire, en vélin et relié, de tous les livres qu'ils imprimeraient par privilége. — Henri IV, maître de Paris, ordonna, par lettres du 14 mai 1593, que la bibliothèque de Fontainebleau serait transférée à Paris, et déposée dans les bâtiments du collége de Clermont, que les jésuites, chassés de Paris et de la France, venaient d'évacuer. Mais cet ordre ne fut exécuté qu'au mois de mai 1595. La bibliothèque royale fut alors recueillie dans les salles de ce collége. Elle s'augmenta, vers cette époque, d'un grand nombre de livres précieux. Catherine de Médicis avait laissé une collection de manuscrits hébreux, grecs, latins, arabes, français, italiens, au nombre de plus de huit cents. Cette collection provenait de la succession du maréchal Strozzi, qui l'avait achetée après la mort du cardinal Ridolfi, neveu du pape Léon X. Catherine se l'appropria, sous le vain prétexte que ces livres provenaient de la bibliothèque des Médicis. Après sa mort, ils étaient restés en dépôt chez Jean-Baptiste Benivieni, abbé de Bellebranche, aumônier et bibliothécaire de cette reine. Henri IV ordonna l'acquisition de cette collection. Trois commissaires en firent l'estimation, en mars 1597, et la portèrent à la somme de cinq mille quatre cents écus. Les jésuites furent rappelés en 1604; on leur rendit leur collège de Clermont, et on transféra la bibliothèque du roi dans une salle du cloître du couvent des Cordeliers. Ces livres étaient alors sous la garde de Casaubon. — Sous Louis XIII, la bibliothèque royale fut enrichie des livres de Philippe Hurault, évêque de Chartres, au nombre de cent dix-huit volumes, dont cent manuscrits grecs; de ceux du sieur de Brèves, ambassadeur à Constantinople, qui consistaient en cent huit beaux manuscrits syriaques, arabes, persans, turcs, qui avaient été acquis et payés par le roi, pour faire partie de sa bibliothèque : mais le cardinal de Richelieu s'empara de cette collection, ainsi que de la bibliothèque de la Rochelle, dont il composa la sienne, qu'il légua à la Sorbonne. Sous le même règne, la bibliothèque du roi, restée au couvent des Cordeliers, fut transférée dans une grande maison appartenant à ces religieux, et située rue de la Harpe, au-dessus de l'église de Saint-Côme. Les deux frères Pierre et Jacques Dupuy en furent nommés gardes, et Jérôme Bignon grand maître : elle consistait alors dans environ seize mille sept cent quarante-six volumes, tant manuscrits qu'imprimés. — Sous le règne de Louis XIV et sous le ministère de Colbert, cette bibliothèque acquit une consistance et des richesses qu'elle n'avait jamais eues ; et, pour la première fois rendue accessible au public, elle favorisa puissamment les progrès des connaissances humaines. Elle s'accrut, 1° du fonds du comte de Béthune, composé de mille neuf cent vingt-trois volumes manuscrits, dont plus de neuf cent cinquante sont remplis de lettres et de pièces originales sur l'histoire de France; 2° dans le même temps, de la bibliothèque de Raphaël Trichet, sieur Dufresne, composée de neuf à dix mille volumes imprimés, d'une quarantaine de manuscrits grecs, de cent manuscrits latins et italiens, etc ; 3° d'un recueil immense de pièces sur le cardinal Mazarin, en cinq cent trente-six volumes, etc. — Louvois succéda à Colbert dans la direction de cette bibliothèque ; il continua son ouvrage, chargea ses ministres français dans les cours étrangères d'acheter des manuscrits et des imprimés; il en arriva de toutes parts. Le père Mabillon voyageait en Italie pour le même objet ; il procura à la bibliothèque près de quatre mille volumes imprimés et plusieurs manuscrits. On acquit dans le même temps les manuscrits de Chantereau-Lefèvre. Les savants envoyés par Colbert dans le Levant faisaient de temps en temps parvenir à la bibliothèque le fruit de leurs investigations de manuscrits grecs et orientaux. En 1697, le père Bouvet, missionnaire, rapporta quarante-deux volumes chinois, que l'empereur de la Chine envoyait en présent au roi. Avant cet envoi, il n'existait à la bibliothèque que quatre volumes en cette langue; ils s'y sont dans la suite considérablement multipliés. Tous les jours, des legs, des présents, des acquisitions et des tributs de la librairie augmentaient le précieux dépôt des connaissances humaines. Le changement le plus notable qu'il éprouva sous le règne de Louis XIV fut sa translation de la rue de la Harpe dans la rue Vivienne. La bibliothèque était devenue trop nombreuse pour être contenue dans le local qu'elle occupait. En 1666, Colbert acheta des héritiers de M. de Beautru, deux maisons voisines de son hôtel, rue Vivienne ; il les fit disposer convenablement, et les livres y furent transportés. Sous la régence du duc d'Orléans, la bibliothèque fut transférée rue de Richelieu, dans un hôtel immense qu'avait fait construire et qu'habitait autrefois le cardinal de Mazarin : la bibliothèque actuelle occupe encore une partie de ces bâtiments.

En 1684, la bibliothèque royale possédait 50,542 volumes; en 1775, près de 150,000, et environ 200,000 en 1790; elle est riche aujourd'hui de plus de 700,000 volumes imprimés, et de 80,000 manuscrits, sans compter plusieurs centaines de milliers de pièces relatives à l'histoire générale et surtout à l'histoire de France. Cette bibliothèque occupe quatre corps de bâtiments, au milieu desquels est une cour de 150 toises de largeur sur 15 de longueur : elle est divisée en quatre départements : 1° livres imprimés; 2° manuscrits, chartes, diplômes, etc.; 3° monnaies, médailles, pierres gravées et autres monuments antiques; 4° estampes, cartes géographiques et plans.

Les livres imprimés remplissent le premier étage des bâtiments qui environnent la cour, dans une étendue d'environ 130 toises; on y monte par un vaste escalier situé à droite du vestibule, qui se trouve à gauche de la porte d'entrée. Les diverses salles qui composent ce dépôt sont de plain-pied, de la même hauteur, larges de quatre toises, et éclairées par trente-trois grandes croisées, entre de longues et hautes murailles de livres. Parmi plusieurs objets curieux, on remarque, dans la principale galerie, un monument appelé le *Parnasse français*: c'est une composition mesquine du sieur Titon du Tillet. On y compte seize figures en bronze, en y comprenant le cheval Pégase, à peu près autant de Génies tenant des médaillons; quelques médaillons sont pendus à des branches de laurier : le tout couvre confusément une forme de montagne haute de trois pieds quatre pouces. Les figures en pied représentent les poètes et les musiciens de France; ces figures, qui ont un pied ou seize pouces de hauteur, sont trop grandes, et la montagne est trop petite. Une de ces figures, dans trois ou quatre enjambées, pourrait facilement franchir la montagne du Parnasse. On a composé une ample description du *Parnasse français*, ornée de gravures, Parnasse qui n'est recommandable que par les portraits des hommes de lettres qui y figurent, et qui n'offre d'ailleurs rien qui soit digne d'être remarqué, si ce n'est que l'auteur a signalé son adulation et sa vanité, en plaçant au faîte de sa petite montagne, Apollon, sous les traits de Louis XIV, et sa propre figure dans sa partie inférieure. Ce Parnasse ridicule, érigé à la gloire de Louis XIV et des littérateurs de son règne, a été de nouveau dédié en 1718 à Louis XV. On a ajouté depuis les figures en pied de Rousseau, Crébillon et Voltaire. — Une pièce qui se trouve en retour des principales salles, pièce spécialement destinée aux livres de géographie, a son parquet percé de deux ouvertures circulaires entourées de balustrades en fer. De ces ouvertures sortent les hémisphères de deux vastes globes, dont le pied en bronze est posé au rez-de-chaussée; l'un est terrestre et l'autre céleste. Ces deux sphères marquent l'état des connaissances géographiques et astronomiques de l'époque où elles furent fabriquées. Malgré leurs imperfections, elles sont remarquables comme objets de curiosité.

Les manuscrits sont déposés dans cinq pièces, dont quatre de moyenne grandeur, et la cinquième, la plus vaste, est l'ancienne galerie du palais Mazarin; le plafond, peint à fresque en 1651, par Romanelli, représente divers sujets de la Fable, distribués en compartiments. Cette précieuse collection se compose d'un grand nombre de manuscrits orientaux et en diverses langues européennes. Le nombre est d'environ quatre-vingt mille.

Le cabinet des estampes et planches gravées occupe plusieurs pièces de l'entre-sol du bâtiment, et fut commencé par la collection de peintures d'objets d'histoire naturelle, de plantes du jardin botanique et d'animaux de la ménagerie de Blois, dont Gaston, duc d'Orléans, oncle de Louis XIV, avait fait présent à ce roi. Depuis, cette collection fut continuée par les plus habiles artistes de son temps; elle se compose de soixante volumes in-folio, qui furent, vers l'an 1717, donnés à la Bibliothèque. Puis elle s'enrichit de deux cent soixante-quatre portefeuilles de l'abbé de Marolle, qui avait recueilli les gravures depuis 1450, époque de la naissance de cet art, jusqu'à son temps. On y joignit les gravures des événements militaires du règne de Louis XIV, des maisons royales, etc.; les planches gravées du cabinet de Gaignières, du sieur Beringhen, du maréchal d'Uxelles, des sieurs Fevret et de Fontette, de Begon, de Mariette et de Caylus, et la collection de différentes estampes faites pour orner une édition du Dante, de l'an 1481. Ce cabinet se compose d'environ 1,200,000 estampes et de 40,000 cartes.

Cabinet des médailles et antiques. On y entre par un bâtiment de la Bibliothèque situé rue de Colbert, ainsi que par la grande galerie du dépôt des livres imprimés, à l'extrémité de laquelle s'ouvre une porte qui forme la communication. La pièce principale de ce dépôt est éclairée par huit croisées; les trumeaux sont ornés de tables de marbre qui soutiennent des médailliers ou armoires; chaque armoire offre deux cents tiroirs dans lesquels sont rangées les différentes suites de médailles d'or, d'argent, de bronze, qui composent cette collection, une des plus riches de l'Europe. Cette salle est décorée de plusieurs tableaux de grands maîtres; mais sa plus précieuse décoration consiste dans les médailles rares et dans les autres objets d'antiquité conservés dans ce dépôt. Avant François Ier, aucun roi de France n'avait pensé à réunir des médailles antiques. Ce roi en possédait environ vingt en or et une centaine en argent, qu'il avait fait enchâsser dans des ouvrages d'orfévrerie comme ornement ; il rassembla encore quelques autres médailles. Le goût des lettres faisant des progrès sous ce règne, tout ce qui s'y rapportait obtint faveur ; les médailles, qui servent à fixer les époques de l'histoire, à éclaircir ses points difficultueux, et souvent à suppléer à ses lacunes, commencèrent à trouver des amateurs zélés. Henri II, aux médailles de François Ier, joignit celles qu'il avait recueillies et celles qui composaient la riche collection que Catherine de Médicis, son épouse, avait apportée en France, avec les rares manuscrits de la bibliothèque de Florence. Charles IX accrut encore cette collection, lui destina un lieu particulier dans le Louvre pour la placer convenablement, et fut le premier qui créa une place spéciale de garde de ces médailles et antiques. Il accrut cette collection de celle du célèbre Groslier, mort en 1565. Pendant les troubles de la ligue, cette collection fut presque entièrement pillée. Henri IV essaya de réparer ces pertes, et Louis XIII l'abandonna entièrement. Mais Louis XIV fit rassembler toutes les médailles et raretés qui se trouvaient dans les diverses maisons royales, y joignit celles qu'avait réunies dans le château de Blois, Gaston, duc d'Orléans, et du tout composa ce qu'on nommait au Louvre *le cabinet des antiques*. En 1667, tout ce qui composait ce cabinet fut transféré à la Bibliothèque royale. Par les soins de Colbert, ce dépôt s'accrut considérablement. Trois voyages faits par Vaillant en Égypte et en Perse l'enrichirent de beaucoup d'objets rares. Enfin depuis ce temps il n'a cessé d'être augmenté, et se compose aujourd'hui d'environ quatre-vingt mille médailles décrites, et la plupart gravées dans l'ouvrage de M. Mionet. Au milieu de la salle est un grand et magnifique buffet couvert d'objets précieux, parmi lesquels on remarque un vase en ivoire en forme de calice, fait d'une seule dent d'éléphant, monté et doublé en vermeil, enrichi de pierres de diverses couleurs. Il a avec son couvercle dix-huit pouces de hauteur sur six de largeur ; ses bas-reliefs représentent des combats des Turcs contre les Polonais. Dans un de ses tiroirs sont les objets précieux trouvés en 1653, à Tournai, dans un tombeau que l'on croit celui de Childebert, père de Clovis. On y voit encore deux disques, dont le premier, trouvé dans le Rhône, en 1656, a vingt-six pouces de diamètre, pèse quarante-deux marcs, est timbré d'un bas-relief représentant la continence de Scipion ; l'autre, trouvé par un laboureur du Dauphiné, en 1714, a vingt-sept pouces de diamètre, pèse quarante-trois marcs ; il a reçu des savants le nom de bouclier d'Annibal. On y voit aussi le fauteuil de Dagobert, l'armure de François Ier, un buste de Marcus Modius Asiaticus, un buste de Jupiter et un de Cybèle. — Dans une des salles du rez-de-chaussée est le fameux zodiaque de Dendérah, entouré de momies, de papyrus et d'antiquités égyptiennes. Cette salle est ouverte au public les mardis et vendredis de 10 à 2 heures, et aux travailleurs aux mêmes heures tous les jours ouvrables.

BIBLIOTHÈQUE DE L'ARSENAL.

(Rue de Sully.)

Cette bibliothèque, créée par M. le marquis de Paulmy, ancien ambassadeur de France en Pologne, a été acquise en 1781, par le comte d'Artois, qui y a réuni la presque totalité de la bibliothèque de M. le duc de la Vallière. Elle se compose de 177,000 volumes, sur lesquels il y a environ 6,000 manuscrits.

La bibliothèque de l'Arsenal possède la collection la plus complète qui existe en romans, depuis leur origine dans la littérature moderne ; de pièces de théâtre, depuis l'époque des moralités et des mystères jusqu'à 1789 ; de poésies françaises, depuis le commencement du XVIe siècle. Elle est moins riche dans les autres parties, mais elle a tous les ouvrages importants : on y remarque surtout des collections historiques qui ne se trouvent point ailleurs, et un nombre considérable d'éditions rares d'auteurs italiens et espagnols.

Cette bibliothèque a toujours attiré l'attention des savants de tous les points de l'Europe. Plus de soixante lecteurs la fréquentent habituellement, et s'y livrent à des recherches scientifiques et littéraires.

BIBLIOTHÈQUE SAINTE-GENEVIÈVE.

(Rue Sainte-Geneviève.)

Cette bibliothèque occupe un bâtiment construit en forme de croix, au milieu duquel est un dôme dont la coupole a été peinte par Restout père, qui a représenté l'apothéose de Saint-Augustin. Les salles sont décorées de bustes en marbre et en plâtre de plusieurs hommes illustres, dus au ciseau de Coysevox, Girardon, etc.

La fondation de cette bibliothèque remonte à l'année 1624. Le cardinal de Larochefoucauld, qui porta la réforme dans l'abbaye Sainte-Geneviève, lui fit don de 600 volumes. En 1687, l'abbaye avait déjà 20,000 volumes imprimés et 400 manuscrits. En 1710, M. Letellier, archevêque de Reims, lui légua tous ses livres. A l'époque de la première révolution, elle possédait 90,000 volumes et 3,000 manuscrits. Aujourd'hui, cette bibliothèque se compose de 200,000 volumes et 3,500 manuscrits. On y trouve la plupart des collections académiques, et une des collections les plus complètes des Aldes : elle est riche surtout en ouvrages historiques, en manuscrits grecs et orientaux. En général, ses collections typographiques du XVe siècle sont précieuses par leur nombre et par leur conservation. On y remarque une collection nombreuse de beaux ouvrages provenant de Rome, et qui ont été soustraits, en 1814, aux recherches des étrangers.

La bibliothèque de Sainte-Geneviève est journellement fréquentée par plus de 250 personnes, dont la moitié au moins sont élèves des facultés.

BIBLIOTHÈQUE DE LA VILLE DE PARIS.
(A l'Hôtel de Ville, rue du Tourniquet Saint-Jean.)

Elle renferme 45,000 volumes, et est ouverte tous les jours non fériés, excepté les mercredis, depuis dix heures jusqu'à quatre heures. Vacances depuis le 1er septembre jusqu'au 15 octobre. (Cette bibliothèque a des salles chauffées en hiver.)

BIBLIOTHÈQUE MAZARINE.
(Au Palais de l'Institut.)

Cette bibliothèque a été fondée par le cardinal de Mazarin. Le savant Gabriel Naudé, qu'il avait chargé de la former, choisit les livres chez les libraires de Paris, et voyagea ensuite en Hollande, en Italie, en Allemagne, en Angleterre; et les lettres de recommandation dont il était porteur lui facilitèrent les moyens de se procurer les ouvrages les plus rares et les plus curieux. En 1648, la bibliothèque se composait de 40,000 volumes et était déjà publique (celle du roi ne le devint qu'en 1737.) Le cardinal Mazarin la donna par testament au collège qu'il fondait et qui devait porter son nom. Elle compte aujourd'hui 90,000 volumes imprimés et 3,437 manuscrits.

BIBLIOTHÈQUE DE L'INSTITUT.

Cette bibliothèque n'est pas publique, mais les travailleurs peuvent facilement y être admis, d'après la recommandation d'un membre de l'Institut. Elle renferme environ 70,000 volumes. C'est le seul établissement de ce genre qui ne prenne pas de vacances.

BIBLIOTHÈQUE DE L'ÉCOLE DE MÉDECINE.

Cette bibliothèque renferme environ 30,000 volumes. On y trouve tous les traités de médecine et de chimie, publiés depuis Philippe-Auguste, jusqu'aux ouvrages les plus modernes en ce genre. Elle est ouverte les lundis, mercredis et vendredis, de 11 heures à 2. Vacances du 15 août au 1er novembre.

Outre les bibliothèques précédentes, la ville de Paris compte encore les suivantes : à la CHAMBRE DES PAIRS, 18,000 volumes; à la CHAMBRE DES DÉPUTÉS, 50,000 volumes; au MINISTÈRE DE L'INTÉRIEUR, 14,000 volumes; à la Sorbonne, dite de l'Université, 30,000 volumes; à l'OBSERVATOIRE, 4,500 volumes; à l'ÉCOLE DES PONTS ET CHAUSSÉES, 5,000 volumes; à l'ÉCOLE DES MINES, 6,000 volumes; à l'ÉCOLE POLYTECHNIQUE, 24,000 volumes; à l'ÉCOLE DE DROIT, 8,000 volumes; à la COUR DES COMPTES, 6,000 volumes; au PALAIS DE JUSTICE, bibliothèque de l'ordre des avocats, 7,000 volumes; au COLLÉGE LOUIS-LE-GRAND, 30,000 volumes; au CONSERVATOIRE DES ARTS ET MÉTIERS, 12,000 volumes; à la PRÉFECTURE DE POLICE, 8,000 volumes; au SÉMINAIRE SAINT-SULPICE, 20,000 volumes; au MINISTÈRE DES AFFAIRES ÉTRANGÈRES, 15,000 volumes; au CABINET DU ROI, galerie du Louvre, 80,000 volumes; au MUSÉE DU LOUVRE, 3,000 volumes; à l'ÉCOLE DE MUSIQUE ET DE DÉCLAMATION, 5,000 volumes; au DÉPÔT DE CARTES ET PLANS DE LA MARINE, 15,000 volumes; au MINISTÈRE DE LA GUERRE, 4,000 volumes; au DÉPÔT CENTRAL DE L'ARTILLERIE, 6,000 volumes; au DÉPÔT DES CARTES ET PLANS DE LA GUERRE, 19,000 volumes, et 8,000 manuscrits; à l'HÔTEL DES INVALIDES, 25,000 volumes; au MINISTÈRE DE LA JUSTICE, 12,000 volumes; à l'IMPRIMERIE ROYALE, 3,000 volumes; à la COUR DE CASSATION, 36,000 volumes; au TRIBUNAL DE PREMIÈRE INSTANCE, 20,000 volumes; au PALAIS-ROYAL et aux TUILERIES, 30,000 volumes, etc., etc.

ARCHIVES DU ROYAUME.

(L'hôtel où sont déposées les archives du royaume, occupe le rectangle que forment les rues du Chaume, des Quatre-Fils, de Paradis, et la Vieille rue du Temple.)

Cet hôtel doit ses premières constructions à Olivier de Clisson, connétable de France. C'était auparavant une vaste maison nommée le grand chantier du Temple, dont les Parisiens firent présent à ce seigneur; cette maison a donné le nom à la rue. Charles VI y fit assembler les principaux bourgeois de Paris en 1392, et leur fit publiquement remise de la peine qu'ils avaient encourue pour avoir pris part à une émeute populaire. Cet hôtel reçut à cette occasion le nom d'hôtel des Grâces. L'hôtel de Clisson appartenait, au commencement du quinzième siècle, au comte de Penthièvre; il passa ensuite à Babou de la Bourdaisière, qui, par contrat du 14 juin 1553, le vendit 16,000 livres à Anne d'Est, femme de François de Lorraine, duc de Guise. Celui-ci le donna au cardinal de Lorraine, son frère, qui en fit don, à charge de substitution, à Henri de Lorraine, prince de Joinville, son neveu. Il a porté le nom de Guise jusqu'en 1697, que François de Rohan, prince de Soubise, qui l'acheta des héritiers de la duchesse de Guise, le fit reconstruire presque en entier, tel que nous le voyons à présent. On commença à y travailler en 1706, sous la conduite de l'architecte Lemaire. On ferma la principale porte, qui était dans la rue du Chaume, pour l'ouvrir dans la rue de Paradis. Elle est décorée de deux groupes de colonnes corinthiennes, avec leurs couronnements en ressaut, sur lesquels on a posé une statue d'Hercule et une de Pallas, sculptées par Coustou le jeune et par Bourdis. La cour de cet hôtel est une des plus vastes de Paris. Un entablement de colonnes règne en pourtour et forme un corridor à la faveur duquel on peut aller à couvert. Deux ordres de huit colonnes superposées l'une à l'autre, décorent le vestibule : des figures décorent le fronton. Dans le tympan étaient les armes de Soubise, sculptées par Le Lorrain. Au fond de la cour est l'ancien palais, occupé maintenant par les archives domaniales, le trésor des chartes et le dépôt topographique du royaume; dépôt précieux où sont ensevelies de nombreuses vérités historiques, les secrets de la monarchie; beaucoup de leçons et d'exemples. Les archives judiciaires sont dans l'ancienne Sainte-Chapelle, au Palais.

Sous le consulat, l'intérieur de ce vaste édifice fut restauré et distribué par l'architecte Célérier pour y recevoir le dépôt des archives de la France. Devenu empereur, Napoléon y fit transporter les archives de Rome, de Venise, de Milan, des Pays-Bas, et autres États qu'il avait soumis à la domination française.

Quoique cet établissement important soit toujours extérieurement fermé, cependant on peut le voir tous les jours ouvrables, de 9 heures du matin à 3 heures; mais on ne peut y lire aucun manuscrit sans la permission du ministre de l'intérieur.

Les Archives du royaume doivent leur origine à la révolution. Antérieurement à 1789, cette vaste collection de titres et de documents originaux était disséminée dans un grand nombre d'établissements religieux et dans plusieurs édifices de la capitale, tels que le Louvre, les Petits-Pères, le Palais de Justice, l'Hôtel de Ville, etc., etc. Les archives sont divisées en six sections : 1º Section législative; 2º Section administrative; 3º Section historique; 4º Section topographique; 5º Section domaniale; 6º Section judiciaire. Indépendamment de ces six séries, les Archives possèdent aussi une bibliothèque, qui, quoique peu considérable, n'en est pas moins d'une grande ressource pour les employés. Les livres qu'on y a réunis ont tous trait à l'histoire nationale, et forment un total de 13 à 14,000 volumes.

IMPRIMERIE ROYALE.
(Vieille rue du Temple, nº 89.)

Cet établissement occupe l'ancien Palais Cardinal, construit en 1712, par Armand Gaston, cardinal de Rohan; c'était une dépendance de l'hôtel de Soubise.

L'imprimerie royale était dans le principe au Louvre, puis à l'hôtel de Toulouse, où est actuellement la Banque de France; elle a été transférée en 1809 dans le local qu'elle occupe aujourd'hui. Cet établissement, dont la fondation est due à François 1er, passe pour être ce qu'il y a de plus complet et de mieux entendu en ce genre. Il possède 56 corps de caractères orientaux qui comprennent toutes les écritures connues des peuples de l'Asie, anciens et modernes; 16 corps de caractères des peuples de l'Europe qui n'emploient point les caractères latins dont nous nous servons; et 46 corps complets de ces derniers, de diverses formes et de différentes dimensions. Toutes les fontes réunies pèsent au moins 160,000 kilogrammes.

Les imprimeurs de Paris sont autorisés à faire composer et imprimer à l'imprimerie royale la partie des ouvrages qu'ils auraient entrepris, dans laquelle il se trouverait des caractères orientaux, ou quelques-uns des signes particuliers qui existent dans la typographie de cet établissement.

Les personnes qui désirent visiter l'imprimerie, y sont admises les jeudis, sur l'autorisation du directeur.

CONSERVATOIRE ROYAL DE MUSIQUE.
(Faubourg Poissonnière, n° 11.)

L'intendance de la couronne fit, en 1783, l'acquisition des bâtiments et dépendances de l'hôtel des Menus Plaisirs. Destinés au service de l'Opéra, ces bâtiments contenaient les magasins, des machines, des décorations, et un théâtre où se faisaient les répétitions des pièces qui devaient être jouées sur celui de l'Opéra.

Gossec et Gavignies qui dirigeaient alors le concert spirituel, proposèrent au baron de Breteuil d'y établir une école de chant. Cette école, fondée en 1784, par lettre patente du 3 janvier, fut effectivement ouverte en avril de la même année, sous la direction de Gossec; on y enseignait déjà le chant, la musique instrumentale et la danse, lorsqu'en 1786 le duc de Duras obtint la formation d'une école spéciale de déclamation pour le théâtre français. Molé, Dugazon et Fleury en furent les professeurs; c'est à cette époque que s'est développé le talent de Talma.

En 1795, on forma, rue Saint-Joseph, sous la direction de M. Saret, une école de clarinette, qui s'étendit bientôt à d'autres instruments, et de laquelle on tirait des musiciens pour les armées; c'est de la réunion de ces écoles que Napoléon forma le Conservatoire de musique. A cet effet, on éleva l'année suivante, sur les remises qui occupaient la droite de la cour de l'établissement du faubourg Poissonnière, un étage qui devint depuis l'école des femmes.

On construisit deux ans après la grande salle de concert et la bibliothèque. M. Desantel, nommé directeur de ces écoles, fut remplacé, en 1817, par M. Delaferté, qui, sous le titre d'intendant des menus plaisirs du roi et des théâtres royaux, réunit le Conservatoire dans ses attributions.

De 1820 à 1828 l'enseignement s'y divisait ainsi qu'il suit : Composition, Musique vocale, Musique instrumentale, Déclamation, Langues, Versification française, Analyse dramatique, Histoire et Mythologie.

Depuis 1822, M. Chérubini, nommé directeur du Conservatoire de musique près la maison du roi, conduit cet établissement, qui a successivement fourni tous les sujets que nous possédons aujourd'hui au grand Opéra, et qui en font le charme et la renommée.

Par une nouvelle division des bâtiments de la couronne, faite en 1832, le Conservatoire de musique passa dans les attributions du ministère de l'intérieur. Détaché des Menus-Plaisirs, aujourd'hui garde-meuble de la couronne, le Conservatoire occupe l'établissement du faubourg Poissonnière. Des trois corps de bâtiments qui encadrent la cour, celui par lequel on entre est consacré à l'administration. Dans l'aile gauche sont les classes des jeunes gens, et leur pensionnat; et dans celle de droite les classes des femmes. Ce dernier corps de bâtiment, que nous avons dit être construit sur d'anciennes remises, était dans un grand état de dégradation, ayant été inoccupé pendant deux ans; il vient d'être reconstruit par M. Debret, architecte de la 7me conservation, qui lui est confiée depuis 1832.

Il serait bien à désirer que l'on restaurât ou réédifiât la façade principale de cet établissement, composée aujourd'hui de deux maisons d'inégale hauteur.

Les élèves du Conservatoire de musique sont au nombre de 321, savoir : 211 hommes, dont 12 pensionnaires ayant chacun leur chambre particulière; les autres ne sont qu'externes. Les femmes sont au nombre de 110, toutes externes, leur pensionnat ayant été supprimé en 1815, lors de l'installation des pages aux Menus-Plaisirs.

Les professeurs, y compris leurs adjoints, sont au nombre de 65. Chaque mois, les élèves qui se destinent à la scène représentent, à titre d'exercices, des opéras comiques sur un petit théâtre disposé dans la classe d'orgue. C'est grâce à ces exercices, du plus grand intérêt tant pour les professeurs que pour les élèves, que ces derniers peuvent obtenir des débuts satisfaisants sur nos grands théâtres.

Grâce soit rendue au gouvernement qui vient de rétablir une classe de déclamation supprimée depuis longtemps.

MUSÉE ROYAL DU LOUVRE.

Quatre divisions principales composent ce musée ; la première comprend les statues, la seconde les tableaux, la troisième les dessins, la quatrième les antiquités grecques, romaines et égyptiennes.

Le musée des antiques est dans le rez-de-chaussée de la partie méridionale du bâtiment de l'Horloge. Les diverses salles se distinguent entre elles par des dénominations qui expriment le caractère des objets qu'elles contiennent, ou le morceau capital qui s'y trouve exposé. D'abord se présente le vestibule, puis la salle des Empereurs romains, la salle des Saisons, celle de la Paix, une autre des Romains ; la salle du Centaure, de Diane, du Candélabre, du Gladiateur, de Pallas, de Melpomène ; la salle d'Isis ; celle de l'Aruspice, d'Hercule et Téléphe, de Médée, de Pan ; la salle des Cariatides.

Les salles qui viennent d'être énumérées ne contiennent que des ouvrages antiques. Malgré les pertes qu'a éprouvées le musée, on y compte un bon nombre de chefs-d'œuvre. La décoration du local est ingénieusement appropriée à leur destination : les galbes de la Grèce et de Rome, le style égyptien et le goût athénien se manifestent dans les marbres, les colonnes et les ornements accessoires. Le temple est digne des dieux qui l'habitent.

La seconde classe des objets de sculpture occupe cinq salles qui ne contiennent que des productions des seizième, dix-septième et dix-huitième siècles. Elle n'est formée que depuis l'année 1824. L'ancien musée des Petits-Augustins lui a fourni une grande partie des objets qu'elle contient.

Les dessins et les tableaux sont au premier étage du Louvre, au-dessus du musée des Antiques et dans la galerie qui joint le Louvre aux Tuileries. La salle des dessins est dans la galerie dite d'Apollon. De cette galerie on passe à la salle appelée spécialement le Salon, puis dans la grande galerie. Un dégagement du superbe escalier qui prend son origine dans le vestibule du musée, conduit par une autre porte au salon. La grande galerie a deux cent vingt-deux toises de longueur sur cinq de largeur. Elle est divisée en neuf parties faisant saillie sur la voûte, que soutiennent des colonnes et des pilastres corinthiens avec des chapiteaux et des embases en bronze doré. Au milieu des pilastres sont des glaces, et entre les colonnes des candélabres, des vases précieux pour la matière ou la forme, et des bustes. Les voûtes sont ornées de caissons. Des jours supérieurs et des fenêtres latérales éclairent alternativement cette galerie. Les portes placées aux deux extrémités sont dans des hémicycles dont les parois sont en stuc. La porte qui communique avec les Tuileries a pour ornement vingt-quatre colonnes de marbre précieux. Les trois premières divisions de la galerie sont consacrées aux productions de l'école française ; les trois secondes, aux écoles allemande, flamande et hollandaise ; les trois dernières, aux écoles d'Italie.

Le musée royal est la plus vaste collection qu'il y ait en Europe ; elle renferme près de 1250 tableaux, parmi lesquels on remarque un très-grand nombre de chefs-d'œuvre de toutes les écoles. L'énumération des objets qu'elle contient occupe un volumineux catalogue auquel nous renvoyons le lecteur.

L'exposition des tableaux et sculptures des artistes français vivants a lieu tous les ans dans la galerie du Louvre. Le musée est ouvert au public le dimanche, de dix heures à quatre. Les étudiants y sont admis depuis le mardi jusqu'au samedi de chaque semaine. Les étrangers y sont toujours admis de dix heures à quatre, sur la présentation de leurs passe-ports.

Le musée des antiquités grecques, romaines et égyptiennes a été ouvert le 4 novembre 1827 ; il est composé de neuf salles de plain-pied, s'étendant au premier de la façade du Louvre voisine de la rivière ; elles communiquent entre elles par de larges ouvertures décorées de pilastres ioniques surmontés d'un archivolte. On y parvient par l'escalier à gauche sous le péristyle servant d'entrée principale au Louvre, vis-à-vis de Saint-Germain l'Auxerrois. Seconde salle : sur son plafond, M. H. Vernet a peint Jules II ordonnant les travaux du Vatican et de Saint-Pierre au Bradamante, à Michel-Ange, à Raphaël. Médaillons en grisailles par Abel de Pujol, représentant quelques hommes célèbres de ce siècle. Troisième salle. Plafond par Abel de Pujol. L'Égypte sauvée par Joseph. Voussures ; bas-reliefs imitant le bronze, représentant 1° Joseph gardant ses troupeaux ; 2° Joseph vendu par ses frères ; 3° Joseph élevé au gouvernement de l'Égypte. Grisailles : scènes de la vie civile des Égyptiens. Quatrième salle. Plafond par M. Picot. L'Étude et le Génie dévoilant l'Égypte à la Grèce. Grisailles par MM. Vinchon et Gosse, représentant un sculpteur grec copiant une statue gyptienne. Apelle peignant d'après nature; Phidias sculptant d'après nature; Orphée chantant; un Poëte dramatique faisant réciter un rôle à un acteur; l'origine du chapiteau corinthien; l'origine du dessin; la décadence des arts dans la Grèce.—Cinquième salle, centre du nouveau musée, décorée de colonnes corinthiennes la divisant en trois parties, ornée de bustes; celui du roi est au milieu. Plafond par M. Gros. La véritable Gloire s'appuyant sur la Vertu. Sur la voussure entourant ce tableau sont tracés les noms de la plupart des hommes les plus illustres de la France. Côté gauche : Mars couronné par la Victoire, écoutant la Modération, arrête ses coursiers et baisse ses javelots. Dans le lointain on aperçoit les colonnes d'Hercule. Côté droit : le Temps élève la Vérité sur les marches du trône; la Sagesse l'y reçoit sous son égide. Un Génie naissant l'écoute; les armures royales sont à ses pieds. Dans dix compartiments, de forme longue, sont représentés les Siècles les plus fameux dans les arts.—Sixième salle. Plafond : M. Fragonard a représenté François Ier accompagné de Marguerite sa sœur et de sa cour, recevant les tableaux et les statues apportés par le Primatice. Voussures : médaillons représentant les principaux artistes de cet âge. Grisailles : les Sciences et les Beaux-Arts rendant hommage à leurs dieux protecteurs.—Septième salle. Plafond par M. Meynier. Les Nymphes de Parthénope, emportant loin de leurs pénates les images de leurs dieux, sont conduites par la déesse des beaux-arts sur les rives de la Seine. Grisailles par MM. Vinchon et Gosse. Pline observant le Vésuve; les prêtres de Pompéia emportant les instruments sacrés; les habitants de Pompéia fuyant de ses murs; le Vésuve renversant les villes de la Campanie. Un philosophe cynique; Anacréon composant ses odes; une jeune Fille consultant une sorcière; une Toilette.—Huitième salle. Plafond par M. Heim. Le Vésuve personnifié reçoit de Jupiter le feu qui doit consumer Herculanum, Pompéia, Stabia. Minerve intercède pour elles, tandis qu'Éole, tenant les Vents enchaînés, attend l'ordre du Maitre des dieux. Voussures : quatre tableaux représentent des Scènes de désolation; le cinquième la Mort de Pline l'Ancien; le sixième Pline le Jeune écrivant ses lettres. Grisailles par MM. Vinchon et Gosse, représentant des Scènes de la vie civile des Anciens.—Neuvième salle. Plafond par M. Ingres, représentant Homère déifié, couronné par la Victoire, recevant sur le seuil de son temple les hommages des grands hommes reconnaissants. Voussures : sept villes se disputent la naissance d'Homère; Apollon admet au nombre des Muses l'Iliade et l'Odyssée. Grisailles par MM. Vinchon et Gosse : Homère chantant; hommages rendus à Homère. Sujets tirés de l'Iliade : Thétis consolant Achille; Thétis donnant des armes à Achille; Diomède, guidé par Minerve, après avoir tué Pindarus, blesse Vénus qui était venue secourir Énée. Sujets de l'Odyssée : Départ d'Ulysse sous la protection de Minerve; Ulysse chez Circé. Paysage par M. Fragonard. Deux bas-reliefs en grisailles : les Beaux-Arts témoignant leur reconnaissance au génie protecteur qui les couronne.

Tous les vases, toutes les médailles, tous les objets antiques, rares et précieux, gardés dans ce musée, sont renfermés dans des armoires magnifiques en acajou, garnies de glaces.

MUSÉE ROYAL DU LUXEMBOURG. Ce musée occupe une partie des deux ailes septentrionales du palais des Pairs. La terrasse qui longe la rue de Vaugirard sert de communication aux deux divisions qu'il présente. Les grandes salles sont dans l'aile orientale; les petites, dans l'aile opposée. Les grandes sont connues sous le nom de galerie Lesueur et galerie de Rubens; la galerie de Vernet (Joseph) était il y a quelques années dans les petites salles. L'agrégation au musée royal des tableaux des grands artistes qui viennent d'être nommés, n'a pas empêché ces dénominations de subsister. Les grandes salles sont éclairées par le haut, les autres par des fenêtres latérales. En général, le musée du Luxembourg est destiné à l'exposition des morceaux capitaux des peintres vivants, lorsque ces morceaux sont acquis par le gouvernement. Cette exposition n'est pas permanente pour un tableau en particulier; tel maître cède au bout d'un certain temps sa place à un autre, ce qui permet à l'administration de varier les plaisirs du public et de neutraliser les inconvénients d'un local trop étroit.

Outre ses tableaux, le musée du Luxembourg contient plusieurs statues des premiers sculpteurs modernes. Cependant le règlement en vigueur par rapport aux peintres ne paraît pas être suivi pour l'autre classe d'artistes. La rotonde qui est au centre de la galerie de communication est occupée par la Baigneuse de Julien, morceau d'une grande délicatesse.

Les jours d'ouverture sont les mêmes que ceux du musée royal.

MUSÉE NAVAL. Ce Musée, que l'on a formé récemment, renferme des modèles de toutes les espèces de bâtiments de mer, des machines à l'usage des vaisseaux, des plans en relief des ports et arsenaux maritimes, forges, usines, ateliers; il doit être orné de tableaux, où seront représentés les plus beaux faits d'armes des marins français de toutes les époques.

MUSÉE DE L'ARTILLERIE. (Place Saint-Thomas d'Aquin.) Les diverses collections dont se compose le musée de l'artillerie sont distribuées dans cinq grandes galeries. Les anciennes armes défensives, telles que cottes de mailles, armures de pied en cap, cuirasses, casques, boucliers, et autres, sont placées dans la plus vaste de ces pièces, qui a pris le nom de *Galerie des armures*. Les collections d'armes offensives, les modèles de tous les systèmes d'artillerie, une grande quantité d'autres modèles d'armes de toute espèce, de machines et d'instruments servant à l'artillerie, occupent les quatre autres galeries. Quelques trophées sont composés à la fois d'armes offensives et d'armes défensives.

La galerie des armures se trouve partagée, d'après l'ordonnance de sa colonnade, en trois parties ou travées, séparées l'une de l'autre par des colonnes accolées, surmontées d'arcades. Sur les côtés de cette galerie, et à commencer par la travée du fond, ont été rangées les armures complètes dans l'ordre chronologique, établi d'après l'année de la mort du personnage dont l'armure porte le nom. La travée du milieu appartient tout entière au XVIe siècle. A l'une de ses extrémités est l'armure de Louis XII, et à l'autre le casque et les brassards de Henri IV, seules parties qui nous restent de l'armure de ce roi. Dans la travée du fond on trouve les armures les plus anciennes. La troisième travée, près de la porte principale d'entrée, est occupée par les armures les plus modernes, depuis Henri IV jusqu'à Louis XIV; époque à laquelle les armures de pied en cap furent entièrement abandonnées.

Dans chacune des quatre autres galeries est établi, en face des croisées, un râtelier garni d'armes portatives anciennes et modernes, depuis la plus ancienne des armes portatives à feu, l'arquebuse à mèche, jusqu'au fusil à platine percutante dont la découverte appartient à l'époque où nous vivons. Ce qu'il y a de plus précieux en ce genre par la beauté du travail, par la richesse des ornements, par la singularité des formes ou par l'importance historique, est conservé dans trois armoires vitrées placées dans la première, dans la troisième et dans la quatrième galerie.

En face des râteliers d'armes règne une suite de tables destinées à recevoir, 1° les modèles des bouches à feu, des affûts et des voitures qui ont été en usage dans l'artillerie depuis les premiers temps de son introduction à la guerre jusqu'à nos jours; 2° les projets relatifs à l'arme de l'artillerie, qui ont été proposés dans le même espace de temps et qui n'ont pas été adoptés; 3° les modèles des machines et des instruments employés dans le service de l'artillerie; 4° les modèles des machines, des instruments et des outils servant aux constructions des armes de guerre et aux différents métiers qui prennent part à ces constructions. Sur le parquet, sous les porte-crosses des râteliers, et sous les tables, sont placés les modèles de forte proportion.

Sur les murs, entre les croisées, sont suspendus quelques assortiments d'instruments de fabrication ou de vérification, quelques détails de construction pour divers articles de manufacture, et autres objets qui n'ont pu trouver place sur les tables qui garnissent les quatre galeries.

MUSÉUM D'HISTOIRE NATURELLE.

La fondation du Muséum d'histoire naturelle, sous la dénomination de Jardin du roi, remonte à l'année 1635, où Louis XIII nomma intendant du jardin Guy de la Brosse, son médecin ordinaire. Ce ne fut d'abord qu'un jardin botanique auquel on adjoignit successivement diverses branches de l'histoire naturelle, et malgré les efforts des Tournefort, des Vaillant, des Jussieu, cet établissement languit jusqu'à l'intendance de Dufay, qui le fit entrer dans une voie de progrès suivie constamment jusqu'à ce jour, et enfin proposa et fit agréer Buffon pour son successeur en 1739. Lorsque Buffon arriva au Jardin du roi, le cabinet consistait en deux petites salles; une autre pièce renfermait des squelettes qu'on ne montrait pas au public; les herbiers étaient dans l'appartement du démonstrateur de botanique; le jardin, borné à la hauteur de la pépinière actuelle, du côté du levant, à celle des serres du côté du nord, à celle des galeries d'histoire naturelle, du côté du couchant, offrait encore des terrains vagues, et l'on n'y voyait ni allées, ni plantations régulières. Buffon renouvela l'école de botanique, qu'il entoura de grilles en fer, forma la pente douce qui sépare actuellement les serres chaudes, doubla le jardin, en y ajoutant les terrains qui le séparaient de la Seine, planta les deux grandes allées de tilleuls et celle des marronniers, fit la rue qui porte son nom, acquit, sur la rue de Seine, l'hôtel de Magny, où il construisit le grand amphithéâtre, et mourut le 16 avril 1798, sans avoir pu terminer une annexe qu'il avait commencée aux galeries d'histoire naturelle. Le marquis de la Billarderie et Bernardin de Saint-Pierre, qui ne firent que passer, furent les derniers intendants du Jardin du roi. On leur doit, à l'un, une petite serre pour les froides, à l'autre, une serre qui portait son nom, et qui toutes deux viennent d'être détruites pour faire place aux grandes serres actuellement en construction.

Le 14 juin 1793, le Muséum d'histoire naturelle fut constitué tel qu'il est à présent. A cette époque on y amena la ménagerie de Versailles, et l'on ajouta plusieurs propriétés particulières du côté de la rue de Seine. Depuis, malgré trois révolutions et deux invasions étrangères, le Muséum d'histoire naturelle a fait constamment des progrès immenses; ainsi, en 1789, le jardin ne contenait que 43 arpents, et en 1833, il en contenait 79. Dans cette période de temps, les galeries d'histoire naturelle ont été augmentées d'un étage, et la longueur en a été presque doublée; on y a joint une bibliothèque qui renferme plus de 12,000 volumes; on a construit la grande serre tempérée, trois serres chaudes, la rotonde au centre de la ménagerie, le grand bâtiment destiné à loger les animaux féroces, la faisanderie, la volière des oiseaux de proie, les ateliers sur la rue de Seine. On a ajouté trois laboratoires demi-circulaires au grand amphithéâtre. Deux vastes maisons, réunies à l'établissement, ont été disposées, la première, pour les galeries de botanique, un laboratoire de zoologie, et une salle pour les conseils de l'administration; et la seconde pour le cabinet d'anatomie comparée et les laboratoires d'anatomie. D'autres maisons ont été acquises pour les logements des professeurs, des aides-naturalistes, des chefs d'ateliers et des principaux employés.

Le Muséum d'histoire naturelle devait, d'après les décrets de la Convention, qui l'ont constitué, occuper tout l'espace compris entre la place de la Pitié, la rue de Seine, le quai Saint-Bernard et la rue de Buffon. Malgré des sommes considérables, mais employées partiellement, ce projet n'avait pas encore pu être réalisé, lorsqu'en 1833 le gouvernement, jugeant que l'importance d'un établissement aussi précieux, ne permettait pas d'en différer plus longtemps l'achèvement, consacra, pour le Muséum, une somme de 2,550,000 fr. Au moyen de ce crédit, on dut établir une galerie de minéralogie et de géologie, un réservoir, des serres chaudes, un bâtiment pour les singes, des grilles en fer autour des parterres, des fabriques pour les animaux de la ménagerie, mettre en état des bâtiments susceptibles d'améliorations, enfin acquérir les restes des terrains qui manquaient, pour que le Muséum ne fût borné que par la voie publique. Tous ces travaux sont presque entièrement terminés; mais pour compléter toutes les améliorations désirables aujourd'hui, d'autres projets ont été demandés à l'architecte par M. Thiers, alors ministre de l'intérieur, juste appréciateur des besoins d'un établissement qui n'avait jamais reçu une impulsion aussi vive depuis sa fondation.

Le Muséum d'histoire naturelle occupe une surface d'environ 86 arpents circonscrits, au midi, par la rue de Buffon; au nord par la rue de Seine, à l'est par le quai d'Austerlitz, et à l'ouest par la rue du Jardin du roi. Il est partagé en 4 grandes divisions principales, qui sont: les galeries au sud-ouest, le jardin français au sud-est, les labyrinthes et l'administration au nord-ouest, et la ménagerie et les nouveaux terrains au nord-est. Quatre entrées principales correspondent à ces divisions, l'une à l'angle des rues de Buffon et du Jardin du roi; une autre en face le pont d'Austerlitz; une troisième que l'on vient d'ouvrir sur la place de la Pitié, et la quatrième qui va être ouverte incessamment, au coin du quai d'Austerlitz et de la rue de Seine.

Première division. En entrant par la rue du Jardin du roi, on trouve en face un ancien bâtiment qui, après avoir servi d'habitation à Buffon, a été converti en logements de professeurs, et disposé provisoirement pour une bibliothèque, mais qui n'entre pas dans le plan général d'achèvement du Muséum.

A gauche, on voit l'extrémité d'un long bâtiment construit sur la rue du Jardin du roi, et connu sous le nom de Cabinet ou Galeries d'histoire naturelle. Ce bâtiment, de 120 mètres de longueur, est séparé du jardin par une cour et une grille en fer. La partie du milieu, entre les deux petits pavillons en avant-corps, formait autrefois le logement de l'intendant et le cabinet : l'aile au midi a été bâtie par Buffon; l'aile au nord, qui s'étend jusqu'au grand labyrinthe, a été construite en 1808. De ce côté, le cabinet était lié aux anciennes serres adossées aux labyrinthes par des constructions dans l'angle desquelles on trouvait l'entrée du cabinet et l'escalier qui conduit aux galeries. Les anciennes serres ayant été démolies, l'entrée des galeries a été reportée sur la façade principale. Les croisées du seconde étage sont peintes et servent seulement de décoration, cet étage étant éclairé par le haut. Le premier étage est consacré à la collection des reptiles et des poissons, et à quelques quadrupèdes; le deuxième est destiné aux quadrupèdes, aux oiseaux, aux insectes et aux coquilles.

Un grand perron, construit à l'extrémité de la cour, conduit au deuxième étage du cabinet, aux nouvelles serres chaudes et aux labyrinthes. L'administration, voulant que les serres du Muséum fussent dignes du magnifique établissement dont elles devaient faire partie, et que rien ne fût négligé pour arriver à ce résultat, envoya en Angleterre, à la fin de 1833, M. de Mirbel, professeur de culture, et M. Rohault, fils, architecte du Muséum, pour étudier tous les perfectionnements que les Anglais ont apportés dans ce genre de construction. C'est au retour de ce voyage, et en profitant des observations auxquelles il a donné lieu, que le projet a été arrêté et mis immédiatement à exécution. Les serres dominent une longue terrasse coupée, au milieu et dans l'axe du bassin, par la pente douce construite par Buffon, et se composent de deux grands pavillons en fer entièrement vitrés, de 20 mètres de longueur, 12 mètres de largeur, et 15 mètres de hauteur, et d'un double rang de serres à châssis courbes, présentant ensemble un développement de 170 mètres. Chacun des pavillons est couvert par un comble en fer forgé, porté à l'extérieur sur un double rang de dix colonnes en fonte de fer, et à l'intérieur sur huit colonnes isolées, chacune de 11 mètres de hauteur. Les colonnes extérieures supportent un cheneau en fonte, soutenu par des consoles et destiné à l'écoulement des eaux et au service des ouvriers et des jardiniers, qui peuvent, en tout temps, circuler sans danger sur cette cage légère. Un pont d'une seule arche, en fonte, doit relier les deux pavillons, à la hauteur des cheneaux, pour faciliter le service d'un côté à l'autre. Tous les remplissages, entre les colonnes extérieures et les arbalétriers du comble, sont formés par des fers laminés portant feuillure. La construction en fer, maintenue à la hauteur des entraits par des croix de saint André, est appuyée sur un mur du fond d'un mètre d'épaisseur, contrebuté encore par le bâtiment où sont placés les appareils de chauffage. Le milieu du pavillon est creusé à 2 mètres de profondeur, pour recevoir les caisses des plantes qui sont au niveau du sol des allées. A gauche de ce pavillon, et jusqu'au grand perron dont nous avons déjà parlé, on a disposé en gradins deux rangs de serres courbes en fers laminés, semblables à ceux qui reçoivent les verres, dans le grand pavillon. Deux escaliers en pierre, situés aux extrémités des serres courbes, et un autre dans le milieu, établissent une communication facile du rez-de-chaussée au premier étage.

Des serres semblables seront construites à l'est du deuxième pavillon.

Les serres sont chauffées au moyen de 3 calorifères placés dans une cave située derrière le pavillon des serres à l'ouest, et au moyen de chaudières à vapeur. L'air arrive froid près du sol, s'échauffe en traversant les calorifères et monte dans la partie supérieure de la cave, et de là dans de larges conduits qui l'amènent dans les serres, près des vitrages. Le courant d'air chaud est déterminé par un appel produit par les foyers et la cheminée des fourneaux. Cet air, avant d'entrer dans les serres, se sature d'humidité, en passant au-dessus d'un bassin d'eau chaude, et n'a pas ainsi les inconvénients du chauffage par des poêles qui ne donnent qu'un air sec et brûlant. Deux chaudières, placées au rez-de-chaussée au-dessus des calorifères, sont destinées à produire la vapeur qui complète le système de chauffage. — La vapeur est conduite, par de petits tuyaux en cuivre, dans des chauffeurs en fonte disposés de manière à égaliser le plus possible la chaleur, et à donner la température convenable au genre de plantes qui y sont renfermées. Ce chauffage a le plus grand succès; et l'on est parvenu facilement à maintenir, pendant la nuit, le thermomètre à 33 degrés centigrades au-dessus de la température extérieure, ce qui est plus que suffisant pour garantir les plantes des froids les plus rigoureux de notre climat.

En descendant la rampe, on voit, en face, le bâtiment de la galerie de minéralogie et de géologie, vaste édifice de 15 mètres de largeur et de 187 m. de longueur sur la rue de Buffon, dont la première pierre a été posée par le roi, le 29 juillet 1833. Deux porches à colonnes servent d'entrée à deux vestibules placés entre la galerie qui occupe le milieu du bâtiment et les galeries de botanique et la bibliothèque qui en occupent les extrémités. Les vestibules conduisent encore à deux amphithéâtres construits en avant-corps sur la rue de Buffon. Le programme imposait à l'architecte pour condition première de donner un jour immense et venant de toutes parts, pour pouvoir examiner des objets que souvent on étudie à la loupe. Il éclaira la galerie par 9 lanternes carrées de 7 mètres, ouvertes dans le comble, et par deux grandes croisées et 10 jours demi-circulaires, ouverts dans les murs de face. Le plafond est soutenu par 36 colonnes cannelées couronnées par un riche chapiteau composé. Les deux côtés de la galerie sont de 2 m. 30 c. plus élevés que le milieu. Cette disposition a fait trouver, dans les dessous, deux magasins de la même longueur que la galerie, pour déposer les doubles des minéraux, et a permis de ne donner que deux à trois mètres de hauteur aux armoires destinées à renfermer les collections, et dont les unes sont adossées, et les autres sont placées au-dessus des magasins. Le public peut circuler partout. Huit escaliers qui facilitent l'accès des parties hautes. Des courants d'air sont ménagés sous le parquet de la galerie et derrière les armoires, pour éviter toute espèce d'humidité. Les vestibules sont décorés de marbres et de tableaux de paysages. Les marbres sont tirés des carrières de France dont ils présentent de grands échantillons, et les paysages rappellent aux naturalistes les lieux de la terre les plus remarquables, sous le rapport de la minéralogie et de la géologie. Les statues en marbre de Buffon et de Cuvier dans les vestibules, des bas-reliefs allégoriques dans les frontons des porches, et deux grandes figures en porcelaine de la manufacture royale de Sèvres sur le balcon, en face de la rampe, compléteront la décoration de cet édifice. — La bibliothèque se compose, au rez-de-chaussée, d'une grande salle avec dix enfoncements pour l'étalage des livres, et d'un grand escalier qui conduit au premier étage. Cet étage offre une grande salle de lecture, éclairée par le haut, plusieurs pièces de service ; elle peut contenir environ 60,000 volumes — Les galeries de botanique destinées à un usage analogue, sont disposées à peu près de la même manière.

Seconde division. La grille qui est en face du pont d'Austerlitz, sert d'entrée à la seconde division.

Cette partie se subdivise en trois autres, limitées par la rue de Buffon, les deux grandes allées de tilleuls qui s'étendent jusqu'au-devant de la galerie de minéralogie et des serres chaudes, et l'allée de marronniers qui s'arrête au bas du petit labyrinthe. Elle forme, au nord-ouest de la ménagerie, une hache dans laquelle on trouve la grande serre tempérée, et dans les couches basses de petites serres froides et tempérées. La grande serre tempérée, construite dans les années 1795 et suivantes jusqu'à 1800, a 64 mètres de longueur sur 8 m. de largeur et 10 m. de hauteur; elle est éclairée par 17 grandes croisées : elle était voûtée avant 1833, et les plantes, dont les tiges s'élevaient dans la hauteur de la voûte, souffraient beaucoup de la privation d'air et de lumière. Depuis, on a démoli la voûte qui écartait les murs de face, et on l'a remplacée par un plafond percé de jours pris dans le comble. Cette serre paraît aujourd'hui fort convenable à sa destination, et présente toute sécurité sous le rapport de la solidité. Au fond des grandes couches, et contre le mur de terrasse, qui est en avant de la grande serre tempérée, il existe une serre tiède de 45 mètres de longueur, construite en bois et chauffée par la circulation de la fumée, suivant l'ancien système. Cette serre n'avait que 15 mètres avant 1833 ; elle a été agrandie à cette époque. En retour, on vient de construire contre le mur de terrasse qui soutient les terres de l'allée à l'est, une petite serre en fer pour les éricas. Cette serre, de 15 mètres de longueur, doit être chauffée par la circulation de l'eau chaude. — Les quatre bosquets d'arbres d'ornement pour les quatre saisons ; le carré des semis et des plantes usuelles ; les carrés des plantes médicinales, des fleurs, des arbrisseaux d'agrément, de la pépinière et des plantes aquatiques, et enfin l'école de botanique, occupent tout le reste de cette division.

Troisième division. On trouve en face de l'entrée qui vient d'être ouverte sur la place de la Pitié. le réservoir destiné à contenir les douze pouces d'eau fontainiers, concédés par la ville au Muséum. Ce réservoir est situé sur un point culminant du jardin, et se compose de deux bassins superposés, à 4 mètres de différence de niveau. Il contient 364,000 litres d'eau dans le bassin supérieur, et 270,000 litres dans le bassin inférieur, c'est-à-dire environ la concession de trois jours. Il a été construit entièrement en béton à base de chaux hydraulique, et présente ainsi deux vases immenses d'un seul bloc, en pierre factice, et d'une très-grande dureté. Le manége et les pompes, qui sont derrière la grande serre tempérée, élèveront une certaine quantité d'eau jusqu'au kiosque qui domine le grand labyrinthe, à 24 mètres au-dessus du point le plus bas du jardin. Un réservoir supplémentaire, placé dans le soubassement du kiosque, servira à l'irrigation des labyrinthes, où les arbres souffrent du manque d'eau, et, au moyen d'une grande pression, à l'arrosage, à la lance, des parties basses du jardin.

A droite du grand réservoir, on trouve la terrasse qui conduit au premier étage du cabinet d'histoire naturelle, et au grand perron construit entre les serres et le cabinet. — Une allée, partant de l'entrée, passe sous le grand cèdre du Liban, et conduit à la pente douce entre les deux serres. Une autre allée, en face de cette pente, se dirige depuis les serres chaudes jusqu'à la cour de l'administration, qui était la seule entrée au nord du Muséum avant 1835. Cette cour est fermée du côté de la rue par des logements de professeurs, à l'ouest, par le bâtiment d'administration, qui a, jusqu'à présent, renfermé les galeries de botanique, et les laboratoires et magasins de zoologie. Ces derniers l'occuperont entièrement, lorsque les galeries de botanique seront transportées à l'extrémité de la galerie de minéralogie. — En suivant l'allée qui se présente en face le bâtiment d'administration, on découvre le grand amphithéâtre fondé par Buffon. Cet amphithéâtre doit être amélioré au moyen d'un bon système de ventilation et de chauffage. Jusqu'à présent, le défaut de chauffage empêchait de faire les cours pendant l'hiver, et l'on était réduit à y faire, pendant l'été, des démonstrations d'anatomie que le défaut de ventilation et les grandes chaleurs rendaient extrêmement pénibles. En avant de l'amphithéâtre, il existe une grande pelouse de gazon, où l'on place pendant l'été les plantes de la grande serre tempérée. — Les galeries d'anatomie comparée, à l'est de cette pelouse, près de l'entrée de la ménagerie, ont été disposées dans des bâtiments vieux, irréguliers et élevés de deux étages autour d'une grande cour, où tout le monde vient voir un grand squelette de cachalot. On entre aujourd'hui dans cette cour par un passage qui doit être fermé pour servir de vestibule ; et l'on trouve à rez-de-chaussée, à droite et à gauche, les deux grandes salles pour les squelettes, et au delà deux autres petites salles, destinées au même usage, dans les avant-corps sur le jardin. Un grand escalier, situé dans la petite salle à gauche, et un plus petit dans celle à droite, servent à établir la communication avec les salles d'anatomie comparée, qui sont au premier étage, et éclairées du haut. Le reste du bâtiment d'anatomie comparée est occupé au rez-de-chaussée, à droite et au fond, par des laboratoires ; au premier, à gauche, par la galerie d'anatomie humaine, et par des logements qui cèdent peu à peu la place aux collections, à mesure qu'ils deviennent vacants. Il est probable que, d'ici à quelques années, tout le bâtiment d'anatomie comparée sera transformé en galeries ou en laboratoires.

Quatrième division. La quatrième division se compose de la ménagerie et des terrains nouvellement acquis sur le quai. Elle est bornée au nord par les maisons de la rue de Seine ; à l'est, par le quai ; à l'ouest, par la troisième division, et au nord, par l'allée des marronniers et la grande serre tempérée. On y entre par la grille à l'angle du quai et de la rue de Seine. Quand tous les projets qui sont en cours d'exécution seront terminés, on verra, en face de l'entrée, un petit corps de garde intérieur pour la police et la sûreté du jardin ; à gauche, une longue allée droite séparée du quai par une grille, et obliquement à gauche, une allée couverte, au milieu de laquelle doit s'élever une volière pour les oiseaux des tropiques. Cette fabrique consistera dans une grande rotonde vitrée, supportée par des colonnes, et dont le sommet du dôme sera traversé par la cheminée de la chaudière qui en échauffera l'intérieur. — Une allée droite, le long de la grille sur le quai, conduit du corps de garde à l'extrémité du bâtiment qui renferme les loges des animaux féroces. Cet édifice présente, en arrière-corps et sur une ligne droite, à l'exposition du midi, 21 loges, derrière lesquelles est une galerie éclairée par le haut, assez large pour qu'on puisse s'y promener en hiver, et voir les animaux lorsque les volets extérieurs des loges sont fermés. C'est encore par cette galerie que se fait le service, soit pour donner aux animaux leur nourriture, soit pour laver et nettoyer leurs loges, en faisant passer chacun d'eux de la loge où il a passé la nuit dans celle qui est la plus voisine. Des l'état où il est, ce bâtiment, d'ailleurs parfaitement distribué, a l'inconvénient de ne pas permettre de renouveler l'air infect que respirent les animaux, et de les tenir emprisonnés constamment dans des espaces où ils peuvent à peine s'étendre. On s'occupe actuellement de sa ventilation et de la construction, en avant des loges, d'une immense cage en fer qui, régnant dans toute la longueur, deviendrait une arène où les animaux prendraient un exercice salutaire, et où les artistes pourraient étudier leurs mouvements. Entre ce bâtiment et le jardin botanique, il y a quatre parcs et quelques cabanes pour les petits animaux ruminants.

En suivant l'allée au-devant des loges, on passe devant le nouveau bâtiment des singes, destiné à remplacer les cages hideuses et insalubres qui sont près des ateliers. Ce bâtiment, de forme demi-circulaire, se compose de 20 loges éclairées sur une cour circulaire, à l'exposition du midi, un peu obliquée vers l'est, pour éviter les vents du couchant. Le public entre par deux porches ouverts sur l'allée, dans une galerie qui fait le tour derrière les loges des singes, et est éclairée par en haut. Cette galerie est abritée des vents du nord par un couloir servant de magasin. Le logement du gardien est en saillie au nord. — La cour circulaire au midi, sur laquelle les loges sont éclairées, est toute garnie de barreaux et de treillages en fer, et forme ainsi une cage de 18 mètres de diamètre, et de 8 mètres de hauteur, dans laquelle le public pourra voir les singes en liberté. La facilité des nettoyages, une douce ventilation combinée avec les moyens de chauffage, enfin la solidité des clôtures conciliée avec la salubrité de ces animaux, ont été étudiées pour éviter tous les inconvénients qui résultent de la négligence de ces utiles précautions.

En quittant la singerie, on trouve en avant une allée qui conduit à la rotonde, vaste construction dont on a d'abord voulu faire une ménagerie pour les animaux féroces, puis une bibliothèque, lorsqu'on se fut aperçu qu'elle ne convenait aucunement à sa première destination; puis enfin, une ménagerie pour les animaux paisibles auxquels elle est actuellement consacrée.

Le reste de la ménagerie ou vallée suisse est occupé par la volière des oiseaux de proie, qui se compose de 23 cages en grillages, derrière lesquelles on a disposé, au nord, un corridor de service, et par des parcs où l'on remarque des fabriques pittoresques, et où l'on a renfermé des cerfs, des chèvres et des oiseaux: on remarque parmi ces fabriques une jolie faisanderie, construite il y a quelques années, par M. Destouches, architecte. En quittant la volière des oiseaux de proie, on trouve deux chemins; l'un au milieu duquel se trouvera la grande volière pour les oiseaux des tropiques, l'autre qui sépare les murs où toutes les tailles des arbres d'espalier sont représentées, et l'école des arbres fruitiers, et ramène au point de départ, près la grille à l'angle du quai et de la rue de Seine.

CONSERVATOIRE DES ARTS ET MÉTIERS.
(Rue Saint-Martin, n° 206.)

Cet établissement, fondé en 1795, sur la proposition de M. Grégoire, ancien évêque de Blois, à qui les arts et les institutions scientifiques doivent tant de reconnaissance, renferme les modèles des machines, outils et appareils propres à tous les arts industriels et à l'agriculture. Cette vaste collection, qui n'a point d'égale en Europe, où l'histoire des découvertes de l'esprit humain est écrite parmi les instruments de tous les arts, de toutes les professions, occupe les vastes salles de l'ancien prieuré de Saint-Martin. Il serait impossible de trouver une collection plus complète, plus utile aux arts, à l'industrie, mieux distribuée, plus riche en modèles, et qui fût plus honorable pour ceux qui en ont conçu l'établissement, et qui l'ont amélioré.

Le Conservatoire des arts et métiers est ouvert au public les dimanches et jeudis, de dix heures à quatre heures; les étrangers y sont admis les autres jours, de midi à quatre heures, sur la représentation de leur passeport.

Une bibliothèque, composée exclusivement d'ouvrages relatifs aux sciences et aux arts, fait partie de ce précieux dépôt.

Une ordonnance royale du 25 novembre 1819, a établi au Conservatoire des cours publics et gratuits de géométrie et mécanique, de chimie industrielle, et d'économie politique. Il y a aussi des cours de culture, de physique, de chimie agricole, et des écoles de dessin et de géométrie descriptive, où les élèves sont admis avec l'autorisation du ministre, sur la demande des préfets des départements et sur celle des maires de Paris.

HOTEL DES MONNAIES.
(Quai Conti, n° 8.)

Ce bâtiment, élevé sur l'emplacement de l'ancien hôtel Conti, présente sa principale façade sur le quai ; sa longueur est de 60 toises environ ; elle est percée de trois rangs de croisées, et chaque rang de vingt-sept fenêtres ou portes. Le rang inférieur ou celui du rez-de-chaussée, orné de refends, forme soubassement. Au centre est un avant-corps, dont l'étage inférieur, percé de cinq arcades, sert d'entrée, et devient le soubassement d'une ordonnance ionique composée de six colonnes. Cette ordonnance supporte un entablement à consoles et un attique orné de festons et de six statues placées à l'aplomb des colonnes : ces statues représentent la Paix, le Commerce, la Prudence, la Loi, la Force et l'Abondance : ouvrages de le Comte, Pigalle et Mouchi.

Au-dessous, au milieu des cinq arcades de cet avant-corps, est celle qui sert d'entrée principale. La porte est richement décorée d'ornements en partie dorés. Dans le vestibule qui se présente ensuite, sont 24 colonnes doriques cannelées. A droite est un magnifique escalier enrichi de seize colonnes doriques.

Le plan de cet édifice se compose de huit cours, entourées de bâtiments dont la destination est diverse. La cour où l'on arrive après avoir traversé le vestibule, est la plus grande : elle a 110 pieds de profondeur sur 92 de largeur, et est bordée par une galerie couverte. Le péristyle, orné de quatre colonnes doriques, qu'on voit en face, annonce la porte de la salle des balanciers. Cette salle, dont la voûte surbaissée est soutenue par des colonnes d'ordre toscan, a 62 pieds de long sur 39 de large. On y remarque la statue de la Fortune, sculptée par Mouchi.

Au-dessus de cette salle est celle des ajusteurs : elle est de pareille étendue, et contient 100 places.

En montant par le grand escalier, on arrive au *Cabinet de minéralogie*, qui occupe, au premier étage, le pavillon du milieu de la façade. Ce cabinet est décoré tout autour de vingt colonnes corinthiennes, de grande proportion, en stuc, couleur de jaune antique, supportant une vaste tribune. Cette tribune, les galeries et les cabinets qui y communiquent, sont garnis d'armoires, qui contiennent des objets minéralogiques, des dessins, des modèles de machines, etc.

La façade, en retour sur la rue Guénégaud, a 58 toises d'étendue : moins riche que la façade qui se présente sur le quai, elle n'en est pas moins belle. Deux pavillons s'élèvent à son extrémité ; et un troisième au centre : les parties intermédiaires n'ont que deux étages ; celui du rez-de-chaussée forme soubassement, et l'étage supérieur un attique. Dans cette partie de l'hôtel des Monnaies est déposée la collection de tous les coins et poinçons des médailles, pièces de plaisir et jetons qui ont été frappés en France depuis Charles VIII jusqu'à nos jours ; ainsi qu'une grande quantité de coins et poinçons appartenant à divers graveurs et éditeurs.

ÉTABLISSEMENTS MILITAIRES.

HOTEL DES INVALIDES.

L'hôtel des Invalides, fondé par Louis XIV en 1670, est situé à l'entrée de la plaine de Grenelle, entre le faubourg Saint-Germain et le Gros-Caillou, où il couvre un espace de 16 arpents. Peu distant de la Seine, il domine une grande partie des espaces environnants, et jouit des avantages d'une position salubre et riante. Si l'on y arrive par la rive gauche de la Seine, on est surpris de l'aspect imposant de cet édifice : une immense esplanade, accompagnée de longues allées d'arbres, précède une avant-cour fermée d'une grille et entourée de fossés, au-delà de laquelle s'élève une immense façade couronnée d'un dôme éclatant d'or. Des boulevards bien plantés entourent le monument, auquel aboutissent plusieurs routes.

La façade a 102 toises de longueur : elle est divisée en quatre étages, et percée de 133 fenêtres, sans compter celles des mansardes ; au centre est la porte, surmontée d'une forme cintrée, où l'on voit un bas-relief représentant Louis XIV à cheval. Par cette porte on pénètre dans une cour, dont le plan offre un parallélogramme de 65 toises de long sur 32 et demie de large. L'architecture de cette cour a le caractère noble, mâle et simple, qui convient à l'institution. — Au centre de la façade opposée à l'entrée, est le portail de l'église, qui se distingue par son autel, placé sous une arcade, et communique à une seconde église, dite du *Dôme*. Cet autel est orné de six colonnes torses, groupées trois à trois, dorées, garnies d'épis de blé, de pampre, de feuillages, portant des faisceaux de palmes, qui, se réunissant, soutiennent un superbe baldaquin, surmonté d'un globe et d'une croix.

EGLISE DES INVALIDES.

Rauch del.
Ransonnette sc.

ECOLE MILITAIRE.

Les figures d'amortissement et les autres ornements sont les ouvrages de Vanclève et de Coustou l'aîné.

Au delà, sur la même ligne, est l'église du dôme : construction vaste et magnifique, où Louis XIV a prodigué la richesse, et où les plus habiles artistes ont à l'envi déployé leurs talents. Le pavé de ce dôme, le pompeux baldaquin de l'autel, les sculptures, les peintures, tout est d'un fini précieux ; tout est exécuté avec un soin et un art admirables. — Ce dôme a 50 pieds de diamètre. A travers une ouverture circulaire, pratiquée au milieu de la première coupole, ornée de peintures et de caissons, on voit la seconde coupole, éclairée par des jours que l'observateur ne peut apercevoir, et où le peintre Lafosse, un des meilleurs coloristes de l'école française, a représenté la gloire des bienheureux. La troisième coupole forme la toiture extérieure. — Six chapelles sont placées autour du dôme. La première, du côté de l'Évangile, est celle de Saint-Grégoire : on y voit sur l'autel la figure de ce saint, sculptée par le Moine ; celle de Sainte-Émilienne, par d'Huez, et celle de Sainte-Silvie, par Caffiéri. Les peintures de cette chapelle, représentant la Vie de saint Grégoire, étaient l'ouvrage de Michel Corneille. La chapelle de la Vierge offre, entre autres ornements, la figure de la Vierge, sculptée par Pigalle, et deux anges adorateurs, ouvrages de Coustou et Poirier. La chapelle de Saint-Jérôme est aussi magnifiquement décorée que les précédentes. La figure en marbre de ce saint fut sculptée par Adam l'aîné ; celle de sainte Paule, posée en 1786, par Mouchi ; et celle de sainte Eustache, sa fille, par Allegrin. La chapelle de Saint-Augustin offre des peintures de Boullongne le jeune ; la statue en marbre de ce saint, sculptée par Pajou ; celle de sainte Alipe, en pierre, par Caffiéri ; et celle de sainte Monique, par Houdon. Dans la chapelle de Sainte-Thérèse, on voit la figure en marbre de cette sainte, sculptée par le Moine, et deux anges, dont l'un est l'ouvrage de le Moine, et l'autre de Lapierre. La chapelle de Saint-Ambroise est peinte par Boullongne l'aîné : la figure du saint est sculptée par Falconnet, qui est aussi l'auteur de la statue de sainte Marceline. Celle de sainte Satyre est l'ouvrage de Caffiéri.

Le dôme a son portail particulier du côté d'une large avenue, bordée de 4 rangées d'arbres, et longue d'environ 500 toises. Ce portail a 30 toises de largeur sur 16 de hauteur : il sert pour ainsi dire de soubassement à l'édifice du dôme. Du pavé jusqu'à l'extrémité de la flèche, ce dôme a 105 mètres, ou 323 pieds de hauteur ; élévation extraordinaire, qui frappe d'étonnement ou d'admiration l'esprit de l'observateur. Sa forme élégante et pyramidale, ses heureuses proportions ajoutent au premier sentiment un sentiment de plaisir ; mais, si l'on examine les parties de cet édifice, on aperçoit des ornements multipliés sans motif. — Le dôme, proprement dit, est orné à l'extérieur de 40 colonnes d'ordre composite. Cette ordonnance, dégradée par des ressauts, est couronnée par une balustrade. au-dessus est un attique, percé de fenêtres, et chargé de 8 piliers butants, couronnés en forme de volutes : la coupole, divisée en côtes, est chargée dans les intervalles de trophées militaires. Ces trophées et les côtes sont dorés. Au-dessus de la coupole est une lanterne, surmontée par une flèche très-élevée, et terminée par un globe et une croix.

Dans l'intérieur des bâtiments, on doit visiter la cuisine et sa fameuse marmite ; les quatre réfectoires, ornés de peintures ; la pharmacie, la bibliothèque, composée de vingt mille volumes ; l'horloge à équation, ouvrage très-estimé de Lepaute ; la salle du conseil, etc.

L'hôtel des Invalides est sous la surveillance spéciale du ministre de la guerre. Un maréchal de France en est ordinairement gouverneur ; son conseil d'administration est composé de militaires des plus hauts grades, et de personnages les plus éminents de l'État ; les plus habiles médecins de l'armée y traitent les malades ; des sœurs de la charité les soignent ; quatre à cinq mille vieux guerriers reçoivent dans cet honorable asile une nourriture abondante, un traitement et des égards dignes du rang qu'ils occupaient dans l'armée, de leurs services, de leurs infirmités, de leurs blessures. Rien n'y est épargné pour adoucir leurs maux, consoler leur vieillesse et les faire jouir d'un paisible repos. On peut le visiter tous les jours, depuis 10 heures du matin jusqu'à 4 heures du soir.

ÉCOLE MILITAIRE.
(Vis-à-vis le Champ de Mars.)

Par édit du mois de janvier 1751, Louis XV ordonna l'érection de l'École royale militaire, en faveur de cinq cents enfants nobles sans fortune, qui y recevraient la même éducation que l'on donne aujourd'hui dans les colléges royaux Louis le Grand et Henri IV. Cet hôtel s'étend sur un immense terrain, voisin des Invalides; il fut élevé sur les dessins de Gabriel, et achevé par Brongniard. — Le principal bâtiment, en face du Champ de Mars, composé de deux étages, est terminé par un entablement corinthien. Dix grandes colonnes du même ordre, et de toute la hauteur du bâtiment, décorent son avant-corps, surmonté d'un attique et d'une statue. Au rez-de-chaussée de ce principal corps de logis, un grand vestibule, percé de trois pièces ornées de colonnes doriques, conduit à la cour royale. Elle était anciennement décorée d'une statue pédestre de Louis XV, tête nue et le corps cuirassé, sculptée par Lemoine. Il avait représenté le monarque indiquant de la main droite des cordons et des croix des différents ordres militaires, qui étaient près de lui sur une colonne tronquée. A droite de ce vestibule est un magnifique escalier qui conduit aux grands appartements. A gauche est la chapelle. Les autres bâtiments, qui sont séparés par plusieurs cours, servaient de logements aux élèves, aux professeurs, pour les salles d'étude, réfectoire, cuisines, etc. — Une machine hydraulique, inventée et exécutée par les sieurs Laurent et Gilleron, posée sur quatre grands puits couverts, fournit quarante-quatre muids d'eau par heure. Ces puits, solidement construits, sont creusés 15 pieds plus bas que le lit de la rivière. L'eau se décharge dans un réservoir qui contient huit cents muids d'eau, et de là, au moyen de conduits de plomb, elle se distribue dans toute la maison.

La grande entrée, du côté de la campagne, est fermée par une grille et un fossé, en avant duquel a été plantée une belle avenue, qui croise celle des Invalides et va jusqu'à la rue de Sèvres.

L'École militaire depuis 1791 a servi de caserne et dépôt de farines. En 1804, elle fut affectée à la garde impériale; depuis 1814 jusqu'à 1830, elle fut occupée par la garde royale; elle sert encore aujourd'hui de caserne.

PRINCIPAUX ÉTABLISSEMENTS DE BIENFAISANCE.

HOTEL-DIEU.
(Ile de la Cité.)

Son origine est fort ancienne, et paraît remonter au commencement du christianisme. Comme il n'existait point alors d'asile pour le pauvre malade, les évêques étaient chargés de leur procurer les secours dont ils avaient besoin, et entretenaient à cet effet une maison où les malades recevaient des secours, et où ils étaient soignés pour la plupart. C'est de cette coutume, sans doute, qu'est née la tradition qui attribue à saint Landry l'établissement de l'Hôtel-Dieu de Paris.

Philippe-Auguste est le premier roi connu qui ait fait quelques libéralités à cet hôpital. Mais saint Louis mérita plus que lui le titre de bienfaiteur de cet établissement; il le prit sous sa protection spéciale, et lui accorda, en 1248, sur les denrées des marchés un droit qu'y exerçaient le roi, les princes, les officiers de la couronne et l'évêque de Paris: ils prenaient les denrées qui leur plaisaient, et en fixaient eux-mêmes le prix. Il serait trop long de rapporter tous les bienfaits que cet hôpital reçut, à diverses époques, de la part des rois et surtout des particuliers.

L'Hôtel-Dieu est composé d'une réunion de bâtiments, irrégulièrement disposés, construits et ajoutés les uns aux autres en différents temps. Il ne présente point, comme plusieurs établissements de ce genre, un ensemble régulier, ni des parties symétriques. Ce n'est que sur la place du parvis de Notre-Dame qu'on a cherché à donner à cet amas de bâtiments quelque régularité. En 1804, on exécuta, sur les dessins de M. Clavareau, le projet de procurer à cet hôpital une façade et une entrée plus caractéristiques et plus convenables. Un pavillon avancé, de 25 mètres de développement, d'un style sévère, couronné d'une frise dorique et d'un vaste fronton, et accompagné, à chacun de ses côtés, de deux grilles, qui s'ouvrent sur deux cours, forme la seule façade régulière de l'entrée de cet hôpital. Le vestibule est décoré des bustes de Bichat et Desault; les portraits des chirurgiens les plus célèbres entourent son amphithéâtre. Ses divers et principaux bâtiments s'étendent le long de la rive septentrionale du petit bras de la Seine, depuis le Petit-Pont jusqu'à l'emplacement qu'occupait le palais archiépiscopal. — Le nombre des lits se monte à 1,262, dont 674 sont destinés aux hommes, et 588 aux femmes.

HOPITAL GÉNÉRAL, dit LA SALPÊTRIÈRE.
(Boulevard de l'Hôpital.)

Fondé en 1632, pour renfermer les mendiants et les vagabonds, cet établissement a pris son nom de l'endroit où il est situé, et où se préparait autrefois le salpêtre. Il s'annonce par une belle façade composée de deux grands corps de bâtiments, terminée par deux pavillons. L'église, sous le vocable de saint Louis, fait honneur aux talents de Libéral Bruant: elle consiste en un dôme octogone, de dix toises de diamètre, percé de huit arcades qui aboutissent à autant de nefs de douze toises chacune, dont quatre sont terminées par des chapelles; placé au milieu du dôme, l'autel est vu des différentes nefs.

Les bâtiments de cet hôpital sont immenses, et occupent, avec les cours et jardins, un emplacement de 55,000 toises carrées. On y arrive par deux magnifiques chaussées plantées d'arbres, l'une qui commence à la route de Fontainebleau, et l'autre qui s'étend depuis la rue Poliveau jusqu'à la Seine; c'est une véritable petite ville, où sont rassemblées environ 7,000 femmes. D'après les nouveaux règlements donnés en 1802, le service de l'hôpital de la Salpêtrière forme cinq divisions: 1° les reposantes ou femmes qui ont vieilli dans le service; 2° les indigentes aveugles, paralytiques, infirmes et octogénaires; 3° les femmes attaquées de plaies incurables, les galeuses, les cancérées et les septuagénaires; 4° l'infirmerie; 5° les aliénées et les épileptiques.

HOPITAL SAINT-LOUIS.
(Rue du Carême-prenant, entre les faubourgs du Temple et Saint-Martin.)

Cet hôpital, fondé par Henri IV, achevé en 1610, et où l'on a fait d'importantes augmentations en 1802, est un des plus beaux de Paris; il est construit dans une situation élevée et parfaitement aérée; le principal corps de bâtiment forme un quadrilatère à faces égales, élevé de deux étages, dont les angles sont flanqués de pavillons; il est entièrement isolé et séparé de la ville par de vastes cours environnées des bâtiments nécessaires aux divers services et au traitement externe des malades. Cet hôpital, parfaitement tenu et éclairé au gaz, possède un vaste établissement de bains simples et médicinaux de toute espèce, approprié à tous les besoins des malades. — L'hôpital Saint-Louis renferme huit cents lits affectés aux galeux et aux individus affligés d'ulcères, de dartres, etc.

HOPITAL MILITAIRE DU VAL DE GRACE.
(Rue du faubourg Saint-Jacques.)

Cet hôpital occupe les bâtiments d'un monastère de filles, fondé par Anne d'Autriche en 1621. L'église est un des édifices les plus réguliers qu'on ait élevés dans le XVIIe siècle. Le grand portail s'élève sur seize marches, et forme un portique soutenu de huit colonnes corinthiennes, isolées et accompagnées de niches. Le second ordre est formé d'ordre composite, qui se raccorde avec le premier par de grands enroulements aux deux côtés, et se termine par un fronton. L'intérieur offre une nef, séparée des bas-côtés par des arcades et des pilastres d'ordre corinthien cannelés. La voûte est chargée de bas-reliefs, et l'on y remarque six médaillons représentant les têtes de la Vierge, de saint Joseph, de sainte Anne, de saint Joachim, de sainte Élisabeth et de saint Zacharie. Le principal autel est couronné par un baldaquin magnifique, supporté par six colonnes torses de marbre noir, d'ordre composite, dont les bases et les chapiteaux sont de bronze doré. La coupe du dôme, peinte par Mignard, est le plus grand morceau à fresque qu'il y ait en Europe; il représente le séjour des bienheureux, et se compose de deux cents figures, dont les plus grandes ont seize et dix-sept pieds de haut.

L'hôpital militaire est placé dans les vastes bâtiments de l'ancienne abbaye du Val de Grâce.

HOSPICE DES QUINZE-VINGTS.
(Rue de Charenton, n° 35.)

Il renferme 300 aveugles de première classe, nourris, chauffés, habillés, qui reçoivent en outre 33 c. par jour; 120 aveugles de seconde classe, qui ne reçoivent point de paye; et des aveugles des départements, qui peuvent prétendre à l'admission en faisant preuve d'une cécité absolue.

On remarque encore à Paris les hôpitaux de la Charité, de la Pitié, des Vénériens, des Incurables, et les hospices des Enfants trouvés, d'Accouchement, des Ménages, des Orphelins, etc., etc., etc.

ÉTABLISSEMENTS D'UTILITÉ PUBLIQUE.

HOTEL DE LA BOURSE.
(Place de la Bourse, entre les rues Feydeau et des Filles Saint-Thomas.)

Cet édifice, destiné aux assemblées de négociants, à tous les accessoires d'une réunion semblable, et au tribunal de commerce, est élevé sur l'emplacement du couvent des filles Saint-Thomas; la première pierre en fut posée le 24 mars 1808. Son plan offre un parallélogramme, dont la longueur est de 69 mètres, et la largeur de 41 mètres. Un ordre corinthien de 64 colonnes, embrassant deux étages dans sa hauteur, règne autour de l'édifice et forme un promenoir couvert; sur la façade principale, le portique prend une double profondeur, et présente un péristyle de 14 colonnes de même ordre, supportant un attique; on y parvient par deux perrons de 16 marches, occupant toute la largeur des façades occidentale et orientale; sur l'entrée principale on lit cette simple inscription :

BOURSE ET TRIBUNAL DE COMMERCE.

Du péristyle on arrive par un vaste vestibule à la salle de la Bourse, dont la superficie est de 122 pieds de long sur 77 de large, y compris la profondeur des galeries en arcades qui règnent au pourtour. Cette salle reçoit son jour du comble, et peut contenir 2,000 personnes. Rien n'est plus magnifique que sa décoration intérieure, où MM. Abel de Pujol et Meynier ont tracé avec une illusion parfaite en grisaille des compositions du plus grand mérite.—A l'extrémité de la salle est le parquet des agents de change et des courtiers de commerce; la gauche est occupée par un grand escalier conduisant au greffe et aux salles d'audience du tribunal de commerce. — Au premier étage, une galerie qui forme tribune règne autour de la grande salle, comme au rez-de-chaussée, et sert de communication aux différentes pièces.

L'hôtel de la Bourse est isolé sur ses 4 faces, et élevé sur un soubassement qui le fait dominer sur tous les bâtiments qui l'avoisinent, et est entouré d'une place plantée d'arbres.

HOTEL DE LA BANQUE DE FRANCE.
(Rue de la Vrillière.)

Il occupe les bâtiments de l'ancien hôtel de Toulouse, construit en 1620, par F. Mansard, et cédé en 1811 à l'administration de la Banque de France, qui y a fait faire des travaux considérables.

HALLES ET MARCHÉS.

Paris est une des villes de l'Europe où se trouve le plus grand nombre de halles et de marchés publics; les plus remarquables sont :

LA HALLE AU BLÉ, située rue de Viarmes. Le plan de cet édifice, bâti sur l'emplacement de l'hôtel de Soissons, est de forme circulaire, et a 68 mètres 19 c. de diamètre; il est percé de 28 arcades au rez-de-chaussée, et d'autant de fenêtres qui éclairent l'étage supérieur, auquel on monte par 2 escaliers curieux composés d'une double rampe; 6 arcades servent de passage, et conduisent à autant de rues terminées par des carrefours. La coupole, détruite en 1802 par un incendie, a été rétablie en fer coulé et couverte de lames de cuivre. — A cette vaste rotonde isolée est adossée une colonne d'ordre dorique de 25 pieds de hauteur, que Catherine de Médicis fit construire en 1572, pour s'y livrer à des observations astronomiques; vers le sommet est un cadran solaire, qui marque l'heure précise du soleil à chaque moment de la journée et dans chaque saison de l'année; au bas de cette colonne est une fontaine publique.

LE MARCHÉ DES INNOCENTS (rue Saint-Denis). Vaste place carrée, formée en 1788, sur l'ancien terrain du cimetière des Innocents, au milieu de laquelle s'élève une des plus belles fontaines de Paris. Depuis 1813, cette place est bordée d'une galerie légère, où se placent les marchands de légumes et de fruits en détail.

LE MARCHÉ SAINT-MARTIN (rue de la Croix). Établi dans l'enceinte du jardin du ci-devant prieuré de Saint-Martin; il occupe un parallélogramme de 100 mètres de longueur et de 60 m. de largeur, et forme deux halles parallèles, éclairées par des arcades fermées par des persiennes.

LE MARCHÉ SAINT-GERMAIN (entre les rues Félibien, Clément, Lobineau et Mabillon). C'est le plus beau marché de détail de la ville de Paris. Ouvert en 1818, il offre un quadrilatère, dont la construction est parfaitement appropriée à son objet; les halles présentent un coup d'œil magnifique; les côtés des rues Félibien et Lobineau sont

LA BOURSE.

éclairés extérieurement par 16 croisées et 5 grilles; le côté des rues Clément et Mabillon présente 12 croisées et 5 portes. Outre une borne-fontaine et un vaste puits, on a transporté au milieu de la cour intérieure du marché la fontaine qui décorait la place Saint-Sulpice; une autre fontaine se trouve près des boucheries, du côté de la rue Lobineau.

Le marché Saint-Honoré ou des Jacobins (entre les rues Saint-Honoré et des Petits-Champs). Ce marché, construit en 1810, consiste en quatre halles, disposées au centre d'une place fort étendue entourée de belles maisons. Au centre est une fontaine remarquable.

Parmi les autres halles et marchés on distingue encore : *la halle aux draps et aux toiles*, rue de la Poterie; *la halle aux veaux*, rue de Pontoise; *la halle à la volaille et au gibier*, quai des Augustins; *la halle à la viande de boucherie*, rue des Prouvaires; *le marché Boulainvilliers*, rue du Bac; *le marché Saint-Joseph*, rue Montmartre; *le marché aux fleurs*, quai Desaix, l'un des plus beaux et des mieux fournis que l'on connaisse; *le marché aux chevaux*, boulevard de l'Hôpital, etc., etc., etc.

Entrepôt des vins (quai Saint-Bernard). Ce magnifique entrepôt, dans lequel les liquides ne payent les droits d'octroi auxquels ils sont soumis, qu'à leur sortie, occupe une superficie de 134,000 mètres carrés sur l'emplacement de l'ancienne abbaye Saint-Victor, et de quelques chantiers adjacents. La première pierre en fut posée le 15 août 1807. Son plan est disposé pour contenir 175,000 pièces de vin. L'aspect sur le quai est du plus bel effet; la grille s'y développe sur une longueur de 204 pieds. Deux pavillons sur cette façade sont occupés par l'administration; ses bureaux y sont placés pour la surveillance de l'entrée et de la sortie des liquides. On voit, dans son intérieur, s'élever 5 grandes masses de bâtiments dont les deux du centre, servant de marchés, sont divisées en 7 halles; les deux placées en arrière contiennent ensemble 42 celliers voûtés en pierre de taille, avec magasins au-dessus. Un cinquième magasin, parallèle à la rue Saint-Victor, complète cet établissement. Sa façade a 360 mètres de longueur; sa profondeur est de 88 mètres; il doit contenir 49 celliers, au-dessus desquels se trouve placé le magasin des eaux-de-vie.

Grenier de réserve (boulevard Bourdon). Cet édifice, élevé en 1807, sur le sol de l'ancien jardin de l'Arsenal, se développe sur 1,077 pieds de longueur. Son but fut d'y conserver 100,000 quintaux de blé, dans le rez-de-chaussée, le premier étage et l'attique dont il devait s'élever. Les événements de 1814 ont fait arrêter cette construction presqu'à la naissance de son premier étage. Il peut, dans son état actuel, contenir 30,000 quintaux de blé pour la consommation de Paris pendant deux mois. Ses caves servent de succursale à l'entrepôt des vins.

Abattoirs. Avant ces établissements, les bouchers conduisaient les bœufs qu'ils avaient achetés dans les marchés de Sceaux ou de Poissy, à travers les rues de Paris, et exposaient les habitants à plusieurs dangers. En 1809, Napoléon ordonna la construction de 5 abattoirs, pour suppléer aux nombreuses tueries répandues dans Paris. Ces cinq établissements sont, au nord de cette ville, ceux du *Roule*, de *Montmartre* et de *Popincourt*; et, au midi, ceux d'*Ivry* et de *Vaugirard*; ils occupent chacun un vaste espace, et contiennent plusieurs cours et corps de bâtiments.

PORTS.

Des ports s'étendant sur les bords de la Seine complètent les lieux publics dans Paris. Tels sont : sur la rive droite de la rivière le *port de la Rapée*, quai de ce nom, pour les vins, bois à ouvrer et à brûler, fourrages, marchandises. Le *port au plâtre*, quai de la Rapée; pierres à plâtre, et meulière. Le *port de bois à brûler*, quai de l'Arsenal. Le *port Saint-Paul*, quai des Célestins; vins, fers, épiceries, coches. Le *port de la place aux Veaux*, charbons. Le *port au blé*, quai de la Grève; grains, foins, sels, charbon de bois. — Sur la rive gauche, arrivage du haut : le *port de l'Hôpital*, près de la Salpêtrière; grains, fourrages, bois à ouvrer. Le *port Saint-Bernard*, quai de Saint-Bernard; vins et coches. Le *port de la Tournelle*, quai de ce nom; fruits, vins, charbons, fourrages. Le *port aux tuiles*, quai de la Tournelle; tuiles, briques, ardoises, grains et fourrages; fruits, poires, pommes, châtaignes, raisins. — Sur la rive droite, arrivage du bas: le *port de l'École*, quai de ce nom; charbons, cotrets, fagots, marchandises. Le *port Saint-Nicolas*, quai du Louvre; vins, charbons, marchandises de Rouen. Le *port des Tuileries*, galiotes pour Sèvres et Saint-Cloud. Le *port dit du Recueillage*, quai de la Conférence; tirage et déchargement de bois. — Sur la rive gauche, arrivage du bas : le port *des Quatre-Nations*, quai de Conti; charbons. Le *port du Recueillage*, dit *des Saints-Pères*; marchandises de basse Seine de toute espèce, sel, blé, avoine, fer, etc. Le *port d'Orsay*, quai de ce nom; foins, fourrages, charbons, vins, pierres, marchandises de toutes espèces. Le *port des Invalides*, quai de ce nom; fourrages, bois flotté, déchirage de bateaux à l'île des Cygnes.

MANUFACTURES ROYALES.

MANUFACTURE ROYALE DE TAPISSERIES DES GOBELINS.

(Rue Mouffetard, n° 270.)

Jean Gobelin fut le fondateur de cet établissement, qui prospérait déjà en 1450, et dont Colbert donna la direction en 1699 au peintre Lebrun. — La réputation des produits de cette manufacture est européenne. Par des procédés ingénieux on est parvenu à rendre avec la plus grande exactitude, non-seulement le dessin des plus beaux tableaux dans toute sa pureté, mais encore la magie de leur coloris. Un atelier de teinture, dirigé par d'habiles chimistes, est annexé à cette manufacture, où le public est admis le samedi, depuis deux heures jusqu'à la nuit.

MANUFACTURE DES TAPIS DE LA SAVONNERIE.

(Quai de Billy.)

Cette manufacture, fondée en 1604, et où l'on est arrivé au dernier degré de perfection, fabrique des tapis façon de Perse, bien supérieurs à ces derniers pour l'élégance, la correction, le choix et la variété des dessins.

MANUFACTURE DES GLACES.

(Rue de Reuilly, faubourg Saint-Antoine.)

Cette manufacture occupe de vastes bâtiments, et emploie près de 20 ouvriers. Les glaces, coulées à Saint-Gobin et à Tourlaville, sont envoyées à Paris pour y recevoir le dernier poli. On peut voir cet établissement tous les jours, excepté les dimanches et fêtes.

CATACOMBES, CIMETIÈRES, ETC.

CATACOMBES.

Les pierres des anciens édifices de Paris furent anciennement tirées des carrières ouvertes sur les bords de la rivière de Bièvre, au faubourg Saint-Marcel, sur l'emplacement des Chartreux et du Mont-Parnasse. Il paraît qu'au commencement du XIV° siècle, on entreprit d'exploiter les bancs calcaires des carrières situées sous le faubourg Saint-Jacques et sous les territoires de Mont-Souris et de Gentilly. Ces exploitations, pendant plusieurs siècles, se firent sans surveillance, sans règles, sans respect pour les limites des propriétés, et au gré des extracteurs, qui fouillèrent fort avant dans la campagne, et même fort avant sous la ville. L'Observatoire, le Luxembourg, l'Odéon, le Val-de-Grâce, le Panthéon, l'église Saint-Sulpice, les rues Saint-Jacques, de la Harpe, de Tournon, de Vaugirard, etc., fondés sur le vide de ces carrières immenses, sont, pour ainsi dire, suspendus sur des abîmes. Ces souterrains, après avoir fourni les matériaux de construction de nos temples, de nos palais, de tous les édifices, ont ensuite servi à recueillir les restes de nos aïeux, derniers vestiges de ces générations multipliées, enfouies et ensuite exhumées du sol de notre ville, où elles s'étaient succédé pendant un si grand nombre de siècles. L'idée de former, dans les anciennes carrières de Paris, ce monument unique, est due à M. Lenoir, lieutenant général de police; ce fut lui qui provoqua la mesure, en demandant la suppression de l'église des Innocents, l'exhumation de son antique cimetière, et sa conversion en place publique. Ce projet fut exécuté: les cimetières intérieurs de Paris furent supprimés, et les débris qu'on en retira portés dans les catacombes. Quarante générations sont ainsi venues s'y engloutir, et l'on a estimé que cette population souterraine était 8 fois plus nombreuse que celle qui respire à la surface du sol de Paris. Les ossements sont symétriquement superposés, et forment des pans alignés au cordeau, entre les piliers qui soutiennent les voûtes des galeries. Trois cordons de têtes contiguës décorent ces singulières murailles. Des inscriptions apprennent de quel cimetière, de quelle église ces diverses masses ont été extraites; d'espace en espace on lit aussi des sentences tirées des livres sacrés, des écrivains anciens et modernes. Les catacombes ont trois entrées: la première, par le pavillon occidental de la barrière d'Enfer; la seconde à la Tombe-Issoire; la troisième dans la plaine de Mont-Souris. La première est la plus fréquentée.

CIMETIÈRES.

Depuis que l'usage d'enterrer les morts dans les villes a été définitivement aboli, Paris n'a plus que quatre cimetières : le cimetière de l'Est ou du Père Lachaise; le cimetière du Mont-Parnasse; le cimetière de Sainte-Catherine, et le cimetière Mont-Martre.

LE CIMETIÈRE DU PÈRE LACHAISE (près de la barrière des Amandiers), le plus vaste et le plus remarquable de tous ceux de Paris, a 80 arpents de superficie, partie en plaine et partie au sommet et sur le penchant d'un vaste plateau; la vue dont on y jouit s'étend sur une grande partie de la capitale et sur les campagnes environnantes; nul site des environs de Paris ne présente des aspects plus pittoresques et plus variés. Ce cimetière attire les étrangers par le grand nombre de beaux monuments qu'il renferme, et par les noms célèbres qui le décorent. Le terrain est divisé en deux parts, l'une assignée aux enterrements des quartiers nord-est; l'autre, beaucoup plus considérable, est subdivisée en autant de petits terrains qu'elle peut contenir de tombeaux, et pouvant recevoir, moyennant une concession accordée à prix d'argent par l'autorité, des morts de tous les quartiers de Paris.

L'enclos du Père Lachaise, ainsi nommé parce qu'il fut habité sous Louis XIV par le père Lachaise, dont une chapelle occupe aujourd'hui l'habitation, fut ouvert le 21 mai 1804. De 1804 à 1815, on y a placé 1827 pierres tumulaires; on y en comptait 30,000 en 1839. Parmi cette multitude de tombeaux, on remarque le charmant tombeau gothique d'Abailard et d'Héloïse, qui a figuré pendant quelque temps au musée des monuments français; les tombeaux de Molière, de la Fontaine, de Delille, de Bernardin de Saint-Pierre, de Monge, de Charles, de Fourcroy, d'Haüy, de Thouin, de Bréguet, de Parny, de Boufflers, de Joseph Chénier, de Mercier, de Ginguené, de Picard, de Désaugiers, de Girodet, de Talma, de Gavaux, de Méhul, de Grétry, de Nicolo, de Brongniart, de Bellangé, de Géricault, de l'abbé Sicard, de Béclard, de Chaussier, de Percy, de Kellermann, de Davoust, de Masséna, de Ney, de Decrès, de Serrurier, de Suchet, de Lefevre, de Beurnonville, de Labédoyère, de Cambacères, de Lebrun, de Régnault de Saint-Jean d'Angely, de madame Dufrenoy, de madame Dugazon, de madame Cottin, de mad^{lle} Raucourt, de mad^{lle} Duchenois, etc., etc., etc. Les curieux admirent le fastueux mausolée de madame Démidoff; les amis de la liberté s'inclinent avec respect devant le tombeau du général Foy, et devant les simples pierres qui recouvrent les restes de Manuel et de Benjamin Constant.

LE CIMETIÈRE DU MONT-PARNASSE (barrière du Mont-Parnasse), offre une surface plane de 30 arpents, partagée par 4 allées d'ormes. Depuis le 24 juillet 1824, il reçoit les corps des personnes décédées dans les 10e, 11e et 12e arrondissements de Paris, dont les familles n'achètent pas ailleurs des sépultures perpétuelles. Parmi les sépultures des personnages remarquables qui y ont été inhumés, on distingue les tombeaux de l'abbé Grégoire, de J. A. Dulaure, auteur célèbre de l'histoire de Paris et de plusieurs ouvrages estimés, etc., etc.

LE CIMETIÈRE SAINTE-CATHERINE, situé rue des Francs-Bourgeois Saint-Marcel, a été fermé en 1815. On y remarque le tombeau de Pichegru et celui du poëte Luce de Lancival.

LE CIMETIÈRE MONTMARTRE ou du Nord (entre les barrières Clichy et de Rochechouart) offre une surface inégale de 40 arpents d'étendue. On y remarque les tombes de saint Lambert, de Legouvé, de Greuze, du sculpteur Pigale, du maréchal de Ségur, de mad. Dubocage, etc., etc.

BAINS PUBLICS.

Quoique l'Europe soit la mère de tous les arts et de toutes les sciences, la patrie des grands hommes, le séjour favori de Mars, la France, le pays où le beau sexe soit le plus honoré, nous sommes encore bien loin, sous le rapport du bain, de tout cet appareil enchanteur avec lequel une Géorgienne, une Circassienne entre dans une onde arrosée des parfums les plus exquis de l'Asie. Ce n'est vraiment que là qu'une jeune beauté voit ses charmes dignement servis par Neptune. Les Asiatiques ont, seuls contredit, une législation insultante à l'honneur des dames; leurs eunuques, leurs prisons nuptiales, font fuir le véritable amour, remplacé par des complaisances serviles, tandis que les Françaises, avec leurs grâces piquantes, leur liberté enjouée, centuplent le prix de leurs faveurs. Mais que ce mystère qui règne dans les bains d'un sérail, a de charmes pour l'imagination!..... Comment créer rien de plus puissant sur nos sens, que cette réunion de cent femmes rivalisant d'attraits, et, comme autant de néréides, folâtrant autour des réservoirs de thermes élégants, se jouant dans les eaux limpides d'un vaste bassin de porphyre, respirant à longs traits les plus doux encens, quittant et reprenant tour à tour des voiles tissus de perles, d'or et de soie! L'Europe n'a rien qui puisse être comparé à ce tableau magique; et, si ce n'est chez quelques-uns de nos Crésus, on trouve rarement à Paris des bains ornés avec magnificence.

Malgré les avantages et les agréments que produit l'usage habituel des bains, les peuples modernes en ont jusqu'à présent trop négligé l'emploi. L'acte du bain en Europe, et même à Paris, n'est qu'un acte de propreté, de santé, ou au plus de coquetterie, qui est loin d'être assez multiplié. Le nombre de bains qui se distribuent à Paris ne s'élève pas annuellement au delà de 600,000, un peu moins d'un bain par personne pour 12 mois. Si l'on calcule qu'une grande partie des 900,000 habitants de Paris se baigne au moins une fois tous les mois, d'autres toutes les semaines, et même tous les jours, on trouve que plus de la moitié de cette population ne se baigne pas du tout!... Il serait cependant à désirer que chaque individu pût se baigner au moins une fois par semaine; mais pour cela, il faudrait que tous les bains descendissent à la portée de la classe la moins aisée de la société, c'est-à-dire à 10 ou 15 centimes, et qu'enfin il y ait dans chaque ville, et même dans chaque commune, de vastes bains gratuits pour les pauvres. Ce n'est pas être trop exigeant que de désirer d'être, sous ce rapport, aussi civilisé qu'en Turquie, où chaque village qui a une mosquée possède un bain public.

A Paris, les établissements de bains se sont, il est vrai, beaucoup multipliés depuis quelques années, et ont reçu de grandes améliorations sous le rapport de la propreté, de l'agrément et de la commodité; mais on ne peut disconvenir que cette capitale ne manque encore d'un établissement public en rapport avec son immense population; d'un établissement où le peuple puisse, à toute heure, en tout temps, pour une modique rétribution ou même gratuitement, prendre un exercice si salutaire et si nécessaire à l'entretien de la santé. On trouve bien quelques établissements de bains où toutes les raffineries du luxe sont épuisées pour satisfaire la plus exigeante sensualité; plusieurs, et c'est le plus grand nombre, offrent des chambres de bains commodes et à un prix peu élevé, mais on n'en trouve pas qui soient spécialement destinés au peuple, et à la portée de ses moyens. Un établissement de ce genre coûterait, il est vrai, de grands frais, mais la dépense qu'il exigerait serait plus que compensée par le bien-être qui en résulterait pour la masse de la population. D'ailleurs, lorsqu'il s'agit de la santé et de l'amélioration du sort des citoyens, un gouvernement éclairé doit savoir se mettre au-dessus de considérations aussi secondaires; il est d'ailleurs toujours sûr de réunir les suffrages de la nation et la sanction de tous les pouvoirs, lorsqu'il s'agit du bien général.

Paris possède 25 principaux établissements de bains publics; les plus fréquentés sont les bains Saint-Sauveur, Chinois, Turcs, Tiquetonne, de Gèvres, les Néothermes, les bains Russes et les bains Vigier, établis sur la Seine près du Pont-Marie, du Pont-Neuf et du Pont-Royal, et élevés sur des bateaux élégants, de la longueur des plus grands navires, ayant 2 et 3 étages, et renfermant jusqu'à 150 baignoires.

RUES, PLACES PUBLIQUES, FONTAINES, QUAIS, PONTS, BOULEVARDS, PROMENADES, ETC.

Rues. Les rues de Paris ont un développement d'environ 90 lieues. Si l'on y pénètre du côté de l'ouest ou du nord-ouest, elles frappent par leur largeur, leur régularité, l'élégance ou la magnificence de leurs constructions : les plus belles sur la rive droite de la Seine sont les rues de Rivoli, de Castiglione et des Pyramides, bordées de beaux bâtiments uniformes, dont le rez-de-chaussée offre une magnifique suite d'arcades qui for-

COLONNE DE LA GRANDE ARMÉE.

ment une galerie couverte; la rue de la Paix qui établit une communication avec la rue de Castiglione et les boulevards; la rue Royale Saint-Honoré, qui joint le boulevard de la Madelaine à la place de la Concorde; les rues Tronchet, Caumartin, de la Chaussée d'Antin, la Fayette, du faubourg Saint-Honoré, Neuve des Petits-Champs, Vivienne, Saint-Honoré, Saint-Louis au Marais, la partie haute de la rue Saint-Antoine, etc., etc., etc. A la gauche de la Seine, on distingue particulièrement les rues de Lille, de l'Université, Saint-Dominique Saint-Germain, Grenelle Saint-Germain, de Varennes, Taranne, de Tournon, de l'Odéon, de Sèvres, du Cherche-Midi, de Vaugirard, etc. Dans les autres parties de la ville, les rues sont en général mal percées; quelques-unes sont assez larges, mais ne conservent pas une dimension uniforme; la plupart sont étroites, rendues sombres par la hauteur des maisons, et n'offrent qu'une circulation embarrassée et souvent dangereuse. De nombreux travaux commencés dans ces derniers temps, et qui se continuent avec activité, permettent d'espérer que cet inconvénient ne tardera pas à disparaître entièrement; déjà plusieurs rues ont été élargies, d'autres ont été percées pour ouvrir de nouvelles communications, et plus de 50,000 mètres de trottoirs ont été construits depuis une dizaine d'années.

Les rues, culs-de-sacs, quais et boulevards de Paris ont un numérotage digne de remarque, effectué en 1806; d'un côté est la série des numéros impairs, et de l'autre celle des numéros pairs. On nomme rues longitudinales celles parallèles ou à peu près au cours de la Seine, et transversales celles perpendiculaires au cours de cette rivière. Les rues longitudinales contiennent des inscriptions et des numéros rouges, et les rues transversales des inscriptions et des numéros noirs. Les rues longitudinales commencent toujours du point le plus près de chaque rive de la Seine. A partir du commencement de chaque rue, les numéros à gauche sont impairs, et les numéros à droite sont pairs.

PASSAGES.

Les passages se sont multipliés à Paris depuis quelques années : les plus beaux sont les galeries Vivienne et Colbert, qui vont de la rue Vivienne à la rue Neuve des Petits-Champs; les galeries des Panoramas, qui communiquent de la rue Saint-Marc et de la rue Neuve-Vivienne au boulevard Montmartre; la galerie Vero-Dodat, qui aboutit de la rue de Grenelle Saint-Honoré à la rue Croix des Petits-Champs; le passage Choiseuil, qui va de la rue Neuve des Petits-Champs à la rue Neuve Saint-Augustin; le passage du Saumon, qui joint la rue Montmartre à la rue Montorgueil. On remarque encore les passages Delorme, du Caire, Vendôme, Bourg l'Abbé, Bradi, de l'ancien Grand Cerf, etc., etc, etc.

PLACES PUBLIQUES.

Paris offre plusieurs grandes places dont quelques-unes sont entourées de bâtiments uniformes. Les plus remarquables sont la place du Carrousel, la place Vendôme, la place des Victoires, la place de la Concorde, la place Royale et la place du Châtelet.

PLACE DU CARROUSEL. C'est un vaste parallélogramme allongé du nord au sud, situé à l'est des Tuileries, et qui n'est séparé de la cour de ce palais que par une grille de fer terminée par des lances dorées. Cette place, lorsque la galerie septentrionale qui doit joindre les Tuileries au Louvre sera terminée, offrira une des plus magnifiques et une des plus vastes places de l'Europe. L'ornement le plus remarquable qui la décore, est l'arc de triomphe élevé à la gloire des armées françaises, placé à la principale issue de la cour d'honneur, qui règne le long de la façade occidentale du palais des Tuileries; il se compose de trois arcades transversales, et est décoré, sur chacune de ses principales façades, de quatre colonnes d'ordre corinthien, soutenant un entablement en ressaut.

PLACE VENDÔME. Cette place, exécutée d'après les dessins de Mansard, fut commencée en 1699, et achevée en 1715. Elle forme un octogone régulier, qui a quatre grandes faces et quatre petites. Le point central était occupé autrefois par une statue équestre de Louis XIV, qui a été abattue en 1792; on voit aujourd'hui sur son emplacement une colonne triomphale élevée en l'honneur des armées françaises.

La colonne de la grande armée a 71 m. de hauteur, y compris le piédestal, et 4 mètres de diamètre; le piédestal a 7 mètres d'élévation, et est entouré par un pavé et des gradins en granit de Corse. Le noyau de la colonne est de pierre de taille, et revêtu de 276 plaques de bronze ornées de bas-reliefs et disposées en spirale, représentant par ordre chronologique les principaux exploits qui signalèrent la glorieuse campagne de 1805, depuis le départ des troupes du camp de Boulogne, jusqu'à la conclusion de la paix, après la bataille d'Austerlitz. — Dans l'intérieur de la colonne est pratiqué un escalier à vis de 176 marches, par où l'on monte à une galerie pratiquée sur le chapiteau, au-dessus duquel s'élève une espèce de lanterne qui supporte la statue pédestre de Napoléon. Par sa masse imposante et son heureuse position, cette colonne produit un effet étonnant; elle offre au centre d'un des plus beaux quartiers de Paris un point de vue superbe, lorsqu'on la regarde des Tuileries et du boulevard; si l'on s'en approche pour en examiner les détails, l'œil étonné reporte sur ce riche monument toute la magnificence des palais qui l'entourent. C'est un ensemble nouveau chez les peuples modernes, et, si l'on excepte Rome, aucune capitale de l'Europe n'en offre même l'équivalent.

La place des Victoires. Cette place, de forme ovale, fut construite en 1686, sur les dessins de Mansard. Les bâtiments qui règnent au pourtour, sont symétriques et ornés de pilastres d'ordre ionique. On voyait sur cette place, avant la révolution, la statue pédestre de Louis XIV, foulant aux pieds un Cerbère, symbole de la triple alliance dont il avait triomphé, et derrière lui la statue de la Victoire. Aux quatre coins étaient quatre esclaves de bronze, enchaînés et assis sur des trophées, et qui désignaient les nations que la France avait vaincues. Une statue équestre de Louis XIV, en bronze, de construction récente, a remplacé l'ancien monument détruit en 1792.

La place de la Concorde fut commencée en 1763, et achevée en 1772. Sa forme est un parallélogramme de 130 toises de longueur, et de 105 toises de largeur; les angles forment 4 pans coupés de 22 toises chacun; elle est environnée de larges fossés bordés de balustrades en pierre. Au centre s'élève un bel obélisque égyptien; les quatre issues principales offrent de magnifiques points de vue, formés par les Tuileries, la Madelaine, l'arc de triomphe de l'Étoile et le palais du Corps législatif. Lorsque les travaux d'embellissement, dont on s'occupe en ce moment, seront achevés, cette place sera une des plus belles de l'Europe.

La place Royale, construite en 1610 sur l'emplacement de l'hôtel des Tournelles, offre un carré parfait de 72 toises de face, bordé de maisons de construction uniforme, dont le rez-de-chaussée offre une suite d'arcades peu élevées, formant une galerie couverte. La place est pavée le long de ces galeries de la largeur d'une rue; le reste est fermé par une grille de fer entourant des allées sablées et des tapis de gazon, ornés de quatre fontaines jaillissantes; au centre s'élève la statue équestre en marbre blanc de Louis XIII, qui a remplacé en 1829 la statue en bronze de ce roi, renversée en 1792.

La place du Châtelet occupe l'emplacement de l'ancienne forteresse de Paris du côté du nord, où se trouvaient, dans les temps anciens, la demeure du prévôt de Paris, le siège de la juridiction du Châtelet, la recette des deniers royaux, et la prison principale de la capitale, dans un bâtiment hideux. Cette place est devenue l'une des plus agréables de Paris; de beaux édifices ornent trois faces de son quadrilatère; dans son milieu s'élève, du centre d'un bassin circulaire de 20 pieds de diamètre, une colonne monumentale de 52 pieds de haut, élevée en 1807, et représentant un palmier, dont la tête, environnée d'un élégant feuillage, forme le chapiteau. Son amortissement est surmonté d'une figure dorée de la Victoire, tenant une couronne dans chaque main. Quatre statues symboliques placées sur son piédestal, sculptées par Bozio, représentent la Loi, la Force, la Prudence, la Vigilance; ces statues unies entre elles par la jonction de leurs mains, forment un cercle autour de la base de la colonne, dont le fût est divisé par des anneaux de bronze doré, sur lesquels sont inscrits les noms de plusieurs victoires remportées par les Français.

FONTAINES PUBLIQUES ET CHATEAUX D'EAU.

Trois châteaux d'eau, deux pompes à vapeur, et une machine hydraulique alimentent les nombreuses fontaines qui embellissent la capitale, y entretiennent la salubrité et servent aux besoins journaliers de ses nombreux habitants : ce sont le château d'eau de la rue de Cassini, réservoir destiné à distribuer les eaux qui y sont conduites par l'aqueduc d'Arcueil; le château d'eau de la place du Palais-Royal, qui reçoit et distribue les eaux de la Seine et d'Arcueil; le château d'eau du boulevard du Temple, alimenté par les eaux du canal de l'Ourcq; la pompe du pont Notre-Dame et les pompes à feu de Chaillot et du Gros-Caillou.

Fontaine du marché des Innocents. Cette fontaine, la plus belle de Paris, et l'un des monuments précieux de cette capitale, fut construite en 1551, sur les dessins

FONTAINE DES INNOCENS.

Rauch del. Nyon j.e sc

FONTAINE DU CHATELET.

FONTAINE CRENELLE.

de Pierre Lescot. Elle est ornée de bas-reliefs et de figures d'une grande beauté, dus au ciseau du célèbre Jean Goujon. Ce monument a 42 pieds de hauteur : l'eau qui s'élance d'une large vasque et tombe en magnifiques cascades, vient du canal de l'Ourcq.

Fontaine Grenelle. Fontaine la plus belle de Paris, après la fontaine des Innocents. Ce monument, dû au ciseau du célèbre Bouchardon, est décoré de sept statues, dont les trois principales sont groupées, et représentent la ville de Paris, assise sur un piédestal, ayant la Seine d'un côté et la Marne de l'autre. Elles rendent hommage à cette cité, et lui apportent des productions de toutes les saisons, désignées par les figures des quatre saisons, qui sont autour du groupe.

Fontaine du Chateau d'eau, boulevard du Temple. Sa construction et l'effet de ses eaux présentent une forme conique, dont la base est un bassin de 13 mètres de rayon; au milieu duquel s'élèvent en gradins trois autres bassins concentriques, qui servent de base à une double coupe en fonte, composée d'un piédouche et de deux patères d'inégales grandeurs, séparées l'une de l'autre par un fût. Une gerbe volumineuse jaillissant de la patère supérieure y répand ses eaux, qui, débordant de ce vase, retombent en cascade d'étage en étage jusque dans le dernier bassin, où huit lions de fonte lancent encore de leurs gueules des jets d'eau par torrents.

Les fontaines les plus remarquables après celles que nous venons de décrire, sont la fontaine du palais de l'Institut, celles de la Halle au Blé, du Marché Saint-Germain, Desaix, de Vaugirard, de la Fayette, de la rue Saint-Dominique, du carrefour Gaillon, de la pointe Saint-Eustache, de la rue Censier, de Popincourt, de la rue des Vieilles Andriettes, de l'Échaudé, etc., etc.

QUAIS.

Les rives de la Seine, ainsi que celles des deux îles habitées, à l'exception du côté de la halle aux Vins et du Jardin des Plantes, sont revêtues de quais, dont quelques-uns sont magnifiques : on en compte 33; 14 sur la rive droite de la Seine, 11 sur la rive gauche, 4 dans l'île Saint-Louis, et 4 dans l'île de la Cité.

PONTS.

La Seine est traversée par plusieurs ponts, très-beaux, qui entretiennent des communications faciles entre les différents quartiers de Paris. Tels sont :

Pont suspendu de Bercy. Ce pont, nouvellement construit, est situé hors barrière; mais il est si près des murs de Paris qu'on doit le comprendre dans la description des ponts de cette ville. Deux piles supportant chacune une arcade soutiennent par des chaînes de fer amarrées solidement à leurs extrémités les trois travées qui forment ce pont. Les voitures suspendues peuvent y passer. Il sert de communication entre la commune de Bercy, située sur la rive droite de la Seine, et la commune de la Gare, située sur la rive gauche.

Pont d'Austerlitz. Ce pont, commencé en 1801, et achevé en 1806, présente 5 arches en fer, portées par des piles et culées en pierres de taille. Sa longueur est de 400 pieds, et sa largeur de 37.

Pont Marie. Il communique du quai des Ormes à l'île Saint-Louis; commencé en 1614, il fut achevé en 1635. Les maisons bâties dessus furent démolies vers l'année 1787.

Pont de la Tournelle. Il communique du quai de la Tournelle à l'île Saint-Louis. Sa construction date de 1656.

Pont de la Cité. Ce pont, construit en 1804, joint la Cité à l'île Saint-Louis; les culées et piles sont en pierre, et le cintre en bois. Il est destiné aux piétons, qui payent un droit de passage de 5 centimes par personne.

Pont Louis-Philippe. Il communique du quai de la Cité au quai de la Grève. Une seule pile, s'élevant à la pointe occidentale de l'île Saint-Louis, tient suspendus les câbles en fil de fer, supportant le plancher qui traverse les deux bras de la rivière. Les voitures peuvent passer sur ce pont moyennant un péage.

Pont au Double. Il communique de la rue de la Bûcherie à l'évêché, et fut achevé en 1634.

Petit Pont en fer. Construit en 1806, sur le petit bras de la Seine; ce pont établit une communication dans l'intérieur de l'Hôtel-Dieu.

Petit Pont. Situé sur le petit bras de la Seine. Ce pont joint le quartier Saint-Jacques à la Cité; il peut être regardé comme un des plus anciens ponts de Paris, puisqu'il formait, avec le pont au Change, situé sur le grand bras, les deux seules entrées de *Parisii*, ou de Lutèce, du temps des Romains. Il a été souvent entraîné par des débordements, ou détruit par des incendies; sa construction actuelle date de 1719.

Pont d'Arcole. Il communique de la place de Grève au quai de la Cité. Une seule pile, s'élevant au milieu de la Seine, tient suspendues les chaînes supportant le plancher presque horizontal de ce pont au-dessus du cours de la rivière, dont il ne gêne en rien la navigation. Les piétons seuls le traversent.

Pont Notre-Dame. Ce pont, remarquable par la solidité et par l'élégance de son architecture, communique du quai Lepelletier au quai Desaix. Bâti pour la première fois en 1412, il s'écroula en 1499, et fut reconstruit en 1507. Les maisons dont il était chargé, ont été démolies en 1787, à l'exception de la machine hydraulique, qui fournit de l'eau dans plusieurs quartiers de Paris.

Pont Saint-Michel. Il communique du Marché-Neuf au quai des Augustins. Quatre ponts, dont le premier date de 1378, avaient été construits à cette place, lorsqu'en 1616 le pont actuel fut entrepris par une compagnie, sous la condition d'y bâtir des maisons, dont le nombre fut porté à 32. Ces maisons ont été abattues en 1804.

Pont au Change. Ce pont, situé entre la place du Châtelet et le Palais de Justice, joint le quai aux Fleurs au quai de la Mégisserie. C'est un des plus anciens ponts de Paris. Entraîné à différentes époques et consumé par des incendies, il fut reconstruit en pierre en 1639. Les maisons dont il était chargé, ont été démolies en 1788. Le pont au Change est le plus large de Paris. Il a 7 arches à plein cintre; sa longueur est de 123 mètres, et sa largeur de 32.

Pont-Neuf. Ce pont, formé de 12 arches, fut commencé en 1578, et achevé en 1604, sous le règne de Henri IV. Il règne sur les deux bras de la rivière; au milieu se termine l'île de la Cité. Le Pont-Neuf a 78 toises de longueur, et 13 de largeur. Le terre-plein, en forme de pyramide tronquée, était destiné à recevoir un obélisque que l'on devait élever en mémoire des triomphes modernes des armées françaises. Il est occupé maintenant par la statue équestre de Henri IV, détruite en 1792, et réédifiée en 1818. Le groupe en bronze qui compose ce monument, a 14 pieds de hauteur, et pèse 30 milliers.

Pont des Arts. Il est situé entre le palais du Louvre et le palais des Beaux-Arts, dont il a pris le nom. Ce pont, construit en 1804, se compose de 9 arches de fer liées ensemble par des entretoises; les culées sont en pierre. Sa longueur est de 516 pieds, sur une largeur de 30. Les piétons seuls y passent, en payant un droit de 5 c.

Pont du Carrousel. Il communique du quai Voltaire au quai du Louvre, et se compose de 3 arches en fonte portées par des piles en pierre; c'est un des ponts les plus élégants de Paris.

Pont royal. Ce pont, construit en 1685, par ordre de Louis XIV, communique du quai du Louvre au quai Voltaire. Il a 432 pieds de long et 52 de large. On jouit sur ce pont d'un des plus beaux coups d'œil qu'offre la capitale : d'un côté on découvre les Tuileries, le Louvre, les deux bras de la Seine bordés de beaux quais et de maisons magnifiques; de l'autre, on aperçoit les Champs-Élysées, Chaillot et Passy, qui se présentent en amphithéâtre, le cours de la Seine, le quai d'Orsay, le palais du Corps législatif, et plusieurs beaux hôtels.

Pont de la Concorde. Ce pont, commencé en 1787, et terminé en 1791, sous le règne de Louis XVI, qui lui donna son nom, communique de la place Louis XV aux quais d'Orsay et des Invalides. On le nomme indifféremment pont de la Révolution et de la Concorde. Ce pont, construit par l'architecte Peyronnet, à qui l'on doit le beau pont de Neuilly, est remarquable par la hardiesse de ses arches, par la vaste étendue de la place à laquelle il aboutit, et les superbes bâtiments qu'il a en perspective. Il était naguère orné des statues colossales de Bayard, Turenne, du Guesclin, Colbert, Dugay-Trouin, Condé, Sully, Tourville, Duquesne, Suffren, Richelieu, et l'abbé Suger, qui ont été transportées au musée de Versailles.

Pont d'Antin. Il communique du quai de la Conférence au quai d'Orsay. Ce pont élégant, construit en 1829, ne consiste qu'en 3 travées suspendues sur le cours total de la Seine par des chaînes de fer. Sa longueur totale est de 117 mètres, et sa largeur de 8 mètres. Il sert au passage des plus lourdes voitures.

Pont d'Iéna. Ce pont, commencé en 1806, et achevé en 1815, communique du Champ de Mars à la route de Versailles. Il a 460 pieds de long sur 42 de large : le plan est parfaitement horizontal.

BOULEVARDS.

A côté et en dehors du mur d'enceinte de Paris règnent des promenades plantées d'arbres et très-peu fréquentées, que l'on désigne sous le nom de boulevards exté-

VUE DU PONT-NEUF,
prise du Pont des Arts.

PARIS VUE DU PONT DE LA RÉVOLUTION.

PONT DU CARROUSEL.

PARIS VUE DU PONT NEUF.

STATUE D'HENRI IV
sur le Pont-Neuf.

PORTE SAINT DENIS.

THÉÂTRE DE LA PORTE S.T MARTIN.

rieurs. Les boulevards intérieurs sont d'autres promenades, qui se divisent en boulevards anciens ou du nord, et boulevards neufs ou du midi. Les boulevards du nord décrivent une circonférence de 5,500 mètres à la droite de la Seine, et forment une rue large et magnifique, bordée de jardins, d'hôtels somptueux, de riches magasins fournis de tous les objets qu'il soit possible de désirer, de brillants cafés, de restaurants, de théâtres et autres lieux publics; cette rue, où se presse depuis les premiers rayons du jour jusqu'à minuit une foule sans cesse renaissante, où se croisent, en tous sens, un nombre infini de voitures publiques et de brillants équipages, est regardée à juste titre comme la plus belle promenade du monde entier : au milieu est une chaussée pavée destinée aux voitures, bordée de chaque côté par une allée plantée d'arbres, tantôt sablée, tantôt dallée ou recouverte en bitume, qui offre aux piétons un chemin large et commode. Ces boulevards sont, à partir de l'ouest, les boulevards de la Madelaine, des Capucines, des Italiens, Montmartre, Poissonnière, de Bonne-Nouvelle, Saint-Denis, Saint-Martin, du Temple, des Filles du Calvaire, Saint-Antoine et Bourdon : ce dernier s'étend en forme de quai, le long du côté occidental du canal Saint-Martin ou du fossé de la Bastille; il est beaucoup moins fréquenté que les précédents. Deux beaux arcs de triomphe s'élèvent sur les boulevards du nord, à l'extrémité des rues Saint-Denis et Saint-Martin.

Porte Saint-Denis. Cet arc de triomphe, un des plus beaux monuments de Paris, fut construit en 1672. Il est découvert à la manière des anciens arcs de Titus et de Constantin à Rome; l'opinion générale est que Rome et la Grèce n'ont rien eu de plus parfait en ce genre. Il a 72 pieds de hauteur sur autant de largeur. Le portique du milieu a 14 pieds sur 24 d'ouverture : il se trouve entre deux pyramides engagées dans l'épaisseur de l'ouvrage, chargées de trophées d'armes, et terminées par deux globes aux armes de France que surmonte une couronne. Au bas sont deux statues colossales, dont l'une représente la Hollande, sous la figure d'une femme consternée et assise sur un lion mourant, qui tient dans une de ses pattes 7 flèches désignant les 7 provinces unies. Celle qui fait symétrie avec celle-ci, représente le Rhin tenant une corne d'abondance; le Fleuve repose aussi sur un lion.

Porte Saint-Martin. Cet arc de triomphe, érigé en 1674, à la gloire de Louis XIV, par la ville de Paris, a 50 pieds de largeur sur autant de hauteur; il est percé de trois ouvertures, dont celle du milieu est la plus considérable, et est orné de quatre bas-reliefs, représentant l'un la prise de Besançon, l'autre la rupture de la triple alliance, et les deux autres la défaite des Allemands par Louis XIV, sous la figure d'Hercule, la massue à la main, terrassant un aigle.

Les boulevards du midi; dont le développement est d'environ 7,000 mètres, ont une direction un peu irrégulière. A partir de l'ouest, ils portent le nom des boulevards des Invalides, Mont-Parnasse, d'Enfer, Saint-Jacques et des Gobelins.

CHAMPS-ÉLYSÉES.

On nomme ainsi une promenade publique, située au delà du jardin des Tuileries, dont elle est séparée par la place de la Concorde. Cette promenade s'étend entre le faubourg Saint-Honoré et la rive droite de la Seine; elle est bordée au sud par le cours la Reine, qui longe le cours de la Seine, à l'ouest par l'allée d'Antin, et traversée par l'avenue de Neuilly, dont l'axe est une prolongation de la grande allée des Tuileries. La longueur des Champs-Élysées, depuis la place de la Concorde jusqu'à la barrière de l'Étoile, est de plus de 1,200 toises; ils offrent de belles plantations en quinconce, où l'on a ménagé de vastes salles de verdure, où sont des cafés, des petits théâtres et divers jeux publics. L'avenue de Neuilly, plantée d'arbres magnifiques, et bordée de chaque côté de contre-allées, forme l'abord le plus majestueux de Paris, et sans doute de toutes les capitales de l'Europe; elle se termine à la barrière de l'Étoile, et a pour perspective l'arc de triomphe de ce nom.

ARC DE TRIOMPHE DE L'ÉTOILE.

L'arc de triomphe de l'Étoile, élevé à la gloire des armées de la République et de l'Empire, a été décrété par Napoléon le 18 février 1806; les constructions ont été commencées la même année. Ce monument, qui surpasse de beaucoup par la grandeur de ses proportions toutes les constructions de ce genre, est établi sur une fondation en pierre de taille de 8 mètres 37 centimètres de profondeur. Sa largeur totale est de 44 m. 82 c., et sa hauteur au-dessus du sol de 45 m. 33 c., non compris l'acrotère, qui s'élève encore de 3 m. 50 c. au-dessus du socle supérieur de l'attique. Le grand arc a de largeur 14 m. 62 c., et de hauteur 29 m. 19 c. Perpendiculairement au grand arc règnent les petits arcs transversaux, de 16 m. de hauteur sur 8 m. 44 c. de largeur. A l'intérieur du monument sont ménagées de grandes salles nécessitées par les combinaisons des voûtes et la décoration extérieure. Des escaliers pratiqués dans les constructions donnent accès aux grandes salles, ainsi qu'à la plate-forme qui les surmonte. L'attique est orné de pilastres, sur lesquels sont sculptées des palmes avec des épées ; entre les pilastres sont des boucliers sur lesquels sont gravés des noms de batailles. Au-dessus du socle, qui surmonte la corniche de l'attique, est une galerie ou ornement en pierre, formant appui et couronnement, composé de têtes de Méduse, correspondantes à chacun des pilastres inférieurs, et reliées entre elles par des palmettes et des écussons. La voûte du grand arc et celles des petits arcs sont décorées de caissons avec rosaces, et les arcs doubleaux sont ornés d'entrelacs.

La frise du grand entablement est ornée d'un grand bas-relief continu. Le côté de Paris (est), compris la moitié des deux faces latérales, représente la distribution des drapeaux et le départ des armées. Les auteurs de cette partie sont, M. Brun pour le milieu, M. Jacquot pour la partie gauche, et M. Laitié pour la partie droite. Le côté de Neuilly (ouest), compris les deux autres moitiés des faces latérales, représente la distribution des couronnes et le retour des armées. Les auteurs sont, M. Caillouete pour le milieu, M. Rude pour la partie gauche, et M. Seurre aîné pour la partie droite.

Au-dessous du grand entablement sont 6 bas-reliefs. Les deux de la face de Paris (est) représentent (celui de gauche) la victoire d'Aboukir, par M. Seurre aîné. Celui de droite, les funérailles de Marceau, par M. Lemaire. Celui de la face latérale du nord représente la bataille d'Austerlitz, par M. Geether, et celui de la face latérale du sud, la bataille de Jemmapes, par M. Marochetti. Les deux de la face de Neuilly (ouest) représentent, celui de gauche, la prise d'Alexandrie, par feu Chaponnière, et celui de droite, le passage du pont d'Arcole, par M. Feuchère.

Les quatre grandes renommées des tympans du grand arc, faces de Paris et de Neuilly, sont de M. Pradier. Les tympans des petits arcs représentent, face latérale du Roule (nord), l'infanterie, par M. Bra, face latérale de Passy (sud), la cavalerie, par M. Valois ; au sud, sous le grand arc, l'artillerie, par M. Debay père, et au nord, aussi sous le grand arc, la marine, par M. Seurre jeune. — Sous les petits arcs sont quatre bas-reliefs, représentant les victoires du sud, par M. Gérard, les victoires de l'ouest, par M. Espercieux, les victoires de l'est, par M. Valcher, et les victoires du nord, par M. Bosio neveu. Enfin, les quatre grands trophées, ou plutôt groupes allégoriques, représentent, côté de Paris (est), à droite, le Départ, par M. Rude ; à gauche, le Triomphe, par M. Cortot ; côté de Neuilly (ouest), à droite, la Résistance, par M. Étex ; à gauche, la Paix, par le même.

Sur l'acrotère, qui forme la partie supérieure du monument, sera posé un grand sujet de sculpture en métal, qui formera le couronnement indispensable de ce colossal édifice.

Plusieurs architectes ont successivement dirigé les travaux de l'arc de triomphe de l'Étoile. M. Chalgrin fut le premier ; M. Goust, qui avait été son inspecteur, lui succéda et continua les travaux jusqu'en 1814, époque à laquelle ils furent interrompus. En 1823, ils furent repris sous la direction de M. Hugot ; à M. Hugot succéda une commission de quatre architectes, MM. Gisors, Fontaine, Labare et Debret. Pendant la durée de ses fonctions, elle fit exécuter le grand imposte orné de grecques. Après la commission, M. Hugot fut remis en possession des travaux, et éleva le monument jusqu'au-dessus du grand entablement. Enfin, en 1832, l'achèvement des travaux fut confié à M. Blouet, qui fit élever les constructions supérieures, en suivant en partie le projet de M. Hugot. C'est depuis le commencement de 1833 que furent exécutées les grandes sculptures statuaires, qui font l'ornement principal du monument.

L'arc de triomphe de l'Étoile est achevé, moins le couronnement, depuis 1836.

CHAMP DE MARS.

Vaste terrain rectangulaire, qui a 450 toises de long sur 150 de large, et s'étend depuis l'École militaire jusqu'à la Seine. Il est entouré de fossés revêtus en maçonnerie, et de terrasses en talus ; les deux côtés de la longueur sont ornés, intérieurement et extérieurement, de quatre rangées d'arbres, et de cinq grilles de fer aux cinq portes qui servent d'entrées. — Le Champ de Mars

BARRIÈRE DE LA VILLETTE.

a été le théâtre de plusieurs événements remarquables; lors de la fédération du 14 juillet 1790, afin que tous les spectateurs fussent témoins du serment que Louis XVI devait prêter à la constitution, on conçut l'idée de faire des glacis ou gradins, pour contenir les assistants : l'ouvrage avançant peu, quoique 12,000 ouvriers y fussent employés, les habitants de Paris résolurent spontanément de prendre part à ces travaux, qui bientôt furent achevés avec ardeur et célérité; en 1790, on y fit une cérémonie funèbre en l'honneur des citoyens qui avaient péri devant Nancy; les anniversaires de la fédération du 14 juillet, de la journée du 10 août, les fêtes de la Raison et de l'Être Suprême y furent célébrés; le Directoire y reçut tous les objets d'art d'Italie, qui nous avaient été cédés par les traités de *Léoben*, de *Tolentino* et de *Campo-Formio*; en 1815, il devint le théâtre de l'assemblée du champ de mai, où Napoléon passa en revue toute la garde impériale, et environ 60,000 hommes de la garde nationale de Paris. — Le Champ de Mars est principalement destiné aux grandes revues; il sert aussi à la fin de l'été aux courses de chevaux pour les prix.

BARRIÈRES.

Cinquante-cinq barrières ouvertes dans un mur de douze mille toises servent d'entrées à la capitale de la France; les plus remarquables sont la barrière d'Italie ou de Fontainebleau, la barrière du Trône, la barrière de l'Étoile et la barrière de la Villette.

La BARRIÈRE DE FONTAINEBLEAU consiste en deux corps de bâtiments pareils, placés en regard de chaque côté de la route. Au rez-de-chaussée de ces pavillons, cinq arcades portées sur des colonnes sans bases, forment un porche en avant des bureaux et corps de garde. Un entablement dorique d'une bonne proportion couronne le tout, et présente alternativement des métopes vi-

des et pleines, les unes servant de fenêtres, les autres ornées de sculptures.

La BARRIÈRE DU TRÔNE termine l'avenue magnifique qui conduit à Vincennes, et la large rue du faubourg Saint-Antoine. Deux colonnes de 100 pieds de hauteur, marquent le milieu de la route, et annoncent au loin l'entrée d'une grande ville; elles sont élevées sur un soubassement, qui se lie avec deux édifices placés de front, à 45 toises de distance l'un de l'autre : un entablement à consoles, quatre frontons, un attique, terminent ces bâtiments, et leur donnent un air de richesse, qui accompagne très-bien les colonnes.

La BARRIÈRE DE L'ÉTOILE, que domine l'arc de triomphe de ce nom, est un édifice bizarre et de mauvais goût; cependant la masse est grande et la proportion de l'ordre dorique à bossage y est assez adroitement adaptée.

La BARRIÈRE DE LA VILLETTE, construite entre les routes de Pantin et de la Villette, a pour perspective l'admirable bassin de ce nom. Elle offre un plan carré dont les quatre faces présentent un frontispice de huit pilastres isolés; sur ce vaste soubassement s'élève en forme de tour, une grande masse circulaire, qui se compose d'une galerie percée de 20 arcades, reposant sur 40 colonnes doriques. Un second rang de croisées, un entablement à triglyphes, un petit attique, complètent l'extérieur de l'édifice, qui produit un effet très-pittoresque.

Les autres barrières qui méritent d'être distinguées, sont : la *barrière de Reuilly*, rotonde entourée d'un péristyle de 24 colonnes supportant des arcades; la *barrière de Chartres*, joli pavillon en forme de temple circulaire, avec un portique de 16 colonnes; la *barrière de Courcelles*, espèce de temple dorique périptère, à 6 colonnes de face et 8 de côté; *la barrière de l'École militaire*, la *barrière d'Enfer*, la *barrière de l'Oursine*, etc., etc.

THÉÂTRES.

Paris possède un grand nombre de théâtres élégamment décorés, mais dont aucun n'offre un véritable caractère de grandeur; ceux qui méritent le plus de fixer l'attention, sont : l'Académie royale de musique ou l'Opéra; le Théâtre français; l'Odéon, et le Théâtre des Italiens.

ACADÉMIE ROYALE DE MUSIQUE.
(Rue Lepelletier.)

Par suite de la mort du duc de Berri, la chambre des députés de 1819 fit fermer la salle de l'Opéra de la rue de Richelieu. Une commission chargée de choisir l'emplacement d'une nouvelle salle, indiqua les deux hôtels qui formaient l'angle du boulevard et de la rue de Richelieu, aujourd'hui Frascati. Ils furent évalués 3,300,000 francs, somme qui, ajoutée à 6,000,000 de fr., évaluation de la salle à construire, produisait un montant de 9,300,000 fr.

L'énormité de cette dépense détermina le gouvernement à construire une salle provisoire sur le terrain de l'hôtel Choiseul, compris entre les rues Grange-Batelière et Lepelletier. M. Debret, qui, en 1817, avait restauré l'Opéra de la rue de Richelieu, fut chargé de faire les projets de cette nouvelle salle, qui, adoptés le 12 août 1820, furent mis à exécution le 14, et terminés le 16 du même mois de l'année suivante, malgré 90 jours de retard causés par de trop fortes gelées.

La dépense totale de ces travaux, après règlements définitifs, fut de 2,102,000 fr.

La façade principale de cet édifice, élevée sur la rue Lepelletier, a 180 pieds de longueur, dimension du foyer situé au premier étage. Du second vestibule du rez-de-chaussée, on monte aux différents rangs de loges par six escaliers de 8 pieds de largeur. Le diamètre de la salle est de 72 pieds sur 40 de hauteur. L'ouverture de la scène est de 45 pieds. La largeur du théâtre de 102 pieds, et sa profondeur de 99 pieds. Le dessous du théâtre a 35 pieds de profondeur; il a 75 pieds de hauteur de la scène au second gril ou comble.

Un magasin de décorations, qui longe la rue Pinon, a 75 pieds de longueur sur 55 de hauteur. Il ne contient que le service de la semaine. Les loges d'acteurs, danseurs, comparses, choristes et figurants, occupent avec l'administration la totalité des bâtiments de l'hôtel Choiseul.

La salle, son foyer et la scène elle-même sont chauffés par un appareil à la vapeur, établi sous l'orchestre des musiciens, ainsi que le service des pompes.

Dans un terrain situé rue Richer, où sont les magasins de décorations de l'Opéra, a été construit un gazomètre contenant 20,000 pieds cubes de gaz, destiné au seul service des représentations.

THÉÂTRE FRANÇAIS.
(Rue Richelieu.)

Ce théâtre est une dépendance du Palais-Royal, et ne diffère pas beaucoup des autres bâtiments neufs de ce palais, avec lesquels il est engagé par deux côtés. La façade principale sur la rue Richelieu, présente un péristyle d'ordre dorique à onze entre-colonnements : la façade en retour offre une galerie de dix arcades, qui portent sur des piliers carrés. Au premier étage est une ordonnance de pilastres corinthiens, dont l'entablement est coupé d'un rang de petites croisées ; cette masse, élevée sur de très-faibles supports, est encore surchargée d'un attique, d'une mansarde, d'un autre attique et de combles immenses. — Au rez-de-chaussée, tout l'espace est entouré d'une galerie couverte, par laquelle on entre de trois côtés dans un vestibule intérieur de forme elleptique, orné de la statue de Voltaire. — L'avant-scène a 38 pieds d'ouverture; le théâtre 69 pieds de profondeur et de largeur. — Le nombre de places est de 1,522.

THÉÂTRE DE L'ODÉON.
(Rue de Vaugirard et place de l'Odéon.)

Ce théâtre est le plus digne de remarque qu'il y ait à Paris. C'est un monument isolé, décoré du côté de la place d'un grand péristyle de huit colonnes doriques, dont l'entablement règne sur les quatre faces. Celles-ci offrent ensemble 46 arcades au rez-de-chaussée, et le même nombre de croisées au premier étage; le second et le troisième sont éclairés par des jours pratiqués dans les métopes de la frise et dans l'attique. Trois galeries publiques se lient avec le porche, et font le pourtour de l'édifice. — La forme intérieure de la salle est une ellipse dont le grand axe a 56 pieds, et le petit 47; le nombre des places qu'elle contient, est de 1,756.

THÉÂTRE ITALIEN.
(Place des Italiens.)

Un péristyle de six colonnes ioniques forme la façade de ce théâtre : les proportions en sont mâles, et l'artiste s'est abstenu d'y introduire aucun ornement de sculpture. Un acrotère lisse couronne le dessus de l'entablement, et les joints horizontaux de l'appareil sont la seule richesse qui décore le mur du fond, percé de baies carrées au rez-de-chaussée, et cintrées en arcades au premier étage. La place sur laquelle donne cette façade, est régulièrement bâtie. La salle est de forme circulaire, et contient 1,200 places.

On remarque encore à Paris le théâtre de l'Opéra comique ou des Nouveautés, place de la Bourse; le théâtre Ventadour,

THÉÂTRE DES NOUVEAUTÉS.

HÔTEL CLUNY.

MAISON DE FRANÇOIS 1er

HÔTEL DU PREUX
(Rue des Bourdonnais).

rue Neuve des Petits-Champs; le théâtre de la Porte Saint-Martin, le théâtre du Gymnase, le théâtre du Vaudeville, le théâtre des Variétés, le théâtre de la Gaîté, le théâtre de l'Ambigu comique, le Cirque olympique, etc., etc.

ÉDIFICES ET ÉTABLISSEMENTS DIVERS.

En décrivant succinctement les principaux monuments de la capitale, nous avons été forcé, pour ne pas étendre outre mesure le cadre que nous nous sommes tracé, d'omettre la description de plusieurs édifices et de quelques maisons historiques, que nous nous contenterons de mentionner. Tels sont :

Le PALAIS DU QUAI D'ORÇAY, achevé en 1836, et dont on ne connaît pas encore la destination.

Le MONT-DE-PIÉTÉ, vaste édifice, achevé en 1786.

Les Prisons DE LA FORCE, et de la RUE DE LA ROQUETTE.

La MORGUE, édifice où l'on porte, pour y être exposés, les cadavres des personnes tuées, noyées ou suicidées.

L'HÔTEL DES POSTES, où chaque soir partent les malles-postes pour différents points du royaume.

Le GARDE-MEUBLE, un des plus beaux édifices qui décorent la place de la Concorde.

Les PORTIQUES DU TEMPLE, corps de bâtiment isolé, formant une galerie de 44 arcades, soutenue par des colonnes toscanes.

L'HÔTEL CLUNY (rue des Mathurins Saint-Jacques), édifice de construction gothique, dont les appartements renferment une des plus belles collections de meubles anciens qui existent à Paris.

L'HÔTEL DE SENS (rue du Figuier Saint-Paul), où le roi Charles V avait fixé sa résidence.

L'HÔTEL DU PREUX OU DES CARNEAUX (rue des Bourdonnais, n° 11), où l'on voit beaucoup de sculptures du commencement du XIV° siècle.

La MAISON dite DE FRANÇOIS Ier (Champs-Élysées), chef-d'œuvre du style de la renaissance, où Jean Goujon a prodigué toutes les ressources de son imagination; elle forme un carré parfait, et se compose de deux étages élevés sur caves voûtées. La façade principale donne du côté de la rivière; les angles sont ornés de petites pilastres avec chapiteaux historiés; l'attique est embelli par des bas-reliefs, représentant des génies supportant des écussons aux armes de France, enlacés dans des guirlandes de fleurs et de fruits. Au-dessus des arcades du rez-de-chaussée, règne une frise sur laquelle sont sculptés des médaillons représentant Louis XIII, Henri II, François II, la reine Marguerite, Anne de Bretagne et Diane de Poitiers.

L'HÔTEL CARNAVALET (rue Culture Sainte-Catherine, n° 27), où demeurait madame de Sévigné, et où l'on admire les statues de la Force, de la Vigilance, et plusieurs autres belles figures, sculptées par le célèbre Jean Goujon.

L'HÔTEL LAMBERT (rue et île Saint-Louis), d'où l'on jouit d'une vue charmante sur le cours de la Seine; l'intérieur a été décoré par plusieurs peintres célèbres.

L'HÔTEL THELUSON (rue de Provence), habitation délicieuse, dont la description exigerait de trop longs détails pour les bornes de notre ouvrage.

L'HÔTEL dit DE LA REINE BLANCHE (rue du foin, n° 14), édifice qui paraît être du XIII° siècle.

La MAISON, n° 3, rue Pavée Saint-Sauveur, où l'on voit la seule tour qui reste de l'enceinte de Philippe-Auguste (cul-de-sac de la Bouteille), l'un des monuments les plus curieux de Paris.

La MAISON, n° 20, de la RUE DE BÉTHIZY, où Coligni fut assassiné.

La MAISON où mourut Gabrielle d'Estrées, rue de Sourdis.

La MAISON où Marat fut assassiné, rue de l'École de médecine, n° 18.

La MAISON où mourut Mirabeau, rue de la Chaussée d'Antin.

La MAISON où mourut la Fayette, rue d'Anjou Saint-Honoré. Etc., etc., etc.

BIOGRAPHIE.

Paris a produit un grand nombre de personnages illustres dans toutes les branches des connaissances humaines. Les plus célèbres sont :

Alembert (d'), mathématicien et philosophe (XVIIIe siècle).
Anquetil, historien (XVIIIe siècle).
Anquetil-Duperron, savant orientaliste (XVIIIe siècle).
Anville (d'), géographe (XVIIIe siècle).
Arnauld d'Andilly (XVIIIe siècle).
Arnault, auteur dramatique (XIXe siècle).
Arnould (Sophie), actrice (XVIIIe siècle).
Augereau, duc de Castiglione, maréchal de l'Empire (XIXe siècle).
Bailly, savant distingué (XVIIIe siècle).
Barbier du Bocage, géographe (XIXe siècle).
Barré, créateur du Vaudeville, (XVIIIe siècle).
Beau (le), historien (XVIIIe siècle).
Beaumarchais, auteur dramatique (XVIIIe siècle).
Béranger, poëte illustre et notre *premier chansonnier* (XIXe siècle).
Berryer, avocat (XIXe siècle).
Berton, musicien et compositeur (XIXe siècle).
Beuchot, savant bibliographe (XIXe siècle).
Biot, savant astronome (XIXe siècle).
Boileau, poëte célèbre du XVIIe siècle.
Boucher, peintre (XVIIIe siècle).
Bougainville, célèbre navigateur (XVIIIe siècle).
Boulard, bibliophile (XIXe siècle).
Brissot de Varville, conventionnel (XVIIIe siècle).
Brongniart, architecte (XIXe siècle).
Budé, savant et diplomate (XVe siècle).
Cadet Gassicourt, naturaliste (XVIIIe siècle.)
Camille Desmoulins, (XVIIIe siècle).
Campan (mad.) (XIXe siècle).
Cartellier, sculpteur (XIXe siècle).
Cassini, savant astronome (XIXe siècle).
Catinat, maréchal de France (XVIIe siècle).
Cauchois-Lemaire, publiciste (XIXe siècle).
Caylus (comte de), antiquaire (XVIIIe siècle).
Chapelain (XVII siècle).
Chardin, voyageur en Orient (XVIIe siècle).
Charlet, le plus populaire de nos dessinateurs (XIXe siècle).
Charron, philosophe (XVIe siècle).
Chaudet, habile sculpteur (XIXe siècle).
Chénier M. J., poëte et auteur tragique, né à constantinople, mais originaire de Paris (XIXe siècle).
Chezy, orientaliste (XIXe siècle).
Clairault, mathématicien (XVIIIe siècle).
Clérambault, compositeur de musique (XVIIe siècle).
Cochin, fondateur de l'hospice qui porte son nom (XVIIIe siècle).
Condamine (la), astronome (XVIIIe siècle).
Condé (surnommé le *Grand*) (XVIIe siècle).
Condorcet, savant distingué (XVIIIe siècle).
Contat (mademoiselle), actrice célèbre (XVIIIe siècle).
Cousin (Victor), philosophe (XIXe siècle).
Coustou, habile sculpteur (XVIIIe siècle).
Coypel, peintre (XVIIe siècle).
Crébillon, romancier du XVIIIe siècle.
Dacier, savant (XIXe siècle).
Darcet, habile chimiste (XIXe siècle).
David, le plus grand de nos peintres (XIXe siècle).
Delacroix (Eugène), peintre (XIXe siècle).
Delambre, astronome (XIXe siècle).
Deleuze, naturaliste (XIXe siècle).
Deshoulières (madame), (XVIIe siècle).
Desnoyers, graveur (XIXe siècle).
D'Estrées, maréchal de France (XVIIe siècle).
Devéria (les frères), peintres et dessinateurs (XIXe siècle).
Didot (les), imprimeurs (XVIIIe et XIXe siècle).
Dorat, poëte (XVIIIe siècle).
Drouais, peintre (XIXe siècle).
Dupont de Nemours, littérateur (XIXe siècle).
Étienne (les), savants imprimeurs (XVIe siècle).
Estaing (d'), amiral (XVIIIe siècle).
Eugene (le prince), général (XVIIe siècle).
Falconnet, sculpteur (XVIIIe siècle).
Gaudin, duc de Gaëte, ancien ministre (XIXe siècle).
Gougeon (Jean), célèbre sculpteur (XVIe siècle).
Grimod de la Reynière, gastronome (XIXe siècle).
Gros, peintre (XIXe siècle).
Grouchy, maréchal de France (XIXe siècle).
Gudin (Th.), célèbre peintre de marines (XIXe siècle).
Guignes (de) fils, orientaliste (XIXe siècle).
Hallé, médecin (XVIIIe siècle).
Hassenfratz, physicien (XVIIIe siècle).
Helvétius, philosophe (XVIIIe siècle).
Herbelot (d'), orientaliste (XVIIe siècle).

Herhan, fondeur de caractères (XIX° siècle).
Hénault, historien (XVII° siècle).
Hortense (la reine), fille de Joséphine (XIX° siècle).
Houdard de la Motte, auteur dramatique (XVIII° siècle).
Huzard, vétérinaire (XIX° siècle).
Jodelle, un des plus anciens auteurs dramatiques (XVI° siècle).
Kain (le), acteur célèbre (XVIII° siècle).
Lacroix, géomètre (XIX° siècle).
La Harpe, auteur et critique (XVIII° siècle).
Largillière, peintre de portraits (XVII° siècle).
Lavoisier, célèbre chimiste (XVIII° siècle).
L'Épée (l'abbé de), fondateur de l'établissement des Sourds-Muets (XVIII° siècle).
Lebrun, peintre (XVII° siècle).
Lebrun, poëte lyrique (XVIII° siècle).
Legouvé, auteur dramatique (XIX° siècle).
L'Enclos (Ninon de), femme célèbre par son esprit (XVII° siècle).
Lesueur, célèbre compositeur de musique (XIX° siècle).
Louis-Philippe I°ʳ, roi des Français (XIX° siècle).
Luxembourg (le maréchal) (XVII° siècle).
Maistre de Sacy (le), traducteur de la Bible (XVII° siècle).
Mallebranche, savant et philosophe (XVII° siècle).
Malesherbes, vertueux défenseur de Louis XVI (XVIII° siècle).
Mansard, architecte (XVII° siècle).
Marivaux, auteur dramatique (XVIII° siècle).
Mathieu Molé, premier président du parlement (XVII° siècle).
Mercier, poëte dramatique et littérateur (XVIII° siècle).
Molière, le premier des auteurs comiques (XVII° siècle).
Moreau, dessinateur (XVIII° siècle).
Nôtre (le), architecte et décorateur de jardins (XVII° siècle).
Orléans (le duc d'), père du roi Louis-Philippe (XVIII° siècle).
Parceval-Grandmaison, poëte (XIX° siècle).
Pasquier (Étienne), avocat au parlement, auteur des *Recherches sur les origines françaises* (XVI° siècle).
Patru (Olivier), avocat (XVII° siècle).
Perrault, auteur de la colonnade du Louvre (XVII° siècle).
Petit de la Croix, orientaliste (XVII° siècle).
Picard, auteur dramatique (XIX° siècle).
Pigalle, sculpteur (XVIII° siècle).
Quinault, poëte lyrique (XVII° siècle).
Racine fils, poëte (XVIII° siècle).
Ramey, sculpteur (XIX° siècle).
Regnard, auteur comique du XVII° siècle.
Richelieu, cardinal, ministre de Louis XIII (XVII° siècle).
Rolland (M°°), femme du ministre de ce nom (XVIII° siècle).
Rollin, historien (XVIII° siècle).
Rousseau (J.-B.), poëte lyrique (XVIII° siècle).
Santeuil, célèbre poëte latin (XVII° siècle).
Scarron (Paul), poëte burlesque (XVII° siècle).
Sedaine, auteur d'agréables opéras comiques (XVIII° siècle).
Sueur (le) (Eust.), un des grands peintres de l'école française (XVII° siècle).
Talma, acteur tragique (XIX° siècle).
Thou (de), historien (XVI° siècle).
Turgot, ministre (XVIII° siècle).
Vernet (père et fils), peintres célèbres (XIX° siècle).
Villemain, littérateur (XIX° siècle).
Youet, peintre (XVI° siècle).

INDUSTRIE ET COMMERCE.

Manufactures de draps fins, de tissus mérinos et cachemires, de châles, gazes, tulles de soie, crêpes, rubans, blondes, indiennes, papiers peints. Fabriques de passementerie, mercerie, bonneterie, chapellerie renommée, broderies, modes, nouveautés, chapeaux de paille, de soie et de coton, fleurs artificielles, sellerie, carrosserie, meubles, bronzes et dorures, acier poli, coutellerie de luxe, orfévrerie, horlogerie, joaillerie, bijouterie fine et fausse; plaqué d'or et d'argent, boutons de métal, limes, outils, mécaniques de toute espèce, instruments de mathématiques, de physique et d'astronomie, quincaillerie fine, perles fausses, tabletterie, parfumerie, chocolats, liqueurs, gants de peau, cartonnage, brosses et pinceaux, bouchons de liége, cordes à boyaux, plomb de chasse et laminé, caractères d'imprimerie, clous, bougies, chandelles, colle-forte, amidon, huile fine et commune, acides minéraux et produits chimiques, salpêtre, savon, céruse, cuirs, vernis, porcelaine, cristaux. — Nombreuses teintureries en soie, fil, laine et coton; blanchisseries de cire; raffineries de sucre et de sel; distilleries; lavoirs de laines; tanneries; corroieries, maroquineries; nombreuses filatures de coton, de laine et de duvet cachemire; appareils considérables pour la confection du gaz hydrogène, servant à l'éclairage. — Manufactures royales des tapisseries et des tapis de pied de la couronne. — Manufacture royale des glaces. — Manufacture royale des tabacs.

COMMERCE de grains, farines, légumes secs, vins, eaux-de-vie, liqueurs, huiles, vinaigre, eaux minérales, fourrages, beurre, fromages, comestibles de toute espèce, marrons, fruits, poisson d'eau douce, marée, huîtres, sel, fer, laines, coton, draps, toiles, soieries, nouveautés et toutes sortes d'articles des fabriques françaises et étrangères; commerce considérable d'épiceries, drogueries et denrées coloniales de toute espèce; de bois de chauffage et de construction, charbon de bois, houille, bois des îles, couleurs, vernis, marbre, pierres de taille, tuiles, ardoises, faïence, porcelaine, verre à vitres, librairie, gravures et produits lithographiques, arbres greffés, arbustes et fleurs de toutes espèces, etc.

ENTREPÔT des denrées et marchandises destinées à la consommation de Paris. — Caisse d'épargne et de prévoyance. — Monts-de-piété. Course de chevaux de 1er ordre pour 21 départements. — Course pour le prix royal de 6,000 francs, dans la première quinzaine de septembre.

Paris est à 98 l. S. S. E. de LONDRES, 226 l. S. S. E. d'ÉDIMBOURG, 218 l. S. E. de DUBLIN, 75 l. de BRUXELLES, 130 l. S. d'AMSTERDAM, 280 l. S. O. de BERLIN, 224 l. S. S. O. de COPENHAGUE, 380 l. S. S. O. de STOCKHOLM, 500 l. S. O. de SAINT-PÉTERSBOURG, 600 l. S. O. de MOSCOU, 431 l. S. O. de VARSOVIE, 265 l. de DRESDE, 220 l. N. N. O. de VIENNE, 126 l. N. O. de BERNE, 123 l. N. O. de GENÈVE, 352 l. N. N. O. de ROME, 220 l. N. O. de VENISE, 196 l. N. O. de TURIN, 243 l. N. N. O. de MILAN, 130 l. de CHAMBÉRY, 389 l. N. O. de CONSTANTINOPLE, 283 l. N. N. O. de NAPLES, 500 l. N. O. de NAPOLI DI ROMANIE, 280 l. N. N. E. de MADRID, 350 l. N. E. de LISBONNE, 1,300 l. E. S. E. de WASHINGTON, 4,521 l. d'ACAPULCO, 1,620 l. du CAP-FRANÇAIS, 2,411 l. de LIMA, 1,852 l. de PÉKIN.

A o de longitude du méridien de l'Observatoire de Paris, 20 degrés de longitude du méridien de l'île de Fer, 48 degrés 50 minutes 14 secondes de latitude septentrionale.

FIN DE LA DESCRIPTION DE LA VILLE DE PARIS.

Beaumarchais.

Gravé sur acier par Hopwood.

Boileau.

M. J. de Chénier

Helvetius.

Gravé à ... par ...
d'après ...

Laharpe.

Le Maréchal de Luxembourg.

Gravé sur acier par Hopwood.

Molière.

Gravé sur acier par Hopwood.

Quinault.

Gravé par Hopwood

J. Racine

Gravé sur cuivre par Scriven

Regnard

Rollin

Gravé sur acier par Hopwood.

J. B. Rousseau.

Madame de Staël

TABLE ALPHABÉTIQUE DES MATIÈRES

DE LA DESCRIPTION DE PARIS.

A.

	Pages.
Abattoirs	141
Académie française	118
Académie royale des Beaux-Arts	Ib.
Académie royale des Inscriptions et Belles-Lettres	Ib.
Académie royale de Musique	151
Académie royale des Sciences	118
Académie universitaire	119
Aperçu statistique du département de la Seine	1
Arcs de triomphe	149
Arc de triomphe du Carrousel	145
Arc de triomphe de l'Étoile	149
Archives du royaume	126

B.

Bains publics	143
Banque de France	140
Barrières	151
Basilique de Notre-Dame	105
Bibliothèques publiques	120
Bibliothèque de l'Arsenal	124
Bibliothèque de l'Hôtel de Ville	125
Bibliothèque du Roi	120
Bibliothèque Mazarine	125
Bibliothèque Sainte-Geneviève	124
Bibliothèque de l'École de médecine	125
Bibliothèque de l'Institut	Ib.
Biographie	154
Boulevards	148
Bourse de Paris	140

C.

Catacombes	142
Cimetière de Sainte-Catherine	143
Cimetière Montmartre	Ib.
Cimetière Mont-Parnasse	143
Cimetière du Père la Chaise	Ib.
Chambre des Députés	92
Chambre des Pairs	90
Champ de Mars	150
Champs-Élysées	149
Chapelle Expiatoire	114
Château-d'eau	147
Colonne de la grande Armée	145
Conservatoire des arts et métiers	135
Conservatoire de musique	127

E.

École militaire	137
Édifices et établissements divers	153
Église de l'Abbaye aux Bois	106
Église Saint-Antoine	105
Église Saint-Ambroise	Ib.
Église des Blancs-Manteaux	Ib.
Église Saint-Denis	Ib.
Église Sainte-Élisabeth	104
Église Saint-Étienne du Mont	108
Église Saint-Eustache	102
Église Saint-François d'Assise	105
Église Saint-Germain l'Auxerrois	103
Église Saint-Germain des Prés	108
Église Saint-Gervais	105
Église Saint-Jacques du Haut Pas	109
Église Saint-Laurent	104
Église Saint-Louis	Ib.
Église Saint-Louis en l'Ile	106
Église Saint-Leu	104
Église la Madelaine	102
Église Sainte-Madelaine	100
Église Sainte-Marguerite	105
Église Saint Médard	109
Église Saint-Merry	104
Église des Missions étrangères	106

TABLE ALPHABÉTIQUE DES MATIÈRES.

	Pages.
Église Saint-Nicolas des Champs	104
Église Saint-Nicolas du Chardonnet	109
Église de Notre-Dame	98
Église Notre-Dame de Bonne-Nouvelle	103
Église Notre-Dame des Champs	102
Église Notre-Dame de Lorette	102
Église Notre-Dame des Victoires	103
Église Saint-Paul et Saint-Louis	106
Église Saint-Philippe du Roule	100
Église Saint-Pierre de Chaillot	101
Église Saint-Pierre du Gros-Caillou	106
Église Saint-Roch	101
Église Saint-Sévrin	108
Église Saint-Sulpice	107
Église Saint-Thomas d'Aquin	106
Église du Val de Grâce	139
Église Sainte-Valère	106
Église Saint-Vincent de Paule	104
Entrepôt général des vins	141
Établissements de bienfaisance	138
Établissements militaires	136
Établissements scientifiques	117

F.

Faculté de Droit	119
Faculté des Lettres	Ib.
Faculté de Médecine	120
Faculté des Sciences	119
Faculté de Théologie	Ib.
Fontaines publiques	146
Fontaine de Grenelle	147
Fontaine du marché des Innocents	146

G.

Galeries du Louvre	90
Garde-meuble	153
Grenier de réserve	141

H.

Halles et marchés	140
Halle au blé	Ib.
Hôpital militaire du Val de Grâce	139
Hôpital Saint-Louis	Ib.
Hospice des Quinze-Vingts	Ib.
Hôpital de la Salpêtrière	Ib.
Hôtel Cluny	153
Hôtel de Ville	116
Hôtel-Dieu	138
Hôtel des Invalides	136
Hôtel des Monnaies	135
Hôtel du Preux	153

I.

Imprimerie royale	126
Industrie et commerce	155
Institut royal de France	117

J.

Jardin du Luxembourg	92
Jardin des Plantes	130
Jardin des Tuileries	85

M.

Maison de François Ier	153
Manufactures royales	142
Manufacture des glaces	Ib.
Manufacture des Gobelins	Ib.
Marché Saint-Germain	140
Marché Saint-Martin	Ib.
Marché des Innocents	Ib.
Marché Saint-Honoré	141
Monnaie des Médailles	136
Monuments et établissements publics	84
Monuments religieux	98
Musée du Louvre	128
Musée d'Artillerie	130
Musée Naval	Ib.
Muséum d'histoire naturelle	Ib.

O.

Observatoire	120

P.

Palais de Justice	95
Palais des Tuileries	84
Palais du Louvre	96
Palais du quai d'Orçay	153
Palais de la Bourse	140
Palais de la chambre des Députés	92
Palais du Luxembourg	90
Palais de l'Élysée-Bourbon	93
Palais de l'Institut	117
Palais de la Legion d'honneur	95
Palais des Beaux-Arts	119
Palais des Thermes	97
Palais-Royal	93
Panthéon	110
Paris (résumé historique de l'histoire de)	31
Passages	145
Places publiques	Ib.
Place des Victoires	146
Place du Carrousel	145
Place du Châtelet	146
Place de la Concorde	Ib.
Place Vendôme	145
Ponts	147
Porte Saint-Denis	149
Porte Saint-Martin	Ib.

TABLE ALPHABÉTIQUE DES MATIÈRES.

	Pages.
Ports	141
Préfecture du département de la Seine.	116

Q.

Quais	147

R.

Rues	144

S.

Sainte-Chapelle du Palais	113

T.

Temple (le)	115
Temple des protestants	115
Théâtres	151
Topographie de l'arrondissement de Saint-Denis	2
Topographie de l'arrondissement de Sceaux	18
Tour Saint-Jacques la Boucherie	114

U.

Université royale de France	119

V.

Ville de Paris	83

FIN DE LA TABLE DES MATIÈRES DE LA DESCRIPTION DE PARIS.

AVIS AU RELIEUR

POUR LE PLACEMENT DES GRAVURES.

Château des Colonnes à Courbevoie.. 6	Fontaine Grenelle................ 147
Vue de Saint-Denis............... 7	Pont du Carrousel................ 148
Château de Neuilly............... 14	Paris. Vue du pont de la Révolution. Ib.
Portrait de Voltaire.............. 21	Paris. Vue du Pont-Neuf.......... Ib.
Donjon de Vincennes............. 29	Statue de Henri IV............... Ib.
Vue de Paris prise du pont de la Tournelle...................... 83	Paris. Vue prise du Pont-Neuf..... Ib.
Palais du Luxembourg............ 90	Porte Saint-Denis................ 149
Paris. Vue du pont Louis-Philippe... Ib.	Porte Saint-Martin............... Ib.
Chambre des Députés............. 92	Barrière de la Villette............ 151
Palais-Royal..................... 93	Hôtel de Cluny.................. 152
Jardin du Palais-Royal............ 95	Hôtel du Preux.................. Ib.
Palais de Justice................. Ib.	Maison de François Iᵉʳ........... Ib.
Paris. Vue du pont des Arts........ 96	Théâtre des Nouveautés........... Ib.
Palais des Thermes............... 97	Portrait de Louis-Philippe Iᵉʳ...... 153
Église Notre-Dame................ 98	Portrait de Beaumarchais......... Ib.
Paris. Vue prise du pont Notre-Dame. 100	Portrait de Boileau.............. Ib.
Saint-Sulpice.................... 107	Portrait de M. J. Chénier......... Ib.
Saint-Étienne du Mont........... 108	Portrait d'Helvétius.............. Ib.
Panthéon....................... 110	Portrait de la Harpe.............. Ib.
La Madelaine................... 112	Portrait du maréchal de Luxembourg. 155
Sainte Chapelle du Palais......... 114	Portrait de Molière.............. Ib.
Hôtel de Ville................... 116	Portrait de Quinault............. Ib.
Église des Invalides.............. 136	Portrait de L. Racine............ Ib.
École militaire.................. 137	Portrait de Regnard............. Ib.
La Bourse...................... 140	Portrait de Rollin............... Ib.
Colonne de la grande Armée....... 145	Portrait de J.-B. Rousseau........ Ib.
Fontaine des Innocents........... 146	Portrait de Mᵐᵉ Staël............ Ib.
Fontaine du Châtelet............ Ib.	Carte du département de la Seine.

IMPRIMERIE DE FIRMIN DIDOT FRÈRES,
RUE JACOB, N° 56.

TABLE ALPHABÉTIQUE

DES VILLES, BOURGS, VILLAGES ET AUTRES LIEUX INTÉRESSANTS

décrits dans les six volumes dont se compose le Guide du Voyageur en France, *et dans lesquels les départements sont classés ainsi :*

1ᵉʳ VOLUME : Seine-et-Oise, Loiret, Loir-et-Cher, Indre-et-Loire, Maine-et-Loire, Loire-Inférieure, Seine-et-Marne, Yonne, Côte-d'Or, Jura, Ain, Doubs, Eure, Seine-Inférieure, Vienne, Charente, Charente-Inférieure, Gironde, Landes, Basses-Pyrénées.

2ᵉ VOLUME : Nièvre, Allier, Loire, Rhône, Isère, Saône-et-Loire, Oise, Somme, Pas-de-Calais, Drôme, Ardèche, Vaucluse, Bouches-du-Rhône, Gard, Hérault, Aude, Pyrénées-Orientales.

3ᵉ VOLUME : Aube, Haute-Marne, Haute-Saône, Haut-Rhin, Marne, Meuse, Moselle, Meurthe, Bas-Rhin, Vosges, Hautes-Alpes, Basses-Alpes, Var, Corse.

4ᵉ VOLUME : Cher, Indre, Creuse, Haute-Vienne, Corrèze, Lot, Tarn-et-Garonne, Haute-Garonne, Ariége, Puy-de-Dôme, Cantal, Aveyron, Lozère, Tarn, Haute-Loire, Dordogne, Lot-et-Garonne, Gers, Hautes-Pyrénées.

5ᵉ VOLUME : Aisne, Nord, Ardennes, Manche, Calvados, Eure-et-Loir, Orne, Mayenne, Ille-et-Vilaine, Côtes-du-Nord, Finistère, Sarthe, Morbihan, Deux-Sèvres, Vendée.

6ᵉ VOLUME : Seine. Statistique de la France. Grande carte routière de la France et Table des matières.

A

	Pages.		Pages.
Aas. T. I. *Basses-Pyrénées*.	16	Acigné. T. V. *Ille-et-Vilaine*.	7
Abaretz. T. I. *Loire-Inférieure*.	16	Acy-en-Multien. T. II. *Oise*.	40
Abbeville. T. II. *Somme*.	8	Adjots (les). T. I. *Charente*.	16
Abbevillers. T. I. *Doubs*.	12	Adresse (Sainte-). T. I. *Seine-Inférieure*.	17
Abergement-le-Grand (l'). T. I. *Ain*.	12	Adriers. T. I. *Vienne*.	15
Abidos. T. I. *Basses-Pyrénées*.	23	Affaux. T. II. *Rhône*.	39
Ablis. T. I. *Seine-et-Oise*.	21	Affrique (Saint-), ou Saint-Fric. T. IV. *Aveyron*.	7
Ablois (Saint-Martin d'). T. III. *Marne*.	9		
Abondant. T. V. *Eure-et-Loir*.	27	Agde. T. II. *Hérault*.	22
Abreschviller. T. III. *Meurthe*.	24	Agnetz. T. II. *Oise*.	26
Abrets (les). T. II. *Isère*.	19	Agrève (Saint-). T. II. *Ardèche*.	16
Absie (l'). T. V. *Deux-Sèvres*.	14	Aguessac. T. IV. *Aveyron*.	12
Abzac. T. I. *Gironde*.	21	Ahuillé. T. V. *Mayenne*.	5
Accous. T. I. *Basses-Pyrénées*.	16	Ahun. T. IV. *Creuse*.	4
Achères-le-Marché. T. I. *Loiret*.	15	Ahuy. T. I. *Côte-d'Or*.	3
Acheux. T. II. *Somme*.	11	Aï. T. III. *Marne*.	14
Achy. T. II. *Oise*.	5	Aiffres. T. V. *Deux-Sèvres*.	3

TABLE ALPHABÉTIQUE DES MATIÈRES.

	Pages.
Aigle (l'). T. V. *Orne*.	14
Aiglun. T. III. *Var*.	19
Aignan (Saint-). T. I. *Loir-et-Cher*.	5
Aignan (Saint-). T. II. *Saône-et-Loire*.	23
Aignan ou Agnant (Saint-). T. I. *Charente-Inférieure*.	10
Aignan-sur-Roé (Saint-). T. V. *Mayenne*.	12
Aignay-le-Duc. T. I. *Côte-d'Or*.	18
Aigre. T. I. *Charente*.	16
Aigrefeuille. T. I. *Charente-Inférieure*.	12
Aigrefeuille. T. I. *Loire-Inférieure*.	
Aigremont. T. III. *Haute-Marne*.	6
Aigueperse. T. IV. *Puy-de-Dôme*.	27
Aigueperse. T. II. *Rhône*.	39
Aiguesmortes. T. II. *Gard*.	4
Aiguilles. T. III. *Hautes-Alpes*.	10
Aigurande. T. IV. *Indre*.	10
Aillevillers. T. III. *Haute-Saône*.	12
Aillant. T. I. *Yonne*.	13
Ailly. T. I. *Eure*.	15
Ailly-sur-Noye. T. II. *Somme*.	12
Ailly-le-Haut-Clocher. T. II. *Somme*.	9
Airaine. T. II. *Somme*.	4
Aire. T. II. *Pas-de-Calais*.	16
Aisey. T. III. *Haute-Saône*.	3
Ain (rivière de l'). *Voy*. Sirod. T. I. *Jura*.	
Ainay-le-Château. T. II. *Allier*.	15
Aingery. T. III. *Meurthe*.	26
Ainhoue. T. I. *Basses-Pyrénées*.	10
Aire. T. I. *Landes*.	21
Airvault. T. V. *Deux-Sèvres*.	14
Aisey-sur-Seine. T. I. *Côte-d'Or*.	18
Aix. T. II. *Bouches-du-Rhône*.	19
Aix. T. II. *Drôme*.	11
Aix (île d'). T. I. *Charente-Inférieure*.	12
Aix-d'Angillon (les). T. IV. *Cher*.	4
Aixe. T. IV. *Haute-Vienne*.	6
Aix-en-Othe. T. III. *Aube*.	5
Aizier. T. I. *Eure*.	18
Ajaccio. T. III. *Corse*.	23
Alais. T. II. *Gard*.	15
Alando. T. III. *Corse*.	40
Alban (Saint-). T. II. *Loire*.	14
Alban. (Saint-). T. IV. *Lozère*.	11
Alban. T. IV. *Tarn*.	3
Alban-de-Vaulx (Saint-). T. II. *Isère*.	21
Albenque (l'). *V*. Lalbenque. T. IV. *Lot*.	
Albert. T. II. *Somme*.	15
Albertas. T. II. *Bouches-du-Rhône*.	22
Albestroff. T. III. *Meurthe*.	19
Alberts. T. III. *Hautes-Alpes*.	10
Albi. T. IV. *Tarn*.	3
Albias. T. IV. *Tarn-et-Garonne*.	5
Albigny. T. II. *Rhône*.	6

	Pages
Albin (Saint-). T. II. *Saône-et-Loire*.	5
Albon. T. II. *Drôme*.	4
Albret. *Voy*. Labrit. T. I. *Landes*.	
Alençon. T. V. *Orne*.	4
Aleria. T. III. *Corse*.	40
Alet. T. II. *Aude*.	12
Alfort. T. VI. *Seine*.	18
Algajola. T. III. *Corse*.	38
Alguilbe. T. IV. *Haute-Loire*.	5
Alibaudière. T. III. *Aube*.	22
Alichamp. T. IV. *Cher*.	12
Alise-Sainte-Reine. T. I. *Côte-d'Or*.	20
Allaigne. T. II. *Aude*.	12
Allaire. T. V. *Morbihan*.	8
Allan. T. II. *Drôme*.	14
Allanche. T. IV. *Cantal*.	22
Allauch. T. II. *Bouches-du-Rhône*.	8
Alland'huy. T. V. *Ardennes*.	19
Allègre. T. IV. *Haute-Loire*.	5
Alleins. T. II. *Bouches-du-Rhône*.	34
Allemagne. T. III. *Basses-Alpes*.	6
Allenc. T. IV. *Lozère*.	6
Allemont. T. II. *Isère*.	6
Alleuse. T. IV. *Cantal*.	12
Allevard. T. II. *Isère*.	7
Allex. T. II. *Drôme*.	11
Allix. T. II. *Rhône*.	39
Allones. T. V. *Sarthe*.	4
Allonne. T. II. *Oise*.	5
Allonnes. T. V. *Eure-et-Loir*.	11
Allos. T. III. *Basses-Alpes*.	13
Alloue. T. I. *Charente*.	13
Allouville. T. I. *Seine-Inférieure*.	22
Alluyes. T. V. *Eure-et-Loir*.	24
Ally. T. IV. *Haute-Loire*.	11
Alos. T. IV. *Ariège*	20
Aloxe. T. I. *Côte-d'Or*.	11
Altkirch. T. III. *Haut-Rhin*.	11
Altwiller. T. III. *Bas-Rhin*.	15
Alvignac. T. IV. *Lot*.	20
Alzeu. T. IV. *Ariège*.	6
Alzon. T. II. *Gard*.	20
Alzonne. T. II. *Aude*.	3
Amance. T. III. *Meurthe*.	6
Amance. T. III. *Haute-Saône*.	3
Amancey. T. I. *Doubs*.	4
Amand (Saint-). T. IV. *Cher*.	12
Amand (Saint-). T. I. *Loir-et-Cher*.	13
Amand (Saint-). T. IV. *Lozère*.	6
Amand (Saint-). T. II. *Nièvre*.	15
Amand-les-Eaux (Saint-). T. V. *Nord*.	43
Amand-Roche-Savine (Saint-). T. IV. *Puy-de-Dôme*.	20
Amanlis. T. V. *Ille-et-Vilaine*.	7

TABLE ALPHABÉTIQUE DES MATIÈRES.

Nom	Pages
Amans-la-Bastide (Saint-). T. IV. *Tarn*.	10
Amaut (Saint-). T. IV. *Aveyron*.	11
Amant-de-Boixe (Saint-). T. I. *Charente*.	5
Amant-Tallende (St-). T. IV. *Puy-de-D*.	6
Amarin (Saint-). T. III. *Haut-Rhin*.	14
Ambazac. T. IV. *Haute-Vienne*.	5
Ambenay. T. I. *Eure*.	5
Ambérieux. T. I. *Ain*.	9
Ambérieux-d'Azergue. T. I. *Rhône*.	39
Ambérieux-en-Dombes. T. I. *Ain*.	15
Ambert. T. IV. *Puy-de-Dôme*.	20
Ambialet. T. IV. *Tarn*.	6
Ambierle. T. II. *Loire*.	15
Amblainville. T. II. *Oise*.	5
Ambleteuse. T. II. *Pas-de-Calais*.	5
Amboise. T. I. *Indre-et-Loire*.	4
Ambonnay. T. III. *Marne*.	14
Ambreuil (Saint-). T. II. *Saône-et-Loire*.	17
Ambresle (l'). T. II. *Rhône*.	7
Ambrières. T. V. *Mayenne*.	13
Ambroix (Saint-). T. II. *Gard*.	16
Ambrounay. T. I. *Ain*.	9
Ameyzieu. T. I. *Ain*.	9
Amfreville-la-Mivoie. T. I. *Seine-Infér*.	4
Amfreville-la-Campagne. T. I. *Eure*.	15
Amfreville-sous-les-Monts. T. I. *Eure*.	11
Amiens. T. II. *Somme*.	4
Amigny-Rouy. T. V. *Aisne*.	5
Amilly. T. V. *Eure-et-Loir*.	11
Amondans. T. I. *Doubs*.	4
Ammerschwir. T. III. *Haut-Rhin*.	4
Amou. T. I. *Landes*.	21
Amour (Saint-). T. I. *Jura*.	6
Ampilly-le-Sec. T. I. *Côte-d'Or*.	18
Amplepuis. T. II. *Rhône*.	39
Ampliers. T. II. *Pas-de-Calais*.	4
Ampuis. T. II. *Rhône*.	6
Ampus. T. III. *Var*.	6
Ancenis. T. I. *Loire-Inférieure*.	15
Ancerville. T. III. *Meuse*.	3
Ancy. T. II. *Rhône*.	39
Ancy-le-Franc. T. I. *Yonne*.	18
Andabre. *Voy.* Pont-de-Camarès. T. IV. *Aveyron*.	
Andance. T. II. *Ardèche*.	16
Andelain. T. V. *Aisne*.	5
Andelat. T. IV. *Cantal*.	12
Andelot. T. III. *Haute-Marne*.	4
Andelys (les). T. I. *Eure*.	11
Andéol-le-Château (St-). T. II. *Rhône*.	7
Andeux. T. I. *Doubs*.	4
Andiol (Saint-). T. II. *Bouches-du-Rh*.	34
Andeville. T. II. *Oise*.	5
Andlau. T. III. *Bas-Rhin*.	17

Nom	Pages
Andolsheim. T. III. *Haut-Rhin*.	4
André (Saint-). T. III. *Aube*.	5
André (Saint-). T. III. *Basses-Alpes*.	16
André (Saint-). T. I. *Eure*.	5
André (Saint-). T. II. *Hérault*.	34
André-de-Chalençon (Saint-). T. IV. *Haute-Loire*.	14
André-de-Cubzac. T. I. *Gironde*.	5
André-de-Rosans (Saint-). T. III. *Hautes-Alpes*.	5
André-de-Valborgne (St-). T. II. *Gard*.	20
André-en-Royans (St-). T. II. *Isère*.	18
Andrezieux. T. II. *Loire*.	11
Andrezy. T. I. *Seine-et-Oise*.	5
Anduze. T. II. *Gard*.	16
Anet. T. V. *Eure-et-Loir*.	27
Anetz. T. I. *Loire-Inférieure*.	15
Aneyron. T. II. *Drôme*.	4
Angecourt. T. V. *Ardennes*.	15
Angel (Saint-). T. IV. *Corrèze*.	15
Augers. T. I. *Maine-et-Loire*.	3
Angerville. T. I. *Seine-et-Oise*.	19
Angerville-l'Orcher. T. I. *Seine-Infér*.	18
Anglars. T. IV. *Cantal*.	17
Anglars. T. IV. *Lot*.	13
Angle. T. I. *Vienne*.	15
Anglesqueville-sur-Saône. T. I. *Seine-Inférieure*.	14
Anglet. T. I. *Basses-Pyrénées*.	10
Anglès. T. IV. *Tarn*.	10
Anglure. T. III. *Marne*.	9
Angoulême. T. I. *Charente*.	5
Angoustrine. T. II. *Pyrénées-Orient*.	26
Aniane. T. II. *Hérault*.	7
Aniche. T. V. *Nord*.	28
Anisy-le-Château. T. V. *Aisne*.	5
Anjou. T. II. *Isère*.	21
Anjeux. T. III. *Haute-Saône*.	12
Annappes. T. V. *Nord*.	9
Annebault. T. I. *Eure*.	18
Annonay. T. II. *Ardèche*.	16
Annot. T. III. *Basses-Alpes*.	16
Anor. T. V. *Nord*.	19
Ansauvillers-en-Chaussée. T. II. *Oise*.	26
Anse. T. II. *Rhône*.	39
Anserville. T. II. *Oise*.	5
Ansouis. T. II. *Vaucluse*.	11
Anthême (Saint-). T. IV. *Puy-de-Dôme*.	20
Antheny. T. V. *Ardennes*.	11
Antibes. T. III. *Var*.	19
Antoine (Saint-). T. II. *Isère*.	18
Antoine-du-Rocher (Saint-). T. I. *Indre-et-Loire*.	6
Antonin (St-). T. II. *Bouches-du-Rhône*.	25

TABLE ALPHABÉTIQUE DES MATIÈRES.

Entrée	Pages
Antonin (St-). T. IV. *Tarn-et-Garonne.*	5
Antonin-Lacalm (St-). T. IV. *Tarn.*	6
Antony. T. VI. *Seine.*	18
Antraigues. T. II. *Ardèche.*	4
Antrain. T. V. *Ille-et-Vilaine.*	18
Anzin. T. V. *Nord.*	45
Aoste ou Aoust. T. II. *Drôme.*	11
Aoustes. T. V. *Ardennes.*	12
Apchon. T. IV. *Cantal.*	17
Apollinaire (Saint-). T. I. *Côte-d'Or.*	3
Appietto. T. III. *Corse.*	24
Appoigny. T. I. *Yonne.*	3
Aps. T. II. *Ardèche.*	5
Apt. T. II. *Vaucluse.*	12
Appi. T. IV. *Ariége.*	6
Aramon. T. II. *Gard.*	6
Aramitz. T. I. *Basses-Pyrénées.*	16
Araules. T. IV. *Haute-Loire.*	14
Arbas. T. IV. *Haute-Garonne.*	17
Arbis. T. I. *Gironde.*	23
Arcambal. T. IV. *Lot.*	5
Arbent. T. I. *Ain.*	12
Arbois. T. I. *Jura.*	19
Arboras. T. II. *Hérault.*	34
Arboucane. T. I. *Landes.*	21
Arc-en-Barrois. T. III. *Haute-Marne.*	4
Arcey. T. I. *Doubs.*	10
Archet. T. III. *Vosges.*	3
Archaingeay. T. I. *Charente-Inférieure.*	8
Arche (l') ou Larche. T. III. *B.-Alpes.*	13
Archettes. T. III. *Vosges.*	3
Archiac. T. I. *Charente-Inférieure.*	9
Archigny. T. I. *Vienne.*	11
Arcier. T. I. *Doubs.*	4
Arcis-sur-Aube. T. III. *Aube.*	22
Arcs (les). T. III. *Var.*	6
Arc-sous-Cicon. T. I. *Doubs.*	14
Arcy-sur-Cure. T. I. *Yonne.*	3
Arc-sur-Tille. T. I. *Côte-d'Or.*	4
Arcueil. T. VI. *Seine.*	18
Ardentes-Saint-Martin. T. IV. *Indre.*	4
Ardentes-Saint-Vincent. T. IV. *Indre.*	4
Ardes. T. IV. *Puy-de-Dôme.*	21
Ardillats (les). T. II. *Rhône.*	40
Ardilleux. T. V. *Deux-Sèvres.*	12
Ardon. T. I. *Jura.*	20
Ardres. T. II. *Pas-de-Calais.*	16
Ardven. T. V. *Morbihan.*	12
Arfeuilles. T. II. *Allier.*	17
Argelès. T. II. *Pyrénées-Orientales.*	21
Argent. T. IV. *Cher.*	14
Argental. T. IV. *Corrèze.*	8
Argentan. T. V. *Orne.*	7
Argenteuil. T. I. *Seine-et-Oise.*	5
Argentière (l'). T. III. *Hautes-Alpes.*	10
Argentière (l'). T. II. *Ardèche.*	11
Argentière (l'). T. VI. *Hautes-Alpes.*	10
Argenton. T. IV. *Indre.*	4
Argenton-le-Château. T. V. *Deux-Sèvres.*	7
Argentré. T. V. *Ille-et-Vilaine.*	34
Argentré. T. V. *Mayenne.*	5
Argoules. T. II. *Somme.*	9
Argueil. T. I. *Seine-Inférieure.*	21
Argy. T. IV. *Indre.*	5
Arinthod. T. I. *Jura.*	6
Arjuzanx. T. I. *Landes.*	14
Arlanc. T. IV. *Puy-de-Dôme.*	20
Arlay. T. I. *Jura.*	6
Arlempdes. T. IV. *Haute-Loire.*	6
Arles. T. II. *Bouches-du-Rhône.*	34
Arles-sur-Tech. T. II. *Pyrénées-Orient.*	21
Arleux. T. V. *Nord.*	28
Armentières. T. V. *Nord.*	9
Armes. T. II. *Nièvre.*	14
Armissan. T. II. *Aude.*	18
Arnac-Pompadour. T. IV. *Corrèze.*	13
Arnay-le-Duc. T. I. *Côte-d'Or.*	13
Arnèke. T. V. *Nord.*	38
Arnoult (Saint-). T. I. *Seine-et-Oise.*	21
Arnouville. T. I. *Seine-et-Oise.*	13
Arnoux (St-). *Voy.* Gourdon. T. III. *Var.*	
Aron. T. V. *Mayenne.*	13
Aroz. T. III. *Haute-Saône.*	3
Arpajon. T. IV. *Cantal.*	6
Arpajon. T. I. *Seine-et-Oise.*	17
Arques. T. II. *Aude.*	13
Arques (les). T. IV. *Lot.*	5
Arques. T. II. *Pas-de-Calais.*	17
Arques. T. I. *Seine-Inférieure.*	14
Arquian. T. II. *Nièvre.*	15
Arras. T. II. *Pas-de-Calais.*	11
Arrengosse. T. I. *Landes.*	11
Arronville. T. I. *Seine-et-Oise.*	14
Arrout. T. IV. *Ariége.*	20
Ars-en-Ré. T. I. *Charente-Inf.*	3
Ars-sur-Moselle. T. III. *Moselle.*	4
Artaix. T. II. *Saône-et-Loire.*	23
Artix. T. I. *Basses-Pyrénées.*	23
Art-sur-Meurthe. T. III. *Meurthe.*	6
Arthenay. T. I. *Loiret.*	3
Arthez. T. IV. *Tarn.*	6
Arthez. T. I. *Basses-Pyrénées.*	23
Artolsheim. T. III. *Bas-Rhin.*	17
Artins. T. I. *Loir-et-Cher.*	13
Artonne. T. IV. *Puy-de-Dôme.*	27
Artz (île d'). T. V. *Morbihan.*	8
Arudy. T. I. *Basses-Pyrénées.*	16
Arvert. T. I. *Charente-Infér.*	10

TABLE ALPHABÉTIQUE DES MATIÈRES.

	Pages.
Arvieux. T. III. *Hautes-Alpes*.	10
Arvilliers. T. II. *Somme*.	12
Anzême. T. IV. *Creuse*.	5
Arzano. T. V. *Finistère*.	34
Arzon. T. V. *Morbihan*.	8
Ascain. T. I. *Basses-Pyrénées*.	10
Aschbach. T. III. *Haut-Rhin*.	11
Ascq. T. V. *Nord*.	10
Asfeld. T. V. *Ardennes*.	10
Asnières. T. I. *Côte-d'Or*.	18
Asnières. T. V. *Sarthe*.	10
Asnières-sur-Oise. T. I. *Seine-et-Oise*.	14
Asnières-sur-Seine. T. VI. *Seine*.	2
Aspet. T. IV. *Haute-Garonne*.	18
Aspiran. T. II. *Hérault*.	34
Asprières. T. IV. *Aveyron*.	14
Aspres-lez-Veynes ou sur Buech. T. III. *Hautes-Alpes*.	5
Assas. T. II. *Hérault*.	7
Assé-le-Riboul. T. V. *Sarthe*.	14
Assier. T. IV. *Lot*.	13
Assignan. T. II. *Hérault*.	38
Asson. T. I. *Basses-Pyrénées*.	6
Aston. T. IV. *Ariége*.	6
Athée. T. I. *Indre-et-Loire*.	6
Athies. T. V. *Aisne*.	5
Athies. T. II. *Somme*.	15
Athis. T. V. *Orne*.	9
Attichy. T. II. *Oise*.	32
Attigny. T. V. *Ardennes*.	19
Attricourt. T. III. *Haute-Saône*.	8
Aubagne. T. II. *Bouches-du-Rhône*.	8
Auban (Saint-). T. III. *Var*.	19
Aubenas. T. II. *Ardèche*.	5
Aubenton. T. V. *Aisne*.	22
Auberville-sur-Eaulne. T. I. *Seine-Inf*.	15
Aubervillers. T. VI. *Seine*.	2
Aubeterre. T. II. *Allier*.	13
Aubeterre. T. I. *Charente*.	10
Aubière. T. IV. *Puy-de-Dôme*.	6
Aubignan. T. II. *Vaucluse*.	14
Aubigné. T. V. *Sarthe*.	10
Aubigny. T. IV. *Cher*.	14
Aubigny. T. III. *Haute-Marne*.	6
Aubigny. T. II. *Pas-de-Calais*.	20
Aubigny-au-Bac. T. V. *Nord*.	28
Aubin (Saint-). T. III. *Aube*.	42
Aubin. T. IV. *Aveyron*.	14
Aubin (Saint-). *Voy*. Plédéliat. T. III. *Côtes-du-Nord*.	
Aubin (Saint-). T. I. *Gironde*.	18
Aubin (Saint-). T. II. *Nièvre*.	15
Aubin-d'Aubigné (St-). T. V. *Ille-et-V*.	7
Aubin-d'Écrosville. T. I. *Eure*.	15

	Pages.
Aubin-du-Cormier (St-). T. V. *Ille-et-V*.	18
Aubin-du-Thenney (Saint-). T. I. *Eure*.	14
Aubin-Jouxte-Boulenc (St-). T. I. *Seine-I*.	4
Aubin-sur-Scie. T. I. *Seine-Infér*.	15
Aubrac. T. IV. *Aveyron*.	11
Aubusson. T. IV. *Creuse*.	7
Auchy-les-Moines. T. II. *Pas-de-Cal*.	20
Audelange. T. I. *Jura*.	17
Audenge. T. I. *Gironde*.	5
Audierne. T. V. *Finistère*.	8
Audinac. T. IV. *Ariége*.	20
Audincourt. T. I. *Doubs*.	12
Audun-le-Roman. T. III. *Moselle*.	10
Audruick. T. II. *Pas-de-Calais*.	17
Auffray. T. I. *Seine-Inférieure*.	15
Augerolles. T. IV. *Puy-de-Dôme*.	31
Augny. T. III. *Moselle*.	4
Aulnat. T. IV. *Puy-de-Dôme*.	6
Aulnay. T. I. *Charente-Infér*.	8
Aulnois. T. V. *Aisne*.	5
Aulnois. T. III. *Meurthe*.	19
Aulnois-en-Pertois. T. III. *Meuse*.	3
Aulnoy. T. V. *Nord*.	46
Aulnoy. T. I. *Seine-et-Marne*.	8
Ault. T. II. *Somme*.	9
Aulus. T. IV. *Ariége*.	23
Aumale. T. I. *Seine-Inférieure*.	21
Aumont. T. IV. *Lozère*.	11
Aumont. T. II. *Oise*.	40
Auneau. T. V. *Eure-et-Loir*.	11
Auneuil. T. II. *Oise*.	5
Aups. T. III. *Var*.	6
Auray. T. V. *Morbihan*.	12
Auseilhan. *Voy*. Oreillan. T. I. *Landes*.	
Aurel. T. II. *Drôme*.	11
Aurel. T. II. *Vaucluse*.	14
Auriac. T. II. *Aude*.	3
Auriac. T. IV. *Cantal*.	12
Auriac. T. IV. *Haute-Garonne*.	32
Auriac. T. I. *Basses-Pyrénées*.	6
Auribeau. T. III. *Var*.	20
Aurignac. T. IV. *Haute-Garonne*.	18
Aurillac. T. IV. *Cantal*.	6
Auriol. T. II. *Bouches-du-Rhône*.	8
Aurons. T. II. *Bouches-du-Rhône*.	25
Auros. T. I. *Gironde*.	16
Auterive. T. IV. *Haute-Garonne*.	31
Auteuil. T. II. *Oise*.	5
Auteuil. T. VI. *Seine*.	2
Authie. T. II. *Somme*.	11
Authon. T. V. *Eure-et-Loir*.	31
Authume. T. II. *Saône-et-Loire*.	29
Autoire. T. IV. *Lot*.	14
Autras. T. IV. *Ariége*.	23

	Pages.		Pages.
Autrecourt. T. V. *Ardennes*.	15	Avesnelles. T. V. *Nord*.	19
Autrey. T. III. *Haute-Saône*.	8	Avesnes. T. V. *Nord*.	19
Auverné. T. I. *Loire-Inférieure*.	16	Avesnes-le-Comte. T. II. *Pas-de-Cal.*	20
Autun. T. II. *Saône-et-Loire*.	12	Avèze. T. II. *Gard*.	20
Auvers-le-Hamon. T. V. *Sarthe*.	11	Avignon. T. II. *Vaucluse*.	6
Auvillard. T. IV. *Tarn-et-Garonne*.	14	Avignonet. T. IV. *Haute-Garonne*.	32
Auvillars-sur-Saône. T. I. *Côte-d'Or*.	13	Aviothe. T. III. *Meuse*.	9
Auvillers. T. II. *Oise*.	26	Avit (Saint-). T. V. *Eure-et-Loir*.	24
Auvillers-les-Forges. T. V. *Ardennes*.	12	Avize. T. III. *Marne*.	9
Auxerre. T. I. *Yonne*.	4	Avocourt. T. III. *Meuse*.	11
Auxey-le-Grand. T. I. *Côte-d'Or*.	13	Avoise. T. V. *Sarthe*.	11
Auxon. T. III. *Aube*.	9	Avold (Saint-). T. III. *Moselle*.	11
Auxonne. T. I. *Côte-d'Or*.	4	Avolsheim. T. III. *Bas-Rhin*.	5
Auxy. T. I. *Loiret*.	15	Avricourt. T. II. *Oise*.	32
Auxy-le-Château. T. II. *Pas-de-Calais*.	20	Avrillé. T. V. *Vendée*.	14
Auzance. T. IV. *Creuse*.	8	Avril-sur-Loire. T. II. *Nièvre*.	4
Auzat. T. IV. *Ariége*.	6	Avrilly. T. I. *Eure*.	5
Auzat-le-Luguet. T. IV. *Puy-de-Dôme*.	21	Ax. T. IV. *Ariége*.	6
Auzelle. T. IV. *Puy-de-Dôme*.	20	Axat. T. II. *Aude*.	13
Auzers. T. IV. *Cantal*.	17	Ay (Saint-). T. I. *Loiret*.	3
Auzon. T. IV. *Haute-Loire*.	11	Ayat. T. IV. *Puy-de-Dôme*.	28
Availles. T. I. *Vienne*.	13	Aydat. T. IV. *Puy-de-Dôme*.	6
Avalets (les). T. IV. *Tarn*.	7	Ayen. T. IV. *Corrèze*.	13
Avallon. T. I. *Yonne*.	10	Aynac. T. IV. *Lot*.	14
Avée (Sainte-). T. V. *Morbihan*.	8	Azat-le-Ris. T. IV. *Haute-Vienne*.	2
Avelin. T. V. *Nord*.	10	Azay-le-Féron. T. IV. *Indre*.	9
Avenas. T. II. *Rhône*.	40	Azay-le-Rideau. T. I. *Indre-et-Loire*.	11
Avenheim. T. III. *Bas-Rhin*.	4	Azay-sur-Cher. T. I. *Indre-et-Loire*.	6
Avenières. T. V. *Mayenne*.	5	Azerailles. T. III. *Meurthe*.	22
Averton. T. V. *Mayenne*.	13	Azille. T. II. *Aude*.	3
Aves (les). T. III. *Var*.	6	Azincourt. T. II. *Pas-de-Calais*.	20
Avesne. T. II. *Hérault*.	34	Azy-le-Vif. T. II. *Nièvre*.	4

B

	Pages.		Pages.
Baccarat. T. III. *Meurthe*.	22	Bagnols. T. IV. *Puy-de-Dôme*.	21
Baconnière (la). T. V. *Mayenne*.	5	Bagnols. T. II. *Rhône*.	41
Bacqueville. T. I. *Seine-Infér*.	15	Bagnols. T. III. *Var*.	6
Badevel. T. I. *Doubs*.	12	Baignes. T. I. *Charente*.	10
Badonviller. T. III. *Meurthe*.	22	Baignes. T. III. *Haute-Saône*.	3
Bagatelle. T. VI. *Seine*.	3	Baigneux-les-Juifs. T. I. *Côte-d'Or*.	18
Bagé-le-Châtel. T. I. *Ain*.	6	Baigts. T. I. *Landes*.	21
Bages. T. II. *Aude*.	18	Bailleul. T. V. *Nord*.	38
Bagneaux. T. I. *Seine-et-Marne*.	10	Bailleul. T. V. *Orne*.	7
Bagnères-de-Luchon. T. IV. *Hte-Gar*.	18	Bailleul (le). T. V. *Sarthe*.	11
Bagneux. T. II. *Allier*.	5	Bailleu-sur-Thérain. T. II. *Oise*.	5
Bagneux. T. VI. *Seine*.	19	Bailly-Romain-Villiers. T. I. *Seine-et-Marne*.	3
Bagneux. T. I. *Maine-et-Loire*.	15	Bain. T. V. *Ille-et-Vilaine*.	32
Bagnoles. T. V. *Orne*.	9	Bains (les) ou Bains-près-Arles. T. II. *Pyrénées-Orientales*.	21
Bagnolet. T. VI. *Seine*.	3		
Bagnols. T. II. *Gard*.	17		
Bagnols. T. IV. *Lozère*.	6	Bains-les-Bains. T. III. *Vosges*.	3

TABLE ALPHABÉTIQUE DES MATIÈRES.

	Pages.		Pages.
Bairon-et-le-Mont-Dieu. T. V. Ardennes.	15	Barre. T. IV. Lozère.	9
Bais. T. V. Mayenne.	13	Barre-de-Mont (la). T. V. Vendée.	14
Baix. T. II. Ardèche.	5	Barrême. T. III. Basses-Alpes.	6
Baixas. T. II. Pyrénées-Or.	6	Barsac. T. I. Gironde.	6
Balagny-sur-Thérain. T. II. Oise.	40	Barsch. T. III. Bas-Rhin.	21
Balan. T. V. Ardennes.	15	Bar-sur-Aube. T. III. Aube.	28
Balanod. T. I. Jura.	6	Bar-sur-Seine. T. III. Aube.	26
Balaruc. T. II. Hérault.	7	Barthe-la-Rivière. T. IV. Haute-Garonne.	27
Balbigny. T. II. Loire.	15	Bas. T. IV. Haute-Loire.	15
Baldenheim. T. III. Bas-Rhin.	17	Baslieux. T. III. Moselle.	10
Balesme. T. III. Haute-Marne.	6	Bassée. T. I. Indre-et-Loire.	14
Ballée. T. V. Mayenne.	12	Bastennes. T. I. Landes.	21
Ballon. T. I. Charente-Inférieure.	12	Barthélemy (Saint-). T. II. Isère.	7
Ballon. T. V. Sarthe.	42	Bascons. T. I. Landes.	11
Balme (la). T. II. Isère.	19	Basiége. T. IV. Haute-Garonne.	32
Balzac. T. I. Charente.	8	Bassée (la). T. V. Nord.	10
Ban-de-la-Roche. T. III. Bas-Rhin.	17	Bassompierre. T. III. Moselle.	10
Bandols. T. III. Var.	25	Basson. T. I. Yonne.	13
Bannegon. T. IV. Cher.	12	Bastia. T. III. Corse.	31
Bannes. T. II. Ardèche.	11	Bastelica. T. III. Corse.	25
Banon. T. III. Basses-Alpes.	18	Bastide (la). Voy. Labastide. T. IV. Lot.	
Ban-Saint-Martin. T. III. Moselle.	4	Bastide-de-Béarn (la). T. I. Basses-Pyrénées	23
Banyuls-sur-Mer ou Banyuls-la-Maizo. T. II. Pyrénées-Orientales.	27	Bastide-de-Clairence. T. I. Basses-Pyrénées.	10
Baons. T. I. Seine-Inférieure.	23	Bastide-de-Serou (la). T. IV. Ariége.	10
Bapaume. T. II. Pas-de-Calais.	6	Bâtie-Mont-Saléon (la). T. III. Hautes-Alpes.	6
Bapeaume. T. I. Seine-Inférieure.	4	Batignolles-Monceaux (les). T. VI. Seine.	3
Bar (le). T. III. Var.	20	Bastide-Rouairoux (la). T. IV. Tarn.	10
Barbazan. T. IV. Haute-Garonne.	27	Bastide-sur-l'Hers (la). T. IV. Ariége.	26
Barbe (Sainte-). T. III. Moselle.	5	Bâtie-Neuve (la). T. III. Hautes-Alpes.	6
Barbentane. T. II. Bouches-du-Rhône.	37	Batz. T. I. Loire-Inférieure.	20
Barberey-Saint-Sulpice. T. III. Aube.	6	Batz ou Bas (île de). T. V. Finistère.	28
Barbey. T. I. Seine-et-Marne.	10	Baubigny. T. VI. Seine.	3
Barbezieux. T. I. Charente.	10	Baud. T. V. Morbihan.	19
Barcelonnette. T. III. Basses-Alpes.	13	Baudiment. T. III. Basses-Alpes.	19
Bareillonnette-de-Vitroles. T. III. Hautes-Alpes.	6	Bauduen. T. III. Var.	7
Bard. T. IV. Puy-de-Dôme.	21	Baugé. T. I. Maine-et-Loire.	10
Bardouville. T. I. Seine-Inférieure.	4	Baugé-le-Vieil. T. I. Maine-et-Loire.	10
Bargemont. T. III. Var.	6	Baugy. T. IV. Cher.	5
Barjac. T. II. Gard.	16	Baugy. T. II. Oise.	32
Barjols. T. III. Var.	15	Baulle. T. I. Loiret.	3
Barentin. T. I. Seine-Inférieure.	5	Baulon. T. V. Ille-et-Vilaine.	32
Baroche (la). T. III. Haut-Rhin.	4	Baumalec. T. V. Finistère.	34
Baron (le). Voy. Sautron. T. I. Loire-Inférieure.		Baume-à-Varoux. Voy. Tour-du-Meix. T. I. Jura.	
Bar-le-Duc ou Bar-sur-Ornain. T. III. Meuse.	3	Baume (Sainte-). Voy. Fréjus. T. III. Var.	
Barles. T. III. Basses-Alpes.	6	Baume-les-Dames. T. I. Doubs.	10
Baron. T. II. Oise.	40	Baume-les-Messieurs. T. I. Jura.	6
Barr. T. III. Bas-Rhin.	17	Baux (les). T. II. Bouches-du-Rhône.	37
Barraux. T. II. Isère.	7	Bauzely (Saint-) T. IV. Aveyron.	12
Barre (la). T. I. Eure.	14		

	Pages.		Pages.
Bauzemont. T. III. *Meurthe*.	6	Beaumont-le-Roger. T. I. *Eure*.	14
Bauzille-du-Putois (Sainte-). T. II. *Hérault*.	9	Beaumont-sur-Oise. T. I. *Seine-et-Oise*.	14
Bavay. T. V. *Nord*.	20	Beaumont-sur-Sarthe ou le Vicomte. T. V. *Sarthe*.	14
Bavelincourt. T. II. *Somme*.	6	Beaumont-sur-Vingeanne. T. I. *Côte-d'Or*.	4
Baye. T. III. *Marne*.	10	Beaune. T. I. *Côte-d'Or*.	13
Bayel. T. III. *Aube*.	20	Beaune-la-Rollande. T. I. *Loiret*.	15
Bayon. T. III. *Meurthe*.	22	Beauport. *Voy.* Plouezec. T. V. *Côtes-du-Nord*.	
Bayonne. T. I. *Basses-Pyrénées*.	10	Beaupréau. T. I. *Maine-et-Loire*.	12
Bazancourt. T. III. *Marne*.	14	Beauquesne. T. II. *Somme*.	11
Bazas. T. I. *Gironde*.	16	Beauregard. T. IV. *Puy-de-Dôme*.	7
Bazeilles. T. V. *Ardennes*.	15	Beaurepaire. T. II. *Oise*.	40
Bazoches-sur-Rhoëne. T. V. *Orne*.	13	Beaurepaire. T. II. *Isère*.	21
Bazouges. T. V. *Sarthe*.	10	Beaurepaire. T. II. *Saône-et-Loire*.	29
Bazouges-la-Pérouse. T. V. *Ille-et-Vilaine*.	18	Beaurevoir. T. V. *Aisne*.	16
Béage. T. II. *Ardèche*.	11	Beaurieux. T. V. *Aisne*.	5
Béars. T. IV. *Lot*.	5	Beausset (le). T. III. *Var*.	25
Béat (Saint-). T. IV. *Haute-Garonne*.	27	Beautiran. T. I. *Gironde*.	5
Beaubery. T. II. *Saône-et-Loire*.	23	Beauvais. T. II. *Oise*.	5
Beaucaire. T. II. *Gard*.	6	Beauval. T. II. *Somme*.	11
Beaucamps-le-Vieil. T. II. *Somme*.	7	Beauvoir. T. V. *Nord*.	23
Beauchêne. T. V. *Orne*.	10	Beauvoir. T. II. *Isère*.	18
Beaucourt. T. III. *Haut-Rhin*.	14	Beauvoir. T. I. *Seine-et-Marne*.	14
Beaudemont. T. I. *Eure*.	12	Beauvoir-sur-Mer. T. V. *Vendée*.	14
Beaufort. T. I. *Jura*.	7	Beauvoir-sur-Niort. T. V. *Deux-Sèvres*.	3
Beaufort. T. I. *Maine-et-Loire*.	10	Bécède (la). T. II. *Aude*.	9
Beaujeu. T. II. *Rhône*.	41	Bec-Hellouin. T. I. *Eure*.	14
Beaujeux. T. III. *Haute-Saône*.	9	Bécherel. T. V. *Ille-et-Vilaine*.	29
Beaulieu. T. I. *Charente*.	8	Bédarieux. T. II. *Hérault*.	23
Beaulieu. T. IV. *Corrèze*.	13	Bédarrides. T. II. *Vaucluse*.	9
Beaulieu. T. I. *Indre-et-Loire*.	14	Bédée. T. V. *Ille-et-Vilaine*.	30
Beaulieu. T. II. *Hérault*.	11	Bédeillac. T. IV. *Ariége*.	10
Beaulieu. T. I. *Loiret*.	11	Bedouin. T. II. *Vaucluse*.	14
Beaulieu. *V.* Hôpital-Issendolus. T. IV. *Lot*.		Bedous. T. I. *Basses-Pyrénées*.	16
Beaulieu. T. II. *Oise*.	32	Béduer. T. IV. *Lot*.	14
Beaulieu. T. IV. *Puy-de-Dôme*.	21	Béfort ou Belfort. T. III. *Haut-Rhin*.	14
Beaulon. T. II. *Allier*.	5	Bégard. T. V. *Côtes-du-Nord*.	21
Beaume (la). T. II. *Ardèche*.	11	Behainviller. T. III. *Meurthe*.	24
Beaume (Sainte-). *V.* Nans. T. III. *Var*.	16	Behuard. T. I. *Maine-et-Loire*.	6
Beaume-des-Arnauds (la). T. III. *Hautes-Alpes*.	6	Beine. T. III. *Marne*.	14
Beauménil. T. I. *Eure*.	14	Beinheim. T. III. *Bas-Rhin*.	28
Beaumes-de-Venise. T. II. *Vaucluse*.	16	Beire-le-Châtel. T. I. *Côte-d'Or*.	4
Beaumetz. T. II. *Pas-de-Calais*.	5	Bel (Saint-). T. II. *Rhône*.	7
Beaumont. T. V. *Ardennes*.	15	Bélabre. T. IV. *Indre*.	9
Beaumont. T. IV. *Puy-de-Dôme*.	7	Bélaye. T. IV. *Lot*.	5
Beaumont. T. I. *Seine-et-Marne*.	10	Belbeuf. T. I. *Seine-Inférieure*.	5
Beaumont. T. II. *Vaucluse*.	12	Belcaire. T. II. *Aude*.	13
Beaumont. T. I. *Vienne*.	11	Bélesta. T. IV. *Ariége*.	10
Beaumont-de-Lomagne. T. IV. *Tarn-et-Garonne*.	12	Belgencier. T. III. *Var*.	26
Beaumont-la-Chartre. T. V. *Sarthe*.	9	Belgodère. T. III. *Corse*.	38
Beaumont-le-Chartif. T. V. *Eure-et-Loir*.	31	Belhade. T. I. *Landes*.	11
		Bélieu (le). T. I. *Doubs*.	12
		Belin. T. I. *Gironde*.	5

TABLE ALPHABÉTIQUE DES MATIÈRES.

	Pages.
Bellac. T. IV. *Haute-Vienne*.	12
Belle-Fontaine. T. I. *Jura*.	13
Belle-Fontaine. T. III. *Vosges*.	11
Bellegarde. T. I. *Ain*.	12
Bellegarde. T. IV. *Creuse*.	8
Bellegarde. *V.* l'Écluse. T. II. *Pyrénées-Orientales*.	
Bellegarde. T. I. *Loiret*.	13
Bellenave. T. II. *Allier*.	13
Bellencombre. T. I. *Seine-Inférieure*.	15
Bellenot-sur-Seine. T. I. *Côte-d'Or*.	19
Bellesme. T. V. *Orne*.	13
Bellevesvres. T. II. *Saône-et-Loire*.	29
Belle-Ile-en-Mer (île de). T. V. *Morbihan*.	12
Belle-Ile-en-Terre. T. V. *Côtes-du-Nord*.	21
Bellevilles. T. III. *Meurthe*.	6
Belleville. T. VI. *Seine*.	3
Belleville-sur-Saône. T. II. *Rhône*.	42
Belley. T. I. *Ain*.	9
Belliet. T. I. *Gironde*.	5
Bellezeele. T. V. *Nord*.	34
Bellou-sur-Huisne. T. V. *Orne*.	14
Belmont. T. IV. *Aveyron*.	7
Belmont. T. II. *Loire*.	15
Belpech. T. II. *Aude*.	9
Belval-Bois-des-Dames. T. V. *Ardennes*.	20
Belz. T. V. *Morbihan*.	13
Bénaménil. T. III. *Meurthe*.	22
Benassay. T. I. *Vienne*.	4
Beneuvre. T. I. *Côte-d'Or*.	19
Bénévent. T. IV. *Creuse*.	13
Benin-des-Bois (Saint-). T. II. *Nièvre*.	4
Benin-d'Azy (Saint-). T. II. *Nièvre*.	4
Benfeld. T. III. *Bas-Rhin*.	20
Benoit (Saint-). T. I. *Vienne*.	4
Benoît-du-Sault (Saint-). T. IV. *Indre*.	9
Benon. T. I. *Charente-Inférieure*.	3
Benquet. T. I. *Landes*.	11
Berain-sur-Dheune (Saint-). T. II. *Saône-et-Loire*.	18
Berardière (la). *Voy.* Outre-Furens. T. II. *Loire*.	
Bercenay-en-Othe. T. III. *Aube*.	6
Berck-sur-Mer. T. II. *Pas-de-Calais*.	15
Bercy. T. VI. *Seine*.	19
Bergheim. T. III. *Haut-Rhin*.	4
Bergnicourt. T. V. *Ardennes*.	10
Bergouey. T. I. *Landes*.	21
Bergues. T. V. *Nord*.	32
Berigny. T. III. *Meuse*.	6
Berlaimont. T. V. *Nord*.	20
Bernaville. T. II. *Somme*.	11
Bernay. T. I. *Eure*.	14
Berné. T. V. *Morbihan*.	19

	Pages.
Bernecourt. T. III. *Meurthe*.	26
Berre. T. II. *Bouches-du-Rhône*.	25
Berre (Étang-de-). T. II. *Bouches-du-Rhône*.	25
Berry-au-Bac. T. V. *Aisne*.	5
Berteaucourt. T. II. *Somme*.	11
Berthaume (fort). *Voy.* Plougonvelin. T. V. *Finistère*.	
Berthéléville. T. III. *Meuse*.	7
Berthevin (Saint-). T. V. *Mayenne*.	5
Berthouville. T. I. *Eure*.	15
Bertincourt. T. II. *Pas-de-Calais*.	5
Bertrand-de-Comminges (Saint-). T. IV. *Haute-Garonne*.	28
Beruges. T. I. *Vienne*.	4
Bérulles. T. III. *Aube*.	6
Berven. *V.* Plouzévédé. T. V. *Finistère*.	
Berville-sur-Mer. T. I. *Eure*.	18
Berzé-la-Ville. T. II. *Saône-et-Loire*.	5
Berzé-le-Châtel. T. II. *Saône-et-Loire*.	5
Besançon. T. I. *Doubs*.	4
Besné. T. I. *Loire-Inférieure*.	20
Besons. T. I. *Seine-et-Oise*.	6
Bessan. T. II. *Hérault*.	23
Besse. T. IV. *Puy-de-Dôme*.	21
Besse. T. III. *Var*.	16
Bessé. T. I. *Maine-et-Loire*.	15
Bessé. T. V. *Sarthe*.	9
Bessines. T. IV. *Haute-Vienne*.	12
Bessonies (la). T. IV. *Tarn*.	10
Betbeder. T. I. *Landes*.	11
Bétharram. T. I. *Basses-Pyrénées*.	6
Béthisy-Saint-Pierre. T. II. *Oise*.	40
Béthune. T. II. *Pas-de-Calais*.	14
Bettrechies. T. V. *Nord*.	20
Betz. T. I. *Indre-et-Loire*.	14
Betz. T. II. *Oise*.	40
Beuille-Saint-Amand. T. V. *Nord*.	46
Beurre. T. I. *Doubs*.	6
Beuzeville. T. I. *Eure*.	18
Beuzit. *V.* Landerneau. T. V. *Finistère*.	
Beynat. T. IV. *Corrèze*.	13
Beyssenac. T. IV. *Corrèze*.	13
Bezaumont. T. III. *Meurthe*.	6
Bèze. T. I. *Côte-d'Or*.	5
Béziers. T. II. *Hérault*.	23
Bezu-la-Forêt. T. I. *Eure*.	12
Bezou-la-Mulotière. T. V. *Eure-et-Loir*.	29
Biard. T. I. *Vienne*.	4
Biarritz. T. I. *Basses-Pyrénées*.	12
Bias. T. I. *Landes*.	11
Biaudos. T. I. *Landes*.	15
Bicêtre. T. VI. *Seine*.	20
Bidache. T. I. *Basses-Pyrénées*.	13

	Pages		Pages
Bief-d'Étoz. T. I. *Doubs*.	13	Blérancourt. T. V. *Aisne*.	5
Bielle. T. I. *Basses-Pyrénées*.	16	Bléré. T. I. *Indre-et-Loire*.	6
Bierne. T. V. *Mayenne*.	12	Blesle. T. IV. *Haute-Loire*.	11
Bierne. T. V. *Nord*.	34	Blet. T. IV. *Cher*.	12
Bierre. T. I. *Côte-d'Or*.	21	Bletterans. T. I. *Jura*.	7
Biesles. T. III. *Haute-Marne*.	4	Bléville. T. I. *Seine-Inférieure*.	18
Bièvres. T. I. *Seine-et-Oise*.	6	Blèves. T. V. *Sarthe*.	15
Biganon. T. I. *Landes*.	11	Blevy. T. V. *Eure-et-Loir*.	29
Biganos. T. I. *Gironde*.	5	Bligny. T. III. *Aube*.	29
Bignon (le). T. I. *Loire-Inférieure*.	6	Bligny-sur-Ouche. T. I. *Côte-d'Or*.	14
Bigny-sur-Cher. T. IV. *Cher*.	12	Blin (Saint-). T. III. *Haute-Marne*.	4
Biguglia. T. III. *Corse*.	32	Blois. T. I. *Loir-et-Cher*.	5
Bilazay. T. V. *Deux-Sèvres*.	8	Blosseville-Bon-Secours. T. I. *Seine-Inférieure*.	5
Billiers. T. V. *Morbihan*.	8	Blot-l'Église. T. IV. *Puy-de-Dôme*.	28
Billom. T. IV. *Puy-de-Dôme*.	7	Blotzheim. T. III. *Haut-Rhin*.	12
Billy. T. II. *Allier*.	17	Bocognano et Affa. T. III. *Corse*.	25
Billy-sur-Seine. T. I. *Côte-d'Or*.	19	Boen. T. II. *Loire*.	4
Binic. T. V. *Côtes-du-Nord*.	7	Boinville. T. I. *Seine-et-Oise*.	22
Bioule. T. IV. *Tarn-et-Garonne*.	6	Boinville-aux-Miroirs. T. III. *Meurthe*.	6
Biot. T. III. *Var*.	20	Bois-Commun. T. I. *Loiret*.	15
Biozat. T. II. *Allier*.	13	Bois-d'Amont. T. I. *Jura*.	14
Biscarosse. T. I. *Landes*.	11	Bois-d'Oingt (le). T. II. *Rhône*.	43
Bischwiller. T. III. *Bas-Rhin*.	5	Boisset. T. IV. *Cantal*.	7
Bissy. T. II. *Saône-et-Loire*.	18	Boisset. T. I. *Jura*.	20
Bitche. T. III. *Moselle*.	11	Boisseuil. T. IV. *Haute-Vienne*.	5
Bitschwiller. T. III. *Haut-Rhin*	14	Boissezon-d'Augmontel. T. IV. *Tarn*.	10
Bizanet. T. II. *Aude*.	18	Boissière (la). T. V. *Mayenne*.	12
Bizanos. T. I. *Basses-Pyrénées*.	6	Boissière-du-Doré (la). T. I. *Loire-Inférieure*.	6
Bize. T. II. *Aude*.	19	Boissy-le-Bois. T. II. *Oise*.	15
Biziat. T. I. *Ain*.	15	Boissy-le-Châtel. T. I. *Seine-et-Marne*.	8
Bizy. T. IV. *Nièvre*.	4	Boissy-le-Sec. T. I. *Seine-et-Oise*.	19
Blacé. T. II. *Rhône*.	43	Boissy-le-Sec. T. V. *Eure-et-Loir*.	29
Blain. T. I. *Loire-Inférieure*.	20	Boissy-Saint-Léger. T. I. *Seine-et-Oise*.	17
Blainville-sur-l'Eau. T. III. *Meurthe*.	22	Bolbec. T. I. *Seine-Inférieure*.	18
Blamont. T. I. *Doubs*.	13	Bollène. T. II. *Vaucluse*.	16
Blamont. T. III. *Meurthe*.	22	Bonchamp. T. V. *Mayenne*.	5
Blanc (le). T. IV. *Indre*.	10	Bondy. T. VI. *Seine*.	4
Blandecques. T. II. *Pas-de-Calais*.	17	Bonhomme (le). T. III. *Haut-Rhin*.	5
Blandy. T. I. *Seine-et-Marne*.	14	Bollwiller. T. III. *Haut-Rhin*.	5
Blandy. T. I. *Seine-et-Oise*.	19	Bonifacio. T. III. *Corse*.	45
Blangy. T. I. *Seine-Inférieure*.	21	Bonlieu. T. II. *Ardèche*.	17
Blanot. T. II. *Saône-et-Loire*.	5	Bonnat. T. IV. *Creuse*.	5
Blanquefort. T. I. *Gironde*.	5	Bonnelles. T. I. *Seine-et-Oise*.	22
Blanzac. T. I. *Charente*.	8	Bonnes. T. I. *Vienne*.	4
Blanzay. T. I. *Vienne*.	13	Bonnet (Saint-). T. III. *Hautes-Alpes*.	6
Blanzy. T. II. *Saône-et-Loire*.	15	Bonnet-Conac. T. I. *Charente-Inférieure*.	9
Blars. T. IV. *Lot*.	5	Bonnet-de-Joux (St-). T. II. *Saône-et-Loire*.	23
Blaud. T. IV. *Ariège*.	27	Bonnet-de-Rochefort (St-). T. II. *Allier*.	13
Blaye. T. I. *Gironde*.	18	Bonnet-le-Château (St-). T. II. *Loire*.	4
Blaymard. T. IV. *Lozère*.	7	Bonnet-le-Chastel (St-). T. IV. *Puy-de-Dôme*.	20
Blazimont. T. I. *Gironde*.	23	Bonnet-la-Rivière (St-). T. IV. *Hte-Vienne*.	6
Bléneau. T. I. *Yonne*.	13		
Blénod-aux-Oignons ou lez-Toul. T. III. *Meurthe*.	26		

TABLE ALPHABÉTIQUE DES MATIÈRES.

Nom	Pages
Bonnet-le-Désert (St-). V. Tronçais. T. II. Allier.	
Bonnétable. T. V. Sarthe.	15
Bonneuil-sur-Marne. T. VI. Seine.	20
Bonneval. T. V. Eure-et-Loir.	24
Bonnevaux. T. I. Doubs.	6
Bonnevaux. T. II. Isère.	21
Bonneville (la). T. I. Eure.	5
Bonnières. T. I. Seine-et-Oise.	20
Bonnieux. T. II. Vaucluse.	19
Bonny. T. I. Loiret.	16
Bonpas. T. II. Vaucluse.	9
Bontenac. T. II. Aude.	19
Boos. T. I. Seine-Inférieure.	5
Boran. T. II. Oise.	41
Borce. T. I. Basses-Pyrénées.	16
Bordeaux. T. I. Gironde.	5
Bordes (les). T. IV. Ariége.	23
Borest. T. II. Oise.	41
Bord-Saint-George. T. IV. Creuse.	14
Borgo. T. III. Corse.	33
Bormes. T. III. Var.	26
Borne. T. IV. Haute-Loire.	6
Bort. T. IV. Corrèze.	15
Boscodon. T. III. Hautes-Alpes.	14
Bossus-les-Rumigny. T. V. Ardennes.	12
Bouan. T. IV. Ariége.	11
Bouaye. T. I. Loire-Inférieure.	6
Boubers-sur-Canche. T. II. Pas-de-Cal.	20
Bouc (port et tour de). T. II. Bouches-du-Rhône.	26
Boucard. T. IV. Cher.	15
Bouchain. T. V. Nord.	46
Boucheporn. T. III. Moselle.	5
Bouchet-St-Nicolas (le). T. IV. Hte-L.	6
Bouchoux (les) ou Bonneville. T. I. Jura.	14
Bouconville. T. V. Aisne.	7
Boudeville. T. I. Seine-Inférieure.	5
Bouée. T. V. Orne.	7
Bouexière (la). T. V. Ille-et-Vilaine.	7
Bougey. T. III. Haute-Saône.	4
Bougival. T. I. Seine-et-Oise.	6
Bouglainval. T. V. Eure-et-Loir.	11
Bouguenais. T. I. Loire-Inférieure.	6
Bouhans. T. II. Saône-et-Loire.	29
Bouillac. T. IV. Tarn-et-Garonne.	12
Bouille (la). T. I. Seine-Inférieure.	5
Bouilly. T. III. Aube.	7
Bouilly-Saint-Loup. T. III. Aube.	12
Bouin (île de). T. V. Vendée.	14
Boulbon. T. II. Bouches-du-Rhône.	38
Boulleret. T. IV. Cher.	15
Boulogne. T. VI. Seine.	4
Boulogne-la-Grasse. T. II. Oise.	32
Boulogne-sur-Mer. T. II. Pas-de-Cal.	6
Bouloigne. T. IV. Haute-Garonne.	28
Bouloire. T. V. Sarthe.	9
Boulon (le). T. II. Pyrénées-Orientales.	22
Boult. T. III. Haute-Saône.	4
Boulternère. T. II. Pyrénées-Orientales.	27
Boulzicourt. T. V. Ardennes.	5
Bouray. T. I. Seine-et-Oise.	19
Bourbon-Lancy. T. II. Saône-et-Loire.	23
Bourbon-l'Archambault. T. II. Allier.	5
Bourbon-Vendée. T. V. Vendée.	6
Bourbonne-les-Bains. T. III. Hte-Marne.	6
Bourboule (la). Voy. Murat-le-Quayre. T. IV. Puy-de-Dôme.	
Bourbourg. T. V. Nord.	34
Bourbriac. T. V. Côtes-du-Nord.	21
Bourcq. T. V. Ardennes.	20
Bourdenay. T. III. Aube.	42
Bourdisière. Voy. Veretz. T. I. Indre-et-Loire.	6
Bourg. T. I. Ain.	6
Bourg. T. I. Gironde.	18
Bourg. T. III. Haute-Marne.	13
Bourg (le). T. IV. Lot.	14
Bourg-Achard. T. I. Eure.	18
Bourgaltroff. T. III. Meurthe.	19
Bourganeuf. T. IV. Creuse.	13
Bourg-Argental. T. II. Loire.	10
Bourg-Beaudouin. T. I. Eure.	12
Bourg-de-Lestra. T. II. Ardèche.	17
Bourg-des-Comptes. T. V. Ille-et-Vil.	32
Bourg-de-Vissac. T. IV. Tarn-et-Gar.	14
Bourg-Dieu ou Déols. T. IV. Indre.	5
Bourg-d'Oysans. T. II. Isère.	8
Bourg-d'Un. T. I. Seine-Inférieure.	15
Bourg-du-Péage. T. II. Drôme.	4
Bourges. T. IV. Cher.	4
Bourget. T. VI. Seine.	5
Bourg-Hersent. T. V. Mayenne.	5
Bourg-la-Reine. T. VI. Seine.	20
Bourg-Lastic. T. IV. Puy-de-Dôme.	7
Bourg-lez-Valence. T. II. Drôme.	4
Bourg-Madame. T. II. Pyrénées-Or.	27
Bourgneuf. T. I. Loire-Inférieure.	18
Bourgneuf-la-Forêt. T. V. Mayenne.	5
Bourgogne. T. III. Marne.	14
Bourgoin. T. II. Isère.	20
Bourg-Saint-Andéol. T. II. Ardèche.	5
Bourgthéroulde. T. I. Eure.	18
Bourguignon-les-Morey. T. III. Hte-Saône.	4
Bourgueil. T. I. Indre-et-Loire.	11
Bourmont. T. III. Haute-Marne.	4
Bournazel. T. IV. Aveyron.	4
Bourneuf. T. II. Saône-et-Loire.	18

	Pages.		Pages.
Bourneville. T. I. *Eure.*	18	Briey. T. III. *Moselle.*	10
Boursault. T. III. *Marne.*	10	Brède (la). T. I. *Gironde.*	14
Bourth. T. I. *Eure.*	5	Bréhat (île de). T. V. *Côtes-du-Nord.*	7
Bourthes. T. II. *Pas-de-Calais.*	15	Breil (le). T. V. *Sarthe.*	4
Boury. T. II. *Oise.*	15	Breloux. T. V. *Deux-Sèvres.*	3
Bourzolles. *Voy.* Souillac. T. IV. *Lot.*		Brelès. T. V. *Finistère.*	14
Bousbecque. T. V. *Nord.*	10	Brengues. T. IV. *Lot.*	14
Bouscaut (le). T. I. *Gironde.*	14	Brenod. T. I. *Ain.*	13
Boussac. T. IV. *Creuse.*	14	Bréoulle (la). T. III. *Basses-Alpes.*	14
Boussac (la). T. V. *Ille-et-Vilaine.*	20	Brescou. T. II. *Hérault.*	25
Boussagues. T. II. *Hérault.*	25	Bresles. T. II. *Oise.*	15
Boussay. T. I. *Indre-et-Loire.*	15	Bresson (Saint-). T. III. *Haute-Saône.*	12
Boussay. T. V. *Mayenne.*	12	Bressuire. T. V. *Deux-Sèvres.*	8
Boutancourt. T. V. *Ardennes.*	5	Brest. T. V. *Finistère.*	14
Bouvante. T. II. *Drôme.*	4	Breitenbach. T. III. *Bas-Rhin.*	21
Bouvier. *V.* Couches. T. II. *Saône-et-L.*		Brétigny. T. V. *Eure-et-Loir.*	11
Bouvignies. T. V. *Nord.*	28	Bretenoux. T. IV. *Lot.*	15
Bouville. T. I. *Seine-Inférieure.*	5	Breteuil. T. I. *Eure.*	5
Bouvines. T. V. *Nord.*	10	Breteuil. T. II. *Oise.*	26
Boux. T. I. *Côte-d'Or.*	21	Bretteville. T. I. *Seine-Inférieure.*	18
Bouxières. T. I. *Doubs.*	6	Breuil (le). T. II. *Allier.*	18
Bouxières-aux-Dames. T. III. *Meurthe.*	6	Breuil (le). T. IV. *Puy-de-Dôme.*	22
Bouxwiller. T. III. *Bas-Rhin.*	15	Breuil (le). T. II. *Rhône.*	43
Bouy. T. III. *Aube.*	7	Breuil-le-Vert. T. II. *Oise.*	26
Bouzies. T. IV. *Lot.*	7	Brevilly. T. V. *Ardennes.*	15
Bouzigues. T. II. *Hérault.*	11	Brèze. T. I. *Maine-et-Loire.*	16
Bouzillé. T. I. *Maine-et-Loire.*	12	Brézolles. T. V. *Eure-et-Loir.*	29
Bouzonville. T. III. *Moselle.*	14	Brezons. T. IV. *Cantal.*	13
Boves. T. II. *Somme.*	7	Briac (Saint-). T. V. *Ille-et-Vilaine.*	20
Boyer. T. II. *Saône-et-Loire.*	18	Briançon. T. III. *Hautes-Alpes.*	10
Boynes. T. I. *Loiret.*	15	Briançonnet. T. III. *Var.*	20
Boz. T. I. *Ain.*	7	Briare. T. I. *Loiret.*	11
Bozouls. T. IV. *Aveyron.*	4	Briatexte. T. IV. *Tarn.*	15
Brain. T. I. *Maine-et-Loire.*	15	Brice (Saint-). T. I. *Seine-et-Oise.*	14
Bracieux. T. I. *Loir-et-Cher.*	7	Brice (Saint-). T. IV. *Haute-Vienne.*	14
Braize. T. II. *Allier.*	15	Brice-en-Coglais (Saint-). T. V. *Ille-et-Vilaine.*	18
Bragny. T. II. *Saône-et-Loire.*	18	Brie-Comte-Robert. T. I. *Seine-et-Marne.*	14
Braisne-sur-Veyle. T. V. *Aisne.*	20	Briec. T. V. *Finistère.*	9
Brans. T. II. *Aude.*	9	Brienne-le-Château. T. III. *Aube.*	29
Bramay. T. I. *Yonne.*	15	Briennon. T. II. *Loire.*	15
Brans. T. I. *Jura.*	17	Brie-sur-Marne. T. VI. *Seine.*	20
Brancion. T. II. *Saône-et-Loire.*	5	Brieuc (Saint-). T. V. *Côtes-du-Nord.*	8
Brando. T. III. *Corse.*	33	Brignais. T. II. *Rhône.*	7
Brandon. T. II. *Saône-et-Loire.*	5	Brignolles. T. III. *Var.*	16
Branles. T. I. *Seine-et-Marne.*	10	Brigueil. T. I. *Charente.*	13
Brannes. T. I. *Gironde.*	21	Briis-sous-Forges. T. I. *Seine-et-Oise.*	22
Brassac. T. IV. *Ariége.*	11	Brillon. T. III. *Meuse.*	5
Brassac. T. IV. *Puy-de-Dôme.*	21	Brinon. T. I. *Yonne.*	13
Brassac. T. IV. *Tarn.*	10	Brinon-les-Allemand. T. II. *Nièvre.*	14
Brassempouy. T. I. *Landes.*	21	Briolay. T. I. *Maine-et-Loire.*	6
Bray. T. II. *Somme.*	15	Brion. T. IV. *Lozère.*	11
Bray-sur-Seine. T. I. *Seine-et-Marne.*	17	Brionne. T. I. *Eure.*	15
Brazey-en-Plaine. T. I. *Côte-d'Or.*	15	Brioude. T. IV. *Haute-Loire.*	11
Brech. T. V. *Morbihan.*	13		

TABLE ALPHABÉTIQUE DES MATIÈRES.

	Pages.		Pages.
Brioude-la-Vieille. *Voy.* Vieille-Brioude. T. IV. *Haute-Loire.*		Bruyères. T. III. *Vosges.*	5
		Bruz. T. V. *Ille-et-Vilaine.*	7
Brioux. T. V. *Deux-Sèvres.*	12	Bu. T. V. *Eure-et-Loir.*	29
Briouze. T. V. *Orne.*	7	Buc. T. I. *Seine-et-Oise.*	6
Bris (Saint-). T. I. *Yonne.*	7	Buhy. T. I. *Seine-et-Oise.*	20
Brissac. T. II. *Hérault.*	11	Buchy. T. I. *Seine-Inférieure.*	5
Brissac. T. I. *Maine-et-Loire.*	6	Buffon. T. I. *Côte-d'Or.*	21
Brissarthe. T. I. *Maine-et-Loire.*	23	Bugeat. T. IV. *Corrèze.*	16
Brives ou Brive-la-Gaillarde. T. IV. *Corrèze.*	13	Buges. T. I. *Loiret.*	13
		Buglose. T. I. *Landes.*	15
Broc (le). T. IV. *Puy-de-Dôme.*	22	Buhl. T. III. *Haut-Rhin.*	5
Brocas. T. I. *Landes.*	11	Buironfosse. T. V. *Aisne.*	23
Broglie ou Chambois. T. I. *Eure.*	15	Buis (le). T. II. *Drôme.*	16
Brognon. T. V. *Ardennes.*	12	Buisson (le). T. II. *Vaucluse.*	16
Bromont. T. IV. *Puy-de-Dôme.*	28	Bulgnéville. T. III. *Vosges.*	10
Bron. T. II. *Isère.*	21	Bulles. T. II. *Oise.*	26
Broons. T. V. *Côtes-du-Nord.*	12	Bully. T. II. *Rhône.*	7
Broquies. T. IV. *Aveyron.*	8	Bures. T. I. *Seine-et-Oise.*	6
Brossac. T. I. *Charente.*	11	Bures. T. I. *Seine-Inférieure.*	21
Brou. T. V. *Eure-et-Loir.*	25	Burie. T. I. *Charente-Inférieure.*	13
Brouage. T. I. *Charente-Inférieure.*	10	Burlats. T. IV. *Tarn.*	10
Brout. T. II. *Allier.*	13	Buroville. T. III. *Aube.*	28
Brouvelieures. T. III. *Vosges.*	6	Bursard. T. V. *Orne.*	6
Broye-les-Pesmes. T. III. *Haute-Saône.*	9	Burzet. T. II. *Ardèche.*	11
Bruay. T. V. *Nord.*	46	Bury. T. II. *Oise.*	27
Brugairoles. T. II. *Aude.*	13	Bussang. T. III. *Vosges.*	11
Bruges. T. I. *Basses-Pyrénées.*	6	Bussière (la). T. I. *Loiret.*	11
Bruguière (la). *Voy.* Labruguière. T. IV. *Tarn.*		Bussières-les-Belmont. T. III. *Haute-Marne.*	13
Brulon. T. V. *Sarthe.*	11	Bussigny. T. V. *Nord.*	23
Brumath. T. III. *Bas-Rhin.*	5	Bussy-le-Grand. T. I. *Côte-d'Or.*	21
Brunhamel. T. V. *Aisne.*	5	Bussy-Saint-Martin. T. I. *Seine-et-Marne.*	3
Bruniquel. T. IV. *Tarn-et-Garonne.*	6	Busset. T. II. *Allier.*	18
Brunoy. T. I. *Seine-et-Oise.*	17	Buthulien. T. V. *Côtes-du-Nord.*	22
Brusques. T. IV. *Aveyron.*	8	Buzancy. T. V. *Ardennes.*	20
Brux. T. I. *Vienne.*	13	Buzignargues. T. II. *Hérault.*	11
Bruyères. T. V. *Aisne.*	5	Buxière-la-Grue. T. II. *Allier.*	9
Bruyères. T. V. *Aisne.*	13	Buxy. T. II. *Saône-et-Loire.*	18
Bruyères. T. I. *Seine-et-Oise.*	17	Buzançais. T. IV. *Indre.*	6

C

Cabanes. T. II. *Bouches-du-Rhône.*	38	Cadenet. T. II. *Vaucluse.*	12
Cabannes (les). T. IV. *Ariége.*	11	Caderousse. T. II. *Vaucluse.*	16
Cabasse. T. III. *Var.*	16	Cadière (la). T. III. *Var.*	26
Cabestany. T. II. *Pyrénées-Orientales.*	6	Cadillac. T. I. *Gironde.*	14
Cabrerets. T. IV. *Lot.*	7	Cadours. T. IV. *Haute-Garonne.*	4
Cabrespine. T. II. *Aude.*	3	Caestre. T. V. *Nord.*	39
Cabrières. T. II. *Hérault.*	25	Cagand. T. V. *Vendée.*	7
Cabriès. T. II. *Bouches-du-Rhône.*	26	Cagnes. T. III. *Var.*	20
Cabris. T. III. *Var.*	20	Cagnoncle. T. V. *Nord.*	23
Cadalen. T. IV. *Tarn.*	14	Cahors. T. IV. *Lot.*	8

TABLE ALPHABÉTIQUE DES MATIÈRES

	Pages.
Bourneville. T. I. Eure.	18
Boursault. T. III. Marne.	10
Bourth. T. I. Eure.	5
Bourthes. T. II. Pas-de-Calais.	15
Boury. T. II. Oise.	15
Boursolles. Voy. Souillac. T. IV. Lot.	
Boushecque. T. V. Nord.	10
Bouscaut (le). T. I. Gironde.	15
Boussac. T. IV. Creuse.	
Boussac (la). T. V. Ille-et-Vilaine.	
Boussagues. T. II. Hérault.	
Boussay. T. I. Indre-et-Loire.	
Boussay. T. V. Mayenne.	
Boussencourt. T. V. Ardennes.	
Bouvante. T. II. Drôme.	
Bouvier. V. Couches. T. II.	
Bouvignies. T. V. Nord.	
Bouville. T. I. Seine-I[nf.]	
Bouvines. T. V. Nord.	
Boux. T. I. Côte-d'[Or]	

Briey. T. III.
Brède (la).
Bréhat.
Breil.

...IV. Lot.

...II. Aude.
Capestang. T. II. Hérault.
Capiteux. T. IV. Haute-Garonne.
Carames. T. I. Gironde.
Carimat-Blanc. T. IV. Haute-Garonne.
Carbonne. T. IV. Arière.
Carcans. T. I. Gironde.
Carcarès. T. I. Landes.
Carcassonne. T. II. Aude.
Carcen. T. I. Landes.
Carcès. T. III. Var.
Cardaillac. T. IV. Lot.
Cardin. T. III. Cher.
Cardonne. T. IV. Lot.
Carentoir. T. V. Morbihan.
Cargèse. T. III. Corse.
Carisam. T. V. Finistère.
Carla-de-Roquefort. T. IV. Ariège.
Carla-le-Comte. T. IV. Ariège.
Carlat. T. IV. Cantal.
Carlepont. T. I. Oise.
Carnac ou Karnac. T. V. Morbihan.
Carneille (la). T. V. Orne.
Carignan. T. V. Ardennes.
Carnières. T. V. Nord.
Carol. T. II. Pyrénées-Orientales.
Caromb. T. II. Vaucluse.
Carpentras. T. III. Vaucluse.
Carquefou. T. I. Loire-Inférieure.
Carrepuis. T. II. Somme.
Carrières-Saint-Denis. T. I. Seine-et-Oise.
Carrouges. T. V. Orne.
Carry-le-Rouet. T. II. Bouches-du-Rhône.
Carvin. T. V. Nord.
Carvin-Épinoy. T. II. Pas-de-Calais.
Cassan. Voy. Cabian. T. II. Hérault.

TABLE ALPHABETIQUE DES MATIÈRES.

	Pages		Pages
Cassagnas. T. IV. *Lozère*.	9	Caunette (la). T. II. *Hérault*.	38
Cassagnes-Begonhès. T. IV. *Aveyron*.	4	Caussade. T. IV. *Tarn-et-Garonne*.	6
Cassel. T. V. *Nord*.	39	Causses. T. II. *Hérault*.	26
Cassès (les). T. II. *Aude*.	9	Caussou-et-Subenac. T. IV. *Ariege*.	11
Cassine (la). T. V. *Ardennes*.	5	Cauvigny. T. II. *Oise*.	16
Cassis. T. II. *Bouches-du-Rhône*.	9	Caux. T. II. *Hérault*.	27
Casson. T. I. *Loire-Inférieure*.	16	Cavaillon. T. II. *Vaucluse*.	9
Cast (Saint-). T. V. *Côtes-du-Nord*.	12	Cavalerie (la). T. IV. *Aveyron*.	12
Castandet. T. I. *Landes*.	12	Caveirac. T. II. *Gard*.	8
Castanet. T. IV. *Haute-Garonne*.	4	Cavignac. T. I. *Gironde*.	19
Casteill. T. II. *Pyrénées-Orientales*.	29	Cayeux. T. II. *Somme*.	9
Castellanne. T. III. *Basses-Alpes*.	16	Caylar (le). T. II. *Hérault*.	36
Castelmoron. T. I. *Gironde*.	23	Caylus. T. IV. *Tarn-et-Garonne*.	7
Castelnau. T. II. *Hérault*.	11	Cayres. T. IV. *Haute-Loire*.	6
Castelnau. T. I. *Landes*.	21	Cazères. T. IV. *Haute-Garonne*.	31
Castelnaudary. T. II. *Aude*.	9	Cazères. T. I. *Landes*.	12
Castelnau-de-Bréteuoux. T. IV. *Lot*.	16	Cazouls-les-Béziers. T. II. *Hérault*.	27
Castelnau-de-Lévy. T. IV. *Tarn*.	7	Cazuls. T. IV. *Lot*.	10
Castelnau-de-Médoc. T. I. *Gironde*.	14	Ceilhes. T. II. *Hérault*.	36
Castelnau-de-Montmirail. T. IV. *Tarn*.	14	Celle-lez-Saint-Cloud (la). T. I. *Seine-et-Oise*.	6
Castelnau-d'Estrefonds. T. IV. *Hte-Gar*.	4	Celle-Bruère (la). T. IV. *Cher*.	12
Castelnau-Durban. T. IV. *Ariége*.	23	Celle-Dunoise (la). T. IV. *Creuse*.	5
Castelnau-Montratier. T. IV. *Lot*.	9	Celle-Monestier. T. II. *Aude*.	11
Castel-Sagrat. T. IV. *Tarn-et-Garonne*.	14	Celle-Neuve. T. II. *Hérault*.	11
Castelsarrasin. T. I. *Landes*.	22	Celles. T. IV. *Cantal*.	22
Castelsarrasin. T. IV. *Tarn-et-Garonne*.	12	Celles. T. IV. *Ariége*.	11
Castets. T. I. *Gironde*.	17	Celles. T. III. *Haute-Marne*.	13
Castets. T. I. *Landes*.	16	Celles. T. V. *Deux-Sèvres*.	12
Castifao. T. III. *Corse*.	41	Celles-les-Bordes. T. I. *Seine-et-Oise*.	22
Castiglione. T. III. *Corse*.	41	Cellier (le). T. I. *Loire-Inférieure*.	15
Castillon. T. IV. *Ariége*.	23	Cély. T. I. *Seine-et-Marne*.	14
Castillon. T. I. *Gironde*.	12	Cénerières. T. IV. *Lot*.	10
Castres. T. I. *Gironde*.	14	Cenery-le-Gerey (Sainte-). T. V. *Orne*.	6
Castres. T. IV. *Tarn*.	11	Cenon. T. I. *Vienne*.	11
Castries. T. II. *Hérault*.	11	Censeau. T. I. *Jura*.	20
Catalans (les). T. II. *Bouches-du-Rhône*.	9	Centurie. T. III. *Corse*.	34
Cateau-Cambresis (le). T. V. *Nord*.	26	Cepoy. T. I. *Loiret*.	13
Catelet (le). T. V. *Aisne*.	16	Cercamps. T. II. *Pas-de-Calais*.	20
Catherine-de-Fierbois (Sainte-). T. I. *Indre-et-Loire*.	15	Cercueil. T. V. *Orne*.	6
Catillon-sur-Sambre. T. V. *Nord*.	27	Cerdon. T. I. *Ain*.	13
Cattenom. T. III. *Moselle*.	14	Cernin (Saint-). T. IV. *Cantal*.	8
Catus. T. IV. *Lot*.	9	Céré (Saint-). T. IV. *Lot*.	17
Caudebec. T. I. *Seine-Inférieure*.	23	Cères. T. I. *Landes*.	12
Caudebec-lez-Elbeuf. T. I. *Seine-Inf*.	6	Ceret. T. II. *Pyrénées-Orientales*.	22
Cauderan. T. I. *Gironde*.	14	Cérilly. T. II. *Allier*.	15
Cauderot. T. I. *Gironde*.	23	Cerisiers. T. I. *Yonne*.	13
Caudiès. T. II. *Pyrénées-Orientales*.	7	Cerizay. T. V. *Deux-Sèvres*.	8
Caudry. T. V. *Nord*.	27	Cernay. T. I. *Seine-et-Oise*.	22
Caulincourt. T. V. *Aisne*.	17	Cernay. T. III. *Haut-Rhin*.	15
Caulnes. T. V. *Côtes-du-Nord*.	13	Ceronne. T. V. *Orne*.	15
Caumont. T. I. *Eure*.	18	Cérons. T. I. *Gironde*.	14
Caumout. T. II. *Vaucluse*.	9	Cervières. T. II. *Loire*.	5
Caunay. T. V. *Deux-Sèvres*.	12	Cervione. T. III. *Corse*.	34

	Pages.
Césaire (Saint-). T. III. *Var.*	20
Cesseuon. T. II. *Hérault.*	39
Cesseras. T. II. *Hérault.*	39
Cessey-les-Vitteaux. T. I. *Côte-d'Or.*	21
Cesson. *Voy.* Saint-Brieuc. *Côtes-du-N.*	
Cesson. T. V. *Ille-et-Vilaine.*	7
Cette. T. II. *Hérault.*	11
Ceyras. T. II. *Hérault.*	36
Ceyreste. T. II. *Bouches-du-Rhône.*	9
Ceyssac. T. IV. *Haute-Loire.*	6
Ceyzeriat. T. I. *Ain.*	7
Cézy. T. I. *Yonne.*	13
Chabannais. T. I. *Charente.*	13
Chabeuil. T. II. *Drôme.*	4
Chablis. T. I. *Yonne.*	7
Chabrignac. T. IV. *Corrèze.*	14
Chacé. T. I. *Maine-et-Loire.*	16
Chagnon. T. II. *Loire.*	10
Chagny. T. II. *Saône-et-Loire.*	18
Chailland. T. V. *Mayenne.*	5
Chaillé-les-Marais. T. V. *Vendée.*	12
Chaintrix. T. III. *Marne.*	4
Chaise-Dieu (la). T. IV. *Haute-Loire.*	12
Chalabre-sur-Lers. T. II. *Aude.*	13
Chalain (lac). *V.* Marigny. T. I. *Jura.*	
Chalais. T. I. *Charente.*	11
Chalamont. T. I. *Ain.*	15
Chalançon. T. II. *Ardèche.*	17
Chalantre-la-Grande. T. I. *Seine-et-M.*	17
Chaldette (la). *V.* Brion. T. IV. *Lozère.*	
Chaliers. T. IV. *Cantal.*	12
Chaligny. T. III. *Meurthe.*	6
Chalinargues. T. IV. *Cantal.*	22
Challans. T. V. *Vendée.*	14
Challes. T. V. *Sarthe.*	4
Chalmoux. T. II. *Saône-et-Loire.*	26
Chalonnes. T. I. *Maine-et-Loire.*	7
Châlons-sur-Marne. T. III. *Marne.*	4
Châlons-sur-Saône. T. II. *Saône-et-Loire.*	19
Chalus. T. IV. *Haute-Vienne.*	15
Chalusset. *Voy.* Boisseuil. T. IV. *Haute-Vienne.*	
Chalvignac. T. IV. *Cantal.*	17
Chalvraines. T. III. *Haute-Marne.*	4
Chamalière. T. IV. *Puy-de-Dôme.*	7
Chamant. T. II. *Oise.*	41
Chamarande. T. I. *Seine-et-Oise.*	19
Chamas (Saint-). T. II. *Bouches-du-Rh.*	26
Chamberet. T. IV. *Corrèze.*	8
Chambois. T. V. *Orne.*	7
Chambly. T. II. *Oise.*	41
Chambolle. T. I. *Côte-d'Or.*	5
Chambon (le). T. II. *Loire.*	10
Chambon. T. IV. *Creuse.*	14

	Pages.
Chambon. T. IV. *Indre.*	6
Chamborant. T. IV. *Creuse.*	5
Chambord. T. I. *Loir-et-Cher.*	7
Chambost-sur-Chamelet. T. II. *Rhône.*	43
Chamelet. T. II. *Rhône.*	43
Chamigny. T. I. *Seine-et-Marne.*	3
Chamond (Saint-). T. II. *Loire.*	10
Chamont (Saint-). T. IV. *Corrèze.*	8
Champ. T. II. *Isère.*	8
Champagnac. T. IV. *Cantal.*	18
Champagnac. T. IV. *Haute-Vienne.*	14
Champagne. T. I. *Ain.*	9
Champagné. T. V. *Sarthe.*	4
Champagné-Saint-Hilaire. T. I. *Vienne.*	13
Champagne-Mouton. T. I. *Charente.*	13
Champagney. T. III. *Haute-Saône.*	12
Champagnole. T. I. *Jura.*	20
Champaubert. T. III. *Marne.*	10
Champ-de-la-Pierre. T. V. *Orne.*	6
Champdeniers. T. V. *Deux-Sèvres.*	3
Champeaux. T. II. *Oise.*	16
Champeaux. T. I. *Seine-et-Marne.*	15
Champeix. T. IV. *Puy-de-Dôme.*	22
Champigneul. T. V. *Ardennes.*	21
Champigneules. T. III. *Meurthe.*	6
Champignolles. T. I. *Côte-d'Or.*	15
Champigny. T. III. *Aube.*	25
Champigny. T. I. *Indre-et-Loire.*	12
Champigny-sur-Marne. T. VI. *Seine.*	20
Champlay. T. I. *Yonne.*	13
Champlemy. T. II. *Nièvre.*	15
Champlétières. T. IV. *Puy-de-Dôme.*	20
Champlitte. T. III. *Haute-Saône.*	9
Champmoteux. T. I. *Seine-et-Oise.*	19
Champniers. T. I. *Charente.*	8
Champoly. T. II. *Loire.*	15
Champrond. T. V. *Sarthe.*	15
Champrond-en-Gatine. T. V. *Eure-et-Loir.*	31
Champroux. T. II. *Allier.*	9
Champs. T. IV. *Cantal.*	18
Champs-sur-Marne. T. I. *Seine-et-Marne.*	4
Champsecret. T. V. *Orne.*	11
Champtercier. T. III. *Basses-Alpes.*	6
Champtocé. T. I. *Maine-et-Loire.*	7
Champtoceau. T. I. *Maine-et-Loire.*	12
Chanac. T. IV. *Lozère.*	11
Chanceaux. T. I. *Côte-d'Or.*	22
Chandai. T. V. *Orne.*	14
Changé. T. V. *Mayenne.*	5
Changey. T. III. *Haute-Marne.*	14
Changy. T. II. *Loire.*	15
Chanet. T. IV. *Cantal.*	23
Chantelle-le-Château. T. II. *Allier.*	13

TABLE ALPHABÉTIQUE DES MATIÈRES.

	Pages		Pages
Chanonat. T. IV. *Puy-de-Dôme*.	9	Chariez. T. III. *Haute-Saône*.	4
Chantecoq. T. I. *Loiret*.	13	Charité (la). T. II. *Nièvre*.	15
Chantes. T. III. *Haute-Saône*.	4	Charlemont: *Voy.* Givet. T. V. *Ardennes*.	
Chantilly. T. II. *Oise*.	41	Charleval. T. II. *Bouches-du-Rhône*.	27
Chantonnay. T. V. *Vendée*.	7	Charleval. T. I. *Eure*.	12
Chanu. T. V. *Orne*.	11	Charleville. T. V. *Ardennes*.	5
Chaource. T. III. *Aube*.	37	Charlieu. T. II. *Loire*.	15
Chapaize. T. II. *Saône-et-Loire*.	5	Charly. T. V. *Aisne*.	13
Chapareillan. T. II. *Isère*.	8	Charly. T. IV. *Cher*.	12
Chapdes-Beaufort. T. IV. *Puy-de-D*.	28	Charmel. T. V. *Aisne*.	14
Chapelaine. T. III. *Marne*.	19	Charmes-sur-Moselle. T. III. *Vosges*.	7
Chapelle-Agnon (la). T. IV. *Puy-de-Dôme*.	20	Charmoilles. T. III. *Haute-Marne*.	14
Chapelle-aux-Pots (la). T. II. *Oise*.	16	Charmont. T. III. *Aube*.	25
Chapelle-Basse-Mer (la). T. I. *Loire-Inférieure*.	6	Charny. T. I. *Yonne*.	13
Chapelle-Blanche (la). T. V. *Côtes-du-Nord*.	13	Charolles. T. II. *Saône-et-Loire*.	26
Chapelle-Blanche (la). T. I. *Indre-et-Loire*.	12	Charonne (le Grand et le Petit). T. VI. *Seine*.	5
Chapelle-Blanche (la). T. I. *Indre-et-Loire*.	13	Chars. T. I. *Seine-et-Oise*.	14
Chapelle-d'Angillon (la). T. IV. *Cher*.	15	Charost. T. IV. *Cher*.	10
Chapelle-de-Guinchay (la). T. II. *Saône-et-Loire*.	5	Charrin. T. II. *Nièvre*.	4
Chapelle-du-Bard (la). T. II. *Isère*.	8	Charroux. T. II. *Allier*.	13
Chapelle-en-Vercors (la). *Drôme*.	11	Charroux. T. I. *Vienne*.	13
Chapelle-Glain (la). T. I. *Loire-Inf*.	16	Chartres. T. V. *Eure-et-Loir*.	12
Chapelle-Godefroy. T. III. *Aube*.	42	Chartres-en-Brie. T. I. *Seine-et-Marne*.	15
Chapelle-la-Reine (la). T. I. *Seine-et-Marne*.	10	Chartre-sur-le-Loir. T. V. *Sarthe*.	9
Chapelle-Launay. T. I. *Loire-Inférieure*.	21	Chartrettes. T. I. *Seine-et-Marne*.	15
Chapelle-Moche (la). T. V. *Orne*.	11	Chartreuse (la Grande-). T. II. *Isère*.	8
Chapelle-Montbrandeix. T. IV. *Haute-Vienne*.	14	Chas. T. IV. *Puy-de-Dôme*.	9
Chapelle-Riche (la). T. V. *Orne*.	11	Chassagne. T. I. *Doubs*.	6
Chapelle-Taillefer (la). T. IV. *Creuse*.	5	Chassal. T. I. *Jura*.	14
Chapelle-Saint-André (la). T. II. *Nièvre*.	14	Chasselay. T. II. *Rhône*.	7
Chapelle-Saint-Denis (la). T. VI. *Seine*.	5	Chassenay. T. III. *Aube*.	38
Chapelle-Saint-Laurent (la). T. V. *Deux-Sèvres*.	14	Chasseneuil. T. I. *Charente*.	13
Chapelle-Saint-Luc (la). T. III. *Aube*.	7	Chassericourt. T. III. *Aube*.	25
Chapelle-sur-Crécy (la). T. I. *Seine-et-Marne*.	4	Chassillé. T. V. *Sarthe*.	4
Chapelle-sur-Erdre (la). T. I. *Loire-Inf*.	6	Chatagnat. T. I. *Jura*.	7
Chaponost. T. II. *Rhône*.	9	Chataigneraye. T. V. *Vendée*.	12
Chappes. T. III. *Aube*.	38	Chatain. T. I. *Vienne*.	13
Chaptes (Saint-). T. II. *Gard*.	17	Chateaubourg. T. V. *Ille-et-Vilaine*.	34
Charbonnières. T. II. *Nièvre*.	4	Châteaubriant. T. I. *Loire-Inférieure*.	16
Charbonnières. T. II. *Rhône*.	7	Château-Châlons. T. I. *Jura*.	7
Charce (la) T. II. *Drôme*.	17	Château-Chinon. T. II. *Nièvre*.	13
Charcé. T. I. *Maine-et-Loire*.	7	Château-Double. T. III. *Var*.	7
Charensac. T. IV. *Haute-Loire*.	6	Château-du-Loir. T. V. *Sarthe*.	9
Charenton. T. IV. *Cher*.	12	Châteaudun. T. V. *Eure-et-Loir*.	25
Charenton. T. VI. *Seine*.	20	Châteaugay. T. IV. *Puy-de-Dôme*.	28
		Châteaugiron. T. V. *Ille-et-Vilaine*.	7
		Château-Gontier. T. V. *Mayenne*.	12
		Château-Ile-d'Oléron. T. I. *Charente-Inférieure*.	10
		Châteaulin. T. V. *Finistère*.	26
		Château-Landon. T. I. *Seine-et-Marne*.	10
		Château-la-Vallière. T. I. *Indre-et-Loire*.	6

	Pages.		Pages
Château-Margaux. *Voy.* Margaux. T. I. *Gironde.*		Châtenois. T. III. *Vosges.*	10
Châteaumeillant. T. IV. *Cher.*	12	Châtenois. T. III. *Bas-Rhin.*	21
Châteauneuf. T. V. *Ille-et-Vilaine.*	21	Châtillon. T. II. *Drôme.*	11
Châteauneuf. T. IV. *Puy-de-Dôme.*	28	Châtillon-d'Azergue. T. II. *Rhône.*	43
Château-Neuf. T. II. *Saône-et-Loire.*	26	Châtillon-de-Michaille. T. I. *Ain.*	13
Châteauneuf. T. IV. *Haute-Vienne.*	6	Châtillon-en-Bazois. T. II. *Nièvre.*	13
Châteauneuf-d'Isère. T. II. *Drôme.*	4	Châtillon-sous-Bagneux. T. VI. *Seine.*	21
Châteauneuf-du-Faou. T. V. *Finistère.*	26	Châtillon-sous-Maiches. T. I. *Doubs.*	13
Châteauneuf-du-Pape, ou Châteauneuf-Calcernier. T. II. *Vaucluse.*	16	Châtillon-sur-Chalaronne ou Châtillon-les-Dombes. T. I. *Ain.*	15
Châteauneuf-du-Rhône. T. II. *Drôme.*	14	Châtillon-sur-Indre. T. IV. *Indre.*	7
Châteauneuf-en-Thimerais. T. V. *Eure-et-Loir.*	29	Châtillon-sur-Lison. T. I. *Doubs.*	7
		Châtillon-sur-Loing. T. I. *Loiret.*	13
Châteauneuf-Rendon. T. IV. *Lozère.*	7	Châtillon-sur-Loire. T. I. *Loiret.*	11
Châteauneuf-sur-Charente. T. I. *Charente.*	11	Châtillon-sur-Marne. T. III. *Marne.*	14
Châteauneuf-sur-Cher. T. IV. *Cher.*	13	Châtillon-sur-Morin. T. III. *Marne.*	10
Châteauneuf-sur-Loire. T. I. *Loiret.*	4	Châtillon-sur-Seine. T. I. *Côte-d'Or.*	19
Châteauneuf-sur-Sarthe. T. I. *Maine-et-Loire.*	23	Châtillon-sur-Sèvres ou Mauléon. T. V. *Deux-Sèvres.*	8
Château-Ponsat. T. IV. *Haute-Vienne.*	12	Châtonnay. T. II. *Isère.*	21
Château-Porcien. T. V. *Ardennes.*	10	Châtou. T. I. *Seine-et-Oise.*	6
Château-Régnard. T. I. *Loiret.*	13	Châtre (la). T. IV. *Indre.*	10
Château-Regnault. T. V. *Ardennes.*	6	Chatres. T. III. *Aube.*	25
Château-Regnault. T. I. *Indre-et-Loire.*	6	Chatte. T. II. *Isère.*	18
Château-Renard. T. II. *Bouches-du-Rh.*	40	Chaudes-Aigues. T. IV. *Cantal.*	13
Château-Renaud. T. II. *Saône-et-Loire.*	29	Chaudeyrolles. T. IV. *Loire.*	8
Châteauroux. T. III. *Hautes-Alpes.*	14	Chauffailles. T. II. *Saône-et-Loire.*	26
Châteauroux. T. IV. *Indre.*	6	Chaulnes. T. II. *Somme.*	15
Château-Salins. T. III. *Meurthe.*	19	Chaumergy. T. I. *Jura.*	17
Château-Thébaud. T. I. *Loire-Inférieure.*	7	Chaumes. T. I. *Seine-et-Marne.*	15
Château-Thierry. T. V. *Aisne.*	14	Chaumont. T. I. *Loir-et-Cher.*	9
Château-Verdun. T. IV. *Ariège.*	11	Chaumont. T. III. *Haute-Marne.*	5
Châteauvieux. T. I. *Doubs.*	6	Chaumont-Oise ou Chaumont-en-Vexin. T. II. *Oise.*	16
Châteauvilain. T. I. *Jura.*	20	Chaumont-Porcien. T. V. *Ardennes.*	10
Châteauvilain ou Ville-sur-Anjon. T. III. *Haute-Marne.*	5	Chaumont-sur-Tharonne. T. I. *Loir-et-Cher.*	12
Châtelar. T. VI. *Basses-Alpes.*	15	Chauny. T. V. *Aisne.*	5
Châtelaudren. T. V. *Côtes-du-Nord.*	9	Chaussade (forge de la). *V.* Guérigny.	
Châtel-de-Neuvre. T. II. *Allier.*	9	Chaussin. T. I. *Jura.*	17
Châteldon. T. IV. *Puy-de-Dôme.*	31	Chauvency-le-Château. T. III. *Meuse.*	10
Châtelet (le). T. IV. *Cher.*	13	Chauvigné. T. V. *Ille-et-Vilaine.*	10
Châtelet (le). T. I. *Seine-et-Marne.*	15	Chauvigny. T. I. *Vienne.*	15
Châtel-Guyon. T. IV. *Puy-de-Dôme.*	20	Chaux-les-Passavant. T. I. *Doubs.*	10
Châtellerault. T. I. *Vienne.*	11	Chavanay. T. II. *Loire.*	10
Châtel-Montagne. T. II. *Allier.*	18	Chavagné. T. V. *Ille-et-Vilaine.*	8
Châtel-Péron. T. II. *Allier.*	18	Chavagne. T. I. *Maine-et-Loire.*	7
Châtel-Saint-Germain. T. III. *Moselle.*	5	Chavanges. T. III. *Aube.*	25
Châtel-sur-Moselle. T. III. *Vosges.*	5	Chavignole. T. IV. *Cher.*	15
Châtelus. T. IV. *Creuse.*	15	Chaylard (le). T. II. *Ardèche.*	17
Châtenay. T. V. *Eure-et-Loire.*	16	Chazay. T. II. *Rhône.*	43
Châtenay. T. I. *Loir-et-Cher.*	9	Chazelles. T. IV. *Haute-Loire.*	13
Châtenay-les-Bagneux. T. VI. *Seine.*	21	Chazelles-sur-Lyon. T. II. *Loire.*	5
		Chécy. T. IV. *Cher.*	10

TABLE ALPHABÉTIQUE DES MATIÈRES.

	Pages.
Chef (Saint-). T. II. *Isère*.	20
Chefboutonne. T. V. *Deux-Sèvres*.	13
Chéhery. T. V. *Ardennes*.	16
Chéhéry. T. V. *Ardennes*.	21
Chelles. T. I. *Seine-et-Marne*.	4
Chely (Saint-). T. IV. *Aveyron*.	11
Chely-d'Apchier (Saint-). T. IV. *Lozère*.	11
Chemazé. T. V. *Mayenne*.	12
Chemellier. T. I. *Maine-et-Loire*.	16
Chéméré-le-Roi. T. V. *Mayenne*.	5
Chemillé. T. I. *Maine-et-Loire*.	13
Chemin. T. I. *Jura*.	17
Chemiré-en-Charnie. T. V. *Sarthe*.	5
Chemiré-le-Gaudin. T. V. *Sarthe*.	5
Chenas. T. II. *Rhône*.	43
Chenay. T. III. *Marne*.	14
Chenecey. T. I. *Doubs*.	7
Chenehutte. T. I. *Maine-et-Loire*.	16
Chenelette. T. II. *Rhône*.	43
Chénérailles. T. IV. *Creuse*.	8
Cheniers. T. IV. *Creuse*.	5
Chennebrun. T. I. *Eure*.	5
Chenonceaux. T. I. *Indre-et-Loire*.	6
Chenu. T. V. *Sarthe*.	11
Cheppe (la). T. III. *Marne*.	6
Chéron (Saint-). T. I. *Seine-et-Oise*.	22
Cheronnac. T. IV. *Haute-Vienne*.	14
Cheronvilliers. T. I. *Eure*.	5
Cheroy. T. I. *Yonne*.	15
Cherrueix. T. V. *Ille-et-Vilaine*.	21
Cherverette. T. IV. *Lozère*.	42
Chesne (le). T. V. *Ardennes*.	21
Chessy. T. II. *Rhône*.	44
Chevagne. T. II. *Allier*.	9
Chevillon. T. III. *Haute-Marne*.	17
Chevreuse. T. I. *Seine-et-Oise*.	22
Chevreux. T. V. *Deux-Sèvres*.	4
Chevilly. T. VI. *Seine*.	21
Cheylade. T. IV. *Cantal*.	23
Chezal-Benoît. T. IV. *Cher*.	13
Chèze (la). *Voy.* Lachèze. T. V. *Côtes-du-Nord*.	
Chez-Robi. T. I. *Charente*.	8
Chézy-sur-Marne. T. V. *Aisne*.	15
Chichilianne. T. II. *Isère*.	9
Chiettes (les Petites). T. I. *Jura*.	14
Chilhac. T. IV. *Haute-Loire*.	13
Chin-le-Moutier. T. V. *Ardennes*.	9
Chinian (Saint-). T. II. *Hérault*.	39
Chinon. T. I. *Indre-et-Loire*.	12
Chirac. T. IV. *Lozère*.	11
Chirens. T. II. *Isère*.	9
Chiroubles. T. II. *Rhône*.	44
Chiry. T. II. *Oise*.	32
Chizé. T. V. *Deux-Sèvres*.	13
Choisy-au-Bac. T. II. *Oise*.	32
Choisy-le-Roi. T. VI. *Seine*.	21
Cholet. T. I. *Maine-et-Loire*.	13
Chomerac. T. II. *Ardèche*.	6
Choques. T. II. *Pas-de-Calais*.	14
Choranche. T. II. *Isère*.	18
Chorges. T. III. *Hautes-Alpes*.	15
Chouzy. T. I. *Loir-et-Cher*.	9
Chuyer. T. II. *Loire*.	10
Christophe (Saint). T. IV. *Aveyron*.	4
Christophe (Saint-). T. I. *Indre-et-Loire*.	6
Christophe de Valains (Saint-). T. V. *Ille-et-Vilaine*.	18
Christophe-en-Bazelle (Saint-). T. IV. *Indre*.	11
Christophe-le-Chaudry (Saint-). T. IV. *Cher*.	13
Ciel. T. II. *Saône-et-Loire*.	21
Ciers-la-Lande (Saint-). T. I. *Gironde*.	19
Cigogne. T. II. *Nièvre*.	5
Cimetière (le). T. I. *Ain*.	9
Cinais. T. I. *Indre-et-Loire*.	12
Cinq-Mars-la-Pile. T. I. *Indre-et-Loire*.	12
Cintegabelle. T. IV. *Haute-Garonne*.	31
Ciotat (la). T. II. *Bouches-du-Rhône*.	9
Ciran. T. I. *Indre-et-Loire*.	11
Cires-les-Mello. T. II. *Oise*.	42
Cirey. T. III. *Haute-Marne*.	17
Cirey-les-Forges. T. III. *Meurthe*.	24
Cirq-Lapopie (Saint-). T. IV. *Lot*.	10
Ciry. T. II. *Saône-et-Loire*.	27
Citeaux. *Voy.* Gilly. T. I. *Côte-d'Or*.	
Civaux. T. I. *Vienne*.	15
Civray. T. I. *Vienne*.	13
Claira. T. II. *Pyrénées-Orientales*.	7
Clairac. *Voy.* Meyraune. T. II. *Gard*.	
Clairavaux. T. IV. *Creuse*.	9
Clairegoutte. T. III. *Haute-Saône*.	12
Claret. T. II. *Hérault*.	12
Clair-sur-Epte (St-). T. I. *Seine-et-Oise*.	20
Clair-sur-Jalaure (St-). T. II. *Isère*.	18
Clairvaux. T. III. *Aube*.	31
Clairvaux. T. IV. *Aveyron*.	4
Clairvaux. T. I. *Jura*.	8
Claix. T. II. *Isère*.	9
Clamart-sous-Meudon. T. VI. *Seine*.	22
Clamecy. T. II. *Nièvre*.	14
Clarac. T. I. *Basses-Pyrénées*.	6
Clary. T. V. *Nord*.	27
Claud (Saint-). T. I. *Charente*.	13
Claude (Saint-). T. I. *Jura*.	14
Claude (Saint-). T. I. *Loir-et-Cher*.	9
Clausaye. T. II. *Drôme*.	14

	Pages.		Pages.
Clavaisolles. T. II. *Rhône.*	44	Colombe (Sainte-). T. II. *Rhône.*	7
Clavières. T. IV. *Indre.*	8	Colombes. T. VI. *Seine.*	6
Claviers. T. III. *Var.*	7	Colombe-sur-Lers (Sainte-). T. II. *Aude.*	14
Claye. T. I. *Seine-et-Marne.*	4	Colombey. T. III. *Meurthe.*	26
Clayette (la). T. II. *Saône-et-Loire.*	27	Colombier. T. II. *Isère.*	21
Cléder. T. V. *Finistère.*	29	Colombier. T. III. *Haute-Saône.*	4
Clefmont. T. III. *Haute-Marne.*	6	Colombier-Chatelot. T. I. *Doubs.*	11
Clégnerec. T. V. *Morbihan.*	19	Colombières. T. II. *Hérault.*	39
Clelles. T. II. *Isère.*	9	Combeau-Fontaine. T. III. *Haute-Saône.*	4
Clément (Saint-). T. II. *Allier.*	18	Combiers. T. I. *Charente.*	8
Clément (Saint-). T. III. *Hautes-Alpes.*	14	Combourg. T. V. *Ille-et-Vilaine.*	21
Clément-de-Rivière. T. II. *Hérault.*	12	Combret. T. IV. *Aveyron.*	8
Clères. T. I. *Seine-Inférieure.*	6	Combronde. T. IV. *Puy-de-Dôme.*	28
Chérieux. T. II. *Drôme.*	5	Côme (Saint-). T. IV. *Aveyron.*	11
Clermont. T. II. *Oise.*	27	Comines. T. V. *Nord.*	12
Clermont. T. IV. *Puy-de-Dôme.*	9	Commanderie (la). T. I. *Eure.*	5
Clermont l'Hérault ou Clermont-Lodève. T. II. *Hérault.*	36	Commarin. T. I. *Côte-d'Or.*	13
		Commensacq. T. I. *Landes.*	12
Clermont-en-Argonne. T. III. *Meuse.*	11	Commentry. T. II. *Allier.*	15
Cléron. T. I. *Doubs.*	7	Commercy. T. III. *Meuse.*	7
Clerval. T. I. *Doubs.*	11	Compeyre. T. IV. *Aveyron.*	13
Cléry-sur-Loire. T. I. *Loiret.*	4	Compiègne. T. II. *Oise.*	33
Clichy-la-Garenne. T. I. *Seine-et-Oise.*	5	Compreignac. T. IV. *Haute-Vienne.*	12
Clion (le). T. I. *Loire-Inférieure.*	18	Comps. T. IV. *Aveyron.*	6
Clisson. T. I. *Loire-Inférieure.*	7	Comps. T. III. *Var.*	7
Clohars-Carnoet. T. V. *Finistère.*	34	Concarneau. T. V. *Finistère.*	9
Clouange. T. III. *Moselle.*	14	Conches. T. I. *Eure.*	5
Cloud (Saint-). T. I. *Seine-et-Oise.*	6	Conchez. T. I. *Basses-Pyrénées.*	7
Cloyes. T. V. *Eure-et-Loir.*	26	Conchy-les-Pôts. T. II. *Oise.*	35
Cluis ou Cluis-Dessus. T. IV. *Indre.*	10	Concorès. T. IV. *Lot.*	21
Cluny. T. II. *Saône-et-Loire.*	6	Concots. T. IV. *Lot.*	10
Cluse (la). T. III. *Hautes-Alpes.*	6	Condac. T. I. *Charente.*	16
Cluse (la). T. I. *Doubs.*	14	Condat. T. IV. *Cantal.*	23
Coarraze. T. I. *Basses-Pyrénées.*	6	Condat. T. IV. *Haute-Vienne.*	6
Cocherel. T. I. *Eure.*	5	Condé. T. V. *Nord.*	46
Cocheren. T. III. *Moselle.*	12	Condé-lez-Autry. T. V. *Ardennes.*	21
Coetmieux. T. V. *Côtes-du-Nord.*	9	Condé-sur-Brie. T. V. *Aisne.*	15
Cœuvres. T. V. *Aisne.*	20	Condé-sur-Iton. T. I. *Eure.*	5
Cognac. T. I. *Charente.*	11	Condé-sur-Sarthe. T. V. *Orne.*	6
Cognin. T. II. *Isère.*	18	Condillac. T. II. *Drôme.*	14
Cogny. T. II. *Rhône.*	44	Condorcet. T. II. *Drôme.*	17
Cogolin. T. III. *Var.*	7	Condrieu. T. II. *Rhône.*	10
Coiffy-le-Haut. T. III. *Haute-Marne*	14	Conflans. T. III. *Moselle.*	12
Coincy. T. V. *Aisne.*	15	Conflans. T. III. *Haute-Saône.*	
Colembercq. T. II. *Pas-de-Cal.*	12	Conflans-Sainte-Honorine. T. I. *Seine-et-Oise.*	7
Coligny. T. I. *Ain.*	7	Confolens. T. I. *Charente.*	13
Colinée. T. V. *Côtes-du-Nord.*	24	Conlie. T. V. *Sarthe.*	5
Collet-de-Dèze. T. IV. *Lozère.*	9	Conliége. T. I. *Jura.*	8
Collioure. T. II. *Pyrénées-Orientales.*	22	Connaux. T. II *Gard.*	17
Collobrières. T. III. *Var.*	26	Connéré. T. V. *Sarthe.*	5
Collonges. T. I. *Ain.*	10	Conques. T. II. *Aude.*	7
Colmar. T. III. *Haut-Rhin.*	5	Conques. T. IV. *Aveyron.*	4
Colmars. T. III. *Basses-Alpes.*	17	Conquet (le). T. V. *Finistère.*	20
Colombe (Sainte-). T. II. *Loire.*	15		

TABLE ALPHABÉTIQUE DES MATIÈRES.

	Pages.		Pages.
Consigny. T. III. *Haute-Marne.*	6	Cossé-le-Vivien. T. V. *Mayenne.*	12
Cons-la-Grandville. T. III. *Moselle.*	10	Cotatay. *Voy.* Valbenoite. T. II. *Loire.*	
Conteville. T. I. *Eure.*	10	Côte-Saint-André (la). T. II. *Isère.*	21
Contilly. T. V. *Sarthe.*	15	Cotignac. T. III. *Var.*	16
Coutres. T. I. *Loir-et-Cher.*	9	Couard. T. II. *Saône-et-Loire.*	16
Contrexeville. T. III. *Vosges.*	8	Coubert. T. I. *Seine-et-Marne.*	15
Conty. T. II. *Somme.*	7	Coublanc. T. III. *Haute-Marne.*	14
Corancez. T. V. *Eure-et-Loir.*	19	Couchelettes. T. V. *Nord.*	28
Corbeil. T. I. *Seine-et-Oise.*	17	Couches. T. II. *Saône-et-Loire.*	16
Corbère. T. II. *Pyrénées-Orientales.*	7	Coucouron. T. II. *Ardèche.*	11
Corbie. T. II. *Somme.*	7	Coucy-la-Ville. T. V. *Aisne.*	6
Corbigny. T. II. *Nièvre.*	14	Coucy-le-Château. T. V. *Aisne.*	6
Corcieux. T. III. *Vosges.*	6	Coudes. T. IV. *Puy-de-Dôme.*	22
Cordemais. T. I. *Loire-Inférieure.*	21	Coudray-la-Neuville. T. II. *Oise.*	17
Cordes (Montagne de). *Voy.* Fontvieille. T. II. *Bouches-du-Rhône.*		Coudray-Saint-Germer (le). T. II. *Oise.*	17
		Coudreceau. T. V. *Eure-et-Loir.*	31
Cordes. T. IV. *Tarn.*	14	Coudrecieux. T. V. *Sarthe.*	10
Cordesse. T. II. *Saône-et-Loire.*	16	Coudurs. T. II. *Oise.*	35
Cordes-Tolosans. T. IV. *Tarn-et-Gar.*	12	Coddures. T. I. *Landes.*	22
Cordouan (Tour de). *Voy.* Soulac. T. I. *Gironde.*		Couëron. T. I. *Loire-Inférieure.*	21
		Couffé. T. I. *Loire-Inférieure.*	15
Corlay. T. V. *Côtes-du-Nord.*	24	Conflens. T. IV. *Ariège.*	23
Cormatin. T. II. *Saône-et-Loire.*	6	Coufoulans. T. II. *Aude.*	7
Cormeilles. T. I. *Eure.*	18	Couhenans. T. III. *Haute-Saône.*	13
Cormeilles-en-Parisis. T. I. *Seine-et-Oise.*	7	Couhé-Vérac. T. I. *Vienne.*	13
Cormeilles-le-Crocq. T. II. *Oise.*	28	Couiza. T. II. *Aude.*	14
Corme-Royal. T. I. *Charente-Infér.*	13	Coulanges-la-Vineuse. T. I. *Yonne.*	7
Corméry. T. I. *Indre-et-Loire.*	6	Coulanges-sur-Yonne. T. I. *Yonne.*	7
Cormiac. T. IV. *Lot.*	17	Coulans. T. V. *Sarthe.*	5
Cornanel. T. II. *Aude.*	14	Couleuvre. T. II. *Allier.*	9
Cornas. T. II. *Ardèche.*	17	Coulmier-le-Sec. T. I. *Côte-d'Or.*	20
Corneilla. T. II. *Pyrénées-Orientales.*	7	Coulomb (Saint-). T. V. *Ille-et-Vilaine.*	21
Cornier-des-Landes (Saint-). T. V. *Orne.*	11	Coulommiers. T. I. *Seine-et-Marne.*	8
Cornillon. T. II. *Bouches-du-Rhône.*	25	Coulonche (la). T. V. *Orne.*	11
Cornimont. T. III. *Vosges.*	13	Coulonges-sur-l'Autise. T. V. *Deux-Sèv.*	4
Cornot. T. III. *Haute-Saône.*	4	Coupiac. T. IV. *Aveyron.*	8
Cornus. T. IV. *Aveyron.*	8	Couptrain. T. V. *Mayenne.*	13
Coron. T. I. *Maine-et-Loire.*	16	Courance. T. I. *Seine-et-Oise.*	19
Corps. T. II. *Isère.*	9	Courbevoie. T. VI. *Seine.*	6
Corps-Nuds-les-trois-Maries. T. V. *Ille-et-Vilaine.*	8	Courbouzon. T. I. *Jura.*	8
Corquil-le-Roy. T. I. *Loiret.*	13	Courçay. T. I. *Indre-et-Loire.*	7
Corre. T. III. *Haute-Saône.*	4	Courcelle-Chamfleur. T. I. *Eure.*	15
Correns. T. III. *Var.*	16	Courcelles. T. I. *Indre-et-Loire.*	7
Corrèze. T. IV. *Corrèze.*	8	Courcelles. T. V. *Sarthe.*	11
Corseul. T. V. *Côtes-du-Nord.*	13	Courcelles-Chaussy. T. III. *Moselle.*	5
Corte. T. III. *Corse.*	41	Courcelles-lez-Gisors. T. II. *Oise.*	17
Cortembert. T. II. *Saône-et-Loire.*	6	Courcelles-sur-Anjou. T. III. *Haute-Marne.*	14
Cortevaix. T. II. *Saône-et-Loire.*	6	Courçon. T. I. *Charente-Inférieure.*	3
Corveyssiat. T. I. *Ain.*	8	Courcoury. T. I. *Charente-Inférieure.*	13
Corvol-l'Orgueilleux. T. II. *Nièvre.*	14	Couronne-la-Pallice ou Saint-Jean-la-Pallice. T. I. *Charente.*	9
Corzé. T. I. *Maine-et-Loire.*	10		
Cosne. T. II. *Allier.*	15	Cour-les-Beaume. T. I. *Doubs.*	11
Cosne. T. II. *Nièvre.*	51	Courlon. T. I. *Yonne.*	15

	Pages.		Pages.
Cour-Neuve (la). T. VI. *Seine*.	7	Crécy-sur-Serre. T. V. *Aisne*.	
Cournon. T. IV. *Puy-de-Dôme*.	14	Crégy. T. I. *Seine-et-Marne*.	5
Cournonsec. T. II. *Hérault*.	12	Créhange. T. III. *Moselle*.	5
Cournonterral. T. II. *Hérault*.	12	Creil. T. II. *Oise*.	42
Courpalais. T. I. *Seine-et-Marne*.	9	Crémeaux. T. II. *Loire*.	15
Courpière. T. IV. *Puy-de-Dôme*.	31	Crémieux. T. II. *Isère*.	20
Coursan. T. II. *Aude*.	19	Créon. T. I. *Gironde*.	15
Cours. T. I. *Gironde*.	23	Crépy. T. V. *Aisne*.	
Cours. T. II. *Rhône*.	44	Crépy. T. II. *Oise*.	42
Coursegoules. T. III. *Var*.	21	Cressensac. T. IV. *Lot*.	21
Courset. T. II. *Pas-de-Calais*.	12	Crest. T. II. *Drôme*.	12
Courson. T. I. *Yonne*.	7	Crest (le). T. IV. *Puy-de-Dôme*.	14
Courtalin. T. V. *Eure-et-Loir*.	26	Creteil. T. VI. *Seine*.	21
Courtalin. *V.* Pommeuse. T. I. *Seine-et-Marne*.		Creutzwald-la-Houve. T. III. *Moselle*.	14
		Creux. T. V. *Sarthe*.	11
Courtenay. T. I. *Loiret*.	13	Creuzier-le-Vaux. T. II. *Allier*.	18
Courtenvaux (château de). *Voy.* Besse. T. V. *Sarthe*.		Creuzot (le). T. II. *Saône-et-Loire*.	16
		Crèvecœur. T. V. *Nord*.	27
Courtesoult. T. III. *Haute-Saône*.	9	Crèvecœur. T. II. *Oise*.	28
Courthezon. T. II. *Vaucluse*.	9	Creyssel. T. IV. *Aveyron*.	13
Courtine (la). T. IV. *Creuse*.	9	Crillon ou Boufflers. T. II. *Oise*.	17
Courtisols. T. III. *Marne*.	6	Criquetot-l'Esneval. T. I. *Seine-Infér.*	13
Courtivron. T. I. *Côte-d'Or*.	5	Crocq. T. IV. *Creuse*.	9
Courtomer. T. V. *Orne*.	6	Croisic (le). T. I. *Loire-Inférieure*.	21
Courville. T. V. *Eure-et-Loir*.	19	Croissy. T. I. *Seine-et-Oise*.	
Cousance. T. I. *Jura*.	8	Croix. T. V. *Nord*.	12
Cousance-les-Cousancelles. T. III. *Meuse*.	5	Croix (Sainte-). T. IV. *Ariége*.	23
Cousobre. T. V. *Nord*.	20	Croix (Sainte-). T. II. *Drôme*.	11
Coussac-Bonneval. T. IV. *Haute-Vienne*.	16	Croix-aux-Mines (Sainte-). T. III. *Haut-Rhin*.	5
Coussey. T. III. *Vosges*.	10		
Coustouges. T. II. *Pyrénées-Orientales*.	23	Croix-en-Brie (la). T. I. *Seine-et-Marne*.	17
Couterne. T. V. *Orne*.	11	Croix-en-Plaine (Sainte-). T. III. *Haut-Rhin*.	6
Couternon. T. I. *Côte-d'Or*.	5		
Coutras. T. I. *Gironde*.	21	Croix-Rousse (la). T. II. *Rhône*.	
Couture (la). T. I. *Eure*.	5	Croix-Saint-Ouen (la). T. II. *Oise*.	35
Coutures. T. I. *Loir-et-Cher*.	13	Croizilles. T. II. *Pas-de-Calais*.	5
Coye. T. II. *Oise*.	42	Cronat. T. II. *Saône-et-Loire*.	12
Cozes. T. I. *Charente-Inférieure*.	13	Cropière. *Voy.* Carlat. T. IV. *Cantal*.	
Coz-Vandet. *Voy.* Ploulech. T. V. *Côtes-du-Nord*.		Crosne. T. I. *Seine-et-Oise*.	17
		Crossac. T. I. *Loire-Inférieure*.	22
Crach. T. V. *Morbihan*.	14	Crotoy (le). T. II. *Somme*.	9
Cramaux. T. IV. *Tarn*.	7	Crouzet. T. I. *Doubs*.	
Crampagnac. T. IV. *Ariége*.	27	Crouy-sur-Ourcq. T. I. *Seine-et-Marne*.	5
Crandelles. T. IV. *Cantal*.	8	Crouzille. T. I. *Indre-et-Loire*.	13
Cransac. T. IV. *Aveyron*.	14	Crozant. T. IV. *Creuse*.	5
Craon. T. V. *Mayenne*.	12	Crozon. T. V. *Finistère*.	8
Craonne. T. V. *Aisne*.	7	Crozon. T. V. *Indre*.	11
Craponne. T. IV. *Haute-Loire*.	7	Crussol. *V.* Saint-Peray. T. II. *Ardèche*.	
Cras. T. IV. *Lot*.	10	Cruys. T. III. *Basses-Alpes*.	6
Crau (la). T. II. *Bouches-du-Rhône*.	40	Cruzille. T. II. *Saône-et-Loire*.	19
Cravant. T. I. *Yonne*.	7	Cruzy. T. I. *Yonne*.	
Créchy. T. II. *Allier*.	18	Cublac. T. IV. *Corrèze*.	4
Crécy. T. I. *Seine-et-Marne*.	4	Cublise. T. II. *Rhône*.	13
Crécy. T. II. *Somme*.		Cubzac. T. I. *Gironde*.	

TABLE ALPHABÉTIQUE DES MATIÈRES.

	Pages		Pages
Cucuron. T. II. *Vaucluse*.	12	Curvale. T. IV. *Tarn*.	7
Cuers. T. III. *Var*.	26	Cusance. T. I. *Doubs*.	11
Cuges. T. II. *Bouches-du-Rhône*.	10	Cusset. T. II. *Allier*.	18
Cuincy. T. V. *Nord*.	28	Cussy-la-Colonne. T. I. *Côte-d'Or*.	15
Cuiseaux. T. II. *Saône-et-Loire*.	29	Custines. T. III. *Meurthe*.	6
Cuisery. T. II. *Saône-et-Loire*.	30	Cuvilly. T. II. *Oise*.	35
Culan ou Cullan. T. IV. *Cher*.	13	Cuzance. T. IV. *Lot*.	21
Cunault. T. I. *Maine-et-Loire*.	16	Cyr (Saint-). T. I. *Seine-et-Oise*.	7
Cunfin. T. III. *Aube*.	38	Cyr-au-Mont-d'Or (St-). T. II. *Rhône*.	7
Cunlhat. T. IV. *Puy-de-Dôme*.	10	Cyr-en-Val (Saint-). T. I. *Loiret*.	5
Culoz. T. I. *Ain*.	9	Cyr-de-Valorges (St-). T. II. *Loire*.	15
Cuq-Toulza. T. IV. *Tarn*.	15	Cyr-le-Chatoux (Saint-). T. II. *Rhône*.	45
Curemonte. T. IV. *Corrèze*.	14	Cysoing. T. V. *Nord*.	12
Curière. T. IV. *Aveyron*.	11		

D

	Pages		Pages
Dabo. T. III. *Meurthe*.	24	Denée. T. I. *Maine-et-Loire*.	7
Daigny. T. V. *Ardennes*.	16	Denil. T. I. *Seine-et-Oise*.	14
Daoulas. T. V. *Finistère*.	21	Denis (Saint-). T. II. *Aude*.	7
Dallet. T. IV. *Puy-de-Dôme*.	14	Denis (Saint-). T. VI. *Seine*.	7
Dallon. T. V. *Aisne*.	17	Denis (Saint-). T. IV. *Lot*.	21
Dambach. T. III. *Bas-Rhin*.	21	Denis d'Oléron (Saint-). T. I. *Charente-Inférieure*.	10
Dammarie-les-Lys. T. I. *Seine-et-Marne*.	15	Denis-sur-Loire (Saint-). T. I. *Loir-et-Cher*.	9
Dammarie. T. III. *Meuse*.	5	Denis-sur-Sarthon (Saint-). T. V. *Orne*.	6
Dammartin. T. I. *Seine-et-Marne*.	5	Derval. T. I. *Loire-Inférieure*.	17
Dammartin. T. I. *Seine-et-Oise*.	20	Desaignes. T. II. *Ardèche*.	17
Dameraucourt. T. II. *Oise*.	17	Desvres. T. II. *Pas-de-Calais*.	12
Dampierre. T. III. *Aube*.	25	Détourbe (la). T. II. *Isère*.	21
Dampierre. T. I. *Doubs*.	13	Dettwiller. T. III. *Bas-Rhin*.	15
Dampierre. T. I. *Jura*.	17	Déville-lez-Rouen. T. I. *Seine-Inférieure*.	6
Dampierre. T. I. *Seine-et-Oise*.	22	Didier-la-Seauve (Saint-). T. IV. *Haute-Loire*.	15
Dampierre. T. I. *Maine-et-Loire*.	16	Didier-sur-Beaujeu (Saint-). T. II. *Rhône*.	45
Dampierre-le-Château. T. III. *Marne*.	13	Die. T. II. *Drôme*.	12
Dampierre-sur-Avre. T. V. *Eure-et-Loir*.	29	Dié (Saint-). T. III. *Vosges*.	6
Dampierre-sur-Blévy. T. V. *Eure-et-Loir*.	29	Diême. T. I. *Rhône*.	45
Dampierre-sur-Salon. T. III. *Hte-Saône*.	9	Diemeringen. T. III. *Bas-Rhin*.	15
Damville. T. I. *Eure*.	5	Dienay. T. I. *Côte-d'Or*.	5
Damvillers. T. III. *Meuse*.	10	Dienne. T. IV. *Cantal*.	23
Dangé. T. I. *Vienne*.	12	Dienville. T. III. *Aube*.	31
Dannemarie. T. III. *Haut-Rhin*.	15	Dieppe. T. I. *Seine-Inférieure*.	15
Daours. T. II. *Somme*.	7	Dieu (Ile) ou Isle d'Yeux. T. V. *Vendée*.	14
Dareizé. T. II. *Rhône*.	45	Dieu-le-Fit. T. II. *Drôme*.	14
Darnac. T. IV. *Haute-Vienne*.	13	Dieulouard. T. III. *Meurthe*.	6
Darnay. T. III. *Vosges*.	9	Dieuze. T. III. *Meurthe*.	20
Darnetal. T. I. *Seine-Inférieure*.	6	Digne. T. III. *Basses-Alpes*.	6
Davayé. T. II. *Saône-et-Loire*.	6	Digoin. T. II. *Saône-et-Loire*.	27
Davenescourt. T. I. *Somme*.	13	Dijon. T. I. *Côte-d'Or*.	5
Dax. T. I. *Landes*.	16	Dinan. T. V. *Côtes-du-Nord*.	14
Decize. T. II. *Nièvre*.	5	Dion. T. II. *Allier*.	9
Delle. T. III. *Haut-Rhin*.	15		
Delme. T. III. *Meurthe*.	20		
Denain. T. V. *Nord*.	47		

	Pages
Divonne. T. I. *Ain*.	10
Dixmont. T. I. *Yonne*.	13
Dizier (Saint-). T. III. *Haute-Marne*.	17
Dizy. T. V. *Aisne*.	7
Doazit. T. I. *Landes*.	22
Dol. T. V. *Ille-et-Vilaine*.	21
Dôle. T. I. *Jura*.	17
Dollot. T. I. *Yonne*.	15
Dolomieu. T. II. *Isère*.	20
Domart. T. II. *Somme*.	11
Dombasle. T. III. *Meurthe*.	7
Domène. T. II. *Isère*.	19
Domérat. T. II. *Allier*.	15
Domèvre. T. III. *Meurthe*.	23
Domèvre. T. III. *Meurthe*.	26
Domfront. T. V. *Orne*.	11
Dom-le-Ménil. T. V. *Ardennes*.	6
Dommartin. T. II. *Somme*.	7
Dommartin-le-Saint-Père. T. III. *Haute-Marne*.	18
Dommartin-sur-Yèvre. T. III. *Marne*.	13
Dommerville. T. V. *Eure-et-Loir*.	19
Dompaire. T. III. *Vosges*.	9
Dompierre. T. I. *Charente-Inférieure*.	3
Dompierre-aux-Bois. T. III. *Meuse*.	7
Dompierre. T. V. *Nord*.	20
Dompierre-les-Églises. T. IV. *Haute-Vienne*.	13
Dompierre-sur-Bèbre. T. II. *Allier*.	9
Domrémy-la-Pucelle. T. III. *Vosges*.	10
Donat (Saint-). T. II. *Drôme*.	5
Donchery. T. V. *Ardennes*.	16
Donges. T. I. *Loire-Inférieure*.	22
Donjon (le). T. II. *Allier*.	18
Donnemarie. T. I. *Seine-et-Marne*.	17
Donzac. T. I. *Landes*.	22
Donzenac. T. IV. *Corrèze*.	14
Donzère. T. II. *Drôme*.	14
Donzy. T. II. *Nièvre*.	16
Dorat (le). T. IV. *Haute-Vienne*.	13
Dorlisheim. T. III. *Bas-Rhin*.	5
Dormans. T. III. *Marne*.	10
Dormillouze. T. III. *Hautes-Alpes*.	14
Dornes. T. II. *Nièvre*.	5
Dorres. T. II. *Pyrénées-Orientales*.	30
Dortan. T. I. *Ain*.	13
Dossenheim. T. III. *Bas-Rhin*.	15

	Pages
Douai. T. V. *Nord*.	28
Douarnenez. T. V. *Finistère*.	9
Doubs (Saut du). *V.* Le Lac. T. I. *Doubs*.	
Douchet. T. I. *Charente-Inférieure*.	13
Douchy. T. V. *Nord*.	48
Doucier. T. I. *Jura*.	8
Doudeville. T. I. *Seine-Inférieure*.	23
Doue. T. I. *Seine-et-Marne*.	9
Doué. T. I. *Maine-et-Loire*.	17
Doulaincourt. T. III. *Haute-Marne*.	18
Doulers. T. V. *Nord*.	20
Doulevent. T. III. *Haute-Marne*.	18
Doullens. T. II. *Somme*.	12
Dourdan. T. I. *Seine-et-Oise*.	22
Dourgne. T. IV. *Tarn*.	11
Dournazac. T. IV. *Haute-Vienne*.	14
Douville. T. I. *Eure*.	12
Douzens. T. II. *Aude*.	7
Douzies. T. V. *Nord*.	20
Douzy. T. V. *Ardennes*.	16
Doyet. T. II. *Allier*.	15
Draguignan. T. III. *Var*.	7
Dreux. T. V. *Eure-et-Loir*.	29
Drevent. T. IV. *Cher*.	13
Droiturier. T. II. *Allier*.	18
Dromond. T. III. *Basses-Alpes*.	19
Droué. T. I. *Loir-et-Cher*.	14
Drucourt. T. I. *Eure*.	15
Drugeac. T. IV. *Cantal*.	18
Drulingen. T. III. *Bas-Rhin*.	15
Druney. T. VI. *Seine*.	10
Drusenheim. T. III. *Bas-Rhin*.	5
Druyes. T. I. *Yonne*.	7
Duclair. T. I. *Seine-Inférieure*.	7
Dugny. T. VI. *Seine*.	10
Dunes. T. IV. *Tarn-et-Garonne*.	15
Dun ou Dun-sur-Meuse. T. III. *Meuse*.	10
Dun-le-Palleteau. T. IV. *Creuse*.	6
Dun-le-Roi. T. IV. *Cher*.	13
Dunières. T. IV. *Loire*.	15
Dunkerque. T. V. *Nord*.	34
Duravel. T. IV. *Lot*.	10
Durban. T. IV. *Ariège*.	11
Durban. T. II. *Aude*.	19
Durfort. T. II. *Gard*.	20
Durtal. T. I. *Maine-et-Loire*.	10
Dyè-sur-Loire (St.-). T. I. *Loir-et-Cher*.	9

E

	Pages.
Eaubonne. T. I. *Seine-et-Oise*	14
Eaux-Chaudes ou Aigues-Caudes. T. I. *Basses-Pyrénées*.	19
Ebersmunster. T. III. *Bas-Rhin*.	22
Ébreuil. T. II. *Allier*.	14
Échalot. T. I. *Côte-D'or*.	8
Échelles (les). T. II. *Isère*.	9
Échenoz-la-Meline. T. III. *Haute-Saône*.	5
Échillay. T. I. *Charente-Inférieure*.	10
Échiré. T. V. *Deux-Sèvres*.	4
Écluse (Fort l'). T. I. *Ain*.	10
Écluse (l'). T. II. *Pyrénées-Orientales*.	23
Écommoy. T. V. *Sarthe*.	5
Écos. T. I. *Eure*.	12
Écotay. T. II. *Loire*.	5
Écouché. T. V. *Orne*.	7
Écouen. T. I. *Seine-et-Oise*.	14
Écouis. T. I. *Eure*.	12
Écoyeux. T. I. *Charente-Inférieure*.	13
Ecquemicourt. T. II. *Pas-de-Calais*.	15
Écueillé. T. IV. *Indre*.	
Écury-sur-Coole. T. III. *Marne*.	6
Eecke. T. V. *Nord*.	41
Effiat. T. IV. *Puy-de-Dôme*.	28
Égletons. T. IV. *Corrèze*.	8
Égreville. T. I. *Seine-et-Marne*.	10
Éguilles. T. II. *Bouches-du-Rhône*.	27
Éguilly. T. I. *Côte-d'Or*.	15
Éguisheim. T. III. *Haut-Rhin*.	6
Éguzou. T. IV. *Indre*.	11
Eichel. T. IV. *Ariége*.	24
Einville. T. III. *Meurthe*.	23
Élan. T. V. *Ardennes*.	6
Elbeuf. T. I. *Seine-Inférieure*.	7
Elne. T. II. *Pyrénées-Orientales*.	7
Elven. T. V. *Morbihan*.	8
Embrun. T. III. *Hautes-Alpes*.	14
Émiland (Saint-). T. II. *Saône-et-Loire*.	17
Émilion (Saint-). T. I. *Gironde*.	21
Encausse. T. IV. *Haute-Garonne*.	28
Enghien. T. I. *Seine-et-Oise*.	14
Englefontaine. T. V. *Nord*.	20
Engomer. T. IV. *Ariége*.	24
Énimie (Sainte-). T. IV. *Lozère*.	9
Ennezat. T. IV. *Puy-de-Dôme*.	28
Ensisheim. T. III. *Haut-Rhin*.	6
Entraigues. T. IV. *Aveyron*.	11
Entraigues. T. II. *Isère*.	10
Entraigues. T. II. *Vaucluse*.	15
Entrains. T. II. *Nièvre*.	15
Entrammes. T. V. *Mayenne*.	5
Entrecasteaux. T. III. *Var*.	16
Entrevaux. T. III. *Basses-Alpes*.	17
Envermeu. T. I. *Seine-Inférieure*.	17
Épain. T. I. *Indre-et-Loire*.	19
Épanbourg. T. II. *Oise*.	17
Épernay. T. III. *Marne*.	10
Épernon. T. V. *Eure-et-Loir*.	19
Epfig. T. III. *Bas-Rhin*.	22
Épinac. T. II. *Saône-et-Loire*.	17
Épinal. T. III. *Vosges*.	5
Épinay-Champlatreux. T. I. *Seine-et-Oise*.	14
Épinay-sur-Orge. T. I. *Seine-et-Oise*.	17
Épinay-sur-Seine. T. VI. *Seine*.	10
Épiniac. T. V. *Ille-et-Vilaine*.	23
Époisses. T. I. *Côte-d'Or*.	22
Éragny. T. I. *Seine-et-Oise*.	15
Ercé. T. IV. *Ariége*.	24
Ercé-en-Lamée. T. V. *Ille-et-Vilaine*.	32
Erdven. *Voy.* Ardven. T. V. *Morbihan*.	14
Eringhem. T. V. *Nord*.	35
Erlenbach. T. III. *Bas-Rhin*.	22
Erme (Saint-). T. V. *Aisne*.	7
Ermenonville. T. II. *Oise*.	43
Ermitage (l'). T. V. *Côtes-du-Nord*.	9
Ernée. T. V. *Mayenne*.	13
Érome. T. II. *Drôme*.	5
Erquinghem-Lys. T. V. *Nord*.	12
Erquy. T. V. *Côtes-du-Nord*.	9
Err. T. II. *Pyrénées-Orientales*.	30
Ersa. T. III. *Corse*.	34
Erstein. T. III. *Bas-Rhin*.	22
Ervy. T. III. *Aube*.	7
Escalans. T. I. *Landes*.	12
Escale. T. III. *Basses-Alpes*.	19
Escarbotin. T. II. *Somme*.	19
Escaudœuvres. T. V. *Nord*.	27
Escot. T. I. *Basses-Pyrénées*.	21
Escoublac. T. I. *Loire-Inférieure*.	22
Escouloubre. T. II. *Aude*.	14
Escource. T. I. *Landes*.	12
Escurolles. T. II. *Allier*.	14
Esnes. T. V. *Nord*.	27
Espalion. T. IV. *Aveyron*.	11
Espaly-Saint-Marcel. T. IV. *Haute-Loire*.	7
Espelette. T. I. *Basses-Pyrénées*.	14
Esperaza. T. II. *Aude*.	15
Espira-de-l'Agly. T. II. *Pyrénées-Orient*.	9

TABLE ALPHABÉTIQUE DES MATIÈRES.

	Pages
Esprit (Saint-). T. I. *Landes*.	17
Esquehéries. T. V. *Aisne*.	23
Esquelbecq. T. V. *Nord*.	35
Esquermis. T. V. *Nord*.	12
Essarrois. T. I. *Côte-d'Or*.	20
Essarts (les). T. V. *Vendée*.	7
Essé. T. V. *Ille-et-Vilaine*.	34
Essey. T. III. *Meurthe*.	26
Essey. T. V. *Orne*.	6
Essonne. T. I. *Seine-et-Oise*.	17
Essoyes. T. III. *Aube*.	39
Estables. T. IV. *Lozère*.	9
Estagel. T. II. *Pyrénées-Orientales*.	9
Estaing. T. IV. *Aveyron*.	
Estaires. T. V. *Nord*.	41
Estérel. *Voy.* Fréjus	
Esternay. T. III. *Marne*.	11
Estissac. T. III. *Aube*.	8
Estoublou. T. III. *Basses-Alpes*.	8
Estrablin. T. II. *Isère*.	21
Estrées-Saint-Denis. T. II. *Oise*.	35
Étagnat. T. I. *Charente*.	13
Étain. T. III. *Meuse*.	12
Étampes. T. I. *Seine-et-Oise*.	19
Étables. T. V. *Côtes-du-Nord*.	9
Étaples. T. II. *Pas-de-Calais*.	15
Étaule. T. I. *Côte-d'Or*.	8
Étauliers. T. I. *Gironde*.	19
Éternoz. T. I. *Doubs*.	7
Étienne (Saint-). T. II. *Loire*.	10
Étienne (Saint-). T. II. *Pas-de-Calais*.	12
Étienne (Saint-). T. III. *Vosges*.	13
Étienne-d'Avancon (Saint-). T. III. *Hautes-Alpes*.	6
Étienne-de-Baigorry (Saint-). T. I. *Basses-Pyrénées*.	
Étienne-de-Corcoué (Saint-). T. I. *Loire-Inférieure*.	8
Étienne-de-Courgas (Saint-). T. II. *Hérault*.	37
Étienne-de-Lugdarès (Saint-). T. II. *Ardèche*.	11
Étienne-de-Rouvray (Saint). T. I. *Seine-Inférieure*.	7
Étienne-de-Saint-Geoirs (Saint-). T. II. *Isère*.	11
Étienne-des-Orgues (Saint-). T. III. *Basses-Alpes*.	18
Étienne-en-Dévoluy (Saint-). T. III. *Hautes-Alpes*.	7
Étienne-le-Molard (Saint-). T. II. *Loire*.	5
Étigny. T. I. *Yonne*.	15
Étoile. T. II. *Drôme*.	5
Étoile (l'). T. II. *Somme*.	7
Étourvy. T. III. *Aube*.	39
Étoux (les). T. II. *Rhône*.	45
Étrechy. T. I. *Seine-et-Oise*.	19
Étré-au-Pont. T. V. *Aisne*.	23
Étrépagny. T. I. *Eure*.	12
Étrépigny. T. V. *Ardennes*.	6
Étret. T. III. *Hautes-Alpes*.	7
Étreux. T. V. *Aisne*.	23
Étrétat. T. I. *Seine-Inférieure*.	18
Étroeungt. T. V. *Nord*.	20
Étroussat. T. II. *Allier*.	14
Étupes. T. I. *Doubs*.	13
Eu. T. I. *Seine-Inférieure*.	17
Eulalie (Sainte-). T. IV. *Aveyron*.	8
Eulemont. T. III. *Meurthe*.	7
Euzet. T. II. *Gard*.	16
Évaillé. T. V. *Sarthe*.	10
Évaux. T. IV. *Creuse*.	10
Évenos. T. III. *Var*.	26
Évisa. T. III. *Corse*.	25
Évran. T. V. *Côtes-du-Nord*.	19
Évreux. T. I. *Eure*.	5
Évron. T. V. *Mayenne*.	6
Évroult-N.-D.-du-Bois (St.-). T. V. *Orne*.	8
Évry. T. I. *Seine-et-Oise*.	17
Exmes. T. V. *Orne*.	8
Exupéry (Saint-). T. IV. *Corrèze*.	16
Eybouleuf. T. IV. *Haute-Vienne*.	6
Eygalières. T. II. *Bouches-du-Rhône*.	40
Eyguières. T. II. *Bouches-du-Rhône*.	40
Eygurande. T. IV. *Corrèze*.	16
Eymoutiers. T. IV. *Haute-Vienne*.	6
Eyrague. T. II. *Bouches-du-Rhône*.	40
Ezy. T. I. *Eure*.	1

F

Fabrègues. T. II. *Hérault*.	12
Fabresan. T. II. *Aude*.	19
Fagnon. T. V. *Ardennes*.	6
Fains. T. III. *Meuse*.	5
Falaise. T. I. *Seine-et-Oise*.	20
Fallon. T. III. *Haute-Saône*.	12
Famars. T. V. *Nord*.	43
Fanjeaux. T. II. *Aude*.	11
Faou (le). T. V. *Finistère*.	26
Faouet (le). T. V. *Morbihan*.	19
Fare (la). T. II. *Bouches-du-Rhône*.	37
Fargeau (Saint-). T. I. *Yonne*.	13

TABLE ALPHABÉTIQUE DES MATIÈRES.

	Pages.
Farmoutier. T. I. *Seine-et-Marne*.	9
Fatouville. T. I. *Eure*.	18
Faucon. T. III. *Basses-Alpes*.	15
Faucogney. T. III. *Haute-Saône*.	12
Faugères. T. II. *Hérault*.	27
Faulquemont. T. III. *Moselle*.	5
Fauquembergues. T. II. *Pas-de-Calais*.	17
Faurie. T. III. *Hautes-Alpes*.	7
Fauverney. T. I. *Côte-d'Or*.	8
Faverney. T. III. *Haute-Saône*.	5
Faverolles. T. III. *Aube*.	42
Faverolles. T. IV. *Cantal*.	14
Favières. T. III. *Meurthe*.	26
Fauxville-en-Caux. T. I. *Seine-Inférieure*.	23
Fayence. T. III. *Var*.	8
Fayel. T. II. *Oise*.	35
Faye-la-Vineuse. T. I. *Indre-et-Loire*.	13
Fay-le-Froid. T. IV. *Haute-Loire*.	7
Fayet. T. IV. *Aveyron*.	8
Fays-Billot. T. III. *Haute-Marne*.	15
Fécamp. T. I. *Seine-Inférieure*.	18
Fedry. T. III. *Haute-Saône*.	9
Felleries. T. V. *Nord*.	20
Felletin. T. IV. *Creuse*.	12
Félicien (Saint-). T. II. *Ardèche*.	17
Félines-Hautpoul. T. II. *Hérault*.	39
Félix (Saint-). T. IV. *Aveyron*.	8
Félix-de-Caraman (Saint-). T. IV. *Haute-Garonne*.	32
Félix-de-Pallières (Saint-). T. II. *Gard*.	20
Fenain. T. V. *Nord*.	31
Fénétrange ou Fénestrange. T. III. *Meurthe*.	24
Fercé. T. I. *Loire-Inférieure*.	17
Fère (la). T. V. *Aisne*.	7
Fère-Champenoise. T. III. *Marne*.	11
Fère-en-Tardenois. T. V. *Aisne*.	15
Féréol-d'Auroure (Saint-). T. IV. *Haute-Loire*.	15
Fermeté (la). T. II. *Nièvre*.	5
Ferney-Voltaire. T. I. *Ain*.	11
Feron. T. V. *Nord*.	20
Ferrassières. T. II. *Drôme*.	17
Ferrette. T. III. *Haut-Rhin*.	12
Ferrière-la-Grande. T. V. *Nord*.	20
Ferrière-la-Petite. T. V. *Nord*.	21
Ferrières. T. II. *Allier*.	18
Ferrières. T. I. *Charente-Inférieure*.	3
Ferrières. T. I. *Loiret*.	13
Ferrières-Larçon. T. I. *Indre-et-Loire*.	15
Ferrières-Saint-Hilaire. T. I. *Eure*.	15
Ferrière-sous-Jougne. T. I. *Doubs*.	15
Ferrières-sur-Rille. T. I. *Eure*.	8
Fertans. T. I. *Doubs*.	7

	Pages.
Ferté-Alais (la). T. I. *Seine-et-Oise*.	19
Ferté-Bernard (la). T. V. *Sarthe*.	15
Ferté-en-Braye (la). T. I. *Seine-Inférieure*.	21
Ferté-Fresnel (la). T. V. *Orne*.	8
Ferté-Gaucher (la). T. I. *Seine-et-Marne*.	9
Ferté-Imbault (la). T. I. *Loir-et-Cher*.	12
Ferté-Langeron (la). T. II. *Nièvre*.	5
Ferté-Louptière (la). T. I. *Yonne*.	14
Ferté-Macé (la). T. V. *Orne*.	13
Ferté-Millon (la). T. V. *Aisne*.	15
Ferté-Reuilly (la). *Voy.* Reuilly. T. IV. *Indre*.	
Ferté-Saint-Agnan (la). T. I. *Loir-et-Cher*.	12
Ferté-Saint-Aubin (la). T. I. *Loiret*.	5
Ferté-sous-Jouarre (la). T. I. *Seine-et-Marne*.	5
Ferté-Vidame (la). T. V. *Eure-et-Loir*.	30
Feuillie (la). T. I. *Seine-Inférieure*.	21
Feuquières. T. II. *Oise*.	17
Feurs. T. II. *Loire*.	5
Fiacre (Saint-). T. I. *Loire-Inférieure*.	8
Figeac. T. IV. *Lot*.	17
Fillé et Guécélard. T. V. *Sarthe*.	5
Finhan. T. IV. *Tarn-et-Garonne*.	12
Firmi. T. IV. *Aveyron*.	15
Firmin-en-Valgodemar (Saint-). T. III. *Hautes-Alpes*.	7
Firminy. T. II. *Loire*.	11
Fismes. T. III. *Marne*.	14
Fitz-James. T. II. *Oise*.	28
Fives. T. V. *Nord*.	12
Flangebouche. T. I. *Doubs*.	11
Flavigny. T. I. *Côte-d'Or*.	22
Flayosc. T. III. *Var*.	8
Flèche (la). T. V. *Sarthe*.	11
Flers. T. V. *Nord*.	13
Flers. T. II. *Somme*.	13
Flers. T. V. *Orne*.	13
Flêtre. T. V. *Nord*.	42
Fleury. T. II. *Aude*.	19
Fleury-d'Argouges. T. I. *Seine-et-Marne*.	15
Fleury-sur-Loire. T. I. *Loiret*.	11
Fleury-sur-Ouche. T. I. *Côte-d'Or*.	8
Fléville. T. III. *Meurthe*.	7
Flines. T. V. *Nord*.	31
Flins. T. I. *Seine-et-Oise*.	8
Flixecourt. T. II. *Somme*.	7
Flize. T. V. *Ardennes*.	6
Flogny. T. I. *Yonne*.	19
Florac. T. IV. *Lozère*.	9
Florange. T. III. *Moselle*.	14
Florensac. T. II. *Hérault*.	27
Florent (Saint-). T. III. *Corse*.	54
Florentin (Saint-). T. I. *Yonne*.	7

	Pages.		Pages.
Florent-l'Abbaye (Saint-). T. I. *Maine-et-Loire*.	17	Forfry. T. I. *Seine-et-Marne*	5
Florent-le-Vieil (Saint-). T. I. *Maine-et-Loire*.	13	Forges-les-Eaux. T. I. *Seine-Inférieure*.	21
Floret. T. IV. *Puy-de-Dôme*.	22	Forge-sur-Ouche. T. I. *Côte-d'Or*.	9
Florimont. T. III. *Haut-Rhin*.	15	Forgeux (Saint-). T. II. *Rhône*.	45
Flotte (la). T. I. *Charente-Inférieure*.	3	Formerie. T. II. *Oise*.	18
Flour (Saint-). T. IV. *Cantal*.	14	Fors. T. V. *Deux-Sèvres*.	4
Floureus. T. IV. *Haute-Garonne*.	11	Fort (Saint-). T. I. *Charente*.	11
Foécy. T. IV. *Cher*.	10	Fort (Saint-). T. I. *Charente-Infér*.	9
Foi (Sainte-). T. IV. *Haute-Garonne*.	31	Fort-les-Bains. *V*. Bains. T. II. *Pyrénées-Orientales*.	
Foisches. T. V. *Ardennes*.	12	Fort-Louis. T. III. *Bas-Rhin*.	5
Foix. T. IV. *Ariége*.	11	Fos. T. II. *Bouches-du-Rhône*.	27
Foix-la-Grande (Sainte-). T. I. *Gironde*.	21	Fos. T. IV. *Haute-Garonne*.	29
Follembray. T. V. *Aisne*.	8	Fossat (le). T. IV. *Ariége*.	27
Folleville. T. II. *Somme*.	13	Fossé. T. V. *Ardennes*.	21
Foncaude. T. II. *Hérault*.	12	Fosseuse. T. II. *Oise*.	18
Foncine-le-Bas. T. I. *Jura*.	21	Fouday. T. III. *Bas-Rhin*.	22
Foncine-le-Haut. T. I. *Jura*.	21	Fouesnant. T. V. *Finistère*.	10
Foncirgue. *V*. La Bastide-sur-l'Hers. T. IV. *Ariége*.		Foug. T. III. *Meurthe*.	7
		Fougères. T. V. *Ille-et-Vilaine*.	18
Fondremant. T. III. *Haute-Saône*.	5	Fougères. T. I. *Loir-et-Cher*.	9
Fonquières. T. II. *Hérault*.	37	Fougerolles. T. III. *Haute-Saône*.	13
Fonsange. *V*. Sauve. T. II. *Gard*.		Fouillouse (la). T. II. *Loire*.	11
Fontaine. T. III. *Haut-Rhin*.	15	Fouquerolles. T. II. *Oise*.	18
Fontainebleau. T. I. *Seine-et-Marne*.	10	Four (le). *V*. Croisic (le). T. I. *Loire-Inférieure*.	
Fontaine-en-Duesmois. T. I. *Côte-d'Or*.	20	Fourcarmont. T. I. *Seine-Inférieure*.	22
Fontaine-Française. T. I. *Côte-d'Or*.	8	Fourchambault. T. II. *Nièvre*.	5
Fontaine-Lavaganne. T. II. *Oise*.	17	Fourdrain. T. V. *Aisne*.	8
Fontaine-le-Dun. T. I. *Seine-Infér*.	23	Fourgeray. T. V. *Ille-et-Vilaine*.	32
Fontaine-le-Port. T. I. *Seine-et-Marne*.	15	Fourmies. T. V. *Nord*.	21
Fontaines. T. I. *Loir-et-Cher*.	14	Fournels. T. IV. *Lozère*.	11
Fontaine-Saint-Martin. T. V. *Sarthe*.	12	Fournols. T. IV. *Cantal*.	13
Fontaines-les-Châlons. T. II. *Saône-et-Loire*.	21	Fournols. T. IV. *Puy-de-Dôme*.	22
Fontanges. T. IV. *Cantal*.	18	Fours. T. III. *Basses-Alpes*.	15
Fontenay. T. I. *Côte-d'Or*.	22	Fours. T. II. *Nièvre*.	7
Fontenay. T. I. *Eure*.	12	Fousseret (le). T. IV. *Haute-Garonne*.	31
Fontenay-aux-Roses. T. VI. *Seine*.	22	Fouvent-le-Bas. T. III. *Haute-Saône*.	9
Fontenay-en-Puisaye. T. I. *Yonne*.	8	Fouvent-le-Haut. T. III. *Haute-Saône*.	10
Fontenoy-le-Comte. T. V. *Vendée*.	12	Foy-l'Argentière (Sainte-). T. II. *Rhône*.	8
Fontenay-Trésigny. T. I. *Seine-et-Marne*.	9	Foy-lez-Lyon (Sainte-). T. II. *Rhône*.	8
Fontenelles. T. V. *Vendée*.	7	Fraisans. T. I. *Jura*.	18
Fontestorbe. *V*. Bélesta. T. IV. *Ariége*.		Fraisse. T. II. *Hérault*.	39
Fontevrault. T. I. *Maine-et-Loire*.	17	Fraize. T. III. *Vosges*.	7
Fontiers-Cabardès. T. II. *Aude*.	7	Française (la). T. IV. *Tarn-et-Garonne*.	7
Fontoy. T. III. *Moselle*.	10	Francheval. T. V. *Ardennes*.	16
Fontpedrouse. T. II. *Pyrénées-Orient*.	30	Francières. T. II. *Oise*.	35
Fontvieille. T. II. *Bouches-du-Rhône*.	40	Franconville. T. I. *Seine-et-Oise*.	15
Forbach. T. III. *Moselle*.	12	Franvillers. T. II. *Somme*.	7
Forcalquier. T. III. *Basses-Alpes*.	18	Frazé. *V*. Brou. T. V. *Eure-et-Loire*.	
Forest. T. V. *Nord*.	21	Frèche. T. I. *Landes*.	12
Forêt (la). T. V. *Finistère*.	21	Fréchines. T. I. *Loir-et-Cher*.	9
Forêt-sur-Sèvre (la). T. V. *Deux-Sèv*.	9	Fréjus. T. III. *Var*.	9
		Fresnay. T. V. *Sarthe*.	15

	Pages.		Pages.
Fresnay-l'Évêque. T. V. *Eure-et-Loir.*	20	Friville. T. II. *Somme.*	10
Fresnay-le-Grand. T. V. *Aisne.*	17	Frohen-le-Grand. T. II. *Somme.*	12
Fresne. T. I. *Côte-d'Or.*	22	Froicourt. T. II. *Oise.*	18
Fresne. T. I. *Seine-et-Marne.*	5	Fromelenner. T. V. *Ardennes.*	12
Fresne (le). T. V. *Orne.*	13	Fronard. T. III. *Meurthe.*	8
Fresneaux-Mont-Chevreuil. T. II. *Oise.*	18	Fronsac. T. I. *Gironde.*	22
Fresne-le-Château. T. III. *Haute-Saône.*	10	Frontenac. T. IV. *Lot.*	18
Fresnes. T. V. *Nord.*	49	Frontenay. T. V. *Deux-Sèvres.*	4
Fresnes-en-Woëvre. T. III. *Meuse.*	12	Frontignan. T. II. *Hérault.*	13
Fresnes-Léguillon. T. II. *Oise.*	18	Fronton. T. IV. *Haute-Garonne.*	6
Fresnes-lez-Rungis. T. VI. *Seine.*	22	Frossay. T. I. *Loire-Inférieure.*	18
Fresne-Saint-Mamès. T. III. *Hte-Saône.*	10	Frotey-lez-Vesoul. T. III. *Haute-Saône.*	5
Frétigney. T. III. *Haute-Saône.*	10	Fruges. T. II. *Pas-de-Calais.*	15
Fretin. T. V. *Nord.*	13	Fulgent. T. V. *Vendée.*	7
Fréteval. T. I. *Loir-et-Cher.*	14	Fuligny. T. III. *Aube.*	31
Prévent. T. II. *Pas-de-Calais.*	20	Fumay. T. V. *Ardennes.*	12
Frey (la). *Voy.* Lafrey. T. II. *Isère.*		Furiani. T. III. *Corse.*	35
Fribourg. T. III. *Meurthe.*	25		

G

Gabaret. T. I. *Landes.*	12	Garlin. T. I. *Basses-Pyrénées.*	7
Gabas. T. I. *Basses-Pyrénées.*	21	Garrein. T. I. *Landes.*	12
Gabias. T. II. *Hérault.*	27	Garris. T. I. *Basses-Pyrénées.*	15
Gacé. T. V. *Orne.*	8	Gassin. T. III. *Var.*	11
Gacilly (la). T. V. *Morbihan.*	8	Gaubert. T. III. *Basses-Alpes.*	8
Gærsdorf. T. III. *Bas-Rhin.*	28	Gaudens (Saint-). T. IV. *Haute-Garonne.*	29
Gaillac-Toulza. T. IV. *Haute-Garonne.*	31	Gaudent (Saint-). T. I. *Vienne.*	13
Gaillefontaine. T. I. *Seine-Inférieure.*	22	Gaudreville. T. V. *Eure-et-Loir.*	20
Gaillon. T. I. *Eure.*	16	Gaujac. T. I. *Landes.*	22
Gaillon. T. I. *Seine-et-Oise.*	8	Gauthier (Saint-). T. IV. *Indre.*	10
Gaja. T. II. *Aude.*	15	Gavre (le). T. I. *Loire-Inférieure.*	22
Gallardon. T. V. *Eure-et-Loir.*	20	Gaz (le). T. II. *Isère.*	20
Gallargues (le Grand-). T. II. *Gard.*	8	Geanne. T. I. *Landes.*	22
Galmier (Saint-). T. II. *Loire.*	5	Geay. T. I. *Charente-Inférieure.*	13
Galmont. T. IV. *Aveyron.*	4	Geispolsheim. T. III. *Bas-Rhin.*	5
Gamaches. T. II. *Somme.*	10	Gellainville. T. V. *Eure-et-Loir.*	20
Gamarde. T. I. *Landes.*	18	Geloux. T. I. *Landes.*	12
Gan. T. I. *Basses-Pyrénées.*	7	Gémeaux. T. I. *Côte-d'Or.*	9
Ganac. T. IV. *Ariége.*	13	Gémenos. T. II. *Bouches-du-Rhône.*	10
Ganges. T. II. *Hérault.*	13	Gémonval. T. I. *Doubs.*	11
Gannat. T. II. *Allier.*	14	Gemozac. T. I. *Charente-Inférieure.*	13
Gap. T. III. *Hautes-Alpes.*	7	Gençay. T. I. *Vienne.*	13
Garaye (château de la). *Voy.* Taden. T. V. *Côtes-du-Nord.*		Gendrey. T. I. *Jura.*	18
Garchizy. T. II. *Nièvre.*	7	Genest-Malifaux (Saint-). T. II. *Loire.*	12
Gardanne. T. II. *Bouches-du-Rhône.*	28	Geneviève (Sainte-). T. IV. *Aveyron.*	12
Garde-Freinet (la). T. III. *Var.*	10	Geneviève (Sainte-). T. I. *Seine-et-Oise.*	17
Gardes. T. II. *Vaucluse.*	12	Gengoux-le-Royal (Saint-). T. II. *Saône-et-Loire.*	6
Gare (la). T. VI. *Seine.*	22		
Gargenville. T. I. *Seine-et-Oise.*	20	Genès-Champenel (Saint-). T. IV. *Puy-de-Dôme.*	14
Garges. T. I. *Seine-et-Oise.*	15		

	Pages		Pages
Geniès-de-Comolas (Saint-). T. II. *Gard.*	17	Germain-de-Calberte (Saint-). T. VI. *Lozère.*	10
Geniès-de-Rive-d'Olt (Saint-). T. IV. *Aveyron.*	12	Germain-de-Joux (Saint-) T. I. *Ain.*	13
Geniès-de-Varensal (Saint-). T. II. *Hérault.*	27	Germain-de-Messey (Saint-) T. V. *Orne.*	13
Geniès-le-Bas (Saint-). T. II. *Hérault.*	27	Germain-des-Fossés (Saint-). T. II. *Allier.*	18
Geniez-le-Dromond (Saint-). T. III. *Basses-Alpes.*	19	Germain-des-Bois (Saint-). T. II. *Saône-et-Loire.*	30
Genis (Saint-). T. I. *Charente-Inférieure.*	9	Germain-de-Corbis (Saint-). T. V. *Orne.*	6
Genis-Laval (Saint-). T. II. *Rhône.*	9	Germain-du-Plein (Saint-). T. II *Saône-et-Loire.*	21
Genix (Saint-). T. I. *Ain.*	11	Germain-du-Teil (Saint-). T. I. *Lozère.*	11
Genlis. T. I. *Côte-d'Or.*	9	Germain-en-Laye (Saint-). T. I. *Seine-et-Oise.*	8
Gennes. T. I. *Maine-et-Loire*	17	Germain-la-Campagne (Saint-). T. I. *Eure.*	15
Gennevillers. T. VI. *Seine.*	10	Germain-Laval (Saint-). T. II. *Loire.*	15
Génolhac. T. II. *Gard.*	16	Germain-Lembron (Saint-). T. IV. *Puy-de-Dôme.*	22
Gensac. T. I. *Gironde.*	22	Germain-le-Prads (Saint-). T. IV. *Haute-Loire.*	7
Gentilly (le grand et le petit). T. VI. *Seine.*	22	Germain-les-Alluyes (Saint-). T. V. *Eure-et-Loir.*	26
Gentioux. T. IV. *Creuse.*	12	Germain-les-Belles-Filles (Saint-). T. IV. *Lot.*	21
Geoirs (Saint-). T. II. *Isère.*	20	Germain-les-Belles-Filles (Saint-). T. IV. *Haute-Vienne.*	16
Georges (Saint-). T. IV. *Aveyron.*	13	Germain-l'Espinasse (Saint-). T. II. *Loire.*	15
Georges (Saint-). T. I. *Maine-et-Loire.*	7	Germain-l'Herm (Saint-). T. IV. *Puy-de-Dôme.*	20
Georges (Saint-). *Voy.* Roche-Corbon.		Germain-Laval (Saint-). T. I. *Seine-et-Marne.*	12
Georges (Saint-) T. V. *Mayenne.*	13	Germer (Saint-). T. II. *Oise.*	19
Georges-de-Gravenchon (Saint-). T. I. *Seine-Inférieure.*	18	Germigny. T. II. *Yonne.*	8
Georges-de-Levezac (Saint-). T. IV. *Lozère.*	10	Germond. T. V. *Deux-Sèvres.*	4
Georges-de-Longuepierre (Saint-). T. I. *Charente-Inférieure.*	8	Gérodot. T. III. *Aube.*	8
Georges-de-Rognains (Saint-). T. II. *Rhône.*	45	Gervais (Saint-). T. II. *Hérault.*	27
Georges-des-Agouts (Saint-). T. I. *Charente-Inférieure.*	9	Gervais (Saint-). T. II. *Isère.*	18
Georges-d'Oléron (Saint-). T. I. *Charente-Inférieure.*	10	Gervais (Saint-). T. IV. *Puy-de-Dôme.*	28
Georges-d'Orques (Saint-). T. II. *Hérault.*	13	Géry (Saint-). T. IV. *Lot.*	10
Georges-du-Vièvre (Saint-). T. I. *Eure.*	19	Gevresin. T. I. *Doubs.*	7
Georges-en-Couzan (Saint-). T. II. *Loire.*	6	Gevrey. T. I. *Côte-d'Or.*	9
Georges-les-Baillargeaux (Saint-). T. I. *Vienne.*	4	Gex. T. I. *Ain.*	11
Georges-sur-la-Pée (Saint-). T. IV. *Cher.*	10	Giat. T. IV. *Puy-de-Dôme.*	28
Geours-de-Marennes (Saint-). T. I. *Landes.*	18	Gibaud. T. I. *Charente-Inférieure.*	9
Géraincourt. T. II. *Somme.*	12	Gien. T. I. *Loiret.*	12
Géraud-de-Vaux (Saint-). T. II. *Allier.*	9	Giey-sur-Aujon. T. III. *Haute-Marne.*	13
Géraud-le-Puy (Saint-). T. II. *Allier.*	18	Gigean. T. II. *Hérault.*	37
Gérardmer. T. III. *Vosges.*	7	Gignac. T. II. *Hérault.*	12
Gerberoy. T. II. *Oise.*	18	Gignac. T. II. *Vaucluse.*	8
Gerbeviller. T. III. *Meurthe.*	23	Gigny. T. I. *Jura.*	17
Germain (Saint-). T. I. *Charente.*	14	Gigondas. T. II. *Vaucluse.*	8
Germain (Saint-). T. III. *Meurthe.*	23	Gildas-de-Rhuis (Saint-). T. V. *Morbihan.*	
Germain-Beaupré (Saint-). T. IV. *Creuse.*	6	Gildas-des-Bois (Saint-). T. I. *Loire-Inférieure.*	23

Gilles-les-Boucheries (St-). T. II. *Gard.*	8
Gilles-sur-Vie (Saint-). T. V. *Vendée.*	15
Gilly-les-Citeaux. T. I. *Côte-d'Or.*	15
Gimel. T. IV. *Corrèze.*	8
Gimeaux. T. IV. *Puy-de-Dôme.*	28
Ginasservis. T. III. *Var.*	16
Ginela. T. II. *Aude.*	15
Ginestas. T. II. *Aude.*	19
Ginoles. T. II. *Aude.*	15
Girolata. T III. *Corse.*	39
Giromagny. T. III. *Haut-Rhin.*	15
Gironde. T. I. *Gironde.*	23
Girons (Saint-). T. IV. *Ariége.*	24
Giroussens. T. IV. *Tarn.*	15
Gisia. T. I. *Jura.*	8
Gisors. T. I. *Eure.*	13
Givet. T. V. *Ardennes.*	12
Givonne. T. V. *Ardennes.*	16
Givors. T. II. *Rhône.*	9
Givry. T. II. *Saône-et-Loire.*	21
Gizeux. T. I. *Indre-et-Loire.*	13
Glagean. T. V. *Nord.*	21
Glaigues. T. II. *Oise.*	44
Glaine-Montaigut. T. IV. *Puy-de-Dôme.*	14
Glaizil. T. III. *Hautes-Alpes.*	8
Glandèves. T. III. *Basses-Alpes.*	17
Glandiers. T. IV. *Corrèze.*	14
Glanges. T. IV. *Haute-Vienne.*	16
Glay. T. I. *Doubs.*	13
Glénans (les). T. V. *Finistère.*	10
Glorieuse (la). T. I. *Landes.*	12
Glos-la-Ferrière. T. V. *Orne.*	8
Goarec. T. V. *Côtes-du-Nord.*	24
Gobain (Saint-). T. V. *Aisne.*	8
Goderville. T. I. *Seine-Inférieure.*	18
Godewaesvelde. T. V. *Nord.*	42
Goetzenbruck. T. III. *Moselle.*	12
Goincourt. T. II. *Oise.*	20
Gommegnies. T. V. *Nord.*	21
Gommerville. T. V. *Eure-et-Loir.*	20
Goncelin. T. II. *Isère.*	10
Gondecourt. T. V. *Nord.*	13
Gondon (Saint-). T. I. *Loiret.*	12
Gondenans-les-Moulins. T. I. *Doubs.*	11
Gondrecourt. T. III. *Meuse.*	7
Gondreville. T. III. *Meurthe.*	26
Gonesse. T. I. *Seine-et-Oise.*	15
Gonfaron. T. III. *Var.*	16
Gonfreville-l'Orcher. T.I. *Seine-Inférieure.*	18
Gonnord. T. I. *Maine-et-Loire.*	7
Gorgue (la). T. V. *Nord.*	42
Gorron. T. V. *Mayenne.*	13
Gorze. T. III. *Moselle.*	9
Gouesnou. T. V. *Finistère.*	21
Goulaine (Haute-). T. I. *Loire-Inférieure.*	8
Goulier. T. IV. *Ariége.*	13
Gourdan. T. IV. *Haute-Garonne.*	30
Gourdon. T. IV. *Lot.*	21
Gourdon. T. III. *Var.*	21
Gourin. T. V. *Morbihan.*	19
Gournay-sur-Aronde. T. II. *Oise.*	35
Gournay. T. I. *Seine-Inférieure.*	22
Gouvieux. T. II. *Oise.*	44
Gouzon. T. IV. *Creuse.*	15
Goven. T. V. *Ille-et-Vilaine.*	32
Graçay. T. IV. *Cher.*	10
Gradignan. T. I. *Gironde.*	15
Grainville-la-Teinturière. T. I. *Seine-Inférieure.*	23
Gramat. T. IV. *Lot.*	22
Grancey-le-Châtel. T. I. *Côte-d'Or.*	9
Grand. T. III. *Vosges.*	11
Grand-Bourg-Salagnac. T. IV. *Creuse.*	6
Grand-Champ. T. V. *Morbihan.*	9
Grand-Combe-des-Bois (la). T. I. *Doubs.*	15
Grand-Couronne. T. I. *Seine-Inférieure.*	7
Grandcourt. T. I. *Seine-Inférieure.*	22
Grand-Fontaine. T. III. *Vosges.*	7
Grandfremoy. T. II. *Oise.*	35
Grand-Lemps. T. II. *Isère.*	20
Grand-Lucé (le). *Voy.* Lucé-le-Grand. T. V. *Sarthe.*	
Grand-Mont. *Voy.* Sarzeau. T. V. *Morbihan.*	
Grandpré. T. V. *Ardennes.*	21
Grandrieu. T. IV. *Lozère.*	9
Grand-Serre (le). T. II. *Drôme.*	5
Grandes-Ventes (les). T. I. *Seine-Infér.*	17
Grandvillars. T. III. *Haut-Rhin.*	15
Grandvillers. T. III. *Vosges.*	6
Grandvillers. T. II. *Oise.*	20
Grane. T. II. *Drôme.*	13
Grange-Bléneau. *Voy.* Courpalais. T. I. *Seine-et-Marne.*	
Grange-la-Ville et Grange-le-Bourg. T. III. *Haute-Saône.*	13
Grangis. T. V. *Aisne.*	23
Grans. T. II. *Bouches-du-Rhône.*	28
Gras (les). T. I. *Doubs.*	15
Grasse. T. III. *Var.*	21
Grasse (la). T. II. *Aude.*	7
Gratien (Saint-). T. I. *Seine-et-Oise.*	15
Gratteplanche. T. II. *Somme.*	7
Graulhet. T. IV. *Tarn.*	15
Graulle ou Grolle (la). T. I. *Charente.*	11
Grave-en-Oysans (la). T. III. *Hautes-Alpes.*	11
Gravelines. T. V. *Nord.*	35

	Pages.		Pages.
Gravelle (la). T. V. *Mayenne*.	6	Guenetrange. T. III. *Moselle*.	14
Gravigny. T. I. *Eure*.	8	Guer. T. V. *Morbihan*.	17
Graville. T. I. *Seine-Inférieure*.	18	Guérande. T. I. *Loire-Inférieure*.	23
Gray. T. III. *Haute-Saône*.	10	Guerbaville. T. I. *Seine-Inférieure*.	23
Gréalon. T. IV. *Lot*.	18	Guerbigny. T. II. *Somme*.	13
Gréasque. T. II. *Bouches-du-Rhône*.	10	Guerche (la). T. IV. *Cher*.	13
Grégoire (Saint-). T. IV. *Tarn*.	7	Guerche (la). T. V. *Ille-et-Vilaine*.	31
Grenade. T. IV. *Haute-Garonne*.	6	Guerche (la). T. I. *Indre-et Loire*.	15
Grenade. T. I. *Landes*.	12	Guéret. T. IV. *Creuse*.	6
Grenoble. T. II. *Isère*.	10	Guérigny. T. II. *Nièvre*.	7
Grenelle. T. VI. *Seine*.	23	Guéroulde (la). T. I. *Eure*.	8
Greolières. T. III. *Var*.	21	Guespunsart. T. V. *Ardennes*.	6
Gréoux. T. III. *Basses-Alpes*.	8	Gueures. T. I. *Seine-Inférieure*.	17
Grestain ou Carbec-Grestain. T. I. *Eure*.	19	Guiche. T. I. *Basses-Pyrénées*.	14
Grez-en-Bouère. T. V. *Mayenne*.	13	Guichen. T. V. *Ille-et-Vilaine*.	32
Grezels. T. IV. *Lot*.	10	Guiclan. T. V. *Finistère*.	29
Grèzes. T. IV. *Lozère*.	11	Guignen. T. V. *Ille-et-Vilaine*.	32
Grézieu-la-Varenne. T. II. *Rhône*.	9	Guignes. T. I. *Seine-et-Marne*.	15
Grignan. T. II. *Drôme*.	14	Guignicourt. T. V. *Ardennes*.	6
Grignols. T. I. *Gironde*.	17	Guildo (le). T. V. *Côtes-du-Nord*.	20
Grignon. *Voy.* Thiverval. T. I. *Seine-et-Oise*.	8	Guilhem-le-Désert (St-). T. II. *Hérault*.	13
		Guillac. T. V. *Morbihan*.	17
Grimaud. T. III. *Var*.	11	Guillaume-Perouse. T. III. *Hautes-Alpes*.	8
Grisy-Suines. T. I. *Seine-et-Marne*.	15	Guillestre. T. III. *Hautes-Alpes*.	16
Grizolles. T. IV. *Tarn-et-Garonne*.	12	Guillon. T. I. *Doubs*.	11
Grosbliederstroff. T. III. *Moselle*.	12	Guillon. T. I. *Yonne*.	11
Grosbois. T. I. *Doubs*.	11	Guillotière (la). T. II. *Rhône*.	9
Grosbois-les-Tichey. T. I. *Côte-d'Or*.	16	Guines. T. II. *Pas-de-Calais*.	12
Grossouvre. T. IV. *Cher*.	13	Guingamp. T. V. *Côtes-du-Nord*.	21
Gros-Tenquin. T. III. *Moselle*.	12	Guiole (la). T. IV. *Aveyron*.	12
Groix (Ile de). T. V. *Morbihan*.	14	Guipry. T. V. *Ille-et-Vilaine*.	33
Gruissan. T. II. *Aude*.	7	Guiscard. T. II. *Oise*.	35
Gruyères. T. V. *Ardennes*.	6	Guise. T. V. *Aisne*.	23
Guagno. T. III. *Corse*.	26	Guitera. T. III. *Corse*.	27
Gueberschwir. T. III. *Haut-Rhin*.	6	Guitre. T. I. *Gironde*.	22
Guebwiller. T. III. *Haut-Rhin*.	6	Guitté. T. V. *Côtes-du-Nord*.	20
Guegnon. T. III. *Saône-et-Loire*.	27	Gumery. T. III. *Aube*.	42
Guémar. T. III. *Haut-Rhin*.	6	Gy. T. III. *Haute-Saône*.	11
Guémené. T. V. *Morbihan*.	19	Gyé-sur-Seine. T. III. *Aube*.	39
Guémené-Panfao. T. I. *Loire-Inférieure*.	23		

H

Habas. T. I. *Landes*.	18	Hangest. T. II. *Somme*.	13
Habsheim. T. III. *Haut-Rhin*.	12	Haond-le-Châtel (Saint-). T. II. *Loire*.	15
Hadstatt. T. III. *Haut-Rhin*.	6	Haraucourt. T. V. *Ardennes*.	16
Hagetmau. T. I. *Landes*.	22	Harbonnières. T. II. *Somme*.	13
Haguenau. T. III. *Bas-Rhin*.	6	Harcourt. T. I. *Eure*.	15
Hallencourt. T. II. *Somme*.	10	Hardinguen. T. II. *Pas-de-Calais*.	13
Hallennes. T. V. *Nord*.	13	Harfleur. T. I. *Seine-Inférieure*.	19
Hallines. T. II. *Pas-de-Calais*.	17	Harguier. T. V. *Ardennes*.	13
Halluin. T. V. *Nord*.	13	Haroué. T. III. *Meurthe*.	8
Ham. T. II. *Somme*.	15	Harréville. T. III. *Haute-Marne*.	6

TABLE ALPHABÉTIQUE DES MATIÈRES.

	Pages
Hasnon. T. V. *Nord.*	49
Hasparren. T. I. *Basses-Pyrénées.*	14
Hastingue. T. I. *Landes.*	18
Hatten. T. III. *Bas-Rhin.*	28
Haubourdin. T. V. *Nord.*	13
Haussy. T. V. *Nord.*	27
Haute-Isle. T. I. *Seine-et-Oise.*	20
Hautmont. T. V. *Nord.*	21
Hautes-Rivières. T. V. *Ardennes.*	6
Haute-Rivoire. T. II. *Rhône.*	9
Hauteville. T. I. *Ain.*	9
Hauteville. T. V. *Ardennes.*	0
Haverskerque. T. V. *Nord.*	42
Havre (le). T. I. *Seine-Inférieure.*	19
Hay. T. VI. *Seine.*	23
Hayange. T. III. *Moselle.*	14
Haybes. T. V. *Ardennes.*	13
Haye-Descartes (la). T. I. *Indre-et-Loire.*	15
Haye-Malherbe (la). T. I. *Eure.*	16
Hazebrouck. T. V. *Nord.*	42
Heand (Saint-). T. II. *Loire.*	12
Hédé. T. V. *Ille-et-Vilaine.*	8
Heilles. T. II. *Oise.*	28
Heilz-le-Maurupt. T. III. *Marne.*	19
Hélen (Saint-). T. V. *Côtes-du-Nord.*	20
Hem. T. V. *Nord.*	13
Hendaye, ou Andaye. T. I. *Basses-Pyr.*	14
Hénin-Liétard. T. II. *Pas-de-Calais.*	14
Hennebon. T. V. *Morbihan.*	14
Hénonville. T. II. *Oise.*	20
Henrichemont. T. IV. *Cher.*	15
Herbault. T. I. *Loir-et-Cher.*	10
Herbiers (les). T. V. *Vendée.*	7
Herbignac. T. I. *Loire-Inférieure.*	23
Herbitzheim. T. III. *Bas-Rhin.*	15
Herblain (Saint-). T. I. *Loire-Inférieure.*	8
Herblay, ou Erblay. T. I. *Seine-et-Oise.*	8
Hérépian. T. II. *Hérault.*	27
Héric. T. I. *Loire-Inférieure.*	17
Héricourt. T. III. *Haute-Saône.*	13
Héricy. T. I. *Seine-et-Marne.*	15
Hérimoncourt. T. I. *Doubs.*	13
Hérisson. T. II. *Allier.*	15
Herm (l'). *V.* Lherm. T. IV. *Lot.*	
Hermenault (l'). T. V. *Vendée.*	12
Herment. T. IV. *Puy-de-Dôme.*	14
Hermes. T. II. *Oise.*	20
Hermine (Sainte-). T. V. *Vendée.*	12
Hermitage (l'). T. V. *Ille-et-Vilaine.*	8
Hermonville. T. III. *Marne.*	15
Hérouel. T. V. *Aisne.*	17
Herrin. T. V. *Nord.*	13
Herrlisheim. T. III. *Haut-Rhin.*	6
Hesdin. T. II. *Pas-de-Calais.*	15

	Pages
Hestrud. T. V. *Nord.*	21
Heucheloup. T. III. *Vosges.*	10
Heuchin. T. II. *Pas-de-Calais.*	20
Heudicourt. T. I. *Eure.*	13
Heume-l'Église. T. IV. *Puy-de-Dôme.*	14
Heyrieux. T. II. *Isère.*	21
Hières, ou Hyères. T. III. *Var.*	26
Hierges. T. V. *Ardennes.*	13
Hiersac. T. I. *Charente.*	9
Hilaire (St-), ou Faverolles. T. III. *Aube.*	42
Hilaire (Saint-). T. II. *Aude.*	15
Hilaire (Saint-). T. II. *Allier.*	9
Hilaire (Saint-). T. I. *Charente-Infér.*	8
Hilaire-de-Breymas (Saint-). T. II. *Gard.*	16
Hilaire-des-Landes (Saint-). T. V. *Ille-et-Vilaine.*	19
Hilaire-sur-Autise (Saint-), ou Hilaire-des-Loges (Saint-). T. V. *Vendée.*	12
Hillarion (Saint-). T. I. *Seine-et-Oise.*	23
Hillion. T. V. *Côtes-du-Nord.*	9
Hilsenheim. T. III. *Bas-Rhin.*	23
Hippolyte (Saint-). T. I. *Doubs.*	13
Hippolyte (Saint-). T. II. *Gard.*	20
Hippolyte (Saint-). T. III. *Haut-Rhin.*	6
Hipsheim. T. III. *Bas-Rhin.*	23
Hirsingen. T. III. *Haut-Rhin.*	12
Hirson. T. V. *Aisne.*	23
Hix. *V.* Bourg-Madame. T II. *Pyrénées-Orientales.*	
Hochfelden. T. III. *Bas-Rhin.*	15
Hœilly. T. II. *Somme.*	7
Homblières. T. V. *Aisne.*	17
Hombourg-l'Évêque. T. III. *Moselle.*	12
Homme (l'). T. V. *Sarthe.*	10
Homps. T. II. *Aude.*	19
Hondschoote. T. V. *Nord.*	36
Honnecourt. T. V. *Nord.*	27
Honorat. T. III. *Var.*	22
Honoré (Saint-). T. II. *Nièvre.*	13
Honorine-la-Guillaume (Sainte-). T. VI. *Orne.*	8
Hontang. T. I. *Landes.*	12
Hôpital-Confront (l') T. V. *Finistère.*	21
Hôpital-Issendolus (l'). T. IV. *Lot.*	19
Horbourg. T. III. *Haut-Rhin.*	7
Hornoy. T. II. *Somme.*	7
Horps (le). T. V. *Mayenne.*	14
Houdain. T. V. *Nord.*	21
Houdain. T. II. *Pas-de-Calais.*	14
Houdainville. T. II. *Oise.*	28
Houdan. T. I. *Seine-et-Oise.*	20
Houbergies. T. V. *Nord.*	21
Houlme (le). T. I. *Seine-Inférieure.*	7
Houplines. T. V. *Nord.*	13

3

TABLE ALPHABÉTIQUE DES MATIÈRES.

	Pages		Pages
Houssaye (la). T. I. *Eure*.	15	Huriel. T. II. *Allier*.	15
Houssaye (la). T. II. *Oise*.	20	Hurtmannswiller. T. III. *Haut-Rhin*.	6
Huelgoat. T. V. *Finistère*.	26	Huselbourg. T. III. *Meurthe*.	25
Hucqueliers. T. II. *Pas-de-Calais*.	15	Husseren. T. III. *Haut-Rhin*.	15
Huis (l'). T. I. *Ain*.	9	Huttenheim. T. III. *Bas-Rhin*.	23
Huisseau. T. I. *Loir-et-Cher*.	10	Hyères (îles d'). T. III. *Var*.	27
Huningue. T. III. *Haut-Rhin*.	12		

I

Ichoux. T. I. *Landes*.	12	Irancy. T. I. *Yonne*.	9
Iffendic. T. V. *Ille-et-Vilaine*.	30	Iseron. T. II. *Rhône*.	9
Iffs (les). T. V. *Ille-et-Vilaine*.	30	Isle (l'). T. II. *Vaucluse*.	9
Iges. T. V. *Ardennes*.	16	Isle T. IV. *Haute-Vienne*.	7
Iholdy. T. I. *Basses-Pyrénées*.	15	Isle-Aumont. T. III. *Aube*.	8
Ile-Adam (l'). T. I. *Seine-et-Oise*.	15	Isle-en-Dodon (l'). T. IV. *Haute-Gar.*	30
Ile-aux-Moines (l'). T. V. *Morbihan*.	9	Islettes (les). T. III. *Meuse*.	12
Ile-Jourdain (l'). T. I. *Vienne*.	15	Isle-sur-le-Doubs (l'). T. I. *Doubs*.	11
Ile-Rousse. T. III. *Corse*.	39	Isle-sur-le-Serain (l'). T. I. *Yonne*.	11
Ile-Saint-Denis. T. VI. *Seine*.	11	Ispagnac. T. IV. *Lozère*.	10
Ilhes. T. II. *Aude*.	7	Issel. T. II. *Aude*.	11
Ille. T. II. *Pyrénées-Orientales*.	30	Issoire. T. IV. *Puy-de-Dôme*.	22
Ille-Bouchard (l'). T. I. *Indre-et-Loire*.	13	Issoudun. T. IV. *Indre*.	11
Illiers-l'Évêque. T. I. *Eure*.	8	Is-sur-Tille. T. I. *Côte-d'Or*.	9
Illkirch. T. III. *Bas-Rhin*.	6	Issy. T. VI. *Seine*.	23
Ilpize (Saint-). T. IV. *Haute-Loire*.	14	Issy-l'Évêque. T. II. *Saône-et-Loire*.	17
Imphy. T. II. *Nièvre*.	7	Istres. T. II. *Bouches-du-Rhône*.	28
Inchy. T. V. *Nord*.	27	Iviers. T. V. *Aisne*.	23
Indre (Basse-). T. I. *Loire-Inférieure*.	8	Ivry. T. I. *Eure*.	8
Ingrande. T. I. *Maine-et-Loire*.	7	Ivry-le-Temple. T. II. *Oise*.	20
Ingrande. T. I. *Vienne*.	12	Ivry-sur-Seine. T. VI. *Seine*.	23
Ingouville. T. I. *Seine-Inférieure*.	20	Iwuy. T. V. *Nord*.	27
Ingwiller. T. III. *Bas-Rhin*.	15	Izernore. T. I. *Ain*.	13
Irai. T. V. *Orne*.	14	Izeron. T. II. *Isère*.	18
Iron. T. V. *Aisne*.	23	Izieux. T. II. *Loire*.	12
Issenheim. T. III. *Haut-Rhin*.	7		

J

Jaalons. T. III. *Marne*.	6	Jard (le). *V.* Voisenon. T. I. *Seine-et-Marne*.	
Jacou. T. II. *Hérault*.	14	Jargeau. T. I. *Loiret*.	6
Jaillac. T. IV. *Tarn*.	14	Jarie (la). T. III. *Basses-Alpes*.	9
Jaleyrac. T. IV. *Cantal*.	18	Jarnac. T. I. *Charente*.	12
Jaligny. T. II. *Allier*.	19	Jarnac-Champagne. T. I. *Charente-Inf.*	9
Jallais. T. I. *Maine-et-Loire*.	14	Jarnages. T. IV. *Creuse*.	15
Jallieu. T. II. *Isère*.	20	Jarrie (la). T. I. *Charente-Inférieure*.	4
James-sur-Sarthe (Saint-). T. V. *Sarthe*.	5	Jarville. T. III. *Meurthe*.	8
Jamets. T. III. *Meuse*.	10	Jarzé. T. I. *Maine-et-Loire*.	11
Janaillac. T. IV. *Creuse*.	13	Jasseines. T. III. *Aube*.	26
Jandun. T. V. *Ardennes*.	7	Jaujac. T. II. *Ardèche*.	11
Janville. T. V. *Eure-et-Loir*.	20	Jaulnay. T. I. *Vienne*.	4
Janzé. T. V. *Ille-et-Vilaine*.	8		

TABLE ALPHABÉTIQUE DES MATIÈRES.

	Pages.		Pages.
Jaulnes. T. I. *Seine-et-Marne.*	17	Josse. T. II. *Pas-de-Calais.*	16
Jausiers. T. III. *Basses-Alpes.*	15	Josselin. T. V. *Morbihan.*	17
Javel. *V.* Pont-Gibaud. T. IV. *Puy-de-Dôme.*		Jouan-de-l'Ile (Saint-). T. V. *Côtes-du-Nord.*	20
Javols. T. IV. *Lozère.*	11	Jouarre. T. I. *Seine-et-Marne.*	5
Javron. T. V. *Mayenne.*	14	Jouars. T. I. *Seine-et-Oise.*	23
Jean-Bonnefond (Saint-). T. II. *Loire.*	12	Joué. T. I. *Indre-et-Loire.*	7
Jean-d'Angely (Saint-). T. I. *Charente-Inférieure.*	8	Joué. T. I. *Loire-Inférieure.*	15
Jean-de-Boisseau (Saint-). T. I. *Loire-Inférieure.*	18	Jougne. T. I. *Doubs.*	15
Jean-de-Bonneval (Saint-). T. III. *Aube.*	8	Jouhe. T. I. *Jura.*	18
Jean-de-Bournay (Saint-). T. II. *Isère.*	21	Jouin-de-Milly (Saint-). T. V. *Deux-Sèv.*	9
Jean-de-Brevelay. (St-). T. V. *Morbihan.*	17	Jouques. T. II. *Bouches-du-Rhône.*	28
Jean-de-Fos. (St-). T. II. *Hérault.*	37	Joursac. T. IV. *Cantal.*	23
Jean-de-la-Pallue. *V.* Couronne-la-Pallue. T. I. *Charente.*		Jouy. T. I. *Seine-et-Oise.*	8
Jean-de-Laur (Saint-). T. IV. *Lot.*	19	Jouy-aux-Arches. T. III. *Moselle.*	6
Jean-de-Losne (St-). T. I. *Côte-d'Or.*	15	Jouy-le-Châtel. T. I. *Seine-et-Marne.*	17
Jean-de-Luz (St-). T. I. *Basses-Pyrénées.*	14	Jouy-sous-Chelle. T. II. *Oise.*	20
Jean-de-Mont (Saint-). T. V. *Vendée.*	15	Jouy-sur-Morin. T. I. *Seine-et-Marne.*	9
Jean-des-Mauvrets (St-). T. I. *Maine-et-Loire.*	7	Joux. T. II. *Rhône.*	45
Jean-des-Choux (St-). T. III. *Bas-Rhin.*	15	Joux (Fort de). T. I. *Doubs.*	15
Jean-de-Soleymieu (St-). T. II. *Loire.*	6	Joyeuse. T. II. *Ardèche.*	12
Jean-de-Vergers (St-). T. IV. *Ariége.*	13	Joze. T. IV. *Puy-de-Dôme.*	31
Jean-d'Èvre (St-). T. V. *Mayenne.*	6	Jublains. T. V. *Mayenne.*	14
Jean-d'Heures. T. III. *Meuse.*	5	Juéri (Saint-). T. IV. *Tarn.*	7
Jean-du-Bruel (St-). T. IV. *Aveyron.*	13	Jugon. T. V. *Côtes-du-Nord.*	20
Jean-du-Doigt (St-). T. V. *Finistère.*	29	Juillac. T. IV. *Corrèze.*	14
Jean-du-Gard (St-). T. II. *Gard.*	16	Juilly. T. I. *Seine-et-Marne.*	6
Jean-du-Marché (St-). T. III. *Vosges.*	6	Julien (Saint-). T. III. *Aube.*	8
Jean-en-Royans (St-). T. II. *Drôme.*	5	Julien (Saint-). T. II. *Hérault*	39
Jean-Froidmentel (St-). T. I. *Loir-et-Cher.*	14	Julien (Saint-). T. I. *Jura.*	9
Jean-le-Noir (St-). T. II. *Ardèche.*	6	Juliénas. T. II. *Rhône.*	45
Jean-le-Priche (St-). T. II. *Saône-et-Loire.*	7	Julien-Chapteuil (Saint-). T. IV. *Haute-Loire.*	7
Jean-les-deux-Jumeaux (St-). T. I. *Seine-et-Marne.*	5	Julien-de-Concelles (Saint-). T. I. *Loire-Inférieure.*	8
Jean-Pied-de-Port (St-). T. I. *Basses-Pyrénées.*	15	Julien-du-Tournel (St-). T. IV. *Lozère.*	7
Jean-Rorbach (St-). T. III. *Moselle.*	12	Julien-de-Vouvantes (St-). T. I. *Loire-Inférieure.*	17
Jean-sur-Reyssouse (St-). T. I. *Ain.*	8	Julien-du-Sault (Saint-). T. I. *Yonne.*	15
Jean-sur-Veyle. (St-). T. I. *Ain.*	8	Julien-en-Beauchêne (Saint-). T. III. *Hautes-Alpes.*	8
Jeumont. T. V. *Nord.*	21	Julien-en-Quint (Saint-). T. II. *Drôme.*	13
Joachim (Saint-). T. I. *Loire-Inférieure.*	23	Julien-l'Ars. T. I. *Vienne.*	4
Joigny. T. I. *Yonne.*	14	Julien-Mollin-Mollette (Saint-). T. II. *Loire.*	12
Joinville. T. III. *Haute-Marne.*	18	Jullié. T. II *Rhône.*	45
Joncels. T. II. *Hérault.*	37	Jully-le-Châtel. T. III. *Aube.*	39
Joncy. T. II. *Saône-et-Loire.*	27	Jumeaux. T. IV. *Puy-de-Dôme.*	22
Jonquières. T. II. *Oise.*	35	Jumellière (la). T. I. *Maine-et-Loire.*	14
Jonvelle. T. III. *Haute-Saône.*	5	Jumièges. T. I. *Seine-Inférieure.*	7
Jonzac. T. I. *Charente-Inférieure.*	9	Junien (Saint-). T. IV. *Haute-Vienne.*	14
Josse. T. I. *Landes.*	18	Juniville. T. V. *Ardennes.*	10
		Jurançon T. I. *Basses-Pyrénées.*	7
		Jussey. T. III. *Haute-Saône.*	5

	Pages.		Pages.
Just-d'Avray (Saint-). T. II. *Rhône*.	45	Juvignac. T. II. *Hérault*.	14
Just-en-Chevalet (Saint-). T. II. *Loire*.	16	Juvigny-sous-Andaine. T. V. *Orne*.	13
Just-en-Chaussée (Saint-). T. II. *Oise*.	29	Juvisy. T. I. *Seine-et-Oise*.	17
Justin (Saint-). T. I. *Landes*.	12	Juzancourt. T. V. *Ardennes*.	10
Just-sur-Loire (Saint-). T. II. *Loire*.	6	Juzennecourt. T. III. *Haute-Marne*.	6

K

Kaltenhausen. T. III. *Bas-Rhin*.	6	Kircheim. T. III. *Bas-Rhin*.	6
Kaysersberg. T. III. *Haut-Rhin*.	7	Klingenthal (vallée des lames). T. III. *Bas-Rhin*.	23
Kernilis. T. V. *Finistère*.	21		
Kientzheim. T. III. *Haut-Rhin*.	7	Kolbsheim. T. III. *Bas-Rhin*.	6
Kiffis. T. III. *Haut-Rhin*.	12	Kuttolsheim. T. III. *Bas-Rhin*.	6
Kintzheim. T. III. *Bas-Rhin*.	23		

L

Laas. T. I. *Basses-Pyrénées*.	23	Lamanon. T. II. *Bouches-du-Rhône*.	41
Labarben. T. II. *Bouches-du-Rhône*.	28	Lamarque. T. I. *Gironde*.	15
Labastide-du-Hautmont (la). T. IV. *Lot*.	19	Lamballe. T. V. *Côtes-du-Nord*.	9
Labastide-Fortunière. T. IV. *Lot*.	22	Lambert (Saint-). T. I. *Gironde*.	19
Labouheyre. T. I. *Landes*.	12	Lambert-de-la-Poterie. T. IV. *Maine-et-Loire*.	7
Labrit. T. I. *Landes*.	13		
Labruguière. T. IV. *Tarn*.	12	Lambesc. T. II. *Bouches-du-Rhône*.	28
Lac (le). T. I. *Doubs*.	15	Lamoncelle. T. V. *Ardennes*.	16
Lacave. T. IV. *Ariége*.	24	Lamothe-Cassel. T. IV. *Lot*.	22
Lacaze. T. IV. *Tarn*.	12	Lamothe-Fénélon. T. IV. *Lot*.	22
Lachèze. T. V. *Côtes-du-Nord*.	24	Lampertstoch. T. III. *Bas-Rhin*.	28
Lacourt. T. IV. *Ariége*.	24	Lamvin-Planque. T. V. *Nord*.	31
Lacrouzette. T. IV. *Tarn*.	12	Lançon. T. II. *Bouches-du-Rhône*.	29
Lacune T. IV. *Tarn*.	12	Landas. T. V. *Nord*.	31
Ladignac. T. IV. *Haute-Vienne*.	16	Landéan. T. V. *Ille-et-Vilaine*.	19
Lafrey. T. II. *Isère*.	13	Lande-Patry (la). T. V. *Orne*.	13
Lafoux. T. II. *Gard*.	17	Landes. T. I. *Loir-et-Cher*.	10
Lagarde. T. IV. *Ariége*.	27	Landerneau. T. V. *Finistère*.	21
Lager (Saint-). *Rhône*.	45	Landevaut. T. V. *Morbihan*.	14
Lagor. T. I. *Basses-Pyrénées*.	23	Landevennc T. V. *Finistère*.	26
Lagnieux. T. I. *Ain*.	9	Landivisiau. T. V. *Finistère*.	30
Lagny. T. II. *Oise*.	35	Landivy. T. V. *Mayenne*.	15
Lagny. T. I. *Seine-et-Marne*.	6	Landouzy-la-Ville. T. V. *Aisne*.	23
Lagrandville. T. III. *Moselle*.	10	Landrecies. T. V. *Nord*.	31
Lagrave. T. IV. *Tarn*.	14	Landreville. T. III. *Aube*.	39
Lahons. T. V. *Eure-et-Loire*.	30	Landrichamp. T. V. *Ardennes*.	13
Laifour. T. V. *Ardennes*.	7	Landser. T. III. *Haut-Rhin*.	12
Laignes. T. I. *Côte-d'Or*.	20	Landscron. T. III. *Haut-Rhin*.	12
Laines-aux-Bois. T. III. *Aube*.	9	Landunvez. T. V. *Finistère*.	22
Lailly. T. I. *Yonne*.	16	Laneuville-devant-Nancy. T. III. *Meurthe*.	8
Laissac ou Layssac. T. IV. *Aveyron*.	13	Langeac. T. IV. *Haute-Loire*.	14
Lalbenc. T. II. *Isère*.	18	Langeais. T. I. *Indre-et-Loire*.	13
Lalbenque. T. IV. *Lot*.	11	Langesse. T. I. *Loiret*.	12
Lallaing. T. V. *Nord*.	31	Langis-lez-Mortagne. T. V. *Orne*.	15
Lama. T. III. *Corse*.	35	Langlée. T. I. *Loiret*.	14

TABLE ALPHABÉTIQUE DES MATIÈRES.

	Pages.
...angogne. T. IV. *Lozère*.	7
...angoiran. T. I. *Gironde*.	15
...angon. T. I. *Gironde*.	17
...angonnet. T. V. *Morbihan*.	19
...angres. T. III. *Haute-Marne*.	15
...anguidic. T. V. *Morbihan*.	15
...anhouharneau. T. V. *Finistère*.	30
...anleff. T. V. *Côtes-du-Nord*.	20
...anloup. T. V. *Côtes-du-Nord*.	11
...anmeur. T. V. *Finistère*.	30
...anneuc (Saint-). T. V. *Côtes-du-Nord*.	24
...annilis. T. V. *Finistère*.	22
...annion. T. V. *Côtes-du-Nord*.	22
...annoy. T. V. *Nord*.	13
...anouée. T. V. *Morbihan*.	18
...ansargues. T. II. *Hérault*.	14
...anta. T. IV. *Haute-Garonne*.	32
...antenay. T. I. *Côte-d'Or*.	20
...annéac. T. V. *Finistère*.	26
...anuéjols. T. IV. *Lozère*.	7
...anvollon. T. V. *Côtes-du-Nord*.	11
...on. T. V. *Aisne*.	9
...pléan. T. IV. *Corrèze*.	9
L...ragne. T. III. *Hautes-Alpes*.	8
...rchant. T. I. *Seine-et-Marne*.	12
la-R...rche. T. IV. *Corrèze*.	14
...arche. *V.* Arche. T. III. *Basses-Alpes*.	
L...arey (Saint-). T. IV. *Ariége*.	24
L... aroque. T. IV. *Ariége*.	27
...arreau. T. I. *Basses-Pyrénées*.	15
...aruns. T. I. *Basses-Pyrénées*.	22
Lasalle. T. II. *Gard*.	20
Las-Escaldas. *V.* Angoustrine. T. II. *Pyrénées-Orientales*.	
Lassay. T. V. *Mayenne*.	15
Lasseube. T. I. *Basses-Pyrénées*.	22
Lassigny. T. II. *Oise*.	36
Lastours. T. II. *Aude*.	7
Lastours. T. IV. *Haute-Vienne*.	16
Lathus. T. I. *Vienne*.	15
Latille. T. I. *Vienne*.	4
Latour. T. II *Loire*.	12
Latour-de-France. *V.* Tour-de-France. T. II. *Pyrénées-Orientales*.	
Lattes. T. II. *Hérault*.	14
Laubardemont. T. I. *Gironde*.	22
Laubies (les). T. IV. *Lozère*.	8
Launois T. V. *Ardennes*.	7
Laure. T. II. *Aude*.	7
Laurède. T. I. *Landes*.	18
Laurent (Saint-). T. I. *Ain*.	8
Laurent (Saint-). T. III. *Corse*.	42
Laurent (Saint-). T. I. *Jura*.	15
Laurent (Saint-). T. I. *Landes*.	18

	Pages.
Laurent (Saint-). T. IV. *Lot*.	11
Laurent (Saint-). T. IV. *Lot*.	19
Laurent-Blangy (Saint-). T. II. *Pas-de-Calais*.	5
Laurent-de-Cerdans (Saint-). T. II. *Pyrénées-Orientales*.	24
Laurent-de-Chamousset (Saint-). T. II. *Rhône*.	9
Laurent-de-la-Roche (Saint-). T. I. *Jura*.	9
Laurent-de-la-Salanque (Saint-). T. II. *Pyrénées-Orientales*.	10
Laurent-de-Médoc (Saint-). T. I. *Gironde*.	19
Laurent-de-Mure (Saint-). T. II. *Isère*.	21
Laurent-des-Bains (Saint-). T. II. *Ardèche*.	12
Laurent-du-Pont (Saint-). T. II. *Isère*.	18
Laurent-du-Var (Saint-). T. III. *Var*.	23
Laurent-en-Caux (Saint-). T. I. *Seine-Inférieure*.	23
Laurent-en-Royans (Saint-). T. II. *Drôme*.	5
Laurent-le-Minier (Saint-). T. II. *Gard*.	20
Laurent-sur-Garre (Saint-). T. IV. *Haute-Vienne*.	14
Laurière. T. IV. *Haute-Vienne*.	7
Lauris. T. II. *Vaucluse*.	12
Lauterbourg. T. III. *Bas-Rhin*.	28
Lautrec. T. IV. *Tarn*.	12
Lauzerte. T. IV. *Tarn-et-Garonne*.	14
Lauzes. T. IV. *Lot*.	11
Lauzet (le). T. III. *Basses-Alpes*.	15
Laval. T. V. *Mayenne*.	6
Lavalette. T. IV. *Corrèze*.	9
Lavardin. T. I. *Loir-et-Cher*.	14
Lavaur. T. IV. *Tarn*.	15
Lavelanet. T. IV. *Ariége*.	13
Laventie. T. II. *Pas-de-Calais*.	14
Lavernhe. T. IV. *Aveyron*.	13
Laversines. T. II. *Oise*.	20
Lavigny. T. I. *Seine-et-Oise*.	18
Lavilledieu. T. IV. *Tarn-et-Garonne*.	13
Lavit-de-Lomagne. T. IV. *Tarn-et-Garonne*.	13
Lavoute-Chillac. *V.* Voute-Chillac (la). T. IV. *Haute-Loire*.	
Lavoute-sur-Loire ou Lavoute-Polignac. T. IV. *Haute-Loire*.	7
Lavplanques. T. IV. *Tarn*.	7
Lay. T. II. *Loire*.	16
Lay-Saint-Christophe. T. III. *Meurthe*.	8
Laxou. T. III. *Meurthe*.	8
Lecelles. T. V. *Nord*.	49
Lécherolles. T. I. *Seine-et-Marne*.	9

	Pages		Pages
Lécluse. T. V. *Nord*.	31	Leu-Taverny (St-). T. I. *Seine-et-Oise*.	15
Lédignan. T. II. *Gard*.	17	Lèves. T. V. *Eure-et-Loir*.	20
Leers. T. V. *Nord*.	13	Levet. T. IV. *Cher*.	10
Légé. T. I. *Loire-inférieure*.	8	Levie. T. III. *Corse*.	46
Léger (Saint). T. II. *Vaucluse*.	17	Levier. T. I. *Doubs*.	15
Léger-de-Fourches (Saint-). T. I. *Côte-d'Or*.	22	Levignac. T. IV. *Haute-Garonne*.	6
Léger-de-Peyre (St-). T. IV. *Lozère*.	12	Levoncourt. T. III. *Haut-Rhin*.	12
Léger-du-Bourg-Denis (St-). T. I. *Seine-Inférieure*.	8	Levroux. T. IV. *Indre*.	8
Léger-sur-Dhenne (St-). T. II. *Saône-et-Loire*.	21	Lezobie. *V*. Ploulech. T. V. *Côtes-du-Nord*.	
		Leyme. T. IV. *Lot*.	19
Legué (le). *Voy*. Saint-Brieuc. T. V. *Côtes-du-Nord*.		Leymen. T. III. *Haut-Rhin*.	12
		Leynes. T. II. *Saône-et-Loire*.	7
Léguévin. T. IV. *Haute-Garonne*.	6	Lézardieux. T. V. *Côtes-du-Nord*.	22
Lehon. T. V. *Côtes-du-Nord*.	20	Lezat. T. IV. *Ariége*.	28
Leigné-sur-Usseau. T. I. *Vienne*.	12	Lezaux. T. IV. *Puy-de-Dôme*.	31
Lembach. T. III. *Bas-Rhin*.	28	Lherm. T. IV. *Lot*.	11
Lemberg. T. III. *Moselle*.	12	Liancourt. T. I. *Oise*.	29
Lembeye. T. I. *Basses-Pyrénées*.	7	Liancourt-Fosse. T. II. *Somme*.	13
Lemé. T. V. *Aisne*.	23	Libourne. T. I. *Gironde*.	22
Lempdes. T. IV. *Puy-de-Dôme*.	15	Licharre. T. I. *Basses-Pyrénées*.	15
Lencloître. T. I. *Vienne*.	12	Lichtenberg. T. III. *Bas-Rhin*.	16
Lentillac. T. IV. *Lot*.	11	Liepvre. T. III. *Haut-Rhin*.	7
Lentillac. T. IV. *Lot*.	19	Liercourt. T. II. *Somme*.	10
Lent-sur-Veyle ou Lent-sur-Dombes. T. I. *Ain*.	8	Liernais. T. I. *Côte-d'Or*.	16
		Liesse (Notre-Dame de). T. V. *Aisne*.	11
Léognan. T. I. *Gironde*.	15	Liessies. T. V. *Nord*.	21
Léonard (Saint). T. IV. *Hte-Vienne*.	7	Lieurey. T. I. *Eure*.	19
Lépand. T. IV. *Creuse*.	15	Lieursaint. T. I. *Seine-et-Marne*.	15
L'Épine. T. III. *Marne*.	6	Liffol-le-Grand. T. III. *Vosges*.	11
Lens. T. II. *Pas-de-Calais*.	14	Liffré. T. V. *Ille-et-Vilaine*.	8
Leran. T. IV. *Ariége*.	28	Ligné. T. I. *Loire-Inférieure*.	15
Léré. T. IV. *Cher*.	15	Lignières. T. IV. *Cher*.	13
Lérins (îles de). T. III. *Var*.	22	Ligny. T. III. *Meuse*.	5
Lerné. T. I. *Indre-et-Loire*.	13	Ligny. T. I. *Yonne*.	9
Lery-au-Bac. T. I. *Eure*.	16	Ligueil. T. I. *Indre-et-Loire*.	15
Lesay. T. V. *Deux-Sèvres*.	13	Lihons. T. II. *Somme*.	16
Lescar. T. I. *Basses-Pyrénées*.	7	Lille. T. V. *Nord*.	13
Lescun. T. I. *Basses-Pyrénées*.	22	Lillebonne. T. I. *Seine-Inférieure*.	20
Lescure. T. IV. *Tarn*.	8	Lillers. T. II. *Pas-de-Calais*.	14
Lesdiguières. T. III. *Hautes-Alpes*.	8	Limanton. T. II. *Nièvre*.	13
Lésignan. T. II. *Aude*.	19	Limay. T. I. *Seine-et-Oise*.	20
Lésigny. T. I. *Seine-et-Marne*.	15	Limerzel. T. V. *Morbihan*.	9
Lesmont. T. III. *Aube*.	31	Limoges. T. IV. *Haute-Vienne*.	7
Lesmoulins. T. V. *Nord*.	13	Limogne. T. IV. *Lot*.	11
Lesneven. T. V. *Finistère*.	22	Limonest. T. II. *Rhône*.	9
Lesparre. T. I. *Gironde*.	19	Limony. T. II. *Ardèche*.	17
Lesquin. T. V. *Nord*.	13	Limours. T. II. *Seine-et-Oise*.	23
L'Estèlle. T. I. *Basses-Pyrénées*.	7	Limoux. T. II. *Aude*.	15
Lesterps en Éterpe. T. I. *Charente*.	15	Limas. T. II. *Rhône*.	45
Letra. T. II. *Rhône*.	45	Linas. T. I. *Seine-et-Oise*.	18
Leucate. T. II. *Aude*.	19	Linchamps. *Voy*. Hautes-Rivières. T. V. *Ardennes*.	
Leu-d'Esserent (St-). T. II. *Oise*.	44	Linx. T. I. *Landes*.	18
		Lion-d'Angers (le). T. I. *Maine-et-Loire*.	24

TABLE ALPHABÉTIQUE DES MATIÈRES.

	Pages.
Liques. T. II. *Pas-de-Calais*.	13
Lisle. T. IV. *Tarn*.	15
Lisle-en-Rignault. T. III. *Meuse*.	6
Lissac. T. IV. *Corrèze*.	14
Lissy. T. I. *Seine-et-Marne*.	15
Lit-et-Mixe. T. I. *Landes*.	18
Liverdun. T. III. *Meurthe*.	26
Livernon. T. IV. *Lot*.	19
Livey. T. III. *Aube*.	9
Livinière (la). T. II. *Hérault*.	39
Livron. T. II. *Drôme*.	5
Livry. T. I. *Seine-et-Oise*.	15
Lixheim. T. III. *Meurthe*.	25
Lizaigne (Sainte-). T. IV. *Indre*.	12
Lizier (Saint-). T. IV. *Ariége*.	25
Lizy-sur-Ourcq. T. I. *Seine-et-Marne*.	6
Llivia. *Voy.* Saillagouse. T. II.	
Llo T. II. *Pyrénées-Orientales*.	31
Lobsann. T III. *Bas-Rhin*.	28
Loc-Ronan. T. V. *Finistère*.	27
Loche. T. III. *Aube*.	39
Loches. T. I. *Indre-et-Loire*.	15
Lochrist. *Voyez* Plouney-Lochrist. T. V. *Finistère*.	
Locmaria. T. V. *Finistère*.	23
Locmariaker. T. V. *Morbihan*.	15
Locminé. T. V. *Morbihan*.	19
Lods. T. I. *Doubs*.	7
Lodève. T. II. *Hérault*.	37
Loges (les). T. I. *Seine-Inférieure*.	20
Loges-Margueron (les). T. III. *Aube*.	39
Loiron. T. V. *Mayenne*.	11
Loisia. T. I. *Jura*.	9
Loisy. T. II. *Saône-et-Loire*.	30
Lombers. T. IV. *Tarn*.	8
Lombut. T. V. *Ardennes*.	16
Lommerange. T. III. *Moselle*.	10
Lompues. T. I. *Ain*.	9
Lon (Saint-). T. I. *Landes*.	18
Lonchamps. T. III. *Aube*.	32
Londe (la). T. I. *Seine-Inférieure*.	8
Londinières. T. I. *Seine-Inférieure*.	22
Long. T. II. *Somme*.	10
Longeau. T. III. *Haute-Marne*.	17
Longecourt. T. I. *Côte-d'Or*.	10
Longeville. T. I. *Doubs*.	11
Longeville-les-Saint-Avold. T. III. *Moselle*.	6
Longueville. T. I. *Seine-Inférieure*.	17
Longpont. T. I. *Seine-et-Oise*.	18
Longsols. T. III. *Aube*.	26
Longué. T. I. *Maine-et-Loire*.	11
Longueil-Ste-Marie. T. II. *Oise*.	36
Longuion. T. III. *Moselle*.	10

	Pages.
Longwy. T. III. *Moselle*.	10
Lonjumeau. T. I. *Seine-et-Oise*.	18
Lons-le-Saulnier. T. I. *Jura*.	9
Lonzac. T. IV. *Corrèze*.	9
Loos. T. V. *Nord*.	17
Lordat. T. IV. *Ariége*.	13
Lorguis. T. III. *Var*.	12
Lorient. T. V. *Morbihan*.	15
Loriot. T. II. *Drôme*.	6
Lormaison. T. II. *Oise*.	21
Lormes. T. II. *Nièvre*.	15
Loroux-Bottereau (le). T. I. *Loire-Inf*.	9
Lorquin. T. III. *Meurthe*.	25
Lorrès-le-Bocage. T. I. *Seine-et-Marne*.	12
Lorris. T. I. *Loiret*.	14
Louan. T. I. *Seine-et-Marne*.	18
Louben. T. IV. *Ariége*.	28
Loubens. T. I. *Gironde*.	23
Loubès (Saint-). T. I. *Gironde*.	15
Loubie. T. I. *Basses-Pyrénées*.	22
Loubouer (Saint-). T. I. *Landes*.	22
Loubressac. T. IV. *Lot*.	20
Louches. T. II. *Pas-de-Calais*.	17
Loudéac. T. V. *Côtes-du-Nord*.	24
Loudes. T. IV. *Haute-Loire*.	7
Loudun. T. I. *Vienne*.	14
Loué. T. V. *Sarthe*.	5
Louestault. T. I. *Indre-et-Loire*.	7
Louhans. T. II. *Saône-et-Loire*.	30
Louis (Saint-). T. III. *Haut-Rhin*.	13
Loulay. T. I. *Charente-Inférieure*.	9
Loup (Saint-). T. II. *Rhône*.	45
Loup (Saint-). T. III. *Haute-Saône*.	13
Loup (Saint-). T. V. *Deux-Sèvres*.	14
Loup-de-Buffigny (Saint-). T. III. *Aube*.	42
Loupe (la). T. V. *Eure-et-Loir*.	31
Loupiac. T. IV. *Cantal*.	18
Lourai. T. V. *Orne*.	6
Lournaud. T. II. *Saône-et-Loire*.	7
Louroux (le). T. I. *Maine-et-Loire*.	7
Louveciennes. T. I. *Seine-et-Oise*.	8
Louvernée. T. V. *Mayenne*.	11
Louviers. T. I. *Eure*.	16
Louvigné-du-Désert. T. V. *Ille-et-Vil*.	20
Louvigny. T. III. *Moselle*.	6
Louvres. T. I. *Seine-et-Oise*.	15
Lubersac. T. IV. *Corrèze*.	14
Lubin-des-Joncherets (Saint-). *Eure-et-Loir*.	30
Luc. T. II. *Aude*.	19
Luc. T. I. *Basses-Pyrénées*.	22
Luc (le). T. III. *Var*.	12
Luçay-le-Male. T. IV. *Indre*.	8
Lucé-le-Grand. T. V. *Sarthe*.	10

	Pages.		Pages.
Lucelle. T. III. *Haut-Rhin*.	13	Lure. T. III. *Haute-Saône*.	14
Luc-en-Diois. T. II. *Drôme*.	13	Luri. T. III. *Corse*.	35
Lucenay-l'Évêque. T. II. *Saône-et-Loire*.	17	Lury. T. IV. *Cher*.	10
Luchapt. T. I. *Vienne*.	15	Lus-la-Croix-Haute. T. II. *Drôme*.	13
Lucheux. T. II. *Somme*.	12	Lusignan. T. I. *Vienne*.	4
Luciana. T. III. *Corse*.	35	Lusigny. T. III. *Aube*.	9
Lucie-de-Tallano (Sainte-). T. III. *Corse*.	46	Lussan. T. II. *Gard*.	18
Luçon. T. V. *Vendée*.	12	Lussac. T. I. *Gironde*.	22
Lucs (les). T. V. *Vendée*.	8	Lussac-les-Châteaux. T. I. *Vienne*.	15
Lude (le). T. V. *Sarthe*.	12	Lussac-les-Églises. T. IV. *Haute-Vienne*.	13
Ludre. T. III. *Meurthe*.	8	Luttenbach. T. III. *Haut-Rhin*.	7
Lugny. T. II. *Saône-et-Loire*.	7	Luttrebach. T. III. *Haut-Rhin*.	13
Lugos. T. I. *Gironde*.	15	Lutzelbourg. T. III. *Meurthe*.	25
Luisetaine. T. I. *Seine-et-Marne*.	18	Lux. T. I. *Côte-d'Or*.	10
Lumbres. T. II. *Pas-de-Calais*.	17	Luxeuil ou Luxeu. T. III. *Haute-Saône*.	14
Lumes. T. V. *Ardennes*.	7	Luxey. T. I. *Landes*.	13
Lumine-de-Coutais (Sainte-). T. I. *Loire-Inférieure*.	9	Luynes. T. I. *Indre-et-Loire*.	7
Lunas. T. II. *Hérault*.	31	Luzarches. T. I. *Seine-et-Oise*.	15
Lunel. T. II. *Hérault*.	14	Luzech. T. IV. *Lot*.	11
Lunel-Vieil. T. II. *Hérault*.	14	Lyé (Saint-). T. III. *Aube*.	9
Lunéville. T. III. *Meurthe*.	23	Lyon. T. II. *Rhône*.	9
Lurcy-Lévy ou Le Sauvage. T. II. *Allier*.	9	Lyons-la-Forêt. T. I. *Eure*.	13
		Lys (Saint-). T. IV. *Haute-Garonne*.	31

M

Macaire (Saint-). T. I. *Gironde*.	23	Maillane. T. II. *Bouches-du-Rhône*.	41
Macaire (Saint-). T. I. *Maine-et-Loire*.	14	Mailley. T. III. *Haute-Saône*.	6
Macau. T. I. *Gironde*.	15	Maillezais. T. V. *Vendée*.	13
Machault. T. V. *Ardennes*.	22	Mailly. T. III. *Marne*.	15
Machecoul. T. II. *Loire-Inférieure*.	9	Mailly. T. II. *Somme*.	12
Machine (la). T. II. *Nièvre*.	7	Mailly-le-Château. T. I. *Yonne*.	9
Maclou (Saint-). T. I. *Eure*.	19	Mailly-Renneval. T. II. *Somme*.	13
Mâcon. T. II. *Saône-et-Loire*.	7	Maincy. T. I. *Seine-et-Marne*.	13
Macornay. T. I. *Jura*.	10	Maine. T. I. *Seine-et-Oise*.	19
Madeleine (la). V. Flourens. T. IV. *Haute-Garonne*.		Maing. T. V. *Nord*.	49
		Mainneville. T. I. *Eure*.	13
Madic. T. IV. *Cantal*.	18	Maintenon. T. V. *Eure-et-Loir*.	21
Mael-Carhaix. T. V. *Côtes-du-Nord*.	21	Maisonnais. T. IV. *Haute-Vienne*.	14
Magèse. T. I. *Landes*.	18	Maisonnettes (les). T. I. *Doubs*.	11
Magistère (la). T. IV. *Tarn-et-Garonne*.	14	Maison-Neuve. T. I. *Côte-d'Or*.	22
Magnac. T. IV. *Cantal*.	16	Maisons. T. I. *Seine-et-Oise*.	9
Magnac-Bourg. T. IV. *Haute-Vienne*.	16	Maisons-Alfort. T. VI. *Seine*.	24
Magnac-Laval. T. IV. *Haute-Vienne*.	13	Maissac. T. IV. *Cantal*.	13
Magny. T. II. *Nièvre*.	8	Maixent. T. V. *Deux-Sèvres*.	4
Magny. T. I. *Seine-et-Oise*.	20	Malaucourt. T. III. *Meuse*.	12
Magny-les-Hameaux. T. I. *Seine-et-Oise*.	23	Malandry. T. V. *Ardennes*.	16
Magny-Vernois (le). T. III. *Haute-Saône*.	15	Malannay. T. I. *Seine-Inférieure*.	4
Maguelonne. T. II. *Hérault*.	14	Malaucène. T. II. *Vaucluse*.	17
Maignelay. T. II. *Oise*.	30	Malause. T. IV. *Tarn-et-Garonne*.	14
Mailhac. T. IV. *Haute-Vienne*.	13	Malbosc. T. II. *Ardèche*.	13
Maillac. T. I. *Ain*.	14	Malemort. T. IV. *Corrèze*.	11

	Pages.		Pages.
Maletable. T. V. *Orne*.	15	Marche (la). T. III. *Vosges*.	11
Malesherbes. T. I. *Loiret*.	15	Marche-la-Cave. T. II. *Somme*.	7
Malestroit. T. V. *Morbihan*.	18	Marchenoir. T. I. *Loir-et-Cher*.	10
Malgrange (la). T. III. *Meurthe*.	8	Marchiennes. T. V. *Nord*.	31
Malicorne. T. V. *Sarthe*.	12	Marck. T. II. *Pas-de-Calais*.	13
Mallièvre. T. V. *Vendée*.	9	Marckolsheim. T. III. *Bas-Rhin*.	23
Malmaison (la). *Voy.* Ruel. T. I. *Seine-et-Oise*.		Marcillac. T. IV. *Aveyron*.	4
		Marcillac. T. IV. *Lot*.	20
Malo (Saint-). T. V. *Ille-et-Vilaine*.	23	Marcillat. T. II. *Allier*.	15
Malo-de-Phily (Saint-). T. V. *Ille-et-Vilaine*.	33	Marcigny. T. II. *Saône-et-Loire*.	27
		Marcilly-le-Hayer. T. III. *Aube*.	42
Malompise. T. IV. *Cantal*.	16	Marcoing. T. V. *Nord*.	27
Malou (la). *V.* Mourcairol. T. II. *Hérault*.		Marcolès. T. IV. *Cantal*.	9
Malves, ou Malvers. T. II. *Aude*.	7	Marcols (Saint-). T. II. *Ardèche*.	7
Malzeville. T. III. *Meurthe*.	8	Marcoussy. T. I. *Seine-et-Oise*.	23
Malzieu-Ville (le). T. IV. *Lozère*.	12	Marcq-en-Barœul. T. V. *Nord*.	17
Mamers. T. V. *Sarthe*.	16	Mard-de-Coulonge (Saint-). T. V. *Orne*.	15
Mamert (Saint-). T. II. *Gard*.	9	Mardick. T. V. *Nord*.	36
Mamet (Saint-). T. IV. *Cantal*.	8	Mards (Saint-). T. III. *Aube*.	10
Mandailles. T. IV. *Cantal*.	8	Maresquel. T. II. *Pas-de-Calais*.	16
Mandé (Saint-). T. VI. *Seine*.	24	Marennes. T. I. *Charente-Inférieure*.	10
Mandeure. T. I. *Doubs*.	13	Mareil-Marly. T. I. *Seine-et-Oise*.	9
Mandore. T. II. *Rhône*.	45	Mareil. T. V. *Sarthe*.	12
Mane. T. III. *Basses-Alpes*.	18	Mareuil. T. V. *Vendée*.	9
Manicamp. T. V. *Aisne*.	11	Mareuil-en-Brie. T. III. *Marne*.	11
Manles, ou Mansles. T. I. *Charente*.	16	Margaux. T. I. *Gironde*.	15
Manosque. T. III. *Basses-Alpes*.	18	Marguy. T. V. *Ardennes*.	16
Mans (le). T. V. *Sarthe*.	5	Marguerite (Sainte-). T. II. *Loire*.	16
Mansat. T. IV. *Creuse*.	13	Marguerite. *Voy.* Lerins. T. III. *Var*.	25
Mant. T. I. *Landes*.	22	Marguerites. T. II. *Gard*.	9
Mantes. T. I. *Seine-et-Oise*.	20	Maria del Poggio. T. III. *Corse*.	35
Manteyer. T. III. *Hautes-Alpes*.	8	Marie (Sainte-). T. III. *Corse*.	28
Manzat. T. IV. *Puy-de-Dôme*.	29	Marie (Sainte-). T. I. *Basses-Pyrénées*.	22
Marange. T. I. *Jura*.	10	Maries (les Saintes). T. II. *Bouches-du-Rhône*.	41
Marais-Vernier (le). T. I. *Eure*.	19		
Marans. T. I. *Charente-Inférieure*.	4	Marie-du-Cantal (Sainte-). T. IV. *Cantal*.	16
Marat. T. IV. *Puy-de-Dôme*.	21	Marie-aux-Mines (Sainte-). T. III. *Haut-Rhin*.	7
Maraussan. T. II. *Hérault*.	27		
Marboué. T. V. *Eure-et-Loir*.	26	Marienthal. T. III. *Bas-Rhin*.	6
Marboz. T. I. *Ain*.	8	Marignac. T. I. *Charente-Inférieure*.	14
Marc (Saint-). *Voy.* Chamalière. T. IV. *Puy-de-Dôme*.		Marignac. T. IV. *Lot*.	11
		Marignane. T. II. *Bouches-du-Rhône*.	29
Marc (Saint-). T. II. *Bouches-du-Rhône*.	29	Marigné. T. V. *Sarthe*.	8
Marcel (Saint-). T. IV. *Indre*.	8	Marigny. T. III. *Aube*.	43
Marcel (Saint-). T. II. *Saône-et-Loire*.	21	Marigny. T. I. *Jura*.	10
Marcel (Saint-). T. IV. *Tarn*.	15	Marillais. T. I. *Maine-et-Loire*.	14
Marcel-d'Ardèche (St-). T. II. *Ardèche*.	6	Marines. T. I. *Seine-et-Oise*.	16
Marcellin (Saint-). T. II. *Isère*.	18	Maringues. T. IV. *Puy-de-Dôme*.	31
Marcellin-la-Plaine (St-). T. II. *Loire*.	6	Marissel. T. II. *Oise*.	21
Marcenat. T. IV. *Cantal*.	23	Marle. T. V. *Aisne*.	11
Marchainville. T. V. *Orne*.	15	Marlenheim. T. III. *Bas-Rhin*.	6
Marchais. T. V. *Aisne*.	11	Marly. T. V. *Nord*.	49
Marchaux. T. I. *Doubs*.	8	Marly-le-Roi. T. I. *Seine-et-Oise*.	9
Marche (la). T. II. *Nièvre*.	16	Marmagnac. T. IV. *Cantal*.	9

	Pages		Pages
Marmoutiers. T. III. *Bas-Rhin*.	16	Martin-d'Uriage (Saint-). T. II. *Isère*.	13
Marmoutiers. *Voy.* Sainte-Radegonde.		Martin-en-Bresse (Saint-). T. II. *Saône-et-Loire*.	21
Marnas. T. II. *Vaucluse*.	17		
Marnay. T. III. *Haute-Saône*.	11	Martin-ès-Vignes (Saint-). T. III. *Aube*.	10
Maroeul. T. II. *Pas-de-Calais*.	5	Martin-la-Plaine (Saint-). T. II. *Loire*.	12
Maroilles. T. V. *Nord*.	21	Martin-lez-Langres (Saint-). T. III. *Haute-Marne*.	17
Marolles-les-Bailly. T. III. *Aube*.	39		
Marolles-les-Braux. T. V. *Sarthe*.	16	Martin-lez-Seynes (Saint-). T. III. *Basses-Alpes*.	9
Maromme. T. I. *Seine-Inférieure*.	8		
Marquette. T. V. *Nord*.	17	Martin-le-Vieux (Saint-). T. I. *Eure*.	15
Marquion. T. II. *Pas-de-Calais*.	5	Martino-di-Lota (San-). T. III. *Corse*.	35
Marquise. T. II. *Pas-de-Calais*.	13	Martin-Valmeroux (St-). T. IV. *Cantal*.	19
Marsac. T. IV. *Puy-de-Dôme*.	21	Martizay. T. IV. *Indre*.	10
Marsal. T. III. *Meurthe*.	21	Martory (Saint-). T. IV. *Haute-Garonne*.	30
Marsana. T. III. *Corse*.	35	Martres. T. IV. *Haute-Garonne*.	31
Marsannay-la-Côte. T. I. *Côte-d'Or*.	10	Martres-de-Veyre. T. IV. *Puy-de-Dôme*.	15
Marsanne. T. II. *Drôme*.	15	Marval. T. IV. *Haute-Vienne*.	14
Mars-de-la-Brière (Sainte-). T. V. *Sarthe*.	8	Marvejols. T. IV. *Lozère*.	12
Marseillan. T. II. *Hérault*.	27	Marville. T. III. *Meuse*.	10
Marseille. T. II. *Bouches-du-Rhône*.	10	Marzan. T. V. *Morbihan*.	9
Marseille. T. II. *Oise*.	21	Mas-Cabardès. T. II. *Aude*.	8
Marseillette. T. II. *Aude*.	8	Mas-d'Azil (le). T. IV. *Ariége*.	28
Marsillargues. T. II. *Hérault*.	15	Maslacq. T. I. *Basses-Pyrénées*.	23
Mars-la-Jaille (Saint-). T. I. *Loire-Infér.*	15	Masnières. T. V. *Nord*.	27
Mars-la-Tour. T. III. *Moselle*.	6	Mas-Sainte-Puelle (le). T. II. *Aude*.	11
Marson. T. III. *Marne*.	8	Massat. T. IV. *Ariége*.	25
Marssac. T. IV. *Tarn*.	9	Massay. T. IV. *Cher*.	10
Martel. T. IV. *Lot*.	22	Masseret. T. IV. *Corrèze*.	9
Martelles (les). T. II. *Hérault*.	16	Massevaux. T. III. *Haut-Rhin*.	15
Marthon. T. I. *Charente*.	9	Massiac. T. IV. *Cantal*.	16
Martial-le-Mont (Saint-). T. IV. *Creuse*.	12	Mastre (la). T. II. *Ardèche*.	17
Martigné. T. V. *Mayenne*.	11	Matha. T. I. *Charente-Inférieure*.	9
Martigné-Briand. T. I. *Maine-et-Loire*.	18	Mathieu (Saint-). T. IV. *Haute-Vienne*.	14
Martigné-Fer-Chaud. T. V. *Ille-et-Vilaine*.	3	Mathon-Clémency. T. V. *Ardennes*.	16
		Mathurin (Saint-). T. I. *Maine-et-Loire*.	7
Martigues (les). T. II. *Bouches-du-Rhône*.	29	Matignon. T. V. *Côtes-du-Nord*.	20
Martin (Saint-). T. I. *Charente*.	12	Matour. T. II. *Saône-et-Loire*.	9
Martincourt. T. III. *Meurthe*.	27	Maubert-Fontaine. T. V. *Ardennes*.	13
Martin-d'Ablois (Saint-). T. III. *Marne*.	11	Maubeuge. T. V. *Nord*.	21
Martin-d'Auxigny (Saint-). T. IV. *Cher*.	10	Mauguio. T. II. *Hérault*.	16
Martin-de-Boscherville (Saint-). T. I. *Seine-Inférieure*.	8	Mauléon. T. I. *Basses-Pyrénées*.	15
		Maulevrier. T. I. *Maine-et-Loire*.	14
Martin-de-Connée (St-). T. V. *Mayenne*.	15	Maupertuis. T. I. *Seine-et-Marne*.	9
Martin-de-la-Place (Saint-). T. I. *Maine-et-Loire*.	19	Maur (Saint-). T. I. *Maine-et-Loire*.	19
		Maur-des-Fossés (Saint-). T. VI. *Seine*.	24
Martin-de-Londres (Saint-). T. II. *Hérault*.	16	Maur-le-Pont (Saint-). T. VI. *Seine*.	24
		Maure. T. V. *Ille-et-Vilaine*.	33
Martin-de-Queyrières (Saint-). T. III. *Hautes-Alpes*.	12	Maure (Sainte-). T. III. *Aube*.	10
		Maure (Sainte-). T. I. *Indre-et-Loire*.	13
Martin-de-Ré (Saint-). T. III. *Charente-Inférieure*.	5	Mauregard. T. I. *Seine-et-Marne*.	6
		Maureillas. T. II. *Pyrénées-Orientales*.	24
Martin-de-Tournon (St-). T. IV. *Indre*.	10	Maurepas. T. I. *Seine-et-Oise*.	24
Martin-de-Valamas (St-). T. II. *Ardèche*.	17	Mauriac. T. IV. *Cantal*.	19
Martin-de-Valgagues (St-). T. II. *Gard*.	17	Maurice (Saint-). T. I. *Charente*.	15

TABLE ALPHABÉTIQUE DES MATIÈRES.

	Pages.
Maurice (Saint-). T. II. *Drôme.*	17
Maurice-en-Gourgeois (St-). T. II. *Loire.*	6
Mauron. T. V. *Morbihan.*	18
Maurs. T. IV. *Cantal.*	9
Maur-sur-Loir (St-). T. V. *Eure-et-Loir.*	26
Maury. T. II. *Pyrénées-Orientales.*	10
Maussac. T. IV. *Corrèze.*	16
Mauves. T. I. *Loire-Inférieure.*	9
Mauzat, ou Mozat. T. IV. *Puy-de-Dôme.*	29
Mauzé-sur-le-Mignon. T. V. *Deux-Sèvres.*	5
Mauzun. T. IV. *Puy-de-Dôme.*	15
Mavilly. T. I. *Côte-d'Or.*	16
Maxent (Saint-). T. V. *Ille-et-Vilaine.*	30
Maxime (Sainte-). T. III. *Var.*	12
Maximin (Saint-). T. III. *Var.*	16
Maxou. T. IV. *Lot.*	11
Mayenne. T. V. *Mayenne.*	15
Mayet. T. V. *Sarthe.*	12
Mayet-d'École (le). T. II. *Allier.*	14
May-en-Multien. T. I. *Seine-et-Marne.*	6
Mayet-de-Montagne (le). T. II. *Allier.*	19
Maylis. T. I. *Landes.*	22
Maynal. T. I. *Jura.*	11
Mayres. T. II. *Ardèche.*	13
Mazamet. T. IV. *Tarn.*	12
Mazan. T. II. *Vaucluse.*	15
Mazé. T. I. *Maine-et-Loire.*	11
Mazères. T. IV. *Ariége.*	28
Mazières-en-Gatine. T. V. *Deux-Sèvres.*	15
Mazures (les). T. V. *Ardennes.*	7
Meallet. T. IV. *Cantal.*	20
Meaulne. T. II. *Allier.*	15
Meaux. T. I. *Seine-et-Marne.*	7
Médagues. *V.* Joze. T. IV. *Puy-de-Dôme.*	
Médard-de-Presque (St-). T. IV. *Lot.*	20
Méen (Saint-). T. V. *Ille-et-Vilaine.*	30
Méez (les). T. III. *Basses-Alpes.*	9
Mehun-sur-Yèvre. T. IV. *Cher.*	10
Meiches. T. I. *Doubs.*	13
Meillant. T. IV. *Cher.*	14
Meilleraye. T. I. *Loire-Inférieure.*	17
Meillonnas. T. I. *Ain.*	8
Meisenthal. T. III. *Moselle.*	13
Meix. *Voy.* Tour-du-Meix. T. I. *Jura.*	
Mélan. T. III. *Basses-Alpes.*	9
Mêle-sur-Sarthe (le). T. V. *Orne.*	7
Melgeven. T. V. *Finistère.*	34
Melissey. T. III. *Haute-Saône.*	15
Melle. T. V. *Deux-Sèvres.*	13
Mello. T. II. *Oise.*	44
Melun. T. I. *Seine-et-Marne.*	16
Menars-le-Château. T. I. *Loir-et-Cher.*	10
Menat. T. IV. *Puy-de-Dôme.*	29
Mende. T. IV. *Lozère.*	8
Menehould (Sainte-). T. III. *Marne.*	13
Menet. T. IV. *Cantal.*	20
Menges (Saint-). T. V. *Ardennes.*	16
Ménigoute. T. V. *Deux-Sèvres.*	15
Ménil-Amelot. T. I. *Seine-et-Marne.*	7
Ménil-sous-Jumièges. T. I. *Seine-Infér.*	9
Mennecy. T. I. *Seine-et-Oise.*	18
Menotey. T. I. *Jura.*	19
Menouilles. T. I. *Jura.*	11
Menoux (Saint-). T. II. *Allier.*	9
Mens. T. II. *Isère.*	14
Mentou-sur-Cher. T. I. *Loir-et-Cher.*	12
Méout. *V.* Saint-Grégoire. T. IV.	9
Mer, ou Menars. T. I. *Loir-et-Cher.*	10
Mercatel. T. II. *Pas-de-Calais.*	5
Mercenac. T. IV. *Ariége.*	25
Merck-Saint-Liévin. T. II. *Pas-de-Cal.*	17
Mercœur. T. IV. *Corrèze.*	9
Mercœur. T. IV. *Haute-Loire.*	14
Mercuès. T. IV. *Lot.*	11
Mercurey. T. II. *Saône-et-Loire.*	21
Merdrignac. T. V. *Côtes-du-Nord.*	24
Mérey-sous-Montrond. T. I. *Doubs.*	8
Méréville. T. I. *Seine-et-Oise.*	19
Mériudol. T. II. *Vaucluse.*	12
Merleac. T. V. *Côtes-du-Nord.*	24
Merlerault (le). T. V. *Orne.*	8
Merpins. T. I. *Charente.*	12
Mers. T. IV. *Indre.*	11
Méru. T. II. *Oise.*	21
Mervans. T. II. *Saône-et-Loire.*	31
Merville. T. V. *Nord.*	42
Mervilliers. T. V. *Eure-et-Loir.*	22
Méry-sur-Seine. T. III. *Aube.*	26
Mesanger. T. I. *Loire-Inférieure.*	15
Meslay. T. I. *Loir-et-Cher.*	14
Meslay. T. V. *Mayenne.*	11
Meslay-le-Vidame. T. V. *Eure-et-Loir.*	26
Mesmin (Saint-). T. I. *Loiret.*	6
Mesnay. T. I. *Jura.*	21
Mesnières. T. I. *Seine-Inférieure.*	22
Mesnil-Saint-Loup. T. III. *Aube.*	43
Mesnil-sur-l'Estrées (le). T. I. *Eure.*	8
Mesnil-sur-Oger. T. III. *Marne.*	11
Mesquer. T. I. *Loire-Inférieure.*	23
Messac. T. V. *Ille-et-Vilaine.*	33
Messanges. T. I. *Landes.*	18
Messey. *Voy.* Saint-Gervais-de-Messey. T. V. *Orne.*	
Messigny. T. I. *Côte-d'Or.*	10
Messincourt. T. V. *Ardennes.*	16
Mesvres. T. II. *Saône-et-Loire.*	17
Métabief. T. I. *Doubs.*	15

	Pages.		Pages.
Meteren. T. V. *Nord*.	42	Milly. T. I. *Saône-et-Loire*.	9
Méthamies. T. II. *Vaucluse*.	15	Milly. T. II. *Seine-et-Oise*.	20
Metz. T. III. *Moselle*.	6	Mimbaste. T. I. *Landes*.	19
Metzerwisse. T. III. *Moselle*.	14	Mimet. T. II. *Bouches-du-Rhône*.	30
Meudon. T. I. *Seine-et-Oise*.	9	Mimizan. T. I. *Landes*.	13
Meulan. T. I. *Seine-et-Oise*.	10	Minerve. T. II. *Hérault*.	32
Meun, ou Mehun. T. I. *Loiret*.	6	Mirabeau. T. II. *Vaucluse*.	12
Meursault. T. I. *Côte-d'Or*.	16	Mirabel. T. II. *Drôme*.	17
Meusne. T. I. *Loir-et-Cher*.	10	Mirabel. T. IV. *Tarn-et-Garonne*.	6
Meuzac. T. IV. *Haute-Vienne*.	16	Miramas. T. II. *Bouches-du-Rhône*.	30
Mevoisin. T. V. *Eure-et-Loir*.	22	Mirambeau. T. I. *Charente-Inférieure*.	9
Mevrion. T. II. *Saône-et-Loire*.	17	Miramont. T. IV. *Haute-Garonne*.	30
Mevouillon. T. II. *Drôme*.	17	Mirebeau. T. I. *Côte-d'Or*.	11
Meymac. T. IV. *Corrèze*.	16	Mire. T. I. *Indre-et-Loire*.	7
Meyenheim. T. III. *Haut-Rhin*.	8	Mirecourt. T. III. *Vosges*.	10
Meynes. T. II. *Gard*.	9	Mirebeau. T. I. *Vienne*.	5
Meyrannes. T. II. *Gard*.	17	Mirefleurs. T. IV. *Puy-de-Dôme*.	15
Meyrargues. T. II. *Bouches-du-Rhône*.	30	Miremont. T. IV. *Haute-Garonne*.	31
Meyriat. T. I. *Ain*.	14	Mirepeix. T. I. *Basses-Pyrénées*.	7
Meyrueis. T. IV. *Lozère*.	10	Mirepoix. T. IV. *Ariége*.	28
Meyssac. T. II. *Ardèche*.	7	Mireval. T. II. *Hérault*.	17
Meyssac. T. IV. *Corrèze*.	14	Miribel. T. I. *Ain*.	16
Meyzieu. T. II. *Isère*.	22	Miroir (le). T. II. *Saône-et-Loire*.	31
Meximieux. T. I. *Ain*.	15	Missillac. T. I. *Loire-Inférieure*.	23
Mèze. T. II. *Hérault*.	16	Mitre (Saint-). T. II. *Bouches-du-Rhône*.	30
Mezenc (montagne de). V. Chaudeyrolles. T. IV. *Haute-Loire*.		Mitry. T. I. *Seine-et-Marne*.	7
		Mohon. T. V. *Ardennes*.	8
Mezel. T. III. *Basses-Alpes*.	10	Moëres (les). T. V. *Nord*.	36
Mézières. T. V. *Ardennes*.	7	Moingt. T. II. *Loire*.	6
Mézières. T. II. *Somme*.	13	Moirans. T. I. *Jura*.	15
Mézières. T. IV. *Haute-Vienne*.	13	Moirans. T. II. *Isère*.	18
Mézières-en-Brenne. T. IV. *Indre*.	10	Moirmont. T. III. *Marne*.	13
Miallet. T. II. *Gard*.	17	Moisdon. T. I. *Loire-Inférieure*.	17
Michel (Saint-). T. V. *Aisne*.	24	Moissac. T. IV. *Tarn-et-Garonne*.	14
Michel (Saint-). T. IV. *Lot*.	12	Moissey. T. I. *Jura*.	19
Michel (Saint-). T. III. *Meuse*.	7	Moita. T. III. *Corse*.	42
Michel-de-Bannières (Saint-). T. IV. *Lot*.	22	Molène (île de). T. V. *Finistère*.	23
Michel-d'Entraigue (St-). T. I. *Charente*.	9	Molle (la). T. III. *Var*.	12
Michel-en-Grève (Saint-). T. V. *Côtes-du-Nord*.	22	Molesme. T. I. *Côte-d'Or*.	20
		Molières. T. IV. *Lot*.	20
Michel-en-l'Herme (St-). T. V. *Vendée*.	13	Molières. T. IV. *Tarn-et-Garonne*.	7
Michel-Mont-Mercure (Saint-). T. V. *Vendée*.	13	Moligt. T. II. *Pyrénées-Orientales*.	31
		Molinges. T. I. *Jura*.	15
Miers. T. IV. *Lot*.	22	Mollans. T. II. *Drôme*.	17
Miglos. T. IV. *Ariége*.	13	Molliens-le-Vidame. T. II. *Somme*.	7
Migné. T. I. *Vienne*.	5	Molkirch. T. III. *Bas-Rhin*.	13
Mignovillard. T. I. *Jura*.	21	Molsheim. T. III. *Bas-Rhin*.	6
Mijoux. T. I. *Jura*.	15	Molunes (les). T. I. *Jura*.	16
Milhaud, ou Millau. T. IV. *Aveyron*.	13	Monastier. T. IV. *Haute-Loire*.	7
Milhaud. T. II. *Gard*.	9	Monastier. T. IV. *Lozère*.	12
Millam. T. V. *Nord*.	36	Monay. T. I. *Jura*.	11
Millas. T. II. *Pyrénées-Orientales*.	10	Monceaux. T. I. *Seine-et-Marne*.	8
Millery. T. II. *Rhône*.	37	Monchy-Humières. T. II. *Oise*.	36
Milly. T. II. *Oise*.	22	Monchy-Saint-Éloy. T. II. *Oise*.	30

TABLE ALPHABÉTIQUE DES MATIÈRES.

	Pages.
Monclar. T. IV. *Tarn-et-Garonne*.	7
Monclera. T. IV. *Lot*.	22
Moncontour. T. V. *Côtes-du-Nord*.	11
Moncontour. T. I. *Vienne*.	15
Moncor. T. V. *Mayenne*.	11
Moncoutant. T. V. *Deux-Sèvres*.	15
Moncuq. T. IV. *Lot*.	12
Mondoubleau. T. I. *Loir-et-Cher*.	14
Monein. T. I. *Basses-Pyrénées*.	22
Monestier (le). T. III. *Hautes-Alpes*.	11
Monestier-de-Clermont. T. II. *Isère*.	14
Monestier-Merlines. T. IV. *Corrèze*.	16
Monestiès. T. IV. *Tarn*.	9
Monétier-Allemont. T. III. *Hautes-Alpes*.	8
Monieux. T. I. *Vaucluse*.	15
Monistrol-d'Allier. T. IV. *Haute-Loire*.	15
Monistrol-sur-Loire. T. IV. *Hte-Loire*.	15
Monna. T. IV. *Aveyron*.	13
Monnières. T. I. *Loire-Inférieure*.	9
Mons. T. III. *Var*.	12
Monsol. T. II. *Rhône*.	15
Monségur. T. I. *Gironde*.	23
Mons-Seleucus. *Voy.* Batie-Mont-Saléon (la). T. III. *Hautes-Alpes*.	8
Montady. T. II. *Hérault*.	27
Montagnac. T. II. *Hérault*.	27
Montagney. T. I. *Doubs*.	12
Montagney. T. III. *Haute-Saône*.	11
Montagny. T. II. *Oise*.	22
Montaigu. T. V. *Aisne*.	11
Montaigu. T. I. *Jura*.	11
Montaigu. T. V. *Vendée*.	9
Montaiguet. T. II. *Allier*.	14
Montaigut. T. IV. *Puy-de-Dôme*.	29
Montaigut. T. IV. *Tarn-et-Garonne*.	16
Montainville. T. V. *Eure-et-Loir*.	22
Montandin. T. V. *Mayenne*.	16
Montandon. T. I. *Doubs*.	13
Montaner. T. I. *Basses-Pyrénées*.	7
Montans. T. IV. *Tarn*.	15
Montargis. T. I. *Loiret*.	14
Montastruc. T. IV. *Haute-Garonne*.	6
Montataire. T. II. *Oise*.	44
Montauban. T. V. *Ille-et-Vilaine*.	30
Montauban. T. IV. *Tarn-et-Garonne*.	7
Montaud. T. II. *Hérault*.	17
Montaut. T. IV. *Ariége*.	30
Montaut. T. I. *Basses-Pyrénées*.	7
Montaut. T. I. *Landes*.	22
Montauroux. T. III. *Var*.	13
Mont-aux-Malades. T. I. *Seine-Infér.*	9
Montbard. T. I. *Côte-d'Or*.	22
Montbarrey. T. I. *Jura*.	19

	Pages.
Montbazin. T. II. *Hérault*.	17
Montbrun. T. II. *Drôme*.	17
Montbazens. T. IV. *Aveyron*.	15
Montbazon. T. I. *Indre-et-Loire*.	7
Montbéliard. T. I. *Doubs*.	13
Montbenoît. T. I. *Doubs*.	15
Montbert. T. I. *Loire-Inférieure*.	9
Montblainville. T. III. *Meuse*.	12
Montbozon. T. III. *Haute-Saône*.	6
Montbrehain. T. V. *Aisne*.	17
Montbrison. T. II. *Loire*.	6
Montbron. T. I. *Charente*.	9
Mont-Cenis. T. II. *Saône-et-Loire*.	17
Montcley. T. I. *Doubs*.	8
Montcony. T. II. *Saône-et-Loire*.	31
Montcornet. T. V. *Aisne*.	12
Montcornet. T. V. *Ardennes*.	8
Montcy-Notre-Dame. T. V. *Ardennes*.	8
Montcy-Saint-Pierre. T. V. *Ardennes*.	8
Mont-Dauphin. T. III. *Hautes-Alpes*.	16
Mont-de-Marsan. T. I. *Landes*.	13
Montdidier. T. I. *Somme*.	13
Mont-Dol. T. V. *Ille-et-Vilaine*.	27
Mont-d'Or (le). *Voy.* Saint-Cyr-Limonest. T. II. *Rhône*.	
Mont-d'Or-les-Bains. T. IV. *Puy-de-Dôme*.	22
Montdragon. T. II. *Vaucluse*.	17
Montech. T. IV. *Tarn-et-Garonne*.	13
Montecheroux. T. I. *Doubs*.	14
Montel-de-Gelat. T. IV. *Puy-de-Dôme*.	29
Monteléger. T. II. *Drôme*.	6
Montelier. T. II. *Drôme*.	6
Montélimart. T. II. *Drôme*.	15
Montemain. T. V. *Eure-et-Loir*.	26
Montembœuf. T. I. *Charente*.	15
Montendre. T. I. *Charente-Inférieure*.	10
Montenaison. T. II. *Nièvre*.	16
Montepilloy. T. II. *Oise*.	44
Montereau. T. I. *Seine-et-Marne*.	12
Monterhausen. T. III. *Moselle*.	13
Montesquieu. T. IV. *Ariége*.	25
Montesquieu-de-Volvestre. T. IV. *Haute-Garonne*.	31
Montet (le). *Voy.* Palinges. T. II. *Saône-et-Loire*.	
Montet-aux-Moines (le). T. II. *Allier*.	9
Monteux. T. II. *Vaucluse*.	15
Montfaucon. T. IV. *Haute-Loire*.	15
Montfaucon. T. IV. *Lot*.	23
Montfaucon. T. I. *Maine-et-Loire*.	14
Montfaucon. T. III. *Meuse*.	10
Montfaucon. T. VI. *Seine*.	11
Montfermeil. T. I. *Seine-et-Oise*.	16

TABLE ALPHABÉTIQUE DES MATIÈRES.

	Pages.
Montferrand. T. II. *Aude*.	11
Montferrand. T. IV. *Puy-de-Dôme*.	15
Montferrier. T. II. *Hérault*.	17
Montfevrier. T. IV. *Ariége*.	13
Montfort. T. I. *Landes*.	19
Montfort-l'Amaury. T. I. *Seine-et-Oise*.	24
Montfort-le-Rotrou. T. V. *Sarthe*.	8
Montfort-sur-Rille. T. I. *Eure*.	19
Montfort-sur-Meu. T. V. *Ille-et-Vilaine*.	30
Montgaillard. T. IV. *Ariége*.	13
Montgauch. T. IV. *Ariége*.	25
Mont-Genèvre. T. III. *Hautes-Alpes*.	11
Montgeron. T. I. *Seine-et-Oise*.	18
Montgiscard. T. IV. *Haute-Garonne*.	32
Montguyon. T. I. *Charente-Inférieure*.	10
Monthelon. T. II. *Saône-et-Loire*.	17
Montherlant. T. II. *Oise*.	22
Monthermé. T. V. *Ardennes*.	8
Monthier. T. I. *Doubs*.	8
Monthiérvnder. T. III. *Haute-Marne*.	19
Monthois. T. V. *Ardennes*.	22
Monthureux-sur-Saône. T. III. *Vosges*.	10
Monticello. T. III. *Corse*.	40
Montiéramey. T. III. *Aube*.	11
Montiers. T. III. *Moselle*.	11
Montiers. T. II. *Oise*.	31
Montier-sur-Saulx. T. III. *Meuse*.	6
Montignac. T. I. *Charente*.	9
Montigny. T. II. *Nièvre*.	8
Montigny. T. II. *Oise*.	31
Montigny. T. V. *Nord*.	31
Montigny. T. V. *Sarthe*.	16
Montigny-le-Roi. T. III. *Haute-Marne*.	17
Montigny-les-Nonnes. T. III. *Haute-Saône*.	6
Montigny-Montfort. T. I. *Côte-d'Or*.	23
Montigny-sur-Aube. T. I. *Côte-d'Or*.	20
Montigny-sur-Meuse. T. V. *Ardennes*.	13
Montigny-sur-Meuse. T. III. *Meuse*.	10
Montigny-sur-Vingeanne. T. I. *Côte-d'Or*.	11
Montirat. T. II. *Aude*.	8
Montirat. T. IV. *Tarn*.	9
Montivilliers. T. I. *Seine-Inférieure*.	20
Montjavoult. T. II. *Oise*.	22
Montjean. T. I. *Maine-et-Loire*.	14
Montjoie. T. IV. *Ariége*.	25
Montjoie. T. I. *Doubs*.	14
Montjol. T. IV. *Tarn-et-Garonne*.	16
Montlandon. T. V. *Eure-et-Loir*.	31
Montlaur. T. II. *Aude*.	8
Montlebon. T. I. *Doubs*.	15
Mont-l'Évêque. T. II. *Oise*.	44
Montlhéry. T. I. *Seine-et-Oise*.	18
Montlieu. T. I. *Charente-Inférieure*.	10
Montlignon. T. I. *Seine-et-Oise*.	16

	Pages.
Mont-Louis. T. II. *Pyrénées-Orientales*.	35
Montluçon. T. II. *Allier*.	15
Montluel. T. I. *Ain*.	16
Montmarault. T. II. *Allier*.	16
Montmartre. T. VI. *Seine*.	12
Montmaur. T. III. *Hautes-Alpes*.	8
Mont-Maur. T. III. *Marne*.	11
Montmort, ou Montmaur. T. III. *Marne*.	12
Montmédy. T. III. *Meuse*.	11
Montmélas-Saint-Sorlin. T. II. *Rhône*.	45
Montmerle. T. I. *Ain*.	16
Montmirail. T. III. *Marne*.	11
Montmirail. T. V. *Sarthe*.	16
Montmirey. T. I. *Jura*.	19
Montmoreau. T. I. *Charente*.	11
Montmorency. T. III. *Aube*.	32
Montmorency. T. I. *Seine-et-Oise*.	18
Montmorillon. T. I. *Vienne*.	15
Mont-Notre-Dame. T. V. *Aisne*.	12
Montoire. T. I. *Loir-et-Cher*.	14
Montoire. T. I. *Loire-Inférieure*.	23
Montolieu, ou Montoulieu. T. II. *Aude*.	8
Monton. *V.* Veyre-Monton. T. IV. *Puy-de-Dôme*.	
Montouliers. T. II. *Hérault*.	39
Montpellier. T. II. *Hérault*.	17
Montpont. T. II *Saône-et-Loire*.	31
Montpeyroux. T. II. *Hérault*.	38
Montpezat. T. II. *Ardèche*.	13
Monpezat. T. IV. *Tarn-et-Garonne*.	10
Montréal. T. II. *Aude*.	8
Montréal. T. I. *Yonne*.	11
Montredon. T. IV. *Tarn*.	12
Montrejean. T. IV. *Haute-Garonne*.	30
Montrelais. T. I. *Loire-Inférieure*.	15
Montrésor. T. I. *Indre-et-Loire*.	16
Montret. T. II. *Saône-et-Loire*.	31
Montreuil. T. II. *Pas-de-Calais*.	16
Montreuil-Bellay. T. I. *Maine-et-Loire*.	19
Montreuil-l'Argille. T. I. *Eure*.	15
Montreuil-sous-Bois. T. VI. *Seine*.	25
Montreuil-sur-Brêche. T. II. *Oise*.	31
Montrevault (le grand). T. I. *Maine-et-Loire*.	14
Montrevault (le petit). T. I. *Maine-et-Loire*.	14
Montrevel. T. I. *Ain*.	8
Montrichard. T. I. *Loir-et-Cher*.	10
Montricoux. T. IV. *Tarn-et-Garonne*.	10
Mont-Roland. T. I. *Jura*.	19
Montrolier. T. II. *Rhône*.	37
Montrond. T. II. *Loire*.	7
Montrouge (le grand). T. III. *Seine*.	25
Mont-Saint-Jean. T. V. *Sarthe*.	8

TABLE ALPHABÉTIQUE DES MATIÈRES.

Nom	Page
Mont-Saint-Sulpice. T. I. *Yonne*.	9
Mont-Saint-Vincent. T. II. *Saône-et-Loire*.	21
Montsalvy. T. IV. *Cantal*.	9
Montsauche. T. II. *Nièvre*.	13
Montsecret. T. V. *Orne*.	13
Montségur. T. IV. *Ariége*.	13
Montsoreau. T. I. *Maine-et-Loire*.	19
Mont-sous-Vaudey. T. I. *Jura*.	19
Monts-sur-Guesne. T. I. *Vienne*.	15
Montsurs. T. V. *Mayenne*.	11
Montvalent. T. IV. *Lot*.	23
Montville. T. I. *Seine-Inférieure*.	9
Mont-Viso. T. III. *Hautes-Alpes*.	13
Mont-Vix. T. III. *Hautes-Alpes*.	13
Montyon. T. I. *Seine-et-Marne*.	8
Morancez. T. V. *Eure-et-Loir*.	22
Morannes. T. I. *Maine-et-Loire*.	11
Moras. T. II. *Drôme*.	6
Morbecque. T. V. *Nord*.	42
Mordelles. T. V. *Ille-et-Vilaine*.	8
Morée. T. I. *Loir-et-Cher*.	15
Morestel. T. II. *Isère*.	20
Moret. T. I. *Seine-et-Marne*.	13
Moreuil. T. II. *Somme*.	14
Morey. T. I. *Côte-d'Or*.	11
Morey. T. III. *Haute-Saône*.	6
Morez. T. I. *Jura*.	16
Morhange. T. III. *Moselle*.	13
Moric. T. V. *Vendée*.	15
Morimont (château de). T. III. *Haut-Rhin*.	13
Morlaas. T. I. *Basses-Pyrénées*.	7
Morlanne. T. I. *Basses-Pyrénées*.	23
Morlaix. T. V. *Finistère*.	30
Morlancourt. T. II. *Somme*.	16
Mormant. T. I. *Seine-et-Marne*.	17
Mormoiron. T. II. *Vaucluse*.	15
Mornant. T. II. *Rhône*.	37
Mornay. T. I. *Ain*.	14
Morosoglia. T. III. *Corse*.	42
Morre. T. I. *Doubs*.	8
Mortagne. T. V. *Orne*.	15
Mortagne. T. V. *Nord*.	49
Mortagne. T. V. *Vendée*.	9
Mortagne-sur-Gironde. T. I. *Charente-Inférieure*.	14
Morteau. T. I. *Doubs*.	15
Mortefontaine. T. II. *Oise*.	45
Mortemart. T. IV. *Haute-Vienne*.	13
Morterol. T. IV. *Haute-Vienne*.	13
Mortrée. T. V. *Orne*.	8
Mothe-Achard (la). T. V. *Vendée*.	15
Motte (la). T. V. *Côtes-du-Nord*.	24
Motte-Beuvron (la). T. I. *Loir-et-Cher*.	12
Motte-Chalençon (la). T. I. *Drôme*.	13
Motte-d'Aveillans (la). T. II. *Isère*.	14
Motte-du-Caire (la). T. III. *Basses-Alpes*.	19
Motte-Feuilly (la). T. IV. *Indre*.	11
Motte-Saint-Heray (la). T. V. *Deux-Sèvres*.	13
Motte-Saint-Jean (la). T. II. *Saône-et-Loire*.	28
Motte-Tilly (la). T. III. *Aube*.	43
Mouans. T. III. *Var*.	25
Mouchard. T. I. *Jura*.	21
Mouchin. T. V. *Nord*.	17
Mouchy-Châtel. T. II. *Oise*.	22
Moulares. T. IV. *Tarn*.	9
Moulay. T. V. *Mayenne*.	16
Moulineaux. T. I. *Seine-Inférieure*.	9
Moulins. T. II. *Allier*.	9
Moulins-en-Gilbert. T. II. *Nièvre*.	13
Moulins-la-Marche. T. V. *Orne*.	16
Moulis. T. IV. *Ariége*.	25
Mourcairol. T. II. *Hérault*.	27
Mourèze. T. II. *Hérault*.	38
Moussages. T. IV. *Cantal*.	20
Mousson. T. III. *Meurthe*.	8
Moustey. T. I. *Landes*.	14
Moustiers. T. III. *Basses-Alpes*.	10
Moustiers (les). T. I. *Loire-Inférieure*.	18
Mouthe. T. I. *Doubs*.	15
Mouthoumet. T. II. *Aude*.	8
Moutier-d'Ahun. T. IV. *Creuse*.	7
Moutiers. T. I. *Charente*.	9
Moutiers-les-Maux-Faits. T. V. *Vendée*.	15
Moutonne. T. I. *Jura*.	11
Mouveaux. T. V. *Nord*.	17
Mouy. T. II. *Oise*.	31
Mouzillon. T. I. *Loire-Inférieure*.	9
Mouzon. T. V. *Ardennes*.	17
Mouzon. T. V. *Ardennes*.	9
Moy. T. V. *Aisne*.	17
Moyen. T. III. *Meurthe*.	24
Moyen-Montier. T. III. *Vosges*.	7
Moyenvic. T. III. *Meurthe*.	21
Moyenville. T. II. *Somme*.	10
Moyeuvre-la-Grande. T. III. *Moselle*.	14
Muette (la). T. VI. *Seine*.	13
Mugron. T. I. *Landes*.	22
Mulhausen. T. III. *Haut-Rhin*.	13
Munster. T. III. *Haut-Rhin*.	8
Murat. T. IV. *Cantal*.	23
Murat. T. IV. *Tarn*.	12
Murat-le-Quaine. T. IV. *Puy-de-Dôme*.	15
Murato. T. III. *Corse*.	36
Murbach. T. III. *Haut-Rhin*.	8

	Pages.		Pages.
Mur-de-Barrez. T. IV. *Aveyron*.	12	Murviel. T. II. *Hérault*.	35
Mure (la). T. II. *Isère*.	15	Mussy-sur-Seine. T. III. *Aube*.	39
Mure (la). T. II. *Rhône*.	46	Muttersholtz. T. III. *Bas-Rhin*.	23
Muret. T. IV. *Haute-Garonne*.	31	Mutzig. T. III. *Bas-Rhin*.	6
Muret-et-Saugnac. T. I. *Landes*.	14	Muy. T. III. *Var*.	13
Murols. T. IV. *Puy-de-Dôme*.	26	Muzillac. T. V. *Morbihan*.	9
Muron. T. I. *Charente-Inférieure*.	12	Myenne. T. II. *Nièvre*.	16
Murs. T. II. *Vaucluse*.	12	Myon (Saint-). T. IV. *Puy-de-Dôme*.	29
Murviel. T. II. *Hérault*.	21		

N

Nailloux. T. IV. *Haute-Garonne*.	32	Nesle. T. II. *Somme*.	16
Naintré. T. I. *Vienne*.	32	Nesles. T. I. *Seine-et-Oise*.	16
Najac. T. IV. *Aveyron*.	15	Neubois. T. III. *Bas-Rhin*.	23
Nancy. T. III. *Meurthe*.	9	Neubourg (le). T. I. *Eure*.	17
Nangis. T. I. *Seine-et-Marne*.	18	Neufbrisach. T. III. *Haut-Rhin*.	8
Nans. T. I. *Doubs*.	12	Neufchâtel. T. V. *Aisne*.	13
Nans. T. III. *Var*.	17	Neufchâteau. T. III. *Vosges*.	11
Nansac. T. IV. *Lozère*.	8	Neufchâtel. T. I. *Seine-Inférieure*.	22
Nans-sous-Sainte-Anne. T. I. *Doubs*.	8	Neuflize. T. V. *Ardennes*.	10
Nant. T. IV. *Aveyron*.	14	Neufmaison. T. V. *Ardennes*.	9
Nanterre. T. VI. *Seine*.	13	Neufmarché. T. I. *Seine-Inférieure*.	22
Nantes. T. I. *Loire-Inférieure*.	9	Neuillé. T. I. *Maine-et-Loire*.	20
Nanteuil-en-Vallée. T. I. *Charente*.	16	Neuillé-Pont-Pierre. T. I. *Indre-et-Loire*.	7
Nanteuil-le-Haudouin. T. II. *Oise*.	45	Neuilly. T. III. *Haute-Marne*.	17
Nantiat. T. IV. *Haute-Vienne*.	13	Neuilly-en-Thelle. T. II. *Oise*.	45
Nantouillet. T. I. *Seine-et-Marne*.	8	Neuilly-le-Réal. T. II. *Allier*.	11
Nantua. T. I. *Ain*.	14	Neuilly-Saint-Front. T. V. *Aisne*.	15
Napoule (la). T. III. *Var*.	13	Neuilly-sur-Marne. T. I. *Seine-et-Oise*.	16
Narbonne. T. II. *Aude*.	20	Neuilly-sur-Seine. T. VI. *Seine*.	14
Nasbinals. T. IV. *Lozère*.	12	Neung-sur-Beuvron. T. I. *Loir-et-Cher*.	12
Naucelle. T. IV. *Aveyron*.	4	Neuve-Église. T. IV. *Cantal*.	16
Navarreins. T. I. *Basses-Pyrénées*.	23	Neuvelles-la-Charité. T. III. *Hte-Saône*.	6
Navilly. T. II. *Saône-et-Loire*.	22	Neuve-Lyre (la). T. I. *Eure*.	9
Nay. T. I. *Basses-Pyrénées*.	7	Neuvic. T. IV. *Corrèze*.	16
Nazaire (Saint-). T. I. *Loire-Inférieure*.	23	Neuville. T. V. *Aisne*.	13
Nazaire (Saint-). T. III. *Var*.	27	Neuville. T. II. *Pas-de-Calais*.	16
Nazaire-en-Royans (St-). T. II. *Drôme*.	6	Neuville. T. I. *Vienne*.	5
Néant. T. V. *Morbihan*.	18	Neuville-au-Pont (la). T. III. *Marne*.	13
Néauphle-le-Château. T. I. *Seine-et-Oise*.	24	Neuville-aux-Bois. T. I. *Loiret*.	6
Néaux. T. IV. *Creuse*.	12	Neuville-aux-Joutes (la). T. V. *Ardennes*.	13
Nébouzat. T. IV. *Puy-de-Dôme*.	19	Neuville-aux-Tourneurs. T. V. *Ardennes*.	14
Nectaire (Saint-) ou Sénectaire. T. IV. *Puy-de-Dôme*.	26	Neuville-du-Bosc. T. I. *Eure*.	15
Neffies. T. II. *Hérault*.	33	Neuville-en-Hez (la). T. II. *Oise*.	31
Néfiac. T. II. *Pyrénées-Orientales*.	10	Neuville-sur-Saône. T. II. *Rhône*.	39
Négrepelisse. T. IV. *Tarn-et-Garonne*.	11	Neuvy. T. II. *Saône-et-Loire*.	28
Nemours. T. I. *Seine-et-Marne*.	13	Neuvy-le-Roi. T. I. *Indre-et-Loire*.	7
Néris-les-Bains. T. II. *Allier*.	16	Neuvy-Saint-Sépulcre. T. IV. *Indre*.	11
Néronde. T. II. *Loire*.	16	Neuvy-Sautour. T. I. *Yonne*.	19
Nérondes. T. IV. *Cher*.	14	Neuvy-sur-Loire. T. II. *Nièvre*.	16
Nersac. T. I. *Charente*.	9	Neuwiller. T. III. *Bas-Rhin*.	16
		Nevache. T. III. *Hautes-Alpes*.	13

TABLE ALPHABÉTIQUE DES MATIÈRES.

	Pages.
Nevers. T. II. *Nièvre*.	8
Nevez. T. V. *Finistère*.	34
Névy. T. I. *Jura*.	11
Nexon. T. IV. *Haute-Vienne*.	16
Neyrolles. T. I. *Ain*.	15
Niaux. T. IV. *Ariége*.	14
Nicey. T. I. *Côte-d'Or*.	20
Nicolas-d'Aliermont (Saint-). T. I. *Seine-Inférieure*.	17
Nicolas (San-). T. III. *Corse*.	36
Nicolas-de-la-Grave (Saint-). T. IV. *Tarn-et-Garonne*.	13
Nicolas-de-Redon (Saint-). T. I. *Loire-Inférieure*.	24
Nicolas-du-Port (Saint-). T. III. *Meurthe*.	17
Niederbronn. T. III. *Bas-Rhin*.	28
Niederhaslach. T. III. *Bas-Rhin*.	7
Niederarter. T. III. *Meurthe*.	25
Nieppe. T. V. *Nord*.	43
Nieul. T. IV. *Haute-Vienne*.	19
Nîmes. T. II. *Gard*.	9
Niort. T. V. *Deux-Sèvres*.	5
Nissan. T. II. *Hérault*.	33
Nivillac. T. V. *Morbihan*.	9
Nivillers. T. II. *Oise*.	23
Nizier-d'Azergue (Saint-). T. II. *Rhône*.	46
Nizon. T. V. *Finistère*.	35
Noailles. T. IV. *Corrèze*.	14
Noailles. T. II. *Oise*.	23
Nocé. T. V. *Orne*.	16
Noé. T. IV. *Haute-Garonne*.	32
Nogent-l'Artaud. T. V. *Aisne*.	15
Nogent-le-Roi. T. V. *Eure-et-Loir*.	30
Nogent-le-Roi. T. III. *Haute-Marne*.	6
Nogent-le-Rotrou. T. V. *Eure-et-Loir*.	31
Nogent-les-Vierges. T. II. *Oise*.	45
Nogent-sur-Marne. T. VI. *Seine*.	25
Nogent-sur-Seine. T. III. *Aube*.	43
Nogent-sur-Vernisson. T. I. *Loiret*.	15
Nohant. T. IV. *Cher*.	11
Nointel. T. II. *Oise*.	31
Noirétable. T. II. *Loire*.	7
Noirlac. T. IV. *Cher*.	14
Noirlieu. T. V. *Deux-Sèvres*.	9
Noirmoutiers (île). T. V. *Vendée*.	15
Noiron-les-Citeaux. T. I. *Côte-d'Or*.	11
Noirterre. T. V. *Deux-Sèvres*.	9
Noisy-le-Grand. T. I. *Seine-et-Oise*.	16

	Pages.
Noisy-le-Sec. T. VI. *Seine*.	15
Nolay. T. I. *Côte-d'Or*.	16
Nolf (Saint-). T. V. *Morbihan*.	9
Nomain. T. V. *Nord*.	32
Noményl. T. III. *Meurthe*.	17
Nonant. T. V. *Orne*.	8
Nonancourt. T. I. *Eure*.	9
Nonères. T. I. *Landes*.	14
Nonette. T. IV. *Puy-de-Dôme*.	26
Nonza. T. III. *Corse*.	36
Noordpeene. T. V. *Nord*.	43
Norges-le-Pont. T. I. *Côte-d'Or*.	11
Norrent-Fontes. T. II. *Pas-de-Calais*.	15
Noroy-le-Bourg ou l'Archevêque. T. III. *Haute-Saône*.	6
Noroy-lez-Jussey. T. III. *Haute-Saône*.	6
Norroy. T. III. *Meurthe*.	17
Norroy-le-Veneur. T. III. *Moselle*.	9
Nossa. *Voy.* Vinça. T. II. *Pyrénées-Orientales*.	
Notre-Dame-d'Avenières. *Voy.* Avenières. T. V. *Mayenne*.	
Notre-Dame-de-l'Épine. T. III. *Marne*.	8
Notre-Dame-du-Thil. T. II. *Oise*.	23
Nouans. T. V. *Sarthe*.	16
Nouart. T. V. *Ardennes*.	22
Nouaye (la). T. V. *Ille-et-Vilaine*.	31
Nouvion (le). T. V. *Aisne*.	24
Nouvion. T. II. *Somme*.	10
Noux. T. III. *Meuse*.	6
Novion-Porcien. T. V. *Ardennes*.	10
Novy. T. V. *Ardennes*.	10
Noyal-Pontivy. T. V. *Morbihan*.	20
Noyal-sur-Vilaine. T. V. *Ille-et-Vilaine*.	8
Noyant. T. I. *Maine-et-Loire*.	11
Noyen. T. V. *Sarthe*.	12
Noyer (le). T. IV. *Indre*.	12
Noyers. T. III. *Basses-Alpes*.	20
Noyers. T. I. *Loiret*.	15
Noyers. T. I. *Yonne*.	19
Noyers-Saint-Martin. T. II. *Oise*.	31
Noyon. T. II. *Oise*.	36
Nozay. T. I. *Loire-Inférieure*.	17
Nozeroy. T. I. *Jura*.	21
Nuaillé. T. I. *Charente-Inférieure*.	5
Nuits. T. I. *Côte-d'Or*.	16
Nyer. T. II. *Pyrénées-Orientales*.	36
Nyons. T. II. *Drôme*.	17

O

	Pages		Pages
Obenheim. T. III. *Bas-Rhin*.	24	Oreilhan. T. I. *Landes*.	14
Oberbetschdorf. T. III. *Bas-Rhin*.	31	Orezza. T. III. *Corse*.	42
Oberhaslach. T. III. *Bas-Rhin*.	7	Orgeix. T. IV. *Ariége*.	14
Oberhausbergen. T. III. *Bas-Rhin*.	7	Orgelet. T. I. *Jura*.	11
Obernay (autrefois Oberehnheim). T. III. *Bas-Rhin*.	24	Orgères. T. V. *Eure-et-Loir*.	27
Odeillo. T. II. *Pyrénées-Orientales*.	36	Orgeval. T. I. *Seine-et-Oise*.	10
Odenas. T. II. *Rhône*.	46	Orgnac. T. IV. *Corrèze*.	15
Offranville. T. I. *Seine-Inférieure*.	17	Orgon. T. II. *Bouches-du-Rhône*.	42
Ogen. T. I. *Basses-Pyrénées*.	22	Origny. T. V. *Aisne*.	17
Oherville. T. I. *Seine-Inférieure*.	23	Origny. T. V. *Aisne*.	24
Oingt ou Yoingt. T. II. *Rhône*.	46	Orival. T. I. *Seine-Inférieure*.	9
Oiron. T. V. *Deux-Sèvres*.	9	Orléans. T. I. *Loiret*.	6
Oiselay. T. III. *Haute-Saône*.	12	Orlu. T. IV. *Ariége*.	14
Oisemont. T. II. *Somme*.	7	Orly. T. VI. *Seine*.	25
Oisonville. T. V. *Eure-et-Loir*.	23	Ormes (les). T. I. *Vienne*.	12
Oissel. T. I. *Seine-Inférieure*.	9	Ormes. T. II. *Saône-et-Loire*.	31
Olargues. T. II. *Hérault*.	39	Ornaizons. T. II. *Aude*.	24
Oléron (Ile d'). T. I. *Charente-Inférieure*.	1	Ornans. T. I. *Doubs*.	8
Oletta. T. III. *Corse*.	36	Orpière. T. III. *Hautes-Alpes*.	9
Olette. T. II. *Pyrénées-Orientales*.	37	Orrouy. T. II. *Oise*.	46
Olivet. T. I. *Loiret*.	8	Orsay. T. I. *Seine-et-Oise*.	10
Olliergues. T. IV. *Puy-de-Dôme*.	21	Orschwiller. T. III. *Bas-Rhin*.	24
Ollioules. T. III. *Var*.	28	Orsinval. T. V. *Nord*.	22
Olmeta-di-Capocorso. T. III. *Corse*.	36	Orthez. T. I. *Basses-Pyrénées*.	23
Olmeto. T. III. *Corse*.	46	Orvault. T. I. *Loire-Inférieure*.	13
Olmi. T. III. *Corse*.	40	Osseja. T. II. *Pyrénées-Orientales*.	37
Olonzac. T. II. *Hérault*.	40	Osselle. T. I. *Doubs*.	9
Oloron. T. I. *Basses-Pyrénées*.	22	Ostabat. T. I. *Basses-Pyrénées*.	15
Omer (Saint-). T. II. *Pas-de-Calais*.	17	Osthausen. T. III. *Bas-Rhin*.	24
Omessa. T. III. *Corse*.	42	Ottange. T. III. *Moselle*.	15
Omont. T. V. *Ardennes*.	9	Ottmarsheim. T. III. *Haut-Rhin*.	14
Ondres. T. I. *Landes*.	19	Oudon. T. I. *Loire-Inférieure*.	16
Ones. T. V. *Ardennes*.	17	Ouen (Saint-). T. VI. *Seine*.	15
Onnaing. T. V. *Nord*.	49	Ouen (Saint-). T. I. *Seine-et-Oise*.	16
Onnesse. T. I. *Landes*.	14	Ouen-de-la-Rouerie (Saint-). T. V. *Ille-et-Vilaine*.	20
Ons-en-Bray. T. II. *Oise*.	23	Ouen-des-Toits (Saint-). T. V. *Mayenne*.	11
Oo. T. IV. *Haute-Garonne*.	30	Ouessant (Ile d'). T. V. *Finistère*.	23
Opoul. T. II. *Pyrénées-Orientales*.	10	Ouhans. T. I. *Doubs*.	15
Oradour. T. IV. *Cantal*.	16	Ouilly. T. II. *Rhône*.	46
Oradour-sur-Glane. T. IV. *Haute-Vienne*.	14	Oulchy-le-Château. T. V. *Aisne*.	20
Oradour-sur-Vayres. T. IV. *Hte-Vienne*.	14	Oullins. T. II. *Rhône*.	38
Oraison. T. III. *Basses-Alpes*.	11	Ouques. T. I. *Loir-et-Cher*.	11
Orange. T. II. *Vaucluse*.	19	Ourville-en-Caux. T. I. *Seine-Inférieure*.	23
Orbais. T. III. *Marne*.	12	Oust. T. IV. *Ariége*.	25
Orbey. T. III. *Haut-Rhin*.	8	Outarville. T. I. *Loiret*.	15
Orchamps. T. I. *Jura*.	19	Outreau. T. II. *Pas-de-Calais*.	13
Orchies. T. V. *Nord*.	32	Outre-Furens. T. II. *Loire*.	12
Orcière. T. III. *Hautes-Alpes*.	16	Ouveilhan. T. II. *Aude*.	24
Orcival. T. IV. *Puy-de-Dôme*.	19	Ouzouer-le-Marché. T. I. *Loir-et-Cher*.	11

Ouzouer-sur-Loire. T. I. *Loiret*.	12	Oz. T. II. *Isère*.	15
Ouzouer-sur-Trézée. T. I. *Loiret*.	12	Oze. T. III. *Hautes-Alpes*.	9
Oyonnax. T. I. *Ain*.	15		

P

Pacaudière (la). T. II. *Loire*.	16	Parthenay. T. V. *Deux-Sèvres*.	15
Pacy-sur-Eure. T. I. *Eure*.	9	Pas. T. II. *Pas-de-Calais*.	5
Pagny. T. III. *Meurthe*.	17	Pasques. T. I. *Côte-d'Or*.	11
Paimbœuf. T. I. *Loire-Inférieure*.	18	Passage (le). T. I. *Charente-Inférieure*.	12
Paimpol. T. V. *Côtes-du-Nord*.	11	Passais. T. V. *Orne*.	13
Paimpont. T. V. *Ille-et-Vilaine*.	31	Passavant. T. I. *Maine-et-Loire*.	20
Paladru. T. II. *Isère*.	20	Passel. T. II. *Oise*.	37
Palais (Saint-). T. I. *Basses-Pyrénées*.	15	Passesse. T. III. *Marne*.	19
Palais (le). T. V. *Morbihan*.	16	Passy. T. VI. *Seine*.	15
Palais-de-Royan (Saint-). T. I. *Charente-Inférieure*.	11	Patay. T. I. *Loiret*.	11
Palaiseau. T. I. *Seine-et-Oise*.	10	Pater (Saint-). T. V. *Sarthe*.	16
Paley. T. I. *Seine-et-Marne*.	14	Patrice (Saint-). T. I. *Indre-et-Loire*.	13
Palinges. T. II. *Saône-et-Loire*.	28	Patrice-du-Désert (Saint-). *Orne*.	7
Palisse (la). T. II. *Allier*.	19	Pau. T. I. *Basses-Pyrénées*.	8
Pallet (le). T. I. *Loire-Inférieure*.	13	Pauillac. T. I. *Gironde*.	20
Palluaud. T. I. *Charente*.	11	Paul (Saint-). T. III. *Basses-Alpes*.	15
Palluau. T. IV. *Indre*.	8	Paul (Saint-). T. II. *Oise*.	23
Palluau. T. V. *Vendée*.	16	Paul-de-Cap-de-Joux (Saint-). T. IV. *Tarn*.	16
Palud (la). T. II. *Vaucluse*.	18	Paul-de-Fenouillet (Saint-). T. II. *Pyrénées-Orientales*.	10
Pamiers. T. IV. *Ariège*.	30		
Panazol. T. IV. *Haute-Vienne*.	11	Paul-de-Jarrat (Saint-). T. IV. *Ariège*.	14
Pandelon. T. I. *Landes*.	19	Paul-en-Cornillon (Saint-). T. II. *Loire*.	12
Panfou. T. I. *Seine-et-Marne*.	17	Paul-en-Jarret (Saint-). T. II. *Loire*.	12
Panissières. T. II. *Loire*.	7	Paulhac. T. IV. *Haute-Loire*.	14
Pantin. T. VI. *Seine*.	15	Paulhaguet. T. IV. *Haute-Loire*.	14
Papous (Saint-). T. II. *Aude*.	11	Paulhenc. T. IV. *Cantal*.	16
Paraclet (le). T. III. *Aube*.	44	Paulin. T. IV. *Tarn*.	9
Paray-le-Monial. T. II. *Saône-et-Loire*.	28	Paulion (Saint-). T. IV. *Haute-Loire*.	7
Parc (le). *Voyez* Sarjoux. T. I. *Ain*.		Paul-les-Dax (Saint-). T. I. *Landes*.	19
Parcé. T. V. *Sarthe*.	12	Paul-lez-Durance (Saint-). T. II. *Bouches-du-Rhône*.	30
Pardines. T. IV. *Puy-de-Dôme*.	26		
Pardou (Saint-). T. I. *Gironde*.	22	Paulmy. T. I. *Indre-et-Loire*.	16
Pardoux (Saint-). *Voyez* Bourbon-l'Archambault. *Allier*.		Paul-Trois-Châteaux (Saint-). T. II. *Drôme*.	16
Parentis. T. I. *Landes*.	14	Pavilly. T. I. *Seine-Inférieure*.	9
Pargoire (Saint-). T. II. *Hérault*.	38	Péage (le). T. II. *Isère*.	22
Parigné-l'Évêque. T. V. *Sarthe*.	8	Peccais. T. II. *Gard*.	14
Paris. T. VI. *Seine*.	31	Pecq (le). T. I. *Seine-et-Oise*.	10
Parise-le-Châtel (Saint-). T. II. *Nièvre*.	11	Pecquencourt. T. V. *Nord*.	32
Parizet. T. II. *Isère*.	15	Pégairolles. T. II. *Hérault*.	36
Parizot. T. IV. *Tarn-et-Garonne*.	11	Peipin. T. II. *Bouches-du-Rhône*.	18
Parleboscq. T. I. *Landes*.	14	Peiratte. T. V. *Deux-Sèvres*.	16
Parnes. T. II. *Oise*.	23	Pèlerine (la). T. V. *Mayenne*.	16
Parprac. T. IV. *Lot*.	23	Pélissane. T. II. *Bouches-du-Rhône*.	31
Parres-aux-Tertres (Saint-). T. III. *Aube*.	11	Pellegrue. T. I. *Gironde*.	23
		Pellerin (le). T. I. *Loire-Inférieure*.	18

	Pages		Pages
Pellerey. T. I. *Côte-d'Or*.	11	Peyruis. T. III. *Basses-Alpes*.	18
Pellerey-sur-Ignon. T. I. *Côte-d'Or*.	11	Peyrusse. T. IV. *Aveyron*.	15
Pellevoisin. T. IV. *Indre*.	8	Peyrusse. T. IV. *Cantal*.	24
Pélussin. T. II. *Loire*.	12	Pézenas. T. II. *Hérault*.	33
Penmarck. T. V. *Finistère*.	10	Pezilla. T. II. *Pyrénées-Orientales*.	19
Penne. T. IV. *Tarn*.	15	Pfaffenhauffen. T. III. *Bas-Rhin*.	16
Penne (le). T. II. *Bouches-du-Rhône*.	18	Pfaffenheim. T. III. *Haut-Rhin*.	8
Pennes (les). T. II. *Bouches-du-Rhône*.	31	Phal (Saint-). T. III. *Aube*.	11
Penpoullé. *Voyez* Saint-Pol de Léon. T. V. *Finistère*.		Phalempin. T. V. *Nord*.	17
Penvenan. T. V. *Côtes-du-Nord*.	22	Phalsbourg. T. III. *Meurthe*.	25
Peray (Saint-). T. II. *Ardèche*.	17	Philibert-de-Grand-Lieu (Saint-). T. I. *Loire-Inférieure*.	13
Percey-le-Grand. T. III. *Haute-Saône*.	12	Pia. T. II. *Pyrénées-Orientales*.	19
Père (Saint-). T. II. *Nièvre*.	11	Piana. T. III. *Corse*.	28
Père-en-Retz (Saint-). T. I. *Loire-Inférieure*.	18	Piat (Saint-). T. V. *Eure-et-Loir*.	23
Pérens ou Voisins. T. II. *Aude*.	8	Picquigny. T. II. *Somme*.	7
Pérignat-ès-Allier. T. IV. *Puy-de-Dôme*.	19	Piedicorte. T. III. *Corse*.	43
Perles-et-Castelet. T. IV. *Ariége*.	14	Piedicroce. T. III. *Corse*.	43
Pern (Saint-). T. V. *Ille-et-Vilaine*.	32	Piedigriggio. T. III. *Corse*.	43
Pernes. T. II. *Pas-de-Calais*.	20	Pierre. T. III. *Meurthe*.	27
Pernes. T. II. *Vaucluse*.	15	Pierre (Saint-). T. II. *Pas-de-Calais*.	13
Pero-et-Casevecchie. T. III. *Corse*.	36	Pierre. T. II. *Saône-et-Loire*.	31
Pérols. T. II. *Hérault*.	21	Pierre-Buffière. T. IV. *Haute-Vienne*.	11
Péronne. T. II. *Somme*.	16	Pierreclos. T. II. *Saône-et-Loire*.	10
Péronne. T. II. *Saône-et-Loire*.	10	Pierre-d'Entremont (Saint-). T. V. *Orne*.	13
Pérouges. T. I. *Ain*.	16	Pierre-d'Argençon (Saint-). T. III. *Hautes-Alpes*.	9
Perpignan. T. II. *Pyrénées-Orientales*.	11	Pierre-d'Aurillac (Saint-). T. I. *Gironde*.	23
Perrecy-les-Forges. T. II. *Saône-et-Loire*.	28	Pierre-d'Autils (Saint-). T. I. *Eure*.	9
Perret. T. V. *Côtes-du-Nord*.	24	Pierre-de-Bœuf (Saint-). T. II. *Loire*.	12
Perreux. T. II. *Loire*.	16	Pierre-de-Plesguen (Saint-). T. V. *Ille-et-Vilaine*.	28
Perros-Guirec. T. V. *Côtes-du-Nord*.	22	Pierre-des-Églises (Saint-). T. I. *Vienne*.	16
Persac. T. I. *Vienne*.	16	Pierre-d'Oléron (Saint-). T. I. *Charente-Inférieure*.	11
Perthuis. *Voyez* l'Écluse. T. II. *Pyrénées-Orientales*.		Pierre-Eynac (Saint-). T. IV. *Haute-Loire*.	8
Pertuis. T. II. *Vaucluse*.	12	Pierrefitte. T. II. *Allier*.	10
Pervenchères. T. V. *Orne*.	16	Pierrefitte. T. III. *Meuse*.	8
Pescheseul. *Voyez* Avoise. T. V. *Sarthe*.		Pierrefitte. T. II. *Oise*.	23
Pesmes. T. III. *Haute-Saône*.	12	Pierrefitte. T. VI. *Seine*.	17
Pessac. T. I. *Gironde*.	15	Pierrefonds. T. II. *Oise*.	37
Petite-Pierre (la). T. III. *Bas-Rhin*.	16	Pierrefontaine. T. I. *Doubs*.	12
Petit-Villars. T. I. *Jura*.	16	Pierrefort. T. IV. *Cantal*.	16
Petreto. T. III. *Corse*.	46	Pierrelatte. T. II. *Drôme*.	16
Peyrat. T. IV. *Ariége*.	31	Pierre-le-Moutier (St-). T. II. *Nièvre*.	11
Peyrat. T. IV. *Haute-Vienne*.	11	Pierrelongue. T. II. *Drôme*.	18
Peyras. T. II. *Drôme*.	6	Pierremont (Saint-). T. V. *Ardennes*.	22
Peyrehorade. T. I. *Landes*.	19	Pierre-Percée. T. III. *Meurthe*.	24
Peyreleau. T. IV. *Aveyron*.	14	Pierreville (Saint-). T. II. *Ardèche*.	7
Peyriac-de-Mer. T. II. *Aude*.	24	Pietra. T. III. *Corse*.	43
Peyriac-Minervois. T. II. *Aude*.	8	Pietrapola. T. III. *Corse*.	43
Peyrins. T. II. *Drôme*.	6	Pietro-di-Tenda (San). T. III. *Corse*.	36
Peyrolles. T. II. *Bouches-du-Rhône*.	31		

	Pages.		Pages.
gnan. T. II. *Hérault*.	21	Pleudren. T. V. *Morbihan*.	9
gnans. T. III. *Var*.	17	Pleurtuit. T. V. *Ille-et-Vilaine*.	28
la (mont). *V.* Saint-Julien-Mollin-Mollette.		Pleyben. T. V. *Finistère*.	27
lier (île du). T. V. *Vendée*.	16	Ploemeur. T. V. *Morbihan*.	16
lles (les). T. II. *Drôme*.	18	Plœren. T. V. *Morbihan*.	9
mbo. T. I. *Landes*.	22	Ploermel. T. V. *Morbihan*.	18
n-au-Haras (le). T. III. *Orne*.	8	Plouc. T. V. *Côtes-du-Nord*.	12
ney. T. III. *Aube*.	11	Plogoff. T. V. *Finistère*.	11
nols. T. IV. *Haute-Loire*.	14	Plombières. T. III. *Vosges*.	13
nsot. T. II. *Isère*.	15	Plomion. T. V. *Aisne*.	24
iolène. T. II. *Vaucluse*.	18	Plouagat. T. V. *Côtes-du-Nord*.	21
ionnat. T. IV. *Creuse*.	7	Plouaret. T. V. *Côtes-du-Nord*.	23
ionsat. T. IV. *Puy-de-Dôme*.	29	Plouarzel. T. V. *Finistère*.	23
ipriac. T. V. *Ille-et-Vilaine*.	33	Plouay. T. V. *Morbihan*.	16
iriac. T. I. *Loire-Inférieure*.	24	Ploubalay. T. V. *Côtes-du-Nord*.	20
irmil. T. V. *Sarthe*.	12	Ploubarlanec. T. V. *Côtes-du-Nord*.	12
isson. T. I. *Landes*.	14	Ploubezre. T. V. *Côtes-du-Nord*.	23
itgam. T. V. *Nord*.	37	Ploudalmezeau. T. V. *Finistère*.	23
ithiviers. T. I. *Loiret*.	15	Plouding. T. V. *Finistère*.	23
labennec. T. V. *Finistère*.	23	Plouer. T. V. *Côtes-du-Nord*.	20
labsheim. T. III. *Bas-Rhin*.	7	Plouescat. T. V. *Finistère*.	32
laine (la). T. I. *Loire-Inférieure*.	18	Plouezec. T. V. *Côtes-du-Nord*.	12
lainville. T. II. *Oise*.	31	Plougastel-Daoulas. T. V. *Finistère*.	23
lan (le). T. IV. *Haute-Garonne*.	32	Plougastel-Saint-Germain. T. V. *Finistère*.	11
lancard (St-). T. IV. *Haute-Garonne*.	30	Plougonvelin. T. V. *Finistère*.	24
lanches-les-Mines. T. III. *Haute-Saône*.	15	Plougoulm. T. V. *Finistère*.	32
Planches (les). T. I. *Jura*.	21	Plouguenast. T. V. *Côtes-du-Nord*.	24
Plancoet. T. V. *Côtes-du-Nord*.	20	Plouguerneau. T. V. *Finistère*.	24
Plancy. T. III. *Aube*.	27	Plouguin. T. V. *Finistère*.	24
Plane. T. I. *Jura*.	21	Plouha. T. V. *Côtes-du-Nord*.	12
Plappeville. T. III. *Moselle*.	9	Ploulech. T. V. *Côtes-du-Nord*.	23
Plassac. T. I. *Charente-Inférieure*.	10	Ploumoguer. T. V. *Finistère*.	24
Plauzat. T. IV. *Puy-de-Dôme*.	19	Plounéour-Trez. T. V. *Finistère*.	24
Pleaux. T. IV. *Cantal*.	20	Plounevez-Lochrist. T. V. *Finistère*.	32
Pléchâtel. T. V. *Ille-et-Vilaine*.	33	Plourin. T. V. *Finistère*.	24
Plédéliac. T. V. *Côtes-du-Nord*.	20	Plouvenez-Moedic. T. V. *Côtes-du-Nord*.	23
Pleine-Fougères. T. V. *Ille-et-Vilaine*.	28	Plouvorn. T. V. *Finistère*.	32
Plélan. T. V. *Côtes-du-Nord*.	20	Plouzévédé. T. V. *Finistère*.	32
Plélan-le-Grand. T. V. *Ille-et-Vilaine*.	32	Plufur. T. V. *Côtes-du-Nord*.	23
Plemet. T. V. *Côtes-du-Nord*.	24	Pluherlin. T. V. *Morbihan*.	9
Pléneuf. T. V. *Côtes-du-Nord*.	11	Plumartin. T. I. *Vienne*.	12
Plérin. T. V. *Côtes-du-Nord*.	11	Plumelec. T. V. *Morbihan*.	18
Plessalas. T. V. *Côtes-du-Nord*.	24	Pluvigner. T. V. *Morbihan*.	16
Plessé. T. I. *Loire-Inférieure*.	24	Podensac. T. I. *Gironde*.	15
Plessis-Bouré. T. I. *Maine-et-Loire*.	7	Point (Saint-). T. I. *Doubs*.	16
Plessis-de-Roye. T. II. *Oise*.	39	Point (Saint-). T. II. *Saône-et-Loire*.	10
Plessis-Dorin (le). T. I. *Loir-et-Cher*.	15	Poiré (le). T. V. *Vendée*.	10
Plessis-lez-Tours. *V.* Riche.		Poiseux. T. II. *Nièvre*.	11
Plessis-Macé. T. I. *Maine-et-Loire*.	7	Poissons. T. III. *Haute-Marne*.	19
Plessis-Piquet (le). T. VI. *Seine*.	25	Poissy. T. I. *Seine-et-Oise*.	10
Plestin. T. V. *Côtes-du-Nord*.	22	Poitiers. T. I. *Vienne*.	5
Pleubian. T. V. *Côtes-du-Nord*.	22	Poitte. T. I. *Jura*.	11

	Pages.		Pages.
Poix. T. II. *Somme*.	7	Pont-de-Pile. *Voy.* Tour-du-Meix. T. I. *Jura*.	
Pol (Saint-). T. II. *Pas-de-Calais*.	20	Pont-de-Remy. T. II. *Somme*.	10
Pol-de-Léon (Saint-) T. V. *Finistère*.	32	Pont-de-Roïde. T. I. *Doubs*.	14
Polignac. T. IV. *Haute-Loire*.	8	Pont-de-Saint-Maur. T. VI. *Seine*.	26
Poligny. T. I. *Jura*.	22	Pont-de-Salars. T. IV. *Aveyron*.	4
Polliat. T. I. *Ain*.	8	Pont-de-Vaux. T. I. *Ain*.	8
Polminhac. T. IV. *Cantal*.	9	Pont-de-Veyle. T. I. *Ain*.	8
Pomarède (la). T. II. *Aude*.	11	Pont-du-Château (le). T. IV. *Puy-de-Dôme*.	19
Pomet ou Pommet. T. III. *Hautes-Alpes*.	9	Pont-du-Gard. *Voy.* Lafoux. T. II. *Gard*.	
Pommard. T. I. *Côte-d'Or*.	17	Pontenovo. T. III. *Corse*.	44
Pommarès. T. I. *Landes*.	22	Pont-en-Royans. T. II. *Isère*.	19
Pommeray (la). T. I. *Maine-et-Loire*.	14	Pontenx. T. I. *Landes*.	14
Pommeuse. T. I. *Seine-et-Marne*.	9	Pont-Gibaud. T. IV. *Puy-de-Dôme*.	29
Pommiers. T. II. *Rhône*.	46	Pont-Gouin. T. V. *Eure-et-Loir*.	23
Pompadour. T. IV. *Corrèze*.	15	Ponthiéry. T. I. *Seine-et-Marne*.	17
Pompéan. *V.* Bruz. T. V. *Ille-et-Vilaine*.		Ponthou (le). T. V. *Finistère*.	34
Pompélonne. T. IV. *Tarn*.	9	Pontigné. T. I. *Maine-et-Loire*.	11
Pompidou (le). T. IV. *Lozère*.	10	Pontigny. T. I. *Yonne*.	9
Pompignan. T. II. *Gard*.	20	Pontivy. T. V. *Morbihan*.	20
Pompignan. T. IV. *Tarn-et-Garonne*.	13	Pont-l'Abbé. T. I. *Charente-Inférieure*.	14
Poncé. T. V. *Sarthe*.	10	Pont-l'Abbé. T. V. *Finistère*.	11
Poncey. T. I. *Côte-d'Or*.	11	Pont-les-Moulins. T. I *Doubs*.	12
Poncin. T. I. *Ain*.	15	Pont-le-Voy. T. I. *Loir-et-Cher*.	11
Pons (Saint-). T. III. *Basses-Alpes*.	16	Pontlieue. T. V. *Sarthe*.	8
Pons. T. I. *Charente-Inférieure*.	14	Pont-Louis. T. V. *Morbihan*.	16
Ponsas. T. II. *Drôme*.	6	Pontoise. T. I. *Seine-et-Oise*.	16
Pons-de-Thomière (Saint-). T. II. *Hérault*.	40	Pontoux. T. I. *Landes*.	22
Ponson. T. I. *Landes*.	22	Pont-Percé. *Voy.* Condé-sur-Sarthe. T. V. *Orne*.	
Pontacq. T. I. *Basses-Pyrénées*.	10	Pont-Saint-Esprit (le). T. II. *Gard*.	18
Pontailler. T. I. *Côte-d'Or*.	11	Pont-Sainte-Marie. T. III. *Aube*.	11
Pontaix. T. II. *Drôme*.	13	Pont-Sainte-Maxence. T. II. *Oise*.	46
Pont-à-Marcq. T. V. *Nord*.	17	Pont-Saint-Ours. T. II. *Nièvre*.	11
Pont-à-Mousson. T. III. *Meurthe*.	17	Pont-Saint-Pierre. T. I. *Eure*.	13
Pontarcy. T. V. *Aisne*.	20	Pont-Saint-Vincent. T. III. *Meurthe*.	18
Pontarion. T. IV. *Creuse*.	14	Pont-Scorf. T. V. *Morbihan*.	16
Pontarlier. T. I. *Doubs*.	16	Pont-sur-Seine. T. III. *Aube*.	44
Pont-Audemer. T. I. *Eure*.	19	Pont-sur-Vanne. T. I. *Yonne*.	16
Pont-au-Mur. T. IV. *Puy-de-Dôme*.	29	Pont-sur-Yonne. T. I. *Yonne*.	16
Pont-Authou. T. I. *Eure*.	20	Pontrieux. T. V. *Côtes-du-Nord*.	21
Pontaven. T. V. *Finistère*.	35	Pont-Vallain. T. V. *Sarthe*.	13
Pontavert. T. V. *Aisne*.	13	Porchaire (Saint-). T. I. *Charente-Inférieure*.	14
Pontcharra. T. II. *Isère*.	15	Porcherie (la). T. IV. *Haute-Vienne*.	16
Pont-Château. T. I. *Loire-Inférieure*.	24	Porcheux. T. II. *Oise*.	23
Pont-Croix. T. V. *Finistère*.	11	Pornic. T. I. *Loire-Inférieure*.	19
Pont-d'Ain. T. I. *Ain*.	8	Porquier (St-). T. IV. *Tarn-et-Garonne*.	13
Pont-de-Beauvoisin. T. II. *Isère*.	20	Porta (la). T. III. *Corse*.	36
Pont-de-Briques. T. II. *Pas-de-Calais*.	13	Port-Brillet. T. V. *Mayenne*.	11
Pont-de-Camarès. T. IV. *Aveyron*.	8	Port-de-Lanne. T. I. *Landes*.	19
Pont-de-Cé. T. I. *Maine-et-Loire*.	7	Port-Marly. T. I. *Seine-et-Oise*.	10
Pont-de-l'Arche. T. I. *Eure*.	17	Port-Mort. T. I. *Eure*.	13
Pont-de-Montvert. T. IV. *Lozère*.	10		
Pont-de-Pany. T. I. *Côte-d'Or*.	12		

TABLE ALPHABÉTIQUE DES MATIÈRES.

	Pages.		Pages.
rto-Vecchio. T. III. *Corse*.	46	Précy. T. IV. *Cher*.	15
rtrieux. *Voy.* Saint-Quay. T. V. *Côtes-du-Nord*.		Précy-Notre-Dame-les-Tours. T. III. *Aube*.	32
rt-St-Ouen. T. I. *Seine-Inférieure*.	9	Précy-sous-Thil. T. I. *Côte-d'Or*.	23
ort-Saint-Père. T. I. *Loire-Inférieure*.	19	Précy-sur-Oise. T. IV. *Oise*.	46
ort-sur-Saône. T. III. *Haute-Saône*.	6	Préhacq. T. I. *Landes*.	19
ort-Vendres. T. II. *Pyrénées-Orientales*.	24	Preignac. T. I. *Gironde*.	16
oses. T. I. *Eure*.	18	Projet. T. IV. *Lozère*.	10
ouancé. T. I. *Maine-et-Loire*.	24	Prémeaux. T. I. *Côte-d'Or*.	17
ouèze (la). T. I. *Maine-et-Loire*.	24	Prémery. T. II. *Nièvre*.	16
ougues. T. II. *Nièvre*.	11	Premier-Fait. T. III. *Aube*.	27
Pouilly-sur-Saône. T. I. *Côte-d'Or*.	17	Prémontré. T. V. *Aisne*.	13
Pouilly. T. II. *Nièvre*.	16	Pré-Saint-Gervais. T. VI. *Seine*.	17
Pouilly-en-Montagne. T. I. *Côte-d'Or*.	17	Pressigny-le-Grand. T. I. *Indre-et-Loire*.	16
Poujol (le). T. II. *Hérault*.	33	Pressilly. T. I. *Jura*.	12
Poujols. T. II. *Hérault*.	38	Preste (la). *Voy.* Pratz-de-Mollo.	
Poule. T. II. *Rhône*.	46	Preuilly. T. I. *Indre-et-Loire*.	16
Poulignen (le). *Voy.* Batz. T. I. *Loire-Inférieure*.		Prez-en-Pail. T. V. *Mayenne*.	16
Poullaouen. T. V. *Finistère*.	27	Priay. T. I. *Ain*.	8
Poullignac. T. I. *Charente*.	11	Priest (Saint-). T. II. *Isère*.	22
Pouillon. T. I. *Landes*.	19	Priest-sous-Aixe. (St-) T. IV. *Hte-Vienne*.	11
Poupar. T. IV. *Tarn-et-Garonne*.	13	Priest-Taurion (St-). T. IV. *Hte-Vienne*.	11
Pourçain (St-). T. II. *Allier*.	14	Privas. T. II. *Ardèche*.	7
Pourcieux. T. III. *Var*.	18	Privat-d'Allier (St-). T. IV. *Haute-Loire*.	8
Pourrain. T. I. *Yonne*.	9	Priziac. T. V. *Morbihan*.	20
Pourrières. T. III. *Var*.	18	Propiac. T. II. *Drôme*.	18
Pouru-aux-Bois. T. V. *Ardennes*.	17	Propières. T. II. *Rhône*.	46
Pouru-Saint-Remy. T. V. *Ardennes*.	17	Provins. T. I. *Seine-et-Marne*.	18
Poussan. T. II. *Hérault*.	21	Prugue (la). T. II. *Allier*.	19
Poutroye. T. III. *Haut-Rhin*.	8	Prunay-le-Gillon. T. V. *Eure-et-Loir*.	23
Pouxeux. T. III. *Vosges*.	16	Prunet. T. II. *Pyrénées-Orientales*.	38
Pouy. T. III. *Aube*.	45	Puilaurens. T. II. *Aude*.	17
Pouy. *Voy.* Saint-Vincent-de-Paul. T. I. *Landes*.		Puiseaux. T. I. *Loiret*.	16
Pouzin (le). T. II. *Ardèche*.	7	Puiset (le). T. V. *Eure-et-Loir*.	23
Pouzauges-la-Ville. T. V. *Vendée*.	14	Puiseux. T. V. *Ardennes*.	11
Pouzy. T. II. *Allier*.	12	Puissalicon. T. II. *Hérault*.	33
Pradelles. T. IV. *Haute-Loire*.	8	Puivert. T. II. *Aude*.	17
Pradelles-Cabardès. T. II. *Aude*.	8	Pujols. T. I. *Gironde*.	22
Pradelles-en-Val. T. II. *Aude*.	8	Pure. T. V. *Ardennes*.	17
Prades. T. II. *Ardèche*.	13	Purgerot. T. III. *Haute-Saône*.	1
Prades. T. IV. *Ariège*.	14	Putanges. T. V. *Orne*.	9
Prades. T. II. *Hérault*.	21	Puteaux. T. VI. *Seine*.	17
Prades. T. II. *Pyrénées-Orientales*.	37	Puttelange. T. III. *Moselle*.	13
Prahecq. T. V. *Deux-Sèvres*.	7	Puy (le). T. IV. *Haute-Loire*.	8
Prat-et-Bonrepeaux. T. IV. *Ariège*.	26	Puycelci. T. IV. *Tarn*.	15
Pratz-de-Mollo. T. II. *Pyrénées-Orientales*.	25	Puy-Guillaume. T. IV. *Puy-de-Dôme*.	31
Prauthoy. T. III. *Haute-Marne*.	17	Puy-la-Roque. T. IV. *Tarn-et-Garonne*.	11
Praux. T. I. *Ain*.	15	Puylaurens. T. IV. *Tarn*.	16
Prayssac. T. IV. *Lot*.	12	Puy-l'Évêque. T. IV. *Lot*.	12
Preaux. T. V. *Orne*.	16	Puyloubier. T. II. *Bouches-du-Rhône*.	31
Précigné. T. V. *Sarthe*.	13	Puy-Notre-Dame. T. I. *Maine-et-Loire*.	20
		Puyoo. T. I. *Basses-Pyrénées*.	24
		Puzzichello. T. III. *Corse*.	44
		Python (Saint-). T. V. *Nord*.	27

Q

	Pages.		Pages.
Quaedypre. T. V. *Nord.*	38	Quévilly (le grand). T. I. *Seine-Inférieure.*	9
Quarante. T. II. *Hérault.*	33	Quévilly (le petit). T. I. *Seine-Inférieure.*	10
Quarré-les-Tombes. T. I. *Yonne.*	11	Quezac. T. IV. *Lozère.*	10
Quay (Saint-). *Côtes-du-Nord.*	12	Quiberon. T. V. *Morbihan.*	17
Québriac. T. V. *Ille-et-Vilaine.*	8	Quié. T. IV. *Ariége.*	14
Quélerne. *Voyez* Roscanvel. T. V. *Finistère.*		Quierzy. T. V. *Aisne.*	13
Quentin (Saint-). T. V. *Aisne.*	17	Quievrecourt. T. I. *Seine-Inférieure.*	22
Quentin (Saint-). T. II. *Gard.*	19	Quiévy. T. V. *Nord.*	27
Quentin-sur-Isère (Saint-). T. II. *Isère.*	19	Quillan. T. II. *Aude.*	17
Quenza. T. III. *Corse.*	47	Quillebœuf. T. I. *Eure.*	20
Quérigut. T. IV. *Ariége.*	14	Quimper ou Quimper-Corentin. T. V. *Finistère.*	11
Quéryrières. T. IV. *Haute-Loire.*	10	Quimperlé. T. V. *Finistère.*	35
Queyraz. *Voyez* Ville-Vieille. T. III. *Hautes-Alpes.*		Quincey. T. III. *Haute-Saône.*	7
Quesnoy (le). T. V. *Nord.*	22	Quingey. T. I. *Doubs.*	9
Quesnoy-sur-Deule. T. V. *Nord.*	17	Quintin (Saint-). T. IV. *Ariége.*	31
Quessy. T. V. *Aisne.*	13	Quintin. T. V. *Côtes-du-Nord.*	12
Questambert. T. V. *Morbihan.*	9	Quintin (Saint-). T. II. *Isère.*	22
Questrecques. T. II. *Pas-de-Calais.*	13	Quirieu. T. II. *Isère.*	21
Queue (la). T. I. *Seine-et-Oise.*	18	Quirin (Saint-). T. III. *Meurthe.*	15
Quevauvilliers. T. II. *Somme.*	7	Quissac. T. II. *Gard.*	20

R

Rabastens. T. IV. *Tarn.*	15	Rancié. *Voyez* Sem. T. IV. *Ariége.*	
Rabat. T. IV. *Ariége.*	14	Rancogne. T. I. *Charente.*	9
Rablay. T. I. *Maine-et-Loire.*	7	Rancon. T. IV. *Haute-Vienne.*	13
Raches. T. V. *Nord.*	32	Randan. T. IV. *Puy-de-Dôme.*	29
Radegonde (Sainte-). T. IV. *Aveyron.*	4	Randonnai. T. V. *Orne.*	16
Radegonde (Sainte-). T. I. *Indre-et-Loire.*	8	Ranes. T. V. *Orne.*	9
Radepont. T. I. *Eure.*	13	Rans. T. I. *Jura.*	19
Raincheval. T. II. *Somme.*	12	Raon-l'Étape. T. III. *Vosges.*	7
Rai-sur-Ille. T. V. *Orne.*	16	Raulhac. T. IV. *Cantal.*	9
Raismes. T. V. *Nord.*	49	Rauzan. T. I. *Gironde.*	22
Rambaud. T. III. *Hautes-Alpes.*	9	Raveau. T. II. *Nièvre.*	4
Rambert (Saint-). T. I. *Ain.*	9	Ravel-Salmeranges. T. IV. *Puy-de-Dôme.*	4
Rambert (Saint-) T. II. *Drôme.*	6	Ravières. T. I. *Yonne.*	
Rambert (Saint-). T. II. *Rhône.*	38	Raz (pointe du). *Voyez* Plogoff. T. V. *Finistère.*	
Rambert-sur-Loire (Saint-). T. II. *Loire.*	7	Ré (île de). T. I. *Charente-Inférieure.*	5
Rambervillers. T. III. *Vosges.*	6	Réalmont. T. IV. *Tarn.*	4
Rambouillet. T. I. *Seine-et-Oise.*	24	Réalville. T. IV. *Tarn-et-Garonne.*	15
Rambures. T. II. *Somme.*	10	Réauville. T. II. *Drôme.*	
Ramerupt. T. III. *Aube.*	27	Rebais. T. I. *Seine-et-Marne.*	
Ramonchamp. T. III. *Vosges.*	16	Rebenac. T. I. *Basses-Pyrénées.*	
Ramourt. T. V. *Ardennes.*	17	Recey-sur-Ource. T. I. *Côte-d'Or.*	
Ramousies. T. V. *Nord.*	22		

	Pages		Pages
Réchicourt-le-Château. T. III. *Meurthe*.	25	Revin. T. V. *Ardennes*.	14
Recologne. T. I. *Doubs*.	9	Reynès. T. II. *Pyrénées-Orientales*.	26
Redon. T. V. *Ille-et-Vilaine*.	33	Reynel. T. III. *Haute-Marne*.	6
Regny. T. II. *Loire*.	16	Reyniès. T. IV. *Tarn-et-Garonne*.	11
Reichshoffen. T. III. *Bas-Rhin*.	31	Rezé. T. I. *Loire-Inférieure*.	14
Reignac. T. I. *Charente*.	11	Rheims. T. III. *Marne*.	15
Reignac. T. I. *Indre-et-Loire*.	16	Rhinau. T. III. *Bas-Rhin*.	25
Reilhac-Treignac. T. IV. *Corrèze*.	9	Rhins. T. II. *Oise*.	47
Reillane. T. III. *Basses-Alpes*.	18	Ri. T. V. *Orne*.	9
Reipertswiller. T. III. *Bas-Rhin*.	16	Ria. T. II. *Pyrénées-Orientales*.	38
Remalard. T. V. *Orne*.	16	Riaillé. T. I. *Loire-Inférieure*.	16
Remi (Saint-). T. II. *Bouches-du-Rhône*.	42	Rians. T. III. *Var*.	18
Remigny. T. V. *Aisne*.	19	Ribeauvillé. T. III. *Haut-Rhin*.	8
Remilly-et-Aillicourt. T. V. *Ardennes*.	17	Ribécourt. T. II. *Oise*.	39
Remiremont. T. III. *Vosges*.	16	Ribemont. T. V. *Aisne*.	19
Remoulins. T. II. *Gard*.	19	Ribiers. T. III. *Hautes-Alpes*.	9
Remuzat. T. II. *Drôme*.	18	Riceys (les). T. III. *Aube*.	39
Remy. T. II. *Oise*.	39	Riche. T. I. *Indre-et-Loire*.	8
Remy (Saint-). T. III. *Haute-Saône*.	7	Richelieu. T. I. *Indre-et-Loire*.	14
Remy (Saint-). T. IV. *Puy-de-Dôme*.	31	Richemont. T. III. *Moselle*.	15
Remy-en-Bouzemont (Saint-). T. III. *Marne*.	19	Richet. T. I. *Landes*.	15
Remy-sur-Avre (Saint-). T. V. *Eure-et-Loir*.	30	Riec. T. V. *Finistère*.	35
Remy-sur-Bussy (Saint). T. III. *Marne*.	13	Rieumes. T. IV. *Haute-Garonne*.	32
Renac. T. V. *Ille-et-Vilaine*.	34	Rieupeyroux. T. IV. *Aveyron*.	16
Renage. T. II. *Isère*.	19	Rieussec. T. II. *Hérault*.	40
Renaison. T. II. *Loire*.	16	Rieux. T. IV. *Haute-Garonne*.	32
Renan (Saint-). T. V. *Finistère*.	24	Rieux-en-Val. T. II. *Aude*.	8
Renazé. T. V. *Mayenne*.	13	Riez. T. III. *Basses-Alpes*.	11
Rennes. T. V. *Ille-et-Vilaine*.	9	Rignac ou Rinhac. T. IV. *Aveyron*.	5
Rennes-les-Bains. T. II. *Aude*.	17	Rigny. T. I. *Indre-et-Loire*.	14
Renti. T. II. *Pas-de-Calais*.	19	Rigny-le-Féron. T. III. *Aube*.	11
Rentière. T. IV. *Puy-de-Dôme*.	27	Rilly-aux-Oies. T. V. *Ardennes*.	22
Renwez. T. V. *Ardennes*.	9	Rilly-la-Montagne. T. III. *Marne*.	19
Réole (la). T. I. *Gironde*.	23	Rimogne. T. V. *Ardennes*.	14
Rèpes. T. III. *Haute-Saône*.	7	Rimont. T. IV. *Ariége*.	26
Requista. T. IV. *Aveyron*.	5	Riom. T. IV. *Puy-de-Dôme*.	29
Ressay. T. II. *Allier*.	5	Riom-ez-Montagnes. T. IV. *Cantal*.	20
Resson. T. II. *Allier*.	5	Riols. T. II. *Hérault*.	40
Ressons-sur-Matz. T. II. *Oise*.	39	Rions. T. I. *Gironde*.	16
Rethel. T. V. *Ardennes*.	11	Rion. T. I. *Landes*.	22
Retiers. T. V. *Ille-et-Vilaine*.	34	Rioz. T. III. *Haute-Saône*.	7
Retournac. T. IV. *Haute-Loire*.	15	Riquewihr. T. III. *Haut-Rhin*.	9
Rety. T. II. *Pas-de-Calais*.	13	Riquier (Saint-). T. II. *Somme*.	10
Reugnies. T. V. *Nord*.	20	Ris. T. IV. *Puy-de-Dôme*.	31
Reugny. T. I. *Indre-et-Loire*.	8	Ris. T. I. *Seine-et-Oise*.	18
Reuilly. T. IV. *Indre*.	12	Rive-de-Gier. T. II. *Loire*.	12
Reulle. T. I. *Côte-d'Or*.	12	Riverie. T. II. *Rhône*.	38
Revel. T. II. *Isère*.	15	Rives. T. II. *Isère*.	19
Revel. T. III. *Basses-Alpes*.	16	Rivesaltes. T. II. *Pyrénées-Orientales*.	19
Revel. T. IV. *Haute-Garonne*.	32	Rivière (la). T. I. *Doubs*.	16
Revérien (Saint-). T. II. *Nièvre*.	15	Rixeim. T. III. *Haut-Rhin*.	14
Revigny. T. I. *Jura*.	12	Rixouse (la). T. I. *Jura*.	16
		Roanne. T. II. *Loire*.	16
		Rocamadour. T. IV. *Lot*.	23

	Pages.		Pages.
Roch (Saint-). T. I. *Ain*.	8	Romain-de-Popey (Saint-). T. II. *Rhône*.	46
Roche-Aymon (la). T. IV. *Creuse*.	12	Romain-la-Chalm (Saint-). T. IV. *Haute-Loire*.	15
Roche-Bernard (la). T. V. *Morbihan*.	10	Romainville. T. VI. *Seine*.	17
Roche-Canilhac. T. IV. *Corrèze*.	9	Romanèche. T. II. *Saône-et-Loire*.	11
Rochechinard. T. II. *Drôme*.	6	Romans. T. II. *Drôme*.	7
Rochechouart. T. IV. *Haute-Vienne*.	14	Rome-de-Tarn (Saint-). T. IV. *Aveyron*.	9
Rochecolombe. T. II. *Ardèche*.	8	Romenay. T. II. *Saône-et-Loire*.	11
Roche-Corbon. T. I. *Indre-et-Loire*.	9	Romescamps. T. II. *Oise*.	23
Roche-de-Glun (la). T. II. *Drôme*.	6	Romeyer. T. II. *Drôme*.	13
Roche-Derrien (la). T. V. *Côtes-du-Nord*.	23	Romillé. T. V. *Ille-et-Vilaine*.	32
Roche-en-Breny (la). T. I. *Côte-d'Or*.	23	Romilly-sur-Andelle. T. I. *Eure*.	13
Rochefoucauld (la). T. I. *Charente*.	9	Romilly-sur-Seine. T. III. *Aube*.	45
Rochefort. T. I. *Charente-Inférieure*.	12	Romorantin. T. I. *Loir-et-Cher*.	12
Rochefort. T. I. *Jura*.	19	Ronno. T. II. *Rhône*.	46
Rochefort. T. V. *Morbihan*.	10	Roque (la). T. IV. *Tarn*.	9
Rochefort. T. IV. *Puy-de-Dôme*.	19	Roque-Aimier (la). T. II. *Hérault*.	22
Rochefort-sur-Loire. T. I. *Maine-et-Loire*.	8	Roquebrun. T. II. *Hérault*.	40
Rochefort-Sansons. T. II. *Drôme*.	7	Roque-Brussanne (la). T. III. *Var*.	18
Roche-Guyon (la). T. I. *Seine-et-Oise*.	20	Roquecor. T. IV. *Tarn-et-Garonne*.	16
Rochejean. T. I. *Doubs*.	16	Roquecourbe. T. II. *Aude*.	8
Roche-l'Abeille (la). T. IV. *Hte-Vienne*.	16	Roquecourbe. T. IV. *Tarn*.	12
Rochelle (la). T. I. *Charente-Inférieure*.	5	Roque-d'Albère (la). T. II. *Pyrénées-Orientales*.	26
Rochemaure. T. II. *Ardèche*.	8	Roque-d'Anthéron (la). T. II. *Bouches-du-Rhône*.	32
Roche-Millay (la). T. II. *Nièvre*.	14	Roqueffret. T. V. *Finistère*.	27
Roche-Morice (la). T. V. *Finistère*.	24	Roquefort. T. II. *Bouches-du-Rhône*.	18
Rochepot (la). T. I. *Côte-d'Or*.	17	Roquefort. T. I. *Landes*.	15
Roche-Taillée. T. II. *Loire*.	14	Roquefort-de-Sault. T. II. *Aude*.	18
Roche-Taillée. T. II. *Rhône*.	38	Roquemaure. T. II. *Gard*.	19
Roche-Posay (la). T. I. *Vienne*.	12	Roquevaire. T. II. *Bouches-du-Rhône*.	18
Roches. T. I. *Loir-et-Cher*.	15	Rorbach. T. III. *Moselle*.	13
Rocheservière. T. V. *Vendée*.	10	Rosans. T. III. *Hautes-Alpes*.	9
Roche-Vanneau (la). T. I. *Côte-d'Or*.	23	Roscanvel. T. V. *Finistère*.	29
Rocroi. T. V. *Ardennes*.	14	Roscoff. T. V. *Finistère*.	34
Roc-Saint-André (le). T. V. *Morbihan*.	18	Rosheim. T. III. *Bas-Rhin*.	25
Roquebrou (la). T. IV. *Cantal*.	9	Rosières. T. III. *Aube*.	11
Roquefort. T. IV. *Aveyron*.	9	Rosières. T. II. *Somme*.	14
Rocquenfort. T. I. *Seine-et-Oise*.	10	Rosières-aux-Salines. T. III. *Meurthe*.	18
Rocquigny. T. V. *Aisne*.	24	Rosnay. T. III. *Aube*.	3
Rodemack. T. III. *Moselle*.	15	Rosnay. T. III. *Marne*.	19
Rodez ou Rhodez. T. IV. *Aveyron*.	5	Rosny. T. I. *Seine-et-Oise*.	21
Roffiac. T. IV. *Cantal*.	16	Rosny-sous-Bois. T. VI. *Seine*.	26
Rogliano. T. III. *Corse*.	37	Rosoy-sur-Serre. T. V. *Aisne*.	13
Rognes. T. II. *Bouches-du-Rhône*.	31	Rosporden. T. V. *Finistère*.	12
Rogny. T. I. *Yonne*.	15	Rostrénen. T. V. *Côtes-du-Nord*.	22
Rohain. T. V. *Aisne*.	16	Rosult. T. V. *Nord*.	30
Rohan. T. V. *Morbihan*.	18	Rothau. T. III. *Vosges*.	7
Rollat. T. II. *Somme*.	14	Rothière. T. III. *Aube*.	33
Rolleboise. T. I. *Seine-et-Oise*.	21	Rothoa. T. V. *Côtes-du-Nord*.	21
Romagne. T. I. *Vienne*.	13	Roubaix. T. V. *Nord*.	18
Romain (Saint-). T. I. *Côte-d'Or*.	17	Roucq. T. V. *Nord*.	28
Romain (Saint-). T. II. *Loire*.	16	Roucy. T. V. *Aisne*.	13
Romain-de-Colbosc (Saint-). T. I. *Seine-Inférieure*.	20		

	Pages.		Pages.
Rouen. T. I. *Seine-Inférieure*.	10	Rouzé. T. IV. *Ariège*.	14
Rouffach. T. III. *Haut-Rhin*.	9	Roville. T. III. *Meurthe*.	18
Rouffiac. T. IV. *Lot*.	12	Royan. T. I. *Charente-Inférieure*.	11
Rougé. T. I. *Loire-Inférieure*.	17	Royat. *Voy.* Chamalière. T. IV. *Puy-de-Dôme*.	
Rougemont. T. I. *Côte-d'Or*.	23		
Rougemont. T. I. *Doubs*.	12	Roybon. T. II. *Isère*.	19
Rougemont. T. III. *Haut-Rhin*.	15	Roye. T. II. *Somme*.	14
Rougemontot. T. I. *Doubs*.	9	Royère. T. IV. *Creuse*.	14
Rouge-Périer. T. I. *Eure*.	15	Roziers (les). T. I. *Maine-et-Loire*.	20
Rouillac. T. I. *Charente*.	10	Rozoy. T. I. *Seine-et-Marne*.	10
Rouillé. T. I. *Vienne*.	11	Rubrouck. T. V. *Nord*.	43
Rouilly. T. III. *Marne*.	15	Rue. T. II. *Somme*.	10
Rouilly-les-Sacey. T. III. *Aube*.	12	Rueil. T. V. *Eure-et-Loir*.	30
Roujan. T. II. *Hérault*.	33	Ruel ou Rueil. T. I. *Seine-et-Oise*.	10
Roulans. T. I. *Doubs*.	12	Ruelle. T. I. *Charente*.	10
Roulet. T. I. *Charente*.	10	Ruffec. T. I. *Charente*.	16
Roupy. T. V. *Aisne*.	20	Ruffigné. T. I. *Loire-Inférieure*.	18
Rourdeaux. T. II. *Drôme*.	11	Rugles. T. I. *Eure*.	9
Rousignies. T. V. *Nord*.	20	Ruines. T. IV. *Cantal*.	16
Rousses (les). T. I. *Jura*.	16	Rumégies. T. V. *Nord*.	50
Roussillon. T. II. *Isère*.	22	Rumengol. T. V. *Finistère*.	24
Roussines. T. I. *Charente*.	15	Rumigny. T. V. *Ardennes*.	15
Routot. T. I. *Eure*.	20	Rumilly-les-Vaudes. T. III. *Aube*.	40
Rouvray. T. I. *Côte-d'Or*.	23	Ruones. T. II. *Ardèche*.	13
Rouvres. T. I. *Côte-d'Or*.	12	Rungis. T. VI. *Seine*.	26
Rouvres. T. V. *Eure-et-Loir*.	30	Rupt. T. III. *Haute-Saône*.	7
Rouvroy. T. III. *Marne*.	13	Rurey (le). T. I. *Doubs*.	14
Rouvroy-sur-Meuse. T. III. *Meuse*.	8	Ry. T. I. *Seine-Inférieure*.	14
Roux-aux-Bois. T. V. *Ardennes*.			

S

Saales. T. III. *Vosges*.	7	Sailleraye (la). *V.* Mauves. T. I. *Loire-Inférieure*.	
Saar-Union. T. III. *Bas-Rhin*.	16		
Sablé. T. V. *Sarthe*.	13	Sailly. T. II. *Pas-de-Calais*.	15
Sables-d'Olonne. T. V. *Vendée*.	16	Sailly. T. II. *Saône-et-Loire*.	11
Sablon (le). T. III. *Moselle*.	9	Sainceny. T. V. *Aisne*.	13
Sablonceaux. T. I. *Charente-Inférieure*.	14	Sains. T. V. *Aisne*.	24
Sablons. T. II. *Isère*.	22	Sains. T. V. *Nord*.	22
Sabres. T. I. *Landes*.	15	Sains. T. II. *Somme*.	8
Sacey. T. III. *Moselle*.	11	Saintes. T. I. *Charente-Inférieure*.	14
Sacquenay. T. I. *Côte-d'Or*.	12	Saintines. T. II. *Oise*.	47
Sacy-le-Grand. T. II. *Oise*.	31	Salbris. T. I. *Loir-et-Cher*.	13
Sadirac. T. I. *Gironde*.	16	Salces. T. II. *Pyrénées-Orientales*.	19
Saens (Saint-) T. I. *Seine-Inférieure*.	22	Salency. T. II. *Oise*.	39
Saffré. T. I. *Loire-Inférieure*.	18	Salernes. T. III. *Var*.	13
Sagone. T. III. *Corse*.	29	Salers. T. IV. *Cantal*.	21
Saignes. T. IV. *Cantal*.	21	Saleux. T. II. *Somme*.	8
Sail-les-Bains. T. II. *Loire*.	16	Salice. T. III. *Corse*.	29
Sail-sous-Cousan. T. II. *Loire*.	8	Salies. T. IV. *Haute-Garonne*.	31
Saillagousse. T. II. *Pyrénées-Orientales*.	38	Saligny. T. II. *Allier*.	12
		Salins. T. IV. *Cantal*.	21
Saillans. T. II. *Drôme*.	13	Salins. T. I. *Jura*.	22

TABLE ALPHABÉTIQUE DES MATIÈRES.

	Pages.
Salives. T. I. *Côte-d'Or*.	12
Salle (la). T. III. *Hautes-Alpes*.	13
Sallelles. T. II. *Aude*.	24
Salles-Comtaux, ou Salles-la-Source. T. IV. *Aveyron*.	6
Salles-Curans. T. IV. *Aveyron*.	14
Salles-la-Vauguyon (les). T. IV. *Haute-Vienne*.	15
Salles-sur-Lers. T. II. *Aude*.	12
Sallies. T. I. *Basses-Pyrénées*.	24
Salmon. T. IV. *Lozère*.	12
Salon. T. II. *Bouches-du-Rhône*.	32
Salons. T. IV. *Corrèze*.	9
Salt-en-Donzy. T. II. *Loire*.	9
Salvagnac. T. IV. *Tarn*.	15
Salvetat (la). T. IV. *Aveyron*.	7
Salvetat (la). T. II. *Hérault*.	40
Salviac. T. IV. *Lot*.	23
Salzbrunn. T. III. *Moselle*.	13
Samadet. T. I. *Landes*.	22
Samer. T. II. *Pas-de-Calais*.	13
Samois. T. I. *Seine-et-Marne*.	14
Samoreau. T. I. *Seine-et-Marne*.	14
Sampans. T. I. *Jura*.	19
Sampigny. T. III. *Meuse*.	8
Sanbusse. T. I. *Landes*.	19
Sancergue. T. IV. *Cher*.	15
Sancerre. T. IV. *Cher*.	15
Sancheville. T. V. *Eure-et-Loir*.	27
Sancoins. T. IV. *Cher*.	14
Sanguinet. T. I. *Landes*.	15
Santenay. T. I. *Côte-d'Or*.	17
Santin (Saint-) T. IV. *Aveyron*.	16
Sanvic. T. I. *Seine-Inférieure*.	20
Saon. T. II. *Drôme*.	14
Sapois. T. III. *Vosges*.	16
Sarcus. T. II. *Oise*.	24
Sari-d'Orcino. T. III. *Corse*.	29
Sarines. T. III. *Hautes-Alpes*.	16
Sarralbe. T. III. *Moselle*.	13
Sarrance. T. I. *Basses-Pyrénées*.	23
Sarrebourg. T. III. *Meurthe*.	26
Sarreguemines. T. III. *Moselle*.	13
Sarrola. T. III. *Corse*.	29
Sarron. T. II. *Oise*.	31
Sarry. T. III. *Marne*.	8
Sars-Poterie. T. V. *Nord*.	22
Sartène. T. III. *Corse*.	47
Sartrouville. T. I. *Seine-et-Oise*.	11
Sarzeau. T. V. *Morbihan*.	10
Sassenage. T. II. *Isère*.	15
Sassetot-le-Mauconduit. T. I. *Seine-Inférieure*.	23
Satillieu. T. II. *Ardèche*.	18
Satur (Saint-). T. IV. *Cher*.	16
Saturnin (Saint-). T. IV. *Puy-de-Dôme*.	19
Saturnin (Saint-). T. II. *Vaucluse*.	13
Saturnin-de-Séchaud (Saint-). T. I. *Charente-Inférieure*.	16
Saugues. T. IV. *Haute-Loire*.	11
Saujon. T. I. *Charente-Inférieure*.	16
Saulge (Saint-). T. II. *Nièvre*.	12
Sauliac. T. IV. *Lot*.	12
Saulieu. T. I. *Côte-d'Or*.	23
Saulnot. T. III. *Haute-Saône*.	16
Sault. T. I. *Basses-Pyrénées*.	24
Sault. T. II. *Vaucluse*.	15
Sault-Saint-Remy. T. V. *Ardennes*.	11
Saulve (Saint-). T. V. *Nord*.	50
Saulx. T. III. *Haute-Saône*.	16
Saulx-le-Duc. T. I. *Côte-d'Or*.	12
Saulxure-en-Vosges. T. III. *Vosges*.	16
Saulzais-le-Potier. T. IV. *Cher*.	14
Saulzoir. T. V. *Nord*.	27
Saumeray. T. V. *Eure-et-Loir*.	27
Saumur. T. I. *Maine-et-Loire*.	20
Saurat. T. IV. *Ariége*.	14
Saurier. T. IV. *Puy-de-Dôme*.	27
Saussac-l'Eglise. T. IV. *Haute-Loire*.	11
Saussay. T. V. *Eure-et-Loir*.	30
Saussé-Vaussais. T. V. *Deux-Sèvres*.	14
Saussotte (la) T. III. *Aube*.	46
Sauternes. T. I. *Gironde*.	17
Sautron. T. I. *Loire-Inférieure*.	14
Sauvagère (la). T. V. *Orne*.	13
Sauvages (les). T. II. *Rhône*.	40
Sauve. T. II. *Gard*.	20
Sauvent. T. I. *Vienne*.	11
Sauveterre. T. IV. *Haute-Garonne*.	31
Sauveterre. T. I. *Gironde*.	24
Sauveterre. T. I. *Basses-Pyrénées*.	24
Sauveur-de-Montagut (Saint-). T. II. *Ardèche*.	9
Sauveur-de-Pourcil (Saint-). T. II. *Gard*.	22
Sauveur-en-Puisaye (St-). T. I. *Yonne*.	9
Sauvian. T. II. *Hérault*.	33
Sauvigny. T. III. *Meuse*.	8
Sauville. T. III. *Vosges*.	11
Sauxay. T. I. *Vienne*.	11
Sauxillange. T. IV. *Puy-de-Dôme*.	27
Sauzet. T. II. *Drôme*.	16
Saverne. T. III. *Bas-Rhin*.	17
Savigné. T. I. *Indre-et-Loire*.	9
Savignies. T. II. *Oise*.	24
Savigny-en-Reveremont. T. II. *Saône-et-Loire*.	32
Savigny-les-Beaune. T. I. *Côte-d'Or*.	17

TABLE ALPHABÉTIQUE DES MATIÈRES.

	Pages.
Savenay. T. I. *Loire-Inférieure.*	24
Savenières. T. I. *Maine-et-Loire.*	9
Saverdun. T. IV. *Ariége.*	31
Savigny-sur-Braye. T. I. *Loir-et-Cher.*	15
Savin (Saint-). T. I. *Gironde.*	19
Savin (Saint-). T. I. *Vienne.*	16
Savine (Sainte-). T. III. *Aube.*	12
Savines. T. III. *Hautes-Alpes.*	16
Savinien (Saint-). T. I. *Charente-Inférieure.*	9
Savonières. T. I. *Indre-et-Loire.*	9
Savournin (Saint-). T. II. *Bouches-du-Rhône.*	19
Savoyeux. T. III. *Haute-Saône.*	12
Saxon. T. III. *Meurthe.*	19
Say-sur-Saône. T. III. *Haute-Saône.*	7
Sayssac. T. II. *Aude.*	9
Scaer. T. V. *Finistère.*	35
Scarpone. T. III. *Meurthe.*	19
Sceaux. T. VI. *Seine.*	26
Scellières. T. I. *Jura.*	12
Scey. T. I. *Doubs.*	19
Scharrachbergheim. T. III. *Bas-Rhin.*	7
Schelestadt. T. III. *Bas-Rhin.*	25
Scherwiller. T. III. *Bas-Rhin.*	25
Schirmeck. T. III. *Vosges.*	7
Schœneck. T. III. *Moselle.*	13
Schweighausen. T. III. *Bas-Rhin.*	7
Scorailles. T. IV. *Cantal.*	21
Scorbé-Clairvault. T. I. *Vienne.*	12
Sébastien (Saint-). T. I. *Loire-Inférieure.*	14
Seboncourt. T. V. *Aisne.*	20
Sebourg. T. V. *Nord.*	50
Séclin. T. V. *Nord.*	18
Secondigny-en-Gatine. T. V. *Deux-Sèvres.*	16
Sedan. T. V. *Ardennes.*	17
Séderon. T. II. *Drôme.*	18
Sees. T. V. *Orne.*	7
Segonzac. T. I. *Charente.*	12
Segré. T. I. *Maine-et-Loire.*	24
Ségur. T. IV. *Aveyron.*	14
Seiches. T. I. *Maine-et-Loire.*	11
Seignelay. T. I. *Yonne.*	10
Seilhac. T. IV. *Corrèze.*	9
Seillans. T. III. *Var.*	14
Sein (Ile de). T. V. *Finistère.*	12
Seine-l'Abbaye (Saint-). T. I. *Côte-d'Or.*	12
Seix. T. IV. *Ariége.*	26
Sel (le). T. V. *Ille-et-Vilaine.*	34
Selincourt. T. II. *Somme.*	8
Selle-Gueneau (la). T. I. *Indre-et-Loire.*	16

	Pages.
Selles. T. II. *Pas-de-Calais.*	13
Selles. T. III. *Haute-Saône.*	16
Selle-sur-le-Bied (la). T. I. *Loiret.*	15
Selles-sur-Cher. T. I. *Loir-et-Cher.*	13
Selommes. T. I. *Loir-et-Cher.*	15
Seloncourt. T. I. *Doubs.*	14
Selongey. T. I. *Côte-d'Or.*	13
Seltz. T. III. *Bas-Rhin.*	31
Selve (la). T. IV. *Aveyron.*	7
Semblançay. T. I. *Indre-et-Loire.*	9
Sems. T. IV. *Ariége.*	14
Semur. T. I. *Côte-d'Or.*	23
Semur-en-Brionnais. T. II. *Saône-et-Loire.*	28
Senantes. T. V. *Eure-et-Loir.*	30
Senarpont. T. II. *Somme.*	8
Sénéchas. T. II. *Gard.*	17
Senez. T. III. *Basses-Alpes.*	17
Senlis. T. II. *Oise.*	47
Sennecey-le-Grand. T. II. *Saône-et-Loire.*	22
Senonches. T. V. *Eure-et-Loir.*	31
Senones. T. III. *Vosges.*	7
Senozan. T. II. *Saône-et-Loire.*	11
Sens. T. I. *Yonne.*	16
Sentein. T. IV. *Ariége.*	26
Senuc. T. V. *Ardennes.*	22
Septfonds. *Voy.* Dompierre. *Allier.*	
Septfonds. T. IV. *Tarn-et-Garonne.*	11
Sept-Iles (les). T. V. *Côtes-du-Nord.*	23
Sept-Moncel. T. I. *Jura.*	17
Sept-Saulx. T. III. *Marne.*	19
Septème. T. II. *Isère.*	22
Septèmes. T. II. *Bouches-du-Rhône.*	32
Septeuil. T. I. *Seine-et-Oise.*	21
Serbonnes. T. I. *Yonne.*	17
Sérans-le-Bouthillier. T. II. *Oise.*	24
Serent. T. V. *Morbihan.*	19
Sergines. T. I. *Yonne.*	17
Sérignan. T. II. *Hérault.*	33
Seringes. T. V. *Aisne.*	20
Sermaize. T. III. *Marne.*	19
Sermano. T. III. *Corse.*	44
Sermesse. T. II. *Saône-et-Loire.*	22
Sermiers. T. III. *Marne.*	19
Sermur. T. IV. *Creuse.*	13
Sernin (Saint-). T. IV. *Aveyron.*	10
Serradi-Scopamène. T. III. *Corse.*	47
Serraggio. T. III. *Corse.*	45
Serrances. T. III. *Haute-Saône.*	16
Serrant. T. I. *Maine-et-Loire.*	9
Serres. T. III. *Hautes-Alpes.*	9
Serrières. T. II. *Ardèche.*	18
Servan (Saint-). T. V. *Ille-et-Vilaine.*	28
Servian. T. II. *Hérault.*	34
Serrières. T. IV. *Corrèze.*	9

	Pages		Pages
Servignat. T. I. *Ain*.	8	Sombernon. T. I. *Côte-d'Or*.	13
Servin. T. I. *Doubs*.	12	Sommepuis. T. III. *Marne*.	20
Seurre. T. I. *Côte-d'Or*.	17	Somme-Py. T. III. *Marne*.	13
Sever (Saint-). T. IV. *Aveyron*.	10	Sommesous. T. III. *Marne*.	20
Sever (Saint-). T. I. *Landes*.	23	Sommevoire. T. III. *Haute-Marne*.	19
Severac-le-Château. T. IV. *Aveyron*.	14	Somnières. T. II. *Gard*.	14
Sévère (Sainte-). T. I. *Charente*.	12	Songeons. T. II. *Oise*.	24
Sévère (Sainte-). T. IV. *Indre*.	11	Sone. T. II. *Isère*.	19
Seveux. T. III. *Haute-Saône*.	12	Sorbon. T. V. *Ardennes*.	11
Sèvres. T. I. *Seine-et-Oise*.	11	Sorcy. T. III. *Meuse*.	8
Sevrey. T. II. *Saône-et-Loire*.	20	Sore. T. I. *Landes*.	15
Seyne. T. III. *Basses-Alpes*.	12	Sorède. T. II. *Pyrénées-Orientales*.	26
Seyssel. T. I. *Ain*.	10	Sorèze. T. IV. *Tarn*.	12
Seyssuel. T. II. *Isère*.	22	Sorgues. T. II. *Vaucluse*.	10
Sézanne. T. III. *Marne*.	12	Sorigny. T. I. *Indre-et-Loire*.	9
Siam. T. I. *Jura*.	23	Sorlin (Saint-). T. II. *Saône-et-Loire*.	11
Sibiril. T. V. *Finistère*.	34	Sornac. T. IV. *Corrèze*.	16
Sierck. T. III. *Moselle*.	15	Sornin (Saint-). T. II. *Allier*.	12
Sigean. T. II. *Aude*.	24	Sornin (Saint-). T. IV. *Creuse*.	15
Signy-l'Abbaye. T. V. *Ardennes*.	9	Sort. T. I. *Landes*.	20
Signy-le-Petit. T. V. *Ardennes*.	16	Sotteville-lez-Rouen. T. I. *Seine-Inférieure*.	14
Sigolène (Sainte-). T. IV. *Haute-Loire*.	15	Soubise. T. I. *Charente-Inférieure*.	11
Sillans. T. III. *Var*.	16	Souchons (les). T. II. *Isère*.	16
Sillè-le-Guillaume. T. V. *Sarthe*.	8	Soucy. T. I. *Yonne*.	17
Sillery. T. III. *Marne*.	19	Soudron. T. III. *Marne*.	8
Silvanès. T. IV. *Aveyron*.	10	Sougé. T. I. *Loir-et-Cher*.	15
Simandre. T. II. *Saône-et-Loire*.	32	Sougé-le-Ganelon. T. V. *Sarthe*.	16
Simiane. T. III. *Basses-Alpes*.	18	Sougraine. T. II. *Aude*.	18
Simon (Saint-). T. V. *Aisne*.	20	Souillac. T. IV. *Lot*.	23
Simou (Saint-). T. IV. *Cantal*.	10	Souilly. T. III. *Meuse*.	12
Sin. T. V. *Nord*.	32	Soulac. T. I. *Gironde*.	20
Sion. T. I. *Loire-Inférieure*.	18	Soulaines. T. III. *Aube*.	33
Sion. T. III. *Meurthe*.	19	Soulatgé. T. II. *Aude*.	9
Sirod. T. I. *Jura*.	23	Soulgé-le-Bruant. T. V. *Mayenne*.	11
Sisco. T. III. *Corse*.	37	Soultz. T. III. *Haut-Rhin*.	9
Sissonne. T. V. *Aisne*.	13	Soultzbach. T. III. *Haut-Rhin*.	9
Sisteron. T. III. *Basses-Alpes*.	20	Soultz-les-Bains ou Soultz-Bad. T. III. *Bas-Rhin*.	7
Sizun. T. V. *Finistère*.	34	Soultzmatt. T. III. *Haut-Rhin*.	10
Soccia. T. III. *Corse*.	29	Soultz-sous-Forêts. T. III. *Bas-Rhin*.	31
Soex. T. V. *Nord*.	36	Soumans. T. IV. *Creuse*.	15
Soings. T. I. *Loir-et-Cher*.	13	Sournia. T. II. *Pyrénées-Orientales*.	38
Soissons. T. V. *Aisne*.	20	Sourniac. T. IV. *Cantal*.	21
Solaise. T. II. *Isère*.	22	Sousceyrac. T. IV. *Lot*.	20
Solenne. T. V. *Nord*.	27	Soustons. T. I. *Landes*.	20
Solignac. T. IV. *Haute-Vienne*.	11	Souterraine (la). T. IV. *Creuse*.	7
Solignac-sur-Loire. T. IV. *Haute-Loire*.	11	Souvigny. T. II. *Allier*.	12
Sollacaro. T. III. *Corse*.	47	Spincourt. T. III. *Meuse*.	11
Solliès-Pont. T. III. *Var*.	28	Spoix. T. III. *Aube*.	33
Solliès-Ville. T. III. *Var*.	28	Stains. T. VI. *Seine*.	17
Soligny-la-Trappe. T. V. *Orne*.	16	Steenverck. T. V. *Nord*.	43
Solre-le-Château. T. V. *Nord*.	22	Steenwoorde. T. V. *Nord*.	43
Solsac. T. IV. *Aveyron*.	7	Stenay. T. III. *Meuse*.	11
Solutré. T. II. *Saône-et-Loire*.	11		
Somain. T. V. *Nord*.	32		

TABLE ALPHABÉTIQUE DES MATIÈRES.

Nom	Page	Nom	Page
Stonne. T. V. *Ardennes.*	18	Surbourg. T. III. *Bas-Rhin.*	32
Strasbourg. T. III. *Bas-Rhin.*	7	Suresne. T. VI. *Seine.*	17
Sturzelbronn. T. III. *Moselle.*	13	Surgères. T. I. *Charente-Inférieure.*	13
Sucé. T. I. *Loire-Inférieure.*	14	Surjoux. T. I. *Ain.*	15
Suèvres. T. I. *Loir-et-Cher.*	12	Surmont. T. I. *Doubs.*	12
Suin. T. II. *Saône-et-Loire.*	28	Sury-le-Comtal. T. II. *Loire.*	9
Suippes. T. III. *Marne.*	9	Surzur. T. V. *Morbihan.*	10
Suliac (Saint-). T. V. *Ille-et-Vilaine.*	29	Sussac. T. IV. *Haute-Vienne.*	12
Sully-sur-Loire. T. I. *Loiret.*	12	Suzanne. T. V. *Ardennes.*	22
Sulpice (Saint-). T. IV. *Haute-Garonne.*	32	Suzanne (Sainte-) T. I. *Doubs.*	14
Sulpice (Saint-). T. II. *Oise.*	24	Suzanne (Sainte-). T. V. *Mayenne.*	11
Sulpice (Saint-). T. IV. *Lot.*	20	Suze (la). T. V. *Sarthe.*	8
Sulpice (Saint-). T. IV. *Tarn.*	16	Suze-la-Rousse. T. II. *Drôme.*	16
Sulpice-de-Nully (Saint-). T. V. *Orne.*	16	Symphorien (Saint). T. I. *Gironde.*	17
Sulpice-des-Feuilles (Saint-). T. IV. *Haute-Vienne.*	13	Symphorien-de-Lay (Saint-). T. II. *Loire.*	16
Sulpice-les-Champs (Saint-).T. IV. *Creuse.*	13	Symphorien-d'Ozon (Saint-). T. II. *Isère.*	22
Sulpice-sur-Rille (Saint-). T. V. *Orne.*	16	Symphorien-le-Château (Saint-). T. II. *Rhône.*	38
Sumène. T. II. *Gard.*	22	Synthe (Petite-). T. V. *Nord.*	38
Sundhausen. T. III. *Bas-Rhin.*	27		

T

Nom	Page	Nom	Page
Taden. T. V. *Côtes-du-Nord.*	21	Tauves. T. IV. *Puy-de-Dôme.*	27
Taglio. T. III. *Corse.*	37	Tavel. T. II. *Gard.*	19
Tagnon. T. V. *Ardennes.*	11	Tavernes. T. III. *Var.*	18
Taillebourg. T. I. *Charente-Inférieure.*	9	Taverny. T. I. *Seine-et-Oise.*	16
Tailly. T. V. *Ardennes.*	22	Teil (le). T. II. *Ardèche.*	9
Tain. T. II. *Drôme.*	8	Teillé. T. I. *Loire-Inférieure.*	14
Taizé-Aizie. T. I. *Charente.*	16	Teissières-les-Bouliès. T. IV. *Cantal.*	10
Talant. T. I. *Côte-d'Or.*	13	Temple (le). T. I. *Loire-Inférieure.*	24
Talence. T. I. *Gironde.*	16	Tenay. T. I. *Ain.*	10
Tallard. T. III. *Hautes-Alpes.*	10	Tence. T. IV. *Haute-Loire.*	16
Talmas. T. II. *Somme.*	12	Terciis. T. I. *Landes.*	20
Talmont. T. I. *Charente-Inférieure.*	16	Ternand. T. II. *Rhône.*	7
Tancarville. T. I. *Seine-Inférieure.*	20	Ternay. T. II. *Isère.*	22
Tanlay. T. III. *Aube.*	40	Terrans. T. II. *Saône-et-Loire.*	32
Tanlay. T. I. *Yonne.*	19	Tessouaille (la). T. I. *Maine-et-Loire.*	14
Tannay. T. II. *Nièvre.*	15	Teste-de-Buch (la). T. I. *Gironde.*	16
Tannerre. T. I. *Yonne.*	15	Teteghem. T. V. *Nord.*	38
Tanus. T. IV. *Tarn.*	9	Thann. T. III. *Haut-Rhin.*	15
Tanville. T. V. *Orne.*	7	Thégonnech. T. V. *Finistère.*	34
Tarare. T. II. *Rhône.*	46	Theil (le). T. V. *Orne.*	16
Tarascon. T. IV. *Ariége.*	19	Theix. T. V. *Morbihan.*	10
Tarascon. T. II. *Bouches-du-Rhône.*	43	Théméricourt. T. I. *Seine-et-Oise.*	16
Tardets. T. I. *Basses-Pyrénées.*	15	Thenezay. T. V. *Deux-Sèvres.*	16
Targon. T. I. *Gironde.*	24	Thérouanne. T. II. *Pas-de-Calais.*	19
Tarquinpol. T. III. *Meurthe.*	21	Theys. T. II. *Isère.*	16
Tartas. T. I. *Landes.*	23	Thèze. T. I. *Basses-Pyrénées.*	10
Tasnières-sur-Hon. T. V. *Nord.*	22	Thiais. T. VI. *Seine.*	26
Taulé. T. V. *Finistère.*	34	Thiberville. T. I. *Eure.*	15
Taulignan. T. II. *Drôme.*	16	Thibéry (Saint-). T. II. *Hérault.*	34
Tautavel. T. II. *Pyrénées-Orientales.*	20	Thiéblemont. T. III. *Marne.*	20

	Pages.
Thiel. T. II. *Allier*.	13
Thiencourt. T. III. *Meurthe*.	27
Thiers. T. IV. *Puy-de-Dôme*.	32
Thiézac. T. IV. *Cantal*.	10
Thil-Chatel. T. I. *Côte-d'Or*.	13
Thilloloy. T. II. *Somme*.	14
Thionville. T. III. *Moselle*.	15
Thiron-Gardais. T. V. *Eure-et-Loir*.	32
Thiverval. T. I. *Seine-et-Oise*.	11
Thizy. T. II. *Rhône*.	47
Thoard. T. III. *Basses-Alpes*.	12
Thoissey. T. I. *Ain*.	16
Tholonet (le). T. II. *Bouches-du-Rhône*.	32
Thoraise. T. I. *Doubs*.	10
Thorences (Vallée des). *Voy.* Valderoure. T. III. *Var*.	
Thorigné. T. V. *Ille-et-Vilaine*.	17
Thorigny. T. I. *Yonne*.	17
Thour (le). T. V. *Ardennes*.	11
Thouarcé. T. I. *Maine-et-Loire*.	10
Thouars. T. V. *Deux-Sèvres*.	9
Thoury. T. V. *Eure-et-Loir*.	23
Thuès-en-Travailla. T. II. *Pyrénées-Orientales*.	38
Thueyts. T. II. *Ardèche*.	14
Thugny. T. V. *Ardennes*.	11
Thuir. T. II. *Pyrénées-Orientales*.	20
Thumeries. T. V. *Nord*.	18
Thun-l'Évêque. T. V. *Nord*.	28
Thuré. T. I. *Vienne*.	12
Thury-Sous-Clermont. T. II. *Oise*.	21
Tiffauges. T. V. *Vendée*.	10
Tillières. T. I. *Eure*.	9
Tilliers. T. I. *Eure*.	14
Tinchebray. T. V. *Orne*.	13
Tinténiac. T. V. *Ille-et-Vilaine*.	29
Tirancourt. T. II. *Somme*.	8
Toirac. T. IV. *Lot*.	20
Toiras. T. II. *Gard*.	22
Tombelaine. T. III. *Meurthe*.	18
Tonnay-Boutonne. T. I. *Charente-Inférieure*.	9
Tonnay-Charente ou Charente, T. I. *Charente-Inférieure*.	13
Tonnerre. T. I. *Yonne*.	19
Torninô. T. III. *Corse*.	37
Torpes. T. I. *Doubs*.	10
Totes. T. I. *Seine-Inférieure*.	17
Touches. T. II. *Saône-et-Loire*.	22
Toucy. T. I. *Yonne*.	10
Touillon. T. I. *Doubs*.	16
Toul. T. III. *Meurthe*.	27
Toulon. T. III. *Var*.	28
Toulonges. T. II. *Pyrénées-Orientales*.	20

	Pages.
Toulon-sur-Arroux. T. II. *Saône-et-Loire*.	28
Toulouse. T. IV. *Haute-Garonne*.	6
Toulouze. T. I. *Jura*.	12
Toulx-Sainte-Croix, ou Toull. *Creuse*.	15
Touquin. T. I. *Seine-et-Marne*.	10
Tourbes. T. II. *Hérault*.	34
Tour-d'Aigues. T. II. *Vaucluse*.	13
Tour-de-Carol (la). *Voy.* Carol. T. II. *Pyrénées-Orientales*.	
Tour-de-France (la). T. II. *Pyrénées-Orientales*.	20
Tour-du-Meix (la). T. I. *Jura*.	12
Tour-du-Pin (la). T. II. *Isère*.	21
Toureil. T. I. *Maine-et-Loire*.	22
Tourlandry (la). T. I. *Maine-et-Loire*.	14
Tourmont. T. I. *Jura*.	24
Tournan. T. I. *Seine-et-Marne*.	17
Tournehem. T II. *Pas-de-Calais*.	19
Tournemire. T. IV. *Cantal*.	10
Tournes. T. V. *Ardennes*.	9
Tournoel. *Voy.* Volvic. T. IV. *Puy-de-Dôme*.	
Tournon. T. II. *Ardèche*.	18
Tournus. T. II. *Saône-et-Loire*.	11
Tourouvre. T. V. *Orne*.	16
Tours. T. I. *Indre-et-Loire*.	9
Tour-Saint-Pardoux (la). T. IV. *Puy-de-Dôme*.	29
Tourteron. T. V. *Ardennes*.	22
Tourves. T. III. *Var*.	18
Tourville. T. I. *Eure*.	18
Touvet (le). T. II. *Isère*.	16
Touvre (la). *Voy.* Beaulieu. T. I. *Charente*.	
Touzac. T. IV. *Lot*.	12
Trainel. T. III. *Aube*.	47
Tramayes. T. II. *Saône-et-Loire*.	12
Trancault-le-Repos. T. III. *Aube*.	47
Traunes. T. III. *Aube*.	33
Trans. T. III. *Var*.	14
Trappe (la). *Voy.* Soligny. *Orne*.	
Trèbes. T. II. *Aude*.	9
Tréfort. T. I. *Ain*.	8
Tréguier. T. V. *Côtes-du-Nord*.	23
Trégunc. T. V. *Finistère*.	14
Treignac. T. IV. *Corrèze*.	9
Treillières. T. I. *Loire-Inférieure*.	14
Trélon. T. V. *Nord*.	22
Tremblade (la). T. I. *Charente-Inférieure*.	12
Tremblay. T. V. *Ille-et-Vilaine*.	20
Trémentine. T. I. *Maine-et-Loire*.	14
Trémilly. T. III. *Haute-Marne*.	19

TABLE ALPHABÉTIQUE DES MATIÈRES.

	Pages.		Pages.
Trémouille (la). T. I. *Vienne*.	16	Trois-villes. T. V. *Nord*.	28
Tréport (le). T. I. *Seine-Inférieure*.	17	Tronçais. T. II. *Allier*.	17
Trets. T. II. *Bouches-du-Rhône*.	33	Tronche (le). T. II. *Isère*.	16
Tréveneuch. T. V. *Côtes-du-Nord*.	12	Tronget. T. II. *Allier*.	13
Trèves. T. II. *Gard*.	22	Tronquière (la). T. IV. *Lot*.	20
Trèves. T. I. *Maine-et-Loire*.	22	Troo. T. I. *Loir-et-Cher*.	1
Trévilliers. T. I. *Doubs*.	14	Tropez (Saint-). T. III. *Var*.	14
Trévoneux. T. I. *Ain*.	16	Trouille. T. IV. *Haute-Garonne*.	31
Triaucourt. T. III. *Meuse*.	6	Truchtersheim. T. III. *Bas-Rhin*.	14
Trie-Château. T. II. *Oise*.	24	Trum. T. V. *Orne*.	9
Triel. T. I. *Seine-et-Oise*.	11	Tuchan. T. II. *Aude*.	9
Trinité (la). T. V. *Morbihan*.	19	Tuffé. T. V. *Sarthe*.	16
Trith-Saint-Léger. T. V. *Nord*.	50	Tulette. T. II. *Drôme*.	16
Trivier-de-Courtoux (Saint-). T. I. *Ain*.	8	Tulle ou Tulles. T. IV. *Corrèze*.	10
Trivier-en-Dombes (Saint-) ou Saint-Trivier-de-Moignans. T. I. *Ain*.	16	Tullins. T. II. *Isère*.	19
Trizac ou Trisac. T. IV. *Cantal*.	21	Turckheim. T. III. *Haut-Rhin*.	11
Trizay-lez-Bonneval. T. V. *Eure-et-Loir*.	27	Turcoing. T. V. *Nord*.	18
Trois-Moutiers (les). T. I. *Vienne*.	15	Turenne. T. IV. *Corrèze*.	15
Troissereux. T. II. *Oise*.	25	Turriers. T. III. *Basses-Alpes*.	20
		Tussan. T. I. *Charente*.	16

U

Ubaye. T. III. *Basses-Alpes*.	16	Urs. T. IV. *Ariège*.	19
Ucciani. T. III. *Corse*.	30	Urrugne. T. I. *Basses-Pyrénées*.	14
Uchac. T. I. *Landes*.	15	Urt. T. I. *Basses-Pyrénées*.	14
Uchaud. T. II. *Gard*.	14	Usage (Saint-). T. I. *Côte-d'Or*.	18
Uchizy. T. II. *Saône-et-Loire*.	32	Ussat. T. IV. *Ariège*.	19
Uchon. T. II. *Saône-et-Loire*.	17	Ussel. T. IV. *Corrèze*.	16
Uffoltz. T. III. *Haut-Rhin*.	15	Usson. T. II. *Loire*.	9
Upeux. T. III. *Hautes-Alpes*.	10	Usson. T. IV. *Puy-de-Dôme*.	17
Urain (Saint-). T. II. *Nièvre*.	16	Usson. T. I. *Vienne*.	13
Urbalacone. T. III. *Corse*.	30	Ustaritz. T. I. *Basses-Pyrénées*.	14
Urcel. T. V. *Aisne*.	13	Uston. T. IV. *Ariège*.	26
Urcisse (Saint-). T. IV. *Cantal*.	16	Uvernet. T. III. *Basses-Alpes*.	16
Urcisse (Saint-). T. IV. *Tarn*.	15	Uza. *Voy.* Lit. *Landes*.	
Urdos. T. I. *Basses-Pyrénées*.	23	Uze (Saint-) T. II. *Drôme*.	8
Ure, ou Eurre. T. II. *Drôme*.	14	Uzeck-des-Oules. T. IV. *Lot*.	24
Ureste. T. I. *Gironde*.	17	Uzel. T. V. *Côtes-du-Nord*.	24
Uriage. *Voy.* Saint-Martin-d'Uriage. T. II. *Isère*.		Uzerche. T. IV. *Corrèze*.	12
Uron. T. II. *Somme*.	11	Uzès. T. II. *Gard*.	19

V

Vaast (Saint-). T. V. *Nord*.	28	Vagney. T. III. *Vosges*.	16
Vabre. T. IV. *Tarn*.	14	Vaiges. T. V. *Mayenne*.	11
Vabres. T. IV. *Aveyron*.	11	Vaillac. T. IV. *Lot*.	24
Vacqueiras. T. II. *Vaucluse*.	18	Vailly. T. IV. *Cher*.	16
Vadans. T. I. *Jura*.	24	Vailly-sur-Aisne. T. V. *Aisne*.	22

TABLE ALPHABÉTIQUE DES MATIÈRES.

	Pages		Pages
Vaison. T. II. *Vaucluse.*	18	Vannes. T. V. *Morbihan.*	19
Vaize. T. II. *Rhône.*	38	Vans (les). T. II. *Ardèche.*	16
Valadi. T. IV. *Aveyron.*	7	Vanvres ou Vanves. T. VI. *Seine.*	26
Valay. T. III. *Haute-Saône.*	12	Vaour. T. IV. *Tarn.*	16
Valboune. T. III. *Var.*	25	Varades. T. I. *Loire-Inférieure.*	16
Valdahon. T. I. *Doubs.*	12	Varages. T. III. *Var.*	18
Val-d'Ajol. T. III. *Vosges.*	16	Varainbond. T. I. *Ain.*	6
Valderiès. T. IV. *Tarn.*	9	Varangeville-sur-Mer. T. I. *Seine-Inférieure.*	19
Valderoure. T. III. *Var.*	25		
Valençay. T. IV. *Indre.*	8	Varennes. T. III. *Haute-Marne.*	19
Valence. T. II. *Drôme.*	8	Varennes. T. III. *Meuse.*	12
Valence. T. IV. *Tarn.*	9	Varennes. T. II. *Somme.*	12
Valence-d'Agen. T. IV. *Tarn-et-Gar.*	16	Varennes-en-Champ-Secret. T. V. *Orne.*	13
Valenciennes. T. V. *Nord.*	50	Varennes-sur-Allier. T. II. *Allier.*	19
Valensolle. T. III. *Basses-Alpes.*	12	Varent (Saint-). T. V. *Deux-Sèvres.*	12
Valentigney. T. I. *Doubs.*	14	Varesne. T. II. *Oise.*	40
Valentine. T. IV. *Haute-Garonne.*	31	Varilhes. T. IV. *Ariége.*	32
Valérien (Saint-). T. I. *Yonne.*	17	Vars. T. III. *Hautes-Alpes.*	16
Valéry (Saint-). T. II. *Somme.*	11	Varzy. T. II. *Nièvre.*	15
Valéry-en-Caux. T. I. *Seine-Inférieure.*	23	Vascœuil. T. I. *Eure.*	14
Valette (la). T. I. *Charente.*	10	Vassy, ou Wassy. T. III. *Haute-Marne.*	19
Valfin. T. I. *Jura.*	13	Vatan. T. IV. *Indre.*	12
Valgorge. T. II. *Ardèche.*	14	Vatay (la). T. I. *Ain.*	12
Vallauris. T. III. *Var.*	25	Vaubecourt. T. III. *Meuse.*	6
Valle-d'Alezani. T. III. *Corse.*	45	Vaubourg (Sainte-). T. V. *Ardennes.*	22
Vallenoite. T. II. *Loire.*	14	Vaucelles. *Voy.* Crèvecœur. T. V. *Nord.*	
Vallemagne. *V.* Meze. T. II. *Hérault.*		Vauchamps. T. III. *Marne.*	12
Valleraugue. T. II. *Gard.*	22	Vauchassis. T. III. *Aube.*	21
Vallery. T. I. *Yonne.*	17	Vauclerc. T. V. *Aisne.*	19
Vallet. T. I. *Loire-Inférieure.*	14	Vaucluse (Fontaine de). T. II. *Vaucluse.*	10
Vallier (Saint-). T. II. *Drôme.*	10	Vaucluse. T. II. *Vaucluse.*	10
Vallier (Saint-). T. III. *Var.*	25	Vaucluse. T. I. *Jura.*	13
Vallière. T. IV. *Creuse.*	13	Vaucouleurs. T. III. *Meuse.*	9
Valliquerville. T. I. *Seine-Inférieure.*	24	Vaudémont. T. III. *Meurthe.*	19
Vallon. T. II. *Ardèche.*	14	Vaudencourt. T. II. *Oise.*	25
Vallon. T. V. *Sarthe.*	8	Vaudoncourt. T. I. *Doubs.*	14
Vallonne. T. III. *Basses-Alpes.*	20	Vaudreuil (Notre-Dame du). T. I. *Eure.*	18
Vallore-Ville. T. IV. *Puy-de-Dôme.*	31	Vaugirard (le grand et le petit) T. VI, *Seine.*	27
Vallouise. T. III. *Hautes-Alpes.*	19	Vaugneray. T. II. *Rhône.*	38
Valmont. T. I. *Seine-Inférieure.*	24	Vanjours. T. I. *Seine-et-Oise.*	16
Valmur. T. IV. *Haute-Garonne.*	17	Vaulry (Saint-). T. IV. *Creuse.*	7
Valmy. T. III. *Marne.*	14	Vaulry. T. IV. *Haute-Vienne.*	13
Valreas. T. II. *Vaucluse.*	18	Vaumas. T. II. *Allier.*	13
Valros. T. II. *Hérault.*	34	Vaunaveys. T. II. *Drôme.*	14
Vals. T. II. *Ardèche.*	9	Vauvenargues. T. II. *Bouches-du-Rhône.*	33
Vals. T. IV. *Ariége.*	31	Vauvert. T. II. *Gard.*	14
Valscheid. T. III. *Meurthe.*	26	Vauvillers. T. III. *Haute-Saône.*	16
Vals-le-Chastel. T. IV. *Haute-Loire.*	14	Vaux-en-Dieulet. T. V. *Ardennes.*	22
Valsonne. T. II. *Rhône.*	47	Vavincourt. T. III. *Meuse.*	6
Val-Suzon. T. I. *Côte-d'Or.*	13	Vayres. T. I. *Gironde.*	21
Valuéjol. T. IV. *Cantal.*	17	Vayrac. T. IV. *Lot.*	24
Vanant-le-Chatel. T. III. *Marne.*	20	Vèbre. T. IV. *Ariége.*	26
Vandenesse. T. II. *Nièvre.*	14	Vebret. T. IV. *Cantal.*	21
Vandières. T. III. *Meurthe.*	19		

	Pages.		Pages.
Vého. T. III. *Meurthe*.	24	Verpel. T. V. *Ardennes*.	22
Velleron. T. II. *Vaucluse*.	14	Verpillière (la). T. II. *Isère*.	22
Velotte. T. III. *Vosges*.	10	Verrières. T. I. *Vienne*.	16
Venansault. T. V. *Vendée*.	11	Vers. T. IV. *Lot*.	12
Venant (Saint-). T. II. *Pas-de-Calais*.	15	Versailles. T. I. *Seine-et-Oise*.	12
Venasque (Port de). T. IV. *Haute-Gar*.	31	Vertaizon. T. IV. *Puy-de-Dôme*.	19
Vence. T. III. *Var*.	25	Verteuil. T. I. *Charente*.	16
Vendargues. T. II. *Hérault*.	22	Vert-les-Chartres. T. V. *Eure-et-Loir*.	23
Vendeuil. T. V. *Aisne*.	20	Vertou. T. I. *Loire-Inférieure*.	14
Vendeuvre. T. III. *Aube*.	34	Vertus, ou les Vertus. T. III. *Marne*.	9
Vendeuvre. T. I. *Vienne*.	11	Vérune (la). T. II. *Hérault*.	22
Vendôme. T. I. *Loir-et-Cher*.	15	Vervins. T. V. *Aisne*.	24
Vendres. T. II. *Hérault*.	34	Verzy. T. III. *Marne*.	19
Vendresse. T. V. *Ardennes*.	9	Vescovato. T. III. *Corse*.	37
Vénérand (Saint-). T. I. *Charente-Inférieure*.	16	Vesoul. T. III. *Haute-Saône*.	8
Venerque. T. IV. *Haute-Garonne*.	32	Vétheuil. T. I. *Seine-et-Oise*.	21
Venterol. T. II. *Drôme*.	18	Veules. T. I. *Seine-Inférieure*.	24
Ventoux (Mont-). T. II. *Vaucluse*.	16	Veurdre (le). T. II. *Allier*.	13
Ventron. T. III. *Vosges*.	16	Veynes. T. III. *Hautes-Alpes*.	10
Venzolasca. T. III. *Corse*.	37	Veyre-Monton. T. IV. *Puy-de-Dôme*.	19
Verberie. T. II. *Oise*.	47	Vez. T. II. *Oise*.	48
Vercel. T. I. *Doubs*.	12	Vézelay. T. I. *Yonne*.	11
Verchers (les). T. I. *Maine-et-Loire*.	23	Vezelise. T. III. *Meurthe*.	19
Verderonne. T. II. *Oise*.	32	Vezénobres. T. II. *Gard*.	17
Verderel. T. II. *Oise*.	25	Vezeroux. T. IV. *Haute-Loire*.	14
Verdelais. T. I. *Gironde*.	24	Vezins. T. IV. *Aveyron*.	14
Verdun. T. IV. *Ariége*.	20	Vezins. T. I. *Maine-et-Loire*.	14
Verdun. T. III. *Meuse*.	13	Vezzani. T. III. *Corse*.	45
Verdun-sur-Garonne. T. IV. *Tarn-et-Garonne*.	13	Vialas. T. IV. *Lozère*.	10
Verdun-sur-le-Doubs, ou sur Saône. T. II. *Saône-et-Loire*.	22	Viane. T. IV. *Tarn*.	14
Veretz. T. I. *Indre-et-Loire*.	10	Viapres-le-Petit. T. III. *Aube*.	28
Verfeil. T. IV. *Haute-Garonne*.	17	Vias. T. II. *Hérault*.	34
Vergèze. T. II. *Gard*.	14	Vibraye. T. V. *Sarthe*.	10
Vergy. *Voy*. Ruel. T. I. *Côte-d'Or*.		Vic. T. III. *Meurthe*.	21
Vermanton. T. I. *Yonne*.	10	Vic. T. I. *Vienne*.	16
Vermand. T. V. *Aisne*.	20	Vic-Dessos. T. IV. *Ariége*.	20
Vernantes. T. I. *Maine-et-Loire*.	11	Vichy. T. II. *Allier*.	19
Vernay. T. II. *Loire*.	16	Vic-le-Comte. T. IV. *Puy-de-Dôme*.	19
Veruègues. T. II. *Bouches-du-Rhône*.	44	Vico. T. III. *Corse*.	30
Vernet. T. II. *Pyrénées-Orientales*.	38	Vicomté (la). T. I. *Loir-et-Cher*.	12
Vernet (le). T. IV. *Puy-de-Dôme*.	19	Vicq. T. II. *Allier*.	14
Verneuil. T. II. *Allier*.	14	Vic-sur-Aisne. T. V. *Aisne*.	22
Verneuil. T. I. *Eure*.	9	Vic-sur-Cère, ou Vic-en-Cazladez. T. IV. *Cantal*.	10
Verneuil. T. IV. *Indre*.	11	Victor-de-Réno (Saint-). T. V. *Orne*.	16
Verneuil. T. I. *Indre-et-Loire*.	16	Victor-la-Coste (Saint-). T. II. *Gard*.	19
Verneuil. T. IV. *Haute-Vienne*.	12	Vidal (Saint-). T. IV. *Haute-Loire*.	11
Vernon. T. I. *Eure*.	10	Vidauban. T. III. *Var*.	15
Vernon. T. I. *Indre-et-Loire*.	11	Vieil-Évreux. T. I. *Eure*.	10
Vernoux. T. II. *Ardèche*.	18	Vieil-Hesdin. T. II. *Pas-de-Calais*.	20
Verny. T. III. *Moselle*.	9	Vieille-Brioude. T. IV. *Haute-Loire*.	14
Véron. T. I. *Yonne*.	18	Vieille-Loye. T. I. *Jura*.	19
		Vieil-Maisons. T. V. *Aisne*.	15
		Vieille-Vigne. T. I. *Loire-Inférieure*.	14

	Pages		Pages
Vielmur. T. IV. *Tarn*.	14	Villefranche-sur-Saône. T. II. *Rhône*.	47
Vienne. T. II. *Isère*.	22	Villegaudin. T. II. *Saône-et-Loire*.	23
Viesly. T. V. *Nord*.	28	Villehardouin. T. III. *Aube*.	21
Vienne-le-Château. T. III. *Marne*.	14	Villejuif. T. VI. *Seine*.	27
Vierzon-Ville. T. IV. *Cher*.	11	Villelaure. T. II. *Vaucluse*.	14
Vieus. T. I. *Ain*.	10	Villemagne. T. II. *Hérault*.	34
Vieuvy. T. I. *Loir-et-Cher*.	12	Villemanoche. T. I. *Yonne*.	18
Vieux-Berquin. T. V. *Nord*.	43	Villemaure. T. III. *Aube*.	21
Vieux-Boucaut (le). T. I. *Landes*.	20	Villemomble. T. VI. *Seine*.	27
Vieux-bourg-Quintin. T. V. *Côtes-du-Nord*.	12	Villemoustausson. T. II. *Aude*.	9
Vieux-Condé. T. V. *Nord*.	52	Villenauxe. T. III. *Aube*.	17
Vieux-d'Izenave. *V.* Meyniat. T. V. *Ain*.		Villeneuve. T. IV. *Aveyron*.	16
Vif. T. II. *Isère*.	16	Villeneuve. T. I. *Charente-Inférieure*.	9
Vigan (le). T. II. *Gard*.	22	Villeneuve-au-Chatelot. T. III. *Aube*.	18
Vigan (le). T. IV. *Lot*.	24	Villeneuve-de-Berg. T. II. *Ardèche*.	10
Vigeois. T. IV. *Corrèze*	15	Villeneuve-de-Marsan. T. I. *Landes*.	13
Vignacourt. T. II. *Somme*.	8	Villeneuve-de-Rivière. T. IV. *Haute-Garonne*.	31
Vigneulles. T. III. *Meuse*.	8	Villeneuve-la-Guyard. T. I. *Yonne*.	18
Vigneux. T. I. *Loire-Inférieure*.	24	Villeneuve-l'Archevêque. T. I. *Yonne*.	18
Vignory. T. III. *Haute-Marne*.	6	Villeneuve-lez-Avignon. T. II. *Gard*.	19
Vigny. T. I. *Seine-et-Oise*.	16	Villeneuve-lez-Maguelonne. T. II. *Hérault*.	22
Vigy. T. III. *Moselle*.	9		
Vihiers. T. I. *Maine-et-Loire*.	23	Villeneuve-Saint-Georges. T. I. *Seine-et-Oise*.	18
Vilaine-la-Juhel. T. V. *Mayenne*.	16	Villeneuve-sur-Allier. T. II. *Allier*.	13
Villacerf. T. III. *Aube*.	21	Villeneuve-sur-Yonne. T. I. *Yonne*.	15
Villandraut. T. I. *Gironde*.	17	Villeneuvette. T. II. *Hérault*.	34
Villandry. T. I. *Indre-et-Loire*.	11	Villeparisis. T. I. *Seine-et-Marne*.	8
Villalet. T. I. *Eure*.	10	Villepreux. T. I. *Seine-et-Oise*.	13
Villard-de-Lans. T. II. *Isère*.	16	Villequier. T. I. *Seine-Inférieure*.	24
Villards-d'Héria. T. I. *Jura*.	17	Villequier-Aumont. T. V. *Aisne*.	13
Villa-Savary. T. II. *Aude*.	12	Villequiers. T. IV. *Cher*.	11
Villé. T. III. *Bas-Rhin*.	27	Ville-Rouge-de-Termènes. T. II. *Aude*.	9
Ville-aux-bois-les-Soulaines. T. III. *Aube*.	34	Villers-Bocage. T. II. *Somme*.	8
Villebois. T. I. *Ain*.	10	Villers-Bretonneux. T. II. *Somme*.	8
Villebon. T. V. *Eure-et-Loir*.	32	Villers-Carbonnel. T. II. *Somme*.	16
Villebourg. T. I. *Indre-et-Loire*.	11	Villers-Cotterets. T. V. *Aisne*.	22
Villebrumier. T. IV. *Tarn-et-Garonne*.	11	Villers-devant-Mouzon. T. V. *Ardennes*.	18
Villecomtal. T. IV. *Aveyron*.	12	Villers-devant-Mézières. T. V. *Ardennes*.	9
Villecrose. T. III. *Var*.	15	Villers-Farlay. T. I. *Jura*.	21
Ville-d'Avray. T. I. *Seine-et-Oise*.	13	Villers-Faucon. T. II. *Somme*.	16
Villedieu. T. IV. *Indre*.	9	Villers-Guislain. T. V. *Nord*.	23
Villedieu (la). T. I. *Vienne*.	11	Villers-lez-Nancy. T. III. *Meurthe*.	8
Ville-en-Tardenois. T. III. *Marne*.	19	Villers-Pol. T. V. *Nord*.	13
Villefagnan. T. I. *Charente*.	16	Villers-Saint-Paul. T. II. *Oise*.	13
Villeferry. T. I. *Côte-d'Or*.	24	Villersexelle. T. III. *Haute-Saône*.	15
Villefort. T. IV. *Lozère*.	9	Villers-sur-Nicole. T. V. *Nord*.	23
Villefranche. T. II. *Allier*.	17	Villery. T. III. *Aube*.	22
Villefranche. T. IV. *Aveyron*.	16	ville-sous-la-Ferté. T. III. *Aube*.	35
Villefranche. T. II. *Pyrénées-Orientales*.	39	Ville-sur-Jarnioux. T. II. *Rhône*.	48
Villefranche. T. IV. *Tarn*.	10	Ville-sur-Tourbe. T. III. *Marne*.	14
Villefranche. T. I. *Yonne*.	15	Villette (la). T. VI. *Seine*.	18
Villefranche-de-Lauraguais. T. IV. *Haute-Garonne*.	32	Villetaneuse. T. VI. *Seine*.	24

TABLE ALPHABÉTIQUE DES MATIÈRES.

	Pages.		Pages.
Villetertre (la). T. II. *Oise.*	25	Vitteaux. T. I. *Côte-d'Or.*	24
Villeurbanne. T. II. *Isère.*	24	Vittefleur. T. I. *Seine-Inférieure.*	24
Villevaudé. T. I. *Seine-et-Marne.*	8	Vittel. T. III. *Vosges.*	10
Ville-Vieille. T. III. *Hautes-Alpes.*	13	Viverols. T. IV. *Puy-de-Dôme.*	21
Villiers-en-Arthies. T. I. *Seine-et-Oise.*	21	Vivien-le-Temple (Saint-). T. I. *Gironde.*	20
Villiers-en-Désœuvre. T. I. *Eure.*	10	Viviers. T. II. *Ardèche.*	10
Villiers-Saint-George. T. I. *Seine-et-Marne.*	20	Vivonne. T. I. *Vienne.*	11
Vimoutiers. T. V. *Orne.*	9	Vizille. T. II. *Isère.*	16
Vimy. T. II. *Pas-de-Calais.*	5	Vodable. T. IV. *Puy-de-Dôme.*	27
Vinay. T. II. *Isère.*	19	Vogué. T. II. *Ardèche.*	10
Vinça. T. II. *Pyrénées-Orientales.*	40	Void. T. III. *Meuse.*	9
Vincennes. T. VI. *Seine.*	27	Voiron. T. II. *Isère.*	18
Vincent (Saint-). T. II. *Hérault.*	40	Voisenon. T. I. *Seine-et-Marne.*	17
Vincent-de-Paul (Saint-). T. I. *Landes.*	20	Voiteur. T. I. *Jura.*	13
Vincent-de-Rivedolt (Saint-). T. IV. *Lot.*	12	Volmunster. T. III. *Moselle.*	13
Vincent-des-Landes (St-). T. I. *Loire-Inférieure.*	18	Volnay. T. I. *Côte-d'Or.*	18
Vincent-de-Tyrosse (St-). T. I. *Landes.*	21	Volvic. T. IV. *Puy-de-Dôme.*	30
Vingrau. T. II. *Pyrénées-Orientales.*	20	Voreppe. T. II. *Isère.*	18
Vinsobres. T. II. *Drôme.*	18	Vorey. T. IV. *Haute-Loire.*	11
Viols-en-Laval. T. II. *Hérault.*	22	Vorly. T. IV. *Cher.*	11
Virey-sous-Bar. T. III. *Aube.*	40	Vosne. T. I. *Côte-d'Or.*	18
Virieu. T. II. *Isère.*	21	Vougeot. T. I. *Côte-d'Or.*	18
Virieu-le-Grand. T. I. *Oise.*	10	Vouillé. T. I. *Vienne.*	11
Viriville. T. II. *Isère.*	19	Voulpaix. T. V. *Aisne.*	24
Viroflay. T. I. *Seine-et-Oise.*	13	Voulte (la). T. II. *Ardèche.*	11
Viry. T. II. *Saône-et-Loire.*	28	Voulte-Chillac (la). T. IV. *Haute-Loire.*	14
Viry. T. I. *Seine-et-Oise.*	18	Vouneuil-sur-Vienne. T. I. *Vienne.*	12
Visan. T. II. *Vaucluse.*	18	Vourey. T. II. *Isère.*	19
Vit (Saint-). T. I. *Doubs.*	10	Vouvray. T. I. *Indre-et-Loire.*	11
Vitré. T. V. *Ille-et-Vilaine.*	35	Vouziers. T. V. *Ardennes.*	22
Vitrey. T. III. *Haute-Saône.*	8	Vouzon. T. I. *Loir-et-Cher.*	13
Vitry. T. II. *Pas-de-Calais.*	5	Voves. T. V. *Eure-et-Loir.*	23
Vitry-en-Perthois, ou le Brûlé. T. III. *Marne.*	20	Vrain (Saint-). T. I. *Seine-et-Oise.*	18
Vitry-le-Français. T. III. *Marne.*	20	Vrécourt. T. III. *Vosges.*	11
Vitry-sur-Seine. T. VI. *Seine.*	30	Vreux. T. IV. *Tarn.*	15
Vitroles. T. II. *Bouches-du-Rhône.*	33	Vrignes-aux-Bois. T. V. *Ardennes.*	18
		Vuillafans. T. I. *Doubs.*	10
		Vy-lez-Lure. T. III. *Haute-Saône.*	16

W

	Pages.		Pages.
Wallincourt. T. V. *Nord.*	28	Wassigny. T. V. *Aisne.*	24
Walmunster. T. III. *Moselle.*	9	Wast (le). T. II. *Pas-de-Calais.*	13
Walschbronn. T. III. *Moselle.*	13	Watteu. T. V. *Nord.*	38
Wambrechies. T. V. *Nord.*	19	Wattrelos. T. V. *Nord.*	19
Wandrille (Saint-). T. I. *Seine-Infér.*	24	Wattwiller. T. III. *Haut-Rhin.*	15
Wangen. T. III. *Bas-Rhin.*	14	Wavrechain-sous-Faulx. T. V. *Nord.*	52
Wangenbourg. T. III. *Bas-Rhin.*	14	Wavrin. T. V. *Nord.*	19
Warcq. T. V. *Ardennes.*	10	Wazemmes. T. V. *Nord.*	19
Wasigny. T. V. *Ardennes.*	11	Weilerswiller. T. III. *Bas-Rhin.*	17
Wasselonne. T. III. *Bas-Rhin.*	15	Wertausen. T. III. *Bas-Rhin.*	27

	Pages.		Pages.
Werwick. T. V. *Nord*.	19	Wimille. T. II. *Pas-de-Calais*.	13
Wesserling. T. III. *Haut-Rhin*.	16	Winnezeele. T. V. *Nord*.	43
West-Cappel. T. V. *Nord*.	38	Wintzenheim. T. III. *Haut-Rhin*.	11
Westhofen. T. III. *Bas-Rhin*.	15	Wissant. T. II. *Pas-de-Calais*.	14
Wignehies. T. V. *Nord*.	23	Wissembourg. T. III. *Bas-Rhin*.	32
Wigny. T. V. *Aisne*.	24	Wizernes. T. II. *Pas-de-Calais*.	20
Wildenstein. T. III. *Haut-Rhin*.	16	Wœrth-sur-Sauer. T. III. *Bas-Rhin*.	32
Wimereux. T. II. *Pas-de-Calais*.	13	Wormhoudt. T. V. *Nord*.	38

X

Xertigny. T. III. *Vosges*.	6

Y

Ybars (Saint-). T. IV. *Ariége*.	32	Yrieix (Saint-). T. IV. *Haute-Vienne*.	16
Ydes. T. IV. *Cantal*.	22	Yssengeaux. T. IV. *Haute-Loire*.	16
Yeres. T. I. *Seine-et-Oise*.	18	Yutz. T. III. *Moselle*.	16
Yerville. T. I. *Seine-Inférieure*.	24	Yvetot. T. I. *Seine-Inférieure*.	24
Yèvre-le-Chatel. T. I. *Loiret*.	16	Yvias. T. V. *Côtes-du-Nord*.	12
Ygos. T. I. *Landes*.	15	Yvoy-le-Pré. T. IV. *Cher*.	16
Ygrande. T. II. *Allier*.	13	Yzeste. T. I. *Basses-Pyrénées*.	21
Ymonville-la-Grande. T. V. *Eure-et-Loir*.	23	Yzeure. T. II. *Allier*.	13

Z

Zacharie (Saint-). T. III. *Var*.	18	Zornhoff. T. III. *Bas-Rhin*.	17
Zeggers-Cappel. T. V. *Nord*.	38	Zutkerque. T. II. *Pas-de-Calais*.	20
Zellenberg. T. III. *Haut-Rhin*.	11	Zuytcoote. T. V. *Nord*.	38
Zicaro. T. III. *Corse*.	30		

FIN DE LA TABLE DES MATIÈRES.

IMPRIMERIE DE FIRMIN DIDOT FRÈRES,
RUE JACOB, N° 56.

SUPPLÉMENT A LA TABLE ALPHABÉTIQUE DES MATIÈRES.

A

	Pages.		Pages.
Adast. T. IV. *Hautes-Pyrénées*.	9	Argence. T. V. *Calvados*.	4
Agen. T. IV. *Lot-et-Garonne*.	4	Argouges. T. V. *Manche*.	13
Agon. T. V. *Manche*.	29	Arreau. T. IV. *Hautes-Pyrénées*.	26
Aignan. T. IV. *Gers*.	15	Arrens. T. IV. *Hautes-Pyrénées*.	9
Aiguillon. T. IV. *Lot-et-Garonne*.	5	Asté. T. IV. *Hautes-Pyrénées*.	26
Airel. T. V. *Manche*.	4	Astier (Saint-). T. IV. *Dordogne*.	5
Alleaume. T. V. *Manche*.	38	Aubiet. T. IV. *Gers*.	4
Allemans. T. IV. *Lot-et-Garonne*.	7	Aubin de Lanquais (Saint-). T. IV. *Dordogne*.	8
Alvère (Saint-). T. IV. *Dordogne*.	8	Auch. T. IV. *Gers*.	4
Amfreville. T. V. *Manche*.	38	Aucun. T. IV. *Hautes-Pyrénées*.	10
André de Bohon (Saint-). T. V. *Manche*.	4	Augignac. T. IV. *Dordogne*.	10
Anneville. T. V. *Manche*.	29	Aulaye (Saint-). T. IV. *Dordogne*.	11
Anneville en Saire. T. V. *Manche*.	38	Annay. T. V. *Calvados*.	15
Antras. T. IV. *Gers*.	4	Avit (Saint-). T. IV. *Gers*.	12
Aragnouet. T. IV. *Hautes-Pyrénées*.	26	Avranches. T. V. *Manche*.	14
Ardevon. T. V. *Manche*.	13	Ayzac. T. IV. *Hautes-Pyrénées*.	10
Argelès. T. IV. *Hautes-Pyrénées*.	9		

B

Badefol d'Anse. T. IV. *Dordogne*.	5	Beaucoudray. T. V. *Manche*.	5
Bagnères de Bigorre. T. IV. *Hautes-Pyrénées*.	26	Beauficel. T. V. *Manche*.	34
Balleroy. T. V. *Calvados*.	9	Beaumarchès. T. IV. *Gers*.	15
Barbaste. T. IV. *Lot-et-Garonne*.	11	Beaumont. T. V. *Calvados*.	13
Barbotan. T. IV. *Gers*.	8	Beaumont. T. IV. *Dordogne*.	8
Barcelonne. T. IV. *Gers*.	15	Beaumont. T. V. *Manche*.	22
Baréges. T. IV. *Hautes-Pyrénées*.	10	Beauville. T. IV. *Lot-et-Garonne*.	5
Barenton. T. V. *Manche*.	34	Bellefontaine. T. V. *Manche*.	34
Barfleur. T. V. *Manche*.	38	Belval. T. V. *Manche*.	29
Barneville. T. V. *Manche*.	39	Belvès. T. IV. *Dordogne*.	12
Barran. T. IV. *Gers*.	7	Beny-Bocage. T. V. *Calvados*.	15
Barthélemi (Saint-). T. V. *Manche*.	34	Bergerac. T. IV. *Dordogne*.	8
Barthélemi (Saint-). T. IV. *Lot-et-Garonne*.	7	Bérigny. T. V. *Manche*.	5
Bassoues. T. IV. *Gers*.	15	Bernières-sur-Mer. T. V. *Calvados*.	4
Bastide d'Armagnac (la). T. IV. *Gers*.	8	Beuvron en Auge. T. V. *Calvados*.	13
Baudéan. T. IV. *Hautes-Pyrénées*.	35	Beuzeville la Bastille. T. V. *Manche*.	39
Bayac. T. IV. *Dordogne*.	8	Biards (les). T. V. *Manche*.	34
Bayeux. T. V. *Calvados*.	9	Biran ou Birran. T. IV. *Gers*.	7
Bazeille (Sainte-). T. IV. *Lot-et-Garonne*.	7	Biron. T. IV. *Dordogne*.	9
Beauchamps. T. V. *Manche*.	15	Biville. T. V. *Manche*.	22
		Bloutière (la). T. V. *Manche*.	15
		Blungy. T. V. *Calvados*.	13

TABLE ALPHABÉTIQUE

	Pages
Bolleville. T. V. *Manche*.	29
Bordères. T. IV. *Hautes-Pyrénées*.	35
Bossus-les-Rumigny. T. V. *Ardennes*.	12
Bouglon. T. IV. *Lot-et-Garonne*.	7
Bourdeille. T. IV. *Dordogne*.	5
Bourguebus. T. V. *Calvados*.	4
Bouvines. T. V. *Nord*.	10
Bouzic. T. IV. *Dordogne*.	13
Brantome. T. IV. *Dordogne*.	5
Brecey. T. V. *Manche*.	15
Bréhal. T. V. *Manche*.	29
Bretteville. T. V. *Manche*.	22
Bretteville l'Orgueilleuse. T. V. *Calvados*.	4
Bretteville-sur-Laize. T. V. *Calvados*.	11
Brice de Laudelle (Saint-). T. V. *Manche*.	35
Bricquebec. T. V. *Manche*.	39
Bricqueville-sur-Mer. T. V. *Manche*.	29
Brix. T. V. *Manche*.	40
Brouains. T. V. *Manche*.	35
Bruch. T. IV. *Lot-et-Garonne*.	11
Brucourt. T. V. *Calvados*.	13
Bugue (le). T. IV. *Dordogne*.	13
Bussière-Badil. T. IV. *Dordogne*.	10
Buzet. T. IV. *Lot-et-Garonne*.	11

C

	Pages
Cadéac. T. IV. *Hautes-Pyrénées*.	35
Cadouin. T. IV. *Dordogne*.	9
Caen. T. V. *Calvados*.	4
Cahuzac. T. IV. *Lot-et-Garonne*.	13
Cambernon. T. V. *Manche*.	30
Cambremer. T. V. *Calvados*.	14
Campan. T. IV. *Hautes-Pyrénées*.	37
Campeaux. T. V. *Calvados*.	15
Camprond. T. V. *Manche*.	30
Cancon. T. IV. *Lot-et-Garonne*.	13
Candes. T. I. *Indre-et-Loire*.	12
Canisy. T. V. *Manche*.	5
Canvelle. T. V. *Manche*.	30
Capvern. T. IV. *Hautes-Pyrénées*.	38
Carentan. T. V. *Manche*.	5
Carlux. T. IV. *Dordogne*.	14
Carnet. T. V. *Manche*.	15
Caroles. T. V. *Manche*.	15
Carteret. T. V. *Manche*.	40
Cartignies. T. V. *Nord*.	20
Casseneuil. T. IV. *Lot-et-Garonne*.	13
Castelculier. T. IV. *Lot-et-Garonne*.	6
Castel-Jaloux. T. IV. *Lot-et-Garonne*.	11
Castelmoron. T. IV. *Lot-et-Garonne*.	7
Castelnau-Barbarens. T. IV. *Gers*.	7
Castelnau-Magnoac. T. IV. *Hautes-Pyrénées*.	39
Castelnau-Rivière-Basse. T. IV. *Hautes-Pyrénées*.	6
Castera-Lectourois. T. IV. *Gers*.	12
Castera-Verduzan. T. IV. *Gers*.	8
Castillonès. T. IV. *Lot-et-Garonne*.	13
Caudecoste. T. IV. *Lot-et-Garonne*.	6
Caumont. T. V. *Calvados*.	10
Caumont. T. IV. *Lot-et-Garonne*.	7
Cauterets. T. IV. *Hautes-Pyrénées*.	13
Cazaubon. T. IV. *Gers*.	10
Ceaux. T. V. *Manche*.	15
Cécile (Sainte-). T. V. *Manche*.	15
Celleneuve. T. II. *Hérault*.	11
Cenne-Monestiès. T. II. *Aude*.	11
Cérences. T. V. *Manche*.	30
Cerisy-la-Forêt. T. V. *Manche*.	5
Cerisy-la-Salle. T. V. *Manche*.	30
Chailland. T. V. *Mayenne*.	5
Chaillé-les-Marais. T. V. *Vendée*.	12
Chaise-Dieu (la). T. IV. *Haute-Loire*.	12
Champagnac de Belaire. T. IV. *Dordogne*.	10
Champeaux. T. V. *Manche*.	15
Champrepus. T. V. *Manche*.	16
Champs. T. IV. *Cantal*.	18
Changy. T. II. *Loire*.	15
Chanteloup. T. V. *Manche*.	30
Chaource. T. III. *Aube*.	37
Chapelle Cecelin (la). T. V. *Manche*.	35
Chapelle en Juger (la). T. V. *Manche*.	5
Chapelle Yvon (la). T. V. *Calvados*.	12
Charmont. T. III. *Aube*.	25
Chaveroche. T. II. *Allier*.	18
Cherbourg. T. V. *Manche*.	22
Chérencé le Rouxel. T. V. *Manche*.	35
Chuisnes. T. V. *Eure-et-Loir*.	19
Clair (Saint-). T. V. *Manche*.	6
Clairac. T. IV. *Lot-et-Garonne*.	8
Clar de Lomagne (Saint-). T. IV. *Gers*.	12
Clermont-Dessous. T. IV. *Lot-et-Garonne*.	6
Cologne. T. IV. *Gers*.	14
Colombe (la). T. V. *Manche*.	6
Coly. T. IV. *Dordogne*.	14
Côme du Mont (Saint-). T. V. *Manche*.	6
Condé-sur-Noireau. T. V. *Calvados*.	15
Condé-sur-Vire. T. V. *Manche*.	6
Condeville. T. V. *Manche*.	30

DES MATIÈRES.

	Pages.		Pages.
Condom. T. IV. *Gers*.	10	Croix (Sainte-). T. V. *Manche*.	6
Contaud. T. IV. *Lot-et-Garonne*.	8	Croix de Montferrand (Sainte-). T. IV. *Dordogne*.	9
Coulibœuf. T. V. *Calvados*.	11	Cubjac. T. IV. *Dordogne*.	5
Coulouvray. T. V. *Manche*.	35	Cugaud. T. V. *Vendée*.	7
Courcy. T. V. *Calvados*.	11	Cuq. T. IV. *Lot-et-Garonne*.	6
Courtils. T. V. *Manche*.	16	Cuves. T. V. *Manche*.	16
Coutances. T. V. *Manche*.	30	Cuzorn. T. IV. *Lot-et-Garonne*.	13
Creuilly. T. V. *Calvados*.	8	Cyprien (Saint-). T. IV. *Dordogne*.	14
Crève-Cœur. T. V. *Calvados*.	12	Cyr (Saint-). T. V. *Manche*.	40
Croisanville. T. V. *Calvados*.	12		

D

Damazan. T. IV. *Lot-et-Garonne*.	11	Dives. T. V. *Calvados*.	14
Damblainville. T. V.	11	Domme. T. IV. *Dordogne*.	14
Daglan. T. IV. *Dordogne*.	14	Douvres. T. V. *Calvados*.	8
Délivrande (la). T. V. *Calvados*.	8	Dozulé. T. V. *Calvados*.	14
Denis le Gast (Saint-). T. V. *Manche*.	31	Ducey. T. V. *Manche*.	16
Deyrauçon. T. V. *Deux-Sèvres*.	4	Duras. T. IV. *Lot-et-Garonne*.	8

E

Eause. T. IV. *Gers*.	11	Estèphe (Sainte-). T. IV. *Dordogne*.	10
Eaux-Bonnes ou Aigues-Bonnes. T. I. *Basses-Pyrénées*.	16	Evrecy. T. V. *Calvados*.	8
Ébremont de Bon fossé (Saint-). T. V. *Manche*.	6	Eulalie de Montravel (Sainte-). T. IV. *Dordogne*.	9
Escoville. T. V. *Calvados*.	8	Excideuil. T. IV. *Dordogne*.	5
Esglandes. T. V. *Manche*.	6	Eysses. T. IV. *Lot-et-Garonne*.	14

F

Falaise. T. V. *Calvados*.	11	Foi-sur-Lot (Sainte-). T. IV. *Lot-et-Garonne*.	6
Farges (les). T. IV. *Dordogne*.	15	Folligny. T. V. *Manche*.	16
Faux. T. IV. *Dordogne*.	9	Formigny. T. V. *Calvados*.	10
Fermanville. T. V. *Manche*.	25	Francescas. T. IV. *Lot-et-Garonne*.	10
Fervaques. T. V. *Calvados*.	13	Fresne-Camilly (le). T. V. *Calvados*.	8
Fierbex. T. IV. *Dordogne*.	10	Fresne-Poret (le). T. V. *Manche*.	35
Flamanville. T. V. *Manche*.	26	Fromont (Saint-). T. V. *Manche*.	6
Fleix (le). T. IV. *Dordogne*.	9	Fumel. T. IV. *Lot-et-Garonne*.	14
Fleurance. T. IV. *Gers*.	12		
Floxel (Saint-). T. V. *Manche*.	40		

G

Galan. T. IV. *Hautes-Pyrénées*.	6	Gavaudun. T. IV. *Lot-et-Garonne*.	14
Gathemo. T. V. *Manche*.	35	Gavray. T. V. *Manche*.	31
Gatteville. T. V. *Manche*.	26	Gazanpouy. T. IV. *Gers*.	12
Gaudonville. T. IV. *Gers*.	12	Gazost. T. IV. *Hautes-Pyrénées*.	21
Gavarnie. T. IV. *Hautes-Pyrénées*.	19	Gèdre. T. IV. *Hautes-Pyrénées*.	21

TABLE ALPHABÉTIQUE

	Pages.		Pages.
Genest. T. V. *Manche.*	16	Gonneville. T. V. *Manche.*	26
Georges de Bohon. T. V. *Manche.*	6	Gonneville-sur-Dives. T. V. *Calvados.*	14
Ger. T. V. *Manche.*	35	Graignes. T. V. *Manche.*	7
Germain le Gaillard (Saint-). T. V. *Manche.*	26	Granges. T. IV. *Lot-et-Garonne.*	6
Gilles (Saint-). T. V. *Manche.*	6	Granville. T. V. *Manche.*	16
Gimont. T. IV. *Gers.*	7	Grignols. T. IV. *Dordogne.*	6
Gondrin. T. IV. *Gers.*	12	Grosville. T. V. *Manche.*	27
		Guislain (le). T. V. *Manche.*	7

H

Haie d'Ectot (la). T. V. *Manche.*	40	Haye du Puits (la). T. V. *Manche.*	32
Haie-Pesnel (la). T. V. *Manche.*	17	Hilaire du Harcouet (Saint-). T. V. *Manche.*	35
Hambye. T. V. *Manche.*	31		
Hamelin. T. V. *Manche.*	17	Hommet (le). T. V. *Manche.*	7
Harcourt-Thury. T. V. *Calvados.*	12	Honfleur. T. V. *Calvados.*	14
Hautefort. T. IV. *Dordogne.*	6	Houeillès. T. IV. *Lot-et-Garonne.*	11
Hauteville le Guichard. T. V. *Manche.*	32	Houga (le). T. IV. *Gers.*	12

I

Ibos. T. IV. *Hautes-Pyrénées.*	7	Isigny. T. V. *Calvados.*	10
Ifs. T. V. *Calvados.*	8	Isigny. T. V. *Manche.*	35
Ile Jourdain (l'). T. IV. *Gers.*	14	Issignac. T. IV. *Dordogne.*	9
Tibet. T. IV. *Hautes-Pyrénées.*	39		

J

James (Saint-). T. V. *Manche.*	17	Jean le Thomas. T. V. *Manche.*	17
Javerlhiac. T. IV. *Dordogne.*	10	Jegun. T. IV. *Gers.*	7
Jean de Cole (Saint-). T. IV. *Dordogne.*	10	Jobourg. T. V. *Manche.*	27
Jean de Daye (Saint-). T. V. *Manche.*	7	Jumilhac le Grand. T. IV. *Dordogne.*	10
Jean du Corail (Saint-). T. V. *Manche.*	17	Juvigny. T. V. *Manche.*	36

L

Labarthe. T. IV. *Hautes-Pyrénées.*	39	Laroque-Gageac. T. IV. *Dordogne.*	15
Lacassagne. T. IV. *Dordogne.*	15	Larroumieu. T. IV. *Gers.*	12
Ladoux (fontaine de). T. IV. *Dordogne.*	15	Laulne. T. V. *Manche.*	32
Laforce. T. IV. *Dordogne.*	9	Lauquais. T. IV. *Dordogne.*	9
Lalinde. T. IV. *Dordogne.*	9	Laurent de Cuves (Saint-). T. V. *Manche.*	36
Laloubère. T. IV. *Hautes-Pyrénées.*	7	Lauzun. T. IV. *Lot-et-Garonne.*	9
Lande d'Airon (la). T. V. *Manche.*	17	Lavardac. T. IV. *Lot-et-Garonne.*	11
Langrune-sur-Mer. T. V. *Calvados.*	8	Lavardens. T. IV. *Gers.*	7
Launemezan. T. IV. *Hautes-Pyrénées.*	39	Layrac. T. IV. *Lot-et-Garonne.*	6
Lannepax. T. IV. *Gers.*	12	Lazare (Saint-). T. IV. *Dordogne.*	15
Lanouaille. T. IV. *Dordogne.*	10	Léan (Saint-). T. IV. *Dordogne.*	15
Laplume. T. IV. *Lot-et-Garonne.*	6	Lectoure. T. IV. *Gers.*	14
Lardin. T. IV. *Dordogne.*	15	Ledat (le). T. IV. *Lot-et-Garonne.*	14
Larochebeaucourt. T. IV. *Dordogne.*	10	Lessay. T. V. *Manche.*	32

	Pages		Pages
Lestre. T. V. *Manche.*	40	Lô (Saint-). T. V. *Manche.*	7
Lezay. *Deux-Sèvres.*	13	Loges Marchis (les). T. V. *Manche.*	36
Limeuil. T. IV. *Dordogne.*	9	Lombez. T. IV. *Gers.*	15
Lingeard. T. V. *Manche.*	36	Lortet. T. IV. *Hautes-Pyrénées.*	39
Lingreville. T. V. *Manche.*	32	Lourdes. T. IV. *Hautes-Pyrénées.*	22
Lisieux. T. V. *Calvados.*	13	Luc-sur-Mer. T. V. *Calvados.*	8
Lisle. T. IV. *Dordogne.*	6	Luot (la). T. V. *Manche.*	17
Lithaire. T. V. *Manche.*	32	Lupiac. T. IV. *Gers.*	15
Littry. T. V. *Calvados.*	10	Luz. T. IV. *Hautes-Pyrénées.*	23
Livarot. T. V. *Calvados.*	13	Luzerne (la). T. V. *Manche.*	17
Livrade (Sainte). T. IV. *Lot-et-Garonne.*	14		

M

Malo de la Lande (Saint-). T. V. *Manche.*	32	Mezidon. T. V. *Calvados.*	13
Manciet. T. IV. *Gers.*	12	Mézin. T. IV. *Lot-et-Garonne.*	11
Mas d'Agenois (le). T. IV. *Lot-et-Garonne.*	10	Michel (Saint-). T. IV. *Dordogne.*	9
Massenbe. T. IV. *Gers.*	15	Miélan. T. IV. *Gers.*	15
Magneville. T. V.	40	Miradoux. T. IV. *Gers.*	14
Magny la Campagne. T. V. *Calvados.*	12	Miramont. T. IV. *Lot-et-Garonne.*	10
Marciac. T. IV. *Gers.*	15	Mirande. T. IV. *Gers.*	16
Mareilly. T. V. *Manche.*	18	Miremont (grotte de). T. IV. *Dordogne.*	15
Mareuil. T. IV. *Dordogne.*	10	Moitiers d'Allonne (les). T. V. *Manche.*	40
Marie (Sainte-). T. IV. *Hautes-Pyrénées.*	39	Monclar. T. IV. *Lot-et-Garonne.*	14
Marie du Mont (Sainte-). T. V. *Manche.*	40	Monflanquin. T. IV. *Lot-et-Garonne.*	14
Marigny. T. V. *Calvados.*	10	Monheurt. T. IV. *Lot-et-Garonne.*	11
Marigny. T. V. *Manche.*	8	Montagrier. T. IV. *Dordogne.*	11
Marmande. T. IV. *Lot-et-Garonne.*	9	Montaigu-les-Bois. T. V. *Manche.*	33
Martignac. T. IV. *Dordogne.*	15	Montancé. T. IV. *Dordogne.*	6
Martin d'Aubigny (Saint-). T. V. *Manche.*	32	Montanel. T. V. *Manche.*	18
Martinvast. T. V. *Manche.*	27	Montastruc. T. IV. *Gers.*	14
Maubourguet. T. IV. *Hautes-Pyrénées.*	7	Montaut. T. IV. *Gers.*	7
Mauléon en Barousse. T. IV. *Hautes-Pyrénées.*	39	Montaut. T. IV. *Lot-et-Garonne.*	14
Maupertuis. T. V. *Manche.*	27	Montbray. T. V. *Manche.*	9
Maur des Bois (Saint-). T. V. *Manche.*	36	Montchaton. T. V. *Manche.*	33
Maurice (Saint-). T. IV *Lot-et-Garonne.*	6	Montcrabeau. T. IV. *Lot-et-Garonne.*	12
Mauvezin. T. IV. *Gers.*	11	Montebourg. T. V. *Manche.*	40
Mauvezin. T. IV. *Hautes-Pyrénées.*	39	Montesquiou. T. IV.	16
Mauzens-Miremont. T. IV. *Dordogne.*	15	Montjoie. T. IV. *Lot-et-Garonne.*	12
Méautis. T. V. *Manche.*	9	Montmartin-sur-Mer. T. V. *Manche.*	33
Médard de Dronne (Saint-). T. IV. *Dordogne.*	6	Montpazier. T. IV. *Dordogne.*	10
Meilhan. T. IV. *Lot-et-Garonne.*	10	Montpezat. T. IV. *Lot-et-Garonne.*	6
Mémin (Saint-). T. IV. *Dordogne.*	6	Montpinchon. T. V. *Manche.*	33
Menesplet. T. IV. *Dordogne.*	11	Montpont. T. IV. *Dordogne.*	11
Mère-Église (Sainte-). T. V. *Manche.*	40	Montravel. T. IV. *Dordogne.*	10
Mesnil-Garnier. T. V. *Manche.*	33	Montréal. T. IV. *Gers.*	12
Meurdraquière (la). T. V. *Manche.*	33	Mont-Saint-Michel. T. V. *Manche.*	18
Meyrals. T. IV. *Dordogne.*	15	Mortain. T. V. *Manche.*	36
		Morville. T. V. *Manche.*	41
		Moyon. T. V. *Manche.*	9
		Muneville le Bingard. T. V. *Manche.*	33
		Mussidan. T. IV. *Dordogne.*	12

TABLE ALPHABÉTIQUE

N

	Pages.		Pages.
Nadaillac. T. IV. *Dordogne*.	15	Nestier. T. IV. *Hautes-Pyrénées*.	39
Nathalène (Sainte-). T. IV. *Dordogne*.	16	Neuvic. T. IV. *Dordogne*.	12
Neufbourg (le). T. V. *Manche*.	37	Nogaro. T. IV. *Gers*.	12
Négréville. T. V. *Manche*.	41	Nontron. T. IV. *Dordogne*.	10
Néhou. T. V. *Manche*.	41	Norrey. T. V. *Calvados*.	8
Nérac. T. IV. *Lot-et-Garonne*.	12	Notre-Dame du Touchet. T. V. *Manche*.	37

O

Octeville. T. V. *Manche*.	27	Orval. T. V. *Manche*.	33
Odos. T. IV. *Hautes-Pyrénées*.	7	Ossun. T. IV. *Hautes-Pyrénées*.	7
Omonville la Rogue. T. V. *Manche*.	27	Ouistreham. T. V. *Calvados*.	8
Orbec. T. V. *Calvados*.	13		

P

Pair (Saint-). T. V. *Manche*.	20	Pierrefitte. T. IV. *Hautes-Pyrénées*.	23
Panassou. T. IV. *Dordogne*.	15	Pierre-Langers (Saint-). T. V. *Manche*.	20
Parcoul. T. IV. *Dordogne*.	12	Pierre-sur-Dives (Saint-). T. V. *Calvados*.	13
Pardaillan. T. IV. *Lot-et-Garonne*.	10	Pierreville. T. V. *Manche*.	27
Pardoux la Rivière (Saint-). T. IV. *Dordogne*.	11	Pieux (les). T. V. *Manche*.	28
Paul de la Roche (Saint-). T. IV. *Dordogne*.	11	Piron. T. V. *Manche*.	33
Paulhiac. T. IV. *Lot-et-Garonne*.	14	Plaisance. T. IV.	16
Pavie. T. IV. *Gers*.	7	Plazac. T. IV. *Dordogne*.	15
Pé (Saint-). T. IV. *Hautes-Pyrénées*.	23	Plessis (le). T. V. *Manche*.	33
Penne. T. IV. *Lot-et-Garonne*.	14	Plessis-Grimoult (le). T. V. *Calvados*.	15
Percy. T. V. *Manche*.	9	Plomb. T. V. *Manche*.	20
Périers. T. V. *Manche*.	33	Poilley. T. V. *Manche*.	20
Périgueux. T. IV. *Dordogne*.	6	Pois (Saint-). T. V. *Manche*.	37
Peruelle (la). T. V. *Manche*.	41	Pont-Hébert (le). T. V. *Manche*.	10
Perques (les). T. V. *Manche*.	41	Pont-l'Évêque. T. V. *Calvados*.	14
Perriers. T. V. *Manche*.	37	Pontorson. T. V. *Manche*.	21
Pessan. T. IV. *Gers*.	7	Portbail. T. V. *Manche*.	41
Picauville. T. V. *Manche*.	41	Port en Bessin. T. V. *Calvados*.	10
Piégu. T. IV. *Dordogne*.	11	Port-Louis. *Morbihan*.	16
Pience (Saint-). T. V. *Manche*.	20	Port-Sainte-Marie. T. IV. *Lot-et-Garonne*.	6
Pierre de Chignac (Saint-). T. IV. *Dordogne*.	8	Pouyastruc. T. IV. *Hautes-Pyrénées*.	7
Pierre de Cole (Saint-). T. IV. *Dordogne*.	11	Pouzac. T. IV. *Hautes-Pyrénées*.	39
Pierre de Semilly (Saint-). T. V. *Manche*.	9	Prayssas. T. IV. *Lot-et-Garonne*.	7
Pierre de Tronchet (Saint-). T. V. *Manche*.	20	Privaset. T. IV. *Dordogne*.	15
Pierre-Église (Saint-). T. V. *Manche*.	27	Privat (Saint-). T. IV. *Dordogne*.	12
		Pujols. T. IV. *Lot-et-Garonne*.	15
		Puy (Saint-). T. IV. *Gers*.	12
		Puycasquier. T. IV. *Gers*.	7
		Puymiellan. T. IV. *Lot-et-Garonne*.	10
		Puymirol. T. IV. *Lot-et-Garonne*.	7

Q

	Pages.		Pages.
Querqueville. T. V. *Manche*.	28	Quettreville. T. V. *Manche*.	34
Quettehou. T. V. *Manche*.	41	Quinéville. T. V. *Manche*.	41

R

Rabastens. T. IV. *Hautes-Pyrénées*.	7	Riscle. T. IV.	16
Raphaël (Saint-). T. IV. *Dordogne*.	8	Roche-Chalais (la). T. IV. *Dordogne*.	12
Rauville la Place. T. V. *Manche*.	42	Rochelle (la). T. V. *Manche*.	21
Réaumur. T. V. *Vendée*.	14	Romagny. T. V. *Manche*.	37
Regnéville. T. V. *Manche*.	34	Roque-Timbaut (la). T. IV. *Lot-et-Garonne*.	7
Riberac. T. IV. *Dordogne*.	12	Ryes. T. V. *Calvados*.	11

S

Sacey. T. V. *Manche*.	21	Savignac les Églises. T. IV. *Dordogne*.	8
Salignac. T. IV. *Dordogne*.	15	Savigny le Vieux. T. V. *Manche*.	37
Sallenelles. T. V. *Calvados*.	9	Savin (Saint-). T. IV. *Hautes-Pyrénées*.	25
Samatan. T. IV. *Gers*.	15	Seissan. T. IV. *Gers*.	8
Saramon. T. IV. *Gers*.	7	Senier de Beuvron (Saint-). T. V. *Manche*.	21
Sarlat. T. IV. *Dordogne*.	15	Sever (Saint-). T. V. *Calvados*.	15
Sarran. T. IV. *Gers*.	14	Sever (Saint-). T. IV. *Hautes-Pyrénées*.	7
Sarrancolin. T. IV. *Hautes-Pyrénées*.	39	Seyches. T. IV. *Lot-et-Garonne*.	10
Sarrazac. T. IV. *Dordogne*.	11	Sigoulès. T. IV. *Dordogne*.	10
Sartilly. T. V. *Manche*.	21	Silvain (Saint-). T. V. *Calvados*.	12
Saud. T. IV. *Dordogne*.	11	Simorre. T. IV. *Gers*.	15
Saultchevreuil. T. V. *Manche*.	21	Sioriac. T. IV. *Dordogne*.	16
Saussemesnil. T. V. *Manche*.	42	Siouville. T. V. *Manche*.	28
Sauvetat du Dropt (la). T. IV. *Lot-et-Garonne*.	10	Solomiac. T. IV. *Gers*.	14
Sauveterre. T. IV. *Lot-et-Garonne*.	15	Sos. T. IV. *Lot-et-Garonne*.	13
Sauveur (Saint-). T. IV. *Hautes-Pyrénées*.	23	Sost. T. IV. *Hautes-Pyrénées*.	40
Sauveur le Vicomte (St-). T. V. *Manche*.	42	Sourdeval. T. V. *Manche*.	37
Sauvy (Saint-). T. IV. *Gers*.	8	Sourzac. T. IV. *Dordogne*.	12
Savignac le Nontron. T. IV. *Dordogne*.	11	Subligny. T. V. *Manche*.	21
		Surtainville. T. V. *Manche*.	28

T

Talmont. T. V. *Vendée*.	16	Tibiran. T. IV. *Hautes-Pyrénées*.	40
Tamerville. T. V. *Manche*.	42	Tilly-sur-Seulles. T. V. *Calvados*.	9
Tarbes. T. IV. *Hautes-Pyrénées*.	7	Tirepied. T. V. *Manche*.	21
Tayac. T. IV. *Dordogne*.	16	Tonneins. T. IV. *Lot-et-Garonne*.	10
Teilleul (le). T. V. *Manche*.	37	Torigny. T. V. *Manche*.	10
Temple (le). T. IV. *Lot-et-Garonne*.	15	Toscane. T. IV. *Dordogne*.	12
Terrasson. T. IV. *Dordogne*.	16	Touget. T. IV. *Gers*.	15
Terraube. T. IV. *Gers*.	14	Touques. T. V. *Calvados*.	15
Tessy. T. V. *Manche*.	10	Tour Blanche (la). T. IV. *Dordogne*.	12
Thenon. T. IV. *Dordogne*.	8	Tourlaville. T. V. *Manche*.	28
Thiviers. T. IV. *Dordogne*.	11	Tournay. T. IV. *Hautes-Pyrénées*.	8
Thury-Harcourt. T. V. *Calvados*.	19	Tournecoupe. T. IV. *Gers*.	14

TABLE ALPHABÉTIQUE DES MATIÈRES.

	Pages.		Pages.
Tournon. T. IV. *Lot-et-Garonne.*	15	Trie. T. IV. *Hautes-Pyrénées.*	8
Tourville. T. V. *Manche.*	34	Trouru. T. V. *Calvados.*	9
Tramesaigues. T. IV. *Hautes-Pyrénées.*	41	Troisgots. T. V. *Manche.*	13
Tréauville. T. V. *Manche.*	28	Tronville. T. V. *Calvados.*	15
Trevières. T. V. *Calvados.*	10		

V

Vaast la Hogue (Saint-) ou la Hougue. T. V. *Manche.*	42	Vic ou Vic en Bigorre. T. IV. *Hautes-Pyrénées.*	9
Vains. T. V. *Manche.*	21	Vic-Fezenzac. T. IV. *Gers.*	8
Valcanville T. V. *Manche.*	42	Vieille. T. IV. *Hautes-Pyrénées.*	40
Valence. T. IV. *Gers.*	12	Vieux. T. V. *Calvados.*	9
Valognes. T. V. *Manche.*	42	Vieux-Mareuil. T. IV. *Dordogne.*	11
Val-Saint-Pair (le). T. V. *Manche.*	21	Villac. T. IV. *Dordogne.*	16
Varaignes. T. IV. *Dordogne.*	11	Villamblard. T. IV. *Dordogne.*	10
Varaville. T. V. *Calvados.*	9	Villedieu. T. V. *Manche.*	21
Vassy. T. V. *Calvados.*	15	Villefranche de Belvès. T. IV. *Dordogne.*	16
Vast (le). T. V. *Manche.*	28	Villefranche de Longchapt. T. IV. *Dordogne.*	10
Vauville. T. V. *Manche.*	29	Villeneuve d'Agen. T. IV. *Lot-et-Garonne.*	16
Vengeons. T. V. *Manche.*	38	Villeréal. T. IV. *Lot-et-Garonne.*	16
Ver. T. V. *Manche.*	34	Villers-Bocage. T. V. *Calvados.*	9
Vergt. T. IV. *Dordogne.*	8	Vindefontaine. T. V. *Manche.*	34
Verteillac. T. IV. *Dordogne.*	12	Vire. T. V. *Calvados.*	15
Verteuil. T. IV. *Lot-et-Garonne.*	10		
Vianne. T. IV. *Lot-et-Garonne.*	13		

X

Xaintrailles. T. IV. *Lot-et-Garonne.*	13

ADDITIONS ET CORRECTIONS A L'AVIS AU RELIEUR POUR LE PLACEMENT DES GRAVURES.

Page 2. ALPES (Basses-). Au lieu de *Créoux*, lisez : Intérieur du château de Gréoux.
Id. ARIÉGE. Ajoutez, après *Thermes d'Ussat*, Rives de l'Ariége, p. 19.
Au lieu de *Mirepoix*, lisez : Château de Mirepoix.
Page 6. BOUCHES-DU-RHONE. Au lieu d'*Aix*, lisez : tour antique d'Aix.
Id. CALVADOS. Ajoutez, après *Honfleur*, Château de Courcy, p. 14.
Id. CHARENTE. Au lieu de *Jarnac*, lisez : Pont suspendu à Jarnac.
Ajoutez ensuite : Château de Barbezieux, p. 12.
Id. CHARENTE-INFÉRIEURE. Après *église d'Ebllay*, supprimez : Saintes.
Id. CORRÈZE. Après *Uzerche*, supprimez : Château de Ségur.
Page 7. EURE-ET-LOIR. Après *château de Nogent-le-Rotrou*, ajoutez : Château de Villebon, p. 11.
Id. HÉRAULT. Au lieu de *Lodève*, lisez : Église Saint-Fulerand à Lodève.
Page 8. LANDES. Ajoutez, après *Vue d'une habitation des Landes*, Habitation des Landais, p. 9.
Au lieu de *Dax*, lisez : Fontaine de Dax.
» 9. OISE. Au lieu de *Beauvais*, lisez : Place de Beauvais.
» 10. PUY-DE-DOME. Après *portrait de Delille*, ajoutez : Rochefort, p. 19.
» 10. RHONE. Au lieu de *aqueduc de Chaponost*, lisez : Reste des aqueducs des Romains.
» 11. SEINE-INFÉRIEURE. Après *Portrait de Duquesnes*, ajoutez : Vue du Havre, p. 19.
» 11. SEINE-ET-OISE. Après *la Rocheguyon*, ajoutez : Portrait de la Bruyère. p. 12.
Id. SOMME. Après *Cathédrale d'Amiens*, ajoutez : Portrait de Gresset, p. 8.
» 12. VAR. Au lieu de *Temple de Jupiter à Fréjus*, lisez : Temple de Jupiter à Grasse.
Id. YONNE. Après *Château d'Ancy le Franc*, ajoutez : Château de Tanlay, p. 19.
Château de Fleurigny, *id.*
Page 100 du départ. de la SEINE. Ajoutez, après *Portrait de Madame de Staël* : Portrait de Condé, p. 104.

ERRATUM.

Département de l'HÉRAULT, p. 32, après la dernière ligne de la deuxième colonne, ajoutez *persévérants*.

Guide Pittoresque
DU
VOYAGEUR EN FRANCE.

Cette publication, regardée comme l'ouvrage le plus exact et le plus complet qu'il y ait encore sur la France, et pour l'exécution de laquelle les éditeurs n'ont épargné aucun sacrifice, est aujourd'hui entièrement achevée; elle forme six volumes in-8°, ornés de 740 gravures et portraits, de 86 cartes de départements, et d'une belle carte routière.

Le prix de l'ouvrage complet, publié en 127 livraisons, formant la description des 86 départements, est de 63 francs 50 c.

Pour satisfaire à la demande exprimée par une grande partie des souscripteurs à la collection complète, les éditeurs ont fait imprimer et tirer à part une table alphabétique des matières, contenant l'indication d'environ 9,000 villes, bourgs ou villages intéressants, décrits dans le cours de l'ouvrage. Cette table se vend séparément 1 fr. 50 c.

On peut acquérir la description de chaque département aux prix suivants :

DÉPARTEMENTS.	LIVRAISONS.	PRIX.		DÉPARTEMENTS.	LIVRAISONS.	PRIX.	
		fr.	c.			fr.	c.
Ain	1		50	Lot-et-Garonne	1		50
Aisne	1		50	Lozère	1		50
Allier	1		50	Maine-et-Loire	1		50
Alpes (Basses-)	1		50	Manche	2	1	»
Alpes (Hautes-)	1		50	Marne	1		50
Ardèche	1		50	Marne (Haute-)	1		50
Ardennes	1		50	Mayenne	1		50
Ariége	2	1	»	Meurthe	2	1	»
Aube	2	1	»	Meuse	1		50
Aude	1		50	Morbihan	1		50
Aveyron	1		50	Moselle	1		50
Bouches-du-Rhône	2	1	»	Nièvre	1		50
Calvados	1		50	Nord	3	1	50
Cantal	1		50	Oise	2	1	»
Charente	1		50	Orne	1		50
Charente-Inférieure	1		50	Pas-de-Calais	1		50
Cher	1		50	Puy-de-Dôme	2	1	»
Corrèze	1		50	Pyrénées (Basses-)	1		50
Corse	3	1	50	Pyrénées (Hautes-)	2	1	»
Côte-d'Or	1		50	Pyrénées-Orientales	2	1	»
Côtes-du-Nord	1		50	Rhin (Bas-)	1		50
Creuse	1		50	Rhin (Haut-)	1		50
Dordogne	1		50	Rhône	3	1	»
Doubs	1		50	Saône (Haute-)	1		50
Drôme	1		50	Saône-et-Loire	2	1	»
Eure	1		50	Sarthe	1		50
Eure-et-Loir	2	1	»	Seine et description des monuments de Paris	10	5	»
Finistère	2	1	»	Seine-et-Marne	1		50
Gard	1		50	Seine-et-Oise	1		50
Garonne (Haute-)	2	1	»	Seine-Inférieure	1		50
Gers	1		50	Sèvres (Deux-)	1		50
Gironde	1		50	Somme	1		50
Hérault	2	1	»	Tarn	1		50
Ille-et-Vilaine	2	1	»	Tarn-et-Garonne	1		50
Indre	1		50	Var	2	1	»
Indre-et-Loire	1		50	Vaucluse	1		50
Isère	1		50	Vendée	1		50
Jura	1		50	Vienne	1		50
Landes	1		50	Vienne (Haute-)	1		50
Loir-et-Cher	1		50	Vosges	1		50
Loire	1		50	Yonne	1		50
Loire (Haute-)	1		50	Statist. de la France	8	4	»
Loire-Inférieure	1		50	Carte de France	»	2	»
Loiret	1		50	Table des matières	3	1	50
Lot	1		50				

Ces différentes livraisons forment 18 itinéraires à l'usage des voyageurs qui désirent connaître ce que renferment de curieux les départements traversés par chacune des routes suivantes :

1° **ITINÉRAIRE DE PARIS A NANTES**, donnant la description des départements de SEINE-ET-OISE, LOIRE, LOIR-ET-CHER, INDRE-ET-LOIRE, MAINE-ET-LOIRE, LOIRE-INFÉRIEURE : Six livraisons. Prix .... 3 fr.

2° **ITINÉRAIRE DE PARIS A GENÈVE.** Description des départements de SEINE-ET-MARNE, YONNE, CÔTE-D'OR, JURA, AIN, DOUBS. Six livr. Prix............. 3 fr.

3° **ITINÉRAIRE DE PARIS A ROUEN.** Description des départements de l'EURE et de la SEINE-INFÉRIEURE. Deux livraisons. Prix.......................... 1 fr.

4° **ITINÉRAIRE DE PARIS A BAYONNE.** Description des départements de la VIENNE, de la CHARENTE, de la CHARENTE-INFÉRIEURE, de la GIRONDE, des LANDES, des BASSES-PYRÉNÉES, des DEUX-SÈVRES, de la VENDÉE. Huit livraisons. Prix..... 4 fr.

5° **ITINÉRAIRE DE PARIS A CHAMBÉRY.** Description des départements de la NIÈVRE, de l'ALLIER, de la LOIRE, du RHÔNE, de l'ISÈRE, de SAÔNE-ET-LOIRE. Neuf livraisons. .... 4 fr. 50 c.

6° **ITINÉRAIRE DE PARIS A CALAIS.** Description des départements de l'OISE, de la SOMME et du PAS-DE-CALAIS. Quatre livraisons. Prix.................. 2 fr.

7° **ITINÉRAIRE DE PARIS A MARSEILLE.** Description des départements de la DRÔME, de l'ARDÈCHE, de VAUCLUSE et des BOUCHES-DU-RHÔNE. Cinq livr. 2 fr. 50 c.

8° **ITINÉRAIRE DE PARIS A PERPIGNAN.** Description des départements du GARD, de l'HÉRAULT, de l'AUDE et des PYRÉNÉES-ORIENTALES. Six livraisons. Prix..... 3 fr.

9° **ITINÉRAIRE DE PARIS A NICE.** Description des départements des HAUTES et BASSES-ALPES et du VAR. Quatre livraisons. Prix........................ 2 fr.

N. B. Pour compléter la description d'un seul des itinéraires 7, 8 et 9, on se procure séparément les livraisons des départements que traversent les routes, et celles qui font partie de l'Itinéraire n° 5.

10° **ITINÉRAIRE DE PARIS A DUNKERQUE.** Description des départements de l'AISNE, du NORD et des ARDENNES. Cinq livraisons. Prix............. 2 fr. 50 c.

11° **ITINÉRAIRE DE PARIS A TOULOUSE.** Description des départements du CHER, de l'INDRE, de la CREUSE, de la CORRÈZE, de la HAUTE-VIENNE, du LOT, de TARN-ET-GARONNE, de la HAUTE-GARONNE et de l'ARIÈGE. Onze livr. Prix.... 5 fr. 50 c.

12° **ITINÉRAIRE DE PARIS A ALBI.** Description des départements du PUY-DE-DÔME, du CANTAL, de l'AVEYRON, de la LOZÈRE, du TARN et de la HAUTE-LOIRE. Sept livraisons. Prix .... 3 fr. 50 c.

13° **ITINÉRAIRE DE PARIS A BREST.** Description des départements d'EURE-ET-LOIRE, de l'ORNE, de la MAYENNE, d'ILLE-ET-VILAINE, des CÔTES-DU-NORD, du FINISTÈRE, de la SARTHE et du MORBIHAN. Onze livraisons. Prix........ 5 fr. 50 c.

14° **ITINÉRAIRE DE PARIS A CHERBOURG.** Description des départements de la MANCHE et du CALVADOS. Trois livraisons. Prix..................... 1 fr. 50 c.

15° **ITINÉRAIRE DE PARIS A BAGNÈRES DE BIGORRE.** Description des départements de la DORDOGNE, de LOT-ET-GARONNE, du GERS et des HAUTES-PYRÉNÉES. Cinq livraisons. Prix.. 2 fr. 50 c.

N. B. Les départements qui précèdent celui de la Dordogne, sont décrits à l'Itinéraire n° 11 : les livraisons de chaque département se vendent séparément.

16° **ITINÉRAIRE DE PARIS A BALE.** Description des départements de l'AUBE, de la HAUTE-MARNE, de la HAUTE-SAÔNE, du HAUT-RHIN. Cinq livr. Prix. 2 fr. 50 c.

17° **ITINÉRAIRE DE PARIS A STRASBOURG.** Description des départements de la MARNE, de la MEUSE, de la MOSELLE, de la MEURTHE, des VOSGES et du BAS-RHIN. Sept livraisons. Prix... 3 fr. 50 c.

18° **ITINÉRAIRE DE L'ILE DE CORSE.** Trois livraisons............. 1 fr. 50 c.

Pour satisfaire au désir des personnes qui voudraient acquérir séparément les départements compris dans les limites des anciennes provinces françaises, l'ouvrage a été divisé ainsi :

ILE DE FRANCE.	Département de la Seine et description de Paris. 10 livraisons	5 fr. » c.	7 fr. 50 c.
	Seine-et-Oise. 1 livraison	» 50 c.	
	Seine-et-Marne. 1 livraison	» 50 c.	
	Oise. 2 livraisons	1 fr. »	
	Aisne. 1 livraison	» 50 c.	
PICARDIE, FLANDRE ET ARTOIS.	Département de la Somme. 1 livr.	» 50 c.	2 fr. 50 c.
	Pas-de-Calais. 1 livraison	» 50 c.	
	Nord. 3 livraisons	1 fr. 50 c.	
ORLÉANAIS, BERRI ET TOURAINE.	Loiret. 1 livraison	» 50 c.	3 fr. 50 c.
	Loir-et-Cher. 1 livraison	» 50 c.	
	Eure-et-Loire. 2 livraisons	1 fr. »	
	Cher. 1 livraison	» 50 c.	
	Indre. 1 livraison	» 50 c.	
	Indre-et-Loire. 1 livraison	» 50 c.	
LANGUEDOC.	Aude. 1 livraison	» 50 c.	5 fr.
	Haute-Garonne. 2 livraisons	1 fr. »	
	Tarn. 1 livraison	» 50 c.	
	Hérault. 2 livraisons	1 fr. »	
	Gard. 1 livraison	» 50 c.	
	Lozère. 1 livraison	» 50 c.	
	Haute-Loire. 1 livraison	» 50 c.	
	Ardèche. 1 livraison	» 50 c.	
CHAMPAGNE.	Ardennes. 1 livraison	» 50 c.	2 fr. 50 c.
	Marne. 1 livraison	» 50 c.	
	Haute-Marne. 1 livraison	» 50 c.	
	Aube. 2 livraisons	1 fr. »	
LYONNAIS.	Rhône. 3 livraisons	1 fr. 50 c.	2 fr. »
	Loire. 1 livraison	» 50 c.	
MAINE, POITOU, SAINTONGE ET AUNIS.	Mayenne. 1 livraison	» 50 c.	3 fr. 50 c.
	Sarthe. 1 livraison	» 50 c.	
	Vienne. 1 livraison	» 50 c.	
	Deux-Sèvres. 1 livraison	» 50 c.	
	Vendée. 1 livraison	» 50 c.	
	Charente. 1 livraison	» 50 c.	
	Charente-Inférieure. 1 livraison	» 50 c.	
DAUPHINÉ.	Hautes-Alpes. 1 livraison	» 50 c.	1 fr. 50 c.
	Drôme. 1 livraison	» 50 c.	
	Isère. 1 livraison	» 50 c.	
LIMOUSIN ET MARCHE.	Haute-Vienne. 1 livraison	» 50 c.	1 fr. 50 c.
	Corrèze. 1 livraison	» 50 c.	
	Creuse. 1 livraison	» 50 c.	
GUIENNE, GASCOGNE ET BÉARN.	Aveyron. 1 livraison	» 50 c.	5 fr. 50 c.
	Tarn-et-Garonne. 1 livraison	» 50 c.	
	Lot. 1 livraison	» 50 c.	
	Dordogne. 1 livraison	» 50 c.	
	Gironde. 1 livraison	» 50 c.	
	Lot-et-Garonne. 1 livraison	» 50 c.	
	Gers. 1 livraison	» 50 c.	
	Landes. 1 livraison	» 50 c.	
	Hautes-Pyrénées. 2 livraisons	1 fr. »	
	Basses-Pyrénées. 1 livraison	» 50 c.	

NORMANDIE.	Seine-Inférieure. 1 livraison....... » 50 c. Eure. 1 livraison............... » 50 c. Orne. 1 livraison............... » 50 c. Calvados. 1 livraison............ » 50 c. Manche. 2 livraisons............ 1 fr. »		3 fr.
PROVENCE ET COMTAT D'AVIGNON.	Bouches-du-Rhône. 2 livraisons.... 1 fr. » Var. 2 livraisons................ 1 fr. » Basses-Alpes. 1 livraison......... » 50 c. Vaucluse. 1 livraison............ » 50 c.		3 fr.
ANJOU.	Maine-et-Loire. 1 livraison.................		» 50 c.
BOURGOGNE ET NIVERNAIS.	Saône-et-Loire. 2 livraisons....... 1 fr. » Ain. 1 livraison................ » 50 c. Côte-d'Or. 1 livraison............ » 50 c. Yonne. 1 livraison.............. » 50 c. Nièvre. 1 livraison.............. » 50 c.		3 fr.
BRETAGNE.	Ille-et-Vilaine. 2 livraisons........ 1 fr. » Côtes-du-Nord. 1 livraison........ » 50 c. Finistère. 2 livraisons............ 1 fr. » Morbihan. 1 livraison............ » 50 c. Loire-Inférieure. 1 livraison....... » 50 c.		3 fr. 50 c.
AUVERGNE ET BOURBONNAIS.	Puy-de-Dôme. 2 livr............. 1 fr. » Cantal. 1 livraison.............. » 50 c. Allier. 1 livraison............... » 50 c.		2 fr.
ROUSSILLON ET PAYS DE FOIX.	Pyrénées-Orientales. 2 livraisons... 1 fr. » Ariége. 2 livraisons.............. 1 fr. »		2 fr.
ALSACE ET FRANCHE-COMTÉ.	Haut-Rhin. 1 livraison........... » 50 c. Bas-Rhin. 1 livraison............ » 50 c. Jura. 1 livraison................ » 50 c. Doubs. 1 livraison.............. » 50 c. Haute-Saône. 1 livraison......... » 50 c.		2 fr. 50 c.
LORRAINE.	Vosges. 1 livraison.............. » 50 c. Meurthe. 2 livraisons............ 1 fr. » Moselle. 1 livraison............. » 50 c. Meuse. 1 livraison.............. » 50 c.		2 fr. 50 c.
ILE DE CORSE. 3 livraisons..................................			1 fr. 50 c.

NOTICE

DES GRAVURES ET PORTRAITS

QUI ORNENT LA DESCRIPTION DE CHAQUE DÉPARTEMENT.

	Pages.
AIN. Vue de l'église de Brou.......	6
Château de Groslée.............	9
Fort l'Écluse	10
Seyssel......................	Ib.
Grammont....................	11
Nantua.......................	14
Carte du département de l'Ain.	
AISNE. Vue de Laon.............	9
Mont Notre-Dame................	12
Château-Thierry................	14
Portrait de Jean Racine.........	15
Portrait de la Fontaine..........	15
Saint-Quentin..................	17
Muret........................	20
Carte du département de l'Aisne.	
ALLIER. Vue de Bourbon l'Archambault...................	5
Château de Bourbon l'Archambault.	Ib.
Tour Quiquengrogne.............	6
Vue de Moulins.................	10
Château de Moulins.............	Ib.
Porte de Vichy.................	19
Bains de Vichy.................	Ib.
Carte du département de l'Allier	
ALPES (Basses-). Vue de Digne....	7
Gréoux.......................	8
Château de Gréoux..............	Ib.
Moustier	10
1re et 2e vues de Sisteron........	20
Carte du départ. des Basses-Alpes.	
ALPES (Hautes-). Cascade du Guiers.	3
Gap........................	7
Briançon.....................	10
Pont de Briançon...............	Ib.
Le Lautaret...................	12
Fort Queyraz..................	14
Carte du départ. des Hautes-Alpes.	
ARDÈCHE. Fontaine Saint-Andéol..	4
Privas.......................	7

	Pages.
Roche-Colombe................	8
Tour de Viviers................	10
Annonay......................	16
Tournon......................	18
Carte du département de l'Ardèche.	
ARDENNES. Château du Tugny....	11
Portrait de Turenne.............	18
Buzancy......................	20
Le Mahomet...................	Ib.
Grandpré.....................	21
Château de Grandpré............	Ib.
Carte du département des Ardennes.	
ARIÉGE. Ax.....................	6
Grotte de Bédaillac.............	10
Foix..........................	12
Château de Foix................	Ib.
Thermes d'Ussat................	19
Château de la Garde............	25
Saint-Lizier...................	Ib.
Mirepoix......................	28
Pont de Mirepoix...............	Ib.
Clocher de Mirepoix............	29
Portrait de Bayle...............	27
Carte du dép. de l'Ariége.	
AUBE. Vue d'Ervy................	7
Pont Sainte-Marie..............	11
Troyes.......................	16
Église Saint-Urbain.............	18
Ancien hôtel Mesgrigny..........	20
Hôtel-Dieu de Troyes...........	Ib.
Bains de l'Arquebuse...........	Ib.
Anciens Cordeliers.............	Ib.
Jubé de l'église de la Madelaine..	Ib.
Château de Dampierre..........	25
Donjon du château de Dampierre..	Ib.
Bar-sur-Aube..................	28
Ricey-Haute-Rive..............	40
Nogent-sur-Seine...............	44
Carte du département de l'Aube.	

	Pages.
AUDE. Carcassonne	4
Chemin couvert à Carcassonne	Ib.
Pont aqueduc de Fresquel	5
Castelnaudary	9
Limoux	11
Église de Narbonne	21
Tour du palais de Narbonne	Ib.
Carte du département de l'Aude.	
AVEYRON. Église de Leseure	4
Rodez	5
Tour de Rodez	Ib.
Ruines d'Aubrac	11
Château d'Espalion	Ib.
Monna	13
Carte du département de l'Aveyron.	
BOUCHES-DU-RHONE. Marseille	12
Port des Catalans	Ib.
Château d'If	13
Aix	20
Château de Labarben	28
Château des Comtes à Aix	Ib.
Amphithéâtre d'Arles	34
Portrait de Mirabeau	Ib.
Cloître de Montmajour	36
Aqueduc d'Orgon	42
Château de Tarascon	Ib.
Pont de Tarascon	Ib.
Carte du dép. des Bouches-du-Rh.	
CALVADOS. Caen	5
Hôtel de ville de Caen	6
Église Saint-Pierre à Caen	Ib.
Château de Fontaine-Henri	8
Falaise	11
Honfleur	14
Carte du dép. du Calvados.	
CANTAL. Aurillac	6
Polminhac	9
Rouffiac	10
Auzers	17
Sourniac	21
Murat	23
Carte du dép. du Cantal.	
CHARENTE. Angoulême	6
Murs d'enceinte d'Angoulême	Ib.
Portrait de Marguerite de Valois	Ib.
Château d'Angoulême	Ib.
Château de la Rochefoucauld	10
Portrait de la Rochefoucauld	Ib.
Portrait de François Ier	11
Jarnac	12
Carte du dép. de la Charente.	
CHARENTE-INFÉR. La Rochelle	7
Royan	11
Ile d'Aix	12
Église d'Échillay	12
Saintes	14
Ruines de l'amphithéâtre	Ib.

	Pages.
Arc de triomphe à Saintes	14
Carte du dép. de la Charente-Infér.	
CHER. Bourges	5
Palais de Jacques Cœur	8
Portrait de Bourdaloue	9
Châteaumeillant	12
Châteauneuf	Ib.
Château de Lignières	14
Carte du département du Cher.	
CORRÈZE. Pont d'Argentat	8
Cascade de Gimel	Ib.
Tulle	10
Uzerche	13
Château de Ségur	15
Château de Pompadour	Ib.
Portrait de Marmontel	16
Carte du département de la Corrèze.	
CORSE. Lac Nino	11
Forêt corse	15
Vue générale d'Ajaccio	23
Ajaccio	Ib.
Maison où est né Napoléon	24
Portrait de Bonaparte	Ib.
Portrait de Napoléon	Ib.
Bastia	31
Citadelle de Bastia	Ib.
Port de Bastia	Ib.
Saint-Florent	34
L'île Rousse	38
Calvi pris en mer	Ib.
Calvi	Ib.
Corte	42
Citadelle de Corte	Ib.
Pontenovo	44
Campomo	46
Grotte de Senostos	Ib.
Carte du département de la Corse.	
COTE-D'OR. Dijon	8
Portrait de Bossuet	Ib.
Portrait de Crébillon	Ib.
La Rochepot	17
Château de Montfort	Ib.
Châtillon-sur-Seine	19
Sémur	22
Portrait de Buffon	23
Carte du dép. de la Côte-d'Or.	
COTES-DU-NORD. Vue du Légué	8
Temple de Lanleff	10
Première vue de Dinan	14
Seconde vue de Dinan	Ib.
Château de la Garaye	Ib.
Château de Lehon	20
Carte du dép. des Côtes-du-Nord.	
CREUSE. Guéret	6
Ancien château d'Aubusson	7
Ruines du château d'Aubusson	Ib.
Manufacture royale d'Aubusson	8

L'UNIVERS

PITTORESQUE

OU HISTOIRE

Et Description de tous les Peuples.

20 volumes avec 1800 gravures,

PUBLIÉS EN 450 LIVRAISONS A 4 SOUS.

L'Univers pittoresque, publié par MM. Didot, au prix si modique de 4 sous la livraison, se continue régulièrement et justifie tout le succès que lui ont mérité la modicité étonnante de son prix, le talent de la rédaction confiée à nos savants ou littérateurs les plus distingués, la plupart membres de l'Institut, enfin le grand nombre de gravures, exécutées sur acier, qui accompagnent chaque livraison.

Rien ne peut donner une connaissance plus exacte de tous les pays de l'Univers, qu'une suite d'ouvrages dont la description et l'histoire sont confiées aux voyageurs, savants ou artistes qui ont parcouru le pays qu'ils décrivent ou qui en ont fait l'objet de leurs études spéciales. Tous les monuments, sites, meubles, usages remarquables, s'y trouvent représentés dans une foule de gravures dont un grand nombre sont exécutées d'après des dessins inédits qui reproduisent, avec une exactitude rigoureuse, ce qui ne pourrait se trouver que dans un nombre infini d'ouvrages, presque tous, par leurs prix excessifs, inaccessibles à toutes les fortunes.

(*Extrait du Prospectus et des Articles des Journaux.*)

« Chaque Livraison, composée de 16 pages in-8° à deux colonnes, accompagnée de quatre gravures exécutées avec le plus grand soin, par M. Lemaître, l'un de nos plus célèbres graveurs, paraît tous les samedis.

« Ainsi, chaque semaine on voit passer, comme dans un panorama, tous les monuments, tous les sites, tous les objets enfin, les plus remarquables de la terre. Sans fatigue, et l'on peut dire sans dépense, on peut connaître, comme si on avait été sur les lieux soi-même, tout ce que notre globe offre de plus extraordinaire ; on en possédera l'histoire et la description faite par nos meilleurs écrivains. Cet ouvrage servira de père en fils à l'instruction des familles.

« Chacun pourra acheter séparément, soit l'Europe, soit l'Afrique, soit l'Asie, soit l'Amérique. On pourra même se borner à chaque pays ; de sorte qu'on sera toujours assuré de posséder des ouvrages complets. Chaque pays sera accompagné de la carte géographique.

Ouvrages commencés ou terminés.

EUROPE.

1 vol. *Terminé.* GRÈCE, par M. POUQUEVILLE, membre de l'Académie des Inscriptions et Belles-Lettres ; orné de 112 planches et 2 cartes .... 6 f. 10 c.

1 vol. { *Terminé.* ITALIE, par M. le chevalier ARTAUD, ancien chargé d'affaires à Florence et à Rome, membre de l'Académie des Inscriptions et Belles-Lettres ; 1 vol. orné de 96 planches et de 2 cartes................................... } 6 f. 50 c.
{ *Terminé.* SICILE, par M. de LA SALLE, correspondant de l'Institut de France, avec 24 gravures.. }
{ Ces deux ouvrages réunis forment ensemble 1 vol. de 31 feuilles de texte et 120 planches. }

Commencé. SUÈDE et NORWÉGE, par M. LE BAS, maître des conférences à l'École normale. 14 livraisons sont publiées ; ce volume sera achevé fin novembre 1837............. » »

Commencé. SUISSE et TYROL, par M. de GOLBÉRY, correspondant de l'Académie des Inscriptions et Belles-Lettres. 12 livraisons sont publiées ; l'ouvrage sera achevé fin décembre 1837.

Terminé. CRIMÉE, par M. César FAMIN, membre de plusieurs académies ; 2 livraisons avec 8 planches .... » 40 c.

Commencé. ALLEMAGNE, par M. LE BAS, maître des conférences à l'École normale........................... » »

AFRIQUE.

Commencé. **ÉGYPTE**, par M. CHAMPOLLION-FIGEAC, conservateur à la Bibliothèque du Roi. 16 livraisons sont publiées, 64 gr.; l'ouvrage sera terminé fin décembre 1837............ » »

Terminé. **ABYSSINIE**, par M. Noël DESVERGERS, orientaliste. 8 livraisons avec 12 gravures..................... 1 60 c.

Terminé. **ALGER**, par M. le capitaine ROZET, auteur de plusieurs ouvrages historiques et scientifiques sur Alger; 2 livraisons avec 8 planches................................. » 40 c.

Terminé. **MADAGASCAR, MAURICE et BOURBON**, par M. Victor CHARLIER, de l'île de Bourbon; 3 liv. 8 avec pl..... » 60 c.

ASIE.

1 vol. *Terminé.* **CHINE**, par M. PAUTHIER, orientaliste; 25 livraisons avec 73 planches.............................5 f. 30 c.

Terminé. **CIRCASSIE et GÉORGIE**, par M. César FAMIN, membre de plusieurs sociétés savantes; 3 livraisons avec 12 pl. » 60 c.

Terminé. **ARMÉNIE**, par M. BORÉ, orientaliste; 9 livraisons avec 36 gravures..................................... 1 80 c.

AMÉRIQUE.

1 vol. *Terminé.* **ÉTATS-UNIS**, par M. ROUX DE ROCHELLE, ancien ministre plénipotentiaire auprès des États-Unis, etc.; 22 livraisons sont publiées; l'ouvrage formera 25 livrais. 5 f. 30 c.

1 vol. *Terminé.* **BRÉSIL**, par M. Ferdinand DENIS, membre de plusieurs sociétés savantes. **COLOMBIE et GUYANES**, par M. César FAMIN. 106 gravures...................... 5 f. 70 c.

Terminé. **BUÉNOS-AYRES, PARAGUAY, URUGUAY**, par le même; 4 livraisons, 16 planches....................... » 80 c.

Terminé. **CHILI**, par le même; 6 livraisons avec 36 pl. 1 f. 20 c.

OCÉANIE, 5ᵉ PARTIE DU MONDE.

1 vol. *Terminé.* **OCÉANIE**, par M. DE RIENZI, voyageur en Océanie. Le tome Iᵉʳ formant 25 feuilles de texte, 100 planches et 2 cartes................................. 5 f. 50 c.

1 vol. *Terminé.* Le tome II formant 25 feuilles de texte, 100 planches et 2 cartes.............................. 5 f. 50 c.

1 vol. *Terminé.* **MÉLANÉSIE, AUSTRALIE et fin de l'OCÉANIE**, formant le tome III et *dernier*.................... » »

Sous Presse.

MEXIQUE, par M. de LA RENAUDIÈRE, vice-président de la Société de géographie. ILES DE L'OCÉAN et RÉGIONS CIRCOMPOLAIRES, par M. BORY DE SAINT-VINCENT, membre de l'Institut. CARTHAGE, par M. DUREAU DE LA MALLE, membre de l'Académie des Inscriptions et Belles-Lettres. ARABIE, par M. Noël DESVERGERS, orientaliste. RUSSIE, par MM. HÉREAU et CHOPIN. ANGLETERRE, par M. PHILARÈTE CHASLES. TURQUIE, par MM. JOUANNIN, interprète du Roi, et VAN GOVER.

Les lettres et envois d'argent doivent être affranchis.

Collection complète des Romans
DE
WALTER SCOTT.

TRADUCTION NOUVELLE, PAR M. ALBERT MONTÉMONT.

Chaque volume se vend séparément.

WAVERLEY, 2 fr. L'ANTIQUAIRE, 1 fr. 90 cent. GUY MANNERING, 1 fr. 80. ROB ROY, 1 fr. 90. KENILWORTH, 2 fr. LA PRISON, 2 fr. 30. LE VIEILLARD DES TOMBEAUX, 1 fr. 80. IVANHOE, 2 fr. LE CHATEAU DANGEREUX, 1 fr. 80. WOODSTOCK, 2 fr. AVENTURES DE NIGEL, 2 fr. LE MONASTÈRE, 1 fr. 80. LA FIANCÉE DE LAMMERMOOR, 2 fr. 20. L'ABBÉ, 1 fr. 90. PEVERIL DU PIC, 2 fr. 40. ANNE DE GEIERSTEIN, 2 fr. LES CHRONIQUES, 1 fr. 60. LES FIANCÉS, 1 fr. 40. LE TALISMAN, 1 fr. 40. LE PIRATE, 1 fr. 90. REDGAUNTLET, 2 fr. LE NAIN 1 fr. 50. ROBERT DE PARIS. 1 fr. 50. QUENTIN DURWARD, 2 fr. LE JOUR DE SAINT-VALENTIN, 1 fr. 90. LA DAME DU LAC, 1 fr. ROKEBY, 1 fr. 80.

ROMANS DE J. F. COOPER.
TRADUCTION NOUVELLE,
PAR M. BENJAMIN LAROCHE.

Chaque volume se vend séparément.

LES MOHICANS, 1 fr. 50. LES PIONNIERS, 1 fr. 70. LE PILOTE, 1 fr. 80. L'ESPION, 1 fr. 70. LA PRAIRIE, 1 fr. 80. LE CORSAIRE ROUGE, 1 fr. 80.

Imprimerie de Firmin Didot Frères, rue Jacob, 56.

	Pages.		Pages.
Felletin	12	Le Faou	26
Tour de Zizim	13	Quimperlé	36
Carte du dép. de la Creuse.		Carte du dép. du Finistère.	
DORDOGNE. Périgueux	6	GARD. Portrait de Florian	4
Château de Biron	9	La tour Magne	10
Portrait de Fénelon	Ib.	La Maison carrée	12
Portrait de Montaigne	Ib.	Amphithéâtre de Nîmes	Ib.
Château de Bannes	12	Anduze	16
Château de Maroite	Ib.	Pont du Gard	17
Château de la Tour Blanche	14	Pont Saint-Esprit	18
Carte du dép. de la Dordogne.		Carte du département du Gard.	
DOUBS. Besançon	5	GARONNE (Haute-). Cascade de Cœur	2
Arc de triomphe de Besançon	Ib.	Saint-Béat	Ib.
Porte Taillée à Besançon	Ib.	Salle du Consistoire	15
Montbelliard	13	Place de la Trinité	Ib.
Fort de Joux	15	Église des Jacobins	Ib.
Chute du Doubs	Ib.	Saint-Saturnin	Ib.
Carte du dép. du Doubs.		Bagnères de Luchon	18
DROME. Chartreuse de Romans	7	Castel Vieil	Ib.
Valence	9	Saint-Bertrand	28
Tour de Crest	12	Saint-Martory	30
Grâne	13	Port de Venasque	31
Ancien château de Grignan	15	Carte du dép. de la Haute-Garonne.	
Ruines du château de Grignan	Ib.	GERS. Auch	5
Nyons	18	Manciet	12
Carte du dép. de la Drôme.		L'Ile-en-Jourdain	15
EURE. Évreux	5	Château de Lacaze	Ib.
Tour de l'horloge d'Évreux	6	Église de Cahuzac	Ib.
Château de Navarre	7	Mirande	16
Château Gaillard	11	Carte du département du Gers.	
Rougepériers	15	GIRONDE. Pont de Bordeaux	7
Château de Gaillon	16	Place du fort du Ha	Ib.
Carte du département de l'Eure.		Salle de spectacle de Bordeaux	Ib.
EURE-ET-LOIR. Château d'Auneau	11	Palais Galien	Ib.
Chartres	13	La Brède	14
Porte Guillaume	Ib.	Portrait de Montesquieu	Ib.
Portrait de Dunois	Ib.	Château de Castets	18
Château de Maintenon	21	Château de Vayres	22
Châteaudun	25	Ancien phare de Cordouan	Ib.
Château de Montigny	Ib.	Carte du dép. de la Gironde.	
Château de Courtalin	26	HÉRAULT. Balaruc	7
Château d'Anet	27	Grotte des Demoiselles	9
Château de Frazé	31	Cette	11
Château de Bois Ruffin	Ib.	Agde	22
Château de Nogent le Rotrou	Ib.	Saint-Guilhem	13
Carte du dép. d'Eure-et-Loir.		Montpellier	18
FINISTÈRE. Audierne	8	Cathédrale de Montpellier	Ib.
Concarneau	9	Bourse de Montpellier	Ib.
Pont-Croix	11	Cathédrale de Béziers	24
Quimper	12	Cassan	27
Église de la Mère-Dieu	Ib.	Fort de la Roquette	Ib.
Ile de Sein	Ib.	Minerve	37
Brest	15	Lodève	38
Landerneau	21	Carte du dép. de l'Hérault.	
Fort Bertheaume	26	ILLE-ET-VILAINE. Rennes	10
Châteaulin	Ib.	Rennes, vue du Mail	Ib.
Grotte de Crozon	Ib.		

	Pages.		Pages.
Première vue de Fougères	18	côté de la cour	16
Seconde vue de Fougères	Ib.	Château de Lierville, côté du parc.	Ib.
Château de Saint-Marc-sur-Couesnon	Ib.	Carte du dép. de Loir-et-Cher.	
Château de Marigny	Ib.	**LOIRE.** Abbaye d'Écotay	5
Château de Fontaine	Ib.	Montbrison	6
Saint-Aubin du Cormier	Ib.	Montrond	7
Château de Combourg	21	Château d'Urfé	Ib.
Saint-Malo	23	Saint-Paul en Cornillon	12
Le Solidor	28	Château de Saint-Paul en Cornillon	Ib.
Château de Vitré	35	Château de la Bâtie	Ib.
Portrait de Mme de Sévigné	36	Le Vernay	16
Carte du dép. d'Ille-et-Vilaine.		Carte du dép. de la Loire.	
INDRE. Châteauroux	6	**LOIRE** (Haute-). Pont d'Espaly	7
Porte de Châteauroux	7	Le Puy	9
Château d'Argy	Ib.	Vieille porte au Puy	Ib.
Valençay	8	Chilliac	14
Château de Bélabre	Ib.	Saint-Ilpize	Ib.
Château des Roches	10	Chapelle Sainte-Claire	16
Carte du dép. de l'Indre.		Carte du dép. de la Haute-Loire.	
INDRE-ET-LOIRE. Luynes	7	**LOIRE-INFÉRIEURE.** Clisson	7
Tours	10	Château de la Galissonnière	9
Portrait de Destouches	Ib.	Château de la Sailleraie	Ib.
Azay le Rideau	11	Nantes	10
Ussé	Ib.	Pornic	19
Chinon	12	Blain	20
Portrait de Rabelais	Ib.	Le Four	21
Pont et site de Saint-Avertin	Ib.	Carte du dép. de la Loire-Inférieure.	
Carte du dép. d'Indre-et-Loire.		**LOIRET.** Beaugency	3
ISÈRE. Fourvoirie	9	Meun	6
Grenoble	11	Orléans	Ib.
Château Bayard	15	Église Saint-Benoît	11
Portrait de Bayard	Ib.	Château de Sully	12
Pont-en-Royans	19	Ruines d'Yèvre le Châtel	16
Vienne	23	Carte du dép. du Loiret.	
Cathédrale de Vienne	Ib.	**LOT.** Cahors	8
Place de l'Aiguille à Vienne	Ib.	Portrait de Marot	Ib.
Carte du dép. de l'Isère.		Cloître de la cathédrale	Ib.
JURA. Château d'Arlay	6	Pont de Valendre	Ib.
Château de Pressilly	Ib.	Tours de Saint-Laurent	17
Ruines de Montroland	Ib.	Rocamadour	23
Tour du Meix	12	Carte du département du Lot.	
Saint-Claude	14	**LOT-ET-GARONNE.** Agen	4
Chute de l'Ain	23	Saint-Caprais à Agen	Ib.
Carte du dép. du Jura.		Horloge de la mairie à Agen	Ib.
LANDES. Habitants des Landes	9	Pont suspendu du port Sainte-Marie	6
Mont-de-Marsan	13	Pont de Villeneuve d'Agen	16
Arbre du Presbytère	15	Mausolée de Mont-Luc	Ib.
Dax	16	Château de Barbaste	Ib.
Les Baignots	Ib.	Carte du dép. de Lot-et-Garonne.	
Carte du dép. des Landes.		**LOZÈRE.** Pont des Rousses	4
LOIR-ET-CHER. Blois	6	Hameau des Aires	Ib.
Chambord	7	Mende	8
Chaumont	9	Florac	9
Vieuvy	12	Château de Florac	Ib.
Portrait de Ronsard	13	Ispagnac	10
Lavardin	14	Carte du dép. de la Lozère.	
Château de Lierville, vue prise du		**MAINE-ET-LOIRE.** Angers	3

	Pages.		Pages.
Château de Brissac	6	**MEUSE.** Bar-le-Duc	4
Ruines près de Macé	8	Pont Notre-Dame à Bar-le-Duc	*Ib.*
Pont de Cé	*Ib.*	Verdun	14
Duretal	10	Pont Sainte-Croix à Verdun	*Ib.*
Château de Saumur	21	Porte Chaussée à Verdun	*Ib.*
Carte du dép. de Maine-et-Loire.		Église Saint-Vaunes à Verdun	*Ib.*
MANCHE. Vue prise à Avranches	14	Carte du dép. de la Meuse.	
Grandville	16	**MORBIHAN.** Tour d'Elven	8
Le Mont Saint-Michel	18	Château de Succinio	9
Vue intérieure du Mont St.-Michel	*Ib.*	La Roche Bernard	10
Première vue de Coutances	30	Portrait de Lesage	*Ib.*
Seconde vue de Coutances	*Ib.*	Vannes	*Ib.*
Sainte-Marie du Mont	32	Vue de la Vilaine	*Ib.*
Château de la Haye du Puits	*Ib.*	Lorient	15
Château de Régneville	34	Château de Josselin	17
Château de Mortain	36	Tombeau de Clisson à Josselin	18
Ruines de Montebourg	40	Carte du dép. du Morbihan.	
Ruines de Saint-Sauveur le Vicomte	42	**MOSELLE.** Cathédrale de Metz	8
Carte du dép. de la Manche.		Fort Moselle à Metz	*Ib.*
MARNE. Environs de Châlons	4	Le Sas à Metz	*Ib.*
Notre-Dame de l'Épine	6	Porte des Allemands à Metz	*Ib.*
Château de Baye	10	Cristallerie de Saint-Louis	12
Château de Mont-Maur	12	Château de Schœneck	13
Reims	15	Thionville	15
Cathédrale de Reims	16	Carte du dép. de la Moselle.	
Château de St.-Remy en Bouzemont	19	**NIÈVRE.** Decize	5
Carte du dép. de la Marne.		Nevers	8
MARNE (Haute-). Bourmont	4	Porte de Nevers	*Ib.*
Chaumont	5	Cathédrale Saint-Cyr	*Ib.*
Châteauvilain	*Ib.*	Clamecy	14
Bourbonne	6	La Charité	15
Portrait de Diderot	17	Maison de Vauban à Épiry	*Ib.*
Château de Joinville	18	Carte du département de la Nièvre.	
Château de Saint-Dizier	*Ib.*	**NORD.** Annappes	9
Carte du dép. de la Haute-Marne.		Vue de Lille	16
MAYENNE. Église d'Avenière	5	Palais de Rihour	*Ib.*
Papeterie de Sainte-Apolline	*Ib.*	Château de Courtrai	*Ib.*
Grottes de Sauge	6	Bourse de Lille	*Ib.*
Grande rue de Laval	7	Beffroi de Lille	*Ib.*
Porte Beucheresse à Laval	*Ib.*	Porte de la Madelaine à Lille	*Ib.*
Château et vieux pont de Laval	*Ib.*	Pont Napoléon à Lille	*Ib.*
Moulin de Bellaye	8	Hôtel de ville de Lille	*Ib.*
Site de Portringard près de Laval	*Ib.*	Château de l'Ermitage	*Ib.*
Carte du dép. de la Mayenne.		Porte de Cambrai	*Ib.*
MEURTHE. Château de Dombasle	7	Fontaine de Douai	30
Laye Saint-Christophe	8	Hôtel de ville de Douai	*Ib.*
Nancy	10	Bergues Saint-Winoc	32
Église Saint-Évre	14	Dunkerque	34
Porte Saint-George à Nancy	16	Cassel	40
Porte de la Citadelle	*Ib.*	Chapelle des Ardents	47
Château de Noméry	17	Porte de Lille à Valenciennes	50
Pont-à-Mousson	18	Carte du département du Nord.	
Place de Pont-à-Mousson	*Ib.*	**OISE.** Vue de Beauvais	9
Château de Lunéville	23	Dameraucourt	17
Château de Moyen	24	Fontaine Lavagane	*Ib.*
Liverdun	26	Église de Montjavoult	22
Carte du dép. de la Meurthe.		Château de Verderonne	32

Hôtel de ville de Compiègne	34
Noyon	36
Pierrefonds	38
Château de la Reine Blanche à Chantilly	41
Ermenonville	43
Portrait de J.-J. Rousseau	Ib.
Château de Boubiars	47
Carte du département de l'Oise.	
ORNE. Château de Carouges	6
Château de Rabodange	7
Château de Bonvouloir près de Bagnoles	10
Château de Domfront	11
Château de Flers	13
Vue de Mauves	15
Carte du département de l'Orne.	
PAS-DE-CALAIS. Boulogne	6
Calais	10
Hôtel de ville de Béthune	14
Château de Créqui	15
Ruines de Saint-Bertin à St.-Omer	18
Château de Camblin	20
Carte du dép. du Pas-de-Calais.	
PUY-DE-DOME. Grotte de Royat	8
Clermont	11
Cathédrale de Clermont	Ib.
Fontaine de la place Delille	Ib.
Portrait de Pascal	Ib.
Portrait de Delille	Ib.
Saint-Nectaire	26
Pont-Gibaud	29
Château de Randan	Ib.
Riom	30
Château de Tournoël	Ib.
Environs de Thiers	82
Carte du dép. du Puy-de-Dôme.	
PYRÉNÉES (Basses-). Pau	8
Notre-Dame de Bétharram	6
Portrait de Henri IV	Ib.
Bayonne	10
Biarritz	12
Eaux-Bonnes	16
Pont d'Orthez	23
Carte des Basses-Pyrénées.	
PYRÉNÉES (Hautes-). Pont d'Espagne	3
Grotte d'Ellais	4
Pont de Sia	Ib.
Tarbes	7
Cauteretz	13
Gèdre	22
Lourdes	22
Saint-Sauveur	23
Église de Luz	Ib.
Bagnères de Bigorre	27
Château de Beaucens	37
Sainte-Marie	39

Carte du dép. des Hautes-Pyrénées.	
PYRÉNÉES-ORIENT. Église d'Elne	7
Perpignan	13
Le Castillet	Ib.
Château de Roussillon	Ib.
Salces	19
Bains d'Arles	21
Collioure	22
Port Vendres	24
Abbaye de St.-Martin du Canigou	30
Cloître d'Elcamp	Ib.
Ruines de Saint-Michel	Ib.
Église de Planes	Ib.
Carte des Pyrénées-Orientales.	
RHIN (Bas-). Strasbourg	10
Portrait de Kléber	14
Spesbourg	18
Hohkœnigsbourg	24
Tour de Schelestadt	26
Niederbronn	28
Carte du Bas-Rhin.	
RHIN (Haut-). Vallée de Murbach	8
Château de St.-Ulric à Ribauvillé	9
Château de Morimont	Ib.
Mulhausen	13
Thann	15
Cascade de Wildenstein	16
Carte du Haut-Rhin.	
RHÔNE. Château de la Duchère	2
Château de l'Arbresle	7
Aqueduc de Chaponost	Ib.
Château de la Motte	13
Première vue de Lyon	Ib.
Seconde vue de Lyon	Ib.
Troisième vue de Lyon	Ib.
Église cathédrale de Lyon	15
Hôtel de ville de Lyon	20
Hôtel de ville de Lyon, façade de la Comédie	Ib.
Palais Saint-Pierre	22
Le Change	25
Hôtel-Dieu	26
Ancien château de Pierre Scize	31
Tour de la belle Allemande	34
Ile Barbe	35
Château de Châtillon	47
Carte du département du Rhône.	
SAONE (Haute-). Environs de Vesoul	8
Gray	10
Hôtel de ville de Gray	Ib.
Château de Villersexel	16
Ancien château de Bauffremont	Ib.
Carte du dép. de la Haute-Saône.	
SAÔNE-ET-LOIRE. Cluny	6
Mâcon	9
Tours de Mâcon	Ib.
Milly	Ib.

Château de Saint-Point	10	Barrière de la Villette	151
Temple de Janus	13	Hôtel de Cluny	152
Temple de Pluton	Ib.	Hôtel du Preux	Ib.
Porte Saint-André	14	Maison de François Ier	Ib.
Tour de François Ier	15	Théâtre des Nouveautés	Ib.
Ruines du château de Couches	16	Portrait de Louis-Philippe Ier	154
Châlons	19	Portrait de Beaumarchais	Ib.
Château de Pierre (côté de la cour)	31	Portrait de Boileau	Ib.
Château de Pierre (côté du parc)	Ib.	Portrait de M.-J. Chénier	Ib.
Carte de Saône-et-Loire.		Portrait de Helvétius	Ib.
SARTHE. Le Mans	6	Portrait de la Harpe	Ib.
Pontlieue	8	Portrait du maréchal de Luxembourg	155
Château de Courtanvaux	9	Portrait de Molière	Ib.
La Flèche	11	Portrait de Quinault	Ib.
Château du Lude	12	Portrait de L. Racine	Ib.
Château de Bonnetable	15	Portrait de Regnard	Ib.
Château de Verderelle	16	Portrait de Rollin	Ib.
Château de Vennevelles	Ib.	Portrait de J.-B. Rousseau	Ib.
Carte de la Sarthe.		Portrait de Mme de Staël	Ib.
SEINE. Château des Colonnes à Courbevoie	6	Carte du département de la Seine.	
Vue de Saint-Denis	7	SEINE-ET-MARNE. Meaux	7
Château de Neuilly	14	Château de la Grange-Bleneau	9
Portrait de Voltaire	21	Château de Vaux le Praslin	15
Donjon de Vincennes	29	Portrait d'Amyot	16
Vue de Paris, prise du pont de la Tournelle	83	Provins	18
Palais du Luxembourg	90	Porte Saint-Jean à Provins	Ib.
Paris. Vue du pont Louis-Philippe	Ib.	Château de Paroy	Ib.
Chambre des Députés	92	Carte du dép. de Seine-et-Marne.	
Palais-Royal	93	SEINE-ET-OISE. Triel	11
Jardin du Palais-Royal	95	Versailles	12
Palais de Justice	Ib.	Portrait de Ducis	Ib.
Paris. Vue du pont des Arts	96	Montmorency	16
Palais des Thermes	97	Château de Vigny	Ib.
Église Notre-Dame	98	La Roche-Guyon	20
Paris. Vue prise du pont Notre-Dame	100	Carte du dép. de Seine-et-Oise.	
Saint-Sulpice	107	SEINE-INFER. Vue de Rouen	10
Saint-Étienne du Mont	108	Tour de la grosse Horloge	11
Panthéon	110	Portrait de P. Corneille	14
La Madelaine	112	Portrait de Fontenelle	Ib.
Sainte-Chapelle du Palais	114	Château de Dieppe	16
Hôtel de ville	116	Portrait de Duquesne	Ib.
Église des Invalides	136	Portrait de Bernardin de St.-Pierre	20
École militaire	137	Château d'Harcourt	Ib.
La Bourse	140	Portrait de Vertot	22
Colonne de la grande Armée	145	Carte du dép. de la Seine-Inférieure.	
Fontaine des Innocents	146	SÈVRES (Deux-). Château de Salbar	4
Fontaine du Châtelet	Ib.	Le puits d'Enfer	5
Fontaine Grenelle	147	Niort	6
Pont du Carrousel	148	Château de Niort	Ib.
Paris. Vue du pont de la Révolution	Ib.	Fontaine du Vivier	7
Paris. Vue du Pont-Neuf	Ib.	Port Foucault	Ib.
Statue de Henri IV	Ib.	Carte du dép. des Deux-Sèvres.	
Paris. Vue prise du Pont-Neuf	Ib.	SOMME. Amiens	5
Porte Saint-Denis	149	Cathédrale d'Amiens	Ib.
Porte Saint-Martin	Ib.	Château d'Hœilly	7
		Cathédrale d'Abbeville	8
		Saint-Valery-sur-Somme	11

	Pages		Pages
Carte du département de la Somme.		Vallée de Tiffauges	10
TARN. Albi	4	Château de Tiffauges	Ib.
Saint-Salvy	Ib.	Fontenay	12
Jubé de la cathédrale	Ib.	Ruines de l'abbaye de Maillezais	13
Château de Castelnau de Lévy	7	Ruines de l'abbaye de la Grenetière	Ib.
Château de Combefa	9	Carte du dép. de la Vendée.	
Château de Burlats	10	**VIENNE.** Lusignan	4
Sorrèze	12	Pont Joubert à Poitiers	8
Carte du département du Tarn.		Pont de Chatellerault	11
TARN-ET-GARONNE. Tour de Caussade	6	Église de Charroux	13
Caylus	7	Ruines de l'abbaye de Charroux	Ib.
Montauban	10	Gençay	Ib.
Château de Négrepelisse	11	Carte du dép. de la Vienne.	
Église de Moissac	15	**VIENNE (Haute-).** Ruines de Chalusset	6
Château de Sainte-Livrade près de Moissac	16	Limoges	8
Carte du dép. de Tarn-et-Garonne.		Portrait de d'Aguesseau	Ib.
VAR. Fréjus	9	Château de Rochechouart	14
Ruines de l'amphithéâtre de Fréjus	Ib.	Château de Montbrun	15
Temple de Jupiter à Fréjus	Ib.	Château de Bonneval	16
La Sainte-Baume	17	Carte du dép de la Haute-Vienne.	
Antibes	19	**VOSGES.** Église d'Épinal	6
Château de Grimaldi	11	Porte Boudiou à Épinal	Ib.
Cannes	20	Lac de Gérardmer	7
Première vue de Grasse	21	Raon l'Étape	Ib.
Seconde vue de Grasse	Ib.	Fontaine de Charmes[1]	Ib.
Château d'Hyères	27	Fontaine Stanislas à Plombières	13
Portrait de Massillon	Ib.	Carte du département des Vosges.	
Toulon	30	**YONNE.** Auxerre	5
Fort Saint-Louis à Toulon	Ib.	Horloge d'Auxerre	6
Carte du département du Var.		Saint-Sauveur en Puisaie	9
VAUCLUSE. Avignon	6	Château de Saint-Fargeau, côté du parc	14
Palais des Papes à Avignon	7	Château de Saint-Fargeau, côté de la ville	Ib.
Vaucluse	10	Porte Notre-Dame à Sens	16
Fontaine de Vaucluse	Ib.	Château d'Ancy le Franc	18
Carpentras	14	Carte du département de l'Yonne.	
Arc de triomphe d'Orange	17	**STATISTIQUE DE LA FRANCE.**	
Carte du département de Vaucluse.		Grande carte de France, après la table.	
VENDÉE. Mortagne	9		

FIN.

IMPRIMERIE DE FIRMIN DIDOT FRÈRES,
RUE JACOB n° 56.

CPSIA information can be obtained at www.ICGtesting.com
Printed in the USA
LVOW051454311011

252868LV00011B/53/P